JAHRBUCH FÜR FRÄNKISCHE LANDESFORSCHUNG

HERAUSGEGEBEN
VOM
ZENTRALINSTITUT FÜR REGIONALFORSCHUNG
AN DER UNIVERSITÄT ERLANGEN-NÜRNBERG
– SEKTION FRANKEN –
61

KOMMISSIONSVERLAG
DEGENER & CO., INH. MANFRED DREISS, NEUSTADT (AISCH)
2001

Gedruckt
mit Unterstützung
des Bayerischen Staatsministeriums für Wissenschaft,
Forschung und Kunst,
des Bezirkstages von Mittelfranken
und der Stadt Bamberg

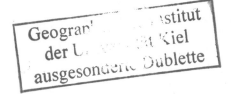

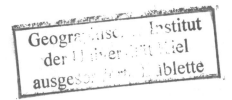

ISSN 0446 - 3943

ISBN 3 - 7686 - 9288 - 4

Schriftleitung: Werner K. Blessing, Wolfgang Wüst, Dieter J. Weiß
Redaktionelle Mitarbeit: Steven Zahlaus
D-91054 Erlangen, Kochstr. 4/13

Für die Beiträge sind die Verfasser verantwortlich.

Gesamtherstellung:
VDS – Verlagsdruckerei Schmidt; Neustadt an der Aisch

INHALT

Mitarbeiter des Bandes 61:

B ä t z i n g , Werner, Dr. phil. nat., Univ.-Prof., Erlangen
B r e n d e l , Peter, Oberstudienrat, St. Quirin am Tegernsee
D o r n , Hans-Jürgen, Dr. phil., Oberstudienrat, Leverkusen
F a s t n a c h t , Dorothea, Dr. phil., Erlangen
G r z e g a , Joachim, Dr. phil., Wiss. Assistent, Eichstätt
H o r l i n g , Thomas, Doktorand, Nürnberg
J e n d o r f f , Dr. phil., Studienrat z.A., Gießen
L u x b a c h e r , Mag. Art., Kaiserslautern
S c h n u r r e r , Ludwig, Dr. phil., Studiendirektor und Stadtarchivar i. R.,
    Rothenburg ob der Tauber
S c h u h , Robert, Dr. phil., Wiss. Mitarbeiter, Nürnberg
W a c h t e r , Clemens, Dr. phil., Wiss. Mitarbeiter, Erlangen
W i n k l e r , Richard, Dr. phil., Stv. Leiter des Bayerischen Wirtschaftsarchivs,
    München
W ü s t , Wolfgang, Dr. phil., Univ.-Prof., Erlangen

Berichte über Arbeiten zur fränkischen Landesforschung an der Universität Erlangen-Nürnberg

Allgemeines und Landesgeschichte

Folgende Vorträge wurden seit dem Wintersemester 2000/2001 am Zentralinstitut für Regionalforschung, Sektion Franken, und am Institut für Geschichte gehalten:

21. November 2000, Dr. Reinhard Seyboth, Regensburg: Bekenntnis zwischen Glaube und Politik. Die Reformation in den Markgrafentümern Ansbach und Kulmbach.
12. Dezember 2000, Prof. Dr. Helmut Neuhaus, Erlangen: Bilder vom Nürnberger Exekutionstag 1649/50 aus zwei Jahrhunderten.
30. Januar 2001, Priv. Doz. Dr. Enno Bünz, Jena: Stifterbild und Stifterzweck. Zur Kultur- und Sozialgeschichte fränkischer Hospitäler in der frühen Neuzeit.
21. Juni 2001, Prof. Dr. Hermann Glaser, Nürnberg/Berlin: Wiedergewinnung des Ästhetischen: Bürgerrecht Kultur. Ein Rückblick auf vier Jahrzehnte Kulturpolitik.
28. Juni 2001, Dr. Wolf Peter Schnetz, Erlangen: „Ich war ein 62er!" Rückblick auf 40 Jahre Kulturpolitik.
3. Juli 2001, Dr. Alexander Jendorff, Gießen: Fremddisziplinierung versus Selbstregulierung? Katholische Kirchenzucht im geistlichen Kommissariat Aschaffenburg in der Epoche der katholischen Reform.
12. Juli 2001, Dr. William Sheldon, Nürnberg: Die Geschichte des Deutsch-Amerikanischen Instituts/Amerika-Haus Nürnberg 1946–2001.

Das Zentralinstitut, Sektion Franken, führte folgende Veranstaltung in Kooperation mit dem Bildungszentrum der Stadt Nürnberg durch:
15.–17. Februar 2001, Colloquium: Franken. Vorstellung und Wirklichkeit in der Geschichte.

Folgende Dissertationen befinden sich in Arbeit:

B a r t h, Rüdiger: Historischer Atlas von Bayern: Landkreis Kulmbach. (Prof. Schmid)
B e r g m a n n, Detlev: Die mittelalterliche Herrschaftsentwicklung im Raum Coburg. (Prof. Wendehorst)
B e r t h o l d - H i l p e r t, Monika: Zwischen Assimilation und jüdischer Tradition: die Familie Ortenau aus Fürth. (Prof. Blessing)
B i e r n o t h, Alexander: Die jüdische Gemeinde zu Ansbach im 19. und frühen 20. Jahrhundert. (Prof. Wüst)
E d e l m a n n, Bernd: Die wirtschaftliche Entwicklung der Stadt Hof im Rahmen der staatlichen Wirtschaftspolitik und kommunalen Gewerbepolitik 1818–1914. (Prof. Blessing)

F e i l e r, Victor: Hochschulpolitik in Bayern 1970–1990. (Prof. Blessing)

H e ß d ö r f e r, Simon: Die ‚neue Ostpolitik' der Regierung Brandt im Spiegel der Süddeutschen Zeitung. (Prof. Blessing)

H o f f m a n n, Ingeborg: Herrschaftsentwicklung im Raum Hof an der Saale. (Prof. Wendehorst)

H o r l i n g, Thomas: Historischer Atlas von Bayern: Landkreis Ochsenfurt. (Prof. Schmid)

H ü b n e r, Christoph: Rechtskatholizismus im Bayern der Weimarer Republik. (Prof. Blessing)

K a m p, Anne von: Coburger Adel (von Erffa) im ‚langen 19. Jahrhundert'. (Prof. Blessing)

K a s t l e r, Martin: Die Integration der Heimatvertriebenen in den fränkischen Diözesen. (Prof. Weiß)

K e s s l e r, Manfred: Schritte zur dynastischen Territoriumsbildung in der Fränkischen Ritterschaft und das Bemühen um kommunale Selbstverwaltung am Beispiel des Rittermannslehens Neuendettelsau. (Prof. Wüst)

M e t z n e r, Helmut: Fränkischer Liberalismus im 19. Jahrhundert. (Prof. Blessing)

M o l k e t e l l e r, Claudia: Prostitution und öffentliche Ordnung vom Vormärz bis zum ‚Dritten Reich'. Nürnberg als Beispiel. (Prof. Blessing)

R a m o r o b i, Irene: ‚Westernisierung' und Wahrnehmung des Ostens in Nordbayern 1945 bis 1966. (Prof. Blessing)

S c h i e b e r, Martin: Herrschaftsbildung im Raum Pegnitz. (Prof. Wendehorst)

S p e r b e r, Christian: Dynastische Verbindungen und Kommunikation zwischen den fränkischen Hohenzollern-Staaten und der Mark Brandenburg. (Prof. Wüst)

T r e b e s, Norbert: Die freie Arbeiterbewegung im ländlichen Raum vor dem Ersten Weltkrieg. Der Bezirk Teuschnitz (Frankenwald) als Beispiel. (Prof. Blessing)

U n g e r, Wolfram: Studien zur Typologie einer Städtelandschaft. Franken im Spätmittelalter. (Prof. Wüst)

W a h l, Monika: Historische Museen in Westdeutschland 1945–1987. (Prof. Blessing)

W e i n e r, Jörg: Ökonomie und Politik zwischen Tradition und Fortschritt in der fränkischen Ritterschaft (1750–1848/49). (Prof. Wüst)

Z a h l a u s, Steven: Die Wahrnehmung des ‚Wirtschaftswunders' in der Bundesrepublik (unter besonderer Berücksichtigung Frankens). (Prof. Blessing)

Folgende Zulassungs-/Magisterarbeiten wurden abgeschlossen:

G a ß n e r, Birgit: Kriegserlebnis und Erlebnisverarbeitung anhand von Feldpostbriefen aus dem Zweiten Weltkrieg. (Prof. Blessing)

G r ä s s l e, Annamaria: „Mehr Deutschland, weniger Bayern?" Neue Rolle im Kontext der Länder: Die bayerische Politik und die deutsche Einheit. (Prof. Blessing)

G r i m m, Alexander: Ländliches Gesinde im Oberfranken des 19. Jahrhunderts. Ein Fallbeispiel anhand der Lohnbücher des Wachter-Hofes in Eppenreuth. (Prof. Blessing)

K r ö n e r, Alfred: Bildungsbürgertum im 19. Jahrhundert. Die Familie Feuerbach in Franken. (Prof. Blessing)

R a m o r o b i, Irene: Schulpolitik in Nürnberg nach 1945. (Prof. Blessing)

Werner K. B l e s s i n g

Neuere Geschichte I

Folgende Dissertationen befinden sich in Arbeit:

D i r s c h, Monika: Die Landstände in den Markgraftümern Brandenburg-Ansbach und Brandenburg-Kulmbach-Bayreuth im 16. Jahrhundert.

M ü h l h o f e r, Stefan: Die Politik der fränkischen Reichsstände auf den Reichstagen von 1521 bis 1576.

S e u b e r t - K ü f n e r, Ursula: Die Hof- und Leibärzte der Markgrafen von Brandenburg-Ansbach im 18. Jahrhundert.

Helmut N e u h a u s

Ur- und Frühgeschichte

Folgende Dissertationen befinden sich in Arbeit:

B ö h n e r, Utz: Untersuchungen an ausgewählten mittelpaläolithischen Inventaren des unteren Altmühltales.

G o h l i s c h, Torsten H.: Die Keramik der endneolithischen Siedlung Dietfurt a. d. Altmühl.

Ludwig R e i s c h

Kunstgeschichte

Folgende Dissertationen befinden sich in Arbeit:

B e r n i n g e r, Ulrike: Der Maler und Kunsthandwerker Friedrich Wilhelm Wanderer (1840–1910). Zu Kunst und Kunstpolitik im Nürnberg der Wilhelminischen Zeit. (Prof. Möseneder)

C o l d i t z - H e u s l, Silke: Paul und Lorenz Ritter. Zwei Nürnberger Graphiker und Maler. (Prof. Möseneder)

K e l l e r, Bettina: Barocke Sakristeien in Süddeutschland und ihre Ikonologie. (Prof. Möseneder)

S c h w a r z, Stefanie: Ausbau und Restaurierung der Veste Coburg im 19. und 20. Jahrhundert. Zur architektonischen Repräsentation der Herzöge von Sachsen-Coburg-Gotha. (Priv.-Doz. Appuhn-Radtke)

S t u c k e n b e r g e r, Peter: Der Kirchenbau im Erzbistum Bamberg während des Pontifikats des Jacobus von Hauck, 1912–1943 (AT). (Priv.-Doz. Dr. Appuhn-Radtke)

Folgende Magisterarbeiten wurden abgeschlossen:

B a r t h, Claudia M.: Das Grabmal für Sebastian Echter von Mespelbrunn im Würzburger Dom. (Prof. Möseneder)

H e s p e r s, Regina: Probleme des frühen Kupferstichs. Der Meister der Nürnberger Passion. (Prof. Mösender)

N a g l e r, Oliver: Georg Pencz – Sechs Triumphe. Eine Kupferstichfolge nach Petrarcas Dichtung. (Prof. Möseneder)

S c h ü b e l, Birgit: Die Deckengemälde von Schloß Schwarzenberg bei Scheinfeld. Studien zu den Sälen mit den mythologischen und alttestamentarischen Gemälden. (Prof. Mösender)

S p i t z e r, Claudia-Andrea: Das Imhoff-Volckamer-Epitaph im Germanischen Nationalmuseum Nürnberg. (Prof. Stein-Kecks)

Z e p f, Beate: Der „Schöne Brunnen" in Schwabach. (Prof. Möseneder)

Karl M ö s e n e d e r

Geographie

Folgende Dissertationen befinden sich in Arbeit:

E r m a n n, Ulrich: Gütertransporte und regionale Wirtschaftskreisläufe – eine empirische Analyse des Nahrungsmittelsektors in der Region Nürnberg.

H e r t w i g, Holger: Tagesausflugsverkehr. – Ein methodischer Versuch am Beispiel des mittelfränkischen Verdichtungsraumes.

H o c k, Sonja: "Regionalinitiativen" in der Region Nürnberg. – Akteurbezogene Untersuchungen von Zielen, Strategien und Kooperationsmöglichkeiten.

L u x, Andrea: Sukzessionsstadien der Krautschicht im Ausschlagwald unter verschiedenen abiotischen und biotischen Bedingungen im Gebiet des Vorderen Steigerwaldes.

Folgende Dissertation wurde abgeschlossen:

H e r t w i g, Holger: Rahmenbedingungen, Handlungen und Raumwirkungen des Tagesausflugsverkehrs. Beiträge zu einer Modellbildung aus geographischer Sicht (empirisch erarbeitet an Zielregionen in Franken).

Folgende Zulassungs-, Magister- und Diplomarbeiten wurden abgeschlossen:

A p e n b u r g, Sven: Lokale Agenda 21 in Herzogenaurach. Ein Indikatorsystem für eine nachhaltige Stadtentwicklung. (Prof. Bätzing)

F a l l e n b a c h e r, Tim: Struktur und Wirtschaftsverflechtungen im „türkischen Gastgewerbe" in Nürnberg: Eine Studie am Beispiel der Dönerkebap-Verkaufsstellen. (Prof. Kreutzmann)

F e u r e r, Jörg: Der König-Ludwig-Kanal. Ein Konzept für Tourismus und Naherholung unter dem Aspekt einer nachhaltigen Regionalentwicklung. (Prof. Bätzing)

M ü l l e r, Steffen: Regionalvermarktung von Streuobst in Westmittelfranken. Perspektiven für die Aufwertung eines regionalwirtschaftlichen Potentials im ländlichen Raum. (Prof. Bätzing)

R u d o l p h, Michael: Landschaftswahrnehmung von Touristen und Ausflüglern in Pottenstein. (Prof. Bätzing)

S a u e r, Cornelia: Tourismus in Tauberbischofsheim – Baustein für eine nachhaltige Stadtentwicklung. (Prof. Bätzing)

Werner B ä t z i n g / Fred K r ü g e r / Ingo K ü h n e

Deutsche Sprach- und Literaturwissenschaft

Folgende Dissertationen befinden sich in Arbeit:

B i s c h o f f, Johannes: Historisches Ortsnamensbuch von Bayern: Erlangen. (Prof. Munske)

G e o r g e, Dieter: Historisches Ortsnamensbuch von Bayern: Lichtenfels. (Prof. Munske)

K r ä n z l e i n, Eva: Johann Peter Uz. Ein Lyriker der Anakreontik und der Spätaufklärung. (Prof. Verweyen)

L o b e n w e i n, Willi: Sigmund von Birkens Dichterkrönungen. (Prof. Verweyen)

M e i ß n e r, Norbert: Historisches Ortsnamensbuch von Bayern: Bamberg. (Prof. Munske)

R e i t h, Antonius: Historisches Ortsnamensbuch von Bayern: Eichstätt. (Prof. Munske)

W i l l i n g, Antje: Literaturentstehung und -verbreitung im Kontext der Ordensreform des 15. Jahrhunderts am Beispiel des Klosters St. Katharina zu Nürnberg. (Prof. Kugler)

Hartmut K u g l e r / Horst Haider M u n s k e / Theodor V e r w e y e n

Geologie und Mineralogie

Folgende Dissertationen befinden sich in Arbeit:

A l e i s, Peter: Bilanzierung der Nitrataustäge aus landwirtschaftlichen Nutzflächen im Trinkwasser-Schutzgebiet Erlangen-West.

B a d u m, Werner: Sand-Kies-Vorkommen im Maintal Bamberg-Lichtenfels und deren Umweltverträglichkeit.

G e n t n e r, Günther: Die Farberden im Raum Pommelsbrunn – Sulzbach-Rosenberg.

H i e l s c h e r, Roland: Geotechnologie von historischen Sandsteinbauten in Mittelfranken.

H o c h s i e d e r, Thomas: Die Grundwasserverhältnisse im inhomogenen Festgesteins-/Lockergesteinsuntergrund der Stadt Erlangen.

M a k k i, Mohsen: Hydraulische Eigenschaften potentieller geologischer Deponiebarrieren und deren Verbreitung im Bereich nordbayerischer Ballungsgebiete.

R e n t s c h l e r, Klaus: Geotechnik der Tonhänge im fränkischen Raum.

R o t h e, Matthias: Die Fazies des Mittleren Muschelkalks in Franken.

Folgende Diplomarbeiten wurden abgeschlossen:

A n s o r g e, Werner: Die karsthydrogeologischen Verhältnisse im Raum Pottenstein/Gößweinstein und Geologische Kartierung im Raum Pottenstein/Gößweinstein, Blatt Pottenstein (im Maßstab 1: 10 000).

B e g e r, Katharina: Teil I: Hydrogeologische Untersuchungen in der Umgebung der Quelle Gutzberg bei Stein, Landkreis Fürth/Bayern. Teil II: Geologische Kartierung in der weiteren Umgebung der Quelle Gutzberg, Landkreis Fürth/Bayern und Roth/Bayern.

D a h m k e, Lars: Teil I: Geologische Kartierung im Keuperbereich in der Umgebung von Herzogenaurach. Teil II: Untersuchung zur Sickerwasserbewegung in Talauesedimenten der engeren Wasserschutzzone des Wasserwerks Erlangen-West.

D e b r a y, Thomas: Erkundung der karsthydrogeologischen Situation und geologische Kartierung im Raum Pottenstein – Körbeldorf/Bayern.

F a l k, David: Geologische und hydrogeologische Untersuchungen des Großraumes Pottenstein im Gebiet nördlich und nordwestlich von Pottenstein, inklusive der geologischen Diplomkartierung.

F e l k e n t r a e g e r, Roland: Teil I: Geologische Neuaufnahme des Keuper-Lias-Gebietes zwischen Marloffsteiner Höhenzug und der Schwabach, von Marloffstein bis Neunkirchen am Brand. Teil II: Hydrogeologische Untersuchungen im Hafenbereich Nürnberg. (2001)

G ö t z, Heinz: Teil I: Hydrochemie des Bors im Grundwasser des Stadtgebietes von Erlangen. Teil II: Geologische Kartierung des Keuperbereiches randlich von Herzogenaurach.

H e r o l d, Heiko: Die karsthydrogeologischen Verhältnisse und geologische Kartierung im Raum Obertrubach/Kirchenbirkig. (2001)

H o l o u b e k, Katharina: Teil I: Geologische Kartierung im Gebiet zwischen Dechsendorf, Heßdorf und Kosbach. Teil II: Die Grundwasserverhältnisse im NW Stadtgebiet von Erlangen einschließlich Heßdorf.

H o l b i g, Johannes: Bodenkundliche Erfassung im östlichen Fürther Stadtgebiet (Knoblauchsland). (2001)

H u t t n e r, Kerstin: Hydrogeologische und hydrochemische Untersuchungen im Umkreis der Altdeponie Armshausen, Landkreis Bad Kissingen/Unterfranken.

J a n k, Markus: Fazielle, lithostratigraphische und hydrogeologische Betrachtung an Malmbohrkernen nördlich von Gräfenberg (Nordbayern). (2000)

L i n k, Sabine: Teil I: Verwitterungsphänomene an Sandsteinen der Marienkapelle in Würzburg. Teil II: Geologische Kartierung der Myophorienschichten im Bereich Michelau (Steigerwald).

M o o g, Tim: Geologische und hydrogeologische Untersuchungen im östlichen Veldensteiner Forst inklusive geologischer Diplomkartierung.

N i t s c h m a n n, Volker: Hydrogeologie des südlichen Stadtgebietes von Erlangen.

R e i c h e l, Thomas: Die tektonischen Verhältnisse des Malms zwischen Gräfenberg und Eggloffstein. (2001)

R i n d t, Gernot: Deckschichtkartierung der reliktisch erhaltenen Oberkreide im Raum Hormersdorf auf Blatt Betzenstein (Ofr.) mit einer Dokumentation zweier Aufschlüsse und einer Tonmineralanalyse der kretazischen Sedimenteinheiten.

R ü t t i n g e r, Stefan: Sanierung einer LCKW-Kontamination im Grundwasserabstrom der Altdeponie „Im Reis", Lauf an der Pegnitz, mittels einer FeO-haltigen „insitu-Reaktionswand". – Beschreibung des Schadensfalles und Vorversuche zum Nachweis der Funktionsfähigkeit der Sanierungsmethodik.

S c h a r r e r, Jürgen: Teil I: Gesteinsphysikalische Untersuchungen ausgewählter Bau- und Denkmalgesteine (Cottaer Sandstein – Grüner Mainsandstein – Baumberger Kalksandstein – Thüster Kalk – Tercé Kalk). Teil II: Geologische Kartierung im Jura der Nördlichen Frankenalb in der Umgebung von Egloffstein-Höfles (Trubachtal, Oberfranken).

S c h m ü l l i n g, Markus: Hydrogeologie und Tektonik des Karstkörpers um Pegnitz/Oberfranken unter Berücksichtigung von Schadstoffeinträgern in das Karstwassersystem (Teil I) & Geologische Neuaufnahme im Raum Pegnitz/ Oberfranken (Teil II).

S c h o l t y s s e k, Matthias: Geologische Kartierung der Myophorienschichten im Bereich Oberschwarzach-Wiebelsberg (Steigerwald) zur Beurteilung der Gips-mächtigkeiten.

S u n, Donliang: Die karstgeologischen Verhältnisse und Geologische Kartierung im südwestlichen Teil von Betzenstein (im Maßstab 1:10 000). (2001)

V o g t, Alexander: Die geotechnische Ausbildung der Schichtstufenlandschaft der Frankenalb am Beispiel der Talflanke zwischen Ebermannstadt und Gassel-dorf.

Landes- und Volkskunde
(Erziehungswissenschaftliche Fakultät)

Folgende Dissertationen befinden sich in Arbeit:

H o f e r, Matthias: Der Abiturscherz. Herkunft und Variation eines jungen Schüler-brauches.

W a g n e r, Brigitte: KZ-Außenstelle Leitmeritz. Kultur der Erinnerungen.

Folgende Zulassungsarbeit wurde abgeschlossen:

H e z e l, Martina: Der Ludwig-Donau-Kanal – ein Schiffahrtsweg und seine Neben-nutzungen in Vergangenheit und Gegenwart.

Hartmut H e l l e r

Wirtschafts- und Sozialgeographie

Folgende Diplomarbeiten wurden abgeschlossen:

B a i e r, Robert: Das Einzelhandelszentrum Südstadt in Nürnberg: Eine wirtschafts-geographische Analyse.

M ü l l e r, Margit: Folgenutzungen abgewanderter Betriebe des produzierenden Gewerbes aus Nürnberg.

L e i m b e c k: Dokumentation und Nachbetrachtung der ökologischen Stadterneue-rung Gostenhof Ost.

Folgende Dissertation befindet sich in Arbeit:

G r a e f, Alexander: Umordnung und Recycling industrieller Altflächen in Nürnberg und Mittelfranken.

Rasso R u p p e r t

Didaktik der Arbeitslehre
(Erziehungswissenschaftliche Fakultät)

Folgende Zulassungsarbeiten wurden abgeschlossen:

A l t, Doris: Die Schulbücher der 7. Jahrgangsstufe im Fach GSE. – Eine Untersuchung der wirtschaftlich relevanten Themen.

D r e s c h e r, Jutta: Der Hahnenkammsee – Entstehung und Bedeutung für einen strukturschwachen Raum.

K i r s c h n e r, Jörg: Happurger Stausee und Baggersee – Bedeutung für Tourismus und Naherholung.

L a n g, Christiane: Das Projekt „Junior" an bayerischen Hauptschulen, exemplarisch dargestellt am Beispiel der Hauptschule Burgthann.

L e i n f e l d e r, Corinna: Neue Lernmethoden: Das Lernbüro.

P o l o c z e k, Oliver: Die sozioökonomische Entwicklung der Stadt Rothenburg ob der Tauber seit dem Jahr 1970.

S c h m i d t, Andrea: Die sozioökonomische Entwicklung der Stadt Roth seit den 1970er Jahren.

S i e g h ö r t n e r, Martina: Der Rechtsunterricht im Rahmen der Hauptschule in Bayern.

S t e f a n u t t i, Angelika: Die sozioökonomische Entwicklung eines Zentrums seit 1970 – Prien am Chiemsee. Unter besonderer Berücksichtigung der Tourismusentwicklung.

T i t z e, Markus: Die sozioökonomische Entwicklung der Stadt Lauf an der Pegnitz seit dem Jahr 1970.

Z o t t m a n n, Carolin: Schulfunk und Schulfernsehen im Fach Arbeitslehre in Bayern. Umfang und Struktur, Qualität und Stellenwert der Sendungen.

Hartmut B e c k

Joachim Grzega

Zur Geschichte des Ortsnamens *Treuchtlingen* in Mittelfranken

Schon seit Jahren versuche ich dem Geheimnis der Herkunft des Ortsnamens *Treuchtlingen*, dessen bisherige Etymologisierung mich nicht vollends überzeugt, auf die Spur zu kommen. Treuchtlingen ist ein kleines, 899 erstmals urkundlich erwähntes 8000-Seelen-Städtchen im bayerischen Regierungsbezirk Mittelfranken.[1] Zwar lassen sich auf dem heutigen Ortsgebiet Treuchtlingens Spuren einer Besiedelung bereits seit der Mittelsteinzeit nachweisen, doch auf dem Gebiet Treuchtlingens zur Zeit seiner ersten urkundlichen Erwähnung läßt sich bislang keine vorindogermanische Bevölkerung nachweisen.[2] Am Anfang steht nach neueren Erkenntnissen ein einzelner Herrenhof aus dem späten 3. (oder frühen 4. Jahrhundert), gegründet von alamannischen Juthungen, und zwar in dem kleinen Stück Land, das südlich von der westöstlich verlaufenden großen Römerstraße und östlich von einem Bogen der Altmühl umschlossen wird.[3] Römer siedelten nachweislich nur links der Altmühl (am Fuße des Nagelbergs), wo man eine Villa rustica nachweisen konnte. Die dortige Präsenz von romanisierten Kelten, welche häufig als Sklaven gehalten wurden, ist wahrscheinlich, aber archäologisch bislang nicht gesichert. Die nähesten Keltenfunde finden sich erst einen knappen Kilometer weiter südlich links der Altmühl, kurz nachdem der Möhrenbach in selbige mündet.[4] Man könnte im frühen Treuchtlingen von einer kleinen alamannisch-juthungischen Oberschicht und einer größeren keltoromanischen Unterschicht ausgehen; ab dem 7. Jahrhundert sind Franken als Herrscher Treuchtlingens zu sehen; mit der Christianisierung ist ab dem ausgehenden 6. Jahrhundert zu rechnen, mit dem Bau der ersten Kirche im 8. oder 9. Jahrhundert.[5]

Die Herkunft des Namens *Treuchtlingen* wird seit Straßner – etwa auch im Heimatbuch Treuchtlingen[6] – folgendermaßen gedeutet: „Wie die [...] Form von 893 [nach neuesten Erkenntnissen: 899] zeigt, ist im B[estimmungs]W[ort] ein P[ersonen]N[ame] Drûtilo enthalten, der sich jedoch mit einem aus ahd mhd truht »Truppe,

[1] Für die wertvolle Diskussion einer früheren Fassung dieses Beitrages danke ich Herrn Theo Vennemann.

[2] Vgl. Robert Düren, Die Steinzeit im Treuchtlinger Raum, in: Heimat- und Bäderverein Treuchtlingen (Hg.), Heimatbuch Treuchtlingen, Gunzenhausen 1984, S. 21–22; Edwin Patzelt, Der Treuchtlinger Raum von der Bronzezeit bis zum Frühmittelalter, in: Heimat- und Bäderverein Treuchtlingen (Hg.), Heimatbuch Treuchtlingen, Gunzenhausen 1984, S. 23–25; und Friedrich Eigler, Treuchtlingens Entwicklung seit der Römerzeit, in: Heimat- und Bäderverein Treuchtlingen (Hg.), Heimatbuch Treuchtlingen, Gunzenhausen 1984, S. 31–147.

[3] Vgl. jüngst Friedrich Eigler, Die früh- und hochmittelalterliche Besiedlung des Altmühl-Rezat-Rednitz-Raums, München 2000.

[4] Vgl. Düren, Steinzeit (wie Anm. 2), S. 22, und Patzelt, Treuchtlinger Raum (wie Anm. 2).

[5] Vgl. Eigler, Treuchtlingens Entwicklung (wie Anm. 2), S. 36ff; daneben vgl. für die Region auch die einschlägigen Arbeiten von Robert Schuh, Historisches Ortsnamenbuch von Bayern, Gunzenhausen, München 1979, und Erich Straßner, Historisches Ortsnamenbuch von Bayern, Land- und Stadtkreis Weißenburg i. Bay., München 1966.

[6] Vgl. Eigler, Treuchtlingens Entwicklung (wie Anm. 2), S. 35, und Erich Straßner, Ortsnamen, Mundart, Sage und Brauchtum, in: Heimat- und Bäderverein Treuchtlingen (Hg.), Heimatbuch Treuchtlingen, Gunzenhausen 1984, S. 342.

Schar, Haufe« abgeleiteten PN vermischt, hervorgerufen durch das i in -ingen tritt der Umlaut ū zu iu ein, das m[und]a[rtliches] ei wird. Daneben treten die diphthongierten Formen ū > au in Trautlingen auf."[7] Von Reitzenstein nennt nur den Vornamen *Truhtilo* (also ohne die Vorstufe *Drûtilo*). Eine zweite Deutung ist in der weiteren Literatur, einschließlich von Reitzensteins maßgebendem Lexikon, vollkommen unberücksichtigt geblieben. Es ist Bahlows Interpretation, *Treuchtlingen* mit *Trichtingen* am Trichtenbach/Neckar (wo sich Kelten nachweisen lassen), dem einstigen *Truhtilbach* im keltischen Linzgau, *Druchhorn* in Holland-Westfalen und *Troisdorf* bei Köln in Beziehung zu setzen. In all diesen Toponymen stecke Bahlow zufolge ein *truht*, welches auf ein keltisches *trok-to* ‚Lauge, Schmutzwasser' zurückgehe.[8]

Um die beiden Deutungen beurteilen zu können, sind zunächst die frühesten urkundlichen Belege aufzulisten[9]:

(1)   899   <Drutelinga> [lat. Quelle, Kopie des 11. Jh., hapax]
(2)   9./10. Jh. <Trohtlingon> [lat. Quelle, in einer Abschrift aus dem 12. Jh., hapax]
(3)   1095   <Truthilingun> [lat. Quelle]
(4)   1168–1178 <Truhtelinge> [lat. Quelle]
(5)   1175   <Truchtelingen> [lat. Quelle]
(6)   1229   <Truchtelingen>, <Trutelingen>, <Druhtelingen> [lat. Quelle]
(7)   1259   <Truhtelingen> [lat. Quelle]
(8)   1273   <Truhtelingen> [bei K. Lang[10]]

---

[7] Straßner, Ortsnamenbuch (wie Anm. 5), S. 69.

[8] Hans Bahlow, Deutschlands geographische Namenwelt: Etymologisches Lexikon der Fluß- und Ortsnamen alteuropäischer Herkunft, Frankfurt 1965, s.v. *Treuchtlingen*.

[9] Vgl. Straßner, Ortsnamenbuch (wie Anm. 5), S. 68f., Eigler, Treuchtlingens Entwicklung (wie Anm. 2), S. 35 und passim, und Wolf-Armin Freiherr von Reitzenstein, Lexikon bayerischer Ortsnamen: Herkunft und Bedeutung, 2., verbess. u. erw. Auflage, München 1991, s.v. *Treuchtlingen*. Quellenangaben: (1) Handschriftenabteilung der Staatsbibliothek München, Cod. lat. 4585, fol. 159 r. (ältestes bayerisches Mirakelbuch; vgl. Andreas Bauch, Ein bayerisches Mirakelbuch aus der Karolingerzeit, Eichstätt 1979, S. 25f. und S. 324ff.), (2) Landesbibliothek Stuttgart, Cod. bibli. 55, fol. 11, (3) Ernst Dronke, Traditiones et Antiquitates Fuldenses, Fulda 1844, S. 126 (Urkunde des Klosters Fulda), (4) Rosalie Green u.a. (Hg.), Herrad of Hohenbourg: Hortus deliciarum, II. Reconstruction, London-Leiden 1979, S. 505, (5) Wilhelm Kraft, Bildnisse fränkischer Frauen aus der Zeit Kaiser Friedrich Barbarossas, in: Nürnberger Hefte 12, 1949, S. 9ff., (6) Johann Böhmer, Regesta Imperii, V, 2, Innsbruck 1882, S. 749f. (Wormser Urkunde, Speyerer Urkunde und Bopparder Urkunde), (7) Hauptstaatsarchiv München, RO, U Nr. 1278, (8) vgl. Karl Heinrich von Lang u.a., Regesta sive rerum Boicarum autographa ad annum usque MCCC, 13 Bde., München 1822–1854, Bd. III, S. 217, (9) vgl. Lang, Regesta (wie eben), Bd. IV, S. 51, (10) Hauptstaatsarchiv München, Eichstätt Hochstift Nr. 51 (1281 XII 15), (11) vgl. Lang, Regesta (wie eben), Bd. IV, S. 257, (12) vgl. Lang, Regesta (wie eben), Bd. IV, S. 275, (13) vgl. Franz Heidingsfelder, Die Regesten der Bischöfe von Eichstätt, Erlangen 1938, Nr. 1159, (14) vgl. Heidingsfelder, Regesten (wie eben) Nr. 1199; und vgl. Lang, Regesta (wie eben), Bd. IV, S. 691, (15) vgl. Lang, Regesta (wie eben), Bd. V, S. 189, (16) vgl. Heidingsfelder, Regesten (wie eben), Nr. 1544 (Original MR. Ritterorden Nr. 1953), (17) Staatsarchiv Nürnberg, Herrschaft Pappenheim U 1340 I 26, (18) Hauptstaatsarchiv München, Brandenburg-Ansbach U Nr. 2076 (1346 I 27), (19) vgl. Ludwig Steinberger / Josef Sturm, Urkunden des Hochstifts Eichstätt: II. Urkunden von 1306–1365, München 1952, S. 337 (Nr. 511).

[10] Für hier und im folgenden gilt: Die Quellenedition von Karl Heinrich von Lang u.a., Regesta sive rerum Boicarum autographa ad annum usque MCCC, 13 Bde., München 1822–1854, gilt unter den Ortsnamenforschern als sehr unzuverlässig und wird nur herangezogen, wenn die Originalquelle nicht zugänglich ist (vgl. die kurzen Anmerkungen bei Karl Puchner, Historisches Ortsnamenbuch von Bayern,

(9)   1277   <Trouhtelingen> [hapax, bei K. Lang]
(10)   1281   <Treuchtlingen>
(11)   1284   <Threutlingen> [bei K. Lang]
(12)   1285   <Truhtelingen> [bei K. Lang]
(13)   1297   <Treuhtlingen>
(14)   1299   <Treuhtlingen>; [bei K. Lang:] <Treutelingen>
(15)   1311   <Treihtlingen> [hapax, bei K. Lang]
(16)   1314   <Trautlingen> [hapax]
(17)   1340   <Trûhtelingẽ> (das <û> in dieser Quelle dient zur Wiedergabe
               von /uo/)
(18)   1346   <Trewhtlingen>, <Truhtelingen>
(19)   1347   <Träutlingen> (mit *e* auf *a*, und nicht <Trautlingen>,
               wie Straßner zitiert[11])
(ab 1405 stets mit <eu>, erst ab 1596 stets mit <ht>[12]).

Seit der Gründung des ersten alamannischen Herrenhofs Treuchtlingen und dem Erstbeleg sind mindestens 500 Jahre vergangen. Dies heißt zunächst einmal, daß weder die moderne Form *dráiχdliŋ* noch der Erstbeleg <Drutelingam> uns sicheren Aufschluß über den letztendlichen Ursprung des Ortsnamens geben können. 500 Jahre bieten der Volksetymologie, die gerade bei Toponymen nur allzu häufig ist, im wahrsten Sinne des Wortes viel Spielraum. Wir müssen uns daher zunächst mit einer Aufhellung der Formen seit 899 begnügen. Diese bieten aber schon genug Diskussionsstoff. Vier graphische Haupttypen bzw. Perioden scheinen mir sich darzulegen: (I) der Beleg von 899, (II) die darauf folgenden Belege mit -χ-, (III) die diphthongierten und -χ- aufweisenden Belege ab 1277, (IV) der einmalige -*aut*-Beleg. Der Beleg *Träutlingen* (1347) ist wohl Untertyp zu (III). Straßners *Drûtilo* kann nur Typ (I) erklären. Ein Vorname *Drudilo* ist laut Förstemann in der Tat in einem Regensburger Manuskript belegt.[13] Interessant ist nun, daß gemäß Förstemann *Drûd-*/*Trûd-* (von ahd. *trût* ‚lieb') als Erstbestandteil von Personennamen erst im 6. Jahrhundert auftaucht (als Zweitbestandteil wie beispielsweise in *Gertr(a)ud* schon früher).[14] Dies bedeutet, daß – wenn nicht weitere Dokumente auftauchen – *Drutelinga* entweder

Landkreis Ebersberg, München 1951, S. 112; Cornelia Baumann, Historisches Ortsnamenbuch von Bayern, Altlandkreis Erding, München 1989, S. 320; und Friedrich Hilble / Cornelia Baumann-Oelwein, Historisches Ortsnamenbuch von Bayern, Landkreis Schrobenhausen, München 1996, S. 167.

[11] Straßner, Ortsnamenbuch (wie Anm. 5), S. 68.

[12] Das lang andauernde Wirrwarr an graphischen Varianten zeigt sich in extremo in der brandenburg-ansbacherischen Urkunde Nr. 2175 des Hauptstaatsarchives München, wo es in drei aufeinanderfolgenden Zeilen <Truchtlingen>, <Treuchtlingen> und <Trutlingen> heißt.

[13] Ernst Förstemann, Altdeutsches Namenbuch: I. Personennamen, 2., völlig umgearbeitete Auflage, Bonn 1900, Sp. 423. Weitere Belege sind ihm zufolge *Trutili* und *Triutili* in den Libri Confraternitum und *Trudila* in einer Handschrift des 9. Jh.

[14] Man könnte einwerfen, daß Koseformen seltener aufgezeichnet werden, doch *Drûdilo* gehört wohl zu jenen Kurzformen ursprünglich zweigliedriger altdeutscher Rufnamen, an die das verkleinernde, kosende Suffix -*ilo* antritt. Darüber hinaus war im übrigen ein Zugehörigkeitssuffix -*ing*/-*ung* bis zum 10. Jh. üblich. Vgl. dazu Konrad Kunze, dtv-Atlas Namenkunde: Vor- und Familiennamen im deutschen Sprachgebiet, München 1998, S. 21, außerdem S. 26.

nicht die ursprüngliche Form des Ortsnamen ist oder *Drutelinga* nicht auf den Vornamen zurückzuführen ist. Wie bereits erwähnt, zeigen bei weitem nicht alle *-ing(en)*-Namen einen Personennamen als Erstbestandteil. Bachs Arbeit zeugt vom Reichtum der möglichen Ursprünge der Erstbestandteile von *-ing(en)*-Namen[15]. Dies unterstreicht auch Vennemann in einem Beitrag: „Eine spezifisch volkstoponomastische Erscheinung ist die Ableitung alter Ortsnamen von Personennamen in allen solchen Fällen, in denen nicht eine realgeschichtliche Verbindung zu Personen des betreffenden Namens hergestellt wird".[16] Er geht dabei detaillierter auf die *-ing(en)*-Namen ein. Die entsprechende Passage, in der auch das Beispiel *Sigmaringen* erörtert wird, soll in extenso zitiert werden: „Die Ortsnamen-aus-Personen-Lehre [...] widerspricht der Erfahrung, die mit ungezählten Beispielen lehrt, daß Personen nach Örtlichkeiten benannt werden, aber mit sehr wenigen das Umgekehrte. [....] Tatsächlich räumen die Toponomasten ein, daß das Suffix *-ing(en)* auch in Ortsnamen erscheint, in denen man *keine* Personennamen vermutet. [....] Das *-ingen* in *Sigmaringen* und *Sigmarin-gendorf* gehört wie schon *-dorf* zu einer Phase – aber natürlich einer früheren Phase – der Kopferneuerung; und entsprechend für alle anderen alten *-ing(en)*-Namen. Diese Suffixe sind nicht Bestandteile der ursprünglichen Namen, sondern sind bestehenden Namen verdeutlichend und nativierend hinzugefügt worden oder haben frühere Köpfe, zum Beispiel *-(i)ācum*, ersetzt."[17] Wenngleich mir die radikale Ablehnung der Ortsnamen-aus-Personennamen-These übertrieben scheint, überzeugt mich die Grundidee von Vennemanns Einwand durchaus. Das Suffix *-ing(en)* wird wohl zunächst (in vorliterarischer Zeit) an Personennamen angetreten sein, später aber als eine Art Modetoponymensuffix generell als Ortsnamenmarker aufgetreten sein. Diese Generalisierung des Suffixes ist schon in vorliterarischer Zeit üblich gewesen, was die etymologische Forschung erschwert. Man muß sich dann davor hüten – und hier ist Vennemann vollends zuzustimmen –, nicht um einer Etymologie willen, irgendwelche anderweitig unbelegten Personennamen zu konstruieren[18]. Wichtig ist für die toponomastische Forschung darüber hinaus, daß „alle im Verlauf der Geschichte für die fragliche Örtlichkeit in Betracht kommenden Sprachen in gleichem Maße berücksichtigt werden".[19] Außerdem gilt es, folgendes zu bedenken: Der Erstbeleg taucht in einer lateinischsprachigen Quelle auf. Da es im Lateinischen kein Phonem /χ/ gab und das Graphem <h> nur anlautend oder intervokalisch vorkam, ist denkbar, daß ein

---

[15] Vgl. Adolf Bach, Deutsche Namenkunde: II. Die deutschen Ortsnamen 2, Heidelberg 1954, passim. Vgl. Straßner, Ortsnamenbuch (wie Anm. 5), S. 12*ff., und Schuh, Ortsnamenbuch (wie Anm. 5), S. 61*ff.

[16] Theo Vennemann, Volksetymologie und Ortsnamenforschung: Begriffsbestimmung und Anwendung auf ausgewählte, überwiegend bayerische Toponyme, in: Beiträge zur Namenforschung N.F. 34, 1999, S. 295, und ähnlich schon in früheren Arbeiten.

[17] Vennemann, Volksetymologie (wie Anm. 16), S. 296f.

[18] Vgl. auch Vennemann, Volksetymologie (wie Anm. 16), S. 301. Auf S. 303, Anm. 115, macht Vennemann auf die hohe Anzahl von bloß rekonstruierten Personennamen in von Reitzensteins Lexikon aufmerksam. Auf die Anmerkung der Herausgeber der Zeitschrift, einige dieser Sternchen-Formen seien doch belegbar, entgegnet Vennemann, daß „v. Reitzenstein durch gründlicheres Nachschauen seine Sternchen hätte vermindern können. An der Fragwürdigkeit seines Vorgehens ändert es nichts." Dies darf so nicht stehenbleiben, zeigt die verminderte Zahl der Sternchen-Formen doch immerhin, daß das Muster „Personennamen + *-ing(en)*" so selten nicht sein kann.

[19] Vennemann, Volksetymologie (wie Anm. 16), S. 304.

deutsches /χ/ in der latinisierten Graphie unreflektiert blieb. Zum Teil wurde /χt/ als <th> wiedergegeben[20], was die Form von 1095 erklären könnte.

Der Typ (IV) *Trautlingen* (14. Jahrhundert) wäre tatsächlich die regelmäßige Fortsetzung eines alten Typs *Drûtelinga(m)*. Die Form ist jedoch merkwürdig, kommt sie doch nur ein einziges Mal vor. Man kann sich fragen, ob sich der Name vielleicht auf einen anderen Ort bezieht, doch hat die Referenz auf unseren Ort Treuchtlingen als gesichert zu gelten: Es geht darin um eine Schenkung Wirichs von Trautlingen (des damaligen Herrn von Treuchtlingen) zweier Güter in Stad (heute Ortsteil Gstadt) und Graben (heute Dorf bei Treuchtlingen).[21] Handelt sich wohl um eine volksetymologische Umdeutung des mittelalterlichen Schreibers?

Die These, für die Formen nach 899 von einem vom Substantiv *truht* ‚Schar, Haufen' abgeleiteten Personennamen *Truhtilo*, auszugehen (so auch von Reitzenstein), ist zunächst nur für den zweiten Typ haltbar, da das *u* in *truht* kurz ist und somit nicht diphthongieren kann. Diese Erklärung kann im übrigen auch für den ersten Beleg gelten, da im Lateinischen – wie erwähnt – ein germanisches /χ/ sich nicht unbedingt in der Graphie niederschlagen muß. Doch trotz der zahlreichen Ortsnamen mit *Truht-* als mutmaßlichem Erstbestandteil,[22] läßt sich ein Vorname *Truhtilo*, wie ihn Straßner und von Reitzenstein vorschlagen (auf Förstemann beruhend[23]), nirgends belegen.[24] So kann man sich fragen, ob im Erstbestandteil möglicherweise nicht doch ein Appellativum zu sehen ist, wie Straßner es etwa auch für das 10 Kilometer nördlich von Treuchtlingen gelegene Holzingen annimmt.[25]

Werfen wir nun einen Blick auf die oben zitierte Deutung Bahlows. Onomasiologisch wäre ein Lexem, das ursprünglich ‚Lauge, Schmutzwasser' bedeutet, nicht abwegig, da Treuchtlingen in der Tat an einer feuchten, saisonweise überschwemmten Altmühlau aufgebaut wurde. Auch die Suche nach einem keltischen Etymon ist nicht ganz zu verwerfen, da die Juthungen der Gegend mit den Kelten (wenngleich auch romanisierten Kelten) zumindest in Kontakt waren. Doch Bahlows Ansatz krankt daran, daß ein keltisches *trok-to* ‚Lauge, Schmutzwasser' nirgendwo belegt ist.[26] Bahlow will es zu kymr. *troeth* ‚Lauge, Urin' stellen. Dieses aber erklärt das

---

[20] Hinweis Theo Vennemann.

[21] Vgl. Heidingsfelder, Regesten (wie Anm. 9), S. 481 (Nr. 1543).

[22] Vgl. Ernst Förstemann, Altdeutsches Namenbuch: II. Ortsnamen, 2., völlig umgearbeitete Auflage, Bonn 1900, Bd. 1, Sp. 749ff.

[23] Vgl. Förstemann, Namenbuch (wie Anm. 13), Sp. 428. Förstemann schreibt zwar, Sp. 427, „Berührungen finden durch den Fortfall des *h* leicht mit DRUDI statt", doch fragt man sich, nach welcher Lautentwicklung das *h* ausfallen soll.

[24] Zurecht versieht Henning Kaufmann, Untersuchungen zu altdeutschen Rufnamen, München 1965, S. 53, diesen Personennamen mit einem Asterisken.

[25] Vgl. Straßner, Ortsnamenbuch (wie Anm. 5), S. 12*f. Freilich schreibt Straßner die übrigen acht *ing(en)*-Orte des Altlandkreises Weißenburg der Gruppe „Ortsnamen aus Personennamen" zu. Doch ergibt sich auch hier das Problem, daß sich die postulierten Personennamen nicht immer belegen lassen, vgl. *Nennslingen* und *Eßlingen*.

[26] Weder bei Joseph Vendryes, Lexique étymologique de l'irlandais ancien, Paris 1959ff., noch bei Alfred Holder, Alt-celtischer Sprachschatz, 3 Bde., Leipzig 1896–1907, noch bei Pierre-Henri Billy, Thesaurus Linguae Gallicae, Hildesheim u.a. 1993, noch bei Ernest Nègre, Toponymie générale de la France: I. Formations préceltiques, celtiques, romanes, Genève 1990, noch bei Julius Pokorny, Indogermanisches Etymologisches Wörterbuch, München 1959, finden sich Belege.

Indogermanische Etymologische Wörterbuch zusammen mit bret. *troaz* ‚Urin' als Ableitung zu idg. **(s)terk-* < **(s)ter-* ‚unreine Flüssigkeit, Mist; besudeln, verwesen'.[27] Wenn man schon an ein keltisches Etymon denken will, dann eher an eine Schwesterform von air. *tráig* ‚rivage, grève; marée basse, reflux'. Doch es fehlen bislang belegte Entsprechungen im Kontinentalkeltischen; auch in den benachbarten romanischen Dialekten finden sich diesbezüglich keine Relikte.[28] Darüber hinaus müßte der Vokalismus noch geklärt werden.

Wie lassen sich nun die jüngeren Formen der Gestalt *-VVχt-* motivieren (wobei *-VV-* entweder Langvokal oder Diphthong sei)? Folgendes gilt es zu bedenken:

(a) Die ortsübliche Aussprache *dráiχdliŋ* spricht für eine Vorform **Tr-/Dr-öüχt(V)l-ing-* oder **Tr-/Dr-ṻ-χt(V)l-ing-*.

(b) Die Graphien <ou> und <eu> sprechen eher für eine Vorform **Tr-/Dr-öüχt(V)l-ing-* als für **Tr-/Dr-ṻ-χt(V)l-ing-*, denn der Tonvokal des letzteren Typs wurde mittelhochdeutsch meist mit <iu>, selten mit <eu>, wohl nie mit <ou> wiedergegeben[29]. Die <eu> aufweisenden Formen legen es nahe, daß auch in der Form <Trouhtlingen> ein umgelauteter Diphthong vorliegt, der zu jener Zeit in der Schreibung noch nicht generell wiedergegeben wurde.[30] Ein <Trouht->, das dann eigentlich als <Tröuht-> zu interpretieren wäre, läßt sich aus zweierlei Quellen ableiten: (a) einem (vor)ahd. **tr-/dr-ouht(V)l-*, (b) einem (vor)ahd. **tr-/dr-ewiht(V)l-* oder **tr-/dr-ouwiht(V)l-* (vgl. mhd. *vröüde* ‚Freude' von ahd. *frewida, frouwida*).

(c) Das Nebeneinander von <u> und <eu> spricht dafür, eher von langem *ü* auszugehen. Man müsste dann nach einer Vorform *tr-/dr-ūht(V)-l-* oder *tr-/drṻht(V)-l-* suchen. Es sei denn, <u> stellt tatsächlich eine konservierte Form mit Kurzvokal dar oder einen Schreibfehler.

Eine eindeutige Herleitung drängt sich jedenfalls nicht auf. Weder für die hier bislang rekonstruierten Formen **tr-/dr-ouht-* noch für **tr-/dr-ewiht-* noch für **tr-/dr-ūht-* lassen sich genau entsprechende Formen finden. Falls sich aber ein Wort letzteren Typs finden sollte, dürfte es auch alle Belege seit 899 erklären (da ja die Quantität nicht regelmäßig bezeichnet worden ist).

Für die Suche nach einer passenderen Etymologisierung muß bemerkt werden, daß das *-l-* möglicherweise falsch abgetrennt wurde und aufgrund zahlreicher anderer Namen geographisch relativ naheliegender Orte als Teil des Suffixes aufgefaßt

---

[27] Pokorny, Wörterbuch (wie Anm. 26), S. 1032.

[28] Vgl. Vendryes, Lexique (wie Anm. 26), S. T–123f. Bahlows grundsätzliche Arbeitsweise wird zuletzt von Katharina Freche, Zur Methodik der Ortsnamendeutung: Konkurrierende Erklärungen ausgewählter Fluß- und Siedlungsnamen des Kreises Göppingen, in: Sprachwissenschaft 20, 1995, S. 396–419, kritisiert.

[29] In althochdeutscher Zeit wurde zwar langes *u* in bairischen Texten auch mit <ou> wiedergegeben; dies geht aber in spätalthochdeutscher Zeit zurück (vgl. Wilhelm Schmidt, Geschichte der deutschen Sprache, 7. verbesserte Auflage, Stuttgart 1996, S. 236).

[30] Vgl. die lautlichen und graphischen Übersichtsbeschreibungen bei Schmidt, Geschichte (wie Anm. 29), S. 225ff., und bei Frédéric Hartweg / Klaus-Peter Wegera, Frühneuhochdeutsch: Eine Einführung in die deutsche Sprache des Spätmittelalters und der frühen Neuzeit, Tübingen 1989, S. 98f. Zur Lautentwicklung im Treuchtlinger Raum vgl. man Jutta Schödel, Die Mundart des Altmühl-Rezat-Raumes: Eine lautgeographisch-historische Untersuchung, Nürnberg 1967, und Adolf Gütter, Nordbairischer Sprachatlas, München 1971.

wurde. Man denke an *Ellingen, Nennslingen, Eßlingen, Flüglingen, Rehlingen, Dillingen, Aislingen*. Die Vorschläge müssen dabei auf vier Aspekte der historischen Ortsnamenforschung eingehen: (a) Begründung der Sprachschicht, (b) lautlich-morphologische Herleitung, (c) morphologische Parallelfälle (was aber bei volksetymologischen Umdeutungen entfällt), (d) onomasiologische Begründung. Ein guter etymologischer Kandidat dürfte daher in der Wortfamilie von ahd. *triu* ‚treu‘ zu suchen sein. Versteckt sich hinter der Form *Treucht-(lingen)* ein Partizip Präteritum von ahd. *triuwôn* ‚sich verbünden‘[31]? Dies wäre onomasiologisch nicht abwegig. Gerade in Zeiten des Zwists und des Krieges kann für eine Dorfgemeinde die Eigenschaft des Verbündet-Seins besonders wichtig erscheinen. Allerdings bedarf die Lautung noch einer Erklärung. Das regelrechte Partizip Präteritum von *triuwôn* lautet ja ahd. *triuwôt*. Vielleicht läßt sich das Problem folgendermaßen lösen. Schmidt-Wiegand beschäftigt sich eingehend mit der Geschichte von fränk. *druht*.[32] Sie beschreibt, daß ersteres in der Lex Salica in den Bedeutungen ‚Hochzeitszug‘ und ‚contubernium, Zeltgenossenschaft‘, sonst in der Bedeutung ‚bewaffnete Schar‘ zu belegen sei – dann neben *scola* ‚dass.‘ und mlat. *trustis*/fränk. *trôst* ‚Hilfe, Hilfsschar‘ auftritt. Sie erschließt am Ende für *druht* die Grundbedeutung ‚Schar, die unter gemeinsamen Anstrengungen etwas ausführt‘. Dies würde der Klärung unseres Ortsnamen eher genüge leisten. Es handelt sich um eine Art Verbund, ein Bündnis, eine Interessengemeinschaft, vielleicht im Kampf gegen die Römer. Im weiteren Verlauf der Sprachgeschichte sei dann *druht* von *trôst* verdrängt worden. Schmidt-Wiegand führt zur

[31] Zwei weitere Etyma bieten sich lautlich noch an: lat. *trūcta* ‚Forelle‘ und ahd. *drûhôn* ‚fangen, fassen‘. Diese können aber schlecht die übrigen genannten etymologischen Kriterien zur Gänze erfüllen. Zu ersterem: Lateinische Herkunft darf nicht gänzlich ausgeschlossen werden, waren doch die Kelten, auf welche die Juthungen stießen, aller Wahrscheinlichkeit nach weitgehend romanisiert. Vor diesem Hintergrund wäre folgende volksetymologische Umdeutung denkbar. Die Altmühl zeichnete sich durch großen Fisch- und Krebsreichtum aus, wie schon 840 der Biograph des Mönches Sola aus dem heutigen nach ihm benannten Solnhofen berichtet, und die Fischerei entwickelte Treuchtlingen im 13. Jahrhundert langsam, ab dem 14. Jahrhundert dann schneller zu einem wichtigen Fischereiort; insbesondere die Zuflüsse der Altmühl weisen dabei einen guten Forellenbestand auf (vgl. Rudolf Jakob, Fischerei in der Altmühl, in: Heimat- und Bäderverein Treuchtlingen (Hg.), Heimatbuch Treuchtlingen, Gunzenhausen 1984, S. 251 u. 254). Man mag daher an ein lateinisches *trūcta* ‚Forelle‘ denken (mit sekundärem *i*-Umlaut). In jedem Falle handelte es sich dabei um eine volksetymologische Umdeutung. Es gibt Ortsnamen mit einem (mutmaßlich) Erstbestandteil *Fisch* wie *Fischbach, Fischbeck, Fisching, Fischlingen*. Allerdings taucht der spezifische Name *Forelle* in Ortsnamen meines Wissens nirgendwo auf (vgl. Förstemann, Namenbuch (wie Anm. 22), Bd. 1, Sp. 891ff.). Darüber hinaus läßt sich einwenden, daß sich Tochterformen von *tructa* in den verschiedenen bairischen Mundarten bislang nicht nachweisen lassen (vgl. dagegen ae. *trūht*, ne. *trout*). Zu der Möglichkeit, von ahd. *drûhôn* ‚fangen, fassen‘ auszugehen, sei folgendes angemerkt: In der Gegend von Würzburg kommt ein *Druhiclingon* vor, welches auf dieses Verb zurückgeführt wird. Andere Ortsnamen mit *Drûh-* lassen sich auf das entsprechende Substantiv *drûh* ‚Falle [insbesondere für wilde Tiere und Fische]‘ zurückführen (es sei an den Fischbestand der Altmühl erinnert), z.B. *Traubach* und *Traunthal* (vgl. Förstemann, Namenbuch (wie Anm. 22), Bd. 1, Sp. 748ff.). Auch hier ist dann später analoger (hyperkorrekter) *i*-Umlaut anzunehmen. Doch welche Form von *drûhôn* soll man ansetzen? Ein Partizip Präteritum *drûhôt* macht ja kaum Sinn. Das Problem ließe sich lösen, wenn man davon ausgeht, daß volksetymologisch *Drûh-teling(en)* rezipiert wurde.

[32] Ruth Schmidt-Wiegand, Fränkisch *druht* und *druhtin*: Zur historischen Terminologie im Bereich der Sozialgeschichte, in: Helmut Beumann (Hg.), Historische Forschungen für Walter Schlesinger, Köln-Wien 1974, S. 525–528 und S. 534f.

Illustration den formalen Ersatz des Ortsnamen *Truhtesdorf* durch *Troisdorf* an: „Entscheidend dürfte […] gewesen sein, daß *trōst/trustis* als Sache und Wort im Bereich des Fränkischen gegenüber *druht* das größere Gewicht hatte".[33] Diese Beobachtungen stellen Straßners Andeutung von der Kreuzung mit bzw. dem Ersatz durch *truht* verstärkt in Frage, da ein *trût* bis heute im deutschen Wortschatz fest verankert ist. Somit wird erneut nahegelegt, auch schon für den Beleg von 899 von Haus aus eine phonetische Form /druχt-/ anzunehmen. *Truht-lingen* wäre dann ein „Bündnis-Dorf". Ahd. mhd. *truht* taucht dann in ähnlicher Weise als Erstbestandteil von Ortsnamen auf wie ahd. *folc*[34], das im politischen, quantitativen, sozialen und militärischem Sinne verstanden werden konnte.[35] Doch *truht* war vom Aussterben bedroht und wurde wahrscheinlich immer weniger verstanden. So scheint dann eine Kreuzung, oder besser: volksetymologische Remotivierung, mit dem semantisch verwandten *triuwe* oder seinem Adjektiv *triu* (im Vokalismus) durchaus denkbar Im Gegensatz zu der bei Straßner und von Reitzenstein postulierten Kreuzung von *Drût-* und *Truht-*, bei der beide Lautformen zerstört würden, bleibt ein *triu* voll bestehen.

Fazit: Eine Gesamtbetrachtung des *Treuchtlingen*-Problems macht folgende Geschichte des Ortsnamens wahrscheinlich: (Stufe I) unbekannte Lautform (möglicherweise mit Eigennamen als Erstbestandteil), (Stufe II) volksetymologische Umdeutung (Remotivation?) nach dem Appellativum *truht*, (Stufe III) volksetymologische Remotivation nach *triu(we)*.

[33] Schmidt-Wiegand, *druht* (wie Anm. 32), S. 527.
[34] Vgl. Förstemann, Namenbuch (wie Anm. 22), Bd. 1, s.v. *Fulk*[1].
[35] Vgl. Rudolf Grosse (Hg.), Althochdeutsches Wörterbuch, Berlin 1971–1985, Bd. 3, s.v. *folc*.

Ludwig S c h n u r r e r

Der Fall Hans Wern
Ein spätmittelalterlicher Elitenkonflikt in der Reichsstadt
Rothenburg ob der Tauber

Herrn Prof. Dr. Rudolf Endres nachträglich zu seinem 65. Geburtstag gewidmet

Der Rat der Reichsstadt Rothenburg[1] war in der zweiten Hälfte des 14. Jahrhunderts in zunehmendem Maße aus dem Einflußbereich der alten patrizischen Geschlechter in den neuer, reich gewordener Familien gelangt.[2] Der Weg dazu führte über eine Kette von Rivalitätskämpfen, über deren Verlauf wir meist wenig wissen; lediglich die Schlußpunkte, Stadtverweise oder Verbote, sich in den Rat wählen zu lassen, sind bekannt. Diese Entwicklung begann um 1360/61 mit der Entmachtung Heinrich Vetters und einiger seiner Parteigänger im Rat[3] und seiner Ermordung 1365. 1368 wurde fünf bisherigen Ratsmitgliedern, darunter dem Altpatrizier Andreas Wernitzer, der Zugang zum Rat auf immer verwehrt.[4] Das Geschlecht der Hornburg, zum ältesten Rothenburger Patriziat gehörig, geriet besonders in die Schußlinie des Stadtregiments.[5] Daneben traf es die ebenfalls zum Urbestand des städtischen Patriziats zählende Familie Zuckmantel[6] sowie nochmals die Wernitzer und die Eberhard.[7] Der verständliche Widerstand der alten Geschlechter beschränkte sich offenbar und erstaunlicherweise auf verbale Kritik im privaten Bereich. Siegfried Hornburg und sein Sohn Dietrich beschwerten sich 1375, „daz der rate nit redlich bestellet were, und die pfützen giengen uff, und die guten brunnen verdürben, und ez müst noch anders sten, oder ir 10 müsten die kopf dor umb geben",[8] was von Siegfried Häuptlin,

---

[1] Verwendete Abkürzungen: d = Denar; fl = Gulden; hl = Heller; lb = Pfund; LK = Landkreis; Ro = Rothenburg o.d.T.; Rst = Reichsstadt; ß = Schilling; StadtA = Stadtarchiv; StAN = Staatsarchiv Nürnberg; UB Ro = Ludwig Schnurrer (Bearb.), Die Urkunden der Reichsstadt Rothenburg 1182–1400 (Veröffentlichungen der Gesellschaft für fränkische Geschichte III/6), 2 Bde., Neustadt a.d. Aisch 1999.

[2] Diese wichtige Entwicklung ist für Rothenburg noch nicht eingehend untersucht worden. Bei Rudolf Walter von Betzold, Die Verfassung und Verwaltung der Reichsstadt Rothenburg ob der Tauber 1172–1803, Nürnberg 1915, S. 13 und 43, wird das Problem überhaupt nicht angesprochen; Karl Borchardt, Die Ratsverfassung in Rothenburg, Dinkelsbühl, Weißenburg, Windsheim und Schweinfurt, in: Rainer A. Müller (Hg.), Reichsstädte in Franken, Aufsätze 1, München 1987, S. 205–216, hier S. 208f., hat es erstmals erkannt und knapp, aber deutlich formuliert.

[3] 1361 II 21: UB Ro, I, S. 471 Nr. 1156. Ludwig Schnurrer, Der Fall Heinrich Vetter, in: Die Linde (Zeitungsbeilage Rothenburg) 59, 1977, S. 41–46; Ludwig Schnurrer, Die Reichsstadt Rothenburg im Zeitalter Karls IV. 1346–1378, in: Blätter für deutsche Landesgeschichte 114, 1978, S. 563–612; hier S. 610ff. (auch in: ders., Rothenburg im Mittelalter, Rothenburg 1997, S. 125–186, hier S. 164ff.).

[4] 1368 VII 15: StadtA Ro B 9b (Statutenbuch), fol. 1.

[5] 1375 VIII 15: einjähriges Stadtverbot für Heinrich Hornburg; StAN Rst Ro Akten 86 (Urfehdebuch), fol. 37. 1377 IX 11: Ratsverbot für fünf Mitglieder der Familie; StadtA Ro B 9b (Statutenbuch), fol. 1. 1380: sechswöchiges Stadtverbot für Contz Hornburg; StAN RSt Ro Akten 86 (Urfehdebuch), fol. 40.

[6] 1378: ewiges Stadtverbot für Seiz Zuckmantel; ebenda, fol. 24. 1384 II 5: Stadtverbot für Hans Zuckmantel; ebenda, fol. 43. 1393 V 5: Stadtverbot für Jakob Zuckmantel; ebenda, fol. 33'.

[7] 1393: ebenda.

[8] Ebenda, fol. 38.

einem der reichen und machtstrebenden Aufsteiger, belauscht und dem Rate hinterbracht wurde, der aber, außer mit einem Eintrag im Urfehdebuch, offenbar nicht darauf reagierte.

Es ist festzuhalten, daß bis zur Jahrhundertwende die Gruppe der Neuaufsteiger sowohl im Rat als auch im Sozial- und Wirtschaftsgefüge Rothenburgs die Vertreter des alten Patriziats überflügelt hatte, der Zahl und dem Sozialprestige nach. Die Schicht der alten Geschlechter war zahlenmäßig zu klein geworden, um das Ratsregiment und die sich immer vielschichtiger entfaltende Verwaltung allein, ohne Kooptation von Aufsteigern, effektiv in Gang zu halten. Sinnfälliger Ausdruck dieser Entwicklung ist die Tatsache, daß beim Bau des Langhauses der Sankt Jakobs-Pfarrkirche um 1400 von den vier in die Seitenschiffe eingebauten Familienkapellen nur eine (die Wernitzer-Kapelle) von einem patrizischen Geschlecht, die anderen drei (Toppler, Häuptlin, Spörlin) von Aufsteigerfamilien in Anspruch genommen wurden.[9]

Nachdem also die Machtansprüche der alten Geschlechter wenn nicht ausgeschaltet, so doch weitgehend zurückgedrängt worden waren, ergaben sich neue Konfliktfelder aus der Rivalität zwischen einzelnen Vertretern der ehrgeizigen neuen Führungsschicht, vor allem aus ihrem Bestreben, neben der wirtschaftlichen auch politische Macht, also Teilhabe am Stadtregiment zu erringen. So wurde 1384 der aus Neustadt an der Aisch stammende und erst 1378 eingebürgerte Peter Judenschmied aus dem Rat verdrängt;[10] vielleicht stand dieser Fall im Zusammenhang mit den antijüdischen Ausschreitungen dieses Jahres und der Gefahr einer daraus entstehenden Revolte des handwerklichen Mittelstandes.[11] Wenig später, 1387, erkämpften sich die Handwerkszünfte im benachbarten Dinkelsbühl die Beteiligung am Stadtregiment.[12] In Rothenburg behauptete sich jedoch die alte Ratsverfassung, vielleicht nur deshalb, weil sie von jungen, wohlhabenden, tatkräftigen und ehrgeizigen Aufsteigerfamilien gestützt und getragen wurde.

Zehn Jahre später, 1394, ereignete sich in Rothenburg ein Fall von außergewöhnlicher Dramatik und Heftigkeit als Höhepunkt der rivalisierenden Auseinandersetzung zwischen zwei Aufsteigern: der „Fall Hans Wern", der im folgenden geschildert werden soll.

I. Herkunft und Familie

Der Name „Wern" stammt aus dem Germanischen; er hängt zusammen mit dem mittelhochdeutschen Verb „weren" (= schützen, verteidigen) und ist für Personennamen verschiedene Wortverbindungen eingegangen; am häufigsten ist der Name „Wernher" (= Werner) überliefert, aber auch die Kose- oder Verkleinerungsform

---

[9] Anton Ress, Die Kunstdenkmäler von Bayern, Mittelfranken, Bd. VIII, Rothenburg o.d.T., Kirchliche Bauten, München 1959, Faltblatt S. 104 (Grundriß von St. Jakob).

[10] 1384 VIII 8: StadtA Ro B 9b (Statutenbuch), fol. 1. Peter Judenschmied rangierte in der Steuerliste von 1407 mit einer Steuersumme von 68 fl an 9. Stelle; StadtA Ro B 39, fol. 78.

[11] Ludwig Schnurrer, Soziale Unruhen und bürgerliche Aufstände im mittelalterlichen Rothenburg, in: ders., Rothenburg im Mittelalter (wie Anm. 3), S. 272–286, hier S. 274f.

[12] Ludwig Schnurrer (Bearb.), Die Urkunden der Stadt Dinkelsbühl 1282–1450 (Bayerische Archivinventare 15), München 1960, S. 65f. Nr. 293.

„Wernlin" oder „Werlin".[13] Die Verwendung als Vor- oder Familienname schwankt in der Frühzeit der Rothenburger Überlieferung (erste Hälfte des 14. Jahrhunderts). Die häufige Nennung eines „dictus Wern" (ohne Vornamen) bezieht sich zweifellos auf einen Familiennamen, während bei „Wern Zolner" (1316, 1329), „Wern Sneke" (1318) und „Wern Sactreger" (1327) die Verwendung als Vorname wahrscheinlicher ist. Die Herausbildung von Familiennamen aus Vornamen, Berufsbezeichnungen und Übernamen ist in dieser Zeit sowieso fließend.

Eine weniger wahrscheinliche Möglichkeit ist die Herleitung des Personennamens Wern vom Ortsnamen Wern (Ober- und Niederwerrn, LK Schweinfurt),[14] abgeleitet vom Flußnamen Wern,[15] weil man hier die Herkunftspräposition „de" oder „von" erwarten müßte.[16]

Der Familienname Wern taucht in Rothenburg[17] zu Beginn des 14. Jahrhunderts erstmals auf;[18] die Belege dafür lassen keine spezifischen Standes- oder Beschäftigungsmerkmale erkennen.[19] Bei einem zwischen 1324 und 1329 nachweisbaren „Wern pistor"[20] (bei dem es freilich offenbleibt, ob es sich bei „Wern" um einen Vor- oder Familiennamen und bei „pistor" um eine Berufsbezeichnung oder um einen Familiennamen handelt), wird erstmals eine Betätigung im Wollhandel sichtbar;[21] auch im Weinhandel scheint er tätig gewesen zu sein.[22] Für die folgenden Jahrzehnte mangelt es merkwürdigerweise (bis jetzt) an jeglichen Nachweisen für diese Familie; es fehlt praktisch eine ganze Generation. Erst mit dem Jahre 1360 setzt die Über-

[13] Hans Bahlow, Deutsches Namenlexikon, München 1967, S. 544; Ernst Förstemann, Altdeutsches Namenbuch I (Personennamen), Bonn 1900 (ND München 1966), Sp. 1540.

[14] Stephan Ankenbrand/Karl Stolz (Hg.), Heimatbuch Oberwern, Oberwern 1959.

[15] Nebenfluß des Mains, bei Rannungen entspringend, bei Wernfeld in den Main mündend. Vgl. dazu Marieluise Petran-Belschner, Der Bachname Wern, in: Frankenland (Zeitschrift des Frankenbunds) 35, 1983, Heft 7/8, S. 211–215.

[16] Gerhard von Wern, 1313 (Eberkopf im Wappen): Karl Primbs, Nachträge zu den Mittheilungen über die Sammlung von Siegelabgüssen des k. allgemeinen Reichsarchives, in: Archivalische Zeitschrift NF 9, 1900, S. 28–101, hier S. 56. Der mittelhochdeutsche Didaktiker Hugo von Trimberg († nach 1313) nannte sich auch Hugo von Wern nach seinem wahrscheinlichen Geburtsort Oberwern; vgl. Dr. M. H. [= Michel Hofmann], Aus dem Legendenbuch des Hugo von Trimberg, in: Frankenland NF 11, 1959, S. 131–133, hier S. 131. Konrad von Wern, 1401 und 1403 Wachmeister der Stadt Schweinfurt; Friedrich Stein (Hg.), Monumenta Suinfurtensia historica, Schweinfurt 1875, S. 329f. In Rothenburg: 1370 Hoslin de Wern; StAN Rst Ro Akten 487e (Stadtgerichtsbuch), fol. 204'.

[17] Eine Familie Wern in Biberach hat einen wachsenden Mohr mit Pfeil über gerauteter Schildhälfte im Wappen; Otto Titan von Hefner (Hg.), Johann Siebmacher's grosses und allgemeines Wappenbuch ..., Bd. V/4, Nürnberg 1890, S. 47 mit Tafel 50.

[18] Die quellenmäßig breite Überlieferung beginnt erst mit dem ältesten Stadtgerichtsbuch 1302ff.

[19] 1302: Hermannus Wern; StadtA Ro B 14 (Stadtgerichtsbuch), fol. 7'. 1303: Cunradus dictus W(e)rn; StAN Rst Ro Akten 487a (Achtbuch des Landgerichts), fol. 55'. Ob der zwischen 1306 und 1311 wiederholt im ältesten Stadtgerichtsbuch genannte Walter Wrn (!), auch Wurn, hierher gehört, ist möglich, aber nicht sicher.

[20] StadtA Ro B 15 (Stadtgerichtsbuch), zwischen fol. 49 und 129 häufig.

[21] 1329: „Chuntzeman preceptum est dare Wern pistori centum lb lane per quindenam. C. Ysunc preceptum est dare Wern pistori centum lb lane per quindenam"; ebenda, fol. 117. „Wern pistor datus est dies contra C. Ysunc, quod debet perducere testes pro lana"; ebenda, fol. 128.

[22] 1329: „Lutz Herbort preceptum est contra Wern pistorem pro dimidium plaustrum vini super computationem"; ebenda, fol. 129'.

lieferung in breiter Front ein; es erscheinen die (vermutlichen) Gebrüder Hans (Johannes), Sifrid (Seiz) und Leupolt (Lupolt) Wern. Deren Eltern bleiben noch im Dunkeln; Angaben über eine Familienkontinuität des Berufs, des Besitzes, der Wohnstätten sind somit nicht möglich.

Sifrid Wern, seit 1362 nachweisbar,[23] Bruder oder Vetter des Hans,[24] saß in der Rödergasse und zahlte 1374 21^1/2 lb hl, 1377 14^3/4 lb hl Steuer.[25] Neben ihm wohnte sein „gener", (Schwiegersohn oder Schwager) C. (Konrad) Vetter, vielleicht ein Angehöriger der früher einflußreichen Patrizierfamilie Vetter.[26] Er gehörte auf Grund seiner Steuersummen zur mittleren Vermögensschicht der Stadt, scheint aber früh verstorben oder weggezogen zu sein; nach 1377 finden sich für ihn (bis jetzt) keine Belege.

Leupolt (Lupolt) Wern war eindeutig ein Bruder des Hans.[27] 1374 fehlt er noch in der Steuerliste; 1377 zahlte er mit seinem Haus in „Mullners zwerh gazz" (vermutlich die heutige Rosengasse) bescheidene 7^1/2 lb hl Steuer, weniger als ein Zehntel seines Bruders Hans (80 lb hl) – eine Tatsache, die das Verhältnis zwischen den beiden zu verdeutlichen vermag: das des weniger Erfolgreichen zum Emporgekommenen. Die persönlich-familiären Beziehungen waren dementsprechend kühl. Als Hans 1400 aus Rothenburg floh, suchte er Unterstützung nicht etwa bei seinem Bruder, sondern bei seinem entfernten Verwandten Hans Öffner.[28] Und als ihn Leupolts Frau 1402 ohne dessen Wissen im Ansbacher Exil besuchte und ihn um eine Beisteuer zur Verheiratung ihrer Tochter bat, da zeigte er sich geizig und lieh ihr lediglich drei Gulden, dazu noch gegen Pfand.[29] So scheint Leupolt Wern ohne Repressalien aus der Affäre um seinen Bruder herausgefunden zu haben. Sein gutes Verhältnis zu Heinrich Toppler, dem Erzrivalen seines Bruders, wird im gleichen Jahr 1402 augenscheinlich: Toppler ist unter den Zeugen, als Leupolt Wern seine Tochter Elsbeth dem Heinrich Holzer zur Frau gibt und darüber einen Ehekontrakt schließt.[30] Leupolt Wern ist vorläufig bis 1413 als Rothenburger Bürger nachweisbar.[31] Er zahlte 1407 6 fl 11^1/2 lb 5 d Steuer, dreimal mehr als 1377, Beweis eines kräftigen wirtschaftlichen Aufschwungs innerhalb von drei Jahrzehnten.[32] Er hatte inzwischen seinen Wohnsitz in die Gegend zwischen Klingenviertel und Galgengasse verlegt, wo um diese Zeit offenbar Neubaugebiete ausgewiesen wurden.[33] 1402 konnte er seiner Tochter Elsbeth bei ihrer Heirat mit Heinrich Holzer eine beträchtliche Heimsteuer von 100 fl mitgeben.[34] Auf welche

---

[23] StAN Rst Ro Akten 487e (Stadtgerichtsbuch), fol. 11.

[24] 1364 bürgt er neben Hans Wern für Lupolt Wern: ebenda, fol. 73. 1369 bürgt er für Hans Wern: ebenda, fol. 178.

[25] StadtA Ro B 39, fol. 4, bzw. 49'/2.

[26] Über sie vgl. Schnurrer, Vetter (wie Anm. 3).

[27] 1395 um III 12 wird er ausdrücklich als sein Bruder bezeichnet; StadtA Ro A 778a/II, fol. 2'.

[28] Siehe unten Anm. 53.

[29] Anhang V § 2.

[30] StAN Rst Ro Akten 487g (Stadtgerichtsbuch), fol. 82.

[31] StadtA Ro B 235 (Stadtgerichtsbuch), fol. 155 und 162.

[32] StadtA Ro B 39, fol. 69'.

[33] Ludwig Schnurrer, Die Stadterweiterungen in Rothenburg ob der Tauber, in: ders., Rothenburg im Mittelalter (wie Anm. 3), S. 12 mit Karte.

[34] StAN Rst Ro Akten 187g (Stadtgerichtsbuch), fol. 82.

Weise er sein Vermögen vermehrte, bleibt unklar. Die vielen Einträge in den Stadtgerichtsbüchern sind meist zu knapp formuliert, die darin genannten eingeklagten Geld-
summen meist gering, mit einigen Ausnahmen, die aus seiner Spätzeit überliefert
sind.[35] Möglicherweise hat er nach dem Tode seines Bruders Hans (1406) teilweise
dessen Geschäfte weitergeführt. Vielleicht hängen damit auch seine Geschäftsverbindungen nach Nürnberg zusammen, die zu 1405 belegt sind.[36] Sein Todesjahr ist unbekannt.[37] Sein Sohn Hans wurde Geistlicher; er war seit 1419 (vielleicht schon seit
1417) Kaplan am Rothenburger Dominikanerinnenkloster und starb um den 1. September 1427.[38] Eine Tochter, Elisabeth, war mit Heinrich Holzer,[39] eine andere, Margaretha, mit Heinrich Noter verheiratet.[40] Wahrscheinlich gab es noch eine dritte
Tochter, Christina (Cristein), die Ulrich Eberbach zum Mann hatte.[41] Sie verkaufte
zusammen mit „Herrn" Hans, ihrem vermutlichen Bruder, ein Viertel des Zehenten zu
Bettenfeld an Walter Seehofer.[42]

Eine offensichtlich unverheiratete Schwester Hans Werns, Margaretha, lebte in
seinem Haushalt, war nach seiner ersten Flucht und Verurteilung stark in seine
Geschäfte, besonders mit der Kartause Christgarten, eingebunden,[43] die auch nach
Werns zweiter Flucht 1400 von ihr weitergeführt wurden, wofür sie ihn mehrmals in

---

[35] StadtA Ro B 235 (Stadtgerichtsbuch), fol. 1: 1408: 35 fl; vielleicht hängt damit der Verkauf eines
verpfändeten Hauses im gleichen Jahr zusammen (ebenda, fol. 12). Ebenda, fol. 48: 1410: 60 fl.

[36] Hans Hubsman bezahlt für ihn 57 lb hl in Nürnberg; StAN Rst Ro 487g (Stadtgerichtsbuch),
fol. 167.

[37] Jahrtagsstiftung für ihn und seine Frau, für Heinrich Holzer und Frau Elisabeth, Tochter Leupolt
Werns, sowie für Leupolts Sohn Hans (siehe Anm. 38) im Dominikanerinnenkloster: StAN Rentamt Ro
512 (Kaplaneibuch des Klosters), fol. 10.

[38] Karl Borchardt, Die geistlichen Institutionen in der Reichsstadt Rothenburg ob der Tauber und dem
zugehörigen Landgebiet von den Anfängen bis zur Reformation (Veröffentlichungen der Gesellschaft für
fränkische Geschichte IX/37,1 und 2), 2 Bde., Neustadt a.d. Aisch 1988, I, S. 573f. Nr. 157 = II, S. 1162
Anm. 157. Hier wird der Kaplan Hans Wern irrig identifiziert mit Hans d.J., der 1386 (nicht 1383;
UB Ro, II, S. 785 Nr. 1999) von der Stadt Rothenburg das Dorf Windelsbach kaufte; dies war der Sohn
Hans Werns d.Ä., siehe unten Anm. 71. Noch weniger kommt eine Gleichsetzung mit dem Ansbacher
Kanoniker Johann Wern in Frage. Sein eigenhändig geschriebenes Testament von (vor) 1427 IX 22: StAN
Rst Ro U 2223; Borchardt, ebenda, I, S. 703 Nr. 275c. Dazu die Bestätigung seiner Schwester Margaretha
und ihres Mannes Heinrich Notter der Stiftung eines Jahrtags im Dominikanerinnenkloster vom gleichen
Tag: StAN Rentamt Ro 512 (Kaplaneibuch des Klosters), fol. 9'f.

[39] Ehekontrakt 1402 (100 fl Heimsteuer): StAN Rst Ro Akten 487g (Stadtgerichtsbuch), fol. 82. 1411:
StadtA Ro B 235 (Stadtgerichtsbuch), fol. 107'. Jahrtag für beide im Testament des Kaplans Hans Wern
1427 IX 22: StAN Rst Ro U 2223; StAN Rentamt Ro 512, fol. 9'f.; Borchardt, Institutionen (wie Anm.
38), I, S. 703 Nr. 275c.

[40] Borchardt, Institutionen (wie Anm. 38), ebenda.

[41] Über die Familie Eberbach vgl. Ludwig Schnurrer, Das Geschlecht der Eberbach in Rothenburg ob
der Tauber, in: Die Linde 72, 1990, S. 36–45. Heinrich Eberbach war Hans Werns Nachbar in der
Schmiedgasse: UB Ro, I, S. 634 Nr. 1603 (1375 VIII 27); er ist von 1377 bis 1409 als Mitglied des Inneren Rats nachweisbar.

[42] StadtA Ro B 235 (Stadtgerichtsbuch), fol. 62'.

[43] Vor 1400 nennt sie Prior Hans von Christgarten eine „wyse" Jungfrau, deren „leben mir über dy moz
wol gefelt"; UB Ro, II, S. 1129 Nr. 2893. Um die gleiche Zeit gibt sie einem Geschäftsfreund Werns
Auskunft über Zahlungsmodalitäten: ebenda, S. 1130 Nr. 2896.

Ansbach aufsuchte[44] und die sie selbst nach Werns Tod (1406) noch weiterführte.[45] Zur Unterscheidung von ihrer Nichte Margaretha, der Frau ihres Neffen Hans Wern des Jüngeren (siehe unten), wird sie einmal auch „Margret die alt Wernin" genannt.[46] Sie scheint eine starke, kluge, unabhängige Frau gewesen zu sein.

Von einer zweiten Schwester, Anna, erfahren wir, aus Hans Werns Frühzeit, lediglich, daß er 1363 zu einer Zahlung an sie verpflichtet wurde.[47] Sie könnte mit dem C. (Konrad) gener (beziehungsweise eyden) Werns verheiratet gewesen sein, der zu 1374 und 1382 nachweisbar ist.[48] Beide Verwandtschaftsbeziehungen können sowohl Schwiegersohn wie Schwager, sogar Schwiegervater bedeuten.[49]

In noch stärkerem Maße war Hans Werns Schwägerin („geswey") Margaretha Stöcklin („Stöcklerin"), die Schwester seiner ersten Frau Elisabeth (siehe unten), an seinen Geschäften beteiligt. Schon 1365, nach dem Tode seiner Frau, vertraute er ihr, zusammen mit einer weiteren „geswey" Anna, vielleicht vor Antritt einer längeren Pilgerreise (siehe unten Abschnitt IV), sein gesamtes fahrendes und liegendes Vermögen an.[50] 1381 verkaufte sie an ihren Neffen (Schwestersohn) Hans Wern den Jüngeren Gülten in Spielbach.[51] Nach Werns zweiter Flucht 1400 besuchte sie ihren Schwager trotz strengen Verbots viermal in Ansbach „von irs geltz wegen", wie sie bei einem scharfen Verhör 1402 beteuerte; sie sei aus keinem anderen Grunde bei ihm gewesen, „dann daz sie ir gelt an in vordern wolt, daz er ir schuldig were." Sie verlangte also ihren Geschäftsanteil zurück aus Furcht, der Rat könnte auch den konfiszieren. Dieser belegte sie mit einer (sicher schweren) Geldstrafe und zwang ihr einen Eid ab, ihren Schwager nicht mehr zu treffen.[52]

Zum engeren Sippenkreis ist schließlich auch Hans Öffner zu rechnen, den Wern „Vetter" nennt, womit sein Verwandtschaftsverhältnis allerdings nur unscharf gekennzeichnet wird. Er entstammte einer niederadeligen Familie, die (offenbar mit Konrad I., vermutlichem Vater des Hans) um die Mitte des 14. Jahrhunderts in Rothenburg seßhaft wurde.[53] Er gehörte, wie Wern und Toppler, der vermögendsten Schicht an,[54] wohnte, wie Wern und Toppler, in der Oberen Schmiedgasse, einem Sitz

---

[44] Anhang V § 8: Ankauf von Käse, Schmalz u.a. vom Schaffner, wohl von Christgarten oder Tückelhausen. Weitere Nennungen von Transaktionen: StAN Rst Ro Akten 487g (Stadtgerichtsbuch), fol. 24, 102, 111', 128'.

[45] 1411–1416 (letztmalige Nennung): StadtA Ro B 235 (Stadtgerichtsbuch), fol. 97' und 244.

[46] StAN Rst Ro Akten 487g (Stadtgerichtsbuch), fol. 128'.

[47] Ebenda, 487e (Landgerichtsbuch), fol. 45.

[48] 1374: StadtA Ro B 297 (Stadtgerichtsbuch), fol. 54. 1382: ebenda, B 39, fol. 58/2 (Stallmiete anläßlich eines Treffens von Städten, Fürsten und Herren in Rothenburg).

[49] Matthias Lexer, Mittelhochdeutsches Handwörterbuch, Bd. I, Leipzig 1872, Sp. 517: eidam = Schwiegersohn oder -vater; Lorenz Diefenbacher, Glossarium Latino-Germanicum mediae et infimae aetatis, Frankfurt/M. 1857 (ND Darmstadt 1968), S. 259: gener = Schwiegersohn und Schwager.

[50] StAN Rst Ro Akten 487e (Stadtgerichtsbuch), fol. 117.

[51] 1381 IV 21: UB Ro, II, S. 711 Nr. 1808.

[52] Anhang V § 9–12. Ihr Testament (1407 III 24): StAN Rst Ro Akten 487g (Stadtgerichtsbuch), fol. 226f.

[53] Stammtafel von Hans Öffner in: Borchardt, Institutionen (wie Anm. 38), II, S. 760. Darüber hinaus ist die Familie noch nicht erforscht.

[54] 1407 zahlte er 71 fl Steuer für das siebtgrößte Vermögen der Stadt, trotz der hohen Strafsumme von 500 fl (siehe unten); StadtA Ro B 39, fol. 77.

der Reichen und Mächtigen, und erwarb sein Vermögen vor allem im Handel mit Wolle.[55] Er ist seit 1385 nachweisbar,[56] seit 1390 Mitglied des Inneren Rats und Steurer, demnach weit oben in der städtischen Hierarchie. Er war aber nicht nur geschäftstüchtig und politisch ehrgeizig, sondern auch umsichtig und treu; um 1400 nennt ihn der Prior der Kartause Christgarten einen „byder man …, der man leider wenig findet."[57] Kurz darauf (1400) bewies er die Richtigkeit dieser Einschätzung, als er seinem „Vetter" Hans Wern zur Flucht verhalt, wofür ihn der Rat mit der barbarischen Geldstrafe von 500 fl belegte und ihn aus dem Rat ausschloß.[58] Er scheint allerdings schon vorher politisch und gesellschaftlich weitgehend isoliert gewesen zu sein, sonst hätte er sich Wern gegenüber kaum geäußert, „… wann ich nymant hon wann dich, zu dem ich rat oder heimlikeit suche."[59]

Hans Wern selbst wird 1360 erstmals archivalisch faßbar;[60] die 1362 genannte Hedwig Wernin war vielleicht seine Mutter,[61] sein Vater ist bis jetzt unbekannt. 1363 wird er erstmals als verheiratet erwähnt, und zwar mit einer Elisabeth (Els), die ihm einen Hof in Hemmersheim (LK Neustadt an der Aisch-Bad Windsheim) zubrachte, von dem sie, zusammen mit ihrem Mann, in diesem Jahr eine Getreidegült verkaufte.[62] Ein Jahr darauf, vielleicht nach dem Tod ihrer Eltern, wurde deren Erbe zwischen ihr und ihren Schwestern Margaretha und Anna geteilt; dabei erhielten sie und ihr Mann, neben dem Hof in Hemmersheim und vier Gütern in Spielbach (LK Schwäbisch Hall), ein Haus in Rothenburg in der Sulzengasse, während ihre Schwestern, damals offenbar noch unverheiratet, Güter in Gemmhagen und Spielbach (LK Schwäbisch Hall), einen Weingarten in Tauberscheckenbach (LK Ansbach) und eine Weingült in (Sommer- oder Winter-)Hausen (LK Würzburg) zugeteilt bekamen.[63] Ein weiteres Jahr später, 1365, war vermutlich Werns Frau Elisabeth, nach der Geburt von zwei Kindern, bereits tot, und er bereitete sich offenbar auf eine längere Abwesenheit vor, vielleicht auf eine Pilgerreise (siehe unten Abschnitt IV). Deswegen überließ er seinen beiden Schwägerinnen (Margaretha wird hier erstmals „Stocklerin" genannt, hatte inzwischen wohl einen Stöcklin – Vorname nicht bekannt – geheiratet) seine gesamte liegende und fahrende Habe zur Nutzießung bis zur Mündigkeit seiner beiden Kinder beziehungsweise, falls diese vorher erbenlos sterben

---

[55] Sein Geschäftsbuch 1384–1388: StadtA Ro A 780, fol. 1–13. Über die Wollgeschäfte der Familie Öffner allgemein: Ludwig Schnurrer, Rothenburger Kaufleute als Wollieferanten nach Nürnberg, in: Mitteilungen des Vereins für Geschichte der Stadt Nürnberg 76, 1989, S. 35–64, hier S. 51 (auch in: ders., Rothenburg im Mittelalter, wie Anm. 3, S. 367f.). Ludwig Schnurrer, Wollerzeugung, Wollhandel und Wollweberei. Beiträge zur Geschichte eines bestimmenden Gewerbezweigs in der Reichsstadt Dinkelsbühl am Ausgang des Mittelalters, in: Jahrbuch des Historischen Vereins für Mittelfranken 97, 1996, 97–150, hier S. 115ff.

[56] Der Jüngere; Monumenta boica, Bd. 43, S. 549 Nr. 242.

[57] UB Ro, II, S. 1129 Nr. 2893.

[58] Anhang VI § 16–19a.

[59] Ebenda, § 16. Bezeichnenderweise wurde er nach Topplers Sturz 1408 wiederum in den Inneren Rat gewählt.

[60] 1360 II 6: StadtA Ro B 296 (Landgerichtsbuch), fol. 122; Bürge eines Verkaufs.

[61] 1362 XII 3: StAN Rst Ro 487e (Stadtgerichtsbuch), fol. 27'.

[62] 1363 II 1: ebenda, fol. 35'.

[63] 1364 III 9: ebenda, fol. 69.

sollten, zur beliebigen Verfügung; dies (obwohl nicht ausdrücklich genannt) für den Fall, daß er unterdessen sterben sollte.[64]

Werns zweite Frau Adelheid (Familienname bis jetzt unbekannt) taucht erstmals auf, als er ihr, an der Wende von 1394 auf 1395 (vermutlich von Würzburg aus, wohin er aus Rothenburg geflohen war), schrieb, einem Überbringer einen Gulden zu bezahlen.[65] 1399 wurde sie in die Rothenburger Deutschordens-Bruderschaft[66] aufgenommen.[67] Etwa gleichzeitig ließ der Kartäuserprior von Christgarten Grüße an sie ausrichten,[68] und nach Werns zweiter Flucht besuchte sie ihn zusammen mit ihrer Schwägerin Margaretha Wern (der Älteren) in Ansbach.[69] Ob sie ihren Mann schließlich ins Exil begleitete und wie lange sie später noch lebte, ist archivalisch nicht belegt. Festzuhalten ist, daß Werns beide Frauen sicherlich nicht aus gesellschaftlich hochrangigen Familien stammten; ihm war es demnach nicht gelungen, sein öffentliches Ansehen, seine „Ehre", durch Konnubium mit der „Ehrbarkeit" zu vermehren.

Aus Werns erster Ehe[70] gingen zwei Kinder hervor, von denen offenbar nur der Sohn Hans das Erwachsenenalter erreichte. Am 11. Januar 1377 schwor er den Jungbürgereid,[71] wird damals also circa 14 Jahre alt und voll geschäftsfähig gewesen sein;[72] demnach ist er um 1363 geboren. 1381, mit etwa 18 Jahren, tätigte er seine ersten Geschäfte, indem er einen Weinberg zu Tauberscheckenbach[73] und, von seiner Tante Margaretha Stöcklin (siehe oben), Gülten aus drei Gütern zu Spielbach[74] erwarb. Hier wird er erstmals „Hans Wern der junger" genannt, um ihn von seinem Vater zu unterscheiden;[75] dementsprechend wird sein Vater 1385 (nur einmal vorkommend) mit „der Ältere" bezeichnet.[76] Im Folgejahr (1376) ist er, mit etwa 23 Jahren, bereits verheiratet mit einer Margaretha aus bis jetzt unbekannter Familie. Am 3. April dieses Jahres verkaufte die Stadt an sie beide für 5432 lb hl das große Dorf Windelsbach und den (zwischen Wachsenberg und Neusitz bei Rothenburg

---

[64] 1364 XII 5: ebenda, fol. 117. Die beiden Frauen versicherten 1366 II 1, diese Abmachung auf Geheiß ihres Schwagers, also wohl nach dessen Rückkehr, wieder rückgängig zu machen: ebenda.

[65] UB Ro, II, S. 979 Nr. 2516.

[66] Dazu Ludwig Remling, Bruderschaften in Franken. Kirchen- und sozialgeschichtliche Untersuchungen zum spätmittelalterlichen und frühneuzeitlichen Bruderschaftswesen (Quellen und Forschungen zur Geschichte des Bistums und Hochstifts Würzburg XXXV), Würzburg 1986, S. 297ff.; Borchardt, Institutionen (wie Anm. 38), I, S. 710f.

[67] 1399 IX 3: UB Ro, II, S. 1118 Nr. 2865. Hans Wern selbst war schon einen Monat zuvor Mitglied geworden: ebenda, S. 1115 Nr. 2857.

[68] Ebenda, S. 1128 Nr. 2893.

[69] Anhang V § 8 ("… als sie mit Wernin do were …").

[70] Siehe oben Anm. 62.

[71] StadtA Ro B 39, fol. 24: „Hie hernach sten geschriben alle die jungen hie zu der stat, die do geschworn haben, der stat recht und gewonheit zu haben und zu halten …"; „Hans, Hansen Werens sun" als erster der Liste mit 110 Namen.

[72] Lexikon des Mittelalters, Bd. I, München/Zürich 1980, s.v. „Alter", Sp. 470f.

[73] 1381 I 15: UB Ro, II, S. 707 Nr. 1798.

[74] 1381 IV 21: UB Ro, II, S.711 Nr. 1808.

[75] Eine weitere Unterscheidung ist nötig gegenüber seinem Vetter Hans Wern, Sohn Lupolt Werns, der Geistlicher wurde (siehe oben Anm. 38).

[76] UB Ro, II, S. 774 Nr. 1967.

abgegangenen) Weiler Hürblach samt der Vogtei über beide Orte,[77] die drei Jahre zuvor mit Hilfe unter anderem eines umfangreichen Darlehens des alten Wern mit der Herrschaft Nordenberg von Rothenburg erworben worden waren.[78] Das Geschäft mag vom älteren Wern aus finanztaktischen Gründen eingeleitet worden sein; vielleicht muß man es als eine Art Heiratsgut und Grundausstattung für die Frischvermählten sehen, wenn man annimmt, daß der hohe Kaufpreis vom Vater bezahlt worden ist. Den jungen Wern sehen wir nur noch einmal geschäftlich tätig, als er 1387 eine Weinbergnutzung zu Sommerhausen kaufte.[79] Er wird dabei noch als Rothenburger Bürger bezeichnet, scheint aber kurz darauf nach Ansbach gezogen zu sein und starb, wahrscheinlich dort, zwischen 1388 und 1389. Testamentarisch vermachte er Gülten zu Frickendorf (= Brünn, ehemaliger LK Ebern) und Wasserzell (LK Ansbach) für hausarme Leute in Ansbach bis zur Errichtung eines eigenen Spitals dort (das erst 1562 realisiert wurde).[80] In der kurz zuvor (1384) gegründeten Kartause Christgarten bei Nördlingen,[81] zu deren Grundausstattung der alte Wern (unter anderem mit einem Ewiglicht) beigetragen hatte und mit dessen erstem Prior Johannes er intensive geschäftliche und wohl auch private Beziehungen unterhielt (siehe unten Abschnitt IV), wurden für den jungen Wern Seelmessen gelesen.[82] Über die Aufteilung seines Besitzes ist nichts bekannt. Sicher fielen Windelsbach und Hürblach an den Vater zurück. Die Witwe Margaretha des jungen Hans Wern, vielleicht eine Ansbacherin, ließ 1407 ihr Testament in das Rothenburger Gerichtsbuch eintragen;[83] daraus erfahren wir etwas über ihre damals noch lebende Verwandtschaft: neben ihrem Sohn (ohne Namensnennung) und seiner Frau auch eine „Adelheit zu Onelspach".[84]

Hans Wern war nach dem Tode seines Sohnes ohne einen direkten Erbfolger. Sein großes erbenloses Vermögen schien verlockend für die Stadt, zumal schon vorher seine verwandtschaftliche Einbindung offensichtlich nicht sehr eng war.[85]

[77] UB Ro, II, S. 785 Nr. 1999. Karl Borchardt, Windelsbach und seine Nachbarorte im Mittelalter, in: Bernd Feldner (Hg.), Chronik der Pfarrei Windelsbach, Windelsbach 1991, S. A 1–A 38, hier S. A 7f.

[78] 1383 IV 27: UB Ro, II, S. 730f. Nr. 1864.

[79] 1387 II 28: UB Ro, II, S. 802 Nr. 2045.

[80] Undatierter Eintrag, zwischen datierten Einträgen zu 1388 und 1389: StAN Ansbacher Oberamtsakten, Ansbacher Stadtgerichtsbuch 1, fol. 3 ("Daz ist des Hansen Werns seligen gescheft …"), also ohne Ortsnennung, aber sicher auf Hans Wern d.J. zu beziehen.

[81] Anton von Steichele, Das Bisthum Augsburg, historisch und statistisch beschrieben, Bd. 3, Augsburg 1872, S. 611.

[82] UB Ro, II, S. 1128 Nr. 2893.

[83] StAN Rst Ro Akten 487g (Stadtgerichtsbuch), fol. 215f.; Borchardt, Institutionen (wie Anm. 38), I, S. 703 Nr. 275b.

[84] Weiter: ihr Schwestersohn Peter Slegel, ihre Schwestern Kathrin (mit Sohn) und Clara, ihre Schwestertochter Angnes, Kathrin Igel(in).

[85] Weitere, bis jetzt nicht zuteilbare Vertreter der Familie Wern: Katharina, 1363 (StAN Rst Ro Akten 487e, Stadtgerichtsbuch, fol. 49); Konrad, 1364 (ebenda, fol. 82'); Walter, 1365/66 (ebenda, fol. 93' und 128'); Albrecht Wern, Schmied von Dinkelsbühl, Bürger zu Rothenburg 1400 (ebenda, 487g, fol. 34': Testament vor Antritt einer Pilgerfahrt nach Rom).

II. Wirtschaftliche Stellung

Ob Hans Wern sein Vermögen wenigstens teilweise vererbt bekam oder zu Lebzeiten selbst erwarb, läßt sich aus den vorhandenen Quellen nicht klären. Steuerlisten existieren nur zu den Jahren 1374 und 1377. Aus ihnen ist für diese Zeitspanne eine bedeutende Zunahme seines Vermögens zu erkennen. Während er 1374 53 lb 16 ß steuerte[86] und damit an der 14. Stelle der Steuerpflichtigen stand (noch vor Heinrich Toppler mit 50 lb), rückte er 1377 mit 80 lb (Heinrich Toppler: 60 lb)[87] an die elfte Stelle vor. Dieser Vermögenszuwachs scheint sich in den Folgejahren fortgesetzt zu haben, wenn wir berücksichtigen, daß Wern 1383 in der Lage war, der Stadt beim Kauf von Nordenberg die Riesensumme von 4200 lb hl vorzustrecken.[88] Er gehörte damit zweifellos in die Gruppe der reichsten Stadtbewohner.[89]

Sein Haus stand in der (oberen) Schmiedgasse, die von der ursprünglichen Gewerbegasse (Schmiede und Wagner waren für die Nord-Süd-Durchgangsstraße besonders wichtig) längst zum Ansitz der Reichen geworden war; auch sein Vetter Hans Öffner (siehe oben) saß da, und auch Heinrich Toppler (im heute noch existierenden Gasthaus „Zum Greifen"). Ein Domizil in bevorzugter Lage gehörte zu den Grundvoraussetzungen der gesellschaftlichen Reputation. 1375 erweiterte er sein Anwesen sogar noch, indem er ein benachbartes Haus mit Hofreit und Hinterhaus von dem nach Nürnberg gezogenen Fritz Oberndörfer kaufte[90] – ein weiteres Indiz für sein Aufstiegsstreben: nicht nur der Sitz an einer der Hauptstraßen und in Marktnähe, sondern auch die doppelte als sonst übliche Grundstücksbreite waren für jedermann sichtbare Statussymbole des Emporkömmlings; auch Heinrich Toppler erweiterte derart zur gleichen Zeit sein Haus.[91] Wern verbesserte wohl später die Wohnqualität seines großen Domizils, selbst noch zwischen seiner ersten und zweiten Flucht; Ende 1399 ist von einem „hinteren neuen Stüblein" die Rede.[92] 1364 erbte er beziehungsweise seine erste Frau Elisabeth ein Haus in der Sulzengasse,[93] das sie wohl entweder verkauften oder vermieteten. Weitere Mietshäuser besaß er offenbar nicht; die fünf Häuser, bei denen er 1376/77 als Lehenherr auftrat, gehörten entweder der Stadt[94] oder einem Patrizier,[95] die er in einer (nicht näher bestimmbaren) amtlichen Funktion (Bauamt?) als Mitglied des Inneren Rates vertrat und sich daher auch „collator ex parte civitatis" (oder „civium") beziehungsweise „ex parte Johannis Ludners"

---

[86] StadtA Ro B 39, fol. 12'.

[87] Ebenda, fol. 53/2.

[88] Ebenda, fol. 28/2.

[89] Tabelle der Steuergruppen 1374 und 1377: Schnurrer, Stadterweiterungen (wie Anm. 33), S. 17.

[90] UB Ro, I, S. 634 Nr. 1603.

[91] Ludwig Schnurrer, Heinrich Toppler, in: Fränkische Lebensbilder (Veröffentlichungen der Gesellschaft für fränkische Geschichte VII A/2), Würzburg 1968, S. 104–132, hier S. 110 (auch in: ders., Rothenburg im Mittelalter, wie Anm. 3, S. 30).

[92] Anhang VI § 16.

[93] StAN Rst Ro Akten 487e (Stadtgerichtsbuch), fol. 69.

[94] Auf der Gebsattler Brücke (hinter dem Siebertor), Hafengasse, Pfäffleinsgasse, am Graben oberhalb von St. Johannis: StadtA Ro B 297 (Stadtgerichtsbuch), fol. 97, 115', 117', 121.

[95] Ohne Ortsangabe: ebenda, fol. 117.

nannte.[96] 1397 vermietete er einen Keller, vermutlich weil er, wenige Jahre vor seiner zweiten Flucht, seinen Weinhandel reduzierte.[97]

Hans Wern scheint keinerlei grundherrschaftliche Rechte von seinen Eltern geerbt zu haben, mit Ausnahme vielleicht eines Weinberges bei Detwang, den seine vermutliche Mutter Hedwig erwarb[98] und den er 1392 für eine Weinstiftung an das Spital vergab.[99] Erst durch die Heirat mit seiner ersten Frau Elisabeth kam er zu einem Hof in Hemmersheim[100] und zu vier Gütern und einer Wiese in Spielbach,[101] die er 1397, als er seine liegenden Güter zu liquidieren begann, an die vier Gutsinhaber dort verkaufte.[102] 1373 erwarb er einen Hof zu Wiesen[103] von Hans Schreiber von Lichtel für 500 lb hl.[104] Die weiteren grundherrschaftlichen Ankäufe wurden seit 1381 meist von seinem noch sehr jungen Sohn Hans (dem Jüngeren) getätigt: in diesem Jahr ein Weinberg zu Tauberscheckenbach[105] und Gülten von drei Gütern zu Spielbach, die bei der Teilung von 1364 (siehe oben) seinen Tanten zugefallen waren.[106] 1385 kaufte Hans Wern der Ältere vom Spital einen weiteren Weinberg bei Tauberscheckenbach,[107] der jüngere Hans Wern 1387 die halbe Nutzung von Weinbergen zu Sommerhausen am Main.[108] Weitere Weinberge erwarb der alte Wern (nach dem Tode seines Sohnes) vermutlich in Tauberzell 1399;[109] 1400 gab er solche zu Königshofen an der Tauber auf.[110]

War bisher meist von Weinbergen, also von Sonderkulturen die Rede, die natürlich genau in das Geschäftskonzept eines Weinhändlers paßten, so gelangte 1386 mit dem Kauf von Windelsbach[111] und Hürblach[112] an den jungen Wern von der Stadt für die große Summe von 5432 lb hl[113] (aus der Konkursmasse der Küchenmeister von Nor-

---

[96] Zu den Einnahmen der Stadt an Hauszinsen um diese Zeit vgl. Jürgen Uwe Ohlau, Der Haushalt der Reichsstadt Rothenburg o.T. in seiner Abhängigkeit von Bevölkerungsstruktur, Verwaltung und Territorienbildung (1350–1450), Diss. phil. Erlangen 1965, S. 142ff.

[97] StadtA Ro B 298 (Stadtgerichtsbuch), fol. 75'.

[98] 1362 II 3: StAN Rst Ro Akten 487e (Stadtgerichtsbuch), fol. 27'.

[99] 1392 V 4: UB Ro, II, S. 928 Nr. 2386.

[100] 1363 II 1 verkaufen beide eine Gült daraus (2 Malter Weizen): StAN Rst Ro Akten 487e (Stadtgerichtsbuch), fol. 35'; endgültig in ihrem Besitz durch die Güterteilung 1364; siehe Anm. 101.

[101] Güterteilung mit ihren Schwestern bzw. seinen Schwägerinnen 1364 III 9: ebenda, fol. 69.

[102] 1397 II 14: StadtA Ro B 298 (Stadtgerichtsbuch), fol. 64.

[103] Abgegangener Ort in der Markung von Rinderfeld, Main-Tauber-Kreis.

[104] 1373 II 5: UB Ro, I, S. 610 Nr. 1540.

[105] 1381 I 15: ebenda, II, S. 707 Nr. 1798.

[106] 1381 IV 21: ebenda, II, S. 711 Nr. 1808.

[107] 1385 X 2: ebenda, II, S. 774 Nr. 1967.

[108] Ebenda, II, S. 802f. Nr. 2045.

[109] Ebenda, II, S. 1113 Nr. 2852; hier ist nur der Kauf eines Stift Herrieden'schen Hintersassen formuliert, ein dazugehöriger Weinberg ist zu vermuten.

[110] 1400 IX 11: ebenda, II, S. 1155 Nr. 2968.

[111] Vgl. Anm. 77.

[112] Heinrich Schmidt, Geschichte des Weilers Wachsenberg, in: Rothenburger Land (Zeitungsbeilage) 12, 1938, S. 1–4, hier S. 2f. Hans Giessberger, Die Wüstung Hürbelach und ihr Bildstock, in: Der Bergfried (Zeitungsbeilage) 7, 1955, S. 35–37. Hermann Mossner, Die Neusitzer Steige, in: Die Linde 50, 1968, S. 18–23, 25–30, hier S. 28f.

[113] 1386 IV 3: UB Ro, II, S. 785 Nr. 1999.

denberg an die Stadt verkauft)[114] nicht nur ein großes Dorf mit sehr umfänglichen grundherrschaftlichen Einnahmen, den Zehenten und zwei großen Weihern in dessen Besitz, sondern zugleich auch die Dorfherrschaft darüber (die Besitzer sollen „herren und vögt" sein), was den Ausbau einer geschlossenen Gutsherrschaft ermöglichen konnte. 1392 ließ sich Wern vom Rothenburger Dominikanerinnenkloster zusätzlich 6½ Tagwerk Wiesen in der Mark Windelsbach verleihen, die er beliebig zu Äckern oder Weihern verändern durfte.[115] 1393 kam abrundend noch ein Hof zu Linden, ebenfalls früher Nordenbergischer Besitz, dazu.[116] Ermöglicht wurde diese großzügige Erwerbung eines ganzen Dorfes vielleicht durch die Tatsache, daß Wern den Kauf der Herrschaft Nordenberg durch die Stadt mit einem enormen Darlehen von 4200 lb hl unterstützte und sich dadurch möglicherweise eine Art Vorkaufsrecht auf Teile davon sicherte (siehe unten). Für das Speichern von Gültgetreide besaß Wern eine eigene Scheune, einen „Kasten".[117]

Die großen Vermögen wurden aber nicht vorwiegend aus den grundherrschaftlichen Renten geschaffen, sondern vor allem im Handel mit den landwirtschaftlichen Erzeugnissen der Grundherrschaft. Das trifft, neben Hans Öffner,[118] Heinrich Toppler[119] und gewiß den meisten Besitzern der großen Rothenburger Vermögen, auch auf Hans Wern zu. Im Vordergrund stand dabei wohl der Weinhandel, auf den ja schon der extensive Erwerb von Weinbergen und -nutzungen (siehe oben) hindeuten. Seine politische Stellung als Mitglied des regierenden Rates erleichterte ihm gewiß seine Tätigkeit als führender Weinlieferant für die Stadt. Beim Reichstag in Rothenburg Ende Mai 1377[120] stammte der Schenkwein für Kaiser Karl IV. und König Wenzel aus Werns Keller.[121] Als die Stadt die Herrschaft Endsee von den Hohenlohern erwarb,[122] lieferte Wern im Auftrag und auf Kosten der Stadt eine beträchtliche Menge Wein dorthin.[123] In seinem Dorf Windelsbach verhängte er sogar eine Strafe in Form einer Weinlieferung (ein halbes Fuder) gegenüber einem aufmüpfigen Hintersassen.[124]

Ein weiteres ertragreiches Feld war der Wollhandel, in den Wern, vielleicht angeregt von seinem Vetter Hans Öffner und einem allgemeinen Trend der Zeit,[125] wohl erst gegen Ende seiner Rothenburger Zeit einstieg. 1397 kaufte er, zusammen mit

---

[114]   1383 IV 27: ebenda, II, S. 730 Nr. 1864.
[115]   1392 XI 26: ebenda, II, S. 935f. Nr. 2403 und 2404.
[116]   1393 VII 18: ebenda, II, S. 951 Nr. 2445.
[117]   1397 I 22: ebenda, II, S. 1032 Nr. 2650.
[118]   Siehe oben Anm. 55.
[119]   Schnurrer, Toppler (wie Anm. 91), S. 110, bzw. ders., Rothenburg im Mittelalter (wie Anm. 3), S. 29f.
[120]   Ludwig Schnurrer, König Wenzel und die Reichsstadt Rothenburg, in: Jahrbuch für fränkische Landesforschung 34/35, 1975, S. 681–720, hier S. 681ff.; auch in: ders., Rothenburg im Mittelalter (wie Anm. 3), S. 190ff.
[121]   StadtA Ro B 39, fol. 55/1; Deutsche Reichstagsakten, Ältere Reihe, Bd. I, S. 202 Nr. 114 mit Anm. 1: „Man schenkt dem keiser und dem kunige win, der kost 50 lb gen Hansen Weren".
[122]   1387 IX 27: UB Ro, II, S. 812 Nr. 2070.
[123]   StadtA Ro 339, fol. 57/1: 177 lb 11 ß hl „Hansen Wern umb wein gen Entse".
[124]   Anhang IV § 14.
[125]   Siehe oben Anm. 55.

einem Gesellschafter (Hans Spyser) eine Herde von 417 Schafen;[126] noch im Ansbacher Exil scheint er 1402 Wollgeschäfte getätigt zu haben.[127]

Ein ebenfalls lukratives Geschäft war die Zucht und der Handel mit Fischen, die gerade gegen Ausgang des 14. Jahrhunderts vermehrt in Schwung kamen. Für Wern war hier der Auslöser vielleicht der Erwerb von Windelsbach 1386[128] mit zwei großen Weihern, „Seen", dem Karrach- und dem Wurmbachsee,[129] mit denen er sich aber offenbar nicht begnügte, sondern im Dorf einen Bach „uff die gemeind" zu einem Weiher so stark aufstaute, daß der Kirchhof beeinträchtigt wurde und keine Leichen beerdigt werden konnten.[130] Als Wern anfangs Januar 1400 nach Nürnberg floh, veranlaßte der Rat, seine Fischweiher zu leeren, um die Fische (zu einer völlig unüblichen Zeit) zu beschlagnahmen, was ihn zu einem erbosten Protest veranlaßte.[131] Der Rat mußte im März 1400 sogar gegen Fischdiebe vorgehen, die sich aus dem Karrachsee, „der Hans Werns was", bedienten.[132]

Schließlich handelte Wern auch mit den meisten anderen landwirtschaftlichen Produkten, natürlich mit Getreide (Hafer und Korn),[133] aber auch mit denjenigen Lebensmitteln, die aus der Milcherzeugung entstanden, aber durch Weiterverarbeitung haltbar gemacht wurden und daher über längere Zeit und weitere Strecken verhandelt werden konnten: Käse und Schmalz. Dabei war Wern häufig nicht nur als direkter An- und Verkäufer tätig, sondern als geschäftsvermittelnder Makler; ohne die Waren selbst in die Hand zu bekommen, dirigierte er sie, vor allem von grundbesitzenden Klöstern aus (mit dem Stift Herrieden und den Kartausen Christgarten und Tückelhausen stand Wern in regen Geschäftsverbindungen) an große adelige Hofhaltungen, an die Frau von Weinsberg und die Herren von Hohenlohe.[134]

Inwieweit Wern Fernhandelsgeschäfte in größerem Stil betrieb, läßt sich aus den Quellen nicht erkennen. Nach einem sehr frühen Beleg (1369) kann man, wenn auch nicht sehr deutlich, Handelsbeziehungen nach Nürnberg erschließen: zusammen mit Hans Wernher schuldete er den großen Betrag von 517 lb hl „uff ein rechnung" dem Rothenburger Patrizier Sefrit Hornburg „von herrn Eberhart Forhtlin wegen", der Nürnberger Bürger war.[135]

---

[126] 1397 vor XI 1: UB Ro, II, S. 1060f. Nr. 2715.

[127] Anhang V § 3.

[128] Siehe oben Anm. 77.

[129] Der im städtischen Gültbuch (nach 1386) und in einer Urkunde von 1386 IV 6 (UB Ro, II, S. 786 Nr. 2001) genannte „Hans(en) Werns see" ist sicher einer von beiden: StadtA Ro B 422, fol. 60; Karl Borchardt, Das Gültbuch der Reichsküchenmeister von Nordenberg um 1375 und ergänzende Quellen, in: Jahrbuch für fränkische Landesforschung 54, 1994, 193–270, hier S. 235 Nr. 3.

[130] Anhang IV Nr. 6; Anhang IV § 13. Dies ist sicher der neue Weiher (Nonnenweiher), welcher aus der 1392 vom Dominikanerinnenkloster an Wern verliehenen Wiese (UB Ro, II, S. 935 Nr. 2403 und 2404) entstanden ist; die Gült daraus wurde 1405 vom Seelamt des Klosters eingezogen und von der Stadt 1435 gekauft. Vgl. Borchardt, Institutionen (wie Anm. 38), I, S. 473; Borchardt, Gültbuch (wie Anm. 129), S. 203.

[131] UB Ro, II, S. 1138f. Nr. 2921.

[132] StAN Rst Ro Akten 86 (Urfehdebuch), fol. 101.

[133] Vor 1400: Thomas Reiß als Werns Geschäftspartner beim Verkauf von Hafer und Korn; UB Ro, II, S. 1130 Nr. 2896.

[134] 1398 II 14 (Stift Herrieden, Frau von Weinsberg; Hafer): UB Ro, II, S. 1075 Nr. 2751. Vor 1400, vielleicht zu 1388/89 (Christgarten, Hohenlohe; Käse): ebenda, II, S. 1131 Nr. 2900.

[135] 1369 I 17: StAN Rst Ro Akten 487e (Stadtgerichtsbuch), fol. 178‘; unter den Bürgen Werns Brüder Leupold und Seiz.

Auch im Nürnberger beziehungsweise Ansbacher Exil (nach 1400) führte Wern seine Handelsgeschäfte weiter, wobei ihn, wie wohl schon vorher während seiner häufigen Geschäftsreisen, seine tüchtige Schwester Margaretha (siehe oben) vertrat und unterstützte.[136]

Noch gewinnbringender, wenn auch risikoreicher, war Werns Beteiligung an Geldleihgeschäften. Sie sind allerdings schwierig belegbar, weil die vielen Eintragungen von einfachen kurzfristigen Kreditgeschäften in den Stadtgerichtsbüchern, wie sie vorgeschrieben waren, sich in den knappen Formulierungen überhaupt nicht von Geldleihaktionen größeren Stils unterscheiden. Immerhin deuten gewichtigere und vor allem runde Summen auf solche hin,[137] ohne daß allerdings irgendwelche Angaben über Zinsen gemacht werden. Jedenfalls hatte Wern durch seine Handelsgeschäfte jederzeit beträchtliche Bargeldvorräte zur Verfügung, so daß er in der Lage war, auch der Stadt, das heißt dem regierenden Inneren Rat, damit kurz- oder längerfristige Darlehen zu gewähren, wenn die städtischen Steurer in Zahlungsschwierigkeiten gerieten. 1377 zahlte ihm die Steuerstube, die städtische Finanzkammer, 61 lb hl „an siner schulde sins briefs und an sinem lon", wohl für die Tätigkeit in einem wichtigen Ratsamt, vielleicht dem Bauamt;[138] denn am 20. Dezember des gleichen Jahres lieh er der Stadt im Rahmen der Bauausgaben 330 lb hl bis Weihnachten, also lediglich fünf Tage,[139] um die gleiche Zeit 7 lb 2 ß „zu kuntschaft", das heißt zur Besoldung eines Kundschafters oder Spions.[140]

Das sind aber unerhebliche Summen verglichen mit Werns finanziellem Einsatz, als die Stadt beim Kauf der Herrschaft Nordenberg 1383 für 7000 fl[141] in Zahlungsnot geriet und vermögende Bürger um Darlehen anging.[142] Unter den acht eingehenden Summen überragen zwei die übrigen bei weitem; die des Hans Wern (mit 4200 lb hl) und die des Heinrich Toppler (mit 4280 lb hl in drei Posten); darauf wird noch näher einzugehen sein. Natürlich waren diese Darlehen nur kurzfristig, sie beweisen aber in aller Deutlichkeit den enormen Reichtum Werns an rasch verfügbarem Geld, leichter und schneller aufzubringen als durch Toppler, der sein Vermögen vorwiegend in grundherrschaftlichen Rechten angelegt hatte. Wern wird sich bei dieser finanziellen Großaktion vielleicht ein Vorkaufsrecht auf das nordenbergische Dorf Windelsbach ausbedungen haben; drei Jahre später, 1386, kaufte er es für seinen Sohn Hans – vielleicht wurden bei dem Kaufpreis (5432 lb hl) noch ausstehende Rückzahlungsschulden des genannten Darlehens angerechnet.

---

[136] Anhang V § 8: Handel mit Käse und Schmalz; der „schaffner" ist wohl der von Christgarten oder Tückelhausen. Der Prior von Christgarten bestellt spezielle Grüße an die „wyse" Jungfrau Margarethe: UB Ro, II, S. 1128f. Nr. 2893.

[137] 1373: 100 lb hl für Hans Hutter (StadtA Ro B 297, Stadtgerichtsbuch, fol. 39'). 1374: 50 lb hl für S. Huter (ebenda, fol. 63'). 1377: 140 lb hl für Contz Jung von Feuchtwangen (ebenda, fol. 137).

[138] StadtA Ro B 39, fol. 53/1.

[139] Ebenda, fol. 54'/2.

[140] Ebenda, fol. 53'/2.

[141] 1383 IV 27: UB Ro, II, S. 730f. Nr. 1864.

[142] StadtA Ro B 39, fol. 28/2: „Daz in nemen umb die gut von Nortenberg". Die vollständige Kreditorenliste bei Ohlau, Haushalt (wie Anm. 96), S. 151f.

Inwieweit Wern bei seinen finanziellen Transaktionen mit der bedeutenden Rothenburger Judengemeinde[143] in geschäftliche oder gar persönliche Beziehungen getreten ist, lassen die Quellen nicht erkennen. Bei zwei Gelegenheiten hatte er in seiner amtlichen Funktion als Mitglied des Rates mit jüdischen Angelegenheiten zu tun: 1383 als Anwalt des Juden Mennlin (Mendel) von Rothenburg in dessen Streit mit den Nürnberger Juden[144] auf einem Rechtstag in Dinkelsbühl;[145] 1385 (etwa im Juni) als Mitglied einer Ratsabordnung, die in Ulm wegen der Judenschuldentilgung König Wenzels[146] verhandelte.

Eine weitere Anlegemöglichkeit für Bargeld war der Kauf von Leibgedingen,[147] Leibrenten auf Lebenszeit, oder Ewigzinsen (-gelder), die (entgegen ihrer Benennung) jederzeit aufgekündigt werden konnten.[148] Dies waren lange Zeit die einzigen einigermaßen legitimen Möglichkeiten, Kapital gewinnbringend anzulegen. Einen solchen Zins kaufte Wern 1378 von einem Hofbesitzer in Leuzenbronn.[149] Der Verkauf von Leibgedingen war zu Werns Amtszeit seit den siebziger Jahren des 14. Jahrhunderts eines der wichtigsten Instrumente der Stadt, um Kapital für ihre ehrgeizigen und extensiven städte-, befestigungs- und kirchenbaulichen Maßnahmen sowie für die äußerst kostspielige Erwerbung des umfangreichen Territoriums, der „Landwehr", zu erhalten.[150] Freilich war das Leibgeding theologisch beziehungsweise kirchenrechtlich seit langem heftig umstritten; gerade gegen Ende des 14. Jahrhunderts wurden die damit verbundenen Probleme heftig diskutiert, was auch Wern, bei seinen weitgespannten geschäftlichen Verbindungen und seinen vertrauten Beziehungen zu kirchlichen Kreisen, nicht fremd blieb. Als er, zwischen seinen beiden Fluchten 1395 und 1400, bestrebt war, möglichst viel Geld auswärts, ohne Zugriffsmöglichkeit der Stadt, anzulegen und dadurch zu sichern, fragte er bei der Kartause Tückelhausen (bei Ochsenfurt) wegen des Kaufs eines Leibgedings an. Deren Schaffner holte sich diesbezüglichen Rat beim Kantor („sank meister") des Stifts Neumünster in Würzburg.[151] Trotz dessen Bedenken kam es dann doch zu einem solchen Kauf[152] in modifizierter

[143] Michael H. Wehrmann, Die Rechtsstellung der Rothenburger Judenschaft im Mittelalter, 1180–1520. Eine rechtsgeschichtliche Untersuchung, Diss. jur. Würzburg 1976; Hilde Merz (Hg.), Zur Geschichte der mittelalterlichen Judengemeinde in Rothenburg ob der Tauber, Rothenburg 1993; Schnurrer, Karl IV. (wie Anm. 3), S. 589–592, bzw.ders., Rothenburg im Mittelalter (wie Anm. 3), S. 147–149.

[144] Vgl. dazu ausführlich: Harry Breßlau, Zur Geschichte der Juden in Rothenburg an der Tauber, in: Zeitschrift für die Geschichte der Juden in Deutschland III, 1889, S. 301–336, hier S. 330ff.

[145] (1383) X 23: UB Ro, II, S. 737 Nr. 1879. Wern wurde dazu von Mennlin ausdrücklich für diese Rechtshilfe gebeten, was auf eine gewisse Vertrautheit mit ihm schließen läßt.

[146] Dazu Schnurrer, Wenzel (wie Anm. 120), S. 695–699, bzw. ders., Rothenburg im Mittelalter (wie Anm. 3), S. 197–202.

[147] Lexikon des Mittelalters, Bd. V, München/Zürich 1991, s.v. „Leibgeding", Sp. 1848.

[148] Ebenda, Bd. IX, München 1998, s.v. „Zins", Sp. 622–625, hier Sp. 623.

[149] UB Ro, I, S. 662 Nr. 1681.

[150] Vgl. dazu vor allem Ohlau, Haushalt (wie Anm. 96), S. 205–287; Herbert Woltering, Die Reichsstadt Rothenburg ob der Tauber und ihre Herrschaft über die Landwehr, 2 Tle., Rothenburg 1965–1971.

[151] Auf die Frage, „ob es gotlich wer, leipgeding zu kauffen", gab dieser zu bedenken, „die heilig cristenheyt verhengt leipgeding zu kauffen", und „daz es nicht wol mit got mug gesein von dez wegen, daz der mensch sicher woll sein und nicht ein gantz getriuwen zu got hab. Die meister der heiligen schrifft die wollen nicht erlauben, leibgeding ze kauffen"; UB Ro, II, S. 1031 Nr. 2649.

[152] 1397 I 22: UB Ro, II, S. 1032 Nr. 2650.

Form: jährliche lebenslange Lieferung von 18 Malter Getreide an Wern und seine Frau, unter anderem aus den Gülterträgen eines Hofes zu Hemmersheim, den sie zuvor dem Kloster übergeben hatten. Die große Summe von jährlich 100 fl Leibgeding kaufte sich Wern von der Stadt selbst. Da wir nur eine undatierte Notiz[153] und eine Quittung von 1404 (Wern war da längst im Exil und Bürger zu Ansbach)[154] kennen, bleibt es unklar, unter welchen Lebensumständen er diesen Kauf getätigt hatte. Nicht ausgeschlossen ist es, daß er von Rothenburg dazu gezwungen wurde, um eine (nach der Einigung von 1404, siehe unten Abschnitt V) Wern noch zustehende Geldsumme (die Höhe ist unbekannt) in der Stadt zu behalten. Nach seinem Tod 1406, also wenig später, fiel es sowieso an Rothenburg zurück.

Nach seiner (zweiten) Flucht wurde Wern offenbar häufig um Darlehen angebettelt, stand demnach sicher im Ruf, immer noch kapitalkräftig zu sein. Er verweigerte dies seiner eigenen Schwester gegenüber mit der plausiblen Begründung: „Ez fugt mir nit, wann sein die burger (von Rothenburg) gewar wurden, so nemen sie euch daz gelt, und wurd mir nihtz dorumb."[155] Allerdings war dabei sicher auch das Bedürfnis im Spiel, mit seinen durch die Beschlagnahmung seines Gutes in Rothenburg reduzierten Mitteln hauszuhalten; schließlich ist auch ein Anteil Geiz nicht wegzudiskutieren.

III. Politisch-amtliche Tätigkeit

Die Geschichte Rothenburgs in seiner glanzvollsten Epoche zwischen 1350 und 1410 wurde entscheidend bestimmt von wenigen erfolgreichen Aufsteigern. Gegen Ende des 14. Jahrhunderts gehörte zu diesen homines novi eindeutig Heinrich Toppler seit 1373.[156] Fast auf das Jahr genau mit ihm (1372) begann auch die stadtpolitische Karriere Hans Werns. Topplers Vater Konrad war allerdings schon Ratsmitglied; Wern hatte diesen familiären Vorteil nicht aufzuweisen, war andererseits zunächst, nach Ausweis der Steuerzahlungen (siehe oben Abschnitt II) etwas wohlhabender. Im Grunde waren die Startbedingungen für beide annähernd gleich.

Hans Wern saß also seit 1372 bis zu seinem Prozeß 1394 im Inneren, dem regierenden Rat. Diese Funktion war entschädigungslos, „ehrenamtlich", und konnte damit nur von wohlhabenden Männern ausgeübt werden, die es sich leisten konnten, Zeit und Energie für das Gemeinwesen aufzuwenden, dadurch allerdings auch Macht über Mitbürger auszuüben. Das gleiche galt ebenso für das höchste Amt in der Ratshierarchie, das des Bürgermeisters. Wern hatte es ein Jahr lang 1379/80 (Ratsänderung war jeweils um Walburgis, den 1. Mai) inne,[157] dann nie wieder – warum, bleibt offen: zeigten sich schon hier Rivalitäten im Ratskollegium an? Fand er zu wenig Unterstützung, oder waren die Amtspflichten zuviel für einen erfolgreichen Kauf-

---

[153] StadtA Ro B 422, fol. 74': „Item Hansen Weren 70 reinisch gulden (gestrichen: und siner husfrawen 30 reynisch guldin) uff Martini …".

[154] StadtA Ro Leibgedingsquittungen 38.

[155] Anhang V § 2, 3, 8.

[156] Schnurrer, Toppler (wie Anm. 91). Ludwig Schnurrer, Der Bürger als Grundherr. Die Grundherrschaft Heinrich Topplers aus Rothenburg († 1408), in: ders., Rothenburg im Mittelalter (wie Anm. 3), S. 301–318.

[157] StadtA Ro Leibgedinge, Nr. 18.

mann, der viel unterwegs war? Als solcher war er freilich viel besser qualifiziert für das Amt des Steurers, der (mit zwei weiteren Kollegen) die städtischen Finanzen verwaltete. Von 1383 bis 1385 und wieder 1391 läßt sich Wern als Steurer nachweisen; er erhielt dafür ein Jahrgeld von 50 lb hl.[158] Auch das Baumeisteramt, in einer Zeit intensiver Bautätigkeit an der Stadtbefestigung und an öffentlichen Gebäuden eminent wichtig, scheint er innegehabt zu haben.[159] Beide Ämter boten reichlich Gelegenheit zu persönlicher Bereicherung, mindestens zur Wahrnehmung von Vorteilen. Das galt noch mehr für drei weitere Ratsfunktionen, die er zu verschiedenen Zeiten ausübte. Da war zunächst die Tätigkeit als Einnehmer des Ungelds, einer vom Stadtherrn genehmigten Getränkesteuer, die ursprünglich für den Befestigungsbau verwendet werden sollte.[160] Bei seinem Prozeß 1395 warf man ihm vor, er habe es in seinem Hause aufbewahrt und nur teilweise abgerechnet,[161] und die Anklageartikel von 1402 wiederholen dies.[162] Eine der schlimmsten Beschuldigungen war, daß er als Steuer- oder Ungeldeinnehmer „gut altes gelt"[163] aussonderte und auswärts, oft mit Gewinn von 1000 Pfund, zu seinem persönlichen Vorteil gegen neue, minderwertige Münzen einwechselte.[164] Er soll auch in dem 1386 gekauften und um 1389 von seinem verstorbenen Sohn übernommenen Dorf Windelsbach (siehe oben) entgegen dem Verbot des Rates dieses lukrative Ungeld eingeführt und, als vogteiliches Recht, zu seinem Privatnutzen vereinnahmt haben.[165]

Ähnlich verhielt es sich mit dem Vormundschaftsamt, das die Aufgabe hatte, die Vermögen von Witwen und Waisen zu verwalten. Wern hatte es „bey 20 jaren" inne, bis man ihn 1394/95 beschuldigte, die nach Stadtrecht vorgeschriebene jährliche Rechenschaft nie abgelegt zu haben.[166] Schließlich bot auch die Tätigkeit als Pfleger des reichen Spitals[167] manche Möglichkeiten zur Manipulation und zu persönlicher Vorteilnahme, entweder bei undurchsichtigen Grundstückstransaktionen, die man Wern ankreidete,[168] oder gar durch Entfremdung spitaleigenen Inventars („sin trinkgeschirre, seine fass und ander sein varnde habe").[169] Vielleicht ist die Weinstiftung Werns in das Spital von 1392[170] als eine Art Wiedergutmachung zu bewerten.

---

[158]   StadtA Ro B 39, fol. 33'/2 und fol. 39.

[159]   Darauf bezieht sich vielleicht der Eintrag in der Stadtrechnung zu 1377 XII 20: „Am suntag vor Thome Hans Weren 330 lb hl (auf den bau), die lehe er uns biz uff wihenachten" (also für 5 Tage); StadtA Ro B 39, fol. 54'/2. Die Entlohnung von je 22 lb hl für ihn, Heinrich Beheim-Wernitzer und Walter Weltz 1383/84 scheint ebenfalls für das Baumeisteramt erfolgt zu sein (ebenda, fol. 29'/1).

[160]   Lexikon des Mittelalters, Bd. I, München/Zürich 1980, s.v. „Akzise", Sp. 261. Vgl. dazu Schnurrer, Karl IV. (wie Anm. 3), S. 586, bzw. ders., Rothenburg im Mittelalter (wie Anm. 3), S. 147ff.

[161]   Anhang III Nr. 2; Anhang IV § 8.

[162]   Anhang V § 1 und 2.

[163]   Genannt sind „turnos" (von „grossus Turonensis", ursprünglich in Tours geprägte Groschen) und „beheimisch" (böhmische Groschen).

[164]   Anhang III Nr. 1; Anhang VI § 2.

[165]   1395: Anhang III Nr. 5; Anhang IV § 14. 1402 nicht mehr erwähnt.

[166]   Anhang IV § 3; § 5 (gestrichen). Neben dieser amtlichen Tätigkeit war er 1374 zusammen mit Peter Kreglinger (dem neben Toppler wohl einflußreichsten Rothenburger Politiker dieser Zeit) Vormund für die Kinder des Merklin Kreglinger: StadtA Ro B 297 (Stadtgerichtsbuch), fol. 64', 66.

[167]   Borchardt, Institutionen (wie Anm. 38), II, S. 775: 1383/84, 1387–1389.

[168]   Anhang IV § 1; Anhang VI § 5.

[169]   Anhang VI § 4; dazu Anhang III Nr. 3.

[170]   1392 V 4: UB Ro, II, S. 928 Nr. 2386.

Bei alledem ist natürlich zu bedenken, daß die angeführten Vorwürfe Teile einer vom Rat (beziehungsweise von Heinrich Toppler; siehe unten Abschnitt V) gelenkten Anklagekampagne waren. Inwieweit sie berechtigt waren, worauf sie sich im einzelnen begründeten und was Wern zu seiner Verteidigung dagegen vorzubringen hatte, geht aus den Quellen nicht hervor und wird wohl nie aufgeklärt werden können. Es ist aber zu vermuten, daß sich einiges davon auf reale Tatbestände stützen konnte. Als gewitzter und erfolgreicher Kaufmann nutzte er wohl, auch im amtlichen Bereich, die Gelegenheit, persönlichen Gewinn zu erzielen, und daß dabei häufig die Grenzen zwischen Legalität und Gesetzesverstoß verschwammen, liegt auf der Hand. Das Bestreben, sich für großen Aufwand im Dienste der Stadt bei Gelegenheit schadlos halten zu dürfen, war zweifellos weit verbreitet und wurde wohl meist auch stillschweigend geduldet, solange man sich mit der städtischen Ratselite oder seinem jeweiligen starken Mann und seinem Führungsanspruch solidarisch verhielt.

Das war bei Hans Wern auch lange Zeit hindurch der Fall. Dies beweisen, wie gezeigt, die vielen städtischen Ämter und Aufgaben, die er betreute, und auch viele andere Aktivitäten im Dienste der Stadt. Zwischen 1375 und 1381 ist er häufig als Bürge für Neubürger genannt.[171] Seinen persönlichen Einfluß machte er bei Schiedsgerichten geltend.[172] Viel Zeit und Kraft verwendete er zwischen 1382 und 1386[173] auf sogenannte „Ratsbotschaften", diplomatische Missionen, gerichtliche und andere Verhandlungstage, für die er zwar geringe Spesensätze erhielt,[174] die sich aber, oft sich über Wochen hinziehend, nur jemand leisten konnte, dem die damit verbundenen Gewinnausfälle nicht viel ausmachten oder für die er sich sonstwie schadlos hielt. Wichtige Anlässe häuften sich in diesen Jahren, nachdem Rothenburg seit 1340 sehr aktiv im Rahmen des Landfriedens für Franken tätig war,[175] 1378 Mitglied des großen Schwäbischen Städtebunds wurde[176] und nicht nur mit dessen Führungsstädten Ulm und Augsburg (später auch Nürnberg), sondern noch mehr mit den benachbarten Reichsstädten (vor allem Dinkelsbühl, Schwäbisch Hall und Windsheim) beständigen Austausch auf allen Gebieten und Ebenen pflegte.[177] 1382 war Wern Mitglied einer

---

[171] Neubürgerlisten: StadtA Ro B 39, fol. 18–25.

[172] 1375 (zusammen mit Heinrich Beheim-Wernitzer und Seitz Häuptlin): StadtA Ro B 297 (Stadtgerichtsbuch), fol. 82'. 1385 XII 18 (zusammen mit Heinrich Wernitzer genannt Beheim, Peter Kreglinger, Walter Weltz und Berthold Körner): Maximilian von Freyberg (Hg.), Regesta sive Rerum Boicarum Autographa, Bd. X, München 1843, S. 170. 1386 XII 7 (zusammen mit Peter und Walter Kreglinger und Stephan Groß): UB Ro, II, S. 798 Nr. 2033.

[173] Die Stadtrechnungen dieser Zeit (StadtA Ro B 39) sind nur unvollständig erhalten.

[174] Z.B.: 1382: $8^{1}/_{2}$ fl = 23 lb 16 ß hl zu viert, 14 lb 4 ß hl zu zweit (nach Nördlingen): StadtA Ro B 39, fol. 57/1; 1384: 11 lb zu zweit nach Nördlingen: ebenda, fol. 37/2; 1385: 15 lb 19 ß hl für 5 Tage allein nach Ulm: ebenda, fol. 43'/1.

[175] Gerhard Pfeiffer, Rothenburgs Stellung im fränkischen Landfrieden des späten Mittelalters, in: Jahrbuch des Vereins Alt-Rothenburg 1974/75, S. 32–48.

[176] Ludwig Schnurrer, Rothenburg im Schwäbischen Städtebund, in: Jahrbuch für Geschichte der oberdeutschen Reichsstädte (Eßlinger Studien) 15, 1969, S. 9–48; auch in: ders., Rothenburg im Mittelalter (wie Anm. 3), S. 83–124.

[177] Ludwig Schnurrer, Dinkelsbühl und Rothenburg. Die Wechselbeziehungen zweier Reichsstädte in der Geschichte, in: Die Linde 47, 1965, S. 2–48 (auch in: Jahrbuch des Historischen Vereins Alt-Dinkelsbühl 1964, S. 17–44); Ludwig Schnurrer, Schwäbisch Hall und Rothenburg. Die Nachbarschaft zweier Reichsstädte in der Geschichte, in: Württembergisch Franken 65, 1981, S. 145–176; Ludwig Schnurrer, Benachbarte Reichsstädte: Windsheim und Rothenburg; in: Windsheimer Zeitung 1983, Nr. 221–224 und 243f.

Delegation des Schwäbischen Städtebunds bei Verhandlungen mit dem Sankt Jörgen-Ritterbund in Nördlingen.[178] 1383 vertrat er den Rothenburger Juden Mennelin (Mendel) gegen die Judengemeinde zu Nürnberg auf einem Tag zu Dinkelsbühl.[179] 1384 ritt er wieder nach Nördlingen, „do sie den Toppler gen in (= den von Nördlingen) verantwurtten."[180] 1385 war er in Ulm „fon unser juden wegen", als es um die berüchtigte Judenschuldentilgung ging,[181] und in Würzburg zum Lehensempfang beim Bischof;[182] 1386 in Weikersheim, das kurzfristig von Rothenburg als Pfand besetzt wurde.[183] Mehrmals war er dabei in Begleitung Peter Kreglingers, des neben Toppler führenden Stadtpolitikers, einmal (zum Lehensempfang in Würzburg) zusammen mit Toppler selbst. Insgesamt sind dies (für eine kurze Zeitspanne belegt) deutliche Anzeichen dafür, daß Wern völlig ebenbürtig mit den Spitzenvertretern des Rates die Interessen der Stadt vertrat.

Zweifellos hat Wern seine amtlichen Ausritte auch mit seinen privaten kaufmännischen Unternehmungen zu verknüpfen gewußt, etwa in der Messestadt Nördlingen; hier war auch die Kartause Christgarten in der Nähe, mit der ihn geschäftliche und religiöse Anliegen verbanden. Er war demnach, als Kaufmann wie als Ratsherr, viel im Sattel, unterhielt dafür auch einen gut bestückten Marstall.[184] Für die im Dienste der Stadt verwendeten Pferde erhielt er Vergütungen, entweder jahresweise[185] oder für einzelne Ausritte.[186]

IV. Religiöse Haltung

Auch Werns Religiosität und seine Beziehungen zu kirchlichen Institutionen waren zeit- und klassentypisch stark geprägt vom Besitz. Mit Geld, durch Almosen, Stiftungen und andere gute Werke konnte man versuchen, seine Aussichten für das Jenseits zu verbessern. Für das Sozialgefüge einer Stadt war dies ein wichtiges, in der Regel gut funktionierendes Regulativ, denn es kam im wesentlichen den wirtschaftlich schwachen Stadtbewohnern zugute. Trotzdem darf man bei der Fülle frommer Stiftungen niemandem das völlige Fehlen echter religiöser Überzeugungen und Gefühle unterstellen, wenngleich eben doch die „guten Werke" vielfach durch schlechtes Gewissen der Stifter motiviert wurden. Wenn man ein Leben harten, skrupellosen Erwerbsstrebens geführt hat, mußte man sich schon rechtzeitig, besonders in der zweiten Lebenshälfte, mit dem Jenseits arrangieren, und wenn Kaufleute dafür sehr kommerzielle Mittel anwendeten, kann das nicht weiter verwundern.

---

[178] StadtA Ro B 39, fol. 57/1.

[179] UB Ro, II, S. 737 Nr. 1879.

[180] StadtA Ro B 39, fol. 37/2. Näheres zu dieser Verhandlungssituation ist nicht bekannt.

[181] Dazu Schnurrer, Wenzel (wie Anm. 120), S. 695–699, bzw. ders., Rothenburg im Mittelalter (wie Anm. 3), S. 197–202.

[182] StadtA Ro B 39, fol. 43'/2.

[183] Ebenda, fol. 44/1. Zur Sache vgl. UB Ro, II, S. 772 Nr. 1963 (1385 IX 9). Weitere Ratsbotschaften Werns sind nach Windsheim und Kitzingen belegt.

[184] 1399 meldete er bei einer amtlichen Pferdemusterung für den Kriegsfall ein erstklassiges Pferd im Werte von 60 fl und ein zweitrangiges für 15 fl an; StadtA Ro B 39, fol. 67. Der Eintrag ist durchgestrichen, weil Wern ein Jahr darauf aus Rothenburg floh. Sicher wurde sein gesamter Marstall nach der Flucht vom Rat konfisziert.

[185] 1382: 14^1/$_2$ lb hl „von sinem pferde ditz jare zu lon"; ebenda, fol. 56/2.

[186] 1383/84: 2^1/$_2$ lb hl „von sinem pferd" (ebenda, fol. 31/1); 3 lb 5 ß hl „von seim pferd gen Winshein" (ebenda, fol. 32/2).

Werns Bemühungen in diesem Rahmen überschritten das gewöhnliche Maß bei weitem – ganz ähnlich, wie es bei seinem Rivalen Heinrich Toppler feststellbar ist.[187] Schon in relativ jungen Jahren, um die Jahreswende 1365/66, scheint er zu einer längeren und wohl auch gefahrvollen Wallfahrt aufgebrochen zu sein, weil er um diese Zeit, nach dem Tode seiner ersten Frau, seine gesamte Habe seinen beiden Schwägerinnen anvertraute.[188] Eindeutig nachweisbar ist eine Wallfahrt nach Rom 1378; bei dieser Gelegenheit ließ er sich gar von einem Kardinal die Erlaubnis zum Besuch der heiligen Stätten in Palästina geben.[189] Auch im Prozeß von 1394 (siehe unten Abschnitt V) wurde ihm der häufige Besuch von heiligen Stätten bescheinigt.[190] Als Kaufmann kam er sicher weit herum und konnte so das fromme Werk mit dem Nützlichen angenehm verbinden.

Auch die übliche Jahrtagsstiftung, in diesem Fall 1392 ans Spital, dessen langjähriger Pfleger er war, wurde großzügig ausgestattet: mit den Renten eines Weinbergs zu Detwang sollten die Siechen vierteljährlich eine Weinspende erhalten, die Spitalgeistlichen alle Quatember eine Seelmesse lesen.[191] Daß nach Prozeß und Verurteilung 1394/95 (siehe unten Abschnitt V) Wern seine Stiftungen eher außerstädtischen Institutionen zuwandte, wird man verstehen können; das geschah vielleicht schon im Hinblick auf Überlegungen, eines Tages Rothenburg endgültig zu verlassen. 1397 erwarb er sich und seiner Frau durch großzügige Zuwendungen Teilhabe an Gebeten und allen anderen frommen Werken des Dominikanerordens.[192] Er stiftete (um 1388/89?) Gebete, Messen und Ewiglichter in die erst kurz zuvor errichtete Kartause Christgarten bei Nördlingen für seinen verstorbenen Sohn,[193] knüpfte auch enge Verbindungen mit der Kartause Tückelhausen bei Ochsenfurt[194] und wurde 1399 mit seiner Frau Mitglied einer Gebetsbruderschaft der Rothenburger Deutschordenskommende, mit der die Stadt häufig gespannte Beziehungen hatte.[195] Um 1400, jedenfalls vor seiner zweiten Flucht, stiftete er einen Zins von 1 fl und einem Fastnachtshuhn aus einem Haus in der Rosengasse an das Siechenhaus (Leprosenhaus) Sankt Leonhard.[196] Von seinen Geschäftsbeziehungen mit Herrieden, Tückelhausen und Christgarten war schon die Rede (siehe oben Abschnitt II). Wie wenig Weltlich-kommerzielles und Religiös-spirituelles bei ihm zu sondern sind, wird deutlich bei der Lektüre des mehrmals zitierten Briefes, den der Prior von Christgarten an Wern richtete:[197] von

---

[187] Schnurrer, Toppler (wie Anm. 91), S. 112–114, bzw. ders., Rothenburg im Mittelalter (wie Anm. 3), S. 32f.

[188] StAN Rst Ro Akten 487e (Stadtgerichtsbuch), fol. 117. Freilich kann hier auch eine durch seine Handelstätigkeit bedingte längere Reise angenommen werden; doch ist sonst kein Hinweis auf eine Fernhandelsbeteiligung bekannt.

[189] 1378 XI 19: UB Ro, I, S. 677 Nr. 1718. Es ist vielleicht kein Zufall, daß Wern nach seiner Rückkehr aus Rom (im Mai 1379) das einzige Mal zum Bürgermeister gewählt wurde (siehe oben).

[190] Ebenda, II, S. 977 Nr. 2512.

[191] Ebenda, II, S. 928 Nr. 2386.

[192] 1397 VI l0; UB Ro, II, S. 1049 Nr. 2684; ausgestellt auf dem Generalkapitel des Ordens in Frankfurt, vielleicht auf persönliche Vorsprache Werns, oder durch Vermittlung.

[193] Vor 1400: UB Ro, II, S. 1128 Nr. 2893.

[194] Ebenda, II, S. 1031f. Nr. 2649 und 2650.

[195] Ebenda, II, S. 1115 Nr. 2857 und S. 1118 Nr. 2865; siehe oben Anm. 66.

[196] StadtA Ro B 715, fol. 48; Borchardt, Institutionen (wie Anm. 38), I, S. 280 Nr. 12.

[197] UB Ro, II, S. 1128 Nr. 2893.

der Anrede „besunder liben bruder und frund in got", vom Dank für die Stiftung eines Ewiglichts, von der Versicherung, regelmäßige Seelmessen zugunsten seines verstorbenen Sohnes lesen zu lassen, über Mitteilungen, welche den Aufkauf von Käse betreffen, bis zu den Grüßen an seine Schwester Margaretha und seinen Vetter, den „Biedermann" Hans Öffner: Zeitliches und Überzeitliches stehen ohne Bruch und Trennung nebeneinander.

Auch das Endurteil im Ketzerprozeß 1394 (siehe unten Abschnitt V) bescheinigte ihm seine außergewöhnlichen religiösen Anstrengungen:[198] er habe mehr als andere Personen Kirchen und heilige Stätten, häufig die Gottesdienste besucht und die Eucharistie zu sich genommen, habe mit Klerikern und anderen geistlichen Personen eifrig Umgang gepflegt und ihnen die schuldige Ehrerbietung erwiesen; er habe großzügig Almosen gespendet und sich besonders beim Bau und zur Ausschmückung von Kirchen als wahrer katholischer Christ erwiesen. Seine gottesfürchtige Grundüberzeugung wird bestätigt durch gelegentlich geäußerte und mehr zufällig überlieferte Redewendungen: Im Würzburger Exil 1395 rief er, wohl gesprächsweise, Gott als Zeuge dafür an, daß man ihm Unrecht zugefügt hatte.[199] Auch im späteren Nürnberger Exil, nach seiner Flucht zu Beginn des Jahres 1400, rechtfertigte er sein Handeln mit einer frommen Floskel: er wolle sein Leben anderwärts verbringen, „nach dem, als mich des got ermanet";[200] und auf die Frage nach seinem Ergehen antwortete er: „Ez gee, wie ez got haben wol"[201] – was, bei aller Formelhaftigkeit, auf ein gewisses Maß an Gottvertrauen schließen läßt.

V. Der Konflikt

Die Geschichte Rothenburgs in den letzten drei Jahrzehnten des 14. und dem ersten Jahrzehnt des 15. Jahrhunderts war so überaus markant geprägt von der Gestalt Heinrich Topplers, daß diese Ära, die glanz- und machtvollste in der Entwicklung der Stadt, mit gutem Recht als die Topplerzeit bezeichnet wird. Hans Wern, etwa gleichaltrig mit ihm, hat seine erstaunliche Karriere als Mitglied des Inneren, regierenden Rates von Anbeginn, aber nur bis 1394, begleitet und hatte, ohne daß wir dafür viele Belege hätten,[202] beständig und lange Zeit wohl auch einträchtig mit ihm zu tun. So war er zum Beispiel (vermutlich um die Zeit des großen Städtekrieges 1388/89) zusammen mit ihm Mitglied einer vierköpfigen Ratskommission, welche die Vorräte an Getreide und Salz in jedem bürgerlichen Haushalt festsetzte und kontrollierte.[203] Dabei war der politische Einfluß Topplers von Anfang an eindeutig stärker. Die wirtschaftliche Potenz dagegen, soweit sie sich an den wenigen erhaltenen Steuerlisten

---

[198] Ebenda, II, S. 977 Nr. 2512.

[119] „Ez west got wol, ob im recht geschehen were oder unrecht"; Anhang IV § 5.

[200] 1400 I 8: UB Ro, II, S. 1134 Nr. 2909.

[201] Anhang V § 9.

[202] 1384 war er, zusammen mit Ulrich Richlin, in: Nördlingen, „do sie den Toppler gen in (= den von Nördlingen) verantwurtten": StadtA Ro B 39, fol. 37/2; näheres dazu ist leider nicht bekannt. Im Herbst 1385 ritt er mit Toppler zum Lehensempfang beim Bischof von Würzburg: ebenda, fol. 43'/2. Dabei ging es offenbar um die private Belehnung Topplers mit einem Teilzehenten zu Vorbachzimmern (1385 XI 9: UB Ro, II, S. 777 Nr. 1974); jedenfalls ist eine Belehnung der Stadt um diese Zeit nicht nachweisbar.

[203] StadtA Ro B 9b (Statutenbuch), fol. 9.

bemessen läßt, lief viele Jahre parallel: 1374 lag Wern noch vor Toppler, 1377 gleichauf, bis Toppler um 1380 durch seine zweite Ehefrau den entscheidenden Vermögenszuwachs erhielt und von da an als der reichste Rothenburger anzusehen war.[204] Weil damit natürlich auch Prestige- und Machtzuwachs verbunden war, sind rivalisierende Gefühle und Bestrebungen einzelner wirtschaftlich und politisch Zurückgebliebener durchaus verständlich. Wern scheint zu ihnen gehört zu haben. Ein Ereignis im Jahre 1383 spielte dabei augenscheinlich eine entscheidende Rolle. Die verschuldeten Küchenmeister von Nordenberg, bis dahin das führende reichsministeriale Adelsgeschlecht in und um Rothenburg,[205] boten der Stadt ihre Besitzungen und Herrschaftsrechte für 7000 fl an. Um diese große Summe rasch aufzutreiben (vielleicht waren konkurrierende Kaufanwärter, etwa die Burggrafen von Nürnberg, im Spiel), forderte der Rat neben einer Sonderbesteuerung der Juden[206] eine Reihe begüterter Bürger zu (wohl kurzfristigen) Darlehen auf. Unter den acht Kreditgebern gab Wern, offenbar in einem Posten, 4200 lb hl, Toppler zunächst 730 lb hl, dann, in einem zweiten Schub, 950 rheinische und ungarische Gulden,[207] schließlich noch 700 lb hl, wodurch er, mit der Gesamtsumme von 4280 lb hl, Wern um ganze 80 lb übertraf![208] Es ist kaum daran zu zweifeln, daß es bei diesem Überbietungsmanöver um innerstädtisches Prestige ging und daß sich daraus, und vielleicht schon früher, rivalisierendes Vorrangstreben entwickelte.

Vielleicht lassen sich auch die Wappen Werns und Topplers im Zusammenhang mit solchen internen Auseinandersetzungen deuten. Werns Wappen, der Antiqua-Großbuchstabe „W" unter einer Krone (Helm und Helmzier sind nicht bekannt), ist in seinem beschädigten Siegel erstmals zu 1392,[209] als vollständige Siegelzeichnung (aus der Zeit um 1799)[210] zu 1395 überliefert, sicher aber schon älter, mindestens seit dem Beginn seiner Ratszugehörigkeit (1372). Das Topplerwappen[211] weist in der Helmzier ebenfalls eine Krone auf (daraus wachsend zwei Arme, die zwei Würfel, die Schildfiguren, halten: ein redendes Wappen, denn „toppeln" bedeutet würfeln). Dieses Symbol als Ausdruck der Macht und der Würde fand sicher nicht nur willkürlich und zufällig, sondern bewußt und auf Wirkung bedacht Aufnahme in den beiden Wappen.

[204] Schnurrer, Toppler (wie Anm. 91), S. 107ff., bzw. ders., Rothenburg im Mittelalter (wie Anm. 3), S. 27f.

[205] Eine dringend nötige zusammenfassende Untersuchung dieses bedeutenden Reichsministerialengeschlechts steht noch aus. Ansatzweise: Karl Bosl, Rothenburg im Stauferstaat (Neujahrsblätter der Gesellschaft für fränkische Geschichte XX), Würzburg 1947, S. 29f.; ders., Die Reichsministerialität der Salier und Staufer (Schriften der Monumenta Germaniae historica 10), Stuttgart 1951, Tl. 2, S. 390ff.; Borchardt, Gültbuch (wie Anm. 129), S. 193ff. Stammtafel der (jüngeren) Küchenmeister von Nordenberg: Borchardt, Institutionen (wie Anm. 38), II, S. 756.

[206] Ohlau, Haushalt (wie Anm. 96), S. 53ff.; Wehrmann, Rechtsstellung (wie Anm. 143), S. 71ff.

[207] 1383 wird 1 fl zu 3 lb hl berechnet; StadtA Ro B 39, fol. 29: Anleihe von 1500 fl = 4500 lb hl. 1382 war der Gegenwert eines Guldens noch 2 lb 16 ß hl: ebenda, fol. 57/1 (8$^{1}/_{2}$ fl = 23 lb 16 ß hl).

[208] Der Kauf der Herrschaft Nordenberg kam 1383 IV 27 zustande: UB Ro, II, S. 730f. Nr. 1864; dazu Borchardt, Gültbuch (wie Anm. 129), S. 193–196.

[209] UB Ro, II, S. 936 Nr. 2404.

[210] StadtA Ro B 716a (Regesten des Johann Ludwig Vogtmann), fol. 107.

[211] In besonders schöner Ausformung auf seinem Epitaph 1408: Schnurrer, Toppler (wie Anm. 91), hinter S. 112, bzw. ders., Rothenburg im Mittelalter (wie Anm. 3), S. 47.

Als Toppler zudem sich sein längst gebrauchtes Wappen 1392, also kurz vor dem Ausbruch der offenen Feindseligkeiten gegenüber Wern, von Herzog Stephan von Bayern erneut verleihen ließ,[212] geschah auch dies in erster Linie aus Prestigegründen: der fürstliche Wappenbrief verlieh dem alten Wappen zusätzliches Ansehen.[213] Sicherlich trug auch dieser Umstand zu den wachsenden Spannungen zwischen den beiden Männern bei.

Während nun durch die geschilderten Verhältnisse und Umstände die Hintergründe und Ursachen einer solchen Rivalität plausibel erscheinen, bleibt ihre Entfaltung und Verschärfung in den Folgejahren im Dunkeln. Der Verkauf von Windelsbach an Werns Sohn Hans den Jüngeren 1386 und nach dessen Tod der weitere Ausbau dieser kleinen vogteilichen Herrschaft bis 1393 mag dazu beigetragen haben; entscheidend war er zunächst sicher nicht, sonst hätte die Stadt, vielmehr Toppler selbst, 1394 nicht einen völlig anderen und wohl von Wern überhaupt nicht erwarteten Weg gewählt, um ihn zu erledigen: den eines Ketzerprozesses.

Um diese Zeit agierte in der Diözese Augsburg und ernannt von Bischof Burkhard von Ellerbach als Untersuchungsrichter gegen die Waldensersekte[214] ein Magister Heinrich Angermayr, der sich auch „Heinrich Bekehrer" nannte und der im November 1393 im benachbarten Dinkelsbühl gegen eine Gruppe von Anhängern dieser Sekte vorging und sie zum Widerruf zwang.[215] Ein Jahr darauf, im September 1394, hielt er sich in Oettingen auf. Dort besuchte ihn Heinrich Toppler,[216] besprach sich mit ihm und verdeutlichte wenig später sein Anliegen schriftlich. Am 11. September antwortete ihm Angermayr („Bekehrer"); er habe die besprochene und beschriebene „Sache" wohl verstanden, könne derzeit aber nicht nach Rothenburg kommen, weil er in Lauingen zu tun habe. Er werde einen „beychtiger" aus Lauingen,[217] der auch schon in Rothenburg gewesen sei[218] und die „Sache" kenne, mitbringen, so daß sie gründlich erforscht werden könne. Auch den Heinrich Töter (von Nördlingen)[219]

---

[212] Wappenbrief von 1392 I 5: Johann Christian Siebenkees, Beiträge zum teutschen Recht, Bd. V, Nürnberg 1789, S. 82ff.

[213] Vgl. dazu Felix Hauptmann, Das Wappenrecht, Bonn 1896, S. 177 § 79.

[214] Lose, heterogene Gruppen von Anhängern der von Valdes aus Lyon († 1207) gegründeten „Pauperes Christi", die, von Wanderpredigern betreut, ein Leben radikaler christlicher Religiosität wie die Urchristen vertraten; Lexikon des Mittelalters, Bd. VIII, München 1997, s.v. „Waldenser", Sp. 1953–1955. Knappe Beschreibung des Rothenburger Ketzerprozesses: Borchardt, Institutionen (wie Anm. 38), I, S. 643f. (auf S. 644 irrig „Engelmeyer" statt Angermeier). Zur Waldenserverfolgung dieser Zeit in Bayern neuerdings: Alexander Patschovsky, Waldenser und Hussiten, in: Walter Brandmüller (Hg.), Handbuch der bayerischen Kirchengeschichte, Bd. I/2, St. Ottilien 1999, S. 762–767.

[215] 1393 XI 12: Schnurrer, Dinkelsbühl 1282–1450 (wie Anm. 12), S. 79 Nr. 341; dazu Christian Bürckstümmer, Waldenser in Dinkelsbühl, in: Beiträge zur bayerischen Kirchegeschichte 19, 1913, S. 272–275. Über den vielleicht aus Bamberg stammenden Heinrich Angermayr (Angermeier) und seine Tätigkeit als „Bekehrer" in Schwaben und Franken vgl. Patschovsky, Waldenser (wie Anm. 214), S. 764.

[216] Vermutlich von Nördlingen aus; er war seit 1392 VII 2 mit Margaretha Meiler aus einer wohlhabenden Nördlinger Familie verheiratet; UB Ro, II, S. 930 Nr. 2392.

[217] Vermutlich Beichtvater des dortigen Zisterzienserinnenklosters; vgl. Erich Keyser/Heinz Stoob (Hg.), Deutsches Städtebuch, Bd. V (Bayern), Tl. 2, Stuttgart 1974, S. 336 Nr. 15d.

[218] Wahrscheinlich als Beichtvater des dortigen Dominikanerinnenklosters; vgl. Borchardt, Institutionen (wie Anm. 38), I, S. 179: Liste der Beichtväter, aber erst seit der Klosterreform 1398.

[219] Durch Topplers Nördlinger Heirat dessen Verwandter; vgl. UB Ro, II, S. 953 Nr. 2452 (1393 X 29).

wolle er „heimlich" mitnehmen. Toppler habe doch wohl alle mitgeteilten Vorwürfe „an demselben erfunden und brüfft".[220] Der Brief verrät in vielen Wendungen seinen konspirativen Charakter; obwohl kein Name genannt wird, ist durch die folgenden Ereignisse völlig klar, wer gemeint ist: Hans Wern, und Heinrich Toppler wird dadurch eindeutig als Drahtzieher des Prozesses gegen ihn entlarvt.

Ohne vom Würzburger Bischof Gerhard von Schwarzburg dazu beauftragt zu sein, zog der (in diesem Falle selbsternannte?) „Ketzermeister" Angermayr in dessen Diözese, nach Rothenburg, richtete sich dort offenbar für längere Zeit ein und unternahm, teilweise begleitet von Rothenburger Söldnern (Peter Ostheim und Hans von Heinriet) ausgedehnte „Dienstreisen",[221] die einmal vier, einmal acht Wochen beanspruchten, alles bezahlt von der Rothenburger Steuerstube, die darüber peinlich genau Buch führte.[222] Insgesamt dürfte er sich ein Vierteljahr lang in Rothenburg einquartiert haben.

In dieser Zeit, etwa anfangs November,[223] klagte Angermayr mehrmals Hans Wern der Ketzerei an; wo, in welcher Form und unter welchen Begleitumständen, wissen wir nicht. Aus der Klageschrift Rothenburgs gegen ihn vom Juni 1402[224] erfahren wir lediglich einige total einseitige und bis zur krassen Heuchelei entstellte Details: Angermayr selbst habe Wern als „aller ketzer hauptman und vorgener" denunziert, was der Rat nicht habe glauben wollen, bis dies „durch erber kuntschaft von ettlichen reichs steten"[225] bestätigt worden sei, worauf der Rat „etwaz glawben doran het" und der Ketzermeister seine Beweise vorgelegt habe. Dann habe Bischof Gerhard von Würzburg „sein doctor und ander geistlich lewt" nach Rothenburg geschickt, „und vordert sein leib und gut und meint, daz er im dorumb verfallen were". Erstaunlicherweise und völlig unglaubwürdig behauptete der Rat zum Schluß dieser Anklage: „Do sahe der rate an demutikeit und behielten in dez molz bey leib, bey gut und bey eren" – als ob er bei diesem allein von den geistlichen Autoritäten durchgeführten Verfahren die rechtliche Möglichkeit gehabt hätte, eine solche Begnadigung auszusprechen. Auch das weitere Verhalten des Rats gegenüber Wern steht in krassem Gegensatz zu diesen Schutzbehauptungen.

Offenbar erst mit einiger Verspätung, vielleicht durch den Rothenburger Pfarrer, den vormaligen Deutschordenskomtur Siegfried Schneider,[226] benachrichtigt, schaltete sich Bischof Gerhard von Würzburg ein. Dieser hatte sich zwar am 28. Januar 1392 in seinen Streitigkeiten mit der Reichsstadt vertraglich geeinigt,[227] es lag aber

[220] Ebenda, II, S. 972 Nr. 2500.
[221] Als Zielorte werden genannt: Weißenburg, Ulm, Schwaben, Nördlingen, Oettingen, Augsburg, Ochsenfurt und Würzburg.
[222] Anhang II.
[223] Die Chronologie der folgenden Ereignisse ist nicht deutlich erkennbar; die Aufeinanderfolge der einzelnen Etappen ist der genauen Schilderung im Endurteil von 1394 XI 16 (UB Ro, II, S. 976f. Nr. 2512) zu entnehmen.
[224] Anhang VI § 6.
[225] Wahrscheinlich ist damit v.a. (oder allein) Nördlingen gemeint (siehe oben Anm. 216 und 219). Vielleicht ist Wern durch seine engen Beziehungen zur neugegründeten Kartause Christgarten bei Nördlingen dort näher bekannt geworden. Wie wenig haltbar diese Behauptung ist, beweist die Intervention der Nachbarstädte im März 1395 zugunsten Werns (siehe unten).
[226] Borchardt, Institutionen (wie Anm. 38), II, S. 765.
[227] UB Ro, II, S. 922ff. Nr. 2375.

immer noch Zündstoff genug bereit, besonders im Zusammenhang mit den beiderseitigen Landgerichten.[228] Der Bischof mochte die völlig legale Intervention in Rothenburg als eine willkommene Gelegenheit angesehen haben, um in der rivalisierenden Reichsstadt Flagge zu zeigen. Vielleicht war er sogar über Topplers Intrige gegen Wern unterrichtet. Er sandte seinen tüchtigsten Kanonisten, den Doctor Decretorum Walter Schubel,[229] seinen Generalvikar in spiritualibus, nach Rothenburg, der das Gerichtsverfahren an sich zog und die Verhandlungen im Rathaus (vermutlich in dem etwa zwei Jahrzehnte vorher fertiggestellten Kaisersaal, wo auch das Stadtgericht tagte) durchführte. Zunächst wurde Wern über alle Glaubensartikel, die Sakramente und einige Irrlehren[230] befragt und bezeugte dabei seine Rechtgläubigkeit. Dann wurden die von Angermayr vorgelegten schriftlichen Beweise gegen Wern geprüft und verworfen. Auch bei einem zweiten, vom Ketzermeister erbetenen Verhandlungstermin, zu dem er weitere Zeugen und Beweise beibrachte, und einem neuerlichen Verhör Werns wurden keine Belastungspunkte festgestellt. Dr. Schubel veranlaßte daraufhin eine weitgefächerte Umfrage über Werns Leumund, Ansichten, Lebensführung und Umgang, sowohl bei Kloster- und Weltgeistlichen als auch bei Laien, vorab bei den Bürgermeistern und den Mitgliedern des Inneren Rates, was sicher besonders heikel war. Da aber diese Befragung geheim beziehungsweise schriftlich und versiegelt (secrete et sigillatim) vorgenommen wurde und zudem das bisherige Verfahren deutlich auf eine Entlastung Werns hinwies, wurde auch diesmal dessen guter Leumund, unverdächtige Ansichten, ehrenhaftes Verhalten und tadellose religiöse Einstellung bestätigt. Von einer geschlossenen Gegnerschaft des Rats gegenüber Wern konnte demnach keineswegs die Rede sein. Selbst Toppler wird klug genug gewesen sein, diesem allgemeinen Urteil nicht zu massiv zu widersprechen. Um nun aber auch noch den letzten Zweifel an Werns Rechtgläubigkeit zu beseitigen, wurde ihm schließlich noch ein Reinigungseid mit fünf oder sieben Eideshelfern auferlegt.[231] Er bestand auch diese letzte Prüfung glänzend: ein Abt, zehn Regular- und Säkularpriester und mehr als 50 Laien beschworen seine Unschuld. Am 16. November sprach ihn der bischöfliche Sonderbeauftragte frei. Der ganze Vorgang wurde in

---

[228] Ludwig Schnurrer, Rothenburg und das Hochstift Würzburg im Mittelalter, in: Würzburger Diözesangeschichtsblätter 37/38, 1975, S. 485–509, hier S. 504f. (auch in: ders., Rothenburg im Mittelalter, wie Anm. 3, S. 252f.)

[229] Dr. Walther Schubel, bürgerlicher Abstammung, scheint nur kurzfristig (etwa 1394–1398) Generalvikar in Würzburg gewesen zu sein. Zwischen 1390 und 1401 war er gleichzeitig Domherr in Bamberg, Augsburg, Würzburg und Eichstätt, 1390–1391 Auditor in Eichstätt, 1397–1401 Dompropst in Augsburg. Johann Kist, Das Bamberger Domkapitel von 1399–1556, Weimar 1943, S. 5 Anm. 7; Gerd Tellenbach, Repertorium Germanicum II. Verzeichnis der in den Registern und Kameralakten Urbans VI., Bonifaz' IX., Innozenz' VII. und Gregors XII. vorkommenden Personen, Kirchen und Orte des Deutschen Reiches, seiner Diözesen und Territorien 1378–1415, Berlin 1961, Sp. 200, 289, 776, 1115, 1141; Wilhelm Engel, Vatikanische Quellen zur Geschichte des Bistums Würzburg im XIV. und XV. Jahrhundert, Würzburg 1958, S. 44 Nr. 161 und S. 81 Nr. 450. Für entsprechende Hinweise bin ich Herrn Erik Soder von Güldenstubbe vom Diözesanarchiv Würzburg zu Dank verpflichtet.

[230] Die wichtigste ihm angelastete ketzerische Meinung war die der priesterlichen Befugnisse für Laien ("… quod bonus laicus habeat potestatem audiendi confessiones et a peccatis absolvendi …"); UB Ro, II, S. 977 Nr. 2512.

[231] Zum Reinigungseid vgl. Lexikon des Mittelalters, Bd. III, München/Zürich 1986, s.v. „Eid", Sp. 1673–1692, hier Sp. 1678.

einem umfangreichen Notariatsinstrument, ausgestellt von dem Notar Konrad Schubel (vielleicht einem Verwandten des bischöflichen Kommissärs), niedergelegt und beglaubigt.[232]

Damit hatten Toppler und, als sein Instrument, der „Bekehrer der Ungläubigen" Heinrich Angermayr eine blamable Niederlage erlitten. Dieser, der erst anfangs Januar 1395 Rothenburg verließ, hatte der Stadt mit hohem Aufwand empfindliche Kosten verursacht: 53 fl 259 lb 4 ß hl standen zu Buche.[233] Toppler beabsichtigte keineswegs, trotz der erlittenen Schlappe (oder vielleicht gerade deswegen), seine Kampagne gegen Wern zu beenden, sondern verlagerte lediglich seine Angriffsziele in andere Bereiche. Daß Toppler Material gegen ihn sammelte, blieb Wern kaum verborgen. Außerdem war ja Angermayr immer noch in Rothenburg tätig und bereitete offenbar eine neuerliche Anklage gegen Wern vor. Als dieser nun Ende November nach Würzburg ritt, um sich beim Bischof für die gewährte Rechtshilfe zu bedanken, empfing ihn dieser besonders gnädig, teilte ihm mit, daß Angermayr (oder Toppler) neue Vorwürfe gegen ihn erheben wolle, und riet ihm, bis zum endgültigen Austrag in Würzburg zu bleiben, da Dr. Schubel sowieso alle Unterlagen in der Hand habe. Wern ging darauf ein, blieb in Würzburg, war allerdings recht naiv, als er die Stadt von hier aus bat, ihm (was sie ihm schuldig sei) rechtlich zu helfen und zu raten.[234] Von einer Flucht Werns und damit von einer schwerwiegenden Verletzung des Bürgereids konnte zwar bis dahin nicht die Rede sein, er mußte aber längst die feindselige Haltung des Rates (beziehungsweise Topplers) gegen ihn durchschaut haben, so daß die Bitte um Rat und Hilfe fast wie eine Verspottung anmutet. Man warf ihm später ja auch vor, er habe „seit her uzgeben, … man habe (ihn) in ein leymunt der ketzerey geworffen umb dez willen, daz er umb sin gut kumen sulle", womit er vermutlich Recht hatte, obwohl die Anklage weiter feststellte, „dor an er doch dem rate gentzlich unrecht tut."[235]

Die Antwort Rothenburgs auf Werns Anfrage kennen wir nicht (wenn eine solche überhaupt erfolgte), dafür eine Aussage des Rothenburger Spitalmeisters Seiz Koch vom 16. Dezember 1394,[236] der in Dinkelsbühl mit dem dortigen Patrizier Götz Döner gesprächsweise über Hans Wern geredet hatte; dieser habe Wern in Würzburg getroffen und von ihm erfahren, „er wolt nymer gen Rotenburg kumen, er kom dann also dar, daz er leibz und gutz sicher were", das heißt also, man gewähre ihm denn sicheres Geleit. Übrigens hatte er in dem Dinkelsbühler Götz Döner einen Sympathisanten, was seine Stellung zum Rothenburger Rat und besonders Toppler betraf; unaufgefordert sagte er dem Spitalmeister ins Gesicht, „er neme nicht tusent guldin, daz er burger hie were zu Rotenburg, dann er wolt ungern leiden, daz zwen oder drey sein herren wern" – ein deutlicher Hinweis, wie sehr in den Augen der Öffentlichkeit, zumindest der reichsstädtischen Nachbarn, der Rothenburger Rat von Heinrich Toppler und einem oder zweien seiner Parteigänger unter den Ratsgenossen (Peter Kreglinger, vielleicht sein Bruder Hans Toppler) beherrscht wurde. Der Rat nahm diesen

---

[232] UB Ro, II, S. 976f. Nr. 2512.
[233] Anhang II.
[234] (1394) XI 30: UB Ro, II, S. 978 Nr. 2515.
[235] Anhang VI § 11.
[236] Anhang I.

Bericht sehr übel auf, sah in den Aussagen Werns und Döners eine Schmähung („smoheit") des Rats und der Stadt, ließ den Vorfall in das städtische Urfehdebuch eintragen und am Schluß hinzufügen: „Dor an sol wir gedencken" – eine Drohformel, die in diesem Stadtbuch häufiger anzutreffen ist, wenn man Vergeltung für tatsächlich oder angeblich erlittenes Unrecht in Aussicht stellen wollte. Spätestens von diesem Datum an muß der offene Bruch zwischen Wern und der Stadt gerechnet werden.

Da offenbar keine oder eine unbefriedigende Antwort von Rothenburg nach Würzburg ging, erkundigte sich am 20. Dezember Bischof Gerhard selbst in Rothenburg, ob Angermayr (Meister „Heinrich der Kerer") ein weiteres Vorgehen gegen Wern plane; dieser stehe in Würzburg jederzeit zur Verfügung.[237] Der „Ketzermeister" gab zwar sein Vorgehen vorläufig auf, bescheinigte der Stadt (sicher auf deren Drängen hin und als Rückversicherung gegenüber späteren Forderungen und möglichen Anklagen) ihr korrektes Verhalten und verließ Rothenburg am 5. Januar 1395.[238] Aber der Rat, und das hieß doch wohl Toppler, wollte nun Wern unbedingt vor sein weltliches Gericht stellen und forderte ihn am 20. Februar bei seinem Bürgereid zur Rückkehr nach Rothenburg auf, da man ihm Wichtiges zu sagen habe, was sich nicht schriftlich mitteilen lasse.[239] Etwa gleichzeitig kam es auch zu einer geheimen mündlichen Unterredung in Ochsenfurt, halbwegs zwischen Rothenburg und Würzburg, zwischen einem Rothenburger Gesandten und Wern;[240] dieser erwiderte auf die erneute Forderung, nach Rothenburg zurückzukehren, er sei „ein kranker ersrokener man, an dem übel geschehen" sei; er wolle gerne wieder nach Rothenburg kommen, wenn er wüßte, daß man ihn dort gerne sähe und daß er vor dem Rat sicher sei. Offenbar glaubte er auch, seine Position dadurch zu verbessern, daß er am 25. Februar das Würzburger Bürgerrecht annahm[241] – ein verhängnisvoller Schritt, weil er dadurch seinen Bürgereid eklatant verletzte, zumal wir nicht einmal wissen, ob er vorher sein Rothenburger Bürgerrecht aufgegeben hatte.

Sein Bestreben, zu seiner Frau, seinem Haus, seinem Vermögen in Rothenburg zurückzukehren, war dann anscheinend doch stärker als sein berechtigtes Mißtrauen. Vermutlich hatte er auch eine Art sicheres Geleit nach Rothenburg erhalten. Ende Februar erschien er jedenfalls in der Stadt – und wurde sofort verhaftet und ins Gefängnis gelegt, vielleicht unter Bruch einer Zusicherung der Straffreiheit. Auf einen regelrechten Prozeß ließ man es wohl nicht ankommen, man mochte eine abermalige Intervention des Würzburger Bischofs befürchten. Dafür zwang man ihm am 1. März eine Urfehde auf (von der Wern später behauptete, er habe die Urkunde darüber „blind", also blanko, besiegeln müssen),[242] die letztlich den Rat zu jedem beliebigen Vorgehen gegen ihn berechtigte und die er zudem noch in die Hand seines Erzrivalen Heinrich Toppler (der damals Bürgermeister war) zu beschwören hatte.[243]

---

[237] UB Ro, II, S. 980 Nr. 2519.
[238] Ebenda, Nr. 2520.
[239] Ebenda, II, S. 983 Nr. 2528.
[240] Ebenda, II, S. 985 Nr. 2533.
[241] Ebenda, II, S. 984 Nr. 2532.
[242] Anhang VI § 12. Natürlich wird man diese Feststellung Werns auch als spätere Schutzbehauptung bewerten können; schließlich drohten ihm beim Bruch der Urfehdebestimmungen schwerste Strafen.
[243] UB Ro, II, S. 985 Nr. 2534.

Die Formulierungen waren demütigend und entehrend: er sei ungehorsam geworden „von meiner torheit wegen wider got und wider recht und wider mein gesworen eyt"; der Rat erlasse ihm aber „aus seiner tugent und bescheidenheit" heraus die Leibesstrafe, wenn er sich ihm mit Leib und Gut anvertraue, dessen später zuzumessende Strafe hinnehme, nicht aus der Stadt entweiche und die aus Rothenburg entfernten Vermögensteile wieder zurückschaffe. Bei Übertretung dieser Bestimmungen drohte ihm die Bestrafung als Meineidigem.

Die Anklageartikel gegen ihn, die wir nur in sekundärer Überlieferung kennen,[244] die aber durch die Angaben in einem Memorandum zur Rechtfertigung gegenüber den Nachbarstädten[245] bestätigt und ergänzt werden, scharren gewissermaßen alle tatsächlichen und angeblichen Verfehlungen Werns während seiner Ratstätigkeit, also über einen Zeitraum von fast 30 Jahren, zusammen und scheinen einem gegen ihn angesammelten Dossier entnommen zu sein; sie sind größtenteils bereits erwähnt: fehlende oder mangelhafte Abrechnung bei seinen Tätigkeiten als Vormundsherr und als Ungeldeinnehmer; Aneignung von spitälischem Inventar; Mißbrauch seiner Vogteirechte in Windelsbach durch Einziehen eines Ungelds und rücksichtslosen Weiherbau. Selbst die Ketzerei wurde nochmals aufs Tapet gebracht, obwohl diese Vorwürfe glänzend widerlegt worden waren, bevor er sein Rothenburger Bürgerrecht aufgegeben hatte; und schließlich fand man unleidlich, daß er „redt wider Heinrich Topplern, Cunrad Bermatern und Heinrich Kesselweissen, ez west got wol, ob im recht geschehen were oder unrecht, do mit er den rat stroft".[246] Daß diese beiden letzten Punkte aus der besonderen Situation Werns heraus zwar nicht zu entkräften, aber wenigstens partiell zu entschuldigen waren, wurde nicht berücksichtigt, wie ihm sicherlich auch kaum Gelegenheit geboten wurde, zu den übrigen Artikeln rechtfertigend Stellung zu nehmen. Schließlich hielt man noch eine weitere Demütigung für ihn bereit: die drei Eideshelfer der Urfehde waren nicht etwa seinesgleichen, treugebliebene Ratsmitglieder oder nahe Verwandte, sondern Handwerker: ein Gerber, ein Schneider und ein Kürschner – so als wollte man damit kundtun, daß man auch Wern in die politisch nicht mitspracheberechtigte, letztlich machtlose handwerkliche Mittelschicht „degradieren" würde.

Vorläufig hielt man ihn aber noch im Gefängnis,[247] offenbar unter so entwürdigenden Bedingungen,[248] daß die benachbarten und im Schwäbischen Städte-

[244] Anhang III; das dort genannte Datum (II 22) kann wegen der Würzburger Bürgerrechtsannahme vom II 25 (siehe oben Anm. 240) nicht stimmen.

[245] Anhang IV.

[246] Anhang IV § 5.

[247] Wohl nicht in den Zellen des Büttelhauses, das in der Regel für Untersuchungshäftlinge gedacht war (vgl. Wilhelm Dannheimer, Das Büttelhaus und die Büttel zur Reichsstadtzeit, in: Jahrbuch des Vereins Alt-Rothenburg 1960/61, S. 17–27); sicher auch nicht im Strafturm, der für geringe bürgerliche Vergehen bestimmt war (vgl. Klaus-Peter Herzog, Das Strafensystem der Stadt Rothenburg ob der Tauber im Spätmittelalter, Diss. jur. Würzburg 1971, S. 114f.); vielmehr entweder im Rathausverlies, in dem später auch Heinrich Toppler umkam, oder im Lochgefängnis des Markusturms.

[248] Die Fortdauer des Gefängnisses nach einer Urfehde war unüblich; normalerweise wurde eine solche bei Entlassung aus der Haft ausgestellt; vgl. Lexikon des Mittelalters, Bd. VIII, München 1997, s.v. „Urfehde", Sp. 1294.

bund[249] beziehungsweise dem Fränkischen oder Schwäbischen Landfrieden[250] verbündeten Reichsstädte Schwäbisch Hall, Windsheim, Dinkelsbühl und Weißenburg
sich einmischten. Deren Gesandten wurden am 12. März 1395 im Rothenburger Rat
vorstellig, konnten allerdings nichts erreichen, nachdem man ihnen den massiven
Klagekatalog gegen Wern vorgelegt hatte; sie schieden „on end", ergebnislos.[251] Im
Oktober schaltete sich nochmals Bischof Gerhard von Würzburg ein; er schickte wieder seinen Dr. Walter Schubel nach Rothenburg, der freilich auch nichts auszurichten
vermochte, da der Fall nach dem Verständnis des Rates nicht in seine Kompetenz fiel.
Ob eine Bitte des Bischofs am 19. Oktober 1395, Wern nicht so „hertiklich und
peinlich" gefangenzuhalten, da er doch ein alter, kranker Mann sei,[252] etwas bewirkte,
wissen wir nicht; Wern blieb jedenfalls im Gefängnis und wurde vermutlich erst am
15. März 1396 daraus entlassen.[253] Als endgültig festgesetzte Strafe mußte er
2000 fl bezahlen, wovon 500 fl auf den Weiler Hürblach verrechnet wurden, den er an
die Stadt zurückzugeben hatte. Wohl anschließend beschwor er von neuem das
Rothenburger Bürgerrecht.[254]

Wenn der Rat mit dieser exorbitanten Strafsumme beabsichtigt hatte, Wern finan-
ziell zu ruinieren, so sah er sich bald getäuscht. Hatte er schon von Würzburg aus
Kontakte, und sicher auch geschäftliche, mit seiner Frau Adelheid und anderen unter-
halten,[255] so verdichteten sich seit 1397 seine wirtschaftlichen Aktivitäten wieder, vor
allem der Handel mit landwirtschaftlichen Produkten (siehe oben Abschnitt II),
gleichzeitig aber auch seine Zuwendungen an auswärtige geistliche Institutionen, vor
allem an die Kartausen Christgarten und Tückelhausen, und sonstige fromme Stiftungen (siehe oben Abschnitt IV). Er verkaufte seine grundherrschaftlichen Rechte,[256]
mit Ausnahme des Dorfes Windelsbach, und scheint auf diese Weise, nach dem
gewaltigen finanziellen Aderlaß von 1396, sein Barvermögen wieder vermehrt beziehungsweise in fromme Stiftungen verwandelt zu haben. All dies läßt sich als Hinweis
darauf verstehen, daß er plante, sich ein zweites Mal von seiner Vaterstadt zu lösen.

---

[249] Vgl. Schnurrer, Städtebund (wie Anm. 176), S. 26, bzw. ders., Rothenburg im Mittelalter (wie
Anm. 3), S. 95: Rothenburg verhandelte damals, nach dem Verbot städtischer Einungen auf dem Reichstag zu Eger 1389, schon wieder mit den vereinigten schwäbischen Städten, ohne allerdings deren Bund
beizutreten.

[250] Dinkelsbühl war seit 1395 IV 23 Mitglied des schwäbischen Landfriedensbundes: Deutsche
Reichstagsakten, Ältere Reihe, Bd. II, S. 266 Nr. 145; dazu Ludwig Schnurrer, Die Reichsstadt Dinkels-
bühl im Schwäbischen Städtebund, in: Jahrbuch des Historischen Vereins Alt-Dinkelsbühl 1997–2000,
S. 26–44. Rothenburg, das später dem Egerer Landfrieden von 1389 beigetreten war, wurde auch wieder
Mitglied des 1395 VI 11 verlängerten fränkischen Landfriedens; vgl. Schnurrer, Städtebund (wie Anm.
176), S. 22, bzw. ders., Rothenburg im Mittelalter (wie Anm. 3), S. 92; Gerhard Pfeiffer, Rothenburgs
Stellung im fränkischen Landfrieden des späten Mittelalters, in: Jahrbuch des Vereins Alt-Rothenburg
1974–1976, S. 32–48.

[251] Anhang IV.

[252] UB Ro, II, S. 1002 Nr. 2577.

[253] Ebenda, II, S. 1014 Nr. 2609.

[254] Anhang VI § 8.

[255] UB Ro, II, S. 979 Nr. 2516.

[256] 1397 I 15: Hof zu Hemmersheim an die Kartause Tückelhausen; Staatsarchiv Würzburg, Würzburger Urkunden (Münchener Abgabe), Nr. 7018. 1397 II 14: Die Güter zu Spielbach an die bäuerlichen
Inhaber; StadtA Ro B 298 (Stadtgerichtbuch), fol. 64 und 76'.

Er fühlte sich grausam und ungerecht behandelt, er hatte, wenn nicht sein ganzes Vermögen, so doch sein Ansehen und seine Ehre verloren. Offenbar verfolgte ihn der Rat mit kleinlichen Schikanen und Vorwürfen,[257] die schließlich seinen Entschluß zu einer zweiten Flucht aus Rothenburg auslösten.[258]

Als man ihn anfangs des neuen Jahrhunderts, in den ersten Tagen des Jahres 1400, wegen einer Bagatelle (Verbauung eines Brunnens) vor den Rat lud und offenbar feindselig oder ungerecht behandelte, traf er sich tags darauf insgeheim mit seinem „Vetter" Hans Öffner (siehe oben Abschnitt I), einem der wenigen verbliebenen Getreuen, der zwar Mitglied des Inneren Rates, darin aber offensichtlich völlig isoliert war. Diesem schüttete er sein Herz aus und vertraute ihm unter dem Siegel der Verschwiegenheit und trotz dessen ängstlichen Vorbehalten seinen Fluchtplan mit, „wann ich bin gar ein erschrokner man." Öffner ließ sich schließlich herbei, ihm zu helfen, „wan ich nymant hon wann dich, zu dem ich rat oder heimlikeit suche", wie er Wern versicherte. Als Fluchttag war der Tag nach dem Oberstentag (Dreikönig, 6. Januar) vorgesehen; vermutlich rechnete Wern damit, daß an diesem hohen Feiertag, und dazu zur Winterszeit, die Aufmerksamkeit der Torwärter nicht sehr groß sein würde. Um Mitternacht kam Öffner in sein Haus, schnürte mit ihm Kleider und einige offenbar wertvolle Trinkgeschirre zu einem Bündel, vermischte 400 Goldgulden mit Asche und Kohle zu einem unscheinbaren und kein Geräusch verursachenden Klumpen und umwand diesen mit einem zwiefachen Hadern. Schließlich lieh er ihm Pferd, Wagen und Fuhrknecht und schickte ihn mit dem Frühmeßläuten des 7. Januar in die Fremde, ins „Elend".

Wern muß ziemlich entnervt und verzweifelt gewesen sein, als er sich zu diesem endgültigen Schritt so rasch und wohl auch wenig überlegt entschloß. Er mußte wissen, daß damit das Tischtuch zwischen ihm und seiner Vaterstadt für immer zerschnitten war, daß ihm wegen des Bruchs seines Urfehdeschwurs sogar die Todesstrafe drohte.[259] Er ließ seine zweite Frau Adelheid in Rothenburg zurück; sie war vielleicht nicht einmal in die Pläne ihres Mannes eingeweiht.[260] Direkte Nachkommen hatte er allerdings nach dem Tod seines Sohnes Hans nicht. Er wußte auch, daß seine zurückgelassene fahrende und liegende Habe vom Rat konfisziert werde und daß dieser mit aller Härte gegen seinen Helfer Hans Öffner vorgehen würde. Das alles nahm er in Kauf, um seiner anscheinend immer trost- und auswegloser gewordenen Lage zu entkommen.

---

[257] „... hot sich seit her mit vil unredlichen sachen gar unredlich gehalten, do mit er seins eides und seiner eren aber gar vast vergessen hot." (Anhang VI § 9.) Genauer formulierte Vorwürfe werden nicht genannt.

[258] Die folgenden Ereignisse nach Hans Öffners Aussagen vor dem Rat 1402: Anhang VI § 16.

[259] Kurz vor Werns Ketzerprozeß, im Herbst 1394, wurde der Schuhmacher Braun, flüchtiger Rothenburger Bürger, enthauptet (vorher wurden ihm die Schwurfinger abgehauen), seine Frau lebendig begraben, weil sie, entgegen ihrem Bürgereid, die Stadt vor das Landgericht Würzburg geladen hatten (StAN Rst Ro Akten 86, Urfehdebuch, fol. 64). Zum ähnlich gelagerten Prozeß gegen Heinrich Schonauer, 1442–1461, vgl. Wilhelm Kraft, Ein Fall aus dem Rothenburger Gerichtsleben im Mittelalter, in: Die Linde 34, 1952, S. 23–26.

[260] Die Quellen, besonders die Verhörsprotokolle von 1402 (Anhang V), lassen keine Beteiligung seiner Frau an Werns Flucht erkennen.

Die Flucht führte zuerst in „sein" Dorf Windelsbach, das er wohl zum letzten Mal betrat; vielleicht trieb er dort rückständige Gülten ein. Von dort zog er, vermutlich unter Vermeidung der Reichsstadt Windsheim, wo er Gefangennahme und Auslieferung an Rothenburg befürchten mußte, nach Nürnberg. Dort hatte er wahrscheinlich Geschäftspartner, und man kann sogar annehmen, daß er seit 1396 mit deren Hilfe Geld und sonstige Vermögenswerte dorthin ausgelagert hatte.[261] Schon am nächsten Tag (8. Januar) teilte er von dort aus oder noch unterwegs der Stadt Rothenburg seine Absicht mit, sein Leben „anderthalben" zu verbringen, „nach dem als mich des got ermanet". Er gab sein Rothenburger Bürgerrecht auf, dankte sogar dem Rat, „waz ir mir gutes getan habt", und bat um Geleit für sich und seine Habe zum „freundlichen" Ausgleich.[262] Kurz darauf wurde er Bürger zu Nürnberg, nachdem er dem dortigen Rat gegenüber behauptet hatte, man könne das Rothenburger Bürgerrecht auch schriftlich aufgeben, was er ja getan hatte. Außerdem versuchte er das Gewicht seiner Urfehde durch die Behauptung zu mindern, er habe sie „blind", also ohne ihren Inhalt zu kennen, besiegeln müssen.[263] Nürnberg verwandte sich dann auch sofort bei Rothenburg für seinen Neubürger, bat für ihn und seine Habe um sicheres Geleit[264] und schickte eine Woche darauf, wohl nach einer negativen Antwort aus Rothenburg, einen bevollmächtigten Boten zu entsprechenden Verhandlungen nach Rothenburg.[265] Diese verliefen vermutlich ergebnislos, genauso wie die einer Rothenburger Abordnung in Nürnberg und eines neuerlichen Nürnberger Gesandten in Rothenburg am 6. Februar.[266]

Inzwischen hatte der Rat damit begonnen, Werns liegende Güter zu beschlagnahmen, vor allem seine Weiher abzulassen (zu einer unüblichen Jahreszeit) und die Fische daraus zu entnehmen, was Nürnberg zu einer weiteren, ebenso fruchtlosen Intervention veranlaßte.[267] Aber erst im Juni beschlossen der Innere und Äußere Rat gemeinsam, Werns gesamte Habe zu beschlagnahmen. Obwohl er am gleichen Tag (14. Juni) nochmals zur Rechtfertigung nach Rothenburg vorgeladen wurde (ohne die für ihn unabdingbare Zusicherung freien Geleits), war dies doch nur noch ein formaler Akt;[268] Wern wird sich gehütet haben, dieser Aufforderung zu folgen. Am 26. Juni antwortete er darauf,[269] rechtfertigte sich nochmals wegen der schriftlichen Aufgabe des Bürgerrechts, erklärte sich bereit, die fällige Nachsteuer von seinem aus Rothenburg entführten Vermögen zu entrichten, weigerte sich aber, sich gerichtlich in der Stadt zu verantworten, mit der er in Streit stehe, protestierte gegen die Beschlagnahme seines Besitzes und bot den Austrag seiner Sache vor dem Burggrafen oder der Stadt Nürnberg an.

---

[261] Das tat übrigens auch Heinrich Toppler kurz vor seinem Sturz, 1407/1408. Schnurrer, Toppler (wie Anm. 91), S. 129, bzw. ders., Rothenburg im Mittelalter (wie Anm. 3), S. 44.

[262] UB Ro, II, S. 1134 Nr. 2909.

[263] Anhang VI § 10 und 12.

[264] 1400 I 13: UB Ro, II, S. 1135 Nr. 2910.

[265] 1400 I 21: Ebenda, Nr. 2912.

[266] Ebenda, S. 1136 Nr. 2915.

[267] Ebenda, S. 1138 Nr. 2921. Gegen Fischdiebstahl aus dem zu Werns Besitz gehörigen Karachsee ging die Stadt (1400 III 27) übrigens mit Strenge vor: StAN Rst Ro Akten 86 (Urfehdebuch), fol. 101.

[268] UB Ro, II, S. 1146 Nr. 2942.

[269] Ebenda, II, S. 1148 Nr. 2946.

Der Rat hatte also inzwischen seinen Hausrat[270] nicht nur konfisziert, sondern bot ihn (einige Zeit später?) auf offenem Markt zum Verkauf an[271] – ein unerhörter Vorgang, der vor allem auch für Werns Frau und seine wenigen Verwandten und Freunde tief entehrend und demütigend gewirkt haben muß. Sein wertvollster Besitz, das Dorf Windelsbach, wurde, wohl je zur Hälfte, vom Rat an die reichen Bürger Hans Spörlin und Kaspar Wernitzer verkauft.[272]

Unterdessen war für Hans Wern auch in Nürnberg, obwohl er dort Bürger geworden war, der Boden unter den Füßen zu heiß geworden. Vielleicht hatten Rothenburgs (und wohl in erster Linie Topplers) Bemühungen Wirkung gezeigt, und Wern mußte mit Auslieferung rechnen. Daraufhin versicherte er sich der Unterstützung durch Burggraf Friedrich VI. von Nürnberg,[273] der zwar kurz zuvor seine Streitigkeiten mit Rothenburg beigelegt hatte,[274] aber wegen seiner ausgreifenden Territorialpolitik als permanenter Gegner der Reichsstadt mit ähnlichen Ambitionen zu gelten hatte.[275] Vielleicht noch im Jahre 1400 zog er in dessen Residenzstadt Ansbach,[276] wohl auch wegen der größeren Nähe zu Rothenburg. Er konnte von dort aus viel leichter seine ehemaligen Geschäftsverbindungen wieder aufnehmen beziehungsweise auflösen; man konnte ihn dort von Rothenburg aus auch ohne größeren Zeitaufwand besuchen. Für 1401 und 1402 ist eine ganze Reihe solcher Besuchsfahrten, -ritte oder -gänge nach Ansbach zu Hans Wern nachgewiesen: seine Frau Adelheid, seine Schwester Margarethe, die Frau seines Bruders Leupold; daneben vertraute Freunde aus dem Handwerkerstand. Diese und weitere, wenn sie auch nur in gelegentlichem Grußkontakt mit Wern standen, wurden am 22. Juni 1402 verhört;[277] die beiden Margarethen (Stöcklin und Wern; siehe oben Abschnitt I), die wohl schon kurz nach Werns Flucht gelobt beziehungsweise geschworen hatten, ohne Wissen des Rats keine Verbindung mit ihm zu pflegen, wurden „dorumb etwaz an irem gut gestroft".

Trotz alledem versuchte Wern 1401, auch von Ansbach aus seine Rückkehr nach Rothenburg zu betreiben. Als Unterhändler gewann er den Ansbacher Stadtvogt Friedrich Feldbrecher (Velprecher). Dieser bat den Rat „gar demuticlichen", Wern wieder aufzunehmen, denn dieser halte Rothenburg für seine Heimat und wolle sein Vermögen in der Stadt lassen, das er ja auch dort erworben habe. Der Rat antwortete

---

[270] Darunter befand sich offenbar auch ein Teil seiner privaten und geschäftlichen Korrespondenz, die, leider nur bruchstückhaft, in die städtische Registratur gelangte und um 1700 in einen Sammelband „Ehrbare Geschlechter" (A 778a/II, zusammen mit den Toppleriana: A 778a/I), vereinigt wurde.

[271] Anhang V § 8.

[272] Ebenda: Aussage von Werns Schwester Margarethe, die sicher Bescheid wußte. Eine Verkaufsurkunde ist bis jetzt nicht bekannt. Über die weiteren Schicksale von Windelsbach vgl. Borchardt, Windelsbach (wie Anm. 77), S. A 9.

[273] Vgl. die Bemerkung in Anhang V § 1 sowie das Rechtsangebot von 1400 VI 26: UB Ro, II, S. 1148 Nr. 2946.

[274] 1400 I 27: Ebenda, S. 1136 Nr. 2914.

[275] Über die Beziehungen zwischen Rothenburg und den Burggrafen von Nürnberg: Schnurrer, Karl IV. (wie Anm. 3), S. 597ff., bzw. ders., Rothenburg im Mittelalter (wie Anm. 3), S. 153ff.; Helmut Weigel, Die Reichsstadt Rothenburg o.T. und Friedrich VII., Burggraf von Nürnberg, 1400–1408, in: Jahresbericht d 1400 IX 11: Aufgabe von Nutzungsrechten an Friedrich Fürbringer, Bürger zu Ansbach: UB Ro, II, S. 1155 Nr. 2968.

[277] Verhörsprotokoll: Anhang V.

mit der schon 1395 bei seiner Verurteilung verwendeten heuchlerischen Formel, „daz barmhertzikeit zu allen dingen gut ist", garantierte Werns Aufnahme „zu gnoden" und versicherte, „daz er alz genug solte haben zu seiner notdurft alz der best, der irgent in den rat hie gienge, sin lebtag". Wern lehnte verständlicherweise auch diesmal ab, worauf der Rat beschloß, ihm keine Gnade mehr zu gewähren und nach ihm zu stellen mit allen Mitteln („wie man mag") „alz noch einem erlosen, meyneidigen, verurteilten manne".[278]

Wenige Tage nach dem erwähnten Verhör, am 26. Juni 1402, setzte der Rat offenbar erstmals offiziell eine umfangreiche Anklageschrift gegen Wern auf,[279] wahrscheinlich als Memorandum für eine bevorstehende gerichtliche Auseinandersetzung, wie sie Wern am 26. Juni 1400 gefordert hatte. Die Anklagepunkte sind im wesentlichen die gleichen wie die von 1395,[280] sie sind aber noch gnadenloser, geradezu gehässig formuliert und scheuen auch vor groben Entstellungen der Wahrheit nicht zurück, vor allem was die Position des Rates beim Ketzerprozeß von 1394[281] und Werns Behandlung nach der Verhaftung 1395[282] betrifft.

Ein von Wern angestrebter Gerichtstermin kam aber nicht zustande, so daß er sich zu einem radikalen Schritt entschloß: zu einer Klage vor dem königlichen Hofgericht.[283] Da Rothenburg aber seit Kaiser Ludwig dem Bayern[284] das privilegium de non evocando besaß, wonach jede Klage gegen einzelne Bürger oder ihre Gesamtheit vor keinem anderen weltlichen Gericht, auch nicht dem königlichen Hofgericht, sondern nur vor dem Rothenburger Stadtgericht verhandelt werden durfte, forderte der Rat am 5. Januar 1403 Wern auf, die Klage zurückzunehmen;[285] er drohte dabei sogar mit der Eintreibung der in der Poenformel des genannten Privilegs vorgesehenen 50 Mark lötigen Goldes bei Nichtbefolgung. Wern antwortete von Ansbach aus schon am übernächsten Tag.[286] Er rechtfertigte dabei seine Klage vor dem obersten Gericht des Reiches damit, daß ihm der Rothenburger Rat sein Eigentum genommen habe und ihm nach Leib und Gut stelle, so daß er in Rothenburg nicht zu seinem Recht kommen könne. Es könne niemand für Recht halten, daß Rothenburg oder jemand anders in einer Rechtssache Kläger, Beklagter („antwurter"), Richter und Urteiler zugleich sei. In der Tat war dies, der strittige Rechtszug im Fall einer Klage gegen die

---

[278] Anhang VI § 17.

[279] Anhang VI § 1–14.

[280] Anhang II und IV.

[281] Anhang VI § 6. Hier wird behauptet, Dr. Schubel habe Werns „leib und sein gut" gefordert, „und meint, daz er im dorumb verfallen were; do sahe der rate an demutikeit und behielten in dez molz bey leib, bey gut und bey eren." In § 11 wird Wern vorgeworfen, er behaupte fälschlich, der Rat „habe in ein leymunt der ketzerey geworfen umb dez willen, daz er um sein gut kumen sulle"; damit kam Wern, nach der Vorgeschichte des Ketzereivorwurfs und nach dem kirchenrechtlichen Ausgang des Prozesses zu urteilen (siehe oben), der Wahrheit wohl ziemlich nahe.

[282] Ebenda, § 8: „... und liessen in daz noch gnaden bezzern und bussen, und heten in gern bey eren und bey gefure beleibt ...".

[283] Klageschrift oder Vorladung nicht erhalten; lediglich in dem Schreiben Rothenburgs an Wern von 1403 I 5 (siehe Anm. 285) genannt.

[284] 1331 VI 26: UB Ro, I, S. 202 Nr. 474.

[285] Kopie: StadtA Ro A 778a/II, fol. 51.

[286] 1403 I 7: Ebenda (Kopie).

Stadt als Institution, ein spürbares Manko in der bisherigen Rechtspraxis Rothenburgs (und fast aller anderen Reichsstädte). Allerdings war es bereits seit 1398 behoben und geregelt in einem Privileg König Wenzels, wonach rechtliche Ansprüche gegen die Stadt von drei, fünf oder sieben Personen aus den nächstgelegenen drei beliebigen Reichsstädten unter Vorsitz des Rothenburger Reichsamtmanns beigelegt werden sollten.[287] Rothenburg hütete sich aber, vielleicht gewitzigt durch die Intervention der verbündeten Reichsstädte im gleichen Fall 1395,[288] ein solches Austragsgericht[289] in Gang zu setzen. Aber auch Wern verzichtete schließlich auf seine Klage vor dem Hofgericht und überließ die endgültige Erledigung seinem neuen Landesherrn, dem Burggrafen Friedrich von Nürnberg. Dieser war, ebenso wie Rothenburg, seit 1402 daran interessiert, zu einer vertraglichen Einigung bezüglich einer Vielzahl von Streitpunkten mit der Reichsstadt zu kommen.[290] Ein Schiedsgericht vom 20. April 1404 regelte schließlich alle strittigen Probleme;[291] der letzte Abschnitt des großen Vergleichs beschäftigte sich mit dem Fall Hans Wern. Vorausgegangen waren Verhandlungen des Burggrafen mit vier Vertretern des Nürnberger Rats (Bertold Pfinzing, Martin und Peter Haller und Herdegen Valzner). Danach wurde Wern bis Pfingsten (also für einen Monat) einfaches Geleit nach, in und von Rothenburg garantiert; im übrigen solle er sich in „ir gnad geben und irer gewißen empfelhen, waz sie im tun", womit er sich begnügen solle. Das las sich nun nicht eben wie ein großer Durchbruch, und Wern wird sich, in Anbetracht seiner Erfahrungen von 1395, gehütet haben, persönlich in Rothenburg zu erscheinen. Aber er konnte nun das Gewicht seines neuen Herrn, des Burggrafen, und des Nürnberger Rats auf die Waage bringen. Der Ansbacher Vogt Friedrich Metsieder verhandelte für ihn in Rothenburg, und am 13. August 1404 kam der endgültige Vergleich zustande.[292] Danach verzichtete Wern auf alle von der Stadt konfiszierte liegende und fahrende Habe und auf jede zukünftige Rückgabeforderung. Bis zum Herbst handelte man dann doch noch einen Schadensersatz von 870 fl aus, über deren Empfang Wern am 27. Oktober quittierte,[293] worauf er am 7. November nochmals die Einhaltung aller getroffenen Bestimmungen versprach und auf weitere Forderungen verzichtete.[294] Vier Nürnberger Räte (Bertold Pfinzing, Albrecht Ebner, Martin Haller und Herdegen Valzner) verbürgten sich für die Einhaltung des Vertrags durch die Stadt Rothenburg.

Lange konnte sich Wern, der inzwischen ein alter (oder vorzeitig gealterter) Mann war, dieses endlich erreichten Friedens nicht erfreuen. Am 30. Juni 1406 starb er in

---

[287] 1398 X 3: UB Ro, II, S. 1092 Nr. 2796.

[288] Anhang IV.

[289] Dazu grundlegend: Alfred Meyerhuber, Das privilegierte Austragsgericht der Reichsstadt Rothenburg ob der Tauber, 1398–1806, Diss. jur. Würzburg 1975, S. 187ff. (Abdruck des Wenzelprivilegs), S. 192–206 (Liste weiterer reichstädtischer Austragsprivilegien).

[290] Weigel, Reichsstadt Rothenburg (wie Anm. 275), S. 40–43.

[291] Monumenta Zollerana, Bd. 6, S. 228–232 Nr. 240.

[292] Ausfertigung Pergament: StadtA Ro A 778a/II, fol. 18.

[293] Ausfertigung Papier: Ebenda, fol. 22.

[294] Ausfertigung Papier: Ebenda, fol. 21.

Ansbach und wurde in der Totenkapelle der Stiftskirche Sankt Gumbert begraben.[295] Ob seine (zweite) Frau damals noch gelebt hat, ist unbekannt; direkte Nachkommen hatte er nach dem Tode seines Sohnes Hans sicher nicht. Merkwürdig und bis jetzt unerklärt ist, daß in Windelsbach noch im 16. Jahrhundert Vertreter des Familiennamens Wern existiert haben.[296] 1501 wird auch ein markgräflich brandenburgischer Kaplan Hans Wern genannt.[297]

VI. Ergebnis

Der „Fall Hans Wern" ist ein typisches Beispiel eines spätmittelalterlichen innerstädtischen Elitenkonflikts.[298] Das Besondere dabei ist, daß er nicht, wie in vielen ähnlich gelagerten Fällen,[299] zwischen Vertretern der alten „patrizischen" Führungsschicht und einer Gruppe von Aufsteigern[300] ausgefochten wurde, sondern von zwei Männern der gleichen Schicht ehrgeiziger und erfolgreicher Neu-Mächtigen, von denen der eine, Heinrich Toppler, seinen Weg zum „Dominat", zur unbestrittenen Beherrschung des Rats und der Stadt,[301] durch die wirtschaftliche Potenz Hans Werns gefährdet sah. Daß die Befürchtung einer politischen Rivalität meines Erachtens unbegründet war, scheint mir dabei unerheblich zu sein: Wern hatte es gewagt, bei einem für Rothenburg äußerst prestigeträchtigen Ereignis, der Erwerbung der Herrschaft Nordenberg, durch ein sehr hohes Darlehen an die Stadt seinem, Topplers, eigenen finanziellen Einsatz quasi Paroli zu bieten. Es ging also in erster Linie um das Ansehen innerhalb des Rats, noch mehr in der städtischen Öffentlichkeit als einem wesentlichen Element der Herrschaft; es ging um die beiderseitige „Ehre", um die „öffentliche soziale Wertschätzung der Individuen".[302] Die Mittel, die Toppler zur Bekämpfung seines vermeintlichen Rivalen Wern einsetzte, dienten denn auch in

---

[295] Seelbuch des St. Gumbertusstifts Ansbach: Universitätsbibliothek Würzburg, M. ch. 260, fol. 401. Wilhelm Engel, Die mittelalterlichen Seelbücher des Kollegiatstifts St. Gumbert zu Ansbach (Quellen und Forschungen zur Geschichte des Bistums und Hochstifts Würzburg 3), Würzburg 1950, Nr. 212 und S. 69; Wern wird hier fälschlich als „Patrizier" bezeichnet.

[296] 1557 II 11: Ehe- und Kindervertrag der Margaretha, Witwe des Hans Wern zu Windelsbach, mit Thoman Goldener zu Heiligenbronn; StadtA Ro B 261 (Stadtbuch), fol. 76 Nr. 32. 1565: Der Leineweber Lienhart Weren von Windelsbach erwirbt das Rothenburger Meisterrecht (ebenda, R 525, Stadtrechnung, fol. 328).

[297] Er wird in diesem Jahr dem Dominikanerinnenkloster Rothenburg als Pfarrer (in Neusitz) empfohlen, trat diese Stelle aber wohl nicht an.

[298] Vgl. dazu Valentin Groebner, Ratsinteressen, Familieninteressen. Patrizische Konflikte in Nürnberg um 1500, in: Klaus Schreiner/Ulrich Meier (Hg.), Stadtregiment und Bürgerfreiheit (Bürgertum. Beiträge zur europäischen Gesellschaftsgeschichte 7), Göttingen 1994, S. 278–308.

[299] Dazu auch: Jörg Rogge, Ehrverletzungen und Entehrungen in politischen Konflikten in spätmittelalterlichen Städten; in: Klaus Schreiner/Gerd Schwerhoff (Hg.), Verletzte Ehre. Ehrkonflikte in Gesellschaften des Mittelalters und der frühen Neuzeit (Norm und Struktur 5), Köln u.a. 1995, S. 110–143.

[300] Vgl. Ulf Dirlmeier, Merkmale des sozialen Aufstiegs und der Zuordnung zur Führungsschicht in südwestdeutschen Städten des späten Mittelalters, in: Hans-Peter Becht (Hg.), Pforzheim im Mittelalter. Studien zur Geschichte einer landesherrlichen Stadt (Pforzheimer Geschichtsblätter 6), Sigmaringen 1983, S. 77–106.

[301] Schnurrer, Toppler (wie Anm. 91), S. 129, bzw. ders., Rothenburg im Mittelalter (wie Anm. 3), S. 455. Dazu Hartmut Boockmann, Spätmittelalterliche deutsche Stadttyrannen, in: Blätter für deutsche Landesgeschichte 119, 1983, S. 73–91.

[302] Rogge, Ehrverletzungen (wie Anm. 299), S. 110f.

erster Linie dazu, dessen Ehre zu mindern oder ihn gar völlig ehrlos zu machen. Neu und, soweit ich sehe, einmalig in spätmittelalterlichen Städten war das Instrument eines Ketzerprozesses zur Beseitigung eines Gegners. Als sich dies als unwirksam herausstellte, trat an dessen Stelle eine Serie von Verdächtigungen, die zum Teil nach den städtischen Rechtsnormen schon von erheblichem Gewicht waren (Unterschlagung öffentlicher Gelder, Amtsmißbrauch), die aber in keinem Falle eindeutig als Verfehlungen bewiesen und schon gar nicht in einem geheimen oder öffentlichen Gerichtsverfahren verhandelt wurden. Werns zweimalige Flucht aus der Stadt wurde ihm als Bruch seines Bürgereids angekreidet, die zweite sogar als Verfehlung gegen die beschworene Urfehde, als Meineid. Interventionen der verbündeten Städte blieben wirkungslos. Letztlich hatte es Wern der außenpolitischen Situation, dem momentanen Stillhalten der rivalisierenden Mächte Rothenburgs, des Hochstifts Würzburg und der Burggrafschaft Nürnberg, und ihrem Schirm zu verdanken, daß er mit dem Leben davonkam.

Die Ironie der Ereignisse wollte es, daß Heinrich Toppler schon zwei Jahre nach Werns Tod, nach einer äußerst empfindlichen außenpolitischen und militärischen Schlappe, dem Festhalten an dem abgesetzten König Wenzel und dem verlustreichen Krieg gegen den Würzburger Bischof und den Nürnberger Burggrafen,[303] selbst das Opfer dieses gewaltigen Ehr- und Prestigeverlustes und seiner ihm jetzt angerechneten früheren Fehler und Vergehen wurde – eine ziemlich genaue Parallele des Prozesses gegen Hans Wern.

Anhang

I. Aussage des Spitalmeisters Seiz Koch über ein Gespräch zu Dinkelsbühl, 1394 Dezember 16 (StAN Rst Ro Akten 86, Urfehdebuch, fol. 66/2).

Ez ist zu wissen, daz uff disen tag fur uns kome in unsern rat Seitz Koch, unser spitalmeister, und sagt uns, das er in disen nehsten vergangen dreyen tagen zu Dinckelspuhel gewesen were, und daz Gotz Doner, burger zu Dinckelspuhel, bey im gewesen were und het zu im gesprochen, er were zu Wirtzburg gewesen und het Hansen Wern do funden und het in gefraget, wie ez im gieng. Do spreche er, er were gewesen vor unserm herren von Wirtzburg, und der het in alz gutlich und als genediclich enpfangen, alz ein furste ein arem man ye den pfangen het. Und daz frogt der vorgenant Gotz den selben Hansen, wie sein ding zu Rotenburg stunde und wan er her hein gen Rotenburg wolt. Do antwurt im Hans Wern, er wolt nymer gen Rotenburg kumen, er kom dann also dar, daz er leibz und gutz sicher were. Do sprech auch der vorgenant Gotz Doner zu dem spitalmeister, er neme nicht tusent guldin, daz er burger hie were zu Rotenburg, dann er wolt ungern leiden, daz zwen oder drey sein herren wern. Und daz versten wir, daz er uns und unser stat zu smoheit gerett habe; dor an sol wir gedencken. – Daz ist geschehen am mitwuch noch Lucie anno ut supra (1394).

---

[303] Schnurrer, Toppler (wie Anm. 91), S. 124–131, bzw. ders., Rothenburg im Mittelalter (wie Anm. 3), S. 41–46.

II. Kostenabrechnung über den Aufenthalt des „Ketzermeisters" Heinrich Angermayr in Rothenburg, 1394/95 (StadtA Ro A 778a/II, fol. 37–38). Papier; etwas unbeholfene Rothenburger Kanzleihand; von Registratorhand des späten 17. Jahrhunderts: Meister Heinrichs des Bekerers auffgeloffene un costen in der Wernischen Sach.

Dem bekerer verzert er des 4 lb 2 ß.

Item dor noch 6 lb 5 R (wohl: Regensburger Pfennige) aber verzert.

Item 13 lb verzert er zu Weissenburck.

Item 10 guld(en) zü zerung, im und Peter Osthein gen Vlem und susth.

Item 9 lb 6 ß verzert der ketzermeister.

Item zü der ander fert 10 guld(en) 12 lb gen Vlem, und Peter Osth(ein), Hans von Heihenrit, und 2 guld(en) sust.

Item 25 lb 5 ß verzert der dottor zu Swoben.

Item 53 lb verzert meister Heinrich zü zweien mollen.

Item 9 lb 2 ß verzert meister Heinrichen.

Item 69 lb 13 weis (pfennige) verzert der tocktor zu Swoben.

Item 10 lb on 2 ß verzert Dietrich gen Nordlingen.

Item 4 lb Dietrich aber gen dem keczer meister.

Item 25 gulden meister Heinrich, do man sich mit im rich.

Item $6^{1}/_{2}$ lb verzert er des selben mols.

Item botenlon $2^{1}/_{2}$ lb gen Awgspurck.

Item 32 R gen Otting.

Item 2 lb zu zweinen mollen gen Otting.

Item 2 lb 4 R zü zweien mollen gen Wirczburck.

Item 32 R gen Otting.

Item $2^{1}/_{2}$ lb einem boten gen Augspurck.

Item 2 lb 4 R zu zweien mollen gen Otting.

Item 8 wuchen waz Peter Osth(eim) ussen, und Hans von Heihenrit waz 4 wuchen ussen.

Item 24 ß einem boten gen Oschenfurt (sic!).

Item 1 lb einem boten gen Wirczburck zu im, do man in mane.

Item 6 guld(en) 12 ß an zweien schulden.

Item 27 lb fur speisseren.

III. Verurteilung Hans Werns, 1395 Februar 22 (Regesten des Johann Ludwig Vogtmann; StadtA Ro B 716, fol. 106'). Um 1700.

Der maynaidige Burgermeister und Stattambtmann Hannß Wern, Burgermeister und gemeiner Statt ungetreuer Ambtmann oder Ober Steurer, ist Anno 1395 Montag ante Invocavit [1395 Februar 22] umb nachfolgenter Ursachen willen seiner Erenämter entsetzet und umb 2000 fl gestrafft worden:

1. daß er mit der Statt Güter seinen Privat Nutzen bereichert, das alte gesteuerte Gelt, Thurnos, Böhmisch, außgewechselt und offt bei 1000 lb zu seinem Gewinn anderst wohin verschicket.

2. hat er von 40 Fuder verkaufften Brandwein (recte: Bannwein), mit deme damahls gemeine Statt gehandelt, das Gelt in seinen Seckel gezogen, wie ingleichen das fallente umbgelt in seinem Hauß eingenommen und viel nicht verrechnet.

3. hat er hiesigen Spital seine Trinckgeschirr, fahrente Haabe und anderes entfremdet.

4. wird er Bürger zu Würtzburg und bleibt mit unauffgesagtem Burgerrecht zur schweren Vehdzeit hinter einem E. Rath allhier zu Windelspach sitzen.

5. hat er in seinem vogteylichen Dorff Windelspach wider E: E. Raths Verbott ein neues Umbgelt auffgerichtet. Und

6. eben daselbst mit Erbauung eines Sees und Stemmung des Waßers dem Kirchoff großen Schaden zuegefüget.

Obgedachte Straff hat er theilß an paarem Gelt, theilß an dem Weiler Hyrbelach, so vor 500 fl angeschlagen worden, erlegt.

IV. Rechtfertigungsartikel Rothenburgs gegenüber den verbündeten Städten, [1395] um März 12 (StadtA Ro A 778a/II, fol. 2–3'). Schmalfoliobogen.

Daz sein Hansen Werns brief, als die von Rotenburg, Hall, Winsheim, Dinkelspuhel hie woren vor dem rot an sant Gregorien tag [März 12] und retten von den sachen und schieden do von on end, und die von Weissenburg.

[1]   Item er verkauft dem spital ein wingarten unterseit Schekenbach, den gab er Hulweken zu kawf; daz selb gelt gab er selber dar.

[2]   Item er het vor ziten, do man mit der stat kriegt, do man die wingarten abhie, dem frawen closter ein wingarten geben, den must die priorin und der schultheis mit dreyen eiden behaben, den hot er seinem bruder Leupolt geben.

[3]   Item er ist kinde vormund hie zu der stat bey 20 jaren, den hot er nye berechent noch der stat recht, den solt er auch berechent hab(en) alle jar, e er hinweg ist kumen, und solt in daz ir wider hab geben, daz hot er nicht geton.

[4]   Item daz er sein burgerrecht nicht recht uff hot geben noch unser stat recht, alz er daz mangen selbz von dez rates wegen verlihen hot.

[5]   Item bedenken zu reden, daz Hans Weren redt wider Heinrich Topplern, Cunrad Bermatern und Heinrich Kesselweissen, ez west got wol, ob im recht geschehen were oder unrecht, do mit er den rat stroft.

[6]   Item dez ersten zu erzeln von Hansen Werns wegen.

[7]   Item dez ersten, alz er mit uns her kumen ist.

[8]   Item von dem ungelt.

[9]   Item von dem spital.

[10]   Item dornoch von der ketzerey.

[11]   Item dornoch, alz er burger wart zu Wirtzpurg und dennoch in unserm rat sas und uns do von nicht sagt, biz in daz zit dawcht, und unsern rat in name, und uns erst dornoch ein brief gab von unserm herren von Wirtzpurg, do mit er uns auch burger recht uff sagt.

[12]   Item er ist vormund gewest hie zu der stat, alz Holfelder wol weis.[a]

---

[a]   Der ganze § 12 gestrichen (vgl. § 3).

[13] Item Hans Weren hot daz dorf zu dem Windelspach, do get die kirch von uns zu lehen, so ist auch die widem unser. In dem selben dorf hot er ein see gemacht uff die gemeind und hot daz wasser uffgefangen und uff geswelt, daz man die lewt in dem selben kirchof vor wasser nicht gelegen mocht, daz man im doch gebot, daz er die geswell ab solt tun uff den eyt; dez hot er nicht gehalten, wann ein mol drey unsers rates hin uz geschickt heten. So schickt(en) wir ein mol vier unsers rates hin uz, die daz besahen und kuntschaft dorumb verhorten, daz er daz ab solt tun.

[14] Item er lies ein ungelt zu dem Winelspach(sic) in nemen, dez auch nicht sin solt, do mit er lant und lewten grosen schaden zu gefugt hot, und auch besunder unser gemeinde. Daz geboten wir im uff den eyt, daz er daz ab solt tun, dez wolt er auch nye getun. Und do Gukismulner, sein arm man, dorumb redt, do must er im ^{1}/2 fuder weins zu buz geben.

[15] Item die gemeind zu dem Winelspach het im ein kessel versetzt, doran wir auch teil heten fur 10 lb, der waz wol 70 pfunt wert, den wolt er in auch nye wider geben, biz daz man im daz von rates wegen gebot.

V. Zeugenverhör im Fall Hans Wern, 1402 Juni 22 (StadtA Ro A 778/II, fol. 39–40).
    Datiert auf fol. 39 recto oben: 1402 feria quinta ante Johannis Baptiste.

[1] Hans Wisgerber dixit, das bey dreyen wochen ein riemer bei im gewesen sey, der sprech zu im, Hans Wern het in lassen grussen, und sprech zu im, er bring ein guten brieff von meinem herren dem burggrafen, das ich hoff, sein dingk werd gut. Do antwurt Hans Wisgerber, das geb got.

[2] Lupolt Wern dixit, als er sein tochter verandert, do wolt sein husfraw ie zu Hansen Wern gen und wolt in biten stewr wegen ir tochter. Daz tet sie doch on sein willen und wort, und als die zu im kom, do lih er ir drey gulden uff zwen becher.

[3] Ostheimer hat gesagt, sein weip kom zu im gen Onelspach und wolt wollen kauffen, und do bet sie Hansen Wern, das er ir wolt leihen 10 guldein. Do sprech er, neyn, ich wil dir nichtz leihen. Do weint sie und bat in, er solt doch iren sun ein gulden geben, dez wolt er auch nit thun.

[4] Hans Heck dixit, in hab Hans Wern wol lassen grussen, so hab er in widerumb lassen grussen, und das er sich wol hüt, das tet im not.

[5] Hans Heiden dixit, im haben unterstünden leut wol ein gruzz von Hansen Wern gesagt.

[6] Bingarter dixit, das im val gruzz von Hansen Wern kumen sein im und seim weib. So haben (sic!) er in widcrumb lassen wissen; mocht er wol, daz wer im gut, und er hab seim weib seit einst 2^1/2 lb in ein kind bett gesant.

[7] Hans Slegel dixit, Hans Wern hab in wol lassen grussen. Er sagt auch, das im geb Stoklerin 10 gulden und hiezz in kauffen ein dupel arraz; der solt der von Trautskirchen sey im furkumen, wie daz der selb arraz halben worden sey Hansen Wern.

[8] Margret Wernin hot vor inneren und usserm rat zu den heilgen gesworen, daz sie die worheit sagt, waz sie der rat froge von Hans Werns wegen, daz sie dor

inne ein worheit sage. – Margreth Wernin hat gesagt, si sey zum ersten mol bei im gewesen, do rette sie mit im, wie ez im ging, und er wider mit ir. Unter dez bet sie in, das er ir wolt leihen 6 guldein, dez wolt er nit thün und sprech, ez fugt mir nit, wann sein die burger gewar wurden, so nemen sie euch daz gelt und wurd mir nihtz dorumb. Auch sagt sie, als sie mit Wernin do were, do rette er vil mit ir, wie ez stunde umb sein hausrot. Do sprech sie, man trug in offennlich uff den markt; ich weizz nit, wer sein aller meist kaufft. Auch rette er mit ir, nu mochten doch mein freunde zu samen gen und mochten mit einander fur den rat gen und besehen, ob man im ichtsit gnaden thun wolte, und das sie in dann daz liessen wissen, so wolt er sich dorumb bedencken, waz im nützlich wer zu thünen. Sie sey auch sust zwir bei im gewesen von dez schaffners wegen, do hab sie kaufft kese und smaltz und ander ding, und frogt sie auch, wie ez umb seine gut leg. Do antwurt sie im, Hans Spörlein und Caspar Werntzer haben den Windelspach kaufft. Sie wizz auch sust nit, daz zu schreiben sey, dann daz sie ungeverlich domit umbgangen sey.

[9]   Margret Stoklerin hot vor innerem und vor uzzerm rat gesworn, daz sie die worheit sagen sol, waz man sie frogt von ratez wegen von Hans Weren wegen. Margreth Stoklerin dixit, das sie nie anders zu Hansen Wern kumen sey noch enboten habe dann von irs geltz wegen. Sie hot in wol gefragt, wie ez im gee und wie in sein herre trost. Daruff hat er geantwurt, ez gee, wie ez got haben wol. Dornach sagt sie, daz sie zu vier molen bey Hans Wern zu Onelspach gewesen were und daz er sie gefrogt het umb seine gut und sein husrat, wie ez dorumb gewant were. Do sagt sie im von so vil, alz sie dez weste. Auch sagt sie, daz sie nye do hin kumen were, dann daz sie ir gelt an in vordern wolt, daz er ir schuldig were.

[10]   Dornach besant der rat Cuntz Swanfogelz wirtin und frogt sie, ob sie do von icht weist, waz die obengenant Stoklerin zu Onelspach geton het bey Hans Weren, do sie mit ir do gewesen were. Do sagt sie, daz sie do von nicht west dann daz sie heymlich mit Hansen Weren geredt het. Und dornoch, do wer sie do hin kumen allein, do het sie Hans Weren gefragt, ob die obgenant Stoklerin noch bey Reichlin were. Do sprech sie ja. Do sprech er, er het doch gemeynt, daz sie vor langest von Reichlin solt sin gefaren. Waz er do mit gemeint het, dez weiz der rat dehein eigenschaft.

[11]   Uff den tag besant der rat Notnagelz wirtin; die swur auch zu den heilgen ein eyt vor dem rat, daz sie ein worheit solt sagen, waz man sie frogt von Hans Werns wegen, und besunder von Margret Stoklerin, waz die zu Onelspach geton (sic!) het, do sie zwirunt mit ir do gewesen were. Die sagt auch von den sachen, daz den rat dawchte, die obgenant Margret Stoklerin het irem eide nicht recht geton, alz sie vor dem rat gesworen het.

[12]   Ez ist zu wissen, alz beide der inner und der uzzer rat vor ziten drey dez inneren rates zu Margret Stoklerin und zu Margret Wern schickten, die mit in reden solten, daz sie sich furbaz an Hansen Weren nicht keren sollte(n), und solt(en) im auch deheinerley botschaft tun, und ob ir Hans Wern deheinerley botschaft tete, daz solten sie einem burgermeister oder dem rat verbunden und sagen. Daz gelobt die Stokl(er)in mit hantgeben trewen an eidz stat zu halten. So swur sin die obgenant Margret Wernin zu den heiligen, daz sie doch verbrochen und

nicht gehalten haben, dez sie selbz vor innerem und uzzerm rat bekant haben. Dornoch wart sie aber fur inneren und uzzern rat besant und wart aber von Hansen Werns wegen zu rede gesetzt, und swur ein gelerten eyt, waz sie weste von Hansen Weren zu sagen, waz sie gefragt wurde, daz sie dor inne ein worheit sagt. Und also sagt sie von Hans Wern, daz sie verbrochen het, daz sie vormalz mit hantgeben trewen an eidez stat gelobt hat. Dez molz erkant auch der rat, daz sie nicht worheit sagt in den dingen von Hans Weren, alz sie zu den heiligen gesworen het, und also hot sie der rat dorumb etwaz an irem gut gestroft, und hat der rat gnade dor inne an sie gelegt, und ist dir (sic!) vor dem rat aber uffgesetzt, daz sie sich furbaz uff den eyt, den sie vor dem rat geton hat, an Hans Weren nichts keren noch im deheinerley botschaft tun, und auch selbz zu im nicht kumen sol, und ob er ir deheinerley botschaft tet, daz sie dann daz dem rat verkunden und sagen sol. Wurde sie aber ubersagt und daz dem rat furkome, so sol sie meyneidig heissen und sin, und mag sie der rat dorumb stroffen noch handlung der geschiht.

VI. Klageartikel gegen Hans Wern, 1402 Juni 26 (StadtA Ro A 778a/II, fol. 48–50).

Ditz sind die artikel und gebresten, die Hans Weren vor ziten unredlich geton und begangen hot an der gemeinde hie zu diser stat und an dem spital, alz hernoch geschriben stet.

[1]   Dez ersten, do er daz ungelt an diser stat in name und daz in seiner behusung und beslissung hete, daz er daz nye gentzlich berechnet, daz etlichen dez rates noch hewtigz tagz wissent und kunt ist, daz er der gemeinde zu den ziten gar unredlich do mit tete, daz die gemeinde zu grossem schaden kome.

[2]   Item und alz er daz ungelt in name, do behielt er die guten alten turnos, beheimisch und ander gut altes gelt und schikt daz heimlich bey seinen boten hinweg, oft bey tusent pfunden, und lies daz verkawffen; den selben nutz und gewinne name er in, daz der gemeinde auch zu grosem schaden kome, daz auch ettlichen dez rates noch wol kundig ist.

[3]   Item man hat der stat vor ziten ban wein kauft, dez woren bey 40 fudern. Diz gelt name er auch in und tet dem rat nye rechnung dorumb.

[4]   Item do er dez spitalz pfleger waz von rates wegen, do kome dem rate in gantzer worheit fure, daz er dem spital sin trinkgeschirre, seine fass und ander sein varnde habe ab truge, daz auch kuntlich ist.

[5]   Item er verkawft ettlich dez spitalz gut und wingarten, gult und ander ding und gab ye fur, er het ez fremden lewten zu kawffen geben, und wann sie die gut etwie lang heten, so name er dann die gut selber und verkawft die hoher, dann er sie dem spital verrechnet, doran er dem spital auch gar ungutlich tete.

[6]   Dornach alz der ketzermeister von geschichten gen Rotenburg kome, do gab er dem rate zu erkennen, der were aller ketzer hauptman und vorgener, und nennet Hansen Weren. Dez wolt der rate nicht glawbens haben, biz daz erber kuntschaft von ettlichen reichs steten komen, daz der rat etwaz glawben doran het, und der selb ketzer meister beweist in auch mit vilen sachen und artikeln. Und dorumb schikt unser gnediger herre bischof Gerhart selge sein doctor und

ander geistlich lewt her zu uns und vordert sein leib und sein gut und meint, daz er im dorumb verfallen were. Do sahe der rate an demutikeit und behielten in dez molz bey leib, bey gut und bey eren.

[7] Item er kome gen Wirtzpurg und vergas seines eidez und eren, die er dem rat und der stat geton het, und wart burger zu Wirtzpurg on dez rates wissen und heissen, und het auch zu dem mol nye urlawb von dem rat genumen, und musten in dez molz seins eides und seiner eren manen, daz er her wider kome, und also mit geleyt her kome.

[8] Item und sust vil unredlicher artikel, die er an dem rat und der stat begangen hot, daz allez nicht zu verschriben ist. Um die selben artikel alle tet im der rat gnade und liessen in daz noch gnaden bessern und bussen und heten in gern bey eren und bey gefure behabt. Do wart er von newem burger und swur der stat recht alz ein ander burger ungeverlich.

[9] Item noch dem alz er der stat aber gesworen het alsz ein ander burger, ist er zugefaren und hot sich seit her mit vil unredlichen sachen gar unredlich gehalten, do mit er seins eides und seiner eren aber gar vast vergessen hot, und ist von der stat gefaren on wissen und urlawb dez rates, und hot sein burgerrecht nye uffgesagt, alz ein burger muglich tun sol und alz im auch wol wissend ist, wie er manichen man die eyde selber geben hot, die burger wurden, do er burgermeister und dez rates gewesen ist.

[10] Item er gab den von Nuremberg fur, ez mocht einer wol ein urlawb nemen mit briefen, daz auch vor langen ziten verschriben ist.

[11] Item er hot auch seit her uzgeben, alz er von hynnen kumen ist, man habe in ein leymunt der ketzerey geworffen, umb dez willen, daz er umb sein gut kumen sulle, dor an er doch dem rat gentzlich unrecht tut und auch seinem eide do mit zu kurtz tut.

[12] Item er gab uns fur gen den von Nuremberg, er must uns ein blinden brief versigeln, dor an er doch mit wissen unrecht gesagt.

[13] Item dornach hot in der rat ermant seins eidez, den er der stat gesworen hot, daz er her in die stat kumen solt, und daz er dem rat ein wandel widerfuren solt lassen; daz hot er auch verbrochen und nicht gehalten.

[14] Item do verschreibe er dem rate wider, er wolt gern mit in zu tagen kumen fur unsern herren der burggrafen rete oder fur die von Nuremberg, und wolt in do gern ein recht lossen widerfaren, do mit er aber seins eidez vergessen hot, wan er wol weiz, daz ein yeclich burger hie zu der stat swert, daz er hie vor dem rat umb all sach, die weil er lebt, recht nemen und geben sol, alle die weil er nicht urlawb von dem rat genumen hot.[a]

[15] Ez ist zu wissen, daz dise hernochgeschriben von heiß wegen dez rates hinter den rat gesworn haben, waz sie der rate yetz oder hernoch heiss von Hans Werns wegen zu sagen, daz sie daz tun und gehorsam sin sollen on all widerrede, und daz ist mit namen Lewpolt Weren, Hans Ofner, Heintz Ostheimer, Hans Weyßgerber, Hans Slegel, Hans Keck, Hans Heiden, Cuntz Bingarter, Peter Alter.

---

[a] Hier folgen (auf fol. 49) die Abschriften der Schreiben Rothenburgs an Wern 1400 VI 14 (UB Ro, II, S. 1146 Nr. 2942) und Werns an Rothenburg 1400 VI 26 (ebenda, Nr. 2946).

[16]   Hans Ofner hot gesagt uff den tag, alz man Hansen Weren fur den rat besant
und mit im redt von dez stadelz wegen, der Hansen Weisgerbers ist, und von
dez brunnen wegen dor hinter, daz er dez andern tagz am samstag zu im kome
in sein huse, do sesse er alz balde ob disch. Do sprech Hans Weren: Ich hab
etwaz mit dir zu reden von etwaz sach wegen, daz ich sust nymant gern loz
horen. Und also gieng er mit im in sein hinter news stublin und sprech zu im:
Lieber vetter, ich wil etwaz mit dir reden, und wil auch, waz ich mit dir rede,
daz du mir mit trewen an eidez stat gelobest, waz ich dir sage, daz du daz nym-
antz sagest und daz versweigest. Do sprach Hans Ofner: Lieber vetter, ich
besorg mich, daz mir daz nicht gefuglich sey. Do sprach Hans Weren: Hab kein
sorg, ez get den rat nichs an. Und do er also redt, daz ez den rat nichs antreff,
do gelobt er im daz mit trewen. Do er daz tet, do sprach Hans Weren zu im:
Sichstu, lieber vetter, mich hot der rat besant von Hansen Weisgerbers stadelz
wegen, und sprechen, man hab im gesagt zu den ziten, do ich burgermeister
were, do hab ich im erlawbt, daz er den brunnen verbawe. Do antwurt er in, daz
er dez unschuldig were. Do sprach Hans Weren, er hot wol vernumen, daz im
Hans Weisgerber gesagt hat, daz im Engelhart Gertner daz verbawt het mit der
juden lawbe. Dornoch vieng Hans Weren an zu reden und sprach: Sich, lieber
vetter, ich hon willen, ich wolte ye hin weg, wan ich bin gar ein erschrokner
man und wil gen Nuremberg und wil burger do werden. Do sprach Hans Ofner:
Lieber vetter, du bist allweg alz gar erschroken. Tun alz ubel nicht an dir selber und an deinem bruder und an sin kinden und an andern dein frunden und
besunder an mir, wan ich nymant hon wann dich, zu dem ich rat oder heimlikeit suche. Do sprach Hans Weren: Ich wil daz ye tun und ich will dich biten,
daz du mir dein kneht leihest und dein karren, wann ich ye hin weg wil an den
nehsten tag nach dem Obersten tag. Und an dem Obersten tag do sprach Hans
Weren: Lieber vetter, kum noch heint umb mitternacht und hilff mir mein
dinglech inbinden, wann ich sag dir wol, daz ich wol eine virteil jars druff ger-
wet hon, daz ich daz ye tun wolt. Und do ez wol umb mitternacht waz, do
gieng er zu Hansen Weren und sprach: Waz wiltu inbinden? Do sprach er: Ich
weiz nichs wann meine kleider und zwen silberein kopff, 1 silberin becher, 3
silberin loffel. Und also halff er im seine kleider und daz vorgenant trinkgeschirre in binden zu ein ander in ein bellin. Und also brecht er do etwie vil guldin und sprach: Ich hon do guldin, der ist 400 on einer oder zwen guldin; und
sprach, daz er im riet, wie er die in solt machen. Do sprach Hans Ofner: Wiltu
den leip wagen, so wag die guldin auch. Und also macht er die guldin in ein
zwifachen hader mit aschen und kolen und trukent die uf dem offen, und also
trug Hans Ofner daz bellin fur die tur unter ein schaf. Do sprach Hans Weren:
Lieber veter, nu schik mir dein kneht und dein pfert und den karren. Do sprach
Hans Ofner: Ich forcht, ez fug mir nicht. Do sprach er: Ey, so heiss dem kneht,
waz ich in heiss, daz er das tun [sol]. Und also sprach Hans Ofner zu seinem
kneht: Wol hin, bereit pfert und karren, und wann man frumess lewt, so tun,
waz dich mein veter heist. Und also [nam] sin kneht daz bellin; den befalh
Hans Wern ein isenin buhssen mit briefen, und also furt in Ofners kneht biz zu
dem Bynoltzpach.

[17]   Ez ist zu wissen umb sulch unredlikeit, alz Hans Weren vor ziten dick und vil geton und begangen hot an dem rat, an der gemeinde und besunder an dem newen spital hie zu Rotenburg, dorumb er vor ziten von rechtes wegen muglich gestroft solt sin worden an seinem leibe und an seinem leben, dann daz der rate ansehe got zu vorderst, barmhertzikeit und sin guten frunde, die er hie zu der stat hot, und in dorum ungestroft liessen an seinem leibe und leben, und dem rate und der gemeinde aber swure ein gelerten eit mit uffgerekten vingern zu got und zu den heiligen, sein burgerrecht furbaz zu halten alz ein ander burger hie zu der stat, daz er doch verbrochen hot und meyneidig worden ist und von der stat gefaren ist unerlawbter ding und anders dann ein burger muglich tun solte, und seit her ubel und nicht wol von dem rate und der stat gerett hot, mit vil artikeln, alz dem rat wol wissend ist, und alz man dez eins teilz auch hie vor beschriben vindet. – Nu kome dorumb zu dem rate Fridrich Velprecher, vogt zu Onelspach, und bat den rate alz gar demuticlichen, daz der rate so wol tete und den selben Hansen Weren noch zu gnaden nemen und liessen, wann er sich doch wol verstunde, daz der selb Hans Wern nirgent alz muglich were alz hie zu Rotenburg, und auch sin habe muglich bey der stat hie liesse, wann er sich selbz ettlicher moss wol verstunde, wie er die hie gewunnen hete. Nun name der rate fur sich, daz barmhertzikeit zu allen dingen gut ist, und antwurten dem obgenanten Fridrich Velprecher, sie wolten in do mit gewern und wolten Hansen Weren zu gnoden nemen, und geretten auch dem selben Velprecher, sie wolten im also gnade tun, daz er alz genug solte haben zu seiner notdurfft, alz der best, der irgent in den rat hie gienge, sin lebtag. Und also schiede der selb Velprecher von dem rate in der meynung, daz er daz an Hansen Wern wolt bringen, und wie er daz an im erfunde, daz wolt er den rat also lossen wissen. Und dornoch enbot er dem rate, daz daz Hans Wern nicht uff wolt nemen. Dorumb so sint beide inner und uzzer rate einmuticlich bey einander gewesen und haben fur sich genumen sulich manigfeltig unredlikeit, die hans Wern an dem rate, an der gemeinde und an dem spital geton hot, und sin einhelliclich uber ein worden, daz man den egenanten Hansen Wern deheinerley gnade von dem rate furbaz nymer mere getun sol noch wil, und daz man noch dem egenanten Hansen Weren stelen sol, wie man mag, alz noch einem erlosen, meyneidigen, verurteilten manne. Anno 1401.

[18]   Ez ist zu wissen umb sulche unredlich sach, die Hans Wern vor zeiten an der stat begangen und geton hat, sunder daz er uz der stat kome und tet das unerlich und unredlich on wissen und wort des rates, darzu im Hans Offner des mols beholffen gewesen ist, als er dez williclich vor ynner und ussern rate bekant hat. Dorumb hat er ein gelerten eyt gesworen zu got und zu den heiligen hinter den rate, also daz er sein leib noch sein gut nit verrucken, verkeren noch verendern sol on des rates wissen, willen und heissen, und waz im auch der rate ytz oder hernach dorumb uff setzt, das er dez on widerrede gefolgig und gehorsam woll sein, als er dez offennlich vor ynner und usserm rate zu den heiligen gesworen hat. Actum feria quinta ante Johannis Baptiste anno 1402. [1402 Juni 22]. Hoc est verum

[19]   Ez ist zu wissen, das darnach am nechsten montag bede ynner und uzzer rate aber einmuticlichen bei einander gesessen und uberein worden sein, die weil

sich Hans Offner an seim eyde vergessen hete und meyneidig geworden ist, als er des williclichen vor ynner und ussern rate bekante, also das Hans Offner sein leib noch sein gut nit verrucken, verandern noch verkern sol on des rates willen und wort, als er daz zu den heiligen gesworen hat, und haben in auch von der geschiht wegen an seim leib ungestrofft gelossen, [also das er sol geben funffhundert gulden R(einisch) uff Petri kathedra nechst kumpt],[b] und sol auch furbaz mit Hansen Wern nihtz czu schicken haben heimlich noch offennlich. Und wer ez, das er dorumb von yman ubersagt wurde, daz er daz nit hielt, so mag in der rat aber dorumb stroffen an leib oder an gut, wie sie des dann einig werden on alles geverde, und nach dem als die sach gestalt ist. Actum feria secunda ante Petri et Pauli apostolorum a. d. 1402 [1402 Juni 26].[c]

[19a] Dornoch an dem nehsten mentag noch sant Johans tag [1402 Juni 26] do sassen beide innerer und uzzer rat bey ein ander und namen fur sich, daz Hans Ofner vor in bekant het williclich, daz er seiner eide, den er der stat und dem rat geton het, nicht recht geton het und meyneidig worden were. Dorumb so wurden beide der inner und der uzzer rat einhelliclich uber ein, daz der selb Hans Ofner nymermer czu deheinem dez ratez erwelt solt werden. Und der rat sah an sein und ander seiner guten frunde fleissig bete und liessen in dorumb an seinem leben ungestroft und haben in etwaz dorumb an seinem gut gestroft, als daz die stewr(er) beschriben haben. Und ist im uffgesetzt uff den eyt, den er getan het, daz er sein leib und sin gut von der stat nicht verandern noch verruken sol on dez ratez wissen und heissen, und daz er sich fruntlich und erlich furbaz halten sol, und daz er mit Hansen Weren furbaz nichts zu schiken sol haben weder mit worten noch mit werken in deheinerley weise. Und wer ez, daz er daz verbrech und sich furbaz nicht redlich hielt, so mag in der rat aber stroffen noch der geschiht und noch dez rates erkenntnisse und noch dem, alz er vormalz hinter den rat gesworen het, on allez geverde. Anno etc. ut supra.

---

[b] Durchgestrichen.
[c] Der ganze § 19 durchgestrichen und durch eine Neufassung (§ 19a) ersetzt.

Wolfgang W ü s t

Kommunikation, Kooperation und Konkurrenz
Interessenabgrenzung im (Kunst)-Markt zwischen
Nürnberg und Augsburg

In den außenpolitischen Beziehungen der beiden wichtigsten süddeutschen Reichsstädte, Handels- und Kunstzentren – Nürnberg und Augsburg – überließ man seit dem späten Mittelalter wenig dem Zufall. Dies war Voraussetzung für die vielfach dem Exportgewerbe zuzuschreibende Erfolgsgeschichte der „booming townships" Nürnberg und Augsburg, die zwischen 1450 und 1620 ihre Einwohnerzahlen verdoppelten und deren vergleichbare wirtschaftliche Bedeutung sich – neben Köln, Ulm, Straßburg, Lübeck, Frankfurt a.M. und Metz in einem knappen Steuerstechen zwischen diesen beiden Reichsstädten in den „allzeit neusten" Reichsmatrikeln seit 1497 niederschlug.[1] Seit es institutionalisierte Kontakte unter Reichsstädten gab, denen man ein hohes Maß an Regelmäßigkeit und Transparenz zubilligen kann, kommunizierten Räte, Bürger und Kaufleute zwischen Franken und Schwaben als wichtigen Bindegliedern in der *terra imperii* rege. Die *Missiven* beziehungsweise seit dem 16. Jahrhundert die Akten des *Geheimen Rats* in Augsburg belegen dieses bilaterale Netz ebenso wie man in Nürnberger *Briefeingangs-* und *-auslaufregistern*[2], *Ratsverlässen*[3] – dabei handelt es sich um die Korrespondenz des Inneren Rats, die auch für Nürnberg quellentypologisch geläufiger als Ratsprotokolle oder Ratsmanuale[4] bezeichnet wurden – oder in der weit gestreuten Korrespondenz der Ämter fündig wird. Vergleichen wir die offiziöse Ratskorrespondenz zwischen Nürnberg und Augsburg, so drängt sich der regionale Themenschwerpunkt gegenüber anderen fränkischen Städten aus Augsburger Sicht förmlich auf. Zwischen 1502 und 1794 legte man im Geheimen Ratskollegium immerhin sechs Nürnberg-Faszikel an[5], während man mit der näher gelegenen schwäbisch-fränkischen Reichsstadt Dinkelsbühl mit

---

[1] Peter Fleischmann, Das Reichssteuerregister von 1497 der Reichsstadt Nürnberg (und der Reichspflege Weißenburg), Nürnberg 1993; Rudolf Endres, Zur Einwohnerzahl und Bevölkerungsstruktur Nürnbergs im 15./16. Jahrhundert, in: Mitteilungen des Vereins für Geschichte der Stadt Nürnberg (künftig MVGN) 57, 1970, S. 242–271. In der Wormser Reichsmatrikel waren Nürnberg mit 600, Augsburg mit 500 Gulden veranschlagt.

[2] Dieter Rübsamen, Das Briefeingangsregister des Nürnberger Rates für die Jahre 1449–1457 (Historische Forschungen 22), Sigmaringen 1997.

[3] Martin Schieber/ Irene Stahl (Hg.), Die Nürnberger Ratsverlässe. Heft 1: 1449–1459, Heft 2: 1452–1471 (Schriften des Zentralinstituts für Fränkische Landeskunde und allgemeine Regionalforschung a.d. Universität Erlangen-Nürnberg 23/ 1–2), Neustadt a.d. Aisch 1983, 1995.

[4] Ernst Mummenhoff, Die Nürnberger Ratsbücher und Ratsmanuale, in: Archivalische Zeitschrift NF 17, 1910, S. 1–124, hier S. 35. Zum Entstehungsort der Protokolle selbst: Ders., Das Rathaus in Nürnberg. Mit Abbildungen nach alten originalen Massaufnahmen etc., Nürnberg 1891.

[5] StadtA Augsburg, Reichsstadt, Geheimer Rat, Nr. 557 (Nürnberg), 1502–1539, Nr. 558 (Nürnberg) 1540–1549, Nr. 559 (Nürnberg) 1550–1564, Nr. 560 (Nürnberg) 1565–1599, Nr. 561 (Nürnberg) 1600–1785, Nr. 562 (Nürnberg) 1535–1794.

drei Faszikel[6] und mit Rothenburg[7], Schweinfurt[8] und Weißenburg[9] mit nur je einem Aktenbündel zurechtkam. Stellen wir das Ergebnis in die Gegenprobe mit anderen Städtetypen, so bestätigen sich die engen Nürnberg-Augsburg-Kontakte durchaus, zunächst freilich nur quantitativ. Der Augsburger Rat ließ die Schreiben aus den brandenburgischen Landstädten Erlangen[10] und Schwabach[11], aus der Bischofsstadt Würzburg[12] und aus Neumarkt[13] (Oberpfalz) in je einer Schatulle aufbewahren; die Korrespondenz mit Altdorf, Ansbach und Amberg[14] fand ebenfalls in einem Behältnis Platz. Wie man nun diese frühmodernen Quellenserien unter kunsthistorischen Fragestellungen auswerten kann, zeigte Theodor Hampe bereits 1904 mit drei Bänden zu Kunst und Künstlern aus Nürnberger *Ratsverlässen* eindrucksvoll.[15] Konkretisierte sich schon dort der städtische Kunstmarkt der Spätgotik und Renaissance, so lag das daran, daß sich sowohl in Nürnberg als in Augsburg bereits im 14. Jahrhundert eine deutlich werdende Entwicklung hin zur Informationsdrehscheibe[16] vollzogen hatte, die sich spätestens um die Mitte des 15. Jahrhunderts quantitativ dahingehend verdichtete, daß der Rat der Stadt die gesonderte Sammlung zur Wiedervorlage und Registratur aller Art von eingehender *Post*[17] anordnete. Dabei ist als ursächlicher Zusammenhang der im Jahre 1449 einsetzende, hauptsächlich gegen Nürnberg gerichtete sogenannte Städtekrieg zu berücksichtigen, in dessen Folge der Rat geradezu mit einer Flut von Briefen, insbesondere Fehdeansagen, überzogen wurde. Das aus dieser Notlage heraus angelegte Verzeichnis der *Briefeingänge* (1449–1457) stellte für die damalige Zeit somit eine beträchtliche Effizienzsteigerung der städtischen Verwaltung dar und bietet bis heute mit seinen 8270 Einträgen als Ersatz für viele später verlorengegangene Schreiben eine erstrangige Quelle für die vielfältigen kommunikativen Marktverflechtungen der Reichsstadt im europäischen Rahmen. Es bleibt die Frage, ob sich in dieser spätmittelalterlichen Datenbank auch der Kunstmarkt widerspiegelt. Diese Informationsbasis läßt sich für den Städtevergleich jedenfalls nutzen, schlug sich doch der direkte Kontakt Augsburg-Nürnberg in der Nürnberger Ratskanzlei Mitte des 15. Jahrhunderts in mindestens 96 Schreiben nieder.

---

[6] StadtA Augsburg, Reichsstadt, Geheimer Rat, Nr. 534 (Dinkelsbühl) 1500–1780, Nr. 535 (Dinkelsbühl) 1794–1797, Nr. 536 (Dinkelsbühl) 1583–1778.

[7] StadtA Augsburg, Reichsstadt, Geheimer Rat, Nr. 567 (Rothenburg) 1485–1781.

[8] Ebd., Nr. 575 (Schweinfurt) 1536–1719.

[9] Ebd., Nr. 593 (Weißenburg) 1504–1793.

[10] Ebd., Nr. 596 (Erlangen) 1519–1776.

[11] Ebd., Nr. 610 (Schwabach) 1541–1806.

[12] Ebd., Nr. 612 (Würzburg) 1513–1789.

[13] Ebd., Nr. 608 (Neumarkt) 1541–1771.

[14] Ebd., Nr. 594 (Altdorf, Ansbach, Amberg) 1534–1779.

[15] Theodor Hampe (Hg.), Nürnberger Ratsverlässe über Kunst und Künstler im Zeitalter der Spätgotik und Renaissance (Quellenschriften für Kunstgeschichte und Kunsttechnik des Mittelalters und der Neuzeit, NF XI, XII, XIII), 3. Bde., Leipzig 1904. Bd. 3 mit Personen, Orts- und Sachregister.

[16] Vgl. hierzu allerdings mit knapper Berücksichtigung spätmittelalterlicher Nachrichtenübermittlung: Lore Sporhan-Krempel, Nürnberg als Nachrichtenzentrum zwischen 1400 und 1700 (Nürnberger Forschungen 10), Nürnberg 1968, S. 21–28.

[17] Wolfgang Wüst, Reichsstädtische Kommunikation in Franken und Schwaben. Nachrichtennetze für Bürger, Räte und Kaufleute im Spätmittelalter, in: ZBLG 62, 1999, S. 681–707.

Die große Serie der Augsburger Missivbücher umfaßt in dreizehn Bänden den Zeitraum zwischen 1280
und 1490. Zum Teil liegt sie als handschriftliche Kopialüberlieferung des 19. Jahrhunderts vor.
Die Einzelbände gliedern sich mit erheblichen chronologischen Brüchen wie folgt: Band Ia, 1280–1425;
Band Ib, 1413–1419; Band II, 1418–1425; Band III, 1429–1435; Band IVa, 1437–1443; Band IVb,
1445–1450; Band Va, 1443–1445; Band Vb, 1461–1463; Band VI, 1460–1461; Band VII, 1476–1478;
Band VIIIa, 1458–1485; Band VIIIb, 1486; Band VIIIc, 1487 und Band IX, 1490.
(Signatur: StadtA Augsburg, Schätze Nr. 105)

Dies bedeutete zum Beispiel *anno domini* 1451 einen Jahresschnitt von 13 Botschaften.[18] Augsburg stellte sich damals noch nicht an die Spitze der schwäbischen Korrespondenzpartner, fiel doch Ulm als administrativem Zentrum des Schwäbischen Bundes mit 386 direkten Kommunikationsnachweisen eine Schlüsselrolle zu. Augsburg lag aber vor anderen südlich gelegenen Reichsstädten, wenn Wörth (Donauwörth) in Nürnberg mit 87, Kempten mit vier, Kaufbeuren mit zwei Einträgen und Lindau mit einem Nullergebnis registriert wurden. Umgekehrt belegen die unedierten Missivbücher des Augsburger Rats ebenfalls bereits für das 15. Jahrhundert die wichtiger werdende Blickrichtung nach Nürnberg. In den ersten fünf Bänden dieser Auslaufregister für die Jahre 1413 bis 1450 ist Nürnberg 124 Mal belegt, während andere fränkische Reichsstädte deutlich abfallen. Für Dinkelsbühl zählt man 48 und für Rothenburg o.d. Tauber 35 Einträge; Windsheim findet sich einmal, Schweinfurt gar

---

[18] Gezählt wurden nur Ratskontakte, nicht die vom Augsburger Bischof, vom Domkapitel oder von einzelnen Bürgern abgesandten Schreiben.

nicht.[19] Wie konkret der Botenaustausch auch etwas mit der Frage des Handels- und Kunsttransfers zu tun haben konnte, zeigen die Ein- und Ausgänge der Schriftsätze in den jeweiligen Ratskanzleien. 1540 ließ beispielsweise der Nürnberger Rat „denen von Augspurg der zugeschickten goldschmidordnung halben ein dankpriflein schreiben und der canzley 2 f. gold darein schliessen, dem botten auch ein drinkgellt schaffen. Daneben solch ordnung gegen der hie[s]igen übersehen und, was von nöten, widerpringen."[20] 1571 bemühten sich Nürnberger Ratsboten, um den Augsburgern „uf ir schreiben in der irrung zwischen den goldschmiden und peutlern der silbernen knöpf halben wider" eine Antwort zuzustellen, „wie die erfarung vermag."[21]

1. Städtische Instrumente zur Marktbeherrschung und -abgrenzung

1.1. Die Bürgeraufnahme

Vergleicht man die Effizienz städtischer Strukturen für Handesaustausch und Kunsttransfer, so stellt sich die Frage, ob diese innerstädtisch überhaupt wirksam zu beinflussen waren. Sucht man nach Möglichkeiten, mit denen der Rat mit und ohne den Zuspruch der Zünfte den Markt einigermaßen mitgestalten konnten, bietet sich das reichsstädtische Privileg an, Bürger- und Beisassenaufnahme bzw. die Abzugs- und Zuzugsbewilligung in eigener Machtvollkommenheit zu regeln. Daß sowohl Nürnberg wie Augsburg dieses Instrument seit der Kommunalisierung des Bürgerrechts im 13./14. Jahrhundert vortrefflich zu nutzen wußten, wenn es darum ging, auswärtige Künstler und Professionalisten für die eigenen Marktinteressen zu gewinnen, zeigt sich auch im multilateralen Vergleich.[22] In Augsburg ließ der Rat in den 1650er Jahren dem aus der Reichsstadt Biberach a.d. Riß stammenden Maler und Bildhauer Johann Heinrich Schönfeld (1609–1682/83), der unter den deutschen Malern des 17. Jahrhunderts von kompetenter Stelle als „die einzig herausragende Erscheinung"[23] bezeichnet wurde, gegen den Einspruch der Zünfte sein besonderes Augenmerk angedeihen. 1652 wurde ihm von den Stadtpflegern, nachdem er bereits

---

[19] Die Liste wurde erstellt aus: StadtA Augsburg, Reichsstadt, Missivbücher (Nürnberg):
Band I: 1413–1419: S. 52, 71, 79, 145, 179, 364, 373, 379, 418, 458, 473, 474, 552, 573, 772, 1020, 1071, 1088, 1152, 1188, 1220, 1263, 1271, 1275, 1282, 1292, 1308, 1314;
Band II: 1418–1425: S. 106, 162, 171, 311, 354, 397, 527, 531, 612, 617, 619, 622, 630, 671, 759, 758, 807;
Band III: 1429–1435: S. 8, 67, 68, 126, 188, 204, 218, 219, 221, 236, 348, 358, 368, 385, 356, 396, 399, 437, 477, 481, 492, 499, 501, 509, 516, 543, 547, 572, 712, 754, 878, 881, 882, 899, 984, 987, 988, 995, 1006, 1038, 1073, 1101, 1115, 1340, 1343, 1353, 1385, 1457, 1500, 1531, 1532, 1557, 1576;
Band IV a: 1437–1443: S. 49, 102, 128, 152, 156, 395, 419, 425, 437, 509, 529, 569, 649, 658, 102, 395, 419;
Band IV b: 1443–1450: S. 41, 94, 129, 133, 172, 176, 177, 198, 203, 219, 286.
[20] Theodor Hampe (Hg.), Nürnberger Ratsverlässe (wie Anm. 15), Bd. 1: (1449) 1474–1570, Nr. 2537, Schreiben vom 15.9.1540.
[21] Ebd., Bd. 2: 1571–1618 (1633), Nr. 22.
[22] Ernst Pilz, Die Entstehung der Ratsherrschaft in Nürnberg im 13. und 14. Jahrhundert (Schriftenreihe zur bayerischen Landesgeschichte 55), München 1956, S. 93–98.
[23] Herbert Pée, Johann Heinrich Schönfeld: Die Gemälde (Deutscher Verein für Kunstwissenschaft: Jahresgabe 1969), Berlin 1971; Ders., Artikel zu Johann Heinrich Schönfeld, in: Kindlers Malereilexikon, Bd. 11, München 1976, S. 116–119.

ein halbes Jahr in der Stadt gearbeitet hatte, das Bürgerrecht zugesichert. Der einflußreichen und bis zur Mediatisierung wohl organisierten Zunft der Augsburger Maler[24] verblieb nur noch ein „unterthänig ac manualiter protestando" übermitteltes Bitten, künftig die Handwerks- und Zulassungsordnung durch die Vergünstigung nicht außer Kraft zusetzen.[25] Auch in Nürnberg bemühte sich der Rat, mit der großzügigen Handhabung der Bürgeraufnahme die wirtschaftliche Konjunktur von Fall zu Fall zu beleben. Einigen Steinmetzen, die an städtischen Profan- und Kirchenbauten tätig waren, erleichterte man bereitwillig den Aufenthalt. Dem Parlier Ulrich Speidel schenkte der Rat während seiner Arbeit an St. Sebald 1481/82 das Bürgerrecht, zuvor setzte man mit dem Parlier am Chorbau von St. Lorenz ein ähnliches Exempel. Der Rat verstand es auch, Hans Beheim d.Ä. nach seiner Übersiedlung 1491 mit dem kostenlosen Bürgerrecht für ihn und seinen Sohn und mit der Verpflichtung als Stadtwerkmeister rasch an die Interessen der Stadt zu binden.[26] Im Juli 1520 notierte ein Nürnberger Ratsschreiber in den Ratsverlässen: „Einem frembden berümbten maler, Albrechten Dürer, zu eren umbsunst zu bürger auffnemen". Dabei konnte es sich zwar nicht wirklich um Albrecht Dürer selbst handeln – dieser hatte ja das Nürnberger Bürgerrecht längst und befand sich zu jener Zeit auf Reisen, die ihn im übrigen auch nach Augsburg führten –, sondern gemeint war offenbar ein anderer Vertreter dieser Zunft, den allerdings eine andere Quelle – das korrespondierende Bürgerbuch – genauer klassifizierte: „Sabbato post Francisci [6.10.] 1520: Hanns Hofmann, maler, dedit 0, juravit".[27] Selbst wenn es sich weder um Dürer noch um den gleichnamigen bekannten Dürer-Kopisten[28] handelte, der in Nürnberg erst seit 1576 nachweisbar ist, so bestätigt der Eintrag, daß selbst bei weniger bekannten Künstlern die vereinfachte Bürgeraufnahme als Instrument des Rats zur städtischen Kunst- und Marktprofilierung genutzt wurde. Auch blieb aus den Konsensprotokollen zum Bürgerrecht die Frage des Nachzugs eigener auswärtiger Gesellen nicht ausgespart. Nachdem 1539 der Nürnberger Rat beschlossen hatte, dem Steinmetz Hans Albrecht, „dweil er für ein künstner berümpt", das Bürgerrecht zu gewähren, regelte man im Anschluß: „ Seiner gsellen halben aber ime sagen, man stells auf ine, diselben her ze pringen oder nit, dweils an dem steen werd, ob ers furdern kond oder nit."[29] Es waren nicht nur die Baumeister, die die Nürnberger angesichts der Konkurrenz zu anderen Reichsstädten in ihre Stadt lockten. Auch andere Berufe profitierten von der Liberalisierung des rechtmäßigen Zuzugs. 1540 beschloß der Rat den „diemantschneider"

---

[24] Georg Paula, Die Meister und Gesellen der Augsburger Malerzunft von 1648 bis 1827, in: Zeitschrift des Historischen Vereins für Schwaben (künftig: ZHVS) 92, 1999, S. 91–138.

[25] Bruno Bushart, Kunst und Stadtbild, in: Gunther Gottlieb (Hg.), Geschichte der Stadt Augsburg von der Römerzeit bis zur Gegenwart, Stuttgart 1984, S. 490–504, hier S. 490.

[26] Werner Schultheiß, Der Nürnberger Architekt Hand Beheim d.Ä., seine Herkunft und erste Bautätigkeit bis 1491, in: MVGN 47, 1956, S. 426–443, hier S. 429.

[27] Theodor Hampe (Hg.), Nürnberger Ratsverlässe (wie Anm. 15), Bd. 1, Nr. 1273.

[28] Kurt Pilz, Hans Hoffmann, in: MVGN 51, 1962, S: 236–272. Zu den Nürnberger Hauptkirchen vgl.: Ders., Sankt-Sebaldus-Kirche in Nürnberg: ein Kirchenführer, Nürnberg 21974; Ders., Die St. Egidienkirche in Nürnberg: ihre Geschichte und ihre Kunstwerke (Einzelarbeiten aus der Kirchengeschichte Bayerns, Fotodruckreihe 4), Nürnberg 1972.

[29] Theodor Hampe (Hg.), Nürnberger Ratsverlässe (wie Anm. 15), Bd. 1, Nr. 2430.

Sebastian Axter „zu bürger annemen und seinem vater Hannsen Axter zu gfallen das halb bürgergellt [zu] schencken."[30] Innovation und Qualität setzten sich am Nürnberger Arbeits- und Kunstmarkt neben der Aussetzung langwieriger Bürgeraufnahmeverfahren auch über Steuernachlässe im Einzelfall rasch durch. Neue Handwerksgruppen, denen zu starre Zunftvorschriften besonders hinderlich erschienen, profitierten hiervon am ehesten. Als sich der niederländische „tapezier" Johann de Roy 1539 in der Stadt an der Pegnitz niederließ, hatten die an modischer Galanterie interessierten patrizischen Ratsherren und Hausvorstände sich bereiterklärt, „das er alhie 10 jar lang frey sitzen [könne]- ausserhalb des ungelts, das er zalen sol. Ime auch den kram[laden] unterm rathauß neben des federmachers kram solch zeit aus frey und on zinß lassen. […] Daneben ime jetz und 200 fl., doch auf genugsame caution, dern er sich erpotten, furzestrecken".[31]

Die Fähigkeit, das Bürgerrecht als Instrument zur marktbeherrschenden Positionierung seitens des Rats auszubauen, war freilich kein Spezifikum für Nürnberg oder Augsburg, sondern ist auch aus anderen Reichsstädten bekannt.[32] Belege lassen sich dazu sowohl aus den Munizipal- als auch aus den Reichsstädten für das Spätmittelalter und die Frühe Neuzeit beibringen. Eine andere Frage war sicherlich die, ob sich die Räte zu Nürnberg und Augsburg bei direkten Bürger-, Kunst und Gewerbeaufnahme-Gesuchen aus dem jeweils konkurrierenden reichsstädtischen Gegenpol ähnlich flexibel zeigen würden, wenn es darum ging Standortvorteile zu nutzen und gar ausbauen. Um diese Kernfrage mit Treffsicherheit bejahen oder verneinen zu können, fehlt die quantitative Grundlage in den Aktenserien zur Bürgeraufnahme. Stichproben für Augsburg für die Jahre 1548–1650 – also für das Jahrhundert zwischen dem Augsburger und Westfälischem Religionsfrieden, in dem sich der reichsstädtische Kunstmarkt einer neuen Herausforderung durch die Hof- und Residenzstädte zu stellen hatte – marginalisierten die Zuwanderung aus Nürnberg und aus den anderen fränkischen Reichsstädten.[33] Von den ersten 500 Anträgen[34] aus dem späten 16. und beginnenden 17. Jahrhundert traf den Rat in Augsburg nur ein einziges Bürgerrechtsverfahren aus Nürnberg. Wählen wir zur Konkretisierung zwei Fälle aus diesem weiten Bereich aus: die Aufnahmen des Nürnberger Kaufmanns David Peterson 1568 und die des fränkischen Handelsmanns Sebastian Pesch 1595. Im ersten Fall läßt sich durchaus eine Zurückhaltung des Augsburger Rats erkennen, wenn der Supplik des Nürnbergers die Weisung folgt: bei „dem supplicanten soll nachgefragt werden".

---

[30] Ebd., Nr. 2497.

[31] Ebd., Nr. 2383.

[32] In Memmingen erkannte man z.B. dem Amberger Steinmetz 1404 für die Dauer seiner fünfjährigen Amtszeit als Werkmeister einen steuerfreien Bürgerstatus zu. Vgl. Klaus Frhr. v. Andrian-Werburg/Hilde Miedel, Konrad von Amberg, ein Baumeister der Memminger St. Martinskirche, in: Memminger Geschichtsblätter 1960, S. 3–6.

[33] Peter Johanek skizzierte an norddeutschen Beispielen trefflich den Strukturwandel des älteren engeren Hofs (curia minor, curia cottidiana) von der Burg hin zur Stadt mit neuer, ortsstabiler und administrativ effektiver Ausstrahlung in das jeweilige territoriale Umfeld: Peter Johanek, Residenzenbildung und Stadt bei geistlichen und weltlichen Fürsten im Nordwesten Deutschlands, in: Historia Urbana V, 1997, Nr. 1, hg. v. Academia Româna [2000], S. 91–108.

[34] StadtA Augsburg, Reichsstadt, Bürgeraufnahme-Akten, 1548–1650.

Dies war gewissermaßen überraschend, hatten doch zuvor vier Zeugen (darunter ein Kaufmann, ein Handelsmann und ein Ungeldschreiber) die Ehrbarkeit, die rechtmäßige Eheschließung und den Vermögensstand des Nürnberger Kaufmanns bestätigt. „Souil ir vermögen belanngt sey ime bewist, das im sein eewirtin 2000 fl zubring. So werd ine sein vatter auch mit ainer ansehenlichen summa nit lassen. So haben sy zu beden tailen ain statlichs zue gewarten."[35] Auch im Fall des Zuzugs von Sebastian Pesch prüfte man gewissenhaft. Die Augsburger Steuerherren faßten 1595 die ersten Ergebnisse zusammen: „Es haben […] Sebastian Peschen vonn Nürmberg, wellicher sich zu weilund Philipen Reilings geweßnen mitburgers alhie seligen hinderlassenen ehelichen dochter kurz verschiner zeit verheurath, zu außbringung seiner brieflichen vrkhunden etliche monat alhie zu wonen bewilligt, die er dann neben beiliegender seiner übergebnen bitt vnd anlangen an jezo gehorsamblichen fürgelegt. Ob nun dieselben genuegsam oder nit werden die verordnete hochzeit herren, dahin dise sach gehört, am besten bericht zugeben wissen thun."[36] Und die Deputierten des Hochzeitsamts bestätigten, daß die Unterlagen zum Ortswechsel seitens der Nürnberger „in bester form vfgericht vnd verfasst seindt". Erst danach stellte man dem Nürnberger Handelsmann einen „schein wie gebreuchig" aus, damit er künftig vom städtischen „burser ordenlicher weiß" erfaßt und „zum bürger aufgenommen" werden könne.[37] Fassen wir die Ergebnisse zusammen. Eine städtische Konkurrenzsituation oder eine bilaterale Sondersituation hinsichtlich der Frage nach einer Vorherrschaft im Kunst-, Gewerbe und Wirtschaftsraum Süddeutschlands läßt sich demnach direkt über das wichtige Steuerungsinstrument *Bürgerrecht* weder bestätigen noch verneinen. Insgesamt blieb aber sowohl in Nürnberg als auch in Augsburg die Bürgeraufnahme nicht immer an die strengen Leumunds- und Vermögensnormen der Ratsoligarchie gekoppelt; großzügig zeigte man sich insbesondere bei kürzeren Aufenthalten. Die Anzeigepflicht auch kleinerer Verweildauern gewährt zudem interessante Einblicke in das Itinerar tüchtiger Handwerker:–1592 gestattete z.B. der Nürnberger Rat einem Goldschmied, „sein mutter und schwester von Augspurg, weil dieselbigen schon etliche tag in einem wirthshauß hie gelegen, drey tag in seinem hauß [zu] beherbrigen."[38] Damit lassen sich vor allem auch unterhalb der Ebene der Bürgerrechtsfragen wichtige Rückschlüsse auf den Transfer von Kunst und Kommerz zwischen zwei großen Reichsstädten ziehen.

1.2. Rat versus Zunft. Zunftordnung, Marktbeschränkung und Exportinteresse

In Nürnberg war es, im Gegensatz zu anderen Reichsstädten mit einer trotz der Reichsreformen unter Karl V. zugunsten innerstädtischer Oligarchiebildung immer noch zünftisch beeinflußten oder sogar dominierten Ratsherrschaft, zu keiner Etab-

---

[35] Ebd., Bürgeraufnahme-Akten, 1562–1572, Fasz. 4, Nr. 8.
[36] Ebd., Bürgeraufnahme-Akten, 1591–1602, Fasz. 6, Nr. 2.
[37] Ebd., Schreiben der „hochzeitordnung verordnete" vom 4. April 1595.
[38] Theodor Hampe (Hg.), Nürnberger Ratsverlässe (wie Anm. 15), Bd. 2, Nr. 1195.

lierung politischer Zünfte gekommen.[39] Bis in die zweite Hälfte des 14. Jahrhunderts hinein bildeten die meisten Gewerbe noch kein organisiertes und gesetzlich geregeltes Handwerk, sondern sie standen auf der Stufe *freier Künste*, für die weitgehend Gewerbefreiheit bestand. Erst allmählich erhielten Bäcker, Tuchmacher, Lederer und Messerer zum Schutz der Konsumenten Ordnungen im Sinne gewerbe-policeylicher Schutz- und Maßregeln. Später erhielten die außerhalb der Zunftpolicey verbleibenden Handwerke gesetzlichen Schutz und eine Regelung der Lehrlings- und Gesellenzeit. Zu ihnen gehörten z.B. die Nürnberger Buchbinder, Drechsler, Glaser und Teile des Waffenhandwerks (Büchsenschmiede). Damit fand eine gewisse Annäherung zwischen *freien* und *geschworenen* Handwerkern statt. Ohne gesetzliche Regelung blieben die kunsthandwerklichen Brief-(Wappenbrief-) und (Spiel-)Kartenmaler, die auch Bücher illuminierten.

Das Nürnberger Handwerk war einem Rat patrizischer Fernhändler und Unternehmer unterstellt. Zünftlerische Vereinigungen wurden seit dem Scheitern des Aufstandes von 1348 mehrmals verboten und unterdrückt.[40] Insgesamt ordnete sich das städtische Handwerk nur auf Drängen des Rats fernhändlerischen Belangen unter. Darin lag aber auch die Chance zu einem wirtschaftlichen Aufbruch, den der Rat in Form des Exportgewerbes nach Kräften förderte. Die exportorientierte Zielsetzung frühmoderner Ratspolitik in Nürnberg schien sich auch auf dem Arbeits- und Kunstmarkt gegenüber Augsburg bemerkbar zu machen. Der Rat zeigte sich jedenfalls großzügig im Umgang mit Zunftrestriktionen, wenn es um die Positionierung Nürnberger Interessen *extra muros* ging. Die Ratsverlässe sprechen eine deutliche Sprache. 1550 gewährt man dem Plattnermeister Contzen Lochner, „weil im von frembden herrschafften so vil arbait angedingt werden, welches dann gemainer stat auch zu eer und rhum raichen mag", drei Gesellen über das vorgeschriebene Maß hinaus beschäftigen zu dürfen und „söllichs den geschwornen auch ansagen."[41] Diesem Nürnberger Meister erteilte man mehrmals Exemtion von der lästigen Zunftrestriktion; so auch im Februar 1545, um „2 gsellen hie [16.2.] zwischen Ostern über die ordnung zulassen seiner frömbden habenden arbait halben".[42] Die Nürnberger Ratsverlässe gewähren auch aufschlußreiche Bezüge zur Vernetzung des Nürnberger und Augsburger Marktgeschehens. 1537 vergönnte der Rat seinem Metallgießer Pankratz Labenwolf, „das er noch 2 gsellen auf 2 monat lang über das gsetz hallten mög, dweils denen von Augspurg zu verfertigung irs wercks zu gut kompt".[43] 1575 ordnete

---

[39] Ludwig Fürstenwerth, Die Verfassungsänderungen in den oberdeutschen Reichsstädten zur Zeit Karls V., Göttingen 1893; Peter Eitel, Die oberdeutschen Reichsstädte im Zeitalter der Zunftherrschaft. Untersuchungen zu ihrer politischen und sozialen Struktur unter besonderer Berücksichtigung der Städte Lindau, Memmingen, Ravensburg und Überlingen, Stuttgart 1970 (Schriften zur südwestdeutschen Landeskunde 8), S. 74–76.

[40] Hans Lentze, Nürnbergs Gewerbeverfassung im Mittelalter, in: Jahrbuch für Fränkische Landesforschung 24, 1964, S. 207–281. Zum Kontext reichsstädtischer Zunftpolitik vgl. allgemein: Hans Lentze, Der Kaiser und die Zunftverfassung in den Reichsstädten bis zum Tode Karls IV.: Studien zur städtischen Verfassungsentwicklung im späteren Mittelalter (Untersuchungen zur deutschen Staats- und Rechtsgeschichte 145), Breslau 1933.

[41] Theodor Hampe (Hg.), Nürnberger Ratsverlässe (wie Anm. 15), Bd. 1, Nr. 3307.

[42] Ebd., Nr. 2856.

[43] Ebd., Nr. 2282.

der Rat auf Bitten des Nürnberger Goldschmieds Hans Richter – er war „durch ainen [Auftrag] von Augspurg 24 doppelte drinckgeschirr eilend zu verfertigen angedingt worden" – an, ihm einen zusätzlichen Gesellen „über die ordnung" zu gewähren.[44] 1545 hatte der Nürnberger Rat den Plattnergesellen zu Augsburg „in des hiesigen hantwerks namen" geschrieben, um Schuldforderungen gegen Harnischmacher Matis Mang einzuklagen, der „nit mer hie [sei], sonder vor 8 tagen weckzogen".[45] Der Rat vermutete ihn bezeichnenderweise in Augsburg, wo viele Nürnberger Harnisch- und Küraßmacher zusätzliche Aufträge annahmen. Die Gier nach Exporterfolgen ließ bisweilen auch die Sicherheitsinteressen der Reichsstädte in den Hintergrund treten. So scheuten sich die Nürnberger nicht, selbst dem in den Markgräflerkriegen durchaus ausgewiesenen regionalen Gegenspieler, den fränkischen Hohenzollern[46], Harnisch und Waffen zu liefern. 1541 ließ der Nürnberger Rat an den „churfürsten zu Brandenburg" – er war ältere Bruder des Ansbacher und Kulmbach-Bayreuther Markgrafen Georg d. Frommen (1484–1543) – die „bestellten 2000 halbhacken" ausliefern, „dweil der gesannt anglobt, das wider kays. Mt. nit verpraucht werden solln".[47] Allerdings konnten riskante Exportgeschäfte dieser Art, die man im übrigen gern auch in Verbindung mit anderen Reichsstädten abwickeln ließ, vom Rat rasch widerrufen werden. 1546 maßregelte man den Plattnermeister Hans Fürst „mit verkauffung irer harrnisch biß auf weitern bscheidt still ze steen. Daneben die gsetz ansehen, ob solichs furkauffen der platner fürgeben gemeß darin verpoten: und widerpringen."[48] Die Prioritätensetzung seitens des Rats gegenüber den Zünften hatte aber auch ihre Grenzen. Dies galt insbesondere dann, wenn es sich wie im Instrumenten- und Uhrmacherhandwerk[49] – die Herstellung tragbarer Uhren erlebte im Nürnberg des 16. Jahrhunderts ihre Blütezeit, während in Augsburg der feinmechanische Instrumentenbau erst im 17. Jahrhundert zum „Exportschlager"[50] avancierte – um marktbeherrschende Handwerksformen handelte. 1544 signalisierte man einem „welschen paumeister" dem Einspruch der Goldschmiede stattzugeben, „des er 4 gsellen hallten und inen im hauß ze arbaiten geben soll, furhalten und anzeigen, das sichs des handwerks gsetz und ordnungen halben nit leiden könnd". Der Rat gestatte aber, „wiewol es sonst wider di ordnung, in heusern zu arbaiten, der ührlein, compaß und instrument halben, diselben aufs kupfer vergulden ze lassen, umbsehen thun wöllen. Doch das er nit messing darzu geprauchen sol".[51]

[44] Ebd., Bd. 2, Nr. 209.

[45] Ebd., Nr. 2871.

[46] Reinhard Seyboth, Aufbau eines Territoriums. Die Hohenzollern in Franken und ihre Nachbarn, in: Johannes Erichsen/ Evamaria Brockhoff (Hg.), Bayern & Preußen & Bayerns Preußen. Schlaglichter auf eine historische Beziehung (Veröffentlichungen zur Bayerischen Geschichte und Kultur 41/99), Augsburg 1999, S. 21–29.

[47] Theodor Hampe (Hg.), Nürnberger Ratsverlässe (wie Anm. 15), Bd. 1, Nr. 2604.

[48] Ebd., Nr. 3011.

[49] Heinrich Lunardi, Neunhundert Jahre Nürnberg, sechshundert Jahre Nürnberger Uhren, Wien 1974.

[50] Am Beispiel der optischen Instrumente und der Werkstatt Johann Wiesels beispielhaft bearbeitet: Inge Keil, Augustanus Opticus, Johann Wiesel (1583–1662) und 200 Jahre optisches Handwerk in Augsburg (Colloquia Augustana 12), Berlin 2000, S. 99–150.

[51] Theodor Hampe (Hg), Nürnberger Ratsverlässe (wie Anm. 15), Bd. 1, Nr. 2808.

Erfolge im Export und Nürnberger Wirtschaftsinteressen auf dem Augsburger Kunstmarkt ziehen bilaterale Vernetzungen nach sich. So gestatten die Nürnberger Räte Augsburger Bürgern in ihrer Stadt ungehindert Waren feilzubieten, die offenbar von heimischen Meistern und Gesellen noch nicht produziert wurden. 1550 durfte der schwäbische Briefmaler Hans Adam „die zu Augspurg getruckt vierfiessig tauben" ungehindert am Nürnberger Markt verkaufen.[52] Freilich mußten die Geschäfte gemäß den Nürnberger Ratsdekreten und den Reichsgesetzen abgeschlossen werden. Hierzu zählten im Markte für Bücher, Stiche und Veduten insbesondere die regionalen und überregionalen Zensurbestimmungen.[53] 1535 mußte der Rat zu Nürnberg nach Augsburg schreiben, „was Hanns Guldenmund ires bürgers Hansen Schwarzpergers halben, nemlich das er 9 büchlin mit schendtlichen gemeln alher zu verkauffen geschickt, angezeigt, und also erkundigen, ob des Guldenmunds anzeig die warheit sey oder nit."[54]

Ein weiterer, nicht hoch genug einzuschätzender Faktor für den Transfer von Kunst- und gewerblicher Fertigungstradition blieben die Wanderjahre im Handwerk. Die Zünfte achteten auf die strikte Einhaltung der verordneten Wanderschaft und eine vorzeitige Rückkehr zum Heimatort war unter Androhung harter Strafen verboten. Dies förderte langfristig Flexibilität und die Mobilität am Arbeitsmarkt, so daß es durchaus berechtigt erscheint, die Wanderschaft als „Hochschule des Handwerks" zu bezeichnen.[55] Insbesondere große Reichsstädte wie Nürnberg und Augsburg profitierten davon, konzentrierten sich doch manche Handwerke wie die Goldschmiede oder die Buchbinder zunehmend auf die größeren Städte. Andererseits wurde häufig auch die finanzielle Unterstützung dieser kleineren Handwerke mit weiten Wanderwegen notwendig, die sich als „geschenkte" Handwerke – für die Gesellen wurde das „Geschenk" verbindlich – nicht selten in die Register der reichsstädtischen Straf- und Schuldbücher eintragen ließen. Normverstöße gegen das städtische Policeyrecht[56]

---

[52] Ebd., Nr. 3262.

[53] Ulrich Eisenhardt, Die kaiserliche Aufsicht über Buchdruck, Buchhandel und Presse im Heiligen Römischen Reich Deutscher Nation (1496–1806). Ein Beitrag zur Geschichte der Bücher- und Pressezensur (Studien und Quellen zur Geschichte des Deutschen Verfassungsrechts A/3), Karlsruhe 1970; Arnd Müller, Zensurpolitik der Reichsstadt Nürnberg. Von der Einführung der Buchdruckerkunst bis zum Ende der Reichsstadtzeit, in: MVGN 49, 1959, S. 66–169; Wolfgang Wüst, Censur als Stütze von Staat und Kirche in der Frühmoderne. Augsburg, Bayern, Kurmainz und Württemberg im Vergleich. Einführung-Zeittafel-Dokumente (Schriften der Philosophischen Fakultäten der Universität Augsburg 57), München 1998.

[54] Theodor Hampe (Hg.), Nürnberger Ratsverlässe (wie Anm. 15), Bd. 1, Nr. 2113.

[55] Vgl. hierzu: Rudolf Wissell, Des alten Handwerks Recht und Gewohnheit, 2 Bde. (Einzelveröffentlichungen der Historischen Kommission, Berlin, West), Berlin 1929. Eine zweite verbesserte Auflage in 6 Bänden, hg. v. Ernst Schraepler, erschien in Berlin 1971/88.

[56] Klaus J. Bade, Altes Handwerk. Wanderzwang und Gute Polizey: Gesellenwanderung zwischen Zunftökonomie und Gewerbereform, in: Vierteljahrschrift für Sozial- und Wirtschaftsgeschichte 69,1982, S. 1–37; Zur Entwicklung im 19./20. Jahrhundert: Ders. (Hg.), Auswanderer – Wanderarbeiter – Gastarbeiter: Bevölkerung, Arbeitsmarkt und Wanderung in Deutschland seit der Mitte des 19. Jahrhunderts. Referate und Diskussionsbeiträge des Internationalen Wissenschaftlichen Symposiums „Vom Auswanderungsland zum Einwanderungsland?" an der Akademie für Politische Bildung in Tutzing, Ostfildern 1982.

durch wandernde Gesellen resultierten dann meist aus hoher Verschuldung; jedenfalls kooperierten Augsburg und Nürnberg bei der notwendigen Klärung auf der Schatten-seite des spätmittelalterlichen und frühmodernen Wissens-, Kunst- und Wirt-schaftstransfers bereitwillig. 1601 berichtete der Nürnberger Rat wie so oft nach Augsburg, als es um Schuldtilgungen ging. Diesmal handelte es sich um ausstehende Gelder des aus Lindau stammenden Messerschmiedgesellen Hanß Überreüter, die für Augsburger Kläger in Nürnberg eingetrieben werden sollten. Doch die Mobilität eil-te dabei den Vollzugsorganen voraus. „Ehe aber solche zeit gar zum end geloffen, hab er bey dem handtwerckh alhie erlaubnus genomen, nacher Leipzig zueziehen, mit fürgebung, das er vorhabens daselbst in die maisterstueckh zusitzen, vnd sich alda heüßlich anzurichten, hette yedoch darneben zuegesagt vnd versprochen, das geldt so er schuldig, von Leipzig auß nach Augspurg zuschickhen, also daz wir seiner ab-wesenheit halben nichts gegen ihme verfüegen können. Dieweil er aber seinen zuesagen vnd angeloben nicht nachkommen, so werden ewer f. bügere deß messer-schmidt handtwerckhs ihne zu Leipzig darumb zu finden wissen. Welches wir ewer f. zu bericht der sachen nicht verhallten sollen, vndt seyen denselben zu angenemen freündlichen diensten willig."[57] Dies war kein Ausnahmefall, sondern zumindest jähr-lich wiederkehrende Rechtspraxis zwischen den größeren Reichsstädten im Einzugs-bereich des Alten Handwerks. Im Vorjahr 1600 hatte sich zwischen Nürnberg und Augsburg ähnliches ereignet, wobei auch die damals unterschiedlichen Ratskalender der rechtlichen Kooperation keinen Abbruch taten. „Besonders lieben vnd gueten freund, ewer f. schreiben den 10. januar [1600] stylo novo datirt, haben wir den 5. eiusdem alten calenders wolempfangen, vnd daraus verstanden, wazmassen ewer f. vnsern verpflichten burger Hannsen Fuchßen goldtziehern, vngeacht ihres vorigen zueschreibens vnd sein Fuchsen gethonen angelobens, daz er sich in 14 tagen bay vnß alhie wiedereinstellen solte, auff ihres burgers Hotzens anrueffen von wegen 80 fl. angegebener schuldten, so Fuchs ihme Hotzen schuldig sein solle, biß zu derselben vergüetung oder gebüerlicher versicherung von neüem auffhallten lassen. Welches wir vnserm burger Friderich Heldten auff dessen anrueffen der Fuchs citirt wordten, fürhallten lassen. Der hat vnß sein weitere notturfft vnd beschwerung darauf über-geben, wie ewer f. auß dem beyschluß mit mehrerm zu vernehmen" wissen.[58]

Verfuhr man in Nürnberg mit Aufenthalts- und Verkaufsgesuchen für Augsburger Zunftleute großzügig, so konnte dies auch dem Austausch technischer oder organisa-torischer Neuerungen dienlich sein. Reichsstädtische Innovation basierte so sicher zum Teil auf dem Öffnen des eigenen Markts für neue Produkte und Fremde. 1545 vergaß der Nürnberger Rat nicht, den Augsburgern auch „den articl aus der gold-schmid ordnung des *flinderlemachens* halben ein[zu]schlissen mit anzeig, das die goldschmid hie nit pflegen ze machen, darumbs dan frey gelassen, dweils merteils von frombden landen komen, das auch ander ausserhalb der goldschmid machen mögen, doch auf die gepürlich schau."[59] Gegenseitiger Wissenstransfer bewährte sich

[57] StaatsA Nürnberg, Reichsstadt Nürnberg, Briefbücher Nr. 220, 1601 I 3–1601 XII 29, fol. 63v, 64r, Bericht vom 17.3. 1601.

[58] Ebd., Nr. 219, 1600 I 14–1600 XII 24, fol. 22r, Schreiben vom 25.1. 1602 .

[59] Ebd., Nr. 2897.

über längere Zeiträume als Mittel zur handwerklichen Normierung und zur Schlichtung innerstädtischer Auseinandersetzungen. So bat Augsburg die Nürnberger noch im Jahr 1700 um Rat bei der Schlichtung eines Konflikts zwischen Goldschmieden und der neuen Berugsgruppe städtischer „messing schröter". Der Nürnberger Rat antwortete nach Rücksprache mit seinen Geschworenen zum Handwerk: „das ihnen zwar nicht bekant seye, was die meßing schröter vor leut weren, weil man dergleichen alhier [zu Nürnberg] nicht antreffen würde, so viel aber kupferne oder maßene versilbert oder vergült arbeit anbelange, seye deßwegen bey dem in abschrifft hiebey gehenden 26 articul ihrer ordnung genugsame vorsehung geschehen".[60] Manches, was an technischen und organisatorischen Neuerungen in die Stadt kam, gefährdete aber auch die innere Ordnung. Vor dem Nürnberger Ruggericht, dessen fünf Rugherren dem Inneren Rat zugehörten, beriefen sich jedenfalls beklagte Bürger und Handwerksmeister auf Augsburger Recht und Gebrauch.[61] 1621 verklagten die Münzdeputierten und Rugherren die Münzmeister Jörg und Hannß Petzolt des „auffwexeln und schmelzen der müntz betreffent" an. Sie hätten wider die Münzordnung Goldschläger und einen eigenen Silberschmelzer und -abtreiber in ihre Dienste genommen, ohne den Rat davon in Kenntnis zu setzen. „Und nachdem auch Herr Hannß Petzolt vorgeben, das das auffwexeln und schmelzen der münzsorten zu Augspurg noch viel gemainer sey alß hie, soll man deßwegen einen bericht von ime auffzeichnen und räthig werden, ob man deßwegen an den rath zu Augspurg schreiben wolle. Belangend aber die goldschlager, weil ihnen das schmelzen der müntz nitt wie den goldschmiden zugelassen, soll man diejenige, die sich dessen und zwar übermessig gebraucht, yeden 2 oder 3 tag mitt dem thurn straffen und ihnen hinfüro das brechen und schmelzen der müntz allerdings verpieten und ihnen anzeigen, sie sollen in ander weg nach silber und gold, so viel sie zu ihrem handwerck bedürfftig, trachten."[62] Noch im selben Jahr fügten sich die Nürnberger in Sachen Münzherstellung dem Augsburger Modell, weil man Nachricht hatte, daß der „rath zu Augspurg verpotten, keine unvergulte arbeit [Münzen aus nicht genehmigter Herstellung] ohne vorwissen aus der statt zu führen, soll man durch ein schreiben gedachten rath ersuchen, meinen herren solche ordnung zu communiciren, dieselbe widerbringen, räthig zu werden, ob man dergleichen decret alhie auch publiciren lassen wolle."[63]

2. Restriktion, Monopole und Auftragslage

Keiner der wirklich bedeutenden Repräsentanten des Nürnberger oder Augsburger Kunst- und Wirtschaftslebens konnte sich darauf verlassen, daß seine Auftragsbücher exklusiv durch den städtischen Rat vollgeschrieben worden wären. Wählen wir als Beispiele die Stadtwerkmeister, deren Dienstverträge ein besonderes Vertrauensverhältnis und Verantwortungsbewußtsein zum Rat zum Ausdruck bringen, so konterkarrieren auswärtige Aufträge immer wieder den heimischen Baumarkt. Hans

---

[60] Ebd., Nr. 328, Schreiben vom 16.5.1700.
[61] Quellennachweise in: StadtA Nürnberg, B 11, Nr. 145, fol. 90, 179–283 und Nr. 146, fol. 130–140.
[62] Theodor Hampe (Hg.), Nürnberger Ratsverlässe (wie Anm. 15), Bd. 2, Nr. 3027.
[63] Ebd., Bd. 2, Nr. 3032.

Beheim d.Ä. (1455/60–1538)[64], der in Ulm geborene und über Sulzbach (Oberpfalz) 1490 nach Nürnberg zugewanderte Steinmetz und Werkmeister erfüllte vielleicht wie kein anderer die Vorgaben der Räte, Bürger und örtlichen Pfarreien zur Entwicklung des städtischen Bauwesens. Das Unschlitthaus, die Kaiserstallung, Untere Waage, Mauthalle, Heilig-Geist-Spital und die Fassade des Alten Rathauses legen als öffentliche Gebäude davon ebenso steinernes Zeugnis ab wie die Landauer- und Holzschuherkapelle als kirchliche Gebäude oder der *Historische Hof* in der Tucherstraße und der Welserhof als Profanbauten mit bürgerlichen Auftraggebern. 1490/91 mit ersten großen Aufträgen betraut, verlängerte 1500 der Rat zunächst seinen Dienstvertrag um zehn Jahre, um ihm bereits 1503 die Leitung des gesamten reichsstädtischen Bauwesens auf unbestimmte Zeit zu übertragen. 1520 zog Beheim mit weitgehenden Vollmachten gegenüber den Baumeistern als *Genannter* selbst in den Größeren Rat ein. Dennoch machten Bauaufträge Beheim weit außerhalb der Grenzen des Nürnberger Territoriums bekannt. Mit ausdrücklicher Zustimmung des Nürnberger Rats engagierte er sich in den Reichsstädten Augsburg, Regensburg und Ulm, in den Grafschaften Mansfeld und Hanau und in der Residenzstadt Ansbach.[65]

Nicht selten traten Nürnberger und Augsburger Werkmeister in direkte Konkurrenz oder in Kohärenz zueinander, indem sie ihre jeweiligen Ressourcen bündelten und wechselseitig abglichen. Für das 1607 in einem großen Brand zerstörte Schloß Schwarzenberg bei Scheinfeld – es wurden „alle zimmer vndt gemach gantz bis vnden auß" zerstört – erhielt der Augsburger Baumeister Elias Holl (1573–1646)[66] Bauaufträge. Daneben finden sich auch die Nürnberger Stadtbaumeister Jakob Wolff d.Ä. (ca. 1546–1612) und dessen gleichnamiger Sohn Wolff d.J. (1571–1620) ein.[67] Sie arbeiteten dort offenbar Hand in Hand, so daß die Bauforschung bis heute deren Anteil nicht klar trennen kann.[68] Als wenige Jahre später der Augsburger Holl 1609/10 im Auftrag des Eichstätter Fürstbischofs Johann Conrad v. Gemmingen an der repräsentativen und grundlegenden Umgestaltung der Willibaldsburg maßgeblich mitwirkte, finden sich auf der Baustelle gleichzeitig auch andere Meister ein, darunter einer aus dem Nürnberger Hause Wolff.

3. Die geteilte Macht. Firmenkontakte zwischen Augsburg und Nürnberg

Die Beziehungen zweier reichsstädtischer Wirtschafts- und Kunstzentren fußten zunächst, wie sich zeigte, auf intensiven Ratskontakten von Stadt zu Stadt. Daneben bestand aber selbstverständlich auch ein reger Informationsaustausch zwischen frühmodernen Kapital- und Handelsgesellschaften, der allerdings für das hier abzu-

---

[64] Christa Schaper, Studien zur Geschichte der Baumeisterfamilie Behaim, in: MVGN 48, 1958, S. 125–182; Dies., Die Beheim: eine Geschütz- und Glockengießerfamilie in Nürnberg, 1350–1600, in: MVGN 51, 1962, S. 160–213 .

[65] Ernst Eichhorn, Hans Beheim d.Ä.: Nürnbergs Stadtbaumeister der Dürerzeit, München 1990.

[66] Bernd Roeck, Elias Holl. Architekt einer europäischen Stadt, Regensburg 1985, S. 119, 125.

[67] Wilhelm Schwemmer, Jakob Wolf der Ältere (ca. 1546–1612) und der Jüngere (1572–1620), in: Fränkische Lebensbilder. Neue Folge der Lebensläufe aus Franken (Veröffentlichungen der Gesellschaft für Fränkische Geschichte VII A/ 3), Neustadt a.d. Aisch 1969, S. 194–213.

[68] Ferdinand Andraschko, Schloß Schwarzenberg im Wandel der Zeiten. Ein Beitrag zu seiner Geschichte, Neustadt a.d. Aisch ²1967, S. 36.

grenzende Interessenfeld Augsburgs und Nürnbergs noch nicht hinreichend untersucht worden ist. Wie rasch sich bei reichsstädtischen Firmen des 15. Jahrhunderts, deren Unternehmungen sich neben dem traditionellen Warenhandel auch zunehmend auf die Darlehens- und Kreditgeschäfte einerseits aber bisweilen auch auf ein humanistisch begründetes Mäzenatentum für Kunst- und Kultur (Markus Welser 1558–1614) verlagerten, zeigt das Beispiel Welser-Gesellschaft. Lassen wir hier die Kontakte der Welser mit der Memminger Gesellschaft der Vöhlin[69] außer Betracht, so ergeben sich zwischen der Augsburger Zentrale und der Nürnberger Faktorei permanente Kontakte, die wir wegen fehlender Gesellschafterverträge nicht immer zuverlässig als Kooperation oder als Konkurrenz evaluieren können. 1517 schieden nach heftigen Auseinandersetzungen mehrere Teilhaber aus; darunter der jüngere Bruder des Begründers der Welser-Vöhlin-Gesellschaft, Jakob I. Welser (1468–1541), der seit 1493 die Nürnberger Faktorei geleitet hatte, um dort mit seinen Söhnen eine eigene Gesellschaft zu gründen. Die Tätigkeiten der Nürnberger Gesellschaft blieb mit Augsburg eng verwoben. Einer der Söhne des Nürnberger Gründers, Hans Welser (1497–1559), zog nach seiner Heirat auch wieder nach Augsburg, ohne seine Beteiligung am Nürnberger Handelshaus aufzugeben. Dennoch profilierte sich der Nürnberger Zweig in eigener Sache regional wie überregional innerhalb der Firma, Nürnberger Welser engagierten sich insbesondere im Zinn- und Kupferbergbau Böhmens und Thüringens und seit dem 16. Jahrhundert verstärkt generell im Gewürz-, insbesondere aber im Safranhandel.[70] Die Ratskorrespondenz bestätigte in diesem Bereich Nürnbergs Führungsrolle. 1534 antwortet der Augsburger Rat „an die von Nürmberg": „Eur [...] freuntlich schreiben, etlicher Catholonischer [Katalanischer] saffran halben, so in E. F. statt Nürmberg auf die schaw kumen, darynn derselben geschworn schawer was geferlichs, vnd für nemlich schwalzig buzen vrfunden, haben wir alles seins ynnhalts zu hohem danncke vernomen, auch sollichs vnnsern gewerbenden vnd handthierenden kauflewten fürhalten lassen. [...] Wie wir auch hiemit freuntlich bitten, das E.F. [Weyßhait] ain schrifft an die herrschafft inn Catholonien zu abwenndung sollichs beschwerlichen betrugs vnd geuerde begreiffen vnnd verfertigen liessen[71], vnnd vns dauon ain copej zusennden wöllen".[72]

Die konkurrierenden Gewichte zwischen Nürnberg und Augsburg konnten sich im frühmodernen Firmenwesen rasch verschieben. Reinhard Hildebrandt hat in einer vergleichenden Untersuchung zum Augsburger und Nürnberger Kupferhandel im 16. Jahrhundert gezeigt, daß die Augsburger Unternehmer die ursprünglich auf diesem Gebiet dominierenden Nürnberger in der ersten Hälfte des 16. Jahrhunderts nicht nur ein-, sondern weit überholen konnten. Die Augsburger sicherten sich nicht nur

[69] Mark Häberlein, Die Welser-Vöhlin-Gesellschaft: Fernhandel, Familienbeziehungen und sozialer Status an der Wende vom Mittelalter zur Neuzeit, in: Wolfgang Jahn/Josef Kirmeier/Thomas Berger/ Evamaria Brockhoff (Hg.), „Geld und Glaube". Leben in evangelischen Reichsstädten (Veröffentlichungen zur Bayerischen Geschichte und Kultur 37/98), München 1998, S. 17–37.

[70] Hermann Kellenbenz, Nürnberger Safranhändler in Spanien, in: Ders. (Hg.), Fremde Kaufleute auf der Iberischen Halbinsel, Köln/ Wien 1970, S. 197–225.

[71] Die letzten drei Worte sind im Konzept gestrichen.

[72] StadtA Augsburg, Reichsstadt, Reichsstadtakten (Geheimer Rat), Nr. 557, Konzept für Nürnberg vom 1. 5. 1534.

eine beherrschende Stellung im Vertrieb von alpenländischen und oberungarischen Montanerzeugnissen, sondern drangen um die Mitte des Jahrhunderts sogar in eine der Domänen des Nürnberger Metallhandels, in das Mansfelder Kupferrevier, ein. Die Haug-Langnauer-Linck-Gesellschaft und die Firma Matthäus Manlichs spielten in diesem Prozeß eine wichtige Rolle. Die gewaltigen Kapitalien, die der europäische Bergbau und Metallhandel um die Mitte des 16. Jahrhunderts vor allem aufgrund der nötigen Betriebsmittelvorschüsse und Darlehen an die Landesherren erforderte, zwangen die Handelsgesellschaften nicht nur zur vermehrten Aufnahme von Fremdmitteln, sondern auch zum Abbau anderer, weniger lukrativer Geschäftszweige.[73]

Zur Wegbereitung der Firmeninteressen bedurfte es aber immer wieder gemeinsamer politischer Initiativen seitens der Räte, die aber den harten Marktwettbewerb letztlich kaum verändern konnten. Während der Regierungsjahre Ludwigs XIV. (1643–1715) beteiligte sich z.B. Augsburg neben Nürnberg, Frankfurt, Ulm und Straßburg an den bis 1738 erfolglosen Bemühungen, vom französischen König eine Bestätigung der Privilegien von 1515 für den Frankreichhandel reichsstädtischer Firmen zu erlangen. 1656 wurde die Zahl der auch ohne Privilegien nach Frankreich, insbesondere nach Lyon, „handtierenden" Augsburger Kaufleute trotzdem mit vier bis fünf angegeben. Nürnberg wurde dabei als Geldplatz so überrundet, daß die Leitung des dortigen *bancho publico* 1665 ernsthafte Überlegungen anstellte, wie der Abwanderung von Zahlungen nach Augsburg vorgebeugt werden könnte.[74]

Neben den noch nicht geklärten Fragen nach konkurrierenden Handelssektionen ist auch das Problem hinsichtlich des stadtspezifischen wirtschaftlichen Einzugsgebiets über ein protoindustrielles Produktionsnetz im Verlagssystem noch nicht abschließend geklärt. Selbst für die gut untersuchte reichsstädtische Textilfertigung Augsburgs im 16. Jahrhundert ist die Frage der Gewichtung des Einflusses zwischen Rats- und Firmeninteressen noch nicht abschließend geklärt. Ausgangspunkt der Kontroverse waren die Ergebnisse von Claus-Peter Clasens über die Augsburger Weber um 1600, wonach sich dort ein Verlagssystem „in den Jahrzehnten vor dem Dreißigjährigen Kriege nicht voll entfalten" konnte. Clasen zufolge zielte die Wirtschaftspolitik des Augsburger Rates darauf ab, „die Unabhängigkeit des einzelnen Meisters zu wahren." Obrigkeitliche Maßnahmen wie die Begrenzung der Höhe der Weberschulden auf 10 Gulden (1582) bzw. 15 Gulden, das Verbot, Baumwolle mit Tuchen anstatt mit Bargeld zu bezahlen, und die Einrichtung eines städtischen Pfandgewölbes „verhinderten die Ausbildung des Verlagssystems in der im Vergleich zu Nürnberg weit bedeutenderen Weberstadt in der zweiten Hälfte des 16. Jahrhunderts."[75] Dem widersprachen zunächst Rolf Kießling und Rudolf Holbach, die das

---

[73] Reinhard Hildebrandt, Augsburger und Nürnberger Kupferhandel 1500–1619. Produktion, Marktanteile und Finanzierung im Vergleich zweier Städte und ihrer wirtschaftlichen Führungsschicht, in: Hermann Kellenbenz (Hg.), Schwerpunkte der Kupferproduktion und des Kupferhandels in Europa 1500–1650 (Kölner Kolloquien zur internationalen Sozial- und Wirtschaftsgeschichte 3), Köln/Wien 1977, S. 190–224.

[74] Wolfgang Zorn, Handels- und Industriegeschichte Bayerisch-Schwabens 1648–1870 (Veröffentlichungen der Schwäbischen Forschungsgemeinschaft 1/6), Augsburg 1961, S. 14 f.

[75] Claus-Peter Clasen, Die Augsburger Weber. Leistungen und Krisen des Textilgewerbes um 1600 (Abhandlungen zur Geschichte der Stadt Augsburg 27), Augsburg 1981, S. 330–332.

Verlagssystem im reichstädtischen Umfeld als gängige Praxis darstellten.[76] Zuletzt differenzierte auch Mark Häberlein mit neuen Quellen zu den Schuldprozessen Augsburger Firmen das Bild.[77] Für Nürnberg gelten in anderen Wirtschafts- und Kunstproduktionsfeldern ähnliche Unsicherheiten, womit sich der direkte Vergleich zweier Reichsstädte auch als ein Mit- und Gegeneinander zweier (Verlags)regionen darstellt. Dabei war es, wirtschaftlich und marktpolitisch gesehen, nicht von großer Bedeutung, daß sich in Nürnberg – im Gegensatz zu Augsburg – ein beachtliches reichsstädtisches Landgebiet ausbilden konnte. Reichsstädtische Bannmeilen sorgten auch ohne Landterritorium für direkte Einflußnahme der Firmen, der Ämter und der städtischen Ratsoligarchien extra muros.

Ergebnisse

Ziehen wir am Ende Bilanz. Das Verhältnis der beiden Reichsstädte Nürnberg und Augsburg im Wettstreit um die Kunst- und Wirtschaftsmärkte in Europa zwischen dem 15. und 18. Jahrhundert konnte nicht spannungsfrei verlaufen. Indirekt erfahren wir über das wechselseitige „Hauen und Stechen" der reichsstädtischen Zunftorganisationen, einzelner Bürger und Firmen – weniger durch die vermittelnde Tätigkeit der Ratsgremien – aus den Protokollen (*Urgichten, Urfehden*) und Strafbüchern der weltlichen Gerichte, d.h. konkret aus dem Nürnberger Rugamt und -gericht[78] (seit 1470) bzw. aus seinem Augsburger Pendant, dem Handwerkergericht und dem allgemeinen Strafamt (seit 1496).[79] Vieles deutet sich dort bereits an, was man durch zivil- und strafrechtliche Detailstudien weiter klären müßte. So zeigte der Nürnberger Goldschmied Heinrich von der Bruck 1609 den Rugherren an, ob man „wegen deß im loch verhafften [Händlers] Jonas Falcken aydlich hören, auch angedeute kunthschafft von Augsburg erwarten und widerbringen" solle.[80] Dieser sich im Prozeßrecht wiederfindende Gegensatz der beiden Städte um Aufträge, Quantität und Qualität der handwerklicher Produktion und Handelsanteile zeigte auch äußerlich eine konkurrierende Komponente, die selbst so manchen Reisenden und Korrespondenzpartner Anlaß zu Reflexionen gab. 1615 bittet Herzog August d.J. von Braunschweig-Lüneburg den Augsburger Kunstagenten Philipp Hainhofer[81] um Rat, wo es denn die bes-

---

[76] Rudolf Holbach, Frühformen von Verlag und Großbetrieb in der gewerblichen Produktion (13.–16. Jahrhundert) (Vierteljahrschrift für Sozial- und Wirtschaftsgeschichte, Beiheft 110), Stuttgart 1994, S. 188–190.

[77] Mark Häberlein, Weber und Kaufleute im 16. Jahrhundert: Zur Problematik des Verlagswesens in der Reichsstadt Augsburg, in: Zeitschrift des Historischen Vereins Schwaben (künftig: ZHVS) 91, 1998, S. 43–56.

[78] Zur Überlieferung: StadtA Nürnberg, B 11, Nr. 145, 146; B 12. Vgl. außerdem immer noch: Johann H. Häßlein, Actenmäßige Widerlegung, der in verschiedenen Journalen und Schriften dem Rugs-Amt in Nürnberg gemachten ungegründeten Beschuldigungen, Nürnberg 1789.

[79] Carl A. Hoffmann, Strukturen und Quellen des Augsburger reichsstädtischen Strafgerichtswesens in der ersten Hälfte des 16. Jahrhunderts, in: ZHVS 88, 1995, S. 57–108.

[80] Theodor Hampe (Hg.), Nürnberger Ratsverlässe (wie Anm. 15), Bd. 2, Nr. 2295.

[81] Hans-Olof Boström, Philipp Hainhofer als Vermittler von Luxusgütern zwischen Augsburg und Wolfenbüttel, in: Jochen Brüning/ Friedrich Niewöhner (Hg.), Augsburg in der Frühen Neuzeit. Beiträge zu einem Forschungsprogramm (Colloquia Augustana 1), Berlin 1995, S. 140–157.

seren Kutschen zu kaufen gäbe? „Ferners möchte ich wol von euch verstendiget seyn, weyl ich vorhabens bin, meiner gemahlin, einen gutzschwagen verfertigen zu lassen, ob derselbe besser zu Nurnberg, dan zu Augsburg könne gemachet werden".[82] Dieses eine Mal war es zwar klar, daß sich Hainhofer für Augsburg entscheiden würde – ein Kutschwagen. daß er „gleichwol fein gemachet werde, das man sagen könne, ess sey Augspurger – doch spiegelt die Anfrage ein konkurrierendes System generell wider, womit sich eine unilaterale Marktbeherrschung oder eine handelspolitische Dominanz ausschließen. Die vielfach offene Bewertung drückte sich auch 1662 in einem Brief Jean Baptist Colberts aus, der über Vermittlung seines Bruders eine „Spielzeug-Armée" für den eben erst geborenen französischen „Grand Dauphin" bestellte. Er wendet sich an seinen im Elsaß weilenden Bruder Charles mit der inständigen Bitte, „bei der Erwerbung von allerlei kleiner Kriegsrüstung [de ces petits armements], als Kanonen, Infanteristen und Reitern, zur Benutzung für den Dauphin Louis bei den tüchtigsten Meistern Augsburgs und Nürnbergs zur hand zu gehen."[83] Der aus Paris stammende Arzt Charles Patin steuerte 1673 in seinen Reiseberichten *Quatre relations historiques* zum Städtevergleich in fremd wahrnehmender Perspektive ein weiteres Urteil bei: „ Ich gelangte nach Nürnberg, einer Stadt, die es verdient, daß sie in solchem Ansehen steht. Geben Sie, Herr Herzog, Nürnberg oder Augsburg den Vorzug? Beide überragen alle anderen deutschen Städte an Schönheit, Größe und Sauberkeit, Zustrom des Volkes und Pracht der Baulichkeiten. Der Markgraf von Durlach, der beide kennt, findet Augsburg an einigen Stellen schöner, aber er sagt, Nürnberg ist ÜBERALL schön."[84] Das Mit- und Gegeneinander großer Reichsstädte ist zeitlich und örtlich sehr differenziert zu sehen. Tendenzen, die z.B. für den metall-verarbeitenden Sektor ein Prä für Nürnberg signalisieren, können im Textilgewerbe in umgedrehter Reihenfolge Gültigkeit haben. Diesem extern-äußerlichen Bild konkurrierender reichsstädtischer Märkte (Außenperspektive) – ihr Wachstum sprengte im übrigen auch die enge städtebauliche Begrenzung mittelalterlich tradierter Märkte als zentraler Sonderbezirke[85] – steht ein innerstädtisches Verhältnis zwischen Augsburg und Nürnberg (Innenperspektive) entgegen, das auf der Basis institutionalisierter Boten- und Postkontakte zuverlässige Nachrichtennetze für Bürger, Räte und Kaufleute entwickelte, das Konkurrenz nicht ausschloß, aber primär der Kooperation und Kommunikation diente. Die mentalitätsgeschichtliche Ebene des direkten Städtevergleichs, die als Folge der Ausprägung von Identitäten und Stereotypen das Bild der jeweils anderen Handelsstadt prägte, konnte aus den Ratsquellen kaum ange-

---

[82] Zitiert nach: Ronald Gobiet (Bearb.), Der Briefwechsel zwischen Philipp Hainhofer und Herzog August d.J. von Braunschweig-Lüneburg, München 1984, S. 120, 134.

[83] Zitiert nach Theodor Hampe, Der Zinnsoldat. Ein deutsches Spielzeug, Berlin 1924, S. 30 (Verweis auf die französische Quelle, S. 107).

[84] Hildebrand Dussler (Hg.), Reisen und Reisende in Bayerisch Schwaben (Veröffentlichungen der Schwäbischen Forschungsgemeinschaft 6/1), Weißenhorn 1968, S. 183.

[85] Als vergleichende städtebauliche Studie mit Berücksichtigung der Reichsstädte: Martina Stercken, Begrenzungen des Marktgebietes in der mittelalterlichen Stadt, in: Stadt- und Landmauern (Abgrenzungen-Ausgrenzungen in der Stadt und um die Stadt 3), Zürich 1999, S. 71–84.

sprochen werden. Sie bedarf ergänzender *privater* Überlieferung und des interdiszi-plinären Fachgesprächs, um das *Bild vom Anderen*[86] in Sachen Marktstrategie und Marktabgrenzung auch landschaftlich, klassen- und bevölkerungsspezifisch (ethnisch?) deuten zu können.

---

[86] Valeria Heuberger / Arnold Suppan / Elisabeth Vyslonzil (Hg.), Das Bild vom Anderen. Identitäten, Mentalitäten, Mythen und Stereotypen in multiethnischen europäischen Regionen, Frankfurt/M. u.a. 1998.

Alexander J e n d o r f f

Katholische Kirchenzucht und geistliche Gerichtsbarkeit im Erzstift Mainz im Konfessionellen Zeitalter: das Geistliche Kommissariat Aschaffenburg

Konfessionalisierung und Disziplinierung sind in der wissenschaftlichen Diskussion seit mehreren Jahrzehnten unverzichtbare Begriffe geworden, um die Entwicklungs- und Wandlungsprozesse der alteuropäischen Gesellschaften zu beschreiben.[1] Dabei sind sie selbst umstritten. Insbesondere die Frage, inwiefern die Beeinflussung von Verhalten obrigkeitlichem Druck – also der Fremdkontrolle – entsprach oder nicht vielmehr auf sozialer Selbstregulierung durch die Nachbarschaft beruhte,[2] stellt einen kontroversen Diskussionsgegenstand dar.[3] Von besonderer Bedeutung erscheint dabei die Integrationsfähigkeit und Interdisziplinarität der Disziplinierungsfor-

---

[1] Aus der Vielzahl von Titeln zur frühneuzeitlichen Sozialdisziplinierung und Konfessionalisierung nenne ich nur: Winfried Schulze, Gerhard Oestreichs Begriffs „Sozialdisziplinierung in der Frühen Neuzeit", in: Zeitschrift für Historische Forschung 14, 1987, S. 265–302; Paul Münch, Zucht und Ordnung. Reformierte Kirchenverfassung im 16. und 17. Jahrhundert (Nassau-Dillenburg, Kurpfalz, Hessen-Kassel) (Spätmittelalter und Frühe Neuzeit 3), Stuttgart 1978; Heinrich Richard Schmidt, Konfessionalisierung im 16. Jahrhundert (Enzyklopädie Deutscher Geschichte 12), München 1992; Heinz Schilling, „Geschichte der Sünde" oder „Geschichte des Verbrechens"? Überlegungen zur Gesellschaftsgeschichte der frühneuzeitlichen Kirchenzucht, in: Annali dell'Instituto storico italo-germanico in Trento 12, 1986, S. 169–192; Heinz Schilling, Die Kirchenzucht im frühneuzeitlichen Europa in interkonfessionell vergleichender und interdisziplinärer Perspektive – eine Zwischenbilanz, in: ders. (Hg.), Kirchenzucht und Sozialdisziplinierung im frühneuzeitlichen Europa (Mit einer Auswahlbibliographie) (Zeitschrift für Historische Forschung Beiheft 16), Berlin 1994, S. 11–40; Heinz Schilling, Die Konfessionalisierung von Kirche, Staat und Gesellschaft – Profil, Leistung, Defizite und Perspektiven eines geschichtswissenschaftlichen Paradigmas, in: Wolfgang Reinhard/Heinz Schilling, Die katholische Konfessionalisierung. Wissenschaftliches Symposion der Gesellschaft zur Herausgabe des Corpus Catholicorum und des Vereins für Reformationsgeschichte (Schriften des Vereins für Reformationsgeschichte 198), Gütersloh 1995, S. 1–49.

[2] Cf. Heinrich Richard Schmidt, Schmidt, Sozialdisziplinierung? Ein Plädoyer für das Ende des Etatismus in der Konfessionalisierungsforschung, in: Historische Zeitschrift 265, 1997, S. 639–682; Heinrich Richard Schmidt, Emden est partout. Vers un modèle interactif de la confessionalisation, in: Francia 26/2, 1999, S. 23–45; Martin Dinges, Rez. von H. Schilling (Hg.), Kirchenzucht und Sozialdisziplinierung im frühneuzeitlichen Europa (ZHF Beiheft 16), Berlin 1994, in: Ius Commune 22, 1995, S. 393–395. Cf. ebenso die Replik: Heinz Schilling, Disziplinierung oder „Selbstregulierung der Untertanen"? Ein Plädoyer für die Doppelperspektive von Makro- und Mikrohistorie bei der Erforschung der frühmodernen Kirchenzucht, in: Historische Zeitschrift 264, 1997, S. 675–691.

[3] Jüngst hat Heinz Schilling den Blick auf die gesellschaftlichen Verzahnungsmomente individueller, sozialer und obrigkeitlicher Disziplinierung gelenkt und damit wesentlich zu einer möglichen Überwindung des Gegensatzes zwischen dem kommunalistischen und dem eher etatistisch ausgerichteten Erklärungsansatz beigtragen; cf. Heinz Schilling, Profil und Perspektiven einer interdisziplinären und komparatistischen Disziplinierungsforschung jenseits einer Dichotomie von Gesellschafts- und Kulturgeschichte, in: ders. (Hg.), Institutionen, Instrumente und Akteure sozialer Kontrolle und Disziplinierung im frühneuzeitlichen Europa, Frankfurt am Main 1999, S. 3–36, besonders S. 24f. unter ausdrücklichem Verweis auf die gleichartige Stellungnahme von Helga Zöttlin, „Unzüchtige" Frauen – „Unzüchtige" Männer. Nichteheliche Paarbeziehungen in der hessischen Landstadt Zierenberg im Vormärz, in: Archiv für Sozialgeschichte 38, 1998, S. 23–40, hier S. 24.

schung, gerade auch für die Landesgeschichte. Hier bieten sich – noch zu wenig genutzte – Möglichkeiten, sowohl die Tauglichkeit makrohistorisch angelegter und strukturgeschichtlich verstandener Theorien zur Entwicklung der europäischen Zivilisation zu überprüfen als auch für die landes- und regionalgeschichtliche Ebene in all ihrer Komplexität fruchtbar zu machen, indem vor Ort der Bedeutung dieser allgemeinen Entwicklungs- und Formierungsprozesse für die Menschen nachgegangen wird.[4] Eine stärkere Auseinandersetzung der landes- und regionalgeschichtlichen Forschung mit solchen makrostrukturgeschichtlichen Ansätzen wäre allein aufgrund der Prägung von Gesellschaft und Herrschaft in der deutschen Geschichte durch die historischen Prozesse in den Regionen wünschenswert.

Die Disziplinierungsforschung wurde in der Vergangenheit im wesentlichen von Fallbeispielen aus dem protestantischen Bereich geprägt. Erst seit wenigen Jahren werden auch katholische Gemeinden verstärkt in die Analyse miteinbezogen.[5] Dies ist nicht zuletzt auch auf den geringen Partizipationsgrad der katholischen Kirchengeschichtsschreibung an der allgemeinen Diskussion zurückzuführen. Diese hat sich in der Vergangenheit intensiv mit den mittelalterlichen Wandlungsprozessen innerhalb der kirchlichen Verfassungsgeschichte auseinandergesetzt.[6] Die Wahrnehmung

---

[4] Ein entsprechendes Plädoyer für eine intensivere Berücksichtigung makrohistorischer Theorien in der modernen Landesgeschichtsschreibung demnächst in: Holger Thomas Gräf/Alexander Jendorff/ Andrea Pühringer, Staatsgewalt im Alten Reich der Neuen Zeit?, in: Hessisches Jahrbuch für Landesgeschichte 51, 2001. Eine der wenigen landes- bzw. regionalgeschichtlichen Studien stellt die Arbeit von Janssen dar; cf. Wilhelm Janssen, „Gute Ordnung" als Element der Kirchenpolitik in den Vereinigten Herzogtümern Jülich-Kleve-Berg, in: Burkhard Dietz/Stefan Ehrenpreis (Hg.), Drei Konfessionen in einer Region. Beiträge zur Geschichte der Konfessionalisierung im Herzogtum Berg vom 16. bis zum 18. Jahrhundert, Köln 1999, S. 33–48.

[5] Cf. Dietmar Willoweit, Katholischer Konfessionalismus als politisches und rechtliches Ordnungssystem, in: Heinz Schilling/Wolfgang Reinhard (Hg.), Die katholische Konfessionalisierung. Wissenschaftliches Symposion der Gesellschaft zur Herausgabe des Corpus Catholicorum und des Vereins für Reformationsgeschichte (Schriften des Vereins für Reformationsgeschichte 198), Heidelberg 1995, S. 228–241; Andreas Holzem, Katholische Konfessionalisierung und Kirchenzucht, in: Westfälische Forschungen 45, 1995, S. 295–332; Andreas Holzem, Die Konfessionsgeselllschaft. Christenleben zwischen staatlichem Bekenntniszwang und religiöser Heilshoffnung, in: Zeitschrift für Kirchengeschichte 110, 1999, S. 53–85; W. David Myers, Poor, Sinning Folk: Confession and Conscience in Counter-Reformation Germany, Ithaca 1996; W. David Myers, Ritual, Confession and Religion in Sixteenth-Century Germany, in: Archiv für Reformationsgeschichte 89, 1998; W. David Myers, Die Jesuiten, die häufige Beichte und die katholische Reform in Bayern, in: Beiträge zur altbayerischen Kirchengeschichte 42, 1996, S. 45–58. Im internationalen Kontext: Karl S. Bottigheimer/Ute Lotz-Heumann, The Irish Reformation in European Perspective, in: Archiv für Reformationsgeschichte 89, 1998, S. 268–309; Ute Lotz-Heumann, Konfessionalisierung in Irland: Religion, Gesellschaft und staatlich-politischer Wandel im 16. und in der ersten Hälfte des 17. Jahrhunderts, Diss. phil. Berlin 1999; Michael Scholz-Hänsel/Sven Externbrink, Ribera und die ‚Gegenreformation' in Süditalien. Vom Nutzen der neuen historischen Paradigmata Konfessionalisierung und Sozialdisziplinierung für die Kunstgeschichte, in: Kritische Berichte. Zeitschrift für Kunst- und Kulturwissenschaften 3, 1996, S. 20–36.

[6] Cf. Paul Hinschius, Das Kirchenrecht der Katholiken und Protestanten in Deutschland. System des katholischen Kirchenrechts mit besonderer Rücksicht auf Deutschland, 6 Bde., Berlin 1896–1897; Hans E. Feine, Kirchliche Rechtsgeschichte: Die katholische Kirche, Köln/Wien [5]1972, S. 366–379, 428–443. Neuerdings speziell zur kirchenrechtlichen Praxis der Eheschließung im Erzbistum Mainz: Georg May, Die kirchliche Eheschließung in der Erzdiözese Mainz seit dem Konzil von Trient (Quellen und Abhandlungen zur Mainzer Kirchengeschichte 97), Mainz 1999.

verfassungsrechtlicher Veränderungen hat dabei jedoch nur in wenigen Fällen den Blick auf die Vernetzungen von verfassungsrechtlichem Wandel und historischer Situation einerseits und den Auswirkungen dieser interdependenten Entwicklung auf die alteuropäischen Gesellschaften andererseits erweitert. Die konkreten Auswirkungen des Wandels auf das Gefüge einer Diözese wurden bisher kaum wahrgenommen, obwohl sie – zumindest auf das Fallbeispiel Mainz bezogen – eine wesentliche Voraussetzung für die Entwicklung von Reformen darstellte.[7]

Die folgenden Ausführungen wollen einen Beitrag zur intensiveren Integration der Landesgeschichte katholischer Territorien im Reich leisten, indem sie vor dem Hintergrund der katholischen Reformentwicklung im Erzstift Mainz im 16. und 17. Jahrhundert nach den Bedingungen und Entfaltungsmöglichkeiten katholischer Kirchenzucht im mainfränkischen Raum des Zeitalters der Konfessionalisierung fragen. Dabei ist die katholische Reform im Erzstift Mainz als ein langfristiger, mit Umwegen verbundener Prozeß der Katholisierung der Lebenswelten zu verstehen.[7] Das Geistliche Kommissariat Aschaffenburg bietet sich für eine exemplarische Untersuchung der Verhältnisse im Erzstift Mainz an:[8] Neben dem eichsfeldischen Heiligenstadt war es der größte Kommissariatssprengel, der zudem noch in einer herrschaftlichen Kernregion des Erzstifts – dem sogenannten Oberstift[9] – gelegen war, allerdings aufgrund Würzburger Diözesanrechte im Süden den Raum der säkularen Herrschaft nicht vollkommen widerspiegelte. Das Geistliche Kommissariat Aschaffenburg bietet die Möglichkeit nicht nur die Auswirkungen von Reformation und Konfessionalisierung zu verfolgen, sondern auch auf die Einbettung dieser historischen Vorgänge in übergeordnete Entwicklungen zu verweisen. Hierzu soll auf drei Untersuchungsebenen gearbeitet werden: Im ersten Abschnitt werden die den obrigkeitlichen Disziplinierungsbemühungen zugrunde liegenden Normen dargestellt. Im zweiten Abschnitt soll die verfassungsgeschichtliche Entwicklung der Disziplinierungsinstitutionen als Instrumente des obrigkeitlichen Disziplinierungswillens verfolgt werden und schließlich im dritten Abschnitt die konkrete Praxis der Geistlichen Kommissare zu Aschaffenburg – gleichsam als Moment der Verzahnung von normativer Intention, institutionellen Bedingungen und praktischen Handlungsmöglichkeiten – näher beleuchtet werden.

I. Die normative Ebene: Mandate und Konstitutionen

Die Verordnungen, die im Mainzer Erzstift während der Periode der katholischen Reform erlassen wurden, unterlagen einem Wandel, der eine Spiritualisierung gesellschaftlicher Normen und damit eine Katholisierung der Gesellschaft beförderte. Sie griffen unterschiedliche Enden desselben Anliegens auf, die schließlich in der

---

[7] Cf. Alexander Jendorff, Reformatio Catholica, Gesellschaftliche Handlungsspielräume kirchlichen Wandels im Erzstift Mainz 1514–1630 (Reformationsgeschichtliche Studien und Texte 142), Münster 2000.

[8] Bei der Angabe der von mir benutzten Archive verwende ich folgende Abkürzungen: Diözesanarchiv Würzburg: DAW; Dom- und Diözesanarchiv Mainz: DDAMz; Landesarchiv Magdeburg/Außenstelle Wernigerode: LAMd -LHA-; Staatsarchiv Würzburg: StAWü; Stadtarchiv Mainz: StadtAMz.

[9] Cf. Günter Christ, Aschaffenburg. Grundzüge der Verwaltung des Mainzer Oberstifts und des Dalbergstaates (Historischer Atlas von Bayern, Teil Franken I/12), München 1963.

Kirchen- und Policeyordnung von 1615 gesammelt wurden. Die *Additionalartikel*[10] von 1617 konkretisierten sowohl allgemein formulierte Vorschriften und differenzierten sie weiter aus. Zugleich sind die Verordnungen Belege für das jeweilige obrigkeitliche Primärinteresse innerhalb der unterschiedlichen Reformphasen. Zwischen der Hochzeits- und Taufordnung des Jahres 1543, die vornehmlich materielle Aspekte der Sakramentsfeiern behandelte, folglich polizeyliche Belange in den Vordergrund hob, und einer die Bedeutung der Konfession hervorhebenden Kirchen- und Polizeyordnung von 1615 bestand der Unterschied zwischen einer primär polizeylich-universalkirchlich, weil noch spätmittelalterlich denkenden Obrigkeit und einer an konfessioneller Uniformität orientierten frühneuzeitlichen Normsetzungsinstanz, die vor dem Hintergrund gewandelter Strukturen die gesellschaftliche Realität zu beeinflussen suchte. Der gemeinsame Maßstab dieser Bemühungen war das aus der Sorge um die Wahrung der gottgegebenen Strukturen resultierende herrschaftliche Interesse am Gehorsam der Bevölkerung und ihres Wohlverhaltens. Dieses Interesse schien einen nachhaltigen Wandel im Sinne einer Expansion der Verordnungstätigkeit in immer weitere Bereiche des privaten Alltags zu erzwingen, weil sich der herrschaftliche Anspruch auf Zugriff in die privaten Verhältnisse infolge der kirchlich-religiösen wie auch der soziopolitischen Ausdifferenzierung der Strukturen verändert hatte.[11] Dies war keine geradlinige Entwicklung. Entscheidend sollte das inhaltliche Ziel der Normsumme sein, zu der jede Einzelbestimmung einen Baustein hinzusetzte. Das Mainzer Verordnungswesen war hinsichtlich der normierenden Instanzen,[12] der Mandatierungsebenen, der Durchdringungs- und Verzahnungsintentionen der kirchlichen und säkularen Strukturen[13] sowie hinsichtlich der räumlichen Bezugsebenen äußerst heterogen. Schließlich bedingte diese Heterogenität auch eine partielle Ausblendung religiös-konfessioneller Motive. Nicht allen Verordnungen lagen kirchlich-religiöse Motive zugrunde. Häufig behielten sie rein säkularen Charakter, ja in mancher

[10] Cf. Alexander Jendorff, Die Mainzer Additionalartikel von 1617. Zum normativen, konstitutionellen und historischen Ort einer kirchlichen Zusatzverordnung im Zeitalter der Katholischen Reform (mit Edition), in: Archiv für mittelrheinische Kirchengeschichte 50, 1998, S. 435–459.

[11] Cf. symptomatisch hierfür das Proömium der Kirchenordnung von 1615 (StadtAMz LVO 1615 Juli 10, Erneuerte Reformation), demnach „dadurch dann der zorn Gottes verursacht / gemeiner Wohlstandt verhindert vnd zerruettet / auch Zucht vnd Erbarkeit geschwecht / vnd letzlich alles vnglueck vnnd verderbliche beschwerungen mit tewrung / gefaehrlichen Schwachheiten / vnd in andere weg / vber Landt vnd Leuth gezogen wuerdt. Daß wir hierumb auß tragenden Ertzbischofflich: vnd Obrigkeitlichem Ampt / solch angeregt vnwesen zu Gemueth gefuehrt / vnd dahin alles angelegenes fleiß getrachtet vnd gesehen / wie vnnd durchwas Mittel demselben zeitlich *remedirt* / vorgebawet / vnd vnsere von Gott anuertrawte liebe Vnderthanen / nicht allein der mahl eins in bessere Ordnung gebracht / sondern auch zu Lob / preis / vnd Ehr deß Allmaechtigen / wie mit weniger zu ihrer selbst eigenen zeitlichen vnd ewigen Wohlfart bestendig dabey erhalten werden moechten".

[12] Cf. etwa die Ausführungen von Anton Ludwig Veit, Kirche und Kirchenreform in der Erzdiözese Mainz im Zeitalter der Glaubensspaltung und beginnenden tridentinischen Reformation (1517–1618) (Erläuterungen und Ergänzungen zu Janssens Geschichte des deutschen Volkes 10, 3), Freiburg im Breisgau 1920, S. 79–84, zum Aschaffenburger Kommissariat.

[13] Cf. StAWü Mz.Ingr. 84, fol. 233–236. Ebenso die Bestallung des Hans Georg von Kronberg zum Amtmann zu Höchst und Hofheim 1606 (StAWü Mz.Ingr. 86, fol. 94'–97'), des Hans von Rodenstein zum Amtmann zu Höchst 1608 (StAWü Mz.Ingr. 86, fol. 154'–157) und des Hans Philipp von Hoheneck zum Amtmann zu Höchst und Hofheim 1613 (StAWü Mz.Ingr. 86, fol. 334'–337).

Hinsicht geben sie berechtigten Anlaß zur Frage, wie weit der Einfluß von Religion und Konfession tatsächlich reichte und ob er generaliter intendiert war, wie dies aus entsprechenden Bestimmungen herausgelesen werden kann.[14] Gemeinsam war den zwischen 1514 und 1630 erlassenen Verordnungen das Bemühen um die Herstellung von Öffentlichkeit zur besseren sozialen Kontrolle, die einerseits Sünde und Unrecht vermeiden, andererseits Übertretungen bestrafen sollte.[15]

1. Die Disziplinierung der Bevölkerung

Unter „Disziplinierung" ist jene Gesamtheit von Bestimmungen zu verstehen, die das Verhalten der Bevölkerung auf die wesentlichen Merkmale des sich schrittweise konfessionalisierenden Glaubens zu lenken und die Gläubigen zu binden versuchten. Disziplinierung umfaßte drei Kontrollmechanismen:

(1) Die Reduktion traditioneller Gewohnheiten auf den religiösen Kern eines kirchlichen Ereignisses fand ihren frühzeitigen Niederschlag in Aufwandsbeschränkungen für Taufen und Hochzeiten. Zur Verhütung unnützer, vermögensschädigender Ausgaben gedacht, sprachen solche Bestimmungen, wie sie mit der „Ordnung der hochzeit vnnd Kindertauf"[16] von 1543 erstmals im 16. Jahrhundert erlassen und später regelmäßig wiederholt wurden,[17] den aus der Sakramentenspendung erwachsenden materiellen und gesellschaftlichen Aspekt an. Diese genaugenommen doppelte Regulierungstendenz, die den spirituellen Aspekt des Sakramentenempfangs bei gleichzeitiger Einschränkung des gesellschaftlichen Ereignisses in den Vordergrund

---

[14] Cf. hierfür die Heiratsordnung von 1573 (in: Franz Kurth, Heiratsordnung aus dem Jahre 1573, in: Die Goldene Mark 7, 1956, S. 52–53) oder die Hochzeits- und Taufordnung von 1543 (StAWü Mz.Ingr. 57, fol. 409–411), deren Primärintentionen die Beschränkung des Aufwandes waren. Cf. ebenso die Metzgerordnung für Mainz aus dem Jahr 1593 (StAWü Mz.Ingr. 76, fol. 202–205') oder die Rotgerber- und Sattlerordnung für das Oberstift von 1597 (StAWü Mz.Ingr. 76, fol. 278–279').

[15] Das Eheedikt von 1558/82 zielte die Vermeidung der Winkelehen, indem es den Pfarrern die dreimalige öffentliche Kanzelpromulgation auferlegte, die Mainzer Straforfordnung von 1594 forderte die Anzeige von Sittlichkeitsvergehen – auch religiöser Art – vor dem öffentlichen Rügegericht, das in Dornbach etwa nach den Gottesdiensten abgehalten werden sollte und die Kirchenordnung von 1615 wiederholte die alte Forderung daß die öffentliche Kindstaufe vormittags vorgenommen werden müsse; cf. Franz Joseph Karl Scheppler (Bearb.), Codex Ecclesiasticus Moguntinus Novissimus. oder Sammlung der Erzbischoeflich=Mainzischen in kirchlichen und geistlichen Gegenstaenden ergangenen Constitutionen und Verordnungen auch vieler der wichtigsten in das Mainzische Staatskirchenrecht und die erzstiftische Kirchengeschichte einschlagenden andern Urkunden, I. Bd. I. Abt. Von Erzbischof und Kurfürst Sebastian bis Lothar Franz oder vom Jahr 1547 = 1700, Aschaffenburg 1802, S. 88, 91 (ein Originaldruck in: StAWü Mz.Ingr. 71, fol. 227'–231'); ders., Codex, S. 94f.; die Dorfordnung für Dornbach und Seibersbach in: StAWü Mz.Ingr. 83, fol. 13–19', hier Art. 39, fol. 19'; StadtAMz LVO 1615 Juli 10, Erneuerte Reformation, cap. 5 §1.

[16] StAWü Mz.Ingr. 61, fol. 169–170 (ohne Datum) und Mz.Ingr. 57, fol. 409–411 mit Datum vom Montag nach Dreikönig 1543.

[17] Cf. die Eichsfelder Heiratsordnung von 1573 (cf. Kurth, Heiratsordnung, wie Anm. 14, S. 52f.), die ausschließlich materielle Bestimmungen enthielt, die Verordnung gegen das Schlemmen bei Taufen (StAWü AAR Fasz. 365/VII Nr. 15, ohne Datum), die unter ausdrücklichem Rückgriff auf eine entsprechende Verordnung des Jahres 1549 gleiche Auflagen machte, und die Erneuerte Landordnung des Rheingaus (StAWü Mz.Ingr. 69, fol.147–160', besonders fol. 159f.) von 1579.

schob und immer detaillierteren Ablaufvorschriften unterwarf,[18] blieb nicht auf die sakramentale Ebene des Kirchlichen beschränkt. Auch Bereiche gesellschaftlich-profan verorteter Kirchlichkeit wurden ergriffen wie etwa der Akt der jährlichen Kirchenrechnungslegung durch die beauftragten Laien, der seines sozialen Charakters möglichst weitgehend entblößt und auf das für Kirche und Gemeinde Wesentliche reduziert werden sollte.[19] Die nach der Jahrhundertmitte erlassene Taufordnung forderte die Katholizität der Gevattern des Täuflings, während im Rheingau und den Städten des Oberstifts seit 1527/28 die Kirchweihfeste nur unter der Maßgabe gefeiert werden sollten, „damit Gott in dem selbigen gelobt, vnd die heiligen, in der ehr die weyhung beschehenn, durch die Christglaubigen mit andacht ersucht vnnd geehrt werden mögen"[20], was das Verbot von Jahrmärkten, Tanz, Spiel „vnnd ander kurtzweihl" nach sich zog und das Einschreiten der lokalen Obrigkeiten gebot. Die so intendierte Reduktion bekannter Kirchlichkeit, die nicht zwangsweise weniger gesellschaftlich verortet sein mußte, sondern neu im Sinne von bewußt katholisch akzentuiert wurde, wirkte sich auch auf die übrigen Sonn- und Feiertage des Kirchenkalenders aus, für die schon seit den zwanziger Jahren des 16. Jahrhunderts eine Exemtion von profanen gesellschaftlichen Betätigungen und im gleichen Zuge die Konzentration auf das Gebet postuliert wurde.[21] Das Ende einer Prozession oder Wallfahrt sollte nicht mehr in der geselligen Runde eines Wirtshausaufenthaltes, sondern in einer von keinem Geschwätz unterbrochenen, dem religiösen Gedanken verpflichteten Ruhe begangen werden.[22] Einen tiefgreifenderen Einschnitt bedeutete die Einschränkung der Gevatterschaften bei Tauf- und Firmfeierlichkeiten. Mit der Begründung, sie entehrten mit ihren Gelagen und üppigen Aufwand das Sakrament, wurden Teilnehmerzahl und Wert der dargereichten Geschenke scharf beschränkt. Die Bestimmung, wonach der Firmpate sich jedes Geschenkes über drei Batzen Wert an sein Patenkind enthalten und „an statt solcher drey patzen / ihren Firmpettern etwan ein Bettbuechlein / welches doch auch nicht vber fuenff oder sechs patzen / im werth lauffen"[23], schenken sollte, führte den Gedanken der Reduktion des gesellschaftlichen Ereignisses auf seinen spirituellen Charakter fort. Aus dem Gevatter wurde so die spiritualisierte Form des Paten, der dem Patenkind schon mit seinem

---

[18] Cf. StadtAMz LVO 1615 Juli 10, Maeyntzische Ordnung, Art. 3 und Art. 4 §§ 1–14; StadtAMz LVO 1615 Juli 10, Erneuerte Reformation, cap. 5 §§ 1f., cap. 9.

[19] Cf. etwa die Eichsfeldische Kirchenordnung des Jahre 1605 in: Scheppler, Codex (wie Anm. 15), S. 105.

[20] Besagte Taufordnung ohne Datum zu finden in: StAWü AAR Fasz. 365/VII Nr. 15; die Bestimmungen zu den Kirchweihfesten in: StAWü Mz.Ingr. 69, fol. 159 (Erneuerte Landordnung des Rheingaus aus dem Jahr 1579).

[21] Folgerichtig wurden Tanz und Spiel am Sonntag verboten, Bier- und Weinausschank auf die Zeit vor und nach der Messe bzw. Katechese eingeschränkt; cf. Oberrheinische Stadtrechte, hg. von der Badischen Historischen Kommission, 1. Abt.: Fränkische Rechte, bearb. von Richard Schröder und Karl Köhne, 5 Hefte, Heidelberg 1895–1900, S. 231f. (Stadtordnung für Amorbach Art. 11–15), die Landordnung des Rheingaus (StAWü Mz.Ingr. 69, hier fol. 158'f.), die Kirchenordnung des Eichsfelds von 1605 (Scheppler, Codex, wie Anm. 15, S. 104) oder die Polizeyordnung von 1615 (StadtAMz LVO 1615 Juli 10, Maeyntzische Ordnung, Art. 5 § 1 und 6 § 2.

[22] Cf. StadtAMz LVO 1615 Juli 10, Erneuerte Reformation, cap. 2 § 2.

[23] StadtAMz LVO 1615 Juli 10, Maeyntzische Ordnung, Art. 3 § 13, ebenso §§ 3–12.

Geschenk den Weg zum Leben im rechten Glauben weisen sollte. Diese Entwicklung wurde allerdings bei herrschaftlichen Belangen aufgehoben. Die Arbeitserlaubnis für Bauern in der Erntezeit, für Fuhrleute an Sonntagen und die Gestattung von Wochenmärkten an diesen Tagen unter Auflagen zeugen von einem am Gemeinwohl orientierten, nicht Bigotterie verpflichteten Pragmatismus.[24] Hatte dem Duderstädter Stadtbürger als Privatmann das Hochzeitsfest primär als sakramental-kirchliches Ereignis zu gelten, besaß es für ihn als Untertan einer katholischen Herrschaft säkular-politische Bedeutung, weil an sie die sofortige Ablegung des Bürgereides und damit die Bindung an den Landesherrn verbunden war.[25]

(2) Ein weiteres Merkmal von Disziplinierungsintentionen der Obrigkeit war die intensive Bindung des Individuums an die kirchlichen Institutionen. Dies zeigte sich insbesondere an den für den weiteren gesellschaftlichen Alltag prädestinierend wirkenden kirchlichen Fundamentalereignissen der Taufe und der Eheschließung. Die Ehe wurde nicht vollkommen aus ihren säkularen Traditionen, denen sie unterworfen war, gelöst. Gleichwohl expandierte der obrigkeitliche Zugriff seit dem Erlaß des Eheedikts von 1558/82 auf das Vorfeld der kirchlichen Zeremonie, der Eheanbahnung. Die Ehekontrahenten wurden durch die Bestimmungen des auf tridentinischen Normen basierenden Edikts stärker als je zuvor schon im Vorfeld an die Kirche gebunden, indem ihnen die Ablegung eines sogenannten Brautexamens vor dem zuständigen Gemeindepfarrer, später dem Ruraldekan oder dem Geistlichen Kommissar abverlangt und die öffentliche Kanzelpromulgation an drei aufeinander folgenden Sonntagen geboten wurde.[26] Die Einführung derartiger Zulassungsbestimmungen ermöglichte kirchlichen Instanzen in neuem Grade, Einfluß auf die Bindung der Parochialen an Kirche und Glauben zu nehmen und ihre Gläubigkeit im Sinne einer Wissens- und Bekenntniskontrolle zu prüfen, zumal dieses Zusammentreffen nicht einmalig blieb. Spätestens anläßlich einer Geburt und der sich anschließenden Kindstaufe waren die Eltern abermals gezwungen, sich der Supervision der Kirche zu unterwerfen,[27] weil die Spendung des Taufsakraments in den Händen des Klerus vollkommen monopolisiert wurde.[28]

Die Intention, die Pfarreiangehörigen fester an kirchliche Institutionen zu binden, indem man sie stärkerer Aufsicht und Kontrolle unterwarf, erstreckte sich nicht nur auf die unmittelbar Betroffenen, die Eltern eines Täuflings oder die Ehekontrahenten,

---

[24] Cf. StadtAMz LVO 1615 Juli 10, Erneuerte Reformation, cap. 1 §§ 6–8.

[25] Cf. Johann Wolf, Geschichte und Beschreibung der Stadt Duderstadt mit Urkunden und drei Kupfern, Göttingen 1803 (ND Hannover-Döhren 1979), S. 174 mit Urk. 96 (Mandat vom 13.8.1596, wonach jeder Bürger anläßlich seiner Hochzeit neben dem Bürger- auch den Erbhuldigungseid zu leisten hatte).

[26] Das Eheedikt in der Form von 22.1.1582 bei Scheppler, Codex (wie Anm. 15), S. 86–92. Die Bestimmungen des Eheedikts wurden später unverändert auch in der Eichsfeldischen Kirchenordnung von 1605 (cf. Scheppler, Codex, wie Anm. 15, S. 103–106), der Neufassung für das gesamte Erzstift (Copulations- und Einsegnungsordnung von 1612, vorliegend nur noch als Registereintrag in: StAWü MRA H 1940 No 16 sowie DAW Liber ordinationum 1612 V 16) und schließlich in der Kirchenordnung von 1615 (StadtAMz LVO 1615 Juli 10, Erneuerte Reformation, cap. 9) übernommen. Zur Mainzer Eheschließungspraxis seit dem Trienter Konzil allgemein: May, Eheschließung (wie Anm. 6), passim.

[27] Cf. StadtAMz LVO 1615 Juli 10 (Erneuerte Reformation), cap. 5 § 2.

[28] Cf. StadtAMz LVO 1615 Juli 10, Erneuerte Reformation, cap. 5 § 1. Die Spendung der Nottaufe wurde Hebammen nicht gestattet.

sondern auch auf die Trauzeugen, die Tauf- und Firmpaten. Der Wille, das familiär-soziale Umfeld möglichst weiträumig in den Bindungsvorgang zu integrieren, war nicht erst das Ergebnis verstärkter Bemühungen um konfessionelle Homogenisierung der Bevölkerung seit Beginn des 17. Jahrhunderts. Schon in der Hochzeits- und Taufordnung von 1543 und in einer ähnlich lautenden Verordnung kurz nach der Jahrhundertmitte, die gleichermaßen den gemeinsamen Kirchgang von auszusegnender Kindbetterin und der üblichen Gesellschaft von acht Frauen sowie die Katholizität der Gevattern dekretierten,[29] artikulierte sich der obrigkeitliche Wunsch, in das kirchliche Ereignis möglichst weite Kreise des gesellschaftlich-familiären Umfeldes zu integrieren, sie auf diese Weise einer zumindest indirekten Kontrolle zu unterwerfen und so verdichtete Einflußzonen zu schaffen. Im Zuge des funktionellen Wandels der gesellschaftlichen Institution der Gevatterschaft zur spiritualisierten Form der Patenschaft wurde zwangsläufig die Frage der individuellen Katholizität und der Glaubenskompetenz des Paten oder der Götlin virulent, deren Qualifikation darin bestehen sollte, „daß sie zu dem Hochwuerdigen Sacrament deß Altars gangen weren / auch die Hauptstueck Christlicher Catholischer Religion zu erzehlen wissen".[30] So wiesen die Additionalartikel von 1617 die Pfarrer eigens an, darauf zu achten, daß die betreffenden Personen sich „genugsamb bewußt, was eines erbettenen patten od gödtlins obligation mit sich bring vnd dz derselbige den tauffling heut od morgen in dem Christlichen Catechismo zu undweissen schuldig sein <auch daruber beij dem h. tauff sondbahre verspruchnus thun> müssen".[31] Dies korrespondierte mit dem Bemühen um Durchsetzung der Matrikelführung in den Pfarrgemeinden, die das Individuum in Form der Inventarisierung seiner Seele an die Kirche band, durchschaubar und auf diese Weise kontrollierbarer machte.

(3) Derartige Bindungsmechanismen bedurften der Vernetzung und langfristigen Wirksamkeit der Kontrolle, die durch gesellschaftliche Überwachung des Spirituellen geschehen sollte und in die säkulare bzw. kirchliche Funktionsträger ebenso eingebunden wurden wie die Gesamtheit der Gläubigen. Gerade für letztere bestand seit dem Erlaß der Strafordnung von 1594 unter rückwirkender Strafandrohung die Pflicht, anläßlich der vierteljährlich stattfindenden Rügegerichte beim zuständigen Schultheißen sittlich-moralische Übertretungen ihrer Mitmenschen anzuzeigen.[32] Dies galt nötigenfalls auch für Delinquenten in der eigenen Familie, weil jeder Dorfbewohner verpflichtet war, vor dem Rügegericht der Wahrheit gemäß und aus freien Stücken auszusagen, „wie sie solches vor Gott dem Almechtigen, alß dem höchsten richter, vor welchem man alles thuns vnnd lassens rechenschafft geben muß, auch ihrer ordenlichen vonn Gott vorgesetzter obrigkeit, vnnd mennigliches, verantworten

---

[29] Cf. StAWü Mz.Ingr. 61, fol. 169–170 („Ordnung der hochzeit vnnd Kindertauf"); StAWü AAR 365/VII Nr. 15 (Verordnung gegen das Schlemmen bei Taufen).

[30] StadtAMz LVO 1615 Juli 10, Erneuerte Reformation, cap. 5 § 4; Hervorhebung im Original.

[31] StAWü MRA H 1645, fol. 24'.

[32] Cf. die Strafordnung von 1594 bei Scheppler, Codex (wie Anm. 15), S. 94f. Die Polizeyordnung von 1615 stellte zwei Jahrzehnte später fest, daß Übertretungen kirchlicher Vorschriften zu melden seien, wie auch die Ausübung magischer Praktiken (cf. StadtAMz LVO 1615 Juli 10, Maeyntzische Ordnung, Art. 2).

vnndt bestehen mögen".[33] Insbesondere das Fluchen und Schwören sowie Nach-
lässigkeiten beim Kirchenbesuch oder Verstöße gegen Aufwandsbeschränkungen für
Familienfeste waren der Obrigkeit stete Mängel- und Rügepunkte, zu deren Eliminierung man bestimmte Personengruppen geradezu vereinnahmte. Waren Altaristen
und Schultheißen qua Amt aufgefordert, über die regelmäßige Teilnahme jedes einzelnen Gemeindemitglieds an Messe und Katechese zu wachen, wurden Wirte und
Meister wegen ihrer sozialen Kompetenz zur Normkontrolle verpflichtet. Selbst zur
Führung eines gottseligen Lebens, der Einhaltung der Sonn- und Feiertage und der
Unterdrückung des Fluchens und Schwörens angehalten, oblag den Meistern mancher Handwerke die Verpflichtung, für die Unterweisung des „ganzen Hauses" in
einer ebensolchen Lebensführung zu sorgen.[34] In ähnlicher Weise wurden die Wirte
unter Strafandrohung in die Pflicht genommen, darauf zu achten, daß bei Taufen,
Hochzeiten oder auch Fastnachtsbelustigungen sich niemand über Gebühr und Vermögen betätige.[35] Mit der Formierung der katholischen Bekenntnisgemeinschaft im
Erzstift ging ein Akzentuierungswandel bei der Begründung für denunziatorisches
Verhalten einher: Indem man an die Verantwortung der katholischen Individuums für
das eigene Seelenheil und für die Reinheit der Symbole kollektiver konfessioneller
Identität appellierte – nämlich der Schutz der Sakramente und die Ehre der Gottes-
mutter –, motivierte man die Anzeige eines Nachbarn neu.[36] Im Lichte der Bewahrung
des Glaubens konnte sie nicht mehr als Neid und Mißgunst, sondern mußte als
persönliches Engagement für das kollektive Seelenheil und die Verteidigung der Konfession interpretiert werden.

2. Die Stellung der obrigkeitlichen Funktionsträger

Die Überwachung des Spirituellen durch soziale Selbst- bzw. Fremdkontrolle war
nicht vollkommen. Daher mußte zur Durchsetzung obrigkeitlicher Normierungsvor-
stellungen, die die strukturelle Verzahnung von kirchlicher und säkularer Herr-
schaftssphäre, wie sie sich etwa in den dörflichen Rügegerichten zeigte,[37] juristisch
fixiert werden. Dieser Verzahnungsgedanke war traditionsverhaftet, gewann jedoch
vor dem Hintergrund einer langsamen konfessionellen Homogenisierung des staat-
lich-gesellschaftlichen Gesamtsystems eine neue Qualität.
Konkrete Auswirkungen besaß diese Entwicklung für die in kirchlichen Diensten
stehenden Funktionsträger wie Glöckner, Kirchen- und Schulmeister sowie die

---

[33] StAWü Mz.Ingr. 84, fol. 239'–249', hier: fol. 240' (Dorfordnung für Herbolsheim aus dem Jahre
1614). Ebenso andere Dorfordnungen: cf. StAWü Mz.Ingr. 83, fol. 13–19', hier fol. 13'.

[34] Cf. die Schreinermeisterordnung für Lohr von 1594 (StAWü Mz.Ingr. 76, fol. 214–216, hier fol.
214'), die Schlossermeisterordnung für Lohr von 1594 (StAWü Mz.Ingr. 76, fol. 216–218', hier fol.
216'), Ordnung für das Schreinerhandwerk in Heiligenstadt und Udra von 1596 (StAWü Mz.Ingr. 76, fol.
264–267', hier fol. 265'), Ordnung für das Steinmetz- und Maurerhandwerk in Heiligenstadt und Duderstadt (StAWü Mz.Ingr. 76, fol. 269'–272, hier fol. 270').

[35] Cf. die Erfurter Polizeyordnung (StAWü Mz.Ingr. 76, fol. 302'–307', hier: Art. 34), Mainzer Strafordnung von 1594 (Scheppler, Codex, wie Anm. 15, S. 95 Art. 28) und Polizeyordnung von 1615 (Stadt-
AMz LVO 1615 Juli 10, Mayntzische Ordnung, Art. 6 § 2).

[36] Cf. StadtAMz LVO 1615 Juli 10, Maeyntzische Ordnung, Art. 2.

[37] Cf. z.B. die Dorfordnung für Herbolsheim (StAWü Mz.Ingr. 84, fol. 239'–249').

Hebammen, denen seit 1615 obligatorisch die *professio fidei* abverlangt wurde.[38] Zudem wurden ihre Aufgabenbereiche aus dem unmittelbaren Sinn der jeweiligen Tätigkeiten heraus um das Moment der Sozialkontrolle ergänzt. Während sich der Funktionswandel bei den Glöcknern und Kirchenmeistern auf die Überwachung der vollständigen Anwesenheit der Gemeinden im Gottesdienst beschränkte, griff die Obrigkeit auf Schulmeister und Hebammen schärfer zu. Ihre funktionsbedingte Nähe zu Kindern und Jugendlichen und die sich daraus ergebende Verantwortung für die Weitergabe des Glaubens prädestinierte eine kirchlich-konfessionelle Instrumentalisierung ihres gesellschaftlichen Status und ihrer Aufgaben. Ihnen oblag nicht nur die Verpflichtung, den Konfessionseid abzulegen, sondern auch eine besondere Sorge für das Seelenheil der ihnen Anvertrauten.[39]

Der Gedanke einer umfassenden Erziehung und Überwachung der Gemeinden und Pfarrer durch lokale Obrigkeiten bedeutete auch für die Schultheißen eine Ausweitung ihres Aufgabengebietes. Denn unter ihrem Vorsitz wurden nicht nur die Rügegerichte durchgeführt, ihnen oblag auch neben der Ahndung von Kriminaldelikten rein säkularen Charakters oder der Zensur von „aergerlichen vnd verpottenen Schriften oder Buechern" die strikte Kontrolle und Bestrafung von Verstößen gegen die Sonntagsheiligung, der Unruhe der Gemeinde während des Gottesdienstes, die Aufsicht über den baulichen Zustand der Kirchengebäude, das Verhalten des Pfarrers und der Länge seines Gottesdienstes.[40] Ihnen wie auch den Amtmännern kam nicht zuletzt eine bedeutende Vorbildfunktion zu, die sich aus ihrer Stellung innerhalb der Gemeinden ergab und die von der Zentralregierung gezielt instrumentalisiert wurde, indem man einerseits für die Übernahme eines Amtes zumindest den ehrbaren Lebenswandel, wenn nicht sogar die Katholizität des Kandidaten vorschrieb,[41] andererseits die Funktionsträger ausdrücklich aufgefordert wurden, sich selbst an die Bestimmungen von Ordnungen und Erlassen zu halten.[42] Entsprechend galt für die Bevölkerung die Anweisung, so „sich die Beambten eygennuetzig vnd unfleissig

---

[38] Cf. StadtAMz LVO 1615 Juli 10, Erneuerte Reformation, cap. 11 § 3; Anton Ludwig Veit, Das tridentinische Glaubensbekenntnis und der niedere Kirchen- und Schuldienst in Kurmainz, in: Historisch-Politische Blätter 167, 1921, S. 641–646.

[39] Während die entsprechenden Bestimmungen für die Hebammen in der Reformentwicklung relativ spät erlassen wurden (cf. StAWü MRA H 1645, fol. 24f.: Additionalartikel von 1617, Zusatz zu c. 5 § 1 der Kirchenordnung von 1615), wurden die Schulmeister schon frühzeitig in die Pflicht der katholischen Reformanliegen genommen (cf. die Erneuerte Landordnung des Rheingaus von 1579 in: StAWü Mz.Ingr. 69, fol. 147–160'; auch die diesbezüglichen Mahnungen Erzbischofs Wolfgang von 1596 bei der „Reformation des Rheingaus" in: StAWü MRA H 1565 1/2, fol. 2'f.).

[40] Cf. die Eichsfelder Kirchenordnung von 1605 (Scheppler, Codex, wie Anm. 15, S. 103–106, hier S. 104f.) und die Dorfordnung für Dornbach und Seibersbach von 1604 (StAWü Mz.Ingr. 83, fol. 13–19', hier fol. 13). Das Zitat in: StadtAMz LVO 1615 Juli 10, Erneuerte Reformation, cap. 11 § 6.

[41] Für den Rheingau war nach den Erfahrungen während des Bauernkrieges die Katholizität der Beamtenschaft ein unverrückbares Diktum (die entsprechende Bestimmung der Erneuerten Landordnung in: StAWü Mz.Ingr. 69, fol. 147–160', hier fol. 147).

[42] Cf. als ein Beispiel das Ausführungsmandat an den zuständigen Amtmann anläßlich des Erlasses einer Polizeyordnung für die Stadt Orb 1579 mit dem Hinweis, daß „Du auch selbst neben vnserm Keller mit ernst darüber halten" und er neben Rat und Schultheiß vorbildlich der Ordnung nachleben solle (cf. StAWü Mz.Ingr. 69, fol. 202'–212, hier fol. 212').

erzeigen, habens die Nachbarn zu klagen."[43] Soziale Kontrolle erfolgte nicht nur einseitig von oben, sondern gegenseitig.

Da die staatlich-kirchliche Verzahnung zwar umfassend angelegt, nicht aber eine vollkommene Durchdringung beider Sphären intendiert war, machte die immer noch deutlich wahrnehmbare Unterscheidung zweier nebeneinander stehender, aber aufeinander Bezug nehmender herrschaftlicher Größen eine gegenseitige Kompetenzabgrenzung notwendig. Denn im Zuge der katholischen Reform und der damit verbundenen Regelungs- und Normierungsbestrebungen traten die Konfliktpotentiale zwischen geistlichem und weltlichem Regiment besonders hervor. Daher regelte etwa die eichsfeldische Kriminalordnung von 1611, daß die Strafverfolgung *concurrenter* bzw. *concurrenter cum iure praeuentionis* eines Teils nur für die Delikte des Ehebruchs, der Unzucht unter Blutsverwandten, der Entführung eines Ehepartners, des Wuchers, des Meineides und des Weihebruchs und Sacrilegiums zu erfolgen habe.[44] Das *bracchium saeculare* hatte den kirchlichen Beamten zuzuarbeiten, sie zu unterstützen, nicht eigenmächtig zu agieren oder Kompetenzen an sich zu reißen, was gleichermaßen für das *bracchium ecclesiasticum* festgeschrieben wurde.[45] So wurde auch für die Erlegung von Strafen deren hälftige Aufteilung an Kirchenfabrik und kurfürstlichen Fiskus bestimmt.[46]

3. Die Stellung des Pfarrseelsorgers

Sowohl hinsichtlich der administrativen Durchdringung als auch hinsichtlich der Vermittlung reformkatholischer Normen standen die Pfarrseelsorger zwar auf der untersten Stufe der Stiftshierarchie, damit aber im Zentrum des gemeindlichen Geschehens. Mit der Kirchenordnung von 1615 wurden die in den Jahrzehnten zuvor stets gerügten, zumeist individuell beseitigten Mängelpunkte in Form von Vorgaben für den Lebenswandel und die ordentliche Pflichterfüllung der Pfarrer gesammelt und fixiert: Verpflichtet auf ein keusches, zölibatäres Leben, das als Voraussetzung für die Erfüllung seiner Pflichten und Vorbildfunktion galt, sollte der Pfarrseelsorger die katholische Lehre unverfälscht predigen, wobei ihm Art und Umfang der gottesdienstlichen Tätigkeit sowie der Katechese und die dabei anzuwendenden Methoden detailliert vorgeschrieben wurden.[47] Neben den sakralen und katechetischen Tätigkeiten wurden die Pfarrer zielstrebig für die Kirchenreform und die Belange der säkularen Obrigkeit vereinnahmt. Die seit 1524 bestehende Pflicht der Pfarrer zur Matrikelführung, die sämtliche für die katholische Herrschaft relevante persönliche Daten der Familien erfaßte,[48] und die Pflicht der Bevölkerung, sich für die Anmeldung für eine Dispensation vom Fastengebot oder auch für eine bescheinigte Zulas-

---

[43] Mainzer Strafordnung von 1594, Art. 19 in: Scheppler, Codex (wie Anm. 15), S. 95.

[44] Cf. „Memoriale wie es vff dem Eichsfeld mit bestraffung der Criminal vnd Civilsachen gehalten werden solle" in: StAWü Mz.Ingr. 84, fol. 233–236.

[45] Cf. StAWü Mz.Ingr. 84, fol. 236.

[46] Cf. StadtAMz LVO 1615 Juli 10, Erneuerte Reformation, cap. 5 13 § 1.

[47] Cf. StadtAMz LVO 1615 Juli 10, Erneuerte Reformation, cap. 1.

[48] Cf. StadtAMz LVO 1615 Juli 10, Erneuerte Reformation, cap. § 3.

sung zur Trauung an den Gemeindepfarrer zu wenden,[49] machte aus dem Priester eine Instanz des Religiös-Kirchlichen, der die ihm zugewiesenen Seelen inventarisierte und verwaltete. Diese Entwicklung erzwang die Bürokratisierung der pfarramtlichen Tätigkeiten, die Einhegung des spirituellen Auftrages durch bürokratische Vorschriften. Je stärker die kirchliche Obrigkeit auf die Konsolidierung, den Ausbau und schließliche Ordnung der von ihr immer weiter differenzierten kirchlichen Normen und Gewohnheiten drang, um so notwendiger wurde die Fixierung dieser Normen, der exakten Anwendung des Sakramentalen und der mit ihm verbundenen materiellen Aspekte. Die Spiritualisierung des Alltags und die stärkere Bindung des Individuums an die Kirche hatte ihren Preis. Nichts belegt dies besser als die Problematik der Stolgebühren, für deren Höhe noch in der Kirchenordnung von 1615 der traditionell ortsübliche Tarif festgesetzt worden war.[50] Zwei Jahre später sah sich die Zentralregierung wegen massiver Klagen aus der Bevölkerung veranlaßt, in Anlehnung an das Würzburger Vorbild eine detaillierte Tarifordnung zu erlassen, weil Pfarrer und Kirchendiener für die von ihnen monopolisierten Tätigkeiten zu hohe oder unrechtmäßige Gebühren verlangten.[51]

Die pfarrherrliche Tätigkeit als lokaler Repräsentant der Obrigkeit erstreckte sich nicht nur auf die Gegenwart, sondern auch auf die Zukunft von Kirche und Herrschaft. Während des Katechismus-, Firm- und Schulunterrichts hatte der Pfarrseelsorger eine Auswahl von förderungswürdigen Kandidaten für den höheren Bildungsgang vorzunehmen.[52] Der Pfarrer wurde so zu einer verbindenden Zwischeninstanz, die die konfessionelle Erziehung an der Basis fördern sollte und für die Bevölkerung mit der Hoffnung auf sozialen Aufstieg verbunden sein konnte.

Dies wirkte auf den Pfarrseelsorger im Sinne seiner eigenen Disziplinierung zurück. Wegen der gewachsenen Aufgaben ihres Amtes wurden die Pflichterfüllung der Pfarrseelsorger und die Frage nach ihrer Verfügbarkeit um so wichtiger. Indem man sie funktional einerseits zu der zentralen Gestalt innerhalb der Pfarrgemeinde machte, sie andererseits standesmäßig heraushob und damit desintegrierte, förderte man bewußt den Zwang zur allseitigen kritischen Kontrolle der Pfarrer. Ihre permanente Präsenz in der Gemeinde war in sakramentaler, aber auch administrativer Hinsicht unverzichtbar[53] und wuchs, je mehr die Bedeutung der Sakramente für das Seelenheil hervorgehoben wurde. Ein Ausbleiben priesterlicher Hilfe oder das Fehlen pfarrherrlicher Überwachung und priesterlicher Exemplarität konnten weder die Bevölkerung noch die säkularen wie kirchlichen Obrigkeiten dulden. Die Pfarrer unterlagen daher einer wachsenden Überwachung ihres Lebenswandels und ihrer Pflichterfüllung durch diese zwei Seiten.[54]

---

[49] Zu den Trauparagraphen cf. StadtAMz LVO 1615 Juli 10, Erneuerte Reformation, cap. 9 §§ 2f. und Additionalartikel (StAWü MRA H 1645, fol. 26f.) mit entsprechendem Zusatz zu § 9; Eichsfeldische Kirchenordnung (Scheppler, Codex, wie Anm. 15, S. 103–106); DAW Liber ordinationum 1624. Zum Fastengebot cf. Scheppler, Codex (wie Anm. 15), S. 97f.

[50] Cf. StadtAMz LVO 1615 Juli 10, Erneuerte Reformation, cap. 10 § 3.

[51] Cf. die Additionalartikel von 1617 (Zusatz zu § 3, fol. 29'f.) und das vorausgegangene Gutachten der erzbischöflichen Kommission (StAWü MRA H 1645, fol. 37–39').

[52] Cf. StadtAMz LVO 1615 Juli 10, Erneuerte Reformation, cap.1 § 3 und cap. 11 § 4.

[53] Cf. StadtAMz LVO 1615 Juli 10, Erneuerte Reformation, cap. 5 § 1.

[54] Cf. Jendorff, Reformatio (wie Anm. 7), S. 304ff.

4. Die Katholisierung des Alltags

Die Entwicklung des Mainzer Kirchenordnungs- und Polizeywesens weist auf die übergeordnete Intention hin, einen katholisierten Alltag und einen sich an reform-katholischen Normen orientierten Lebenswandel zu verankern. Dies geschah durch die Ausfüllung des Alltags mit katholischem Brauchtum, dessen Herkunft gleicher-maßen säkular-disziplinarischem Gedankengut wie auch genuin religiösen Prinzipien entsprang und sich in zwei Lebenswelten – derjenigen der Familie und des Arbeits-alltags – kristallisierte.

(1) Die Katholisierung der Familie war mit den Fundamentalereignissen Taufe und Eheschließung nicht beendet. Nachhaltiger sollten sich die Bestimmungen zu den Aufgaben der Eltern, insbesondere der Hausväter und der Meister auswirken. Das Gebot, Kinder und Gesinde zum Gehorsam gegenüber „Gott, der Obrigkeit vnnd ihren Eltern"[55] zu erziehen und auf die Einhaltung der kirchlich-religiösen Normen zu achten,[56] bedeutete die konkrete Pflicht, für die Teilnahme des gesamten Hauses an der Messe und Katechese zu sorgen.[57] Die Eltern waren nachdrücklich dazu aufge-fordert, ihre Kinder zur Beichte und Kommunion zu schicken und mit ihnen zusam-men den Pfarrer während des Gottesdienstes im Gesang zu unterstützen.[58] Die Katho-lisierung des „ganzen Hauses" bedeutete nicht, daß dadurch nur die einzelne häuslich-familiäre Einheit erfaßt werden sollte. Die Familie galt als eine Untereinheit der Pfarrgemeinde. Der Verstoß gegen kirchlich-religiöse Bestimmungen wurde nicht nur als ein Verstoß gegen die innere Einheit der Familie, sondern gegen das gesamte Glaubenskollektiv der Gemeinde gewertet. Deshalb waren Strafen – sofern nicht vom Pfarrer verordnet – vom Hausherrn zu vollziehen, die Bußen jedoch dem jeweiligen Patronatsheiligen zu erlegen.[59]

(2) Die Katholisierung des Arbeitsalltags und der Umwelt meinte zunächst Postu-lierung guter Sittlichkeit und katholischen Verhaltens des Individuums[60] und nahm die Form eines kurzrhythmischen und öffentlich demonstrierten Bekenntisses an. Konstituierend wirkte hierfür einerseits die Umfänglichkeit, mit der das Individuum in seinem Leben von katholischen Riten begleitet wurde. Die Einhegung des profanen Alltags durch katholisierte und an die Kirche gebundene Vorschriften und Riten, zu denen das Ausschankverbot für Wirte während der Sonntagsmesse ebenso zu zählen ist wie das Gebot für Schwangere, beizeiten zu beichten, die Kommunion zu empfan-

---

[55] Cf. Polizeyordnung für die Stadt Orb von 1579 in: StAWü Mz.Ingr. 69, fol. 202'–212, hier fol. 204.

[56] Dies besagten insbesondere die für die Meister so wichtigen Handwerksordnungen; cf. z.B. StAWü Mz.Ingr. 76, fol. 264–267', hier fol. 265'; StAWü Mz.Ingr. 76, fol. 269'–272, hier fol. 270'.

[57] Cf. die vielmals wiederholte Bestimmung in: Erfurter Polizeyordnung von 1599 (StAWü Mz.Ingr. 76, fol. 302'–307', hier Art. 1–4, bes. 2), Dorfordnung für Dornbach und Seibersbach (StAWü Mz.Ingr. 83, fol. 13–19', hier fol. 13', wobei dem Hausherr, der „auch selbsten mit gueten Exempeln vorgehen solle" empfohlen wurde, notfalls widersetzliche Hausgenossen – ob Kinder oder Gesinde – in die Besen-kammer einzusperren), Dorfordnung für Herbolsheim (StAWü Mz.Ingr. 84, fol. 239'–249', hier fol. 240).

[58] Cf. StadtAMz LVO 1615 Juli 10, Erneuerte Reformation, cap. 7 § 5.

[59] Cf. Dorfordnung für Herbolsheim (StAWü Mz.Ingr. 84, fol. 239'–249' hier fol. 240), wonach die Strafe für Kinder und Gesinde, die nicht an Gottesdienst und Katechese teilnahmen, in einem Pfund Wachs bestand und zu Ehren des Patronatsheiligen zu erlegen war.

[60] Cf. StadtAMz LVO 1615 Juli 10, Maeyntzische Ordnung, Art. 8 § 1.

gen oder sich vom Pfarrer aussegnen zu lassen, oder die exakte Definition von Art, Umfang und Ablauf von Hochzeitsfesten sollten auf die Konstituierung eines derartigen Lebensverständnisses präfigurierend wirken, weil der vom Individuum gestaltbare gesellschaftliche Raum beengt und der zeitliche Rahmen des Lebens im Maßstab von Jahr, Woche, Tag und sogar Stunde kirchlich-katholischen Vorschriften unterworfen wurde. Dies betraf nicht nur das Sonntagsgebot oder die Definition der zeitlichen Präsenz im Gottesdienst.[61] Durch die seit Ende des 16. Jahrhunderts wieder eingeschärften Fastengebote wurden mehrwöchige Zeitphasen des Lebensalltags beeinflußt. So wie das katholische Moment nicht im Tod endete – schließlich waren dem Pfarrer die Krankenkommunion und das Beichtehören aufgetragen, die Bevölkerung dagegen zur Inanspruchnahme des Sakraments der letzten Ölung angehalten und der gesamten Gemeinde die Teilnahme an der nach katholischen Zeremonien zu feiernden Beerdigung auferlegt[62] –, begleitete ein katholisiertes Umfeld schon die Kinder und Jugendlichen. Sie sollten, von ihren Eltern und Paten auf dem Weg des katholischen Glaubens geführt, mit diesem Glauben aufwachsen, mit dem sie nicht nur in Gestalt des Pfarrers oder Schulmeisters, sondern auch in Art und Inhalten des ihnen erteilten Unterrichts konfrontiert wurden. Das „ordentliche Gebett gehalten / oder gesungen" setzte Anfang und Ende der Unterrichtseinheiten.[63] Der Weg „auß diesen *triuialibus* zu andern hoehern Schulen"[64] führte im Mainzer Erzstift nur über den Besuch einer katholischen Schule und die Verankerung des katholischen Glaubens in den Verständnishorizont des Jugendlichen. Gleiches galt auch für Handwerksburschen und Lehrjungen, deren Betrieb katholisch und im Erzstift angesiedelt sein sollte.[65]

Die dekretierte Öffentlichkeit des katholischen Bekenntnisses bezog sich auf den Vollzug bestimmter Handlungen durch das Individuum. Sie beschränkte sich nicht auf die Beschneidung von Privilegien der Wirte, Bäcker, Müller und anderer Gewerbetreibenden oder die Pflicht zur Teilnahme an öffentlichen Prozessionen. Die Subordination des traditionellen Arbeitsalltags und dessen Transformation in ein von katholisierten Normen geprägtes Gesellschaftssystem vollzog sich durch seine Ergänzung um ein geregeltes, normalisiertes öffentliches Bekenntnis, das seinen besten Ausdruck in rhythmisch wiederholten Frömmigkeitselementen fand. Die Kirchenordnung von 1615 verlangte, zur Vesper, zum Salve Regina und Ave Maria habe morgens, mittags und abends habe Glockengeläut zu erklingen, „damit jederzeit wie bißhero Catholischem geprauch gemeeß / nit allein in der Kirchen / nach jedeß Orts gelegenheit / sondern auch vff der Gassen / vud in Haeusern / mit entdeckung deß Haupts / vnd sprechung des Englischen gruses / von Jungen vnd alten / Christlichem Allgemeinen herkommen nach / vnuerbruechig gehalten haben / wie in gleichem auch / daß nach alter Christlicher Gewonheit / alle Freytag vmb den Mittag zu gedaechtnuß deß Leiden Christi vnsers einigen Erloesers / vnd Seligmachers / daß

---

[61] Cf. Erfurter Polizeyordnung von 1599, Art. 1 (StAWü Mz.Ingr. 76, fol. 302'–307').
[62] Cf. StadtAMz LVO 1615 Juli 10, Erneuerte Reformation, cap. 10 §§ 1–3.
[63] Cf. StadtAMz LVO 1615 Juli 10, Erneuerte Reformation, cap. 11 §§ 3f.
[64] Ibid. Hervorhebung im Originaltext.
[65] Cf. den Zusatz zu cap. 11 § 3 in den Additionalartikeln von 1617 in: StAWü MRA H 1645, fol. 33f.

Responsorium Tenebrae, nicht allein in den Kirchen / vnd Pfarren / mit Versen vnd Collecten gesungen / sonder auch zu besserer erinnerung / vnd mehrer Andacht deß gemeinen Volcks geleutet werde."[66] Die Gesellschaft sollte demnach während ihres Arbeitstages kollektiv erfaßt und in eine perpetuierte, uniforme, öffentliche Frömmigkeitspraxis eingebunden werden.

All dies hatte zur Folge, daß deviantes Verhalten einzelner Personen schneller und besser markiert werden konnte, weil sich die Betroffenen aus dem Kollektiv ausschlossen. Die Marginalisierung erfolgte nicht nur – wie von den Polizeyordnungen gefordert – durch eine Abwehrreaktion der „gläubigen" Gemeinde, sondern auch durch die öffentliche Selbstmarginalisierung des devianten Individuums, durch seine Selbstabsonderung vom kollektivierten und uniformisierend intendierten Verhalten der dörflichen oder städtischen Großgruppe.

II. Spätmittelalterliche und frühneuzeitliche Wandlungsprozesse in der Mainzer Kirchenverfassung

Obrigkeitliche Maßnahmen im Sinne normativer Festlegungen waren wichtige Elemente der Kirchenreform. Das Antreiben von Veränderungen durch Normsetzung bedeutete zunächst, Normen innerhalb eines institutionellen Rahmens zu entfalten, der nicht statisch blieb, sondern nachhaltigen Wandlungsprozessen unterlag. Diesen Rahmen stellte die kirchliche Verfassung dar, in dem sich die bischöfliche Gewalt im 16. Jahrhundert artikulierte. Die Reichweite von Reformen stand lange Zeit in der Gefahr, durch ungenügende Wirksamkeit geeigneter Instrumente zu ihrer Durchsetzung verkürzt zu werden. Dabei wurde die Autorität der Erzbischöfe insbesondere durch die weiterhin gültige Archidiakonatsverfassung in Frage gestellt.

1. Die Archidiakonate

In Mainz existierten 22 Archidiakonatssprengel, an deren Spitze zumeist die Pröpste der Kollegiatstifte standen.[67] Ihre Zuständigkeit erstreckte sich neben der Notariatätigkeit auf die streitige Gerichtsbarkeit und die kirchliche Strafgerichtsbarkeit, die auf dem bischöflichen Send und der Visitation beruhte und gleichermaßen gegenüber Klerus und Laien ausgeübt wurde.[68] Durch diese Kompetenzfülle stellten die Archidiakone bis zum 14. Jahrhundert eine mächtige Zwischeninstanz dar, die

---

[66] StadtAMz LVO 1615 Juli 10, Erneuerte Reformation, cap. 2 § 5; Hervorhebung im Original. Gleicher Wortlaut in der Polizeyordnung (StadtAMz LVO 1615 Juli 10, Maeyntzische Ordnung), Art. 8 § 2.

[67] Zum Gesamtkomplex der Entwicklung und Entfaltung der Archidiakonate cf. Eugen Baumgartner, Geschichte und Recht des Archidiakonates der oberrheinischen Bistümer mit Einschluß von Mainz und Würzburg (Kirchenrechtliche Abhandlungen 39), Stuttgart 1907, S. 3–10, speziell zur Mainzer Situation S. 96–122; neuerdings Günter Christ/Georg May, Erzstift und Erzbistum Mainz. Territoriale und kirchliche Strukturen (Handbuch der Mainzer Kirchengeschichte 2) (Beiträge zur Mainzer Kirchengeschichte 6), Würzburg 1997, S. 503–520.

[68] Cf. Johann Wolf, Historische Abhandlung von den geistlichen Kommissarien im Erzstifte Mainz, besonders von denen im Eichsfeld, mit Beilagen, Göttingen 1797, S. 19–27; Helmut Fath, Das archidiakonale Gericht zu Aschaffenburg. Die iudices Aschaffenburgensis (Dazu Abb. 4 im Text), in: Aschaffenburger Jahrbuch 5, 1972, S. 51–249, hier S. 112–136.

ihnen eine bischofsähnliche Stellung verschaffte.[69] Sie engten die bischöfliche Machtentfaltung sowie die Möglichkeit der von ihnen Abhängigen, die bischöfliche Entscheidungsgewalt zu suchen, wirkungsvoll ein. Die Mainzer Erzbischöfe begannen daher seit dem Ende des 13. Jahrhunderts gezielt an vielen Orten der Diözese ihre Kommissare einzusetzen, die neben- oder überinstanzlich für ein oder mehrere Archidiakonate zuständig waren.[70] Ihre Kompetenzen deckten sich mit denen der Archidiakone vielfach oder sie rückten in Aufgabenbereiche ein, die ihnen durch die Bestimmungen der Provinzialsynoden des 14. Jahrhunderts auf Kosten der Archidiakone zuerkannt worden waren. Gleichzeitig wurde der Geschäftskreis der Archidiakone weiter eingeengt.[71] Das Verhältnis zwischen Archidiakonat und erzbischöflichem Kommissariat gestaltete sich jedoch nicht ausschließlich unter dem Antagonismus zweier widerstreitender Institutionen der Kirchenverfassung.[72] Zweifellos waren die Kommissare geeignete Instrumente der erzbischöflichen Bemühungen um Rezentralisierung von Macht und Etablierung einer Vikariatsordnung. Die Kommissariatsämter wurden jedoch nicht überall aus erzbischöflicher Souveränität besetzt, sondern an das Wahlrecht der Propsteien gebunden.[73] Oft waren sie auch Instrumente antibischöflicher Reformpolitik der Päpste.[74] Aus der Existenz zweier wesenhaft unterschiedlicher Administrations- und Jurisdiktionsinstanzen mußte nicht zwangsläufig ein sofortiger Konflikt resultieren. Aus den Kommissaren waren allerdings spätestens mit dem Edikt Erzbischof Uriels von 1511 sukzessive direkte bischöfliche Funktionsträger mit umfassenden Kompetenzen geworden.[75] Die archidiakonalen Kompetenzen siechten dahin, beseitigt waren sie jedoch keineswegs.

---

[69] Cf. Baumgartner, Geschichte (wie Anm. 67), S. 113ff.

[70] In Aschaffenburg war der bischöfliche Kommissar ausschließlich für den Sprengel des Propstes des Stifts St. Peter und Alexander zuständig, während das Kommissariat Göttingen ebenso wie das in Erfurt mehrere Archidiakonate auf dem Eichsfeld bzw. in Thüringen versah; cf. Fath, Gericht (wie Anm. 68), S. 153ff.; Bruno Krusch, Studie zur Geschichte der geistlichen Jurisdiktion und Verwaltung des Erzstifts Mainz. Commissar Johann Bruns und die kirchliche Einteilung der Archidiaconate Nörten, Einbeck und Heiligenstadt, in: Zeitschrift des Historischen Vereins für Niedersachsen 1897, S. 112–277, hier S. 135.

[71] Diesen wurde bei Strafe der Suspension die Behinderung von Appellationen an das bischöfliche Gericht untersagt, ihre Gerichtsbarkeit in Klagen die Kirchen, Investitur und Wucher betreffend auf einen Streitwert von 20 Solidi beschränkt, das Dispensationsrecht von der Residenzpflicht für Benefiziaten aberkannt, gleichzeitig die Zuständigkeit der Kommissare bei Kontrolle und Ahndung von Vergehen des Klerus und teilweise der Laien erweitert. Insbesondere wurde den Archidiakonen die Beachtung der Synodalstatuten auferlegt, die eine allgemeine Reform des Mainzer Gerichtswesens mit sich brachte; cf. Wolf, Abhandlung (wie Anm. 68), S. 30–36.

[72] May bringt dies mit folgendem Satz auf den Punkt: „Dennoch kann von einem systematischen Kampf des Mainzer Erzbischofs gegen die Archidiakone keine Rede sein"; cf. Christ/May, Erzstift (wie Anm. 67), S. 519.

[73] Cf. Krusch, Studie (wie Anm. 70), S. 135f., S. 139f.

[74] Dies schien allein deshalb notwendig geworden zu sein, weil während der Mainzer Stiftsfehde von 1328–1338 durch die Kontrahenten die Einsetzung von Kommissaren erfolgte, um Sonderziele außerhalb der eigentlichen *iurisdictio ordinaria* verfolgen zu können; cf. Martin Hannappel, Mainzer Kommissare in Thüringen. Insbesondere die Erfurter Generalkommissare und die Siegler Simon Voltzke und Johannes Sömmering, in: Zeitschrift des Vereins für thüringische Geschichte und Altertumskunde 44 N.F. 36, 1942, S. 146–209, hier S. 159ff., 171f.

[75] Demnach wurden Prüfung, Investitur und Aufsicht über den Pfarrklerus in die Hände der Kommissare gelegt; cf. Wolf, Abhandlung (wie Anm. 68), S. 36; Fath, Gericht (wie Anm. 68), S. 160. Hinsichtlich der Handlungspraxis und dem ambivalenten Verhältnis zwischen Kommissaren und Archidiakonen ist

Zudem war von der Reformation die Integrität der Archidiakonate und der Kommissariate gleichermaßen erschüttert. Das Ausscheiden der hessischen, sächsischen, thüringischen, braunschweigischen und pfälzischen Gebiete aus dem Mainzer Diözesanverband bewirkte den Zusammenbruch beinahe sämtlicher kirchlicher Verwaltungssprengel.[76] Mit Ausnahme von St. Peter und Alexander in Aschaffenburg hatten sämtliche Kollegiatstifte der Erzdiözese Gebiets- und Einkommensverluste zu verkraften, die sie an den Rand der Existenzfähigkeit trieben.[77] Die Kommissariate unterlagen demselben territorialen Zerfallsprozeß, der seine Auswirkungen insbesondere auf die peripheren Diözesananteile im Norden besaß. Sie überlebten, weil die Erzbischöfe sie zur administrativen Neuorganisation des Erzstifts zu nutzen suchten. Entscheidend – und damit zukunftsweisend – sollte sich die Tatsache auswirken, daß sie von den Erzbischöfen ein festes jährliches Einkommen erhielten, das durch einen Anteil an den anfallenden Gebühren ergänzt wurde. So erhielt der Kommissar des später aufgelösten Göttinger Sprengels jährlich 20 Gulden.[78] Wenn auch die wirtschaftliche Situation der Kommissare nur unwesentlich besser war als die der Archidiakone – nur der Aschaffenburger Kommissar konnte sich aufgrund der fast unangetasteten territorialen Integrität seines Sprengels der Krise entziehen[79] –, so wirkte sich die Tatsache, daß sie funktionsfähig blieben, bestandswahrend aus. Zudem wurden auf der Provinzialsynode von 1549 sämtliche Bestimmungen, die die archidiakonalen Befugnisse seit dem Spätmittelalter einschränkten und die kommissarischen damit unausgesprochen befestigten, gesammelt und durch wenige Ergänzungen verschärft. Die Archidiakone verloren schließlich auch das Recht, Geldstrafen zu verhängen, während die Kompetenz der Kommissare um die Prüfung auswärtig ordinierter Pfarrkandidaten und der Schullehrer erweitert wurde.[80] In die gleiche Richtung zielten die Bestimmungen des 1549 erlassenen Konsistorialedikts, in dem sämtliche Gerichtsinstanzen unter das zentrale Geistliche Gericht zu Mainz untergeordenet wurden.[81]

---

m.E. der Einschätzung von Karl Bauermeister, Studien zur Geschichte der kirchlichen Verwaltung des Erzbistums Mainz im späten Mittelalter, in: Archiv für Katholisches Kirchenrecht 97, 1917, S. 501–535, hier S. 505–525, zuzustimmen, der auf die durch Sonderinteressen Dritter (der Kurie, der Erzbischöfe, des Domkapitels oder der Ruraldekane) immer weiter beschränkten Möglichkeiten der Archidiakone verweist und ihre Befugnisse in Abgrenzung zu Baumgartners Auffassung schon im 14./15. Jahrhundert zu großen Teilen auf die erzbischöflichen Kommissare übergegangen sieht.

[76] Diese Entwicklung ist für das Archidiakonat und Kommissariat Nörten auf dem Eichsfeld eindrucksvoll bei Alfred Bruns, Der Archidiakonat Nörten (Veröffentlichungen des Max-Planck-Instituts für Geschichte 17, Studien zur Germania Sacra 17), Göttingen 1967, S. 71, 110, nachvollziehbar.

[77] Für das Stift St. Peter und Alexander: Wolf, Abhandlung (wie Anm. 68), S. 42.

[78] Cf. StAWü Mz.Ingr. 56, fol. 88'.

[79] Cf. Fath, Gericht (wie Anm. 68), S. 237–240, mit Tätigkeitsnachweisen für die Jahre 1521 bis 1555.

[80] Die entsprechenden Bestimmungen von cap. 77, 84 und 96 bei Scheppler, Codex (wie Anm. 15), S. 16–51.

[81] Es wurden die Beschränkung der archidiakonalen Jurisdiktion ausschließlich auf Eheangelegenheiten, Investitur und Wucher sowie der Höhe des Streitwertes auf 20 Solidi bestätigt. In der Realität wurden solche Zugeständnisse an die Archidiakone durch kommissarische Sonderprivilegien unterlaufen, wie die Situation im Aschaffenburger Sprengel beweist, wo seit 1486 dem Kommissar allein das Investiturrecht für Pfarrseelsorger zufiel. Zusätzlich wurde nun den Advokaten, Prokuratoren, Notaren und Pedellen unter Drohung von Suspension und Geldstrafe die Anrufung der Archidiakone außer in den genannten Fällen verboten; cf. Fath, Gericht (wie Anm. 68), S. 160; Scheppler, Codex (wie Anm. 15), S. 54f. (Original: StAWü MRA H 1810, fol. 43–74).

Indem Synodendekrete und Konsistorialedikt die spätmittelalterliche Rechtsentwicklung zu restaurieren vorgaben,[82] wirkten sie auf den Restgehalt der traditionellen Archidiakonatsverfassung erodierend. Zu diesem Zeitpunkt konnte von tatsächlichem Widerstand der Betroffenen nicht mehr die Rede sein.

Im Archidiakonat des Aschaffenburger Stiftspropstes vollzog sich dieser Prozeß archetypisch: Schon 1522 war das letzte Aufbäumen des Propstes Georg von Henneberg ein wirkungslos verhallender Formalakt, der ebenso an der Realität vorbeiging wie seine Wiederholung durch den Nachfolger Propst Livinus von Veltheim.[83] Als 1551 Kaspar Hoyer zum Stiftspropst gewählt wurde, überließ er die archidiakonalen Amtsgeschäfte dem erzbischöflichen Kommissar, der fortan eine konkurrenzlose Gerichts- und Administrationsinstitution darstellte und 1568 erstmals als „Geistlicher Kommissar für das Oberstift" bestallt wurde.[84] Dieser Übergang vollzog sich bruchlos, so daß die Resignation des letzten Stiftspropstes und nominellen Trägers archidiakonaler Befugnisse *ipso iure* im Jahr 1588 nicht mehr als ein formaler, wenn auch in seiner Konsequenz bedeutender Schritt war. In dem seit 1582 ausgetragenen Streit mit dem Stiftskapitel um Einnahmen, Teilnahme des Propstes an und seinen Einfluß auf das Stiftsleben, in dessen Verlauf Dekan und Kapitel dem Propst Jodokus Kammerer Rechtsanmaßung und Pflichtverletzung vorwarfen,[85] stellte der Germaniker schließlich resigniert fest, „… sunt certe Re[veren]diss[i]me Princeps quam plurimae rationes, quae suadent […] & impellunt ut tandem aliquando praeposituram illam tot difficultatibus implicatam deponam modo honeste fueri queat."[86] Kammerer wurde nach dem Tod des Dekans Nikolaus Stegmann zu dessen Nachfolger gewählt und zum Geistlichen Kommissar bestallt.[87] Damit hatte sich in dieser wichtigen Region des Erzstifts seit 1550 ein kaum merklicher, aber fundamentaler verfassungsrechtlicher Wandel vollzogen. Das Archidakonat hatte aufgehört zu existieren, indem es durch die erzbischöfliche Gewalt personell und juristisch übernommen worden war. Weder die Bestimmungen des Tridentinum noch „Beseitigungsaktionen" der Mainzer Erzbischöfe führten zu seinem Untergang. Das Konzil war nicht gegen die Archidiakonate an sich eingestellt. Es verfolgte jedoch mit seinem Auftrag an die Bischöfe, alte Rechte und Pflichten wieder wahrzunehmen, also der *plena potestas episcopi* Geltung zu verschaffen, eine pro-episkopale Politik, deren Rezeption folgerichtig als

---

[82] Cf. Scheppler, Codex (wie Anm. 15), S. 16–51.

[83] Cf. Fath, Gericht (wie Anm. 68), S. 167ff. Gleiches läßt sich im Amöneburger Stift St. Johann beobachten.

[84] Cf. Fath, Gericht (wie Anm. 68), S. 161f.; Christ, Aschaffenburg (wie Anm. 9), S. 34; August Amrhein, Beiträge zur Geschichte des Archidiakonates Aschaffenburg und seiner Landkapitel, Würzburg 1884, S. 29ff.

[85] Cf. StAWü MRA Stifte und Klöster K 662/96: Schreiben des Stiftskapitels vom 30.4.1587.

[86] Ibid.: Schreiben des Propstes an Erzbischof vom 10.2.1588. Konkret nannte Kammerer die Verarmung der Propstei, die unerfüllbaren Forderungen des Kapitels, das ihn nicht zu den Prälaten rechne, aber seine Residenz verlange, und insbesondere die fehlende Jurisdiktionsgewalt als Grund für seinen Schritt. Er resignierte die Propstei zu Händen des Kapitels, das sie wiederum dem Kurerzbischof überließ, der sie künftig als Nebenrang wahrnahm; cf. Christ, Aschaffenburg (wie Anm. 9), S. 36.

[87] Cf. seine Konfirmation vom 5.3.1588 in: StAWü MRA Stifte und Klöster K 662/96.

Aufforderung zur Ausschaltung konkurrierender Instanzen verstanden wurde.[88] Im Mainzer Erzstift stellte sich diese Ausschaltung als ein Überformungsprozeß dar, an dessen Ende die Archidiakonate von den Kommissariaten hinsichtlich ihrer Kompetenzen erstickt und durch die Auswirkungen der Reformation materiell ausgesaugt wurden. An die Stelle der Archidiakone konnte sich nun ungehindert eine Vikariatsverfassung entfalten, deren Funktionsträger in völliger finanzieller, juristischer und funktioneller Abhängigkeit zu den Erzbischöfen standen

Mit der Durchsetzung der Vikariatsverfassung enstanden allerdings weder eine neue Struktur noch neue Behörden. Denn eine teilzentralisierte Verwaltung war durch die spätmittelalterlichen Entwicklungen schon vorgegeben. Die Ausschaltung der antibischöflichen Partikularinteressen zog jedoch keine automatische Hierarchisierung der kirchlichen Verwaltung und Jurisdiktion nach sich. Betroffen waren davon in erster Linie die Generalvikare. Sie mußten erleben, daß die Instanzenwege zwar geordnet, jedoch nicht ihrer alleinigen Verfügungsgewalt subordiniert wurden.[89] Dabei blieb der Bürokratisierungs- und Hierarchisierungsgrad gemessen an anderen Mainzer Institutionen gering. Das Generalvikariat war weniger Behörde als vielmehr persönliches Mandat, dessen Träger sich zudem damit auseinandersetzen mußte, daß der Hofrat selbst in geistlichen Angelegenheiten die höchste Kompetenz beanspruchte.[90] Der Generalvikar trat in der Regel als Einzelperson auf, dem für einzelne Aufgaben bestimmte Personen zugeordnet wurden. Erst 1610 erschien erstmals die Terminologie „Vikariatsamt", ohne daß daraus auf eine kollegialische Behördenorganisation unter Einschluß sämtlicher kirchlicher Oberinstanzen zu schließen wäre.

Diese eher von Nebeneinander als klarer hierarchischer Subordination gekennzeichnete Situation blieb bis in die Mitte 17. Jahrhunderts bestehen. Auch in der Amtspraxis der Geistlichen Kommissare war sie spürbar. Denn so sehr man ihnen die reformerische Exekutive übertrug, so kompliziert blieb ihr Verhältnis zu den übrigen Institutionen, insbesondere zu den anderen geistlichen Gerichten. Während das Geistliche Gericht zu Mainz unbestritten als nächste Instanz zu gerichtlichen Entscheidungen der Kommissare fungierte, war der Instanzenzug im Verhältnis zu dem Geistlichen Gericht zu Erfurt in der Mitte des 16. Jahrhunderts unsicher.[91] Die weiterhin

[88] Zur Diskussion um die Intention und die Wirkung der tridentinischen Dekrete betreffend die bischöfliche Gewalt und den Einfluß von Mediatgewalten wie z.B. die Archidiakone cf. Rudolf Reinhardt, Das Archidiakonat auf dem Konzil von Trient, in: Zeitschrift der Savigny-Stiftung für Rechtsgeschichte 92 KA 61, 1975, S. 84–100; Konstantin Maier, Der Archidiakon in der Reichskirche. Zur Typologie des Amtes im Spätmittelalter und Frühen Neuzeit, in: Römische Quartalschrift 87, 1992, S. 136–158, insbesondere S. 153ff. Beide stellen die Bedeutung des Tridentinums für den Untergang der Archidiakonate in Frage.

[89] Erst nach 1658 wurden dem Generalvikar theoretisch sämtliche kirchlichen Institutionen in der Diözese untergeordnet; cf. Christ/May, Erzstift (wie Anm. 67), S. 581ff.; Georg May, Die Anfänge des Generalvikars in der Erzdiözese Mainz, in: Zeitschrift der Savigny-Stiftung für Rechtsgeschichte 110 KA 79, 1993, S. 189–191.

[90] Cf. Anton Ludwig Veit, Kirchliche Reformbestrebungen im ehemaligen Erzstift Mainz unter Erzbischof Johann Philipp von Schönborn. 1647–1673 (Studien und Darstellungen aus dem Gebiete der Geschichte 7, 3), Freiburg im Breisgau 1910, S. 19.

[91] Cf. Georg May, Die geistliche Gerichtsbarkeit des Erzbischofs von Mainz im Thüringen des späten Mittelalters. Das Generalgericht zu Erfurt (Erfurter Theologische Studien 2), Leipzig 1956, S. 290 mit Anm. 67 unter Verweis auf LAMd -LHA- Rep. A 37a XXII Nr. 50.

fehlende Eindeutigkeit in der Kompetenzabgrenzung machte sich in bestimmten Kommissariaten auch in Auseinandersetzungen zwischen Kommissar und anderen Interessenten um die Ehegerichtsbarkeit[92] sowie in einem sich phasenweise ändernden Zuschnitt der Kommissariatssprengel[93] bemerkbar. Diese Variabilität der Verhältnisse ist auch im Verhältnis zwischen Generalvikariat und Geistlichem Kommissariat erkennbar. Obwohl die Generalvikare als *bracchium ecclesiasticum* bezeichnet wurden, lag der Schwerpunkt der polizeylichen Tätigkeit nicht bei ihnen, sondern bei den Geistlichen Kommissaren, die ihnen formal wohl untergeordnet, jedoch als Beamte vor Ort über genauere Kenntnis und Zugriff auf das lokale Geschehen wie auch über direkten Zugang zur kurfürstlichen Zentralregierung verfügten. Zwar zählte zum Kompentenzbereich des Generalvikars „alles Geistliche, als da ist excommunicare, suspendere, instituere, eligere, visitare, corrigere, vota commutare, dispensare et tota potestas fori poenitentialis"[94], eine enge Verzahnung zwischen ihm und dem Geistlichen Kommissar im Sinne eines steten Anordnungs- und Informationsflusses zwischen oberpolizeylicher Instanz und ausführenden Mittelbehörden ergab sich daraus jedoch nicht. Die entscheidende Schnittstelle blieb der Erzbischof. Während die Geistlichen Kommissare polizeyliche und jurisdiktionelle Aufgaben des Tagesgeschäftes wahrnahmen, nahmen die Generalvikare in der Ausprägung der Vikariatsverfassung bis 1630 die Stellung von jederzeit abrufbaren, oberinstanzlich agierenden Funktionsträgern deligierter kirchenpolizeylicher Gewalt in besonderen Fällen ein. Die in den Quellen faßbaren Kontakte zwischen ihnen und den Geistlichen Kommissaren blieben trotz ihrer hierarchischen Beziehung zueinander – gemessen an dem zunehmenden Arbeitsvolumen – erstaunlich unterentwickelt.

III. Die Geistlichen Kommissare zu Aschaffenburg

Die Geistlichen Kommissare besaßen in zweifacher Hinsicht eine herausragende Stellung: Sie waren einerseits Exponenten erzbischöflicher Machtfülle innerhalb der Vikariatsverfassung, andererseits – und viel wichtiger – stellten sie Exponenten kurerzbischöflicher Macht in der Alltagspraxis dar. Innerhalb der Reformentwicklung agierten sie als Schaltstellen zwischen Norminstanz und Rezeptionsraum.

---

[92] So etwa im Kommissariat Fritzlar; cf. StAWü MRA Stifte und Klöster K 677/733 Ib, insbesondere Schreiben der Gemeinde an Erzbischof vom 18.5.1610 sowie K 678/733 II, Prod. 4–172, insbesondere Prod. 22: Schreiben der Stadtgemeinde an Erzbischof vom 19.5.1623.

[93] Während seit dem Beginn des 17. Jahrhunderts keine Erfurter Siegler mehr zugleich als Generalkommissare bestallt wurden (cf. StAWü Mz.Ingr. 85, fol. 200f.: Bestallung des Jacob Scholl von 1608; StAWü Mz.Ingr. 85, fol. 220f.: Bestallung des Augustin Friedrich von 1615; StAWü Mz.Ingr. 85, fol. 283f.: Bestallung des Urbanus Heun von 1624), wurden die Fritzlarer Kommissare Jodokus von Heidwolf (cf. StAWü Mz.Ingr. 85, fol. 205'f.: Bestallung von 1612) und Georg Matthaei (cf. StAWü Mz.Ingr. 85, fol. 163ff.: Bestallung von 1619) zu Generalkommissaren für Fritzlar und Amöneburg ernannt, ohne daß das Amöneburger Kommissariat vakant gewesen oder aufgelöst worden wäre. Es stellt sich die Frage nach der Bedeutung von Titeln, zumal wenn man bedenkt, daß 1620 Wolfgang Sigismund von Vorburg mit allen kommissarischen Vollmachten betraut, nicht aber mit dem offiziellen Titel eines Commissarius in spiritualibus bedacht wird; cf. StAWü Mz.Ingr. 85, fol. 250'–252: Bestallung vom 5.3.1620.

[94] Zit. nach Veit, Reformbestrebungen (wie Anm. 90), S. 17; cf. auch Christ/May, Erzstift (wie Anm. 67), S. 540f.

1. Curricula der Aschaffenburger Kommissare

Die zwischen 1545 und 1636 amtierenden sieben Geistlichen Kommissare für den Sprengel Aschaffenburg[95] entstammten im Unterschied zu Einzelfällen in anderen Kommissariaten alle dem Kapitel des Kollegiatstifts. Dort hatten sie verschiedene Funktionen und Dignitäten inne. Der Besitz einer Dignität – der Propstei, des Dekanats, der Scholasterie, des Kantorats oder der Kustodie – scheint eine gute Voraussetzung für eine Berufung in das Kommissariatsamt gewesen zu sein.[96] Der vorherige Besitz einer Stiftsdignität stellte zweifellos aber einen Vorteil dar, um mit dem Kommissariat betraut zu werden und über diese Berufung wiederum im Stift eine bessere Pfründe zu erlangen. Hierbei war das Dekanat von besonderem Interesse. Die Vorteile einer solchen Personalunion lagen bei den Funktionsträgern und den Erzbischöfen gleichermaßen. Neben dem Aspekt ihrer materiellen Versorgung darf insbesondere nicht die Intention verkannt werden, mittels der Besetzung der höchsten Dignität, das stiftische Leben und besonders den Lebenswandel der Stifter zu beeinflussen, der über die gesamte Reformzeit hinweg und darüber hinaus zu wünschen übrig ließ.[97]

[95] Für das Aschaffenburger Kommissariat insgesamt cf. Helmut Hinkel, Pfarrer und Seelsorge im Aschaffenburger Raum. Die Landkapitel Montat und Rodgau 1550–1650 (Veröffentlichungen des Geschichts- und Kunstvereins Aschaffenburg e. V. 17), Aschaffenburg 1980, S. 17–20; August Amrhein, Die Prälaten und Kanoniker des ehemaligen Kollegiatstiftes St. Peter und Alexander zu Aschaffenburg, in: Archiv des historischen Vereines von Unterfranken und Aschaffenburg 26 (1882), S. 1–394) amtierten als Geistliche Kommissare:
Peter Wank (1545–1554): Er besaß die Priesterweihe und war zunächst Kustos seit 1540, Dekan zwischen 1546 und 1571.
Johannes Dietz (1554–1576): Seit 1548 war er Kanoniker des Aschaffenburger Stifts, seit 1564 bis 1576 Kantor; cf. Amrhein, Prälaten, S. 118, 188; StAWü Mz.Ingr. 64, fol. 70'–72': Bestallung zum Geistlichen Kommissar vom 24.5.1554; StAWü Mz.Ingr. 71, fol. 6'–8': Bestallung vom 18.4.1555.
Andreas Dietz (1577–1589): Trat als Kanoniker in das Stiftskapitel 1562 ein. Seit 1565 amtierte er bis zu seinem Tod als Scholaster; Amrhein, Prälaten, S. 108, 240; StAWü Mz.Ingr. 71, fol. 194ff.: Bestallung zum Geistlichen Kommissar vom 13.5.1577; StAWü Mz.Ingr. 77, fol. 7ff.: Bestallung vom 20.4.1582.
Jodokus Kammerer (1589–1595): In einer Zeit der Zaghaftigkeit war er eine herausragende Persönlichkeit, wenn es um die Belange der Disziplinierung des Klerus ging. Selbst Anhänger der sog. Vermittlungspartei – und damit einer moderaten Linie – wirkte der Germaniker und Jurist beider Rechte zunächst als Propst, später – nach Übernahme der Propstei durch den Erzbischof – als Dekan des Stifts. Kammerer war maßgeblich an der Redaktion der Agende von 1599 beteiligt. Kammerer war Priester.
Christoph Weber (1596–1617): Er wird als die eigentliche Seele der Reformbewegung im Oberstift beschrieben. Zwischen 1596 und 1603 amtierte er als Scholaster, zwischen 1602 und 1617 als Dekan. Er wurde an der Universität Mainz zum Dr. theol. promoviert. Weber besaß die Priesterweihe. Seit 1617 wirkte er als Weihbischof für Erfurt und das Eichsfeld; StAWü Mz.Ingr. 77, fol. 175ff.: Bestallung zum Geistlichen Kommissar vom 24.2.1596.
Jodokus Dreiser (1617–1620): Der gebürtige Seligenstädter wurde 1589 Kanoniker, 1599 Kapitular. Im Jahre 1609 erhielt er die Kustodie, die er bis 1620 versah.
Sigismund von Vorburg (1620–1645): Jurist und Doktor beider Rechte. Er übte sein Amt auch während der Zeit des Exils aus. Nachdem er zwischen 1624 und 1636 als Kustos amtierte, übernahm er das Dekanat 1636; StAWü Mz.Ingr. 85, fol. 250'–252: Bestallung zum Geistlichen Kommissar vom 5.3.1620.

[96] Die Zentralregierung berief in den anderen Kommissariaten 15 Kandidaten, die in ihren Heimatstiften keine Dignität innehatten, mit ihrer Berufung bzw. bei später anfallender Vakanz einer Dignität innerhalb der stiftsinternen Hierarchie aufrückten, einfache Stiftskanoniker waren oder erst mit der Kommissariatsbestallung in ein Kollegiatstift eintraten; cf. Jendorff, Reformatio (wie Anm. 7), S. 201.

[97] Cf. Jendorff, Reformatio (wie Anm. 7), S. 451–463.

Dies mußte jedoch zu Interessenkollisionen führen.[98] Die erzbischöfliche Zentralregierung folgte insofern traditionellen Rekrutierungsstrategien, als sie das personelle Reservoir der Kollegiatstifte gezielt zur organisatorischen Umsetzung der Reform und Besetzung der Kommissariate nutzte.

Im Gegensatz zu vielen anderen Geistlichen Kommissaren im Erzstift läßt sich von einigen Aschaffenburger Kommissaren ein klares Bild ihrer Ausbildung gewinnen: Ihre überwiegende Zahl war Priester und hatte ein theologisches Studium absolviert. Die Studienorte waren über die gesamte mittelrheinische Region verteilt. Als einziger absolvierte Jodokus Kammerer sein Studium am Germanikum. Drei Kommissare besaßen einen akademischen Grad: Christoph Weber war Doktor der Theologie, Sigismund von Vorburg war Doktor der Rechte, Jodokus Kammerer war Doktor beider Rechte. Rechtsgelehrte waren demnach besonders gefragt und die Amtstätigkeit dieser Männer bestätigte eine solche Personalpolitik. Von den graduierten Kommissaren ging ein über ihre unmittelbaren Tätigkeitsfelder hinausreichendes reformerisches Engagement aus. Jodokus Kammerer beteiligte sich an der Redaktion der 1599 herausgegebenen Mainzer Agende,[99] Sigismund von Vorburg ist als Verfasser zahlreicher juristischer Schriften zu den Reichsreligionsgesetzen, dem Corpus iuris canonici und den Reichskonkordaten bekannt,[100] und Christoph Webers Karriere setzte sich als Erfurter Weihbischof fort. Diese herausragenden Beispiele einer gelungenen Personalpolitik dürfen andererseits nicht über deren Grenzen hinwegtäuschen. Die Kommissariate unterlagen sehr unterschiedlichen regionalen Rahmenbedingungen. Die geographische Nähe zum Zentrum der Macht, die Größe und Geschlossenheit des Sprengels sowie die Dotierung und Handhabbarkeit der Stiftspfründe hoben das Aschaffenburger Kommissariat aus der Gruppe der übrigen Sprengel heraus. Die gravierenden Niveauunterschiede der Reformentwicklung in den erzstiftischen Regionen sind nicht zuletzt auf die unterschiedliche Qualifikation der Kommissare zurückzuführen. Denn die Kollegiatstifte boten zwar quantitativ, nicht aber qualitativ ein großes Reservoir, was die Suche nach geeigneten Kandidaten nicht selten mühsam gestaltete.[101] Die strukturelle Unmöglichkeit, wichtige Positionen schnell, stetig und adäquat mit Personal aus den eigenen Reihen zu besetzen, erzwang das Ausweichen auf andere personelle Reservoirs.

2. Der Raum und die Kompetenzen der Kommissare

Die Auswirkungen der Reformation und die Bemühungen um eine katholische Kirchenreform im Erzstift Mainz machten sich nicht zuletzt in der räumlichen Reorganisation der Kommissariatssprengel bemerkbar, das heißt bei der Re-Formierung oder Neubildung von Landkapiteln. So wurde in der seit 1581 zum Erzstift gehörenden Herrschaft Königstein nach 1604 ein eigenes Landkapitel aufgebaut, dem die

---

[98]   Cf. Jendorff, Reformatio (wie Anm. 7), S. 461f.

[99]   Cf. Franz Falk, Die Correctoren und die Correctur der gedruckten liturgischen Bücher des ehemaligen Erzstifts Mainz, in: Der Katholik 80, 1900/II (3. F. 22), S. 530–546, hier S. 538f.

[100]   Cf. Josef Benzing, Der Aschaffenburger Stiftsdekan Wolfgang Sigismund von Vorburg und seine Schriften, in: Aschaffenburger Jahrbuch 3, 1956, S. 112–117, hier S. 116f.

[101]   Cf. Jendorff, Reformatio (wie Anm. 7), S. 202f.

Wetterauer Pfarreien eingegliedert wurden.[102] Um 1600 scheint es auf dem Eichsfeld zu einer Umgruppierung der Dekanate gekommen sein.[103] Selbst in den Kerngebieten des Erzstifts – wie etwa dem Archipresbyteriat Mainz[104] – wurden Landkapitel neu gegliedert. Im oberstiftischen Kommissariat Aschaffenburg wurde der Zuschnitt der Landkapitel 1629 geändert.[105] Aus ehemals drei Sprengeln wurden fünf Dekanate gebildet, deren Größen eine Varianz zwischen 19 und 24 Gemeinden aufwiesen. Nach der Gründung des Landkapitels Lohr 1611 bedeutete diese Neuformierung nun ein generelles Revirement und für die drei traditionellen Dekanate den Verlust einer beträchtlichen Anzahl von Pfarrgemeinden. Das neugebildete Main-Dekanat (Dekanat Miltenberg) wurde aus den Dekanaten Taubergau (Tauberbischofsheim) und Montad (Ostheim) herausgeschnitten, das Landkapitel Spessart (Lohr) erhielt Pfarreien des Dekanats Rodgau (Seligenstadt).[106] Die Dekanatsgliederung orientierte sich demnach an der Geographie des Oberstifts und versuchte das Dekanat für die Zwecke von Aufsicht und Kontrolle wie auch von korporativer Existenz übersichtlich zu gestalten, indem man die geographischen Zugangswege verkürzte und die Zahl der Kapitelsmitglieder auf ein übersichtliches Maß beschränkte. Diese Neugliederung der oberstiftischen Dekanate war jedoch keinesfalls ein abschließender Vorgang. Ihr Zuschnitt wurde in den folgenden Jahrzehnten immer wieder den aktuellen Bedürfnissen angepaßt.[107]

Aus der Wahrnehmung erstinstanzlicher Jursidiktion und regionaler Polizeygewalt resultierte auf der mittleren Verwaltungsebene eine bis dahin einmalige Kompetenzballung einer Institution im Sinne einer zentralisierten Kirchenpolizey. Das Geistliche Kommissariat wurde zu einer administrativen Behörde geformt, die im Unterschied zu den Archidiakonaten ihre Funktion in ausschließlicher Abhängigkeit von der Zentralregierung als beauftragte Verwaltung ausübte. Gemäß den Bestallungsdekreten übertrugen die Erzbischöfe ihren Kommissaren „plenam auctoritatem […]

---

[102] Cf. Wilhelm Fabricius, Erläuterungen zum Geschichtlichen Atlas der Rheinprovinz V/2: Die Trierer und Mainzer Kirchenprovinz. Die Entwicklung der kirchlichen Verbände seit der Reformationzeit (Publikationen der Gesellschaft für Rheinische Geschichtskunde 13), Bonn 1913, S. 673.

[103] Cf. Bernhard Opfermann, Die kirchliche Verwaltung des Eichsfeldes in seiner Vergangenheit. Ein Handbuch mit 5 Karten, Leipzig 1958, S. 62ff.

[104] Hier ging das Landkapitel Nieder-Olm wohl nach dem Dreißigjährigen Krieg aus dem alten Archipresbyteriat Mainz hervor; cf. Wilhelm Fabricius, Beiträge zur kirchengeschichtlichen Geographie von Hessen, in: Beiträge zur Hessischen Kirchengeschichte 4, 1911, S. 171–186, 239–247, hier S. 184.

[105] Cf. StAWü MRA H 1918, fol. 1–4: Schreiben der Mainzer Zentralregierung an den Geistlichen Kommissar zu Aschaffenburg vom 18.12.1629. Noch 1625 hatte das Aschaffenburger Kommissariat einen anderen Zuschnitt der Dekanate schriftlich niedergelegt; cf. August Amrhein, Beiträge zur Geschichte des Archidiakonates Aschaffenburg und seiner Landkapitel, Würzburg 1884, S. 16–28.

[106] Die neue Pfarreigliederung in: Alexander Jendorff, Der Aufbau des Landkapitels Lohr 1611–1630. Zur Entwicklung von Wesen und Funktion einer geistlichen Körperschaft im Kurerzstift Mainz im Zeitalter der Katholischen Reform, in: Würzburger Diözesangeschichtsblätter 60, 1998, S. 305–331, hier S. 312 Anm. 44.

[107] Cf. Veit, Reformbestrebungen (wie Anm. 90), S. 52f., der allerdings nur pauschal von einer Reorganisation der Landkapitel in der Mitte des 17. Jahrhunderts spricht. Aussagekräftiger dagegen die Übersicht der Dekanate nach dem Stand von 1797 in: Friedhelm Jürgensmeier, Das Bistum Mainz. Von der Römerzeit bis zum II. Vatikanischen Konzil (Beiträge zur Mainzer Kirchengeschichte 2), Frankfurt am Main 1988, S. 325–329.

excessus, defectus et crimina subditorum nostrorum, clericorum et laicorum quorumque exemptorum et non exemptorum […] corrigendi et emendandi ac de excessibus, defectibus et criminibus secundum iuris formam inquirendi: delinquendo pro modo delictorum puniendi, capiendi, incarcerandi et detinendi, statuta prouincialia […] transgressores exequendi et servare faciendi, poenas […] exequendi, aggrauandi, reggrauandi ipsasque tollendi, […] testamenta […] clericorum et laicorum examinandi, […] procuratores in praemissis constituendi".[108]

Dabei kam der Aufsicht über den Pfarr-, Stifts- und Regularklerus besondere Aufmerksamkeit zu. Konkret hieß dies, die Residenzpflicht der Stiftskanoniker wie auch die *stabilitas loci* der alten Orden zu kontrollieren, gegen vagierende Religiosen vorzugehen, für die Abfassung und Umsetzung von Testamenten von Klerikern zu sorgen, auf die bischöfliche Konfirmation der Konventsvorsteher zu drängen, Mehrfachbenefikationen nur mit Dispens zuzulassen und die vom Klerus zu zahlenden Steuern und Abgaben sicherzustellen oder diese zu erlassen. Bei der allgemeinen Aufsicht über die Stifter und Klöster entfalteten die Kommissare eine rege, wenn auch häufig fruchtlose Tätigkeit. Im Oberstift wurden etwa 1564 von zehn Strafen allein neun gegen Stiftskleriker verhängt, 1566 wurden fünf Kanoniker bestraft, 1584 sechs Stiftsherren, 1588 noch zwei und 1603 immerhin noch einer.[109] Dabei konnte es sich nachteilig auswirken, daß die Kommissare – sofern sie nicht Dekan des Stifts waren – als externe Instanzen in Stiftsangelegenheiten einzugreifen suchten. Kollegiatstifte und Klöster wußten ihren sehr begrenzten Spielraum zu nutzen. Konnten die Aschaffenburger Kommissare uneingeschränkt die Disziplinierung der Stiftsgeistlichkeit betreiben, wies der Amöneburger Kommissar 1580 darauf hin, daß die „excessus der stifts personen, hat d altem prauch nach das capitul einzunemen: der grossen excessen aber hette sich R^mus. od Ire Churf. G. commissarius anzunemen"[110]. Die kommissarische Supervision wurde auch hinsichtlich der Klöster ausgebaut. Die Teilnahme der Kommissare an der Wahl der Konventsvorsteher, nicht selten auch deren Bestimmung im Vorfeld oder unmittelbar, sowie die Verwaltung der Klostergüter durch direkte Eingriffe oder Einsetzung eines Klosterschaffners wuchsen den Kommissariaten als Aufgabe zu.[111]

Eine ähnliche Kompetenzballung entwickelte sich auch gegenüber den Pfarrseelsorgern, die wenigstens in der Theorie einer lückenlosen Aufsicht unterlagen. Dies begann offiziell mit der schriftlichen Unterrichtung des Kommissars von der Nomination des Bewerbers durch den Inhaber des Präsentationsrechtes an der Pfarrei und setzte sich mit dem Pfarrexamen fort. Erst danach erfolgte die Investitur. Dieses Verfahren war in den Händen der Zentralregierung oder in ihrer Vertretung durch die Kommissare monopolisiert.[112]

---

[108] StAWü Mz.Ingr. 85, fol.205': Bestallung des Jodokus von Heidwolf zum Geistlichen Kommisar zu Fritzlar 1612; ebenso in: StAWü MRA H 1188: Ernennungsschreiben für Petrus Musculus zum Geistlichen Kommissar von Amöneburg vom 9.8.1626; cf. auch das Bestallungsschreiben für den Heiligenstädter Kommissar Christoph Jagemann vom 22.03.1636 bei Wolf, Abhandlung (wie Anm. 68), S. 27ff.

[109] Cf. DDAMz Alte Kästen K 53/8.f.I-VI: Kommissariatsrechnungen 1564–1588; DAW Komm. Aschaff., fol. 117f.

[110] StAWü MRA H 2164: Bericht der erzbischöflichen Kommission vom 1.2.1581.

[111] Cf. Jendorff, Reformatio (wie Anm. 7), S. 387–418.

[112] Cf. StAWü MRA H 1708: Erzbischöfliches Mandat vom 30.6.1607.

Damit entglitt der Pfarrklerus jedoch keineswegs dem Zugriff der Mittelbehörde. Direkte Kontrolle wurde während der Pfarrvisitationen, die in unregelmäßigen Abständen vorgenommen wurden, ausgeübt. Regelmäßiger wurde auf den Konferenzen der Landkapitel unter der Aufsicht des Geistlichen Kommissars eine jährliche Zustandsanalyse durchgeführt. Das geistliche Regiment konnte sich auf diese institutionalisierte, korporativ vorgenommene Form der Aufsicht stützen, durch die die Kommissare detailliert Auskunft über die persönlichen Umstände der Pfarrer und den Zustand ihrer Pfarreien aus Sicht der unmittelbar Betroffenen und ihrer Amtsbrüder erhielten.[113] Deshalb betrieben die Aschaffenburger Kommissare auch in ihrem Sprengel intensiv die Restabilisierung oder den Aufbau einer funktionierenden Dekanatsstruktur.[114] Der Zugriff der Kommissare endete schließlich auch im Tod nicht: Der Pfarrklerus wurde jährlich angehalten, ein Testament aufzusetzen, die Testamentszeugen zu benennen und das Testament beim Kommissariat zu hinterlegen, der infolge regelmäßig die Vollstreckung vornahm, das heißt die Erben informierte, das Erbe inventarisierte und es im Falle des Todes *ab intestato* zugunsten des kurfürstlichen Fiskus einzog.[115] Die Kompetenzen der Kommissare beinhalteten jedoch nicht nur Aufsicht und Kontrolle des Pfarrklerus in moralischer, dogmatischer und funktioneller Hinsicht, sondern auch seine umfangreiche Unterstützung. Sie stellten einen Ansprechpartner dar, wenn es um das Wohlbefinden der Pfarrer,[116] um den Bau oder die Reparatur des Pfarrhauses,[117] eine zu geringe Pfarrkompetenz,[118] Probleme in oder mit der Gemeinde oder den Pfarrpatronen[119] sowie die Beschaffung von Gesang- und Gebetsbüchern, Amuletten, Rosenkränzen[120] ging. Auf diesem Wege erhielten sie Informationen über die Pfarrgemeinden, die sie in der Lage versetzten, nachhaltig auf das Leben vor Ort einzuwirken.

Denn ihre Aufgabenstellung gegenüber den Laien implizierte eine umfassende Kirchenpolizey. Hierbei verfolgten zumindest die Aschaffenburger Kommissare seit dem Beginn des 17. Jahrhunderts eine auf Zentralisierung und Objektivierung des Eheexamens zielende Politik, indem sie entweder eine möglichst große Zahl von Pfarreien des Aschaffenburger Umlandes ihrem direkten Zugriff unterstellten[121] oder das Prüfungsrecht in zunehmenden Maße und seit 1615 ausschließlich den Dekanen

---

[113] Cf. hierzu symptomatisch DAW Dekanats-Akten Lohr K. 3 Fasz. 4: Protokoll der Landkapitelsitzung von 1615.

[114] Cf. Jendorff, Aufbau (wie Anm. 106), S. 313–321.

[115] Cf. DAW Dekanats-Akten Lohr K. 1 Fasz. 1; StAWü MRA H 1330: Akte der Regierung betreffend die Verlassenschaft des *ab intestato* verstorbenen Pfarrers Johann Dominicus; StAWü MRA H 1329: Verlassenschaft des Pfarrers Philipp Faust; LAMd -LHA- Rep. A 37a XXII Nr. 51: Verlassenschaften mehrerer Kleriker auf dem Eichsfeld.

[116] Cf. StAWü MRA Stifte und Klöster K 738/2696.

[117] Cf. StAWü MRA H 1536.

[118] Cf. StAWü MRA H 2282; StAWü MRA H 2790.

[119] Cf. StAWü Mainzer Regierungsakten XII, Vikariatsakten 86/216 Nr. 8.

[120] Cf. DAW Dekanats-Akten Miltenberg K. 1 Fasz. 1: Protokoll der Landkapitelkonferenz von 1615; Hinkel, Pfarrer (wie Anm.95), S. 19.

[121] Cf. die bei Veit, Kirche (wie Anm. 12), S. 81f., erstellte Liste mit den Pfarreien, die allerdings nicht vollständig ist. Demnach nahm der Kommissar jede Gelegenheit wahr, selbst das Brautexamen durchzuführen; cf. etwa DAW Komm. Aschaff., fol. 302ff.

und Definitoren der Landkapitel zubilligten.[122] Hatten vor der Jahrhundertwende die Pfarrer das Examen vorgenommen, wurden sie später angewiesen, die Nupturienten gegenseitig auszutauschen oder an die Dekane zu verweisen, um eine sachliche Prüfung zu gewährleisten.[123] Ausnahmen wurden im Oberstift nur noch „ob distantiam" gestattet.[124]

Die Kompetenz der Geistlichen Kommissare gegenüber den Laien setzte sich in der Ehegerichtsbarkeit fort. Ehehindernisse und -versprechen wurden von ihnen verhandelt, nicht zuletzt weil derartige Fälle religionspolitisch brisant sein konnten. Dies galt weniger für diejenigen Paare, die in allzu naher Blutsverwandtschaft zueinander standen, weil hierfür notfalls Dispens eingeholt werden konnte.[125] Dagegen waren Ehehindernisse aufgrund konfessioneller Verschiedenheit der Kontrahenten – insbesondere in den Grenzgebieten – politisch schwierig. Denn sehr schnell konnte der Fall durch weitverzweigte interterritoriale Verwandtschaftsverhältnisse und Involvierung eines benachbarten Reichsstandes zum Politikum werden.[126]

Aus der Kompetenz der Kommissariate in Eheangelegenheiten ergaben sich Weiterungen, die tief in das Privatleben der Menschen eingriffen und Verhandlungen vor den Kommissaren zum Tribunal über Familienverhältnisse werden ließen. Dies betraf in erster Linie die Verhandlung von Unzuchtsfällen, in denen die Delikte Hurerei und voreheliche Schwängerung geahndet wurden. Bei diesen sich in der Regel aufgrund ausgedehnter Zeugenvernehmung über mehrere Sitzungen erstreckenden Fällen standen materielle und Ehraspekte im Vordergrund. Fragen der Disziplinierung und Moralisierung von seiten der zu Gericht sitzenden Kommissare schlossen sich je nach Verhandlungsgegenstand und Ursprung der Klage erst als Folge der von den Klägern intendierten Schuld- und Forderungsfeststellung an.[127] Wurden derartige Fälle anderweitig bekannt, zitierte das Kommissariat das delinquente Paar. Es genügte, wenn – wie im Fall der beklagten Oswald Gerber und Catharina Benedict – ein Teil nicht die übliche Trauerzeit einhielt und „wid alle erbarkeit des christlichen ehe sich gleich nach absterben vd fast innerhalb deß dreissigsten widerumb von

---

[122] Cf. Veit, Kirche (wie Anm. 12), S. 82 mit Anm. 2.

[123] Cf. Veit, Kirche (wie Anm.12), S. 82; DAW Dekanats-Akten Lohr K. 3 Fasz. 4: Protokoll der Landkapitelkonferenz von 1612 und 1628; DAW Dekanats-Akten Miltenberg K. 1 Fasz. 1: Protokoll der Landkapitelkonferenz von 1623.

[124] Cf. Veit, Kirche (wie Anm. 12), S. 82; Scheppler, Codex (wie Anm. 15), S. 86–92: Matrimonialordnung von 1582, die nur die dreimalige Proklamation durch den Pfarrer, die Pflichtbeichte und -kommunion kannte; StadtAMz LVO 1615 Juli 10, Erneuerte Reformation, cap. 9 § 2.

[125] So wurde etwa dem Aschaffenburger Kommissar Christoph Weber 1603 das Dispensationsrecht für Verwandtschaftsverhältnisse dritten und vierten Grades eingeräumt; cf. StAWü Mz.Ingr. 80, fol. 85f. Dabei war die Dispensationspraxis der einzelnen Kommissare sehr unterschiedlich.

[126] Als im Fall der konfessionsverschiedenen Kontrahenten Hans Spring und Elisabeth Englers aus dem mainzisch-hanauischen Kondominaten Partenstein und Wüstethal der Lohrer Oberamtmann Hartmut von Kronberg dem Kommissar Weber zur gütlichen Regelung der Angelegenheit riet, weil die Hanauer Regierung es nicht unterlassen werde, sich mit der Angelegenheit zu beschäftigen und Streit vom Zaun zu brechen, gab dieser sichtlich widerwillig nach und erteilte den Dispens; cf. DAW Komm. Aschaff., fol. 104f.

[127] Cf. DAW Komm. Aschaff., fol.1, 297ff.

neuem angehengt darauff sponsalia contrahirt"[128] zu haben, um mit empfindlichen Strafen belegt zu werden.

Ähnlich streng wurden andere Delikte im Bereich der Kirchenzucht geahndet, sofern die Delinquenten namhaft gemacht werden konnten. Verstöße gegen das Fastengebot[129] zogen Strafen zwischen acht und zwanzig Gulden nach sich, „wegen vollerey vndt vnbedachtsamkeit" wurde Heinrich Reinhard 1604 mit zehn Gulden bestraft,[130] und der wiederholte Bruch des Feiertagsgebotes kostete Kilian Schauermann zehn Gulden,[131] was der urteilende Kommissar Weber noch als milde bezeichnete. Inwieweit die Kommissare diejenigen Personen, die sich der Osterkommunion und Osterbeichte verweigerten, zitierten, ist archivalisch nicht faßbar. Sicher ist, daß spätestens mit Beginn der 17. Jahrhunderts quantitative Erhebungen in den Pfarreien vorgenommen wurden. Im Oberstift befragten die Kommissare stereotyp die Pfarrer über die Zahl der Verweigerer,[132] seit 1610 waren die Dekane ausdrücklich durch den Erzbischof angewiesen, einen entsprechenden Katalog anzufertigen und nach Mainz zu senden, was auf dem Eichsfeld 1611 nachvollzogen wurde.[133] Ob aus diesen Erkenntnissen eine unmittelbare Zitation und Verurteilung der Delinquenten erfolgte, ist nicht zu erkennen. Sicher ist nur, daß die Möglichkeit bestand, ungehorsame Laien wie auch nachlässige Pfarrer mit fünf Gulden Strafe zu belegen.[134]

Ein letzter herausragender Bereich kommissarischer Tätigkeit stellte die Beratungsfunktion für die Erzbischöfe dar. Sie war für die Anwendbarkeit von Verordnungen – insbesondere in Ehe- und Taufangelegenheiten – von großer Bedeutung, insofern sich durch die Einfügung der von den Mittelinstanzen als nötig erkannten Verbesserungen im kirchlichen Polizeywesen ein effektiver Austauschprozeß zwischen normativer und exekutiver Ebene manifestierte, der das Netz sozialer Kontrolle enger knüpfte. Die Erfahrungen der Geistlichen Kommissare wurden von den Erzbischöfen gezielt gesucht, sofern diese in ihren Berichten nicht von sich aus Korrektur- bzw. Optimierungsvorschläge machten. So wurde die 1599 herausgegebene Agende maßgeblich vom Aschaffenburger Kommissar Kammerer verfaßt,[135] die im Juli 1615 erlassene Kirchenordnung durch die Gutachten der Mittelinstanzen präzisiert und optimiert.[136] 1617 gaben die Geistlichen Kommissare ihre Stellungnahme für die Neuauflage der Matrimonialordnung ab[137]. Die Beratungsfunktion der Kommissare förderte die Verdichtung des bestehenden Netzes sozialer Kontrolle.

---

[128] Cf. DAW Komm. Aschaff., fol.16f.

[129] Cf. DAW Komm. Aschaff., fol. 182, 187, 283f.

[130] Cf. DAW Komm. Aschaff., fol. 87–89, hier: fol. 89.

[131] Cf. DAW Komm. Aschaff., fol. 58f.

[132] Cf. DAW Dekanats-Akten Lohr K. 3 Fasz. 4; DAW Dekanats-Akten Miltenberg K. 1 Fasz. 1.

[133] Cf. Wolf, Abhandlung (wie Anm. 68), S. 117 mit Anm. y.

[134] Cf. DAW Dekanats-Akten Montad K. 1 Fasz. 2, fol. 1–3: Schreiben des Erzbischofs an den Dekan des Ruralkapitels vom 19.3.1609.

[135] Cf. Falk, Correctoren (wie Anm. 99), S. 538f.; Veit, Kirche (wie Anm. 12), S. 40.

[136] Cf. StAWü MRA H 1645.

[137] Cf. Veit, Kirche (wie Anm. 12), S. 80 mit Anm. 1; StAWü MRA H 1807.

Einmütig forderten sie mehr „Gleichförmigkeit"[138], d. h. die konzise, durchgreifende Beachtung der bestehenden Gesetzgebung und Beseitigung von Ausnahmen. Zugleich reflektierten sie die regional unterschiedlichen Problembereiche und Realitäten Mainzer Kirchenpolizey.

3. Die Amtspraxis

Die Institution „Kommissariat" bürokratisierte sich langsam, aber stetig. Eine solche Beurteilung muß allerdings berücksichtigen, daß die kirchlichen Institutionen im Vergleich zur säkularen Sphäre bereits im Hochmittelalter ein hoher Schriftlichkeitsgrad auszeichnete. Zudem waren die Kommissariate auf eine Person zugeschnitten. Die Kommissare verfügten gemessen an ihrem Aufgabenbereich nur über einen kleinen Mitarbeiterstab, der zwei bis drei Schreiber, einen Notar und in manchen Fällen einen Vizekommissar umfaßte. Mit dieser geringen Personenzahl wurden die umfangreichen Aufgaben bewältigt, die in der Regel vom Kommissar persönlich erledigt wurden. Häufige Reisen waren ein Signum seiner Tagesarbeit. Die Aufgaben der geistlichen Jurisdiktion wurden – wie etwa in Aschaffenburg – von einem geistlichen Assessor und einem Sekretär begleitet,[139] denen zeitweise ein weltlicher Adjunkt beigegeben wurde.[140] An den Rechtsverfahren waren nur einige Amtspersonen beteiligt, wobei der Kommissar als alleiniger Richter fungierte. Es bestand keine Kollegialität, und der Kommissar war – im Gegensatz zu den Archidiakonen[141] – nicht verpflichtet, die im Kommissariat arbeitenden Funktionäre aus den Stiftskapiteln zu berufen. Belege für die fortgeschrittene Formalisierung der Geschäftspraxis lassen sich nur für das Kommissariat des Sigismund von Vorburg nachweisen. In den von ihm entworfenen, elf Punkten umfassenden Kanzleiregeln der Zeit zwischen 1624 und 1636 finden sich Bestimmungen zur Abnahme und Behandlung des Eidschwurs, zum Umgang mit Streitobjekten bei Provisions- und Zehntklagen, zur Verantwortung des Vaters für die Einhaltung der Matrimonialordnung, zum Modus der Urteilverkündung und der Straferlegung sowie zur Urlaubsregelung für die Bediensteten des Kommissariats.[142]

Die Frage nach Quantitäten und Gegenständen der kommissarischen Jurisdiktionspraxis kann durch den einzig verbliebenen Protokollband des Aschaffenburger Kommissariats aus dem Jahre 1604 näher beleuchtet werden.

---

[138] Cf. StAWü MRA H 1807, fol. 4f.: Gutachten des Amöneburger Kommissars Musculus vom 2.6.1617.

[139] Cf. Fath, Gericht (wie Anm. 68), S. 162.

[140] Im Rechnungsjahr 1627/28 etwa fielen im Kommissariat Aschaffenburg für die Besoldung eines Pedells, eines Adjunkten und eines Notars insgesamt 93 Gulden zuzüglich des Gehaltes für den Kommissar in Höhe von 86 Gulden an; cf. StadtAMz LVO 1628.

[141] Cf. Fath, Gericht (wie Anm. 68), S. 101f.

[142] Cf. Amrhein, Beiträge (wie Anm. 105), S. 32–35.

Tab. 1: Auswertung des Protokollbandes insgesamt

Kategorie	Zahl der Fälle	
	absolut	prozentual
Ehesachen	34	37
Klerus	26	28
Zuchtdelikte	16	18
materielle Klagsachen	14	15
Varia[143]	2	2
Total	92	100

Die Auswertung zeigt, daß in der überwiegenden Zahl der Fälle das Kommissariatsgericht in Eheangelegenheiten aktiv wurde. Mit Abstand folgten Verhandlungsgegenstände, die Kleriker betrafen. Alle übrigen Fallgruppen nahmen eine nachrangige Position ein.

Eheangelegenheiten waren keine einförmige Materie. Sie umfaßten vielfältige Verhandlungsgegenstände und unterschiedliche soziale Begegnungsformen.

Tab. 2: Aufschlüsselung der Kategorie Ehesachen

Kategorie	Zahl der Fälle	
	absolut	prozentual
Eheversprechen	21	62
Ehehindernisse	7	20
Ehestreitsachen	4	12
Brautexamen	1	3
Schwangerschaftsfall	1	3
Total	34	100

Eheangelegenheiten waren die am häufigsten vor dem Geistlichen Kommissariat zu Aschaffenburg verhandelten Gegenstände. Solche Verfahren wurden vornehmlich von Frauen oder deren Rechtsvertretern – zumeist ihren Vätern – eingeleitet. In der

---

[143] Die Fallgruppe der Varia umfaßte den Fall einer Bitte um Erlaubnis, an einer Peregrinatio teilnehmen zu dürfen, und die Vergehen eines Schulmeisters.

Mehrzahl der Fälle handelte es sich dabei um die Verhandlung eines Eheversprechens. Die diesbezüglichen 21 Fälle thematisierten in ihrer weit überwiegenden Zahl die Einhaltung eines gegebenen Eheversprechens, wie es Elisabeth Wiltz einklagte, nachdem sie mit ihrem Anliegen vor dem Amtmann zu Alzenau nicht durchgedrungen war.[144] Das Geistliche Kommissariat war demnach eine bewußt gesuchte Anlaufstelle von hilfesuchenden Frauen, die bei anderen, gerade auch weltlichen Instanzen mit ihrem Anliegen nicht hatten durchdringen können. Appolonia Ühlens etwa verklagte Friedrich Schuwart, der sein Eheversprechen nicht einhalten wollte, weil seine Eltern Einspruch erhoben hatten. Kommissar Weber beurteilte dies als unerheblich und stellte den Mann vor die Wahl, die Klägerin zu heiraten oder 25 Gulden Strafe nebst den Gerichtskosten zu zahlen. Dies war eine relativ niedrige Summe, die in anderen Fällen auf bis zu 100 Talern erhöht werden konnte.[145] Der Geistliche Kommissar übte nicht nur bei solchen Zuerkennungsklagen einen Schutz für Frauen aus, sondern auch bei deren Versuchen ein Eheversprechen aufzulösen. Vier Mal klagten Personen um die Aufhebung eines Versprechens, davon zwei Mal Frauen. Eine von ihnen suchte Schutz vor ihrem Dienstherrn, der sie vergewaltigt und ihr ein Eheversprechen abgenötigt hatte.[146] Eine andere wünschte trotz Schwangerschaft losgesprochen zu werden.[147] Beide erhielten Recht zugesprochen. Selbst wenn ein Mann plausible Gründe für seinen Wunsch nach Aufhebung des Eheversprechens vorbringen konnte, weil etwa sich die Frau bereits wieder mit anderen Männern eingelassen[148] oder gar einen mysteriösen Selbstmordversuch begangen hatte,[149] plädierte Kommissar Weber für die Frau und drohte den Männern mit empfindlichen Strafen. Frauen hatten vor seinem Gericht in der Regel einen guten Stand, wobei sein Augenmerk in erster Linie auf die Gültigkeit und Wahrung oder Beförderung des Eheinstituts gerichtet war. So zögerte er nicht, ein rechtsgültig gegebenes Eheversprechen auch gegen den Willen der Eltern – und damit entgegen dörflichen Traditionen – durchzusetzen, damit das „verspruchnus sol effectuirt vnd durch diß ehebanden vnd kirchgang bestetigt werden."[150] Dennoch darf man Weber attestieren, daß er einen wirksamen Opferschutz betrieb, der auch die Scheidung einer Ehe wegen Unerträglichkeit im Sinne der betroffenen Ehefrau vorsehen konnte.[151]

Neben den Eheversprechen wurden als zweit häufigste Fallgruppe Ehehindernisse verhandelt, die sich zumeist mit der Frage des Verwandtschaftsgrades beschäftigten und für alle verhandelnden Parteien eine massive Herausforderung darstellten, insofern sich die Durchleuchtung der Verwandtschaftsverhältnisse durch Herbeischaffung von Beweisen und Zeugen als mühsam und langwierig erwies.

---

[144] Cf. DAW Komm. Aschaff., fol. 310f.
[145] Cf. DAW Komm. Aschaff., fol. 219f.
[146] Cf. DAW Komm. Aschaff., fol. 172–182.
[147] Cf. DAW Komm. Aschaff., fol. 6ff.
[148] Cf. DAW Komm. Aschaff., fol. 209–211.
[149] Cf. DAW Komm. Aschaff., fol. 30f.
[150] Cf. DAW Komm. Aschaff., fol. 75e.
[151] Cf. DAW Komm. Aschaff., fol. 18f.

Tab. 3: Aufschlüsselung der Kategorie Klerus

Kategorie	Zahl der Fälle	
	absolut	prozentual
Zucht	7	23
Pfarrexamen	6	19
Verlassenschaften	6	19
Klagen Kleriker vs Laien	5	17
Konkubinatsfälle	3	10
Provisionen	2	6
Beichte	1	3
Präsentationsverfahren	1	3
Total	31	100

Das im Vergleich zu Tabelle 1 höhere Kategorietotal kommt dadurch zustande, daß bei dieser Auswertung Mehrfachklassifizierungen möglich waren, da in mehreren Fällen – in der Regel bei der Zitation Geistlicher – mehrere Vorwürfe geäußert wurden. Die besonders häufig verhandelten Zuchtdelikte von Klerikern betrafen Mängel in der Haushaltung, über die in der Bevölkerung Klage geführt wurde und die dem Kommissar zu Ohren gekommen waren. Der Stiftskleriker Heinrich Kammerer wurde daher ernsthaft vermahnt und ihm eine zweijährige Bewährungsfrist auferlegt.[152] Nicht selten wurde überhaupt an dem Auftreten eines Klerikers – etwa wegen seines offen gezeigten, ja regelrecht zur Schau gestellten Wehrgehenks[153] – in der Bevölkerung Anstoß genommen und entsprechende Klagen vor den Kommissar gebracht. Noch größeren Unmut zog sich der Pfarrer von Wirth bei Klingenberg zu, der als Zecher verschrien war. Kommissar Weber bestrafte ihn mit 25 Gulden.[154] Aber nicht nur Klagen über das Auftreten veranlaßten Weber zum Einschreiten und zur Zitation der ihm unterstellten Kleriker, sondern auch massive kirchenrechtliche Vergehen: Weber ging gegen die unzulässige Vergabe von Indulten durch Pfarrseelsorger[155] ebenso vor wie gegen den Mißbrauch der Beichte bei der „Behandlung" einer von der Bevölkerung als Zauberin beklagten Frau.[156] Neben diesen Zuchtdelikten umfaßte Webers Tätigkeit auch die Verwaltung von klerikalen Verlassen-

---

[152] Cf. DAW Komm. Aschaff., fol. 117f.
[153] Cf. DAW Komm. Aschaff., fol. 151.
[154] Cf. DAW Komm. Aschaff., fol. 130f., 147f., 183f.
[155] Cf. DAW Komm. Aschaff., fol. 109.
[156] Cf. DAW Komm. Aschaff., fol. 282f.

schaften, um die sich nicht zuletzt Auseinandersetzungen mit Brüdern und sogar Söhnen ergaben. Beinahe ebenso häufig mußte sich Weber im Jahr 1604 mit Prozessen zwischen Klerikern und Laien beschäftigen, die von beiden Seiten oder zwischen Klerikern ausgetragen wurden und Beleidigungen, Verleumdungen, Zaubereiverdächtigungen und gewalttätige Auseinandersetzungen betrafen.[157]

Tab. 4: Aufschlüsselung der Kategorie Zuchtdelikte

Kategorie	Zahl der Fälle	
	absolut	**prozentual**
Unzucht	7	44
Absolutiones	5	31
Varia	4	25
Total	**16**	**100**

Die gegen Laien verhandelten Zuchtdelikte nahmen gegenüber den Ehesachen und den den Klerus betreffenden Angelegenheiten einen deutlich geringeren Umfang ein. In erster Linie wurden dabei Unzuchtsdelikte – das heißt voreheliche Schwängerung und Hurerei, häufig nur schwer voneinander zu unterscheiden – verhandelt. Während bei den Fällen vorehelicher Schwängerung die Klagen der Frauen auf einen Abtrag zumeist positiv beschieden wurden und damit auch hier ein aktiver Schutz von Fraueninteressen stattfand, waren von dem Vorwurf der Hurerei Männer wie Frauen gleichermaßen betroffen.[158] So bestrafte Kommissar Weber Catharina Benedict, die gleich nach dem Tod ihres Mannes „wid alle Erbarkeit der Christlichen Ehe sich gleich nach absterben v[n]d fast innerhalb deß dreissigsten widerumb von neuem angehengt"[159] habe, als Wiederholungstäterin nach vormals zehn Gulden nun erneut mit vier Gulden zuzüglich zwei Gulden Gerichtskosten. Andere Zuchtdelikte wurden 1604 seltener verfolgt: Weber hatte nur einmal einen Fall von Bruch des Feiertagsgebotes und der Völlerei sowie zwei Fälle von Bruch des Fastengebotes zu verhandeln. Bei den Absolutionen wurden die betreffenden zwei Personen von dem wegen Häresie verhängten Kirchenbann, in einem Fall von der Exkommunikation gelöst. In zwei der als *Absolutiones* bezeichneten Fälle konvertierten die vor dem Kommissar erschienenen Personen.

---

[157] Cf. DAW Komm. Aschaff., fol. 39–40, 52–55, 214, 220–223, 224–226, 201–204, 213, 293, 308.
[158] Cf. DAW Komm. Aschaff., fol. 16f., 85, 87f.
[159] Cf. DAW Komm. Aschaff., fol. 17.

Tab. 5: Aufschlüsselung der Kategorie materielle Klagsachen

Kategorie	Zahl der Fälle	
	absolut	prozentual
Schuldsachen	8	57
Pfarreigefälle	3	22
Immobilien	2	14
Verlassenschaften	1	7
Total	14	100

Bei den in dieser Kategorie verhandelten Fällen handelt es sich sowohl um Streitangelegenheiten zwischen einzelnen Klerikern als auch zwischen geistlichen Korporationen und einzelnen Klerikern oder zwischen Klerikern und Laien. Bei den Schuldsachen sind neben gewöhnlichen Schuldangelegenheiten auch die Einklagung von Zehntansprüchen, Versorgungsansprüchen, Kauf einer Präbende oder des üblichen Abtrags nach der Auflösung einer Ehe zu fassen.

Ein Vergleich der Verfahrenszahlen von 1603 – insbesondere der Verfahren bezüglich des Klerus und der Laienzucht – mit früheren und späteren Kommissariatsrechnungen läßt erahnen, daß die Arbeitsintensität seit den siebziger Jahren des 16. Jahrhunderts eine deutlich ansteigende Tendenz aufwies: Für das Jahr 1564/65 gab der Aschaffenburger Kommissar Dietz Einnahmen aus Prozessen unterschiedlicher Verhandlungsgegenstände an, 1578 wurden aus fünf Exzeßfällen 36 Gulden erlöst, 1586 wurden zehn Emendationen von Klerikern vorgenommen, 1589 wurden 13 Personen emendiert.[160] Seit der Jahrhundertwende verharrte die Entwicklung auf einem ähnlichen Niveau wie für das Jahr 1604 beschrieben.[161] Die umfangreiche Reisetätigkeit der Kommissare läßt sich an den von ihnen aufgebrachten Reisekosten ablesen: 1627/28 gab der Geistliche Kommissar zu Aschaffenburg – Sigismund von Vorburg – für die Abnahme der Kirchenrechnung 27 Gulden, für die Visitation von Pfarreien 13 Gulden und für die Feier von Landkapitelskonferenzen über 21 Gulden aus.[162] Weitere 36 Gulden wurden vom Aschaffenburger Kommissariat für die Anschaffung und die – manchmal kostenlose – Verteilung von Devotionalien, Gebet- und Gesangbüchern, Katechismen und tragbaren Altären aufgebracht.[163] Dagegen wurde aus der Einnahme der Biennalen, der Absens- und Testamentssteuern, der Quitanzen und Taxen, der Provisionen sowie der Notariatstätigkeit über 500 Gulden erlöst.[164]

---

[160] Cf. DDAMz Alte Kästen K 53/8.f.I-VI: Rechungen für das Kommissariat Aschaffenburg 1564–1589.

[161] Die Kommissariatsrechnung des Jahres 1627/28 verzeichnete 1 Pfarrpräsentation, 7 Korrektionen von Klerikern und 10 Entscheidungen in Zuchtdelikten von Laien; cf. StadtAMz LVO 1628.

[162] Cf. StadtAMz LVO 1628.

[163] Cf. StadtAMz LVO 1628.

[164] Cf. StadtAMz LVO 1628.

Weber und die vor ihn tretenden Personen besaßen einen gemeinsamen Wahrneh-
mungs- und Verständnishorizont. Weber nahm seine Aufgabe als Repräsentant der
Obrigkeit unter dem lebhaften Zuspruch der Bevölkerung wahr. Die Verfahrensbeteiligten besaßen als Kläger wie als Beklagte ein spezifisches Interesse, das die Akzeptanz des Gerichts präfigurierte. Neben dem Zwang, bestimmte jurisdiktionell-behörd-
liche Wege beschreiten zu müssen, existierte der Wunsch der Bevölkerung, in einer
bestimmten Situation vom Geistlichen Kommissar Unterstützung oder genauer:
Recht zugesprochen zu bekommen. Das Kommissariat unter Weber wurde nicht bloß
als eine bedrückende obrigkeitliche Behörde, sondern als ein Instrument zur Wahrnehmung und Verteidigung eigener Interessen wahrgenommen. Entsprechende
Ansprüche resultierten aus einer solchen Haltung: Derjenige Teil der Bevölkerung,
der vor dem Kommissar klagte, verlangte Hilfe und zügige Rechtsprechung. Daraus
resultierten nicht zuletzt bittere Klagen über die angebliche Untätigkeit des Kommissars.[165] Obwohl behördlich organisiert und partiell so agierend, von der Bevölkerung
auch so empfunden und daher konsequent mit Amtspflichten in Verbindung gebracht,
war das Kommissariat demnach wesensmäßig letzthin kein unpersönliches, behörd-
liches Abstraktum, sondern eine konkrete, an die Person des Kommissars geknüpfte
und ausschließlich auf den Erzbischof ausgerichtete Institution. Das Kommissariat
war ein persönliches Mandat. Die Effektivität der Kommissariatstätigkeit und sein
Ansehen waren nicht zuletzt von der Aktivität und den Handlungsformen des Kommissars abhängig. Dies machte eine gewisse Geschicklichkeit im Umgang mit
Klägern und Beklagten notwendig. Die Protokolle des Jahres 1604 zeigen, daß sich
Webers Inquisitionsmodus auf die Ausleuchtung und Erörterung des jeweiligen
Tatbestandes beschränkte. Eine moralisierende Haltung ist nur in wenigen Fällen zu
konstatieren, wenngleich es an kritischen Fragen oder auch süffisanten Bemerkungen
nicht mangelte.[166] In Webers Amtsverständnis zeigte sich weniger der Charakter der
moralisierenden Obrigkeit als vielmehr der patriachalischen Schlichtungsinstanz.
Das Instrument des Vergleiches der Parteien war eine herausragende Kategorie seiner
jurisdiktionellen Tätigkeit. Weber fällte Urteile, wenn das Verfahren einen Vergleich
nicht zuließ und er zuvor mit seinen Bemühungen um eine gütliche Einigung geschei-
tert war.[167] Seine Vermittlerfunktion war gerade in Eheangelegenheiten gefragt, wobei
er in solchen Fällen die Parteien vor einer Urteilsverkündung an den zuständigen
Pfarrseelsorger zurückverwies, damit dieser für eine Versöhnung sorgen konnte,[168]
oder ein Interlocut erließ, wonach den Verfahrensbeteiligten weitere vierzehn Tage
eingeräumt wurden, um nach einem Kompromiß zu suchen.[169] Dabei achtete der

---

[165] DAW Komm. Aschaff., fol. 22.

[166] Der um die Einlösung eines Eheversprechens kämpfenden, in der Vergangenheit zwischen mehreren Männern sehr unentschiedenen Gertrud Ungerman hielt er ihre Leichtfertigkeit vor Augen, um ihr
anschließend erfolgreich zuzureden, doch die Ehe mit Michael Herbert einzugehen; cf. DAW Komm.
Aschaff., fol. 302ff.

[167] Vergeblich versuchte Weber etwa den Vater des Hans Gärtner zum Konsens zur Heirat seines
Sohnes mit Gertraud Bockman zu bewegen. Der Vater solle einwilligen, denn er sei doch „anfangs zufrieden gewesen vd da ihn die mutter wendig gemacht, wid zurück gefallen. D vatter wer dz haupt im haus";
cf. DAW Komm. Aschaff., fol. 4. Erst als die Eltern nach längerer Diskussion immer noch nicht zum Konsens bereit waren, fällte Weber ein richterliches Urteil.

[168] Cf. DAW Komm. Aschaff., fol. 38.

[169] Cf. DAW Komm. Aschaff., fol. 179.

Geistliche Kommissar auf die Integrität und alleinige Autorität seiner Amtstätigkeit. Dies galt für Gerichtsverfahren ebenso wie für seine polizeylichen Tätigkeiten, die von seiten interessierter Dritter nicht selten bezweifelt wurden. Weber pochte auf seine Autorität etwa gegenüber dem in Frankfurt und Aschaffenburg bepfründeten Stifter Philipp Ludwig von Bettendorf,[170] der in einer gegen ihn anhängigen Schuldsache das Geistliche Gericht zu Mainz angerufen hatte und dort auf ein günstiges Urteil hoffte.[171] Gleichermaßen wies er die Forderungen des Frankfurter Bürgers Mattheus Engelhart nach Erstattung seiner schon am Mainzer Gericht aufgebrachten drei Gulden Unkosten mit dem Hinweis zurück, nicht dort, sondern vor dem Kommissariatsgericht habe er klagen müssen.[172] In ähnlicher Weise mußte der Geistliche Kommissar seine Zuständigkeitskompetenz des öfteren im Polizeywesen durchsetzen. Der härteste Widerstand schlug ihm dabei von den um ihre Präsentationsrechte besorgten oder um deren Expansion bemühten niederadeligen Patronen entgegen, und zwar nicht nur von diesen, sondern auch vom Mainzer Domkapitel, das sich dem Einfluß des Kommissars entzog.[173] Derartige Konflikte kosteten Zeit, verzögerten notwendige Entscheidungen, verlängerten ein dringliches Verfahren. Selten blieb es bei einer Entscheidung, Mandatierung oder einfachen Zitation.[174]

IV. Fazit

Die Ergebnisse der Darstellung lassen sich in zwei Analyseebenen, nämlich

(1) der Frage nach der institutionsmorphologischen und verfassungsgeschichtlichen Seite katholischer Kirchenzucht im Erzstift Mainz und

(2) der Frage nach der Rolle des Geistlichen Kommissariats im kirchlichen und sozialen Disziplinierungsprozeß zusammenfassen.

(1) Die Geistlichen Kommissariate wuchsen in ihre Rolle als aktive Repräsentanten der Zentralregierung und unumschränkte Mediatgewalt kirchlicher Polizey und Jurisdiktion spätestens seit der Mitte des 16. Jahrhunderts hinein. Dies war möglich, weil die entscheidenden Entwicklungen bereits im Spätmittelalter eingeleitet worden waren. Die Reformation stellte die Schlußepisode dieses institutionellen Ablösungsprozesses dar. Gerade im Oberstift besaß das Kommissariat den bedeutsamen Vorteil der zeitlichen und sachlichen Kontinuität, insofern das Kommissariat die Arbeit des Archidiakonats fortführte, nachdem es sie bereits lange Zeit parallel verrichtet hatte. Mit der Organisationsform der zentralisierten, gleichzeitig regional gegliederten Kirchenpolizey, die sich in Gestalt des permanenten, delegierten Kommissariats manifestierte, beschritt das Erzstift Mainz verglichen mit anderen Hoch- und Erzstiften einen organisatorischen Mittelweg. Fast überall erwiesen sich die Archidiakonate als reformhemmende Faktoren. Während das Hochstift Würzburg in der Echter-Zeit ähnlich wie Kurmainz die Archidiakonate „aussterben" ließ und man

---

[170] Cf. Amrhein, Prälaten (wie Anm. 95), S. 192.

[171] Cf. DAW Komm. Aschaff., fol. 284f.

[172] Cf. DAW Komm. Aschaff., fol. 126.

[173] Cf. Hinkel, Pfarrer (wie Anm. 95), S. 179. Insbesondere im Falle der Pfarrei Großostheim ließ sich das Domkapitel nicht in seine Rechte eingreifen und besetzte die Stelle eigenständig und unter Umgehung des Kommissars.

[174] Cf. DAW Komm. Aschaff., fol. 80, 95–97, 105.

sich dort bei der Umsetzung von Reform und Rekatholisierung ganz auf eine zentralistische Struktur mittels des Geistlichen Rates und der Dekanate stützte,[175] leisteten im Erzstift Köln die Archidiakone bis weit ins 17. Jahrhundert hinein zähen Widerstand. Sie blockierten geradezu den Zugriff der Erzbischöfe auf die Pfarrebene, so daß effektive Visitationen nur durch eigens bestellte Kommissionen durchgeführt werden konnten.[176] Dagegen verstanden es die Trierer Erzbischöfe, die Archidiakone in ihrer Stellung einerseits zu subordinieren, andererseits sie in das Reformgeschehen zu integrieren und zu instrumentalisieren.[177]

Obwohl vergleichsweise wenig von den Auswirkungen der Reformation betroffen, war die Periode zwischen 1530 und 1550 auch für die Aschaffenburger Kommissare eine Zeit des Stillstandes. Die Neudynamisierung der Reformentwicklung im Erzstift Mainz nach 1550 bedeutete vornehmlich einen quantitativen Aufschwung, zugleich aber auch die qualitative Neubewertung ihrer Tätigkeit, insofern die Aschaffenburger Kommissare nun alleinige Hüter kirchlicher Polizey und Jurisdiktion mit einer enormen Kompetenzballung und dem Auftrag zur Formung einer homogenen Konfessionskirche waren. Die Autorität dieser regionalen Kirchenpolizey war dabei wesentlich von der Konflikt-, Kontroll- und Sanktionsbereitschaft der jeweiligen Amtsinhaber abhängig. In ähnlicher Weise wie die Besetzung und Ausgestaltung der Aktionsfelder kommissarischer Tätigkeit ist der Behördencharakter des Kommissariats zu beurteilen. In Abhängigkeit von der Expansion ihrer Tätigkeit wuchs der Grad der Verschriftlichung und der Bürokratisierung. Dies wurde zur Verdichtung der Kommunikation zwischen Zentralregierung und Mittelinstanz notwendig und diente zur Vernetzung der regionalen und lokalen Einheiten.[178] Das Aschaffenburger Kommissariat dürfte hierbei die übrigen erzstiftischen Kommissariate am Beginn des 17. Jahrhunderts übertroffen haben.

Das perennierte Kommissariat trug wesentlich zum Wandel von Kirche und Kirchlichkeit im Sinne ihrer Katholisierung bei. Die Kommissare bewirkten dies jedoch nicht im Gleichschritt. Identische Kompetenzen bedeuteten nicht dieselbe Wirkmächtigkeit, schon gar nicht angesichts der zu überbrückenden geographischen Distanzen sowie der Notwendigkeit, lokale Kontexte zu berücksichtigen und sich in

---

[175] Cf. Hans E. Specker, Die Reformtätigkeit der Würzburger Fürstbischöfe Friedrich von Wirsberg (1558–1573) und Julius Echter von Mespelbrunn (1573–1617), in: Würzburger Diözesangeschichtsblätter 27, 1965, S. 29–125; Walter Ziegler, Würzburg, in: Anton Schindling/Walter Ziegler (Hg.), Die Territorien des Reichs im Zeitalter der Reformation und Konfessionalisierung. Land und Konfession 1500–1650. Bd. 4: Mittleres Deutschland (Katholisches Leben und Kirchenreform im Zeitalter der Glaubensspaltung 52), Münster 1992, S. 98–127.

[176] Cf. Franz Bosbach, Konfessionalisierung im kurkölnischen Rheinland des 16. und 17. Jahrhunderts, in: Rheinische Vierteljahrsblätter 58, 1994, S. 202–226; August Franzen, Innerdiözesane Hemmungen und Hindernisse der kirchlichen Reform im 16. und 17. Jahrhundert. Mit besonderer Berücksichtigung des Erzbistums Köln, in: Eduard Hegel (Hg.), Colonia Sacra. Festschrift W. Neuß, Bd.1, Köln 1947, S. 163–201.

[177] Cf. Hansgeorg Molitor, Kirchliche Reformversuche der Kurfürsten und Erzbischöfe von Trier im Zeitalter der Gegenreformation (Veröffentlichungen des Instituts für Europäische Geschichte Mainz, Abt. Abendländische Religionsgeschichte 43), Wiesbaden 1967, S. 63–69.

[178] Die Anlage verschiedener Aktengruppen durch die Aschaffenburger Kommissare belegt diese Tendenz in quantitativer wie auch insbesondere in qualitativer Hinsicht. Nachvollziehbar ist dies an dem Archivalienverzeichnis für das ehemalige Ordinariatsarchiv Würzburg bei Veit, Kirche (wie Anm. 12), S. XIIf.; Veit, Reformbestrebungen (wie Anm. 90), S. XIV.

Mainz bei einer Zentralregierung rückzuversichern, die oft genug nicht ausreichend über die regionalen oder lokalen Hintergründe informiert war. Es wäre verkürzt, von dem Aufbau der Mittelinstanz und ihrem Wirkungsgrad im jeweiligen Sprengel auf ein nahtlos funktionierendes Verhältnis zwischen den Repräsentanten des Zentrums in der Peripherie und dem Zentrum selbst zu schließen. Die Etablierung einer subordinierten Administrationsinstanz garantierte keine Interessenidentität der beiden Verwaltungsebenen.[179]

(2) Ohne Zweifel bedeutete der Aufbau der Kommissariate für die Umsetzung der katholischen Reform vom administrativen Zentrum der Regierung in die Peripherie der Gemeinden eine erhebliche Verstärkung des Reformdrucks. Die Aufsicht der Kommissariate bedingte eine Intensivierung der kirchlichen Kontrolle und eine Verstärkung ihrer Lenkungsabsicht. Aufgebaut im Geist der Reorganisation und Bestandswahrung, nahm das Geistliche Kommissariat zunächst eine defensive Funktion wahr. Gleichzeitig dürften die Mainzer Erzbischöfe auf der regionalen Ebene nie zuvor über effektivere Transmissionsriemen ihrer Absichten verfügt haben. Aus der Kompetenz- und Aufgabenfülle der Kommissariate erwuchs zugleich ihre strukturelle Überforderung. Eine Totalkontrolle des Kirchlich-Religiösen konnten auch sie nicht gewährleisten. Das Aschaffenburger Fallbeispiel weist darauf hin, daß eine solche Totalkontrolle zwar normativ intendiert und institutionsmorphologisch angelegt war, in der kommissarischen Praxis jedoch klar erkennbare Tätigkeitsschwerpunkte gesetzt wurden oder sich diese aus den lokalen Kontexten ergaben. Diese Schwerpunkte lagen im Kommissariat Aschaffenburg auf der Disziplinierung des Klerus und bei den Eheangelegenheiten, mithin also auf zwei für den langfristigen Erfolg gesellschaftlicher Katholisierung entscheidenden Punkten, die zugleich von vordringlicher Bedeutung waren, weil sie das Alltagsleben des Individuums und auch des gemeindlichen Kollektivs bestimmten. Denn die Pfarrseelsorge war für den gemeindlichen Alltag von ebenso großer Bedeutung wie für die obrigkeitlichen Interessen. Diente der Pfarrer für diese als lokaler Administrator des Seelenheils, mithin auch als Transformator und Kontrolleur re-formiert-katholischer Kirchlichkeit, nahm er auch oder gerade deshalb für das Gemeindeleben eine herausragende Stellung ein. Klerikale Devianz war daher stets in doppelter Weise anstößig, ja gefährlich. So waren die Pfarrer ein Angelpunkt der einander gegenseitig beeinflussenden Verzahnung obrigkeitlicher und gemeindlicher Interessen und Intentionen. Dies verweist zugleich auf die Ambivalenz des anderen Schwerpunkts der Aschaffenburger Kommissariatspraxis: Die Kommissare waren um die Hegemonisierung des Disziplinierungssektors Eheangelegenheiten bemüht, durchaus auch im konfessionalistischen Sinne. Die Katholisierung der Ehe als soziales Institut wie auch familiärer und gesellschaftlicher Erfahrungsraum war die Basis jeder langfristigen Lenkungsintention. Allerdings ist hervorzuheben, daß die Kommissare in nahezu allen Fällen – und auch bei anderen Fallgruppen – von den Betroffenen selbst angerufen wurden. Die Bevölkerung erwies sich demnach weniger deviant und widerspenstig als vielmehr systemstabilisierend. Das Kommissariat wurde als Entscheidungs- und Disziplinierungsinstanz aufgesucht und akzeptiert. Insofern war es zweifellos ein Kristallisations-

---

[179] Exemplarisch habe ich dies für das Heiligenstädter Kommissariat aufgezeigt; cf. Jendorff, Reformatio (wie Anm. 7), S. 217–220.

punkt kirchlicher Herrschaft; ein Kollisionspunkt zwischen Volks- und Elitenkultur war es kaum. Vielmehr war es ein Ort der Interaktion zwischen obrigkeitlicher Repräsentanten und der Bevölkerung sowie den Untertanen untereinander. Es war ein Ort der Kommunikation über die Anwendung und Auslegung von Normen im Alltag, über den Grad von gesellschaftlicher Fremd- und individueller Selbstbestimmung. Dies stellte nicht nur den Einfluß der Obrigkeit immer wieder zur Diskussion, sondern thematisierte auch den Einfluß der von sozialen Eliten geprägten öffentlichen Meinung. Bezeichnet man das Geistliche Kommissariat Aschaffenburg als ein obrigkeitliches Instrument der Katholisierung des Erzstifts, muß man zugleich darauf verweisen, daß seine Disziplinierungsautorität nicht unwesentlich auf der Disziplinierungsakzeptanz in der Bevölkerung beruhte, die ihren sozialen Raum zum Schutz der individuellen Existenz wie auch des kollektiv-gemeindlichen Miteinanders normativ ausgestaltet wissen wollte.[180] Hierin unterschied sich die frühneuzeitliche Aschaffenburger Kommissariatspraxis – wie auch andere Fallbeispiele zeigen[181] – nicht von den spätmittelalterlichen Zuständen kirchlicher Gerichtsbarkeit und Polizey. Wie auch andernorts aufzeigbar,[182] bedeutete katholische Reform weniger die totale Umgestaltung der sozialen Lebenswelt der Bevölkerung, sondern vielmehr deren Integration in einen langfristigen und von der Bevölkerung mitgestalteten, nicht selten auch initiierten Prozeß der Katholisierung. Dies weist auf die Interdependenz von zwei wesentlichen Komponenten von Sozialdisziplinierung und der sozialen und herrschaftlichen Position des Geistlichen Kommissariats hin: den obrigkeitlichen Willen zur Durchsetzung von Rechtsautorität und das Rechtsbedürfnis der Bevölkerung. Dies waren zwei zunächst voneinander unabhängige Komponenten. Im Zeitalter der Konfessionalisierung resultierte allerdings aus der vermehrten Normsumme ein erhöhtes individuelles Rechtsbedürfnis.[183] So war im Geistlichen Kommissariat Aschaffenburg gesellschaftlich relevante Kirchenzucht nicht identisch mit obrigkeitlicher Sündenzucht, sondern stellte das Produkt aus den einander bedingenden und daher untereinander verzahnten Faktoren von obrigkeitlichem Disziplinierungsanspruch und individuellem beziehungsweise gemeindlichem Disziplinierungswillen dar, die gemeinsam den sozialen Alltag normativ ausgestalteten.

---

[180] Hier ist also jenes Charakteristikum des frühneuzeitlichen Disziplinierungsvorgangs zu beobachten, den Schmidt, Emden (wie Anm. 2), S. 45, in besonderer Weise hervorhebt; cf. auch Heinrich Richard Schmidt, Die Ethik der Laien in der Reformation, in: Bernd Moeller/Stephen E. Buckwalter (Hg.), Die frühe Reformation in Deutschland als Umbruch. Wissenschaftliches Symposion des Vereins für Reformationsgeschichte 1996 (Schriften des Vereins für Reformationsgeschichte 199), Heidelberg 1998, S. 333–370. Wie schon in der Reformation versuchten Laien demnach auch im Konfessionalisierungsgeschehen ihre sozialen Räume selbständig, wenn auch selbstverständlich unter dem Zwang der Anlehnung an die Obrigkeit auszugestalten, indem sie Vorgaben von Autoritäten rezipierten, für ihre Belange und vor ihrem jeweiligen Horizont modifizierten und so akzeptierten. Insofern erscheint es auch angebracht darauf hinzuweisen, daß aus dieser Sicht die Unterschiede zwischen der Reformationsepoche und der Periode der sozialen Konfessionalisierung nicht allzu groß waren.

[181] Cf. Thomas D. Albert, Der gemeine Mann vor dem geistlichen Richter. Kirchliche Rechtssprechung in den Diözesen Basel, Chur und Konstanz vor der Reformation (Quellen und Forschungen zur Agrargeschichte 45), Stuttgart 1998.

[182] Cf. Bosbach, Konfessionalisierung (wie Anm.176), S. 208, 226.

[183] Insofern trug die Konfessionalisierung zur Verrechtlichung der geistlichen Sphäre bei, indem sie allein aufgrund der Bekenntisdifferenz Recht schuf und ein Rechtsbedürfnis erzeugte.

110

Thomas Horling

Anmerkungen zur Rolle des Domkapitels im Herrschaftsgefüge des Hochstifts Würzburg während des 18. Jahrhunderts

Die Reichskirche in Gestalt der geistlichen Fürstentümer Frankens und Schwabens sowie an Mosel und Rhein bildete bis zu ihrem Untergang eine tragende Säule des Heiligen Römischen Reiches deutscher Nation. Die Verfassungsentwicklung des Alten Reiches vom ottonisch-salischen Reichskirchensystem des 10./11. Jahrhunderts bis hin zum Westfälischen Frieden von 1648 hatte Bischöfen und Äbten eine im übrigen Europa unbekannte Machtstellung eingeräumt, an deren Aufrechterhaltung das Reichsoberhaupt ein vitales Interesse besaß, stand ihm in den geistlichen Staaten doch auf lange Sicht eine verläßliche Stütze zur Seite. Umgekehrt bot der Kaiser den katholischen geistlichen Reichsständen den überlebensnotwendigen Rückhalt gegen alle Säkularisierungsbestrebungen, denn die Verbindung von geistlichem Amt und weltlicher Herrschaft war spätestens seit der Reformation in Frage gestellt. Der Doppelcharakter jener Staaten, in denen Schwert und Krummstab in einer Hand vereinigt waren, bildete im Zeitalter der Aufklärung den häufigsten Ansatzpunkt, um deren Überlebtheit herauszustellen. Zu diesem – aus der Sicht des 18. Jahrhunderts – strukturellen Widerspruch kamen der Vorwurf ökonomischer, wissenschaftlicher und kultureller Rückständigkeit sowie das Klischee vom trägen Wohlleben vieler Kleriker. Ähnlich wie für das Reich als Ganzes galten eine verkrustete Verwaltung und mangelnde staatliche Effizienz als Merkmale der Hochstifte.[1]

Die von der öffentlichen Meinung diagnostizierten Unzulänglichkeiten der Reichsverfassung im allgemeinen wie der geistlichen Staaten im besonderen boten Anlaß für eine breite publizistische Diskussion, in deren Verlauf insbesondere die 1786 von dem Fuldaer Domkapitular und Regierungspräsidenten Philipp Anton von Bibra gestellte Preisfrage nach den eigentlichen Mängeln der geistlichen Staaten und

---

[1] Zur Situation der geistlichen Staaten im 18. Jahrhundert: Kurt Andermann, Die geistlichen Staaten am Ende des Alten Reiches, in: Historische Zeitschrift (künftig HZ) 271, 2000, S. 593–619 (mit weiterführender Literatur); Michael Kißener, „Unterm Krummstab ist gut leben"?, in: Zeitschrift für Rechtsgeschichte (künftig ZRG) Kan. Abt. 111, 1994, S. 281–300; Egon Johannes Greipl, Zur weltlichen Herrschaft der Fürstbischöfe in der Zeit vom Westfälischen Frieden bis zur Säkularisation, in: Römische Quartalschrift für christliche Altertumskunde und Kirchengeschichte 83, 1988, S. 252–264; Peter Hersche, Intendierte Rückständigkeit: Zur Charakteristik des geistlichen Staates im Alten Reich, in: Georg Schmidt, Stände und Gesellschaft im Alten Reich (Veröffentlichungen des Instituts für Europäische Geschichte Mainz, Abt. Universalgeschichte, Beihefte 29), Stuttgart 1989, S. 133–149; Hans-Jürgen Becker, Die Reichskirche um 1800, in: Wilhelm Brauneder (Hg.), Heiliges Römisches Reich und moderne Staatlichkeit (Rechtshistorische Reihe 112), Frankfurt a.M. u.a. 1993, S. 147–159; speziell für Würzburg: Hans-Michael Körner, Das Hochstift Würzburg. Die geistlichen Staaten des Alten Reiches – Zerrbild und Wirklichkeit, in: Jahres- und Tagungsbericht der Görresgesellschaft 1992, Köln 1993, S. 4–21.

111

wie solche zu beheben seien, Beachtung gefunden hat.[2] Die eingesandten Arbeiten weisen neben den unbestrittenen Defiziten auf die Vorzüge wie eine geringere Militarisierung und die damit verbundene niedrige Steuerlast hin, und stufen die geistlichen Staaten insgesamt zwar als reformbedürftig, aber dennoch erhaltenswert ein. Sie lassen sich damit in die Grundlinien der Reichspublizistik insgesamt einordnen, die auf Verbesserungen innerhalb der bestehenden Ordnung hinarbeitete und von der Vorstellung geleitet war, daß die auf Recht und Herkommen gegründete Existenz des Heiligen Römischen Reiches nicht gefährdet sei. Dieses Denken innerhalb festgefügter Bahnen erwies sich freilich als Illusion. Denn der Anstoß zur völligen Umgestaltung des Reiches, der schließlich dessen Ende bedeutete, kam von außen: Napoleons Macht ermöglichte den größeren Staaten Deutschlands die Okkupation der Fürstbistümer und –abteien. Als der Rückhalt durch den Kaiser weggebrochen war, mußten sich diese ihrem Schicksal fügen. Das Ende der geistlichen Staaten war besiegelt. Statt den von vielen Publizisten geforderten Reformen innerhalb des bestehenden Rahmens kam es nun durch Säkularisation und Mediatisierung zu einer radikalen Umgestaltung der staatlichen Ordnung.

Eine Besonderheit geistlicher Staaten, die als charakteristisch für deren überkommenes Herrschaftsgefüge angesehen werden kann, findet sich in der Stellung der Domkapitel, die in den als „Hochstiften" bezeichneten weltlichen Herrschaftsgebieten der „Fürst-Bischöfe" bis zum Ende des Alten Reiches den nach dem Landesherrn wichtigsten Machtfaktor darstellten. Grundlage für die herausragende Bedeutung der Domkapitel war das ihnen zustehende Recht, den Bischof, der gleichzeitig Reichsfürst war, zu wählen. Langfristig konnte dieses Recht gegen Ansprüche von Kaiser und Papst behauptet werden. Hinzu kamen die kirchenrechtliche Stellung der Kapitel als eigenständige Korporation und die sich im Hochmittelalter schrittweise vollziehende Trennung von „mensa episcopalis" und „mensa capituli", die einen vom Bischof unabhängigen Besitzkomplex sicherte.[3] Das Bischofswahlrecht und die vermögensrechtliche Verselbständigung ermöglichte es den Domkapiteln, aus ihrer ursprünglichen Rolle als Gemeinschaft der an der Kathedralkirche tätigen Kleriker herauszuwachsen und bedeutende Einflußmöglichkeiten auf das Handeln des bischöflichen Landesherrn zu gewinnen. In engem Zusammenhang mit der zunehmenden weltlichen Herrschaft der Domkapitel steht die Herkunft der Kapitulare aus adeligen Familien. Fürsten, Grafen, Herren und Rittern war es gelungen, sich den Zugriff auf die Domherrenpfründen zu sichern und die Reichskirche als eine dem

---

[2] Preisfrage des von Siegmund Freiherrn von Bibra herausgegebenen „Journal von und für Deutschland" 2. Jg. 1785, S. 552, „Siegmund" ist der Ordensname des 1768 in das Benediktinerkloster Fulda eingetretenen Philipp Anton von Bibra (1750–1803), zu ihm s. Martin Stingl, Reichsfreiheit und Fürstendienst. Die Dienstbeziehungen der Bibra 1500–1806 (Veröffentlichungen der Gesellschaft für fränkische Geschichte, künftig VGffG, IX/41), Neustadt/Aisch 1994, S. 238f.; die Auswertung der eingesandten Arbeiten bei Peter Wende, Die geistlichen Staaten und ihre Auflösung im Urteil der zeitgenössischen Publizistik (Historische Studien Heft 396), Lübeck/Hamburg 1966; zur Thematik Reichskirche und Reichspublizistik zusammenfassend Karl-Otmar Freiherr von Aretin, Das Alte Reich 1648–1806, Bd. 3: Das Reich und der österreichisch-preußische Dualismus, Stuttgart 1997, S. 292–297.

[3] Grundlegend zur Entstehung der Domkapitel: Rudolf Schieffer, Die Entstehung von Domkapiteln in Deutschland (Bonner historische Forschungen 43), Bonn ²1982.

Adel vorbehaltene Versorgungseinrichtung für sich zu instrumentalisieren. Das adelige Selbstverständnis gepaart mit der privilegierten Stellung der Domkapitel wurde zum bestimmenden Faktor für das Auftreten der Kapitulare gegenüber den Fürstbischöfen.[4]

Im folgenden wird am Beispiel des Hochstifts Würzburg das Verhältnis zwischen Fürstbischof und Domkapitel untersucht. Den zeitlichen Rahmen bildet dabei im wesentlichen das 18. Jahrhundert.[5] Im ersten Abschnitt soll durch die Analyse einer Wahlkapitulation ein Eindruck vermittelt werden, welche Rolle das Domkapitel seinem Selbstverständnis entsprechend im Hochstift Würzburg einnimmt. Dabei wird insbesondere nach den Intentionen gefragt, die das Kapitel mit den Wahlkapitulationen verfolgte. Im zweiten Teil wird der Frage nachgegangen, welche Stellung die domkapitelschen Besitzungen innerhalb des Hochstifts einnahmen. Die genaue Abgrenzung der einzelnen Herrschaftsrechte vornehmlich am Beispiel der Stadt Ochsenfurt soll zeigen, inwieweit der domkapitelsche Besitz in das Hochstift integriert war, welche Rechte dem Fürstbischof zustanden und wo das Domkapitel darauf bedacht war, seine Unabhängigkeit gegenüber dem Landesherrn zu wahren.[6] In die-

---

[4] Zusammenfassend zur Rolle der Domkapitel: Günter Christ, Selbstverständnis und Rolle der Domkapitel in den geistlichen Territorien des alten deutschen Reiches in der Frühneuzeit, in: Zeitschrift für historische Forschung 16/3, 1989, S. 257–328; ders., Bischof und Domkapitel von der Mitte des 15. bis zur Mitte des 16. Jahrhunderts, in: Römische Quartalschrift für christliche Altertumskunde und Kirchengeschichte 87, 1992, S. 193–235; Peter Hersche, Die deutschen Domkapitel im 17. und 18. Jahrhundert, 3 Bde., Bern 1984; Hans-Jürgen Becker, Senatus episcopi. Die rechtliche Stellung des Domkapitels in Geschichte und Gegenwart, in: Jahres- und Tagungsbericht der Görres-Gesellschaft 1989, Köln 1990, S. 33–54.

[5] Grundlegend für das Hochstift Würzburg im 18. Jahrhundert: Herbert Schott, Das Verhältnis der Stadt Würzburg zur Landesherrschaft im 18. Jahrhundert (Quellen und Forschungen zur Geschichte des Bistums und Hochstifts Würzburg 48), Würzburg 1995; Hildegunde Flurschütz, Die Verwaltung des Hochstifts Würzburg unter Franz Ludwig von Erthal (1779–1795) (VGffG IX/19), Würzburg 1965; zusammenfassend jetzt: Herbert Schott, Im Kräftespiel der Reichspolitik – die „Außenpolitik" des Hochstifts, in: Peter Kolb/Ernst-Günter Krenig (Hgg.), Unterfränkische Geschichte 4/1. Vom Ende des Dreißigjährigen Krieges bis zur Eingliederung in das Königreich Bayern, Würzburg 1998 (künftig: Ufr. Gesch. 4/1), S. 17–65; Dietmar Willoweit, Staatsorganisation und Verwaltung im Hochstift Würzburg, in: Ufr. Gesch. 4/1, S. 67–99; an älteren Biographien zu den Würzburger Fürstbischöfen dieses Zeitraums: Andreas Scherf, Johann Philipp Franz von Schönborn Bischof von Würzburg (1719–1724), der Erbauer der Residenz (Schriftenreihe zur bayerischen Landesgeschichte 4), München 1930; Wendelin Fleckenstein, Geschichte des Hochstiftes Würzburg unter der Regierung des Fürstbischofs Christoph Franz von Hutten (1724–1729), Diss. theol. (masch.schr.), Würzburg 1924; Karl Wild, Staat und Wirtschaft in den Bistümern Würzburg und Bamberg. Eine Untersuchung über die organisatorische Tätigkeit des Bischofs Friedrich Karl von Schönborn 1729–1746 (Heidelberger Abhandlungen zur mittleren und neueren Geschichte 15), Heidelberg 1906; Harald Ssymank, Fürstbischof Adam Friedrich von Seinsheims Regierung in Würzburg und Bamberg (1755–1779), Diss. phil. (masch.schr.), Würzburg 1939.

[6] Die zeitliche Beschränkung auf das 18. Jahrhundert bot sich an, nachdem Günter Christ, Subordinierte Landeshoheit der rheinischen und fränkischen Domkapitel, in: Erwin Riedenauer (Hg.), Landeshoheit. Beiträge zur Entstehung, Ausformung und Typologie eines Verfassungselements des römischdeutschen Reiches (Studien zur bayerischen Verfassungs- und Sozialgeschichte 16), München 1994, S. 113–134, die Herrschaft des Würzburger Domkapitels über die Stadt Ochsenfurt behandelt und auf die Verhältnisse vom Spätmittelalter bis zum Ende des 16. Jahrhunderts eingeht. Christ stützt sich dabei vornehmlich auf die Arbeiten von Georg Knetsch, Verwaltung der Stadt Ochsenfurt zwischen domkapitelscher Herrschaft und Bürgergemeinde (vornehmlich im 16. Jahrhundert) (Mainfränkische Studien 45), Würzburg 1988 und Siegfried Wenisch, Ochsenfurt. Von der frühmittelalterlichen Gemarkung zur domkapitelschen Stadt (Mainfränkische Studien 3), Würzburg 1972.

sem Abschnitt werden einzelne als Norm formulierte Herrschaftsrechte durch Einzelbeobachtungen aus der Verwaltungspraxis veranschaulicht. Daraus sollen einige allgemeine Tendenzen abgeleitet werden, die am Ende des Alten Reiches für das Verhältnis von domkapitelschem Besitz und hochstiftischer Verwaltung, von mediater Herrschaft und Landesherr kennzeichnend waren. Eine abschließende Antwort auf die Fragestellung kann dabei umso weniger angestrebt werden, als die dafür notwendige umfassende Auswertung der Archivalien in diesem Rahmen nicht geleistet werden konnte. Nachdem die gerade für das 18. Jahrhundert ungeheuer materialreichen Würzburger Domkapitelsprotokolle wohl auch in absehbarer Zeit keinen Bearbeiter finden werden, schien es zulässig, an dieser Stelle mittels weniger Beispiele zumindest auf die Bedeutung dieser Protokollserie für Forschungen über das Hochstift Würzburg in der frühen Neuzeit hinzuweisen.[7]

I. Das Würzburger Domkapitel und die Wahlkapitulation von 1729: Abgrenzung und Einflußnahme

Das Domkapitel bis zum Ausgang des 17. Jahrhunderts

In Würzburg war schon im frühen 11. Jahrhundert die vermögensrechtliche Trennung von Bischofs- und Kapitelsgut vollzogen.[8] Das Domkapitel hatte damit einen wesentlichen Schritt hin zur korporativen Selbständigkeit getan. Zu diesem Zeitpunkt war auch die Auflösung der „vita communis", des sichtbarsten Zeichens der alten Gebetsbrüderschaft, abgeschlossen. Die Kapitulare hatten über die Stadt verteilte Kurien bezogen.[9] Am Anfang des 13. Jahrhunderts war die innere Geschlossenheit der „fratres sancti Kyliani" bereits so weit fortgeschritten, daß sich jeder Kapitular bei der Aufschwörung zur Geheimhaltung der Kapitelsbeschlüsse verpflichten

---

[7] Auf die Bedeutung der im Staatsarchiv Würzburg (künftig StAWü) überlieferten Protokollserien von Gebrechenamt, Hofkammer und Domkapitel verweist Schott, Landesherrschaft (wie Anm. 5), S. 32; hinzu kommen die Protokolle der Säkularkanonikerstifte St. Burkard, Haug und Neumünster; diese können die schmerzlichen Kriegsverluste des Jahres 1945 zwar nicht ersetzen, aber doch um einiges mindern; ähnlich bereits Thomas Heiler, Die Finanzen des Hochstifts Würzburg im 18. Jahrhundert, in: Würzburger Diözesangeschichtsblätter (künftig WDGBl) 47, 1985, S. 159–189, hier S. 160f.

[8] Enno Bünz, Bemerkungen zu einem Besitzverzeichnis der Würzburger Domkustodie aus der ersten Hälfte des 11. Jahrhunderts, in: WDGBl 50, 1988, S. 593–611, hier S. 610f.; immer noch grundlegend für das Würzburger Domkapitel ist August Amrhein, Reihenfolge der Mitglieder des adeligen Domstifts zu Würzburg, St. Kilians-Brüder genannt, von seiner Gründung bis zur Säkularisation, in: Archiv des Historischen Vereins von Unterfranken und Aschaffenburg (künftig AU) 32, 1889, S. 1–314 und 33, 1890, S. 1–380; zusammenfassend die entsprechenden Abschnitte in den Bänden der „Unterfränkischen Geschichte": Erik Soder von Güldenstubbe, Die Entwicklung der kirchlichen Strukturen im Bistum Würzburg: 1. Das Domkapitel, in: Unterfränkische Geschichte 2. Vom hohen Mittelalter bis zum Beginn des konfessionellen Zeitalters, Würzburg 1992, S. 215–221; Willoweit, Staatsorganisation und Verwaltung (wie Anm. 5), S. 71–73; zur inneren Struktur: Friedrich Merzbacher, Die Dignitäten in den Statuten des Würzburger Domkapitels, in: WDGBl 37/38, 1975, S. 359–377; Wilhelm Engel, Zur inneren Geschichte der Würzburger Dompropstei im 14. Jahrhundert, in: WDGBl 26, 1964, S. 91–108; ders., Das älteste Urbar der Würzburger Dompropstei, in: WDGBl 18/19, 1956/57, S. 20–32; ders., Die ältesten Jahresrechnungen des Würzburger Dompfortenamtes 1309–1321, in: WDGBl 16/17, 1954/55, S. 189–228.

[9] Amrhein, Reihenfolge I (wie Anm. 8), S. 15.

mußte.[10] Eigenständig vom Kapitel erlassene Statuten regelten die Angelegenheiten von der Liturgie bis zur Verwaltung der Grundherrschaft ebenso wie die Kompetenzen der Domherren und der Amtsträger. Entscheidend aber für die herausgehobene Stellung wurde das Recht zur freien Bischofswahl, das dem „clero in loco qui Vuirciburg nominatur" erstmals 941 von König Otto I. verliehen worden war.[11] Kirchen- und reichsrechtlich insbesondere durch das Wormser (1122) und das Wiener Konkordat (1448) abgesichert, konnte sich das domkapitelsche Wahlrecht langfristig gegen Ansprüche von Kaiser und Papst behaupten.[12] Bei der Wahl Hermanns von Lobdeburg 1225 handelt es sich um die erste nachweislich allein vom Domkapitel getragene Wahl, danach gingen bis zum Ende des Alten Reiches mit Ausnahme Gerhards von Schwarzburg (1372–1400) und Sigmunds von Sachsen (1440–1443) alle Bischöfe aus dem Domkapitel hervor.[13] Das Recht zur Selbstergänzung, auch wenn es im Spätmittelalter noch nicht vollständig gegen päpstliche Provisionsansprüche durchgesetzt war, bildete eine wesentliche Voraussetzung für die ständische Abschließung zur Adelskorporation. Nach 1293 finden sich keine Namen ohne Adelsbezeichnung mehr.[14] Während die Bischöfe bis zum Ende des 14. Jahrhunderts überwiegend den Dynastengeschlechtern entstammten, hatte sich das zunächst noch gemischtadelige Domkapitel damals bereits zu einer Domäne des niederen Adels entwickelt.[15] Nach jüngsten Forschungen dürfte im Spätmittelalter für die Aufnahme in das Kapitel die Zwei-Ahnen-Probe ausreichend gewesen sein.[16] Die adelige Geburt als entscheidende Voraussetzung für die Erlangung einer Domkapitelspfründe erfuhr durch das von Alexander VI. der Mainzer Kirchenprovinz im Jahr 1501 gewährte Privileg ihre päpstliche Bestätigung.[17] Seitdem berechtigte erst der Nachweis von vier, später acht adeligen Vorfahren zur Aufnahme in das Kapitel,[18] ein Prinzip, an dem man in Würz-

---

[10] Ernst Schubert, Die Landstände des Hochstifts Würzburg (VGffG IX/23), Würzburg 1967, S. 21–26, hier S. 22.

[11] Monumenta Germaniae Historica. Die Urkunden der deutschen Könige und Kaiser, Band 1: Die Urkunden Konrad I., Heinrich I. und Otto I., Hannover 1879–84, Diplome Otto I. Nr. 44 (941 Dez. 13); auch abgedruckt in Monumenta Boica (künftig MB) 28/1, hg. von der Bayerischen Akademie der Wissenschaften, München 1829, Nr. 123; vgl. Alfred Wendehorst, Das Bistum Würzburg 1: Die Bischofsreihe bis 1254 (Germania Sacra N.F. 1: Die Bistümer der Kirchenprovinz Mainz), Berlin 1962, S. 62; Soder, Kirchliche Strukturen (wie Anm. 8), S. 216; Amrhein, Reihenfolge I (wie Anm. 8), S. 8.

[12] Christ, Selbstverständnis und Rolle (wie Anm. 4), S. 259f.

[13] Schubert, Landstände (wie Anm. 10), S. 21.

[14] Amrhein, Reihenfolge I (wie Anm. 8), S. 17f.

[15] Schubert, Landstände (wie Anm. 10), S. 22.

[16] Cord Ulrichs, Vom Lehnhof zur Reichsritterschaft. Strukturen des fränkischen Niederadels am Übergang vom späten Mittelalter zur frühen Neuzeit (Vierteljahresschrift für Sozial- und Wirtschaftsgeschichte 134), Stuttgart 1997, S. 89–108, hier S. 91; zu den Familien- und Personenverbänden in den Domkapiteln zu Bamberg und Würzburg vgl. auch Klaus Rupprecht, Ritterschaftliche Herrschaftswahrung in Franken. Die Geschichte der von Guttenberg im Spätmittelalter und zu Beginn der Frühen Neuzeit (VGffG IX/42), Neustadt/Aisch 1994, S. 45–54.

[17] Ulrichs, Lehnhof (wie Anm. 16), S. 91; Schubert, Landstände (wie Anm. 10), S. 23 (fälschlich für 1500); vgl. Günter Rauch, Das Mainzer Domkapitel in der Neuzeit. Zu Verfassung und Selbstverständnis einer adeligen geistlichen Gemeinschaft (mit einer Liste der Domprälaten seit 1500), 3 Teile, in: ZRG Kan. 92, 1975, S. 161–227; 93, 1976, S. 194–278; 94, 1977, S. 132–179; hier 92, 1975, S. 174.

[18] Ulrichs, Lehnhof (wie Anm. 16), S. 91.

burg festhielt, während Mainz und Bamberg auf 16 Ahnen steigerten.[19] Die Turnierfähigkeit als konstitutiver Inhalt ritterschaftlichen Standesbewußtseins mußte ebenso
nachgewiesen werden wie die Zugehörigkeit der Familie zu einem der drei Ritterkreise in Franken, Schwaben und am Rhein. Zusammenfassend bestätigte Fürstbischof Julius Echter 1594 diesen Katalog der zur Aufnahme in das Kapitel erforderlichen Qualifikationen.[20] Damit war die Entwicklung zu einem exklusiven adeligen
Personenverband abgeschlossen. Die Anzahl der Domherrenpfründen war seit 1491
endgültig auf 24 Kapitulare und 30 Domizellare festgelegt.[21] Erstere bildeten das über
die Belange des Domstifts beschließende Gremium. Bei letzteren handelt es sich um
die jungen Domherren, die nach ihrer Emanzipation aus der Domschule darauf warten
mußten bis ein Kapitular verstarb und sie stimmberechtigt ins Kapitel aufrücken konnten. Die Zahl von 54 Präbenden gehörte zu den höchsten aller deutschen Domkapitel
und ist beredtes Zeugnis für den Reichtum des Hochstifts Würzburg.[22] Der Dompropst
als ursprüngliches Oberhaupt war zwar aus der Leitung des Kapitels gedrängt worden,
doch galt er auch später noch als die nach dem Bischof wichtigste Dignität,[23] denn ein
repräsentativer Vorrang und der umfangreiche Propstei-Besitz waren ihm geblieben.
Bis zur Säkularisation galt die Würzburger Dompropstei als eine der bestdotierten
Pfründen der Reichskirche. Leitungsfunktionen übte hingegen der Domdechant aus.
Er hatte bei den Kapitelsitzungen den Vorsitz inne und war, anders als der Dompropst,
zur Residenz verpflichtet, was seine Bedeutung nur unterstreicht.[24] Doch sind seine
Kompetenzen begrenzt. Entschieden wurde über die domkapitelschen Angelegenheiten durch Mehrheitsentscheidung in den Kapitelssitzungen.

[19] Amrhein, Reihenfolge I (wie Anm. 8), S. 18; Schubert, Landstände (wie Anm. 10), S. 23 unter Hinweis auf Andreas Ludwig Veit, Geschichte und Recht der Stiftsmäßigkeit auf die ehemals adeligen Domstifte von Mainz, Würzburg und Bamberg, in: Historisches Jahrbuch 33, 1912, S. 339, 341; während Gregor Schöpf, Historisch-statistische Beschreibung des Hochstifts Würzburg. Ein Versuch, Hildburghausen
1802, S. 230 auch für Würzburg 16 adelige Ahnen angibt.

[20] Schubert, Landstände (wie Anm. 10), S. 23. Daß die Entwicklung zu einer der Ritterschaft vorbehaltenen Korporation durchaus keine geradlinige Entwicklung nimmt, zeigt Ulrichs, Lehnhof (wie Anm.
16), S. 92–99.

[21] Amrhein, Reihenfolge I (wie Anm. 8), S. 20; die Zahl von 54 Präbenden ist auch schon für 1412
belegt, vgl. Merzbacher, Dignitäten (wie Anm. 8), S. 362.

[22] Vgl. Hersche, Domkapitel I (wie Anm. 4). In der Reichskirche hatte nur das (gemeinständische) Lütticher Kapitel mehr Präbenden (60). Die Anzahl der Kanonikate sagt somit noch nichts über den Reichtum aus, da adelige Pfründen höher dotiert waren.

[23] Merzbacher, Dignitäten (wie Anm. 8), S. 361–371, hier S. 361.

[24] Zum Domdechant vgl. Merzbacher, Dignitäten (wie Anm. 8), S. 371–374. Eine Abgrenzung der
Kompetenzen von Propst und Dechant bleibt ein Desiderat und kann nur im Rahmen einer umfassenden
Bearbeitung des Domkapitels geschehen. Eine Beschreibung der Tätigkeit eines Dechanten bringt
Friedrich Merzbacher, Der Würzburger Generalvikar und Domdekan Johann von Guttenberg
(1520–1538), in: WDGBl 35/36, 1974, S. 87–123. Die auf Amrhein, Reihenfolge I (wie Anm. 8), S. 23f.
gegründete und vielfach übernommene Einteilung (z.B. Merzbacher, Dignitäten, wie Anm. 8, S. 361 bzw.
371; Schubert, Landstände, wie Anm. 10, S. 22; Willoweit, Staatsorganisation und Verwaltung, wie Anm.
5, S. 71), der Propst sei „Verwalter des Vermögens des Kapitels und Exponent der wirtschaftlichen
Belange" gewesen, während der Dechant für die geistliche Disziplin verantwortlich war, greift meines
Erachtens schon für das Spätmittelalter zu kurz und trifft für die Frühe Neuzeit sicher nicht mehr zu. Die
von Merzbacher, Dignitäten (wie Anm. 8), S. 361 zitierte Bulle „Exigunt merita" Papst Clemens´ X. von
1674 beschreibt wohl eher ältere Zustände und scheint mir in diesem Fall nicht beweiskräftig.

In engem Zusammenhang mit dem Erwerb des Monopols auf die Bischofswahl steht das auch in Würzburg sehr ausgeprägte Phänomen der Wahlkapitulationen.[25] Eine derartige Selbstverpflichtung eines neu zu wählenden Bischofs mußte erstmals Hermann von Lobdeburg 1225 unterzeichnen. Weitere solche Verträge sind von 1314 und 1345 sowie lückenlos ab dem Jahr 1400 bis zur Säkularisation überliefert. In ihnen manifestiert sich einerseits die dem Domkapitel kirchenrechtlich zustehende Verantwortung für den geistlichen Besitz, andererseits spiegeln sich in ihnen die jede Wahl eines Bischofs beeinflussenden Interessen und Machtkonstellationen. Seinen Höhepunkt erreichte das Kapitulationswesen im 17. Jahrhundert, als sich die Domkapitel weitreichende Mitspracherechte in der Regierung des Hochstifts zu sichern suchten und dabei in Konflikt mit den absolutistischen Herrschaftsansprüchen der Fürstbischöfe gerieten. Bedeutend für die Reichskirche insgesamt wurde die Konfrontation zwischen Bischof und Domkapitel, als es dem Würzburger Fürstbischof Johann Gottfried II. von Guttenberg 1695 gelang, durch die Konstitution Papst Innozenz´ XII. eine wesentliche Einschränkung des Kapitulationswesens zu erreichen. Kaiser Leopold I. ergänzte diese Regelung drei Jahre später in bezug auf das Reichsrecht. Hinfort war der Abschluß von Kapitulationen vor der Wahl verboten, nachher unterzeichnete bedurften der Genehmigung durch Papst und Kaiser.[26] Doch damit war das Ende dieser Herrschaftsverträge keineswegs gekommen.[27] Man bezeichnete sie nun als „Projekt", „Contestatio" oder „Monita". Noch der letzte Würzburger Fürstbischof Georg Karl von Fechenbach unterzeichnete eine Wahlkapitulation. Für die Rolle des Domkapitels im Hochstift und sein Verhältnis zum Bischof sind die Wahlkapitulationen deshalb von besonderer Aussagekraft, weil in ihnen der Fürstbischof eine durch seinen Eid bekräftigte vertragliche Verpflichtung gegenüber dem Kapitel eingeht. Die Initiative liegt auf der Seite des Domkapitels, weshalb unabhängig von politischen Sachthemen zunächst nach dessen Motiven zu fragen ist, um einen Einblick in das Rollenverständnis und die Einflußmöglichkeiten des Domkapitels innerhalb des Hochstifts zu gewinnen.

Die Wahlkapitulationen haben im Verlauf des 18. Jahrhunderts keine gravierenden Änderungen erfahren. Zwar ließ das Domkapitel während des Interregnums prüfen, ob noch alle Punkte aktuell sind und an welcher Stelle Ergänzungen vorgenommen

---

[25] Zusammenfassend zu den Wahlkapitulationen bis zum Ende des 17. Jahrhunderts: Christ, Selbstverständnis und Rolle (wie Anm. 4), S. 281–315; ders., Bischof und Domkapitel (wie Anm. 4), S. 200–228; für Würzburg: Joseph Friedrich Abert, Die Wahlkapitulationen der Würzburger Bischöfe bis zum Ende des XVII. Jahrhunderts, in: AU 46, 1904, S. 27–186; exemplarisch für das 18. Jahrhundert wurde die Würzburger Wahlkapitulation des Franz Ludwig von Erthal ausgewertet von Herbert Schott, Franz Ludwig von Erthal und seine Wahlkapitulation für das Domkapitel zu Würzburg 1779, in: Renate Baumgärtel-Fleischmann (Hg.), Franz Ludwig von Erthal. Fürstbischof von Bamberg und Würzburg 1779–1795 (Veröffentlichungen des Diözesanmuseums Bamberg 7), Bamberg 1995, S. 28–36.

[26] Vgl. Dieter J. Weiß, Vom Westfälischen Frieden bis zum Reichsdeputationshauptschluß. Franken 1648–1803, § 30: Die „Geistliche Regierung", in: Walter Brandmüller, Handbuch der bayerischen Kirchengeschichte, Bd. 2: Von der Glaubensspaltung bis zur Säkularisation, S. 417–456, hier S. 423.

[27] Zum Weiterleben der Wahlkapitulationen im 18. Jahrhundert vgl. Rudolf Vierhaus, Wahlkapitulationen in den geistlichen Staaten des Reiches im 18. Jahrhundert, in: Rudolf Vierhaus (Hg.), Herrschaftsverträge, Wahlkapitulationen, Fundamentalgesetze (Veröffentlichungen des Max-Planck-Instituts für Geschichte 56), Göttingen 1977, S. 205–219.

werden sollten, doch wurde die Grundkonzeption davon nicht beeinflußt.[28] Es scheint deshalb zulässig, die Wahlkapitulation des Friedrich Karl von Schönborn von 1729 beispielhaft für die Frage nach dem Verhältnis von Domkapitel und Hochstift heranzuziehen.[29] Sie umfaßt 67 Punkte, die darauf hin untersucht werden sollen, auf welche Weise das Domkapitel darum bemüht ist, sich einerseits gegen Eingriffe des Fürstbischofs und der hochstiftischen Verwaltung in seinen Herrschaftsbereich abzugrenzen, andererseits aber selbst Einfluß auf die Regierung des Hochstifts zu nehmen.

Abgrenzung gegenüber Fürstbischof und hochstiftischer Verwaltung

Die Wahlkapitulation wird eingeleitet von dem Wunsch, sie möge dazu dienen, die Wohlfahrt der Untertanen sowie „Verstandnus und Harmonie zwischen Haupt und Gliedern" zu fördern. Sie sei „in denen geistlichen und weltlichen Rechten in selbst redender natürlicher Billigkeit und der uralten Observanz und herkommen bestens gegründet".

In § 1 wird für das „Erste zur Grundveste geleget", daß das Domkapitel sowie dessen Orte und Untertanen vom neu erwählten Fürstbischof in seinen Privilegien, Immunitäten, Rechten und Freiheiten „in Ruhe gelassen und sie in solchen auf keinerley weiß oder weeg gekränckhet, turbiret und beeinträchtiget", sondern „wider diejenige, so sich dessen unterstehen sollten und würden, anderst nicht alß wan eß daß Stifft selbsten antreffen thete, [...] geschützet, geschirmet, verthätiget und gehandthabet" werden sollen. Der Fürstbischof versichert somit, nicht in domkapitelsche Rechte einzugreifen und gewährt seinen Schutz gegen all jene, die diese Rechte stören.[30] Die Anordnung an erster Stelle unterstreicht die Bedeutung dieser „Grundveste".[31] Sie ist zweierlei: zum einen Abgrenzung gegenüber dem Landesherrn, gleichzeitig aber auch Unterordnung unter dessen Schutz und Schirm. Das Bestreben des Domkapitels, die Anerkennung seiner auf altes Herkommen und Privilegien gegründeten Gerichts- und Besitzrechte zu erhalten, steht im Mittelpunkt von weiteren 23 Paragraphen der Wahlkapitulation. Häufig geht es dabei um die Behauptung der domkapitelschen Gerichtsrechte gegenüber dem Fürstbischof.[32] So um die Ziviljurisdiktion in erster Instanz über Kanoniker und Vikare des Domstifts sowie die Kriminalgerichtsbarkeit über diesen Personenkreis im Einvernehmen mit dem Fürst-

---

[28] Schott, Landesherrschaft (wie Anm. 5), S. 61f.; Schott, Wahlkapitulation (wie Anm. 25), S. 28, 33.

[29] StAWü Geistliche Sachen 2257; die Wahlkapitulation des Friedrich Karl ist kursorisch zusammengefaßt bei Schott, Landesherrschaft (wie Anm. 5), S. 61f.; Wild, Staat und Wirtschaft (wie Anm. 5), S. 16–23, 29f., geht nur kurz auf die Bamberger Wahlkapitulation des Friedrich Karl ein.

[30] Vgl. Schott, Wahlkapitulation (wie Anm. 25), S. 30; Abert, Wahlkapitulationen (wie Anm. 25), S. 59, 120–123. Das Schutz- und Schirmrecht über die Stifte und Klöster seines Hochstifts war dem Würzburger Fürstbischof 1545 von Kaiser Karl V. erneut bestätigt worden, vgl. Alfred Wendehorst, Das Bistum Würzburg 3: Die Bischofsreihe von 1455 bis 1617 (Germania Sacra N.F. 13: Die Bistümer der Kirchenprovinz Mainz), Berlin u.a. 1978, S. 111.

[31] Erst 1795 wird die Verpflichtung zur Aufrechterhaltung der katholischen Religion an die erste Stelle der Wahlkapitulation gerückt; vgl. Schott, Wahlkapitulation (wie Anm. 25), S. 33.

[32] Schott, Wahlkapitulation (wie Anm. 25), S. 31; Abert, Wahlkapitulationen (wie Anm. 25), S. 154–167, geht lediglich auf die geistliche Gerichtsbarkeit des Domkapitels ein.

118

bischof (§ 2), um das Kellergericht und die Hubgerichte des Domkapitels (§ 5), die Nichtzuständigkeit des Landgerichts für domkapitelsche Untertanen in gemeinen Schuld- und Vogtei-Sachen (§ 6), die domkapitelschen Immunitäten in Kirchen, Kreuzgängen, Domherrenhöfen und Vikariehäusern (§ 40), die Bestrafung von Zehntfreveln durch das Domkapitel (§ 15), die Nichtzuständigkeit der hochstiftischen Centgerichte für domkapitelsche Untertanen in Vogtei-Sachen (§ 16) und die Anerkennung domkapitelscher Centrechte über Untertanen der Kartause Tückelhausen sowie in den Orten Sommerhausen, Winterhausen und Lindelbach (§ 17).[33] Darüber hinaus werden die notwendige Zustimmung des Domkapitels zur Besteuerung seiner Untertanen durch den Fürstbischof (§ 20),[34] die domkapitelschen Zehntordnungen (§ 12), die Befreiung domkapitelscher Orte von fürstbischöflichen Ungeld- und Akziseforderungen (§ 22),[35] das Jagdrecht in Euerdorf (§ 23), die Belehnung der Domkapitulare mit Scholasterie, Kustodie und Oberpfarreien (§ 24), die Rechte der Dompropstei (§ 25), das den Domkapitularen zustehende „Herbstochsengeld" (§ 34), die Jagdrechte des Domkapitels im allgemeinen (§ 35), die Zollbefreiung für den persönlichen Besitz der Domherren (§ 36),[36] die Freiheit der domkapitelschen Orte von Herbergs- oder Atzungsforderungen des Fürstbischofs (§ 37),[37] die Testierfreiheit von Domherren und der Geistlichkeit (§ 38), die inkorporierten Pfarreien und Patronatsrechte des Domkapitels (§ 41), eine Entschädigung für die der Domdechanei entzogenen Rechte über das Kloster Gerlachsheim (§ 46), der domkapitelsche Guldenzoll im Amt Karlstadt (§ 51), die Ersten Bitten des Domkapitels (§ 52) und die Rechte eines Domkapitulars als Propst von Wechterswinkel (§ 54) vom neugewählten Fürstbischof anerkannt.

Mit der Abgrenzung gegenüber dem Landesherrn und der Betonung eigenständiger Herrschaftsrechte einer geht das Bemühen um öffentlichkeitswirksame Repräsentation. Dazu zählt die Begleitung der Domkapitulare durch die Bürgerwacht zur Christ- und Ostermette (§ 40), der Anspruch von Dompropst und Domdechant auf eine sechsspännige Kutsche bei öffentlichen Auftritten (§ 59), die Reichung von Handwasser an der fürstbischöflichen Tafel (§ 60) und der ebenfalls in den Wahlkapitulationen geforderte Vorrang der Domkapitulare vor den Dechanten der Kollegiatstifte (§ 67). Die Forderung nach einer sechsspännigen Kutsche und die Reichung von Handwasser zielt darauf, den beiden wichtigsten Dignitäten ähnlich repräsentative Vorrechte wie dem Fürsten zukommen zu lassen. Auch die Sitzordnung bei Gottesdiensten, die dem Bischof einen Platz bei den Kapitularen zuweist, da sich „die sepa-

---

[33] Die drei genannten Orte unterstanden bis 1713 der Vogteiherrschaft der Schenken von Limpurg, anschließend als deren Haupterben den Grafen von Rechteren-Limpurg; doch gehörten nur Sommer- und Winterhausen zur Cent Ochsenfurt, Lindelbach dagegen zur Cent Westheim, vgl. Herrmann Knapp (Hg.), Die Zenten des Hochstifts Würzburg. Ein Beitrag zur Geschichte des süddeutschen Gerichtswesens und Strafrechts, 2 Bde., Berlin 1907, hier Bd. 2, S. 1342. Somit erhebt das Domkapitel hier eine Forderung, die über die ihm zustehenden Rechte hinausgeht. Doch hat man in der Praxis offensichtlich nicht auf diesen Punkt bestanden. In der Wahlkapitulation von 1779 werden nur noch Sommer- und Winterhausen genannt, vgl. Schott, Wahlkapitulation (wie Anm. 25), S. 31.

[34] Vgl. Abert, Wahlkapitulationen (wie Anm. 25), S. 130–135.

[35] Vgl. Abert, Wahlkapitulationen (wie Anm. 25), S. 135–137.

[36] Vgl. Abert, Wahlkapitulationen (wie Anm. 25), S. 122–125, 134.

[37] Vgl. Abert, Wahlkapitulationen (wie Anm. 25), S. 122.

ratio Capitis a Corpore et membris nicht schicket oder geziemet" (§ 61), geht in diese Richtung. Sie dokumentiert die Gemeinsamkeiten von Bischof und Domkapitel und führt dem ehemaligen Mitkapitular seine Herkunft vor Augen.[38]

Jene Regelungen, die unter dem Komplex der Beschränkung fürstbischöflicher Eingriffsmöglichkeiten sowie der Anerkennung des domkapitelschen Besitzstandes an Gütern, Rechten und Einkünften zusammengefaßt werden können, umfassen somit etwas mehr als 40% (28 von 67 Paragraphen) der Wahlkapitulation. Insbesondere die eigenständige Gerichtsbarkeit wird immer wieder angesprochen und konkret benannt (§§ 2, 5, 6, 15, 16, 17, 40), daneben geht es um die Befreiung der domkapitelschen Untertanen von Belastungen durch den Fürstbischof beziehungsweise den dazu notwendigen Konsens des Kapitels (§§ 20, 22, 37) und den Kapitularen zustehende Einkünfte (§§ 34, 51). Die übrigen Punkte regeln Einzelprobleme (§§ 12, 23, 25, 35, 36, 38, 40, 41, 46, 52, 54, 59, 60, 67). Auffallend ist dabei, wie sehr die Regelungen ins Detail gehen.[39] Häufig handelt es sich um konkrete Fälle, in denen es in der Vergangenheit zu Streitigkeiten gekommen war. So nutzte das Domkapitel die Wahlkapitulation auch, um bei Differenzen mit anderen Herrschaftsträgern wie der Kartause Tückelhausen und den Schenken von Limpurg die Bestätigung seiner Rechte durch den Fürstbischof zu erhalten (§ 17).

Der Einfluß des Domkapitels im Hochstift

Neben dem Motiv des Domkapitels, seine Herrschaftsrechte und den Besitzstand zu wahren, können in einem zweiten großen Komplex jene Punkte zusammengefaßt werden, in denen die Verantwortung des Domkapitels für das Hochstift als Ganzes und der daraus resultierende Anspruch auf Teilhabe an der hochstiftischen Regierung zur Sprache kommen.

Die Abfassung einer Wahlkapitulation erfolgt jeweils vor Regierungsantritt. Zu diesem Zeitpunkt ist es kaum abzusehen, wie sich die politischen Verhältnisse während der Regentschaft des künftigen Fürstbischofs entwickeln würden. Der Kenntnisstand ist geprägt von der Politik des verstorbenen Fürstbischofs und vom Wissen um deren Stärken und Schwächen. Über die Wahlkapitulationen besaß das Kapitel die Möglichkeit, auf die Beseitigung der Mängel hinzuarbeiten. Sie sind deshalb als „Resumée der Negativa einer vorhergegangenen Regierung" bezeichnet worden.[40] Betrachtet man jedoch die Kapitulation des Friedrich Karl, so sind es nur wenige Punkte, die das Handeln des künftigen Landesherrn konkret festlegen. Zentrales Motiv in den Überlegungen des Domkapitels ist die Sorge um die Integrität des Stiftsterritoriums. Bereits die Wahlkapitulation von 1225 enthielt das Verbot, Vogteien und Lehen zu entfremden, 1345 untersagte man die Verpfändung von Stiftslehen.[41] Auch 1729 muß sich der Neo-Elekt verpflichten, niemandem über „Untertanen,

---

[38] Fleckenstein, Christoph Franz (wie Anm. 5), S. 67f.; Scherf, Johann Philipp Franz (wie Anm. 5), S. 157f. und Anm. 2.

[39] Vgl. Vierhaus, Wahlkapitulationen (wie Anm. 27), S. 213.

[40] Schubert, Landstände (wie Anm. 10), S. 25.

[41] Christ, Selbstverständnis und Rolle (wie Anm. 4), S. 289f.; Abert, Wahlkapitulationen (wie Anm. 25), S. 114–116.

Schlösser, Städte, Ämter und Güter eine Schutz- und Schirmgerechtigkeit" einzuräumen, denn das Hochstift solle „durch den gnädigst regirenden herrn vermitelß göttlichen beystandts und Raths deß dombCapitulß nach allem [sic] Cräfften und bestem vermögen selbst geschützet, geschirmet und bey gleichem Recht und billigkeith gehandthabet" werden (§ 12), zudem dürfen Hochstiftsgüter und Rechte nicht veräußert werden (§ 30). Eine konkrete Festlegung erfährt die fürstbischöfliche Politik durch das Verbot der Zünfte in der Stadt Würzburg (§ 27).[42] Recht allgemein gehalten sind dagegen jene Stellen, in denen es darum geht, dem Neo-Elekten die Verantwortung für den Erhalt des Juliusspitals, der Universität und der milden Stiftungen (§ 13) sowie von Klöstern und Stiften (§ 45) in Erinnerung zu rufen. Welche Bedeutung die Verpflichtung zur Verringerung der Schulden (§ 14) in der Praxis haben würde, hing wesentlich davon ab, in welcher Form das Domkapitel seine Kontrollrechte über die hochstiftischen Finanzen ausüben konnte. Damit sind die politischen Vorgaben der Kapitulationen jedoch schon erschöpft. Insgesamt handelt es lediglich um sechs von 67 Paragraphen.

Die Verantwortung des Domkapitels für das Hochstift bedurfte der Anerkennung durch hochstiftische Beamte und Untertanen in der Öffentlichkeit. Von herausragender Bedeutung ist in diesem Zusammenhang die Erbhuldigungseinnahme des Fürstbischofs, bei der mindestens zwei Kapitulare zugegen sein müssen (§ 12). Schon die Aufforderung zur Huldigung ergeht im Namen des Domkapitels (ebd.). In der Eidesformel 1747 verpflichten sich die Beamten und Untertanen (§§ 10, 11), „dass ich meinem gnädigsten Fürsten und herrn, herrn Anselm Frantz, erwöhlten bischoffen zu Würzburg und herzogen zu franckhen und dann denen hochwürdigen hochwohlgebohrnen meinen Gnädigen Herrn vorerwenthen dombCapituls zu Würzburg getreü gewehr und gehorsam sein"[43] will. Diese zweifache Loyalität gegenüber Fürstbischof und Domkapitel war erstmals im Jahr 1400 in die Wahlkapitulation aufgenommen worden.[44] Wesentliches Anliegen war es, für den Fall der Sedisvakanz oder einer Regierungsunfähigkeit des Bischofs kein Herrschaftsvakuum entstehen zu lassen, das Domkapitel rückte in einem solchen Fall automatisch an die Stelle des Landesherrn.[45] Zwar war die Loyalität gegenüber dem Domkapitel bereits in der Eidesformel von 1747 eingeschränkt auf eine eventuelle Gefangenschaft des Landesherrn und die Zeit nach dessen Tod bis das Kapitel zur Huldigung eines mit Stimmenmehrheit gewählten Nachfolgers auffordert, doch barg diese Teilhabe am Loyalitätsanspruch auch weiterhin ein erhebliches Konfliktpotential, ließ sich daraus doch bei exzessiver Auslegung ein domkapitelsches Mitspracherecht bei der Ein- und Absetzung von Beamten ableiten. Zudem mußten alle höheren Beamten ihren Diensteid auch vor dem Kapitel ablegen. Es betonte zwar, seine Forderung an die Beamten, ihm „treu, gewärtig und gehorsam zu sein", beschränke sich auf den Fall der Sedisvakanz, doch kam es darüber zu Zeiten immer wieder zu Konflikten, so daß der Fürstbischof die Pflicht-

---

[42] Vgl. Abert, Wahlkapitulationen (wie Anm. 25), S. 168f.

[43] StAWü Stdb. 942, S. 30 (Eid der Beamten), der Untertaneneid (S. 34) weicht in der Formulierung etwas ab, verändert die rechtliche Qualität jedoch nicht.

[44] Christ, Selbstverständnis und Rolle (wie Anm. 4), S. 290f.; Abert, Wahlkapitulationen (wie Anm. 25), S. 62.

[45] Vgl. StAWü Stdb. 942, S. 30, 34.

leistung der von ihm ernannten Amtsträger gegenüber dem Domkapitel überhaupt in Zweifel zog.[46] Die doppelte Loyalität dokumentiert den Anspruch des Domkapitels, Teil der Herrschaft zu sein, der Vorrang des Fürstbischofs blieb gleichwohl gewahrt.[47] Ein vom Domkapitel gefordertes „Kondominium" oder „Konregnum", wie vor 1698 geschehen, gehörte der Vergangenheit an.[48]

Domkapitulare in den Spitzenpositionen der hochstiftischen Verwaltung

Das Domkapitel begnügte sich jedoch nicht mit der Teilhabe an der Loyalität, sondern beanspruchte darüber hinaus eine ganze Reihe von Ämtern innerhalb des Regierungsapparates. Bereits am Ende des 12. Jahrhunderts war das Domkapitel als beratendes Kollegium für den Bischof tätig, 1260 bildeten Propst, Dechant und zwei Kapitulare den engeren Rat des Bischofs.[49] Auch als sich in der frühen Neuzeit Ratskollegien und Regierungsbehörden ausgebildet hatten, besaß das Domkapitel einen Anspruch auf Spitzenämter. Die Wahlkapitulation von 1729 sicherte dem Domkapitel den Zugriff auf zahlreiche Leitungsfunktionen.[50] Für einen Überblick über jene Stellen, welche im Hochstift Würzburg in den Händen von Domkapitularen lagen, scheinen in diesem Fall jedoch die Würzburger Hof- und Staatskalender besser geeignet, da sie detailliert die einzelnen Regierungsämter und ihre Inhaber aufführen. Sie sollen an dieser Stelle statt der Wahlkapitulation herangezogen werden, um die personelle Vernetzung möglichst umfassend darzustellen.[51] Grundlegend für den Verwaltungsaufbau des Hochstifts Würzburg ist die Unterscheidung zwischen einem weltlichen und einem geistlichen Staat.[52] Im weltlichen Staat stellte das Domkapitel den Statthalter zu Würzburg, den Richter am Landgericht des Herzogtums Franken, die beiden Präsidenten der weltlichen Regierung, die Präsidenten von Hofkammer, Hofkriegsrat, Policeygericht des Oberen Rates der Stadt Würzburg, Juliusspital und Universitätsrezeptoratamt, den Universitätskanzler und den -rektor, den Lotto-Intendanten, den Oberzollhern sowie den Gesandten und den Kommissar beim Reichstag in Regensburg. Auch auf die im 18. Jahrhundert immer zahlreicher werdenden Kommissionen konnte sich das Domkapitel einen Einfluß sichern. Vorsitzender der Almosen- und Arbeitshaus-, der Armen-, Witwen- und Waisen-Stiftungs- und der Schul-

---

[46] Vgl. Schott, Landesherrschaft (wie Anm. 5), S. 65; Schott, Wahlkapitulation (wie Anm. 25), S. 33f.

[47] Zum Untertaneneid liegen verschiedene Fassungen vor. Während im Erbhuldigungsbuch von 1747 (Stdb. 942, S. 34) von Fürstbischof und Domkapitel die Rede ist (so allgemein auch Christ, Selbstverständnis und Rolle, wie Anm. 4, S. 290f.), ist im Eidbüchlein von 1770 (StAWü Stdb. 70, S. 1) lediglich der Fürstbischof erwähnt.

[48] Schott, Landesherrschaft (wie Anm. 5), S. 62 und Anm. 176.

[49] Vgl. Abert, Wahlkapitulationen (wie Anm. 25), S. 15, 61; Schubert, Landstände (wie Anm. 10), S. 24; Schott, Landesherrschaft (wie Anm. 5), S. 79–94.

[50] In der Wahlkapitulation von 1729 (wie Anm. 29) sind dies: Vicariat und Officialat (§ 4), Landrichter (§ 7), Statthalter (§ 26), die Propsteien der Stifte Haug und Neumünster (§ 42), die Präsidentenstelle im Policey-Gericht des Oberen Rates der Stadt Würzburg (§ 47), die Präsidentenstellen der geistlichen und der weltlichen Regierung, der Hofkammer und der Obereinnahme (§ 49) und des Oberzollherrn (§ 51).

[51] Würzburger Hof- und Staatskalender (künftig WüHStK) für das Jahr 1778, S. 2–6.

[52] Zum Verwaltungsaufbau des Hochstifts Würzburg jetzt zusammenfassend: Willoweit, Staatsorganisation und Verwaltung (wie Anm. 5), S. 67–100.

kommission war jeweils ein Kapitular.[53] Darüber hinaus trugen acht von ihnen den Titel „Würzburgischer Geheimer Rat" und hatten somit Zugang zum wichtigsten Regierungskollegium des Hochstifts. Im geistlichen Staat dagegen waren die beiden Konsistorialpräsidenten, der geistliche Regierungspräsident und der Generalvikar sowie ein „Geistlicher Rat" aus den Reihen des Domkapitels. Dazu befanden sich auch die Propsteien des Ritterstifts St. Burkard, der Stifte Haug, Neumünster, Comburg und des Klosters Wechterswinkel sowie die Dechanei zu Comburg in Händen von Domkapitularen. Sind die Spitzenstellen in der weltlichen und geistlichen Regierung somit von Domkapitularen besetzt, so ist der fürstliche Hofstaat, der Bereich der Repräsentation im persönlichen Umfeld des Landesherrn, ganz in der Hand des weltlichen Adels.[54] Wenn die Kapitulare im Hofstaat keine dienende Funktion übernehmen, so dürfte dies erneut mit dem Bemühen um eine vom Fürstbischof unabhängige Position in Zusammenhang stehen.

Die Verschränkung von Domkapitel und Hochstift setzt sich bei den Beamten fort. Im Jahr 1779 stehen von 15 domkapitelschen Amtsträgern in Würzburg acht zugleich im Dienst des Hochstifts.[55]

Angesichts dieser Ämterkumulationen eröffnete sich den Domkapitularen die Möglichkeit, auf die Politik des Hochstifts Einfluß zu nehmen. Auch wenn eine genaue Untersuchung der Verhältnisse in Würzburg noch aussteht, so wird der tatsächliche Einfluß der Domkapitulare auf die Verwaltung allgemein eher gering eingeschätzt. So stuft Schott den Hofkammerpräsidenten formell zwar als den wichtigsten Mann der Hofkammer ein, dieser sei in der Praxis allerdings hinter den bürgerlichen Hofkammerdirektor zurückgetreten.[56] Es konnte nämlich vorkommen, daß der Kapitular an einer aktiven Amtsausübung uninteressiert war,[57] durch andere Verpflichtungen überlastet oder aber zwischen ihm und dem Fürstbischof grundsätzliche Differenzen bestanden und er deshalb seine Ansichten nicht durchsetzen konnte, was für ihn zum Anlaß werden konnte, das mit einem wohlklingenden Titel versehene Amt als reine Sinekure zu verstehen. Erst in diesem Zusammenhang wird verständlich, warum das Domkapitel darauf beharrte, daß „von der Cammer inßkünfftig nichtß vor sich und aigenmachtig ausgeschrieben, befohlen und disponiret, sondern alleß unter deß regierenden Herrnß und dessen Stadthalterß oder Cammer-Prasidentenß handt außgefertiget werde" (§ 58). Ganz offensichtlich hatte die von Bürgerlichen dominierte Verwaltung der Hofkammer in der Vergangenheit ohne Hinzuziehung des Fürstbischofs und des domkapitelschen Hofkammerpräsidenten Erlasse publiziert. Es wäre zu prüfen, inwieweit diese Bestimmung in der Praxis umgesetzt wurde. Trotz dieser scheinbar geringen Bedeutung, ist dennoch die Begründung in

---

[53] WüHStK 1779, S. 71, 98; Flurschütz, Erthal (wie Anm. 5), S. 206.

[54] Gerda Zimmermann, Der Hofstaat der Fürstbischöfe von Würzburg von 1648–1803 – Verfassungs- und Entwicklungsgeschichte, Diss. jur. (masch.schr.), Würzburg 1976.

[55] WüHStK 1779, S. 8f. Von 78 Würzburger Stadträten zwischen 1719 und 1779 standen 24 gleichzeitig im Dienst des Domkapitels, vgl. Schott, Landesherrschaft (wie Anm. 5), S. 679–693.

[56] Schott, Landesherrschaft (wie Anm. 5), S. 85; wenig aussagekräftig in diesem Punkt die Ausführungen bei Flurschütz, Erthal (wie Anm. 5), S. 87.

[57] Signifikant in diesem Zusammenhang die Formulierung in § 4 der Wahlkapitulation, die eine Regelung trifft, falls kein Domkapitular daran Interesse hat, das Vicariat und Offizialat zu übernehmen.

§ 49, mit der der Anspruch auf die Präsidentenstellen untermauert wird, bezeichnend für das Selbstverständnis der Kapitulare, denn dies geschehe, „damit sowohl die liebe Jusitz alß auch die Cammer und oberEinnahm um so viel mehrer beobachtet, befordert und in gutem Standt erhalten werde, auch die Capitularherren destomehr gelegenheith haben mögten, sich in denen hochstifftlichen geschäfften und angelegenheithen informirt zu machen". Dieser neutral formulierte Wunsch, über die Angelegenheiten des Hochstifts informiert zu sein, setzte das Domkapitel nicht dem Verdacht aus, die Rechte des Landesherrn beeinträchtigen zu wollen. Dem Bedürfnis nach Information dient auch die Verpflichtung, den Gesandtschaften zu Reichs- und Kreistagen einen Domherren beizugeben (§ 7) und von den dort getätigten Beschlüssen Abschriften für das domkapitelsche Archiv anfertigen zu lassen (§ 56). Das Wissen um die inneren und äußeren Verhältnisse des Hochstifts stellt die notwendige Voraussetzung dar, um an den Geschehnissen teilhaben und Verantwortung übernehmen zu können. Festzuhalten bleibt, daß sich das Domkapitel über die Spitzenpositionen in der hochstiftischen Verwaltung grundsätzlich die Möglichkeit offen hielt, auf die Politik des Hochstifts Einfluß zu nehmen. Dies zeigt sich auch in der Verpflichtung des Fürstbischofs, jederzeit einer Abordnung von Kapitularen Audienz zu gewähren (§ 55) und die Beschlüsse der Peremptorialkapitel in mündlichem Vortrag, statt der vom Fürstbischof bevorzugten schriftlichen Form, entgegenzunehmen (§ 62).[58]

Kontroll- und Konsensrechte des Domkapitels

Die bisher geschilderten Einflußmöglichkeiten sind wesentlich davon abhängig, wie die Domkapitulare ihre Position im persönlichen Diskurs mit dem Landesherrn und der Regierung durchsetzen konnten. Dies gilt auch für die Kontroll- und Aufsichtsrechte in der Finanzverwaltung, wo das Kapitel zwei getrennte Rechnungen, eine für die Hofkammer, die andere für die Obereinnahme, durchgesetzt hatte (§ 21).[59] Gegenüber dem Domkapitel hatte eine Rechnungslegung zu erfolgen (§ 59). Insgesamt wird man diese Kontrollrechte wohl nicht überschätzen dürfen, da dem Domkapitel bei Verstößen des Fürstbischofs keine unmittelbaren Sanktionsmöglichkeiten zustanden und die Kontrollbemühungen von der hochstiftischen Verwaltung und dem Fürstbischof vielfach behindert wurden.[60]

Über das Bemühen um Information, Kontrolle und Aufsicht hinaus gehen jene Punkte, in denen sich das Domkapitel das Konsensrecht zu Entscheidungen des Fürstbischofs vorbehält. Weder Städten noch Untertanen des Hochstifts darf ein unbefristetes Privileg ohne Zustimmung des Domkapitels erteilt werden (§ 8). Der Abschluß von Bündnissen mit auswärtigen Mächten, die Werbung von Soldaten und die Einberufung des Landausschusses bedarf der Genehmigung des Domkapitels

---

[58] Vgl. Scherf, Johann Philipp Franz (wie Anm. 5), S. 157.

[59] Vgl. Schott, Wahlkapitulation (wie Anm. 25), S. 32; Schott, Landesherrschaft (wie Anm. 5), S. 85–87; Willoweit, Staatsorganisation und Verwaltung (wie Anm. 5), S. 75f.; Abert, Wahlkapitulationen (wie Anm. 25), S. 137–144.

[60] Schott, Landesherrschaft (wie Anm. 5), S. 63; Schott, Wahlkapitulation (wie Anm. 25), S. 33, die Ausführungen zu den domkapitelschen Kontroll- und Konsensrechten bei Flurschütz, Erthal (wie Anm. 5), S. 100f. bleiben insgesamt blaß.

(§ 9),[61] ebenso wie die Besteuerung der Geistlichkeit (§ 19) und des ganzen Landes (§ 20).[62] Neue Schulden dürfen nur mit Wissen des Kapitels aufgenommen werden (§ 14). Das Domkapitel beanspruchte somit für die Grundzüge der Außenpolitik, des Militärs und der Finanzen als den zentralen Themen politischen Handelns ein Konsensrecht. In allen genannten Bereichen gab es zuweilen Konflikte, doch scheint das Domkapitel gerade auf finanziellem Gebiet den Wünschen des Fürstbischofs meist entgegengekommen zu sein.[63] Angesichts der Bedrohung durch französische Revolutionstruppen faßte man 1796 aus eigener Initiative den Beschluß, nicht benötigtes Kapital nur noch an die fürstliche Hofkammer auszuleihen[64] und dokumentiert damit seine Verantwortung für das Hochstift.

Die Statthalterschaft

Steht dem Domkapitel bei den zustimmungspflichtigen Themen letztlich nur eine Reaktionsmöglichkeit auf fürstbischöfliches Handeln zu, so eröffnet sich in der Statthalterschaft zumindest punktuell die Perspektive, eigenverantwortlich Entscheidungen für das Hochstift zu treffen. Die Statthalterschaft gewann vor allem dann an Bedeutung, wenn das Hochstift Würzburg, wie im 18. Jahrhundert unter Friedrich Karl von Schönborn (1729–1746), Adam Friedrich von Seinsheim (1757–1779) und Franz Ludwig von Erthal (1779–1795) in Personalunion mit Bamberg regiert wurde und der Fürstbischof aus diesem Grund häufig abwesend war. Dann war er verpflichtet, einen Domkapitular, in der Regel den Domdechanten, zum Statthalter zu ernennen, dessen Aufgabe es war, in allen „deß Stieffts und deß landtß verfallendte sachen und geschäfften unterm fürstlichen Nahmen und von desselben wegen zu verwalten, zu bewahren und außzurichten wie es die rechtliche nothdurfft Erforderen wird, aber nichtß haubtsächlicheß, da periculum in Mora seyn sollte, ohne deß dombCapitulß und deren damahligen anwesenden herren zu schliessen oder zu exequiren" (§ 26). Auch das Domkapitel als Kollegialorgan war somit darum bemüht, die Eigenverantwortung des aus seiner Mitte stammenden Statthalters einzuschränken. In der Praxis wird man die Rolle von Statthalter und Domkapitel nicht überbewerten dürfen.[65] Der Fürstbischof wollte über alle Angelegenheiten auf dem Laufenden gehalten werden, auch bei Abwesenheit traf er die Entscheidungen selbst. Nur in Situationen, wo rasches Handeln notwendig war, fiel dem Statthalter eine besondere Rolle zu. Bei allen Sachen, wo dies nicht der Fall war, bereitete er die Entscheidungen des Regenten vor. Im Alltagsgeschäft überwachte er die Regierung, ohne einzugreifen.[66] Von einer Mitregierungs-

---

[61] Vgl. Schott, Kräftespiel (wie Anm. 5), S. 46, 51.

[62] Vgl. Schott, Landesherrschaft (wie Anm. 5), S. 63.

[63] So erteilt das Domkapitel der Hofkammer pauschale Genehmigungen für Kreditaufnahmen über mehrere hunderttausend Gulden, vgl. StAWü Würzburger Domkapitelsprotokolle (künftig WDKP) 1796, S. 859–868, 1797 §§ 541, 772, 902; Schott, Landesherrschaft (wie Anm. 5), S. 63; zur Außenpolitik und dem Militär vgl. Schott, Kräftespiel (wie Anm. 5), S. 22, 27, 33, 38, 43, 52f.

[64] StAWü WDKP 1796, S. 752–756, 862f.

[65] Vgl. dazu das Mandat für den Statthalter von Bamberg bei Ssymank, Adam Friedrich (wie Anm. 5), S. 85f.

[66] Schott, Landesherrschaft (wie Anm. 5), S. 65, 68; vgl. Flurschütz, Erthal (wie Anm. 5), S. 96f.

gewalt des Statthalters im Sinne selbständiger Entscheidungsbefugnis kann in diesem Zusammenhang wohl nur in Ausnahmefällen gesprochen werden.

Die Sedisvakanz

Anders war dies beim Tod des Landesherrn, wenn eine Sedisvakanz eintrat (§ 53).[67] Zunächst stellte das Domkapitel fest, daß die „völlige Macht und Gewalt auf das hochwürdige Gremium als die Erbmutter devolviret" sei.[68] Bis zur Wahl eines neuen Fürstbischofs werde die Landesherrschaft nun von ihm repräsentiert.[69] Man beeilte sich, die hochstiftischen Beamten auf das Domkapitel zu vereidigen und ließ Sedisvakanzmünzen prägen.[70] Der Domdechant berief ein „Peremptorium Interregni" ein, das mehrmals wöchentlich tagte und bei dem der Großteil der Kapitulare persönlich anwesend war. Über alle Angelegenheiten des Hochstifts mußten die hochstiftischen Beamten nun im Kapitel vortragen, dessen Beschlüsse wurden durch die Wahlkapitulation auch für den künftigen Fürstbischof verbindlich gemacht (§ 53).[71] Insbesondere war es für das Domkapitel in diesem Zeitraum möglich, korrigierend in die Politik einzugreifen, unliebsame Mandate und Ordnungen aufzuheben und Vertraute des verstorbenen Fürstbischofs zu entlassen, bisweilen sogar in Haft zu nehmen.[72] Dem Domkapitel stand während des Interregnums die alleinige Verantwortung für das Hochstift zu und es hat die ihm zustehenden landesherrlichen Kompetenzen umfassend wahrgenommen.[73] Doch war das Interregnum auf wenige Wochen zwischen dem Tod des alten und der Wahl des neuen Fürstbischofs beschränkt, das Würzburger Domkapitel hat diesen Zeitraum nicht künstlich ausgedehnt.[74]

---

[67] Schott, Landesherrschaft (wie Anm. 5), S. 66f.

[68] StAWü WDKP 1719, fol. 120v; vgl. Schott, Wahlkapitulation (wie Anm. 25), S. 30; Christ, Selbstverständnis und Rolle (wie Anm. 4), S. 273. Zum Geschehen im Vorfeld der Bischofswahlen vgl. die Arbeiten von Günter Christ, Präsentia regis. Kaiserliche Diplomatie und Reichskirchenpolitik vornehmlich am Beispiel der Entwicklung des Zeremoniells für die kaiserlichen Wahlgesandten in Würzburg und Bamberg (Beiträge zur Geschichte der Reichskirche in der Neuzeit 4), Wiesbaden 1975, S. 105; ders., Die Würzburger Bischofswahl des Jahres 1724, in: Zeitschrift für bayerische Landesgeschichte (künftig ZBLG) 29, 1966, S. 454–501 und 689–726; ders., Das Hochstift Würzburg und das Reich im Lichte der Bischofswahlen von 1673 bis 1795, in: WDGBl 29, 1967, S. 184–206; ders., Der Wiener Hof und die Wahl Conrad Wilhelms von Werdenau zum Bischof von Würzburg, in: WDGBl 26, 1964, S. 296–313.

[69] Schott, Wahlkapitulation (wie Anm. 25), S. 30.

[70] StAWü WDKP 1779, S. 250; vgl. Anton Ruland, Beiträge zur Geschichte des Wirzburgischen Münzwesens unter den Fürstbischöfen: Friedrich Carl von Schönborn, Anselm Franz von Ingelheim, Carl Philipp von Greiffenclau und Adam Friedrich von Seinsheim, in: AU 23/1, 1877/79, S. 1–91, hier S. 34f.

[71] Vgl. Abert, Wahlkapitulationen (wie Anm. 25), S. 91.

[72] Christ, Selbstverständnis und Rolle (wie Anm. 4), S. 273; ders., Bischofswahlen von 1673–1795 (wie Anm. 73), S. 199–201; Schott, Landesherrschaft (wie Anm. 5), S. 67, 92; Fleckenstein, Christoph Franz (wie Anm. 5), S. 70f.; Scherf, Johann Philipp Franz (wie Anm. 5), S. 136.

[73] So erhöhte das Domkapitel im Interregnum von 1729 die Steuern (Schott, Landesherrschaft, wie Anm. 5, S. 63); weitere Beispiele bei Schott, Kräftespiel (wie Anm. 5), S. 20, 22; Schott, Landesherrschaft (wie Anm. 5), S. 59, 66f., 83; Christ, Bischofswahlen von 1673 bis 1795 (wie Anm. 68), S. 199f.; Christ, Werdenau (wie Anm. 68), S. 298f.; Scherf, Johann Philipp Franz (wie Anm. 5), S. 164–166.

[74] Beispiele für eine verlängerte Sedisvakanzadministration in anderen Hochstiften bei Christ, Selbstverständnis und Rolle (wie Anm. 4), S. 274f.

Im 18. Jahrhundert dauerte eine Sedisvakanz zwischen vier und neun Wochen.[75]

Eine Reihe weiterer Punkte in den Wahlkapitulationen können dem Bereich der domkapitelschen Verantwortung für das Hochstift zugeordnet werden, bedürfen für die Fragestellung nach den Abgrenzungsbestrebungen des Domkapitels und der Teilhabe am Hochstift als Ganzem jedoch keiner detaillierten Darstellung.[76] Erwähnenswert scheinen noch zwei Punkte, die über das Verhältnis zu Fürstbischof und Hochstift hinausreichen und die Domkapitulare als integralen Bestandteil des fränkischen Adels zeigen. Allgemein muß sich der Bischof verpflichten, „alle und jede dem Stift zugehörige grafen, Freyherren, Ritter und Knechte in ihren alten Ehrbahren Redtlichen und vernünfftigen Rechten" zu belassen (§ 3), die Beisitzer am Landgericht müssen stiftsmäßige Adelige sein (§ 7), der Ober- und der Hofschultheiß sollen ein Wappengenosse sein (§ 11) und das adelige Seminar erhalten bleiben (§ 13).[77] Desgleichen beanspruchten die Kapitulare ein Mitbelehnungsrecht an den Stiftslehen ihrer Familie (§ 32), was eine eventuelle Rückkehr in den weltlichen Stand wesentlich erleichterte.

Die domkapitelschen Intentionen: Abgrenzung und Einflußnahme

Insgesamt ermöglichten es diese Konsens- und Kontrollrechte, dem Würzburger Domkapitel innerhalb des Hochstifts eine Rolle zu spielen, wie sie in weltlichen Staaten zumeist den Landständen zukommt.[78] Durch die Wahlkapitulationen absorbierte das Domkapitel ständische Funktionen und schränkte die Entscheidungsfreiheit des Landesherrn ein, weniger im Sinne einer ständischen Opposition als einer durch adeligen Stand und privilegierte Stellung zur Herrschaftsausübung legitimierten Korporation. Es ist bezeichnend für das Selbstverständnis des Domkapitels, daß es, solange in Würzburg Landtage stattfanden (bis 1701), nicht wie die anderen Stifte und Klöster

---

[75] Aufstellung Tod des Fürstbischofs – Wahl eines Nachfolgers.
Tod Johann Philipp von Greiffenklau 3.8.1719 – Wahl Johann Philipp Franz von Schönborn 18.9.1719
Tod Johann Philipp Franz von Schönborn 18.8.1724 – Wahl Christoph Franz von Hutten 2.10.1724
Tod Christoph Franz von Hutten 25.3.1729 – Wahl Friedrich Karl von Schönborn 18.5.1729
Tod Friedrich Karl von Schönborn 26.7.1746 – Wahl Anselm Franz von Ingelheim 29.8.1746
Tod Anselm Franz von Ingelheim 9.2.1749 – Wahl Karl Philipp von Greiffenklau 14.4.1749
Tod Karl Philipp von Greiffenklau 25.11.1754 – Wahl Adam Friedrich von Seinsheim 7.1.1755
Tod Adam Friedrich von Seinsheim 18.2.1779 – Wahl Franz Ludwig von Erthal 18.3.1779
Tod Franz Ludwig von Erthal 14.2.1795 – Wahl Georg Karl von Fechenbach 12.3.1795
Quelle: Erwin Gatz (Hg.), Die Bischöfe des Heiligen Römischen Reiches 1648–1803. Ein biographisches Lexikon, Berlin 1990; ders., Die Bischöfe der deutschsprachigen Länder 1785/1803–1945. Ein biographisches Lexikon, Berlin 1983.
[76] Die Katholizität der Beamten (§ 10), die Jahrtage von Bischöfen (§ 28), die Epitaphe von Bischöfen (§ 29), die Vergabe von Lehen (§§ 31, 33), Münzen (§ 43), die bischöflichen Einkünfte (§ 44), die Trennung von geistlicher und weltlicher Verwaltung (§ 48), Archiv (§ 57), das bischöfliche Wappen (§ 63), die Restitution des Oberen Rates der Stadt Würzburg (§ 64), die Personalunion zwischen Bamberg und Würzburg (§§ 65, 66).
[77] Ähnlich für 1779 Schott, Wahlkapitulation (wie Anm. 25), S. 32.
[78] Doch haben in den geistlichen Staaten die Domkapitel nicht generell die Landstände ersetzt, v.a. im Nordwesten sind sie in der Regel Bestandteil des landständischen Systems, vgl. Christ, Selbstverständnis und Rolle (wie Anm. 4), S. 314–321.

daran teilnahm, sondern außerhalb derselben verblieb.[79] Denn das Domkapitel verstand sich selbst als Teil der Herrschaft, wie die doppelte Loyalität von Untertanen und Beamten und die Selbstbezeichnung als „Erbmutter des Stifts" zeigen. Im 18. Jahrhundert waren sowohl Fürstbischof wie Domkapitel darauf bedacht, offene Konflikte zu vermeiden.[80] Zwar gab es zwischen beiden auch während dieser Zeit in einzelnen Punkten erhebliche Differenzen, insbesondere in Fragen des Treueids der Beamten, der Bündnisse mit Auswärtigen und der Finanzkontrolle,[81] doch war man bemüht, eine Eskalation zu vermeiden, die wohl für beide Seiten mit Nachteilen verbunden gewesen wäre.[82] Das Domkapitel hatte erkannt, daß seine Machtmittel gegenüber den Fürstbischöfen, die im Ernstfall auf den Rückhalt von Kaiser und Papst zählen konnten, begrenzt waren. Die Fürstbischöfe hingegen mußten Nachteile für ihre Familie bei künftigen Bewerbungen um ein Domkanonikat befürchten. Folgerichtig behauptete das Domkapitel kein Absetzungsrecht gegenüber dem Landesherrn mehr, auch wenn dieser gegen seine Wahlkapitulation verstoßen sollte. 1756 strich es die Formulierung aus dem Eid des Stadt- und Schloßkommandanten: „oder also regiereten, das ernanntes Dom Capitul aus rechtmässigen ursachen Ihro hochfürstl. Gnaden länger zu regieren nicht geduldten", die man eher zufällig in der alten Eidesformel entdeckt hatte.[83] Das Domkapitel mußte akzeptieren, daß ihm bei Verstößen des Fürstbischofs gegen seine Wahlkapitulation direkte Sanktionsmöglichkeiten fehlten. In der Praxis schwächte dies die vertraglich festgelegten Kontroll- und Konsensrechte erheblich. Es ist deshalb eher von „einer stillen Teilhabe des Kapitels an der Macht", als von einer Mitregierung auszugehen.[84]

Der Einfluß des Domkapitels war insgesamt durch die Wahlkapitulationen institutionell so gefestigt, daß es erhebliche Probleme bereitet, bei der Regierungsform des Hochstifts Würzburg von „absolutistischer Herrschaft" zu sprechen, denn der Landesherr hatte in seiner ersten Amtshandlung die vielfältigen Rechte des Domkapitels, mit denen seine Handlungsfreiheit eingeschränkt wurde, akzeptieren müssen.[85] Die vom Domkapitel beanspruchte Rolle als Garant für den Fortbestand des Hochstifts

---

[79] Schubert, Landstände (wie Anm. 10), S. 143.

[80] Anders als am Anfang des 15. Jahrhundert mit dem Bischöfen Johann I. von Egloffstein und Johann II. von Brunn (Walter Scherzer, Das Hochstift Würzburg, in: Ufr. Gesch. 2, S. 53f., 58f.) oder am Ausgang des 17. Jahrhunderts mit Peter Philipp von Dernbach und Johann Gottfried von Guttenberg (Schott, Kräftespiel, wie Anm. 5, S. 33–35).

[81] Zahlreiche Beispiele bei Schott, Landesherrschaft (wie Anm. 5), S. 63–66.

[82] Vgl. Vierhaus, Wahlkapitulationen (wie Anm. 27), S. 207–209.

[83] Zitiert nach Schott, Landesherrschaft (wie Anm. 5), S. 62; die Absetzungsdrohung findet sich gleichwohl in Einzelfällen, so als Fürstbischof Johann Philipp Franz von Schönborn 1724 dem Domdechanten Christoph Franz von Hutten mit der Verhaftung drohte, und dieser daraufhin geantwortet haben soll: „wissen E. Hochf. Gnd. dass wann ich mit meinem capitel will, sie nicht mehr zu befehlen haben?" (ebda., S. 64); Scherf, Johann Philipp Franz (wie Anm. 5), S. 159, Anm. 12. Ähnlich die Drohung des Domkapitulars von Erthal aus dem Jahr 1756, dem Fürstbischof einen Koadjutor zur Seite zu stellen. (Schott, Landesherrschaft, wie Anm. 5, S. 151, Anm. 175).

[84] Rauch, Mainzer Domkapitel II (wie Anm. 17), S. 227; Schott, Landesherrschaft (wie Anm. 5), S. 150, Anm. 171.

[85] Zur Diskussion um den Begriff „Absolutismus" zuletzt Ernst Hinrichs, Fürsten und Mächte. Zum Problem des europäischen Absolutismus, Göttingen 2000; Peter Baumgart, Absolutismus ein Mythos? Aufgeklärter Absolutismus ein Widerspruch. Reflexionen zu einem kontroversen Thema gegenwärtiger Frühneuzeitforschung, in: Zeitschrift für historische Forschung 27/4, 2000, S. 573–589.

äußert sich vornehmlich in dem Bemühen, seinen Besitz und Rechte zu wahren, und auf dieser Grundlage auf die Geschicke des Hochstifts Einfluß zu nehmen. Wie intensiv diese Rechte wahrgenommen wurden, hing letztlich von den individuellen Gegebenheiten ab. Eine politische Bewertung der Rolle des Domkapitels kann an dieser Stelle nicht erfolgen.

Wahlkapitulationen geben den Domkapiteln die Möglichkeit, ihrem Verhältnis zum Landesherrn unter Berücksichtigung von Reichs- und Kirchenrecht einen Rahmen zu geben. Die herausgehobene Stellung des Domkapitels ist gegründet auf das durch Privilegien gesicherte alte Herkommen und sie erfährt durch die Kapitulation in regelmäßigen Abständen eine erneute Bestätigung. In diesem Sinne stehen domkapitelsche Interessen bei der Abfassung der Wahlkapitulationen im Vordergrund. Da das Domkapitel als „Erbmutter" des Hochstifts aber ein Interesse an dessen Wohlstand hatte, stehen diese Eigeninteressen entsprechend dem eigenen Selbstverständnis nicht im Widerspruch zum Nutzen des Landes. Während die Vorrechte des Domkapitels in den Kapitulationen detailliert abgehandelt werden, sind die vorgegebenen Leitlinien der Politik des künftigen Fürstbischofs eher allgemein gehalten. Es sind deshalb weniger konkrete Vorgaben, als vielmehr die durch sie gefestigten Möglichkeiten des Kapitels, bei Entscheidungen des Fürstbischofs mitzuwirken und korrigierend einzugreifen, welche den Wahlkapitulationen ihre Bedeutung verleihen. Insgesamt kann man zwar davon sprechen, daß die Wahlkapitulationen eine „Zwitterstellung" einnehmen, „Privilegiengarantie und Regierungsmaxime" zugleich sind,[86] doch liegt der Schwerpunkt in den Würzburger Kapitulationen des 18. Jahrhunderts eindeutig auf dem ersten Aspekt. Sie sind entstanden aus dem exklusiven Recht des Domkapitels, den Landesherrn zu wählen, und sollten dementsprechend aus der Perspektive dieser adeligen Korporation betrachtet werden, die sich selbst als Teil der Herrschaft begreift und nicht in einer grundsätzlichen Opposition zum Fürstbischof steht. Treffend hat Rudolf Vierhaus die Wahlkapitulationen geistlicher Staaten deshalb als „ein systembedingtes Mittel nicht einmal so sehr der Begrenzung herrschaftlicher Gewalt als vielmehr der Sicherung überkommener und erworbener Rechte und Besitzstände sowie der Einflußnahme der Kapitel auf die Regierung" bezeichnet.[87]

II. Der domkapitelsche Besitz und seine Stellung im Hochstift Würzburg

Die Besitztümer der „ecclesia sancti Kiliani" waren bereits im 11. Jahrhundert nicht mehr ausschließlich in der Hand des Bischofs. Die vermögensrechtliche Verselbständigung des Domkapitels hatte zur Unterscheidung zwischen einer „mensa episcopalis" und eine „mensa capituli" geführt und den Grundstein zur Herausbildung eines eigenständigen domkapitelschen Güterkomplexes gelegt. Zwar sind wir für das Hochmittelalter über dessen Umfang kaum unterrichtet, doch zeigen sich in einem Besitzverzeichnis der Domkustodie aus der ersten Hälfte des 11. Jahrhunderts[88] bereits Spuren der für die domkapitelsche Verwaltung charakteristischen

---

[86] Christ, Selbstverständnis und Rolle (wie Anm. 4), S. 288.
[87] Vierhaus, Wahlkapitulationen (wie Anm. 27), S. 218.
[88] Bünz, Domkustodie (wie Anm. 8).

Diversifizierung.[89] Die erst später faßbare, überaus komplizierte Aufteilung der Güter in ein Bau-, Dechanei-, Kellerei-, Kustodie-, Oblei-, Ornat-, Pforten-, Präsenz-, Präbendariat-, Prädikatur-, Reuerervogtei-, Scholasterie-, Vikarie- sowie ein geistliches und ein weltliches Rezeptoratamt scheint hier bereits angedeutet.[90] Das mit Abstand wichtigste Sondervermögen aber bildete der Propsteibesitz, der innerhalb des Kapitels eine weitgehende rechtliche Eigenständigkeit erlangte. Dieser Vorgang ist, ähnlich wie die Verselbständigung des Kapitels- gegenüber dem Bischofsvermögen, als ein langfristiger Prozeß zu sehen,[91] der in engem Zusammenhang mit der fortschreitenden „Entmachtung" des Propstes steht.[92] Der Propst blieb zwar Teil des Kapitels, doch regelte dieses als Kollegialorgan seine Belange eigenständig unter der Leitung des Dechanten. Erstmals greifbar wird der Propsteibesitz um 1270,[93] während der Kapitelsbesitz durch die erwähnte Aufteilung in Sondervermögen erst im 15. Jahrhundert in umfassender Weise ans Licht tritt.[94] Hatte diese rechtliche Aufteilung bis zum Ende des Alten Reiches auch Bestand, so war die Trennung doch in

---

[89] So die treffende Formulierung bei Wolfgang Wüst, Höfische Zentralität und dezentrales Ämterwesen. Die hochstiftisch-augsburgischen Residenzen in der Frühen Neuzeit, in: Werner Paravicini (Hg.), Alltag bei Hofe (Residenzenforschung 5), Sigmaringen 1995, S. 219–241, hier S. 225.

[90] Einen Überblick über die domkapitelsche Verwaltung zum Zeitpunkt der Säkularisation ermöglicht StAWü Geistliche Sachen 1175: „Tabellarisches Verzeichnis der Ämter und dahin einschlagenden Haupt- und Nebenrechnungen aus welchen die Glieder des ehemaligen Domstifts ihre Einkünfte bisher bezogen haben, samt den nötigen Erläuterungen" (1803). Einen weiteren Überblick über die domkapitelsche Ämterstruktur bietet das Repertorium „Würzburger Karton" (künftig WK) 15/XXII; dort sind auch ein Bergmeisteramt, Cellariat, Subcellariat, Sindamt, Clavigeramt und eine Quaternei genannt. Die Einschätzung von Engel, Die ältesten Jahresrechnungen (wie Anm. 8), S. 191, das Pfortenamt sei „bei dem heutigen Forschungsstand nach Entstehung, Amtstätigkeit und Dienstbereich höchst undurchsichtige und dunkle Behörde des Domkapitels", kann wohl auf die domkapitelsche Verwaltung insgesamt übertragen werden.

[91] Deutlich erkennbar wird dieser sich noch über das ganze 14. Jahrhundert erstreckende Prozeß bei Engel, Dompropstei (wie Anm. 8); zur Dompropstei im 16. Jahrhundert Gottfried Opitz, Der Streit um die Würzburger Dompropstei (1536–1540), in: WDGBl 14/15, 1952/53, S. 501–518.

[92] Zu den gleichgelagerten Vorgängen in den beiden anderen Würzburger Säkularkanonikerstiften vgl. Alfred Wendehorst, Das Bistum Würzburg 4: Das Stift Neumünster in Würzburg (Germania Sacra N.F. 26: Die Bistümer der Kirchenprovinz Mainz), Berlin/New York 1989, S. 114; Enno Bünz, Stift Haug in Würzburg. Untersuchungen zur Geschichte eines fränkischen Kollegiatstiftes im Mittelalter (Veröffentlichungen des Max-Planck-Instituts für Geschichte 128; Studien zur Germania Sacra 20), 2 Bde., Göttingen 1998, hier I/ S. 194–208. Doch wird man auch für das 18. Jahrhundert in Würzburg nicht davon sprechen können, daß der Dompropst außerhalb des Kapitels steht (so allgemein Christ, Subordinierte Landeshoheit, wie Anm. 6, S. 114). Auch im 18. Jahrhundert wird der Würzburger Dompropst stets an erster Stelle vor Dechant und Kapitel genannt (z.B. StAWü WDKP 1757, S. 264f: Heißbrief an die Erboblei-Untertanen zu Gänheim; WDKP 1725, S. 999 vom 2.11.1725: Heißbrief an die domkapitelschen Untertanen zu Ochsenfurt). 1596 nimmt der Dompropst an der Erbhuldigung in Ochsenfurt Teil (StAWü Gericht Ochsenfurt 671/13) und in der Ochsenfurter Policeyordnung von 1599 wird er an erster Stelle genannt (StadtA Ochsenfurt, Abt. Ochsenfurt, Fach 77, VI/126).

[93] Engel, Urbar (wie Anm. 8); weitere Editionen von domkapitelschen Quellen neben Bünz, Domkustodie (wie Anm. 8) und Engel, Älteste Jahresrechnungen (wie Anm. 8): Wilhelm Engel, Zwei mittelalterliche Seelbücher der Würzburger Dompfarrei, in: WDGBl 31, 1969, S. 27–63; Karl Borchardt, Die Jahrtagsliste des Würzburger Dompräsenzmeisters von 1428, in: WDGBl 50, 1988, S. 613–658; ders., Die Jahrtagslisten der Würzburger Dompräsenz von 1450, in: WDGBl 53, 1991, S. 123–196; Erik Soder von Güldenstubbe, Die Dombauamtsrechnung des Rechnungsjahres 1529/30, in: WDGBl 50, 1988, S. 659–686.

[94] Vgl. Enno Bünz/Dieter Rödel/Peter Rückert/Ekhard Schöffler (Hgg.), Fränkische Urbare. Verzeichnis der mittelalterlichen urbariellen Quellen im Bereich des Hochstifts Würzburg (VGffG X/13), Neustadt/Aisch 1998, S. 139–149.

der Praxis keineswegs absolut. Die Kapitulare hatten weiterhin Anspruch auf Einkünfte aus der Propstei[95] und bei Durchsicht der Domkapitelsprotokolle des 18. Jahrhunderts gewinnt man den Eindruck, der Dompropst habe die Verwaltung seiner Güter dem Kapitel überlassen. Der Dompropstei-Amtmann ist gegenüber dem Kapitel weisungsgebunden[96] und in den Kapitelssitzungen werden durchgängig Entscheidungen in Angelegenheiten der Propstei getroffen, ohne daß der Propst dabei anwesend wäre.[97] Als der domkapitelsche Syndikus 1796 dem Dompropst in einer Zehntstreitigkeit Bericht erstattet, läßt dieser dem Domkapitel mitteilen, „mit dem, was Reverendissimum Capitulum beschließen, würden [er] hoch ihro Seits zufrieden sein".[98]

Es kann nicht Aufgabe dieser Arbeit sein, die Besitzungen des Domkapitels in seiner Gesamtheit zu erfassen, doch soll deren Umfang um 1800 hier zumindest hinsichtlich der Gerichts- und Vogteirechte genannt werden.[99] Die Hochgerichtsbarkeit besaß das Domkapitel als Inhaber der Cent Ochsenfurt,[100] des Halsgerichts Willanzheim (Willanzheim und Tiefenstockheim)[101] und des Freihofs in Oberpleichfeld.[102] Hinzu kamen zwei grundherrliche Hubgerichte in Iphofen und Dürrfeld (Dompropst).[103] Stadtherr war das Domkapitel in Ochsenfurt und Eibelstadt[104] (letzteres gemeinsam mit dem Dompropst). Die Dorf- und Gemeindeherrschaft übte es in den Orten Aschfeld,[105] Braunsbach,[106] Eußenheim,[107] Frickenhausen/Main,[108] Grafen-

[95] StAWü Geistliche Sachen 1175 (wie Anm. 90).

[96] Z. B. StAWü WDKP 1795, S. 2079, 5005, 6040; StAWü Stdb. 55, S. 44 (1750), in seinem Diensteid schwört der Dompropstei-Amtmann ebenso wie der Oblei-Amtmann Gehorsam gegenüber Dompropst, -dechant und -kapitel, die übrigen domkapitelschen Beamten sind nur dem Kapitel als Ganzem verpflichtet.

[97] Vgl. den Betreff "Dompropstei" in den Indices zu den Jahrgängen der WDKP.

[98] StAWü WDKP 1796, S. 434.

[99] Diese Übersicht wurde erarbeitet auf Grundlage der bisher erschienenen Bände des von der Kommission für bayerische Landesgeschichte herausgegebenen Historischen Atlas von Bayern, Teil Franken, Reihe I (künftig HAB): Erwin Riedenauer, HAB Karlstadt, München 1963; Heinrich Weber, HAB Kitzingen, München 1967; Günter H. Wich, HAB Brückenau-Hammelburg, München 1973. In der Drucklegung befindet sich der Band Haßfurt (Axel Tittmann), zur Zeit in Bearbeitung sind die Bände Würzburg-Stadt (Ekhard Schöffler), Bad Kissingen (Heinrich Wagner) und Ochsenfurt (Verf.). Für Würzburg-Land hat Herr Dr. Schöffler eine Besitzstatistik am Ende des Alten Reiches erstellt. Für die Erlaubnis zur Einsichtnahme danke ich ihm recht herzlich. Für die Besitzungen in Württemberg können die Oberamts- und Kreisbeschreibungen herangezogen werden. Außer Betracht bleiben in dieser Aufstellung die bedeutenden Besitzungen und Rechte in der Residenzstadt Würzburg (domkapitelsches Kellergericht, die Domherrenhöfe mit ihren Immunitäten), vgl. dazu: August Amrhein, Die Würzburger Zivilgerichte erster Instanz, in: AU 56, 1914, S. 126–211, und 58, 1916, S. 1–16; Jörg Lusin, Die Baugeschichte der Würzburger Domherrnhöfe, Würzburg 1984; ausführlich zu den domkapitelschen Rechten und Besitzungen in Würzburg künftig Schöffler, HAB Würzburg-Stadt.

[100] Knapp, Zenten I/2 (wie Anm. 33), S. 943–979; Knetsch, Domkapitelsche Herrschaft (wie Anm. 6), S. 96–98; künftig HAB Ochsenfurt (wie Anm. 99).

[101] Weber, HAB Kitzingen (wie Anm. 99), S. 178f.

[102] Riedenauer, HAB Karlstadt (wie Anm. 99), S. 140; von Weber, HAB Kitzingen (wie Anm. 99), S. 172 nicht erfasst.

[103] StAWü Stdb. 942, S. 124f., 746f., 1002.

[104] WüHStK 1779, S. 9; beide Orte künftig HAB Ochsenfurt (wie Anm. 99).

[105] Riedenauer, HAB Karlstadt (wie Anm. 99), S. 140.

[106] 1737 verpfändete Lothar von Greiffenklau den Ort an das Würzburger Domkapitel, vgl. Beschreibung des Oberamts Künzelsau (Die Württembergischen Oberamts Beschreibungen 62), hg. von dem königl. statistisch-topograhischen Bureau, Stuttgart 1881 (ND Magstadt 1968), S. 433.

[107] Riedenauer, HAB Karlstadt (wie Anm. 99), S. 146.

[108] WüHStK 1779, S. 9; künftig HAB Ochsenfurt (wie Anm. 99).

rheinfeld,[109] Kleinochsenfurt,[110] Mühlhausen/WÜ (Erboblei, gemeinsam mit dem Kloster Ebrach),[111] Randersacker,[112] Retzstadt (Dompropst),[113] Röthlein,[114] Rupprechtshausen (Dietricher-Spital),[115] Stetten (Dompropst),[116] Sulzdorf/OCH,[117] Theilheim/SW (Erboblei),[118] Theilheim/WÜ,[119] Tiefenstockheim,[120] Unterdürrbach (Erboblei),[121] Westheim/KT,[122] Willanzheim,[123] Zeubelried (Dompropst)[124] und über den Hof Schönarts bei Eußenheim[125] aus. Hinzu kamen einzelne Vogtei-Untertanen in weiteren Orten.[126] Noch wesentlich umfangreicher als die Gerichts- und Vogteirechte hingegen waren die grundherrschaftlichen Besitzungen[127] sowie die Einkünfte aus Zehnt-[128] und Zollrechten,[129] hinzu kamen inkorporierte Pfarreien und Patronatsrechte.[130] Insgesamt sind es zwei Städte und 20 Dörfer in denen Kapitel und/oder Propst die Stadt- bzw. Dorfherrschaft inne haben.[131] Die Gesamtzahl der Einwohner in domkapitelschen Orten belief sich auf etwa 12000,[132] dies entspricht knapp 5% der Einwohnerzahl des Hochstifts insgesamt (circa 260000).[133] Die Zahl der Einwohner in den Orten, die einer Mediatherrschaft unterstanden, belief sich nach Schöpf auf 41489, woran das Domkapitel somit einen Anteil von beinahe 30% hatte. Ein ähnlicher Anteil errechnet sich aus der Schatzungsanlage des Hochstifts. Danach belief

---

[109] WüHStK 1779, S. 9.

[110] WüHStK 1779, S. 9, künftig HAB Ochsenfurt (wie Anm. 99).

[111] StAWü Geistliche Sachen Nrr. 242, 2914; künftig HAB Würzburg-Land (wie Anm. 99).

[112] WüHStK 1779, S. 9; künftig HAB Würzburg-Land (wie Anm. 99).

[113] WüHStK 1779, S. 9; künftig HAB Würzburg-Land (wie Anm. 99).

[114] WüHStK 1779, S. 9.

[115] StAWü Geistliche Sachen 2912; künftig HAB Würzburg-Land (wie Anm. 99).

[116] Riedenauer, HAB Karlstadt (wie Anm. 99), S. 167.

[117] WüHStK 1779, S. 9; künftig HAB Ochsenfurt (wie Anm. 99).

[118] StAWü WDKP 1793/II, nach S. 642; StAWü Geistliche Sachen 2914.

[119] WüHStK 1779, S. 9; künftig HAB Würzburg-Land (wie Anm. 99).

[120] Weber, HAB Kitzingen (wie Anm. 99), S. 178.

[121] StAWü Geistliche Sachen 2914; künftig HAB Würzburg-Land (wie Anm. 99).

[122] Weber, HAB Kitzingen (wie Anm. 99), S. 178f.

[123] Weber, HAB Kitzingen (wie Anm. 99), S. 179f.

[124] WüHStK 1779, S. 9; künftig HAB Ochsenfurt (wie Anm. 99).

[125] Riedenauer, HAB Karlstadt (wie Anm. 99), S. 165.

[126] Der bisherige Forschungsstand läßt keine vollständige Aufzählung zu, weshalb an dieser Stelle lediglich einige Orte genannt werden können: Gänheim, Gnodstadt, Mainstockheim, Martinsheim, Obernbreit, Oberpleichfeld, Rottenbauer, Seinsheim und Waldsachsen. Vogteifreie Amtshöfe, auf denen ein domkapitelscher Beamter – aber kein Untertan – saß, hatte das Domkapitel in Euerdorf und Heidingsfeld.

[127] Vgl. StAWü Geistliche Sachen 1175 (wie Anm. 90).

[128] StAWü Stdb. 63: Gedrucktes Verzeichnis der domkapitelschen Zehntrechte (um 1780).

[129] WüHStK 1779, S. 11.

[130] Schöpf, Beschreibung (wie Anm. 19), Beilage Nr. III, S. 521–554 (Übersicht über die Patronatsrechte); 1674 hatte das Domkapitel zahlreiche Patronatsrechte an Bischof Johann Hartmann von Rosenbach abgetreten (StAWü WU 16/986).

[131] Vgl. Hansjoachim Daul, Verwaltungs- und Gerichtsorganisation im Hochstift Würzburg am Ende des Alten Reiches, in: Mainfränkisches Jahrbuch (künftig MainfrJb) 23, 1971, S. 92–108, hier S. 105.

[132] Schöpf, Beschreibung (wie Anm. 19), Beilage Nr. V, gibt 11746 Untertanen in 2 Städten und 18 Dörfern an, da in seiner Aufstellung zwei Dörfer und der Hof Schönarts fehlen, liegt die Zahl der Untertanen wohl geringfügig höher.

[133] Ebda.

sich im Jahr 1793 das Gesamtaufkommen einer Schatzung für das Hochstift auf circa 8400 Reichstaler (rtl), zu der die domkapitelschen Orte 412 rtl 3½ Batzen (bz) beizutragen hatten (circa 5%).[134]

Unter den Gütern des Domkapitels nahm Ochsenfurt den wichtigsten Platz ein. Die Bedeutung der Stadt wird schon daran sichtbar, daß sich das Kapitel seit 1314 in den Wahlkapitulationen deren „ewigen Besitz" bestätigen läßt.[135] Vornehmlich an ihrem Beispiel soll im folgenden die Stellung des domkapitelschen Besitzes im Hochstift Würzburg aufgezeigt werden. Dabei werden die einzelnen Herrschaftsrechte dahingehend untersucht, ob sie der Sphäre des Fürstbischofs als dem Landesherrn oder dem Domkapitel als der Mediatherrschaft zugerechnet werden. Auch soll zumindest an einigen Punkten der Instanzenzug verdeutlicht werden und so ein Beitrag zur Diskussion über die besondere Form der Staatlichkeit in Franken am Ende des Alten Reiches geleistet werden.[136]

An der südlichen Spitze des Maindreiecks, etwa 20 km flußaufwärts von Würzburg gelegen, gehört Ochsenfurt wohl zu den Städtegründungen der Würzburger Bischöfe des 13. Jahrhunderts.[137] Im Jahr 1295 verkaufte Bischof Manegold von Neuenburg die Stadt an sein Domkapitel.[138] Bischof Manegold hatte zahlreiche Neuerwerbungen getätigt,[139] weshalb auf seiner Seite ein erhöhter Kapitalbedarf bestand. Dagegen verfügte das Domkapitel über finanzielle Ressourcen, die durch diese Besitzübertragung zum beiderseitigen Vorteil aktiviert wurden. Ochsenfurt blieb dem Herrschaftsverband des Hochstifts erhalten, dem Bischof flossen neue Gelder zu und das Domkapitel hatte seine Machtposition gestärkt.

---

[134] „Tabelle über die von den hohen domkapitulschen zur hochfürstlichen Obereinnahm schätzbaren Ortschafften zu stellende Mannschaft...", in: StAWü WDKP 1793/II, nach S. 642. Zur Höhe des Simplums existieren verschiedene Angaben: Flurschütz, Erthal (wie Anm. 5), S. 66, Anm. 6; Schöpf, Beschreibung (wie Anm. 19), S. 203; Heiler, Finanzen (wie Anm. 7), S. 182f., 188; Leo Günther, Der Übergang der Fürstbistums Würzburg an Bayern. Das Ende der alten und die Anfänge der neuen Regierung (Würzburger Studien zur Geschichte des Mittelalters und der Neuzeit 2), Leipzig 1910, Beilage II, S. 159.

[135] Christ, Subordinierte Landeshoheit (wie Anm. 6), S. 129; Abert, Wahlkapitulationen (wie Anm. 25), S. 59, 120f.

[136] Immer noch grundlegend für den Herrschaftsaufbau in Franken: Hanns Hubert Hofmann, Adelige Herrschaft und souveräner Staat. Studien über Staat und Gesellschaft in Franken und Bayern im 18. und 19. Jahrhundert (Studien zur bayerischen Verfassungs- und Sozialgeschichte 2), München 1962; des weiteren Robert Schuh, Anspruch und Inhalt des Prädikats „hoch" in der politischen und Verwaltungssprache des Absolutismus, in: Erwin Riedenauer (Hg.), Landeshoheit. Beiträge zur Entstehung, Ausformung und Typologie eines Verfassungselements des römisch-deutschen Reiches (Studien zur bayerischen Verfassungs- und Sozialgeschichte 16), München 1994, S. 11–38; ders., Das vertraglich geregelte Herrschaftsgemenge. Die territorialstaatsrechtlichen Verhältnisse in Franken im 18. Jahrhundert im Lichte von Verträgen des Fürstentums Brandenburg-Ansbach mit Benachbarten, in: JfL 55, 1995, S. 137–170; zusammenfassend zuletzt Rudolf Endres, Die „Staatlichkeit" in Franken, in: Max Spindler/Andreas Kraus, Handbuch der bayerischen Geschichte III/1: Geschichte Frankens bis zum Ausgang des 18. Jahrhunderts, 3. neu bearbeitete Auflage, München 1997, S. 702–707.

[137] Wenisch, Ochsenfurt (wie Anm. 6), S. 102–113; Walter Scherzer, Aus der Frühzeit der Stadt Ochsenfurt, in: WDGBl 26, 1964, S. 42–51.

[138] Vgl. Wenisch, Ochsenfurt (wie Anm. 6), S. 114–118.

[139] Alfred Wendehorst, Das Bistum Würzburg 2: Die Bischofsreihe von 1254 bis 1455 (Germania Sacra N.F. 4: Die Bistümer der Kirchenprovinz Mainz), Berlin 1969, S. 30.

In der Verkaufsurkunde vom 22. Februar 1295 erhielt das Kapitel die Stadt „cum omnibus iuribus, iurisdicitionibus, districtibus, honoribus, siluis, pratis, pascuis, aquis aquarum decursibus, quesitis et inquirendis" und dem „exercitium iudicii temporalis tam meri quam mixti imperii, quod centa wlgariter dicitur".[140] Für die Frühe Neuzeit erschließt sich der Rechtsgehalt dieser formelhaft aneinandergereihten Pertinenzien aus dem Ochsenfurter Salbuch von 1615, der letzten umfassenden Besitzaufzeichnung des Domkapitels vor der Säkularisation. Einleitend heißt es in dem Salbuch, die Stadt Ochsenfurt stehe „dem Domkapitel mit Erbhuldigung, Vogtei und Zentbarlicher Obrigkeit, Gebot und Verbot einzig und allein zu, und hat dort außerhalb von Landgerichts- und Consistoriumsfällen niemand zu gebieten oder zu verbieten".[141] Das Domkapitel erhebt für die Stadt Ochsenfurt somit einen umfassenden Herrschaftsanspruch, der begrenzt wird durch die in die Sphäre des Fürstbischofs fallenden Kompetenzen des Landgerichts und des Konsistoriums. Damit sind jedoch bei weitem noch nicht alle Rechtsbereiche angesprochen. Es wird deshalb für eine Beschreibung der domkapitelschen Herrschafts- und Besitzrechte und deren Verhältnis zum Hochstift notwendig sein, die einzelnen Rechte systematisch darzulegen.[142]

Die Cent Ochsenfurt

Die Hochgerichtsbarkeit, worunter vor allem die vier hohen Rügen Mord, Brandstiftung, Raub und Vergewaltigung fallen, stand im Würzburgischen dem Inhaber der Cent zu.[143] Das Recht, in Kriminalfällen über Leben und Tod zu entscheiden, war in Franken zwar in seiner Bedeutung für die Herrschaftsbildung hinter die Vogtei zurückgetreten, blieb jedoch ein Herrschaftsmerkmal von höchster Qualität. Kaiser Friedrich I. Barbarossa hatte dem Würzburger Bischof Herold in der „Güldenen Freiheit" des Jahres 1168 das alleinige Recht verliehen, in seinem Herzogtum den Blutbann zu verleihen und Centen zu errichten.[144] Bei dem Verkauf von 1295 war die Centgerichtsbarkeit an das Domkapitel übergegangen. Der Fürstbischof als oberster Richter des Herzogtums Franken war jedoch insofern noch in Ochsenfurt präsent, als er dem vom Domkapitel ernannten Centgrafen den Blutbann verlieh und die Gerichtsverhandlung zuerst im Namen des Bischofs von Würzburg und Herzogs von Franken, dann erst im Namen des Domkapitels abgehalten wurde.[145] Die Ochsenfurter Centgerichtsprotokolle sind aus den Jahren 1610 bis 1698 überliefert.[146] Schon die

---

[140] MB 38, Nr. 67, S. 117f.

[141] StAWü Stdb. 90, S. 78.

[142] Von der staatsrechtlichen Literatur des 18. Jahrhunderts wurde die Thematik unter dem Blickwinkel Domkapitel-Fürstbischof, so weit ich sehe, nicht behandelt. Der von Joseph Edler von Sartori angekündigte 3. Band seines „Geistlichen und weltlichen Staatsrechts der Deutschen Catholischgeistlichen Erz-, Hoch- und Ritterstifter", 2 Bde., Nürnberg 1788–1790, der sich allein mit der Stellung der Domkapitel beschäftigen sollte, ist nicht erschienen.

[143] Knapp, Zenten II (wie Anm. 33), S. 288–297.

[144] Wendehorst, Bistum Würzburg 1 (wie Anm. 11), S. 167; Peter Herde, Friedrich Barbarossa, die Katastrophe vor Rom vom August 1167 und die Würzburger „güldene Freiheit" vom 10. Juli 1168, in: JfL 56, 1996, S. 149–180.

[145] StAWü Stdb. 90, S. 6, 78 und 88.

[146] StAWü Rössnerbücher 1064–1069, die Nrr. 1070 und 1071 für die Jahre 1715–1753 sind verbrannt (StAWü Repertorium 70.1).

Durchsicht des zeitgenössischen Index' für die Jahre 1679 bis 1698 vermittelt einen detaillierten Eindruck von der intensiven Kommunikation zwischen Centgraf und Domkapitel.[147] Der Centgraf führte die Untersuchung vor Ort und saß dem Gericht vor. Er mußte regelmäßig an das Domkapitel berichten und die Kapitulare entschieden auf dieser Grundlage über den Fortgang des Prozesses. Auch in der Mitte des 18. Jahrhunderts wurde noch so verfahren. Am Ende fällten die Centschöffen ein „ohnvorschreibliches Urteil", das der Centgraf nach Würzburg übermittelte und vom Domkapitel bestätigt wurde: „habe bei dem Spruch sein verbleiben".[148] Als die Centschöffen 1679 einen Dieb zum Tod durch den Strang verurteilen, übermittelt der Centgraf das Urteil mit der Bemerkung, „es lasset zwar der gefangene große Rew verspüren, der Hoffnung das leben zu erhalten, welches jedoch gnädigster hochgebietender herrschafft billichst anheim gestelt wird".[149] Das Domkapitel begnadigte den Täter, er wurde nach geschworener Urfehde mit Ruten aus der Stadt getrieben und sein Vermögen eingezogen.[150] Die maßgebende Autorität besaß somit das Domkapitel als Inhaber der Gerichtsherrschaft. Die Vollstreckung des Urteils lag dann wieder in den Händen der Cent. Bemerkenswert ist in diesem Zusammenhang, daß weder in den Centgerichtsprotokollen des 17. Jahrhunderts, noch in den für dieses Thema durchgesehenen Jahrgängen der Domkapitelsprotokolle, Eingriffe des hochstiftischen Malefizamtes oder der Regierung erkennbar sind.[151] Die für diese Fragestellung ebenfalls relevanten Akten des Malefizamtes und die Protokolle des 1719 eingerichteten Justizsenates sind nicht erhalten.[152] Somit scheint nach Auswertung der vorhandenen Archivalien für die domkapitelsche Cent Ochsenfurt nicht zuzutreffen, was nach Schöpf für die hochstiftischen Centen insgesamt gilt, daß nämlich das Malefizamt die Kriminaljurisdiktion überwachte und zunehmend Kompetenzen der Centen an sich gezogen habe.[153] Die ermittelten Centgerichtsfälle deuten vielmehr darauf hin, daß das Domkapitel die Aufsicht über die Cent weitgehend selbst wahr-

---

[147] StAWü Rössnerbuch 1069.

[148] StAWü WDKP 1756, S. 1005; ähnliche Formulierungen („ohnmaßgebliches Urteil"; „… habe bei dem Spruch sein verbleiben") ebda., S. 196f.

[149] StAWü Rössnerbuch 1069, fol. 17v.

[150] StAWü Rössnerbuch 1069, fol. 20r.

[151] StAWü WDKP 1716, 1719, 1756, 1757, 1758, 1779, 1780, 1788, 1795, 1796, 1797.

[152] Die in StAWü Rep. 70.1 verzeichneten Protokolle des Malefizamtes von 1754–1766 (Rössnerbücher 839–843) sind 1945 verbrannt, ebenso die Malefizamtsakten aus den Jahren 1720–1803 (StAWü Rep. WK 15/VIII, fol. 83r–84r). Auffällig bleibt, daß die WK-Repertorien für die benachbarten hochstiftischen Centen Bütthard und Röttingen aus dem 17. Jahrhundert auf Malefizamtsakten verweisen, nicht aber für Ochsenfurt (StAWü Rep. WK 15/XIII, fol. 227r, 247r); Willoweit, Staatsorganisation und Verwaltung (wie Anm. 5), S. 81 hebt die Bedeutung des Justizsenats hervor, während Schott, Landesherrschaft (wie Anm. 5), S. 83, diesen als bedeutungslos einschätzt.

[153] Schöpf, Beschreibung (wie Anm. 19), S. 486; Riedenauer, HAB Karlstadt (wie Anm. 99), S. 111f.; Johann Baptist Kestler, Beschreibung der Stadt Ochsenfurt, Würzburg 1845, S. 174–179; bei der Kestlerschen Beschreibung der Cent Ochsenfurt ist zu vermuten, daß sie – ähnlich wie die übrige Literatur zu den Centen – im wesentlichen auf den Angaben bei Schöpf, Beschreibung (wie Anm. 19), S. 486, 494, fußt und mit Ochsenfurter Details ausgeschmückt wurde. Auf der Basis des bisherigen Forschungsstandes kam Knetsch, Domkapitelsche Herrschaft (wie Anm. 6), S. 97 zu dem Ergebnis, die Cent Ochsenfurt habe sich „auf dem Rückzug vor allem gegenüber den zunehmend am Römischen Recht orientierten landesstaatlichen Instanzen" befunden.

nahm.[154] Einzig am Ende des 18. Jahrhunderts gibt es Hinweise, daß das hochstiftische Malefizamt formale Aufsichtsrechte auch in Ochsenfurt ausübte, denn die landesherrlichen Verordnungen über die an das Malefizamt einzusendende Abrechnung der Centkosten und die Reduzierung der Schöffenzahl läßt das Domkapitel auch in Ochsenfurt verkünden.[155] Insgesamt scheint die Tendenz aber eher dahin zu gehen, daß das Domkapitel bei der Urteilsfindung auch während des 18. Jahrhunderts seine gerichtsherrliche Kompetenz gegen Eingriffe der hochstiftischen Verwaltung behauptete. Die von Daul konstatierte „völlige Entmachtung der Cent" gegenüber dem Malefizamt seit der ersten Hälfte des 18. Jahrhunderts trifft für Ochsenfurt in ihrer pauschalen Formulierung sicher nicht zu.[156]

Appellationsinstanz für Entscheidungen der Centen war das Würzburger Stadt-, Sal- und Brückengericht. Am Anfang des 16. Jahrhunderts gehen auch Berufungen gegen Urteile der Ochsenfurter Cent an diese Obercent.[157] Die unbefriedigende Quellensituation läßt für das 18. Jahrhundert jedoch keine aus den Quellen erarbeiteten Aussagen über die Berufungsinstanz zu.[158]

Bis an das Ende des Alten Reiches immer wiederkehrende Streitigkeiten ergaben sich insbesondere in jenen Orten des Centsprengels, wo die Vogteiherrschaft in den Händen eines konkurrierenden Herrschaftsträgers lag. In der Regel versuchten die Vogteiherren dann, ihre Kompetenzen gegenüber der Cent möglichst umfassend zu definieren. Zu Streitigkeiten kam es wegen Sommer- und Winterhausen mit den Schenken von Limpurg sowie deren Erben, den Grafen von Rechteren-Limpurg, wegen Hohestadt mit der Kartause Tückelhausen und wegen Goßmannsdorf mit den Ganerben dieses Ortes, dem Hochstift Würzburg, den Freiherren Zobel von Giebelstadt-Darstadt und den Markgrafen von Ansbach. Auch hier wird es lediglich darum gehen, wie sich das Verhältnis zwischen dem Fürstbischof als Landesherrn und dem Domkapitel als Mediatherrschaft auf diese Streitfälle auswirkt.

---

[154] StAWü WDKP 1716, fol. 58r, 61v, 69r, 74v, 90v, 99v, 117v, 135r, 190r; WDKP 1756, S. 304, 328, 333, 337; WDKP 1780, S. 2142, 2297, 2505, 2615; WDKP 1781, S. 30, 240, 260, 1013, 1237, 1484; WDKP 1788, S. 614, 939.

[155] Philipp Franz Heffner, Sammlung der hochfürstlich-wirzburgischen Landesverordnungen, welche in geist- und weltlichen Justiz-, Landgerichts-, criminal-, Polizey-, cameral-, Jagd-, Forst- und andern Sachen […] verkündet worden sind (künftig SWL), 3 Bde., Würzburg 1776–1801, hier Bd. 3, S. 619f. vom 11.6.1794; StAWü WDKP 1794, S. 982, 1037; ebenso die Reduzierung der Zahl der Centschöffen auf vier (ebda.).

[156] Daul, Verwaltungs- und Gerichtsorganisation (wie Anm. 131), S. 105; schon die Ausführungen bei Flurschütz, Erthal (wie Anm. 5), S. 37–40 und S. 46 ergeben ein wesentlich differenzierteres Bild, allerdings geht sie davon aus, daß „bei schwereren Delikten durchwegs die Regierung die zweite Instanz" bildete (ebda. S. 38). Das Verhältnis von Cent und Malefizamt wird auch dort nicht hinreichend geklärt.

[157] Knetsch, Domkapitelsche Herrschaft (wie Anm. 6), S. 118 und S. 234, Anm. 59.

[158] Protokolle des Würzburger Stadt-, Sal- und Brückengerichts sind für die Jahre 1539–1631 überliefert (StAWü Rössnerbücher 1386–1423). Für die Jahre 1619–1631 sind in diesen Protokollen zahlreiche Appellationen von Landcenten aufgeführt, jedoch kein Fall aus der Cent Ochsenfurt (StAWü Rössnerbücher 1422 und 1423); Knetsch, Domkapitelsche Herrschaft (wie Anm. 6), S. 118 geht davon aus, daß das allgemein angenommene Vordringen des landesherrlichen Malefizamtes gegenüber dem Brückengericht auch für die Ochsenfurter Cent relevant wurde.

Die Vogtei über Sommer- und Winterhausen hatten die Schenken von Limpurg als Lehen des Hochstifts in Besitz.[159] Diese Lehensabhängigkeit war für das Selbstverständnis und die Rechtsstellung der Schenken von Limpurg jedoch von nachgeordneter Bedeutung, denn sie besaßen als reichsunmittelbare Herren Sitz und Stimme auf dem Fränkischen Kreistag und unterstanden nicht der Landesherrschaft des Fürstbischofs. Die Hochgerichtsbarkeit in Sommer- und Winterhausen jedoch stand der Cent Ochsenfurt zu, worüber es zu allen Zeiten Konflikte gegeben hatte.[160] Eine neue Rechtsqualität erlangten die Ansprüche der Schenken im würzburgischen Lehenbrief von 1714, wo die Orte entgegen der bisherigen Gewohnheit als zur limpurgischen Cent Hellmitzheim gehörig bezeichnet werden.[161] Der Lehensherr hatte damit die Rechte des Vogteiherrn auf Kosten der domkapitelschen Cent gestärkt. Das Domkapitel protestierte beim Fürstbischof heftig gegen diese Belehnung. Nach einer Überprüfung der alten Lehenbriefe mußte die Lehenkanzlei einräumen, daß ihr ein Fehler unterlaufen war. Die Belehnung wurde widerrufen und die Schenken erhielten einen Lehenbrief in der bisherigen Form. Das Domkapitel nahm dies zum Anlaß, sich die Rechte seiner Cent in den Wahlkapitulationen vom Fürstbischof bestätigen zu lassen.[162] Mit der Aufnahme in die Wahlkapitulation hatte das Domkapitel zwar die Anerkennung seiner Rechtsposition durch den Fürstbischof erhalten, die Streitigkeiten mit den Schenken von Limpurg waren damit jedoch nicht beendet. Ein 1732 zwischen beiden Seiten geschlossener Vertrag besaß lediglich kurzfristige Wirkung.[163] Festzuhalten bleibt, daß das Domkapitel vom Fürstbischof grundsätzlich zwar in seiner Position unterstützt wurde, da der Fürstbischof jedoch nur über das Lehensrecht die Möglichkeit hatte, auf die Vogteiherrschaft einzuwirken, reichte dies nicht aus, um den Widerstand der Schenken zu brechen. Die überaus kostspieligen Prozesse vor dem Reichskammergericht brachten keine dauerhafte Lösung.[164]

Eine andere Konstellation zwischen Vogtei- und Centherr findet sich in Hohestadt, einem Ort, in dem die Kartause Tückelhausen und der Propst von Stift Haug gemeinsam die Dorfherrschaft innehatten. Beide sind ebenso wie das Domkapitel Mediatherrschaften innerhalb des Hochstifts Würzburg. Am Pfingstmontag (31. Mai) 1716 hatten zwei Brüder in Hohestadt einen Totschlag verübt.[165] Einer der beiden war geflüchtet und vom hochstiftischen Amtskeller in Heidingsfeld gefaßt worden. Zuständig für diesen Fall war die Cent Ochsenfurt. Der Prior von Tückelhausen als

---

[159] Als Überblick zu den Schenken von Limpurg Gerhard Taddey, Die Schenken von Limpurg, in: Hansmartin Schwarzmaier/Meinrad Schaab (Hg.), Handbuch der Baden-Württembergischen Geschichte 2: Die Territorien im Alten Reich, Stuttgart 1995, S. 407–411. Die Schenken von Limpurg starben 1713 im Mannesstamm aus, der Besitz wurde unter den zehn limpurgischen Erbtöchtern aufgeteilt. Um die Darstellung nicht durch die komplizierten Teilungen unübersichtlich werden zu lassen, werden die Erben an dieser Stelle auch nach 1713 als „Schenken von Limpurg" bezeichnet.

[160] StAWü WK-Repertorium 15/XXII, fol. 413v–417v; StAWü Misc. 767 und 3793; StAWü Ger. Sommerhausen 8; StAWü WDKP 1619, fol. 1r; StAWü Lehensachen 3959/122; StAWü Geistliche Sachen 129; BayHStAM Reichskammergericht (künftig RKG) 8261, 14961/I-II.

[161] StAWü lib. div. form. 57, S. 594f.

[162] StAWü Geistliche Sachen 2257, § 17.

[163] Knapp, Zenten I/2 (wie 33), S. 943; StAWü lib. div. form. 57, S. 594–608.

[164] BayHStAM RKG 8261, 14961/I-II.

[165] StAWü WDKP 1716, fol. 61r.

Dorfherr widersetzte sich jedoch allen Versuchen des Ochsenfurter Centgrafen, vor Ort eine Untersuchung durchzuführen. Zur Überraschung des Domkapitels wurde von der hochfürstlichen Regierung in Würzburg die Auslieferung des Täters verweigert, vielmehr sollte der ganze Fall nach Würzburg abgetreten werden. Ein Verzicht auf die Ausübung der Centjurisdiktion wurde vom Domkapitel jedoch strikt abgelehnt, vielmehr verwies der domkapitelsche Syndikus in seinem Antwortschreiben an die Regierung auf zwei Fälle aus den Jahren 1634 und 1691. Beide Male waren Verbrecher aus benachbarten Centen im Ochsenfurter Centsprengel gefaßt und umgehend an die zuständige hochstiftische Cent ausgeliefert worden. Damals hatte das Hochstift zugesichert, im umgekehrten Fall einen Täter nach Ochsenfurt zu übereignen. In scharfer Form drängte das Domkapitel beim Fürstbischof auf die „conservation seiner Centjurium", „wobei seine Gnaden nachdrücksamblich erinnert, was die benachbarte Accatholischen Ständte[166] vor gedanck hiebey Schöpffen könten, das in solcherley fällen die Administration der Justitz und bestraffung der laster sich haubt und Klieder nicht vergleichen könnten?"[167] Am 7. August schließlich berichtet der Domdechant dem Kapitel, „wie daß ihro hochfürstlich Gnaden der domkapitulschen Cent Ochsenfurt nicht gemeint weren, etwas zu präjudicieren", deshalb werde der Täter noch am heutigen Tag an die Cent Ochsenfurt übergeben.[168] Inzwischen waren seit der Tat beinahe zehn Wochen vergangen. Am Ende konnte das Domkapitel zwar seine Rechte behaupten, doch hatte es zunächst den Versuch der Dorfherrschaft und der hochfürstlichen Regierung abwehren müssen, den Fall nach Würzburg zu ziehen. Dies gelang, als man unter Berufung auf einen Vertrag von 1699, in dem der Fürstbischof entschieden hatte, die „Tückelhäuser Carthausen Unterthanen verbleiben der Cent Ochssenfurt unterworfen" und sind „nirgend anderst wohin zu ziehen oder ferners zu disputieren",[169] gegenüber der Regierung die Rechtmäßigkeit seiner Ansprüche nachgewiesen hatte. Obwohl diese Regelung bereits seit 1683 vertraglich niedergelegt war,[170] konnte das Domkapitel somit in der Praxis nicht davon ausgehen, daß die Rechte der Cent Ochsenfurt in dem Ort Hohestadt problemlos ausgeübt werden können. Die Anerkennung seiner Rechtsposition durch die Autorität des Landesherrn ermöglichte es dem Domkapitel jedoch, deren Berechtigung nachzuweisen und sie innerhalb des Hochstiftsverbandes gegen eine andere Mediatherrschaft und die fürstbischöfliche Regierung durchzusetzen.

Wiederum anders war die Konstellation zwischen Cent- und Vogteiherr in Goßmannsdorf/Main. Der Ort stand in der Mitte des 18. Jahrhunderts unter der gemeinsamen Vogteiherrschaft des Hochstifts Würzburg ($^1/_4$), der Freiherren Zobel von Giebelstadt-Darstadt ($^1/_2$) und des Markgraftums Brandenburg-Ansbach ($^1/_4$). Man hätte somit erwarten könnten, daß das Hochstift seinen Einfluß auf die Ganerben

---

[166] Zum damaligen Zeitpunkt sind die Krone Preußen und die Markgrafen von Brandenburg-Ansbach als Erben der 1708 ausgestorbenen Geyer von Giebelstadt neben dem Hochstift Würzburg und den Zobel von Darstadt Ganerben in Goßmannsdorf.

[167] StAWü WDKP 1716, fol. 62r.

[168] StAWü WDKP 1716, fol. 112r.

[169] StAWü WDKP 1716, fol. 63v; Stdb. 881, fol. 15r.

[170] Knapp, Zenten 1/2 (wie Anm. 33), S. 943, unter Hinweis auf ein „ldf Johann Hartmann fol. 324" (diese Quellenangabe konnte vom Verf. nicht verifiziert werden).

geltend macht, um die Cent Ochsenfurt zu ihrem Recht zu verhelfen. Sollte das Domkapitel jedoch nicht auf Unterstützung durch das Hochstift rechnen können, so verschaffte allein schon der Umstand, daß hier drei Herrschaftsträger, unter ihnen der mächtigste weltliche und der mächtigste geistliche Kreisstand in Franken, die Dorfherrschaft ausübten, ihnen, wenn sie sich einig waren, eine starke Position. Unterstützt wurde der Widerstand gegen die Cent dabei von den Goßmannsdorfer Untertanen. Im Schatzungsbuch der Gemeinde von 1789 heißt es: „und gnädige Ganerbherrschaften gnädigst geruhet haben, den gemeinherrschaftlichen Flecken Gosmannsdorf bis daher vor der Cent Ochsenfurt zu bewahren, ohngeachtet dieselbe auf öfteres versuchen niemahl ihr wiederliches Recht, den Flecken Gosmannsdorf Centbar zu machen, nicht haben ausführen können".[171] Der in diesen Sätzen vermittelte Eindruck, die Hochgerichtsbarkeit in Goßmannsdorf werde allein von den Ganerben ausgeübt, kann jedoch nicht für das gesamte 18. Jahrhundert Geltung beanspruchen. Zu zahlreich sind die in der domkapitelschen Überlieferung nachgewiesenen Aktivitäten der Cent Ochsenfurt vor Ort.[172] Eine Beschreibung der Rechte des würzburgischen Amtes Heidingsfeld aus dem Jahr 1740 berichtet über Goßmannsdorf: „die Cent, besonders die vier hohen Fälle, gehören zur domkapitulschen Cent nach Ochssenfurt, so aber bereits in Process verfangen." Wird die Kompetenz der Cent Ochsenfurt in dieser hochstiftischen Quelle somit grundsätzlich anerkannt, so ist sie nach Rechtsauffassung der Ganerben doch erheblich eingeschränkt, denn man behalte sich „triduanam detentionem[173] vor, oder aber alz dan ein jeder Ganerb oder Dorfsherr macht haben solle" den Täter „mit sich gefangen zu nehmen oder frei zu lassen". Die Goßmannsdorfer sollten den Delinquenten nur dann nach Ochsenfurt ausliefern, wenn die Ganerben den Fall nicht an sich ziehen.[174] Aus Sicht des würzburgischen Amtskellers zu Heidingsfeld waren die Rechte der domkapitelschen Cent somit beschränkt. Er war in erster Linie darauf bedacht, die Position der Dorfherrschaft, an der das Hochstift Anteil hatte, zu stärken. Unter diesem Blickwinkel sind die beim Fürstbischof vorgebrachten Klagen des Domkapitels über das Verhalten des Heidingsfelder Amtskellers nur zu verständlich.[175] Die gegensätzlichen Positionen führten in einigen Fällen auch zu bewaffneten Einfällen der Cent Ochsenfurt in Goßmannsdorf. Letztendlich blieb die Entscheidung, wer seine Position durchsetzen konnte, dem Einzelfall überlassen. Vom Fürstbischof mehrfach angeregte Konferenzen blieben ohne Ergebnis, denn von Seiten der anderen Ganerben Zobel und Brandenburg-Ansbach bestand kein wirkliches Interesse an einer vertraglichen Lösung. Vielmehr unternahm man den Versuch, die Cent auf dem Weg des Faktischen aus dem Ort zu drängen.[176]

---

[171] StadtA OCH, Abt. Goßmannsdorf Nr. 62, Vorrede Ziffer 4, die „Anlag- und Markungs Beschreibung" wurde verfaßt von dem „gemeinschaftlichen Gerichtsschreiber" Johannes Heer.

[172] Eine Aufstellung über die centbaren Fälle in Goßmannsdorf aus den Jahren 1568–1756 findet sich in StAWü WDKP 1756, S. 487–540.

[173] Das Recht zur Untersuchung des Falles und Festnahme des Täters innerhalb der ersten drei Tage nach der Tat.

[174] StAWü Historischer Verein (HV) Ms. f. 441.

[175] StAWü WDKP 1757, S. 674f.

[176] Siehe die zahlreichen Beispiele in StAWü WDKP 1756, S. 487–540. In dieser Aufstellung findet sich kein Hinweis, daß der Amtskeller zu Heidingsfeld vom Fürstbischof für sein Verhalten mit Sanktionen belegt worden wäre.

Zusammenfassend läßt sich zur Cent festhalten: Der vom Domkapitel ernannte Centgraf wird vom Fürstbischof mit dem Blutbann belehnt. Das Gericht wird zuerst im Namen des Fürstbischofs und dann im Namen des Domkapitels abgehalten. Obwohl das Hochstift in Goßmannsdorf Anteil an der Dorfherrschaft hat, kann das Domkapitel nicht auf wirksame Unterstützung gegen die Ganerben rechnen. Auch in Sommer- und Winterhausen, die beide Würzburger Lehen der Schenken von Limpurg sind, muß die Cent Ochsenfurt in der Praxis immer wieder die Einschränkung ihrer Rechte hinnehmen. Lediglich im Fall von Hohestadt, das einer würzburgischen Mediatherrschaft untersteht, kann sich die Rechtsposition des Domkapitels durchsetzen.

Die Vogteirechte

Grundlage der domkapitelschen Stadtherrschaft in Ochsenfurt war die Vogtei. Aus dem Anspruch des Vogtes, den Einwohnern Schutz und Schirm gegen Angriffe von außen zu gewähren und als Garant für die innere Ordnung des Gemeinwesens aufzutreten, wurden die für den Kernbereich herrschaftlichen Handelns grundlegenden Kompetenzen abgeleitet.[177] Dieses herrschaftliche Handeln des Domkapitels ist jedoch von vornherein eingeschränkt durch den Fürstbischof als Landesherrn, unter dessen Schutz sich das Domkapitel bei jeder Wahlkapitulation von neuem stellt. Kennzeichnend für die Herrschaft des Domkapitels ist somit der Anspruch, selbst als „Erb- und Oberherr" gegenüber seinen Untertanen aufzutreten und die gleichzeitige Unterordnung unter den landesherrlichen Schutz des Fürstbischofs. Gerade für die mit der Vogtei verbundenen Kompetenzen der Steuerhoheit, des Militärs, des Gerichtswesens unterhalb der Cent, der das öffentliche Leben regelnden „guten Policey" und der Erbhuldigung ergab sich daraus ein Spannungsverhältnis zum Landesherrn, das im folgenden beleuchtet werden soll.

Das Steuerwesen

Als Gegenleistung für gewährten Schutz und Schirm erhob die Herrschaft Anspruch auf eine finanzielle Entschädigung.[178] Die älteste Form einer solchen Abgabe ist die von der Stadtgemeinde als Ganzer zu entrichtende Bede. Sie war in Ochsenfurt jährlich am 4. April fällig und wurde deshalb auch Ambrosi-Geld genannt. Sie belief sich pauschal auf 400 Goldgulden.[179] Seit 1619 bis zur Säkularisation wurden

---

[177] Vgl. Hofmann, Adelige Herrschaft (wie Anm. 136); zur Problematik des Schutzgedankens in der staatsrechtlichen Literatur des 18. Jahrhunderts vgl. Dietmar Willoweit, Rechtsgrundlagen der Territorialgewalt. Landesobrigkeit, Herrschaftsrechte und Territorium in der Rechtswissenschaft der Neuzeit (Forschungen zur deutschen Rechtsgeschichte 11), Köln/Wien 1975, S. 213–248.

[178] Zu den Steuern und Abgaben im Hochstift Würzburg vgl. Heiler, Finanzen (wie Anm. 7), S. 162–164 und den Abschnitt „Das Finanzwesen des Hochstiftes" bei Flurschütz, Erthal (wie Anm. 5), S. 65–85.

[179] Zusammenfassend für das spätmittelalterliche Steuerwesen Ochsenfurts jetzt Christ, Subordinierte Landeshoheit (wie Anm. 6), S. 131f.; Knetsch, Domkapitelsche Herrschaft (wie Anm. 6), S. 85f. (mit einigen Fehlern und Ungenauigkeiten).

von der Stadt Ochsenfurt dafür 600 fl in Münzen gezahlt.[180] Das Domkapitel erhielt somit die Bede, während dem Fürstbischof als dem Landesherrn die Schatzung und das Rauchpfund zustanden. Die Schatzung als bedeutendste direkte Steuer war für jedes hochstiftische Amt und die Mediatherrschaften genau festgelegt. Der Beitrag jedes Einzelnen zu diesem Fixbetrag errechnete sich aus seinem Besitz und Vermögen, dessen Wert von einer Kommission geschätzt wurde. Für alle domkapitelschen Orte betrug ein Schatzungs-Monat 412 rtl, wovon Ochsenfurt im Jahr 1793 57 rtl zu tragen hatte.[181] Der Rat der Stadt war für die Veranlagung der einzelnen Bürger und das Einziehen der Schatzung zuständig,[182] die mit dem Domkapitel „verrechnet" und anschließend an die Obereinnahme nach Würzburg abgeführt wurde.[183] Im Unterschied zur Schatzung wurde das Rauchpfund vermögensunabhängig von jedem Einwohner mit eigener Herdstelle gefordert.[184] Die indirekten Steuern auf Nahrungsmittel, Akzise und Ungeld hatte sich das Domkapitel bereits in den Wahlkapitulationen zusichern lassen.[185] Zog ein Untertan aus Ochsenfurt weg, war die Nachsteuer, eine Abgabe von dem aus dem Land geführten Vermögen, an das Domkapitel zu zahlen.[186] Bei einem Vermögenstransfer innerhalb des Hochstifts wurde auf diese Abgabe verzichtet.[187] Unbekannt war in Ochsenfurt das Verspruch- oder Schutzgeld, weil man in der Stadt „keine andere Obrigkeit als das Domkapitel und einen regierenden Bischof von Würzburg für den Landesherrn erkannt".[188] Häufig entlohnten mit dieser Abgabe gerade geistliche Herrschaftsträger den von mächtigeren Herrschaften gewährten Schutz.

[180] StAWü Stdb. 90, S. 121; StadtA OCH, Abt. Ochsenfurt, Fach 91 Bürgermeisterrechnungen 1756/57 S. 36 und 1796/97 S. 60; die Jahreszahl 1619 beruht auf der Angabe bei Knetsch, Domkapitelsche Herrschaft (wie Anm. 6), S. 85.

[181] StAWü WDKP 1793/II, nach S. 642. Nachdem in dieser Tabelle die bezüglich der Einwohnerzahl nicht einmal halb so großen Orte Randersacker mit 62 rtl und Eibelstadt mit 51 rtl veranschlagt sind, steht diese Angabe unter Vorbehalt. 1704 belief sich ein Ochsenfurter Schatzungs-Monat auf 66 fl 2 lb 12 dn (StAWü RA OCH 140c S. 1). Der Betrag von 412 rtl für einen domkapitelschen Schatzungs-Monat findet sich auch in StAWü WDKP 1794, S. 1806; Dieter Michael Feineis, Untersuchungen zur Finanz- und Wirtschaftsgeschichte des Hochstiftes Würzburg im 18. Jahrhundert (Quellen und Forschungen zur Geschichte des Bistums und Hochstifts Würzburg 49), Würzburg 1996, S. 183 gibt 419 rtl für das Jahr 1794 an.

[182] Vgl. Schott, Landesherrschaft (wie Anm. 5), S. 274f.

[183] StAWü Stdb. 90, S. 123; im Original ist die „fürstliche Kammer zu Würzburg" als Empfänger genannt, doch war schon im 16. Jahrhundert die Obereinnahme für die Schatzung zuständig, vgl. Schubert, Landstände (wie Anm. 10), S. 160–166.

[184] Das Rauchpfund belief sich im Jahr 1756 auf 271 lb und 1796 auf 289 lb (StadtA OCH, Abt. Ochsenfurt Fach 91, Bürgermeisterrechnungen 1756/57 S. 36 und 1796/97 S. 60). Im Salbuch von 1615 ist das Rauchpfund nicht erwähnt. Das Rauchpfund steht in der Regel dem Landesherrn zu, vgl. StAWü Stdb. 942, fol. 3r; StAWü HV Ms. q. 129; Joseph Maria Schneidt, Thesaurus Juris Franconici 1/6, Würzburg 1788/1789, S. 1167–1185, S. 1184: „3. Subditi mediati, cum Protectione territoriali gaudeant, ad hunc censum obligantur"; Schöpf, Beschreibung (wie Anm. 19), S. 204; Flurschütz, Erthal (wie Anm. 5), S. 67.

[185] StAWü Geistliche Sachen 2257, § 22.

[186] StAWü Stdb. 90, S. 145.

[187] Vgl. Schott, Landesherrschaft (wie Anm. 5), S. 287f.; Flurschütz, Erthal (wie Anm. 5), S. 67f.

[188] StAWü Stdb. 90, S. 127.

Überblickt man somit das Steuerwesen in Ochsenfurt, so stehen Bede, Nachsteuer, Akzise und Ungeld der Mediatherrschaft zu, während die Schatzung und das Rauch-pfund an den Landesherrn fallen.[189] Ein Vergleich zwischen den domkapitelschen (circa 700 fl)[190] und den fürstbischöflichen Steuereinnahmen (circa 1761 fl)[191] ergibt ein deutliches Übergewicht der landesherrlichen Einnahmen. Das Kollektationsrecht steht auch bei Schatzung und Rauchpfund dem Domkapitel zu,[192] ohne dessen Zustimmung die Ochsenfurter Bürger vom Landesherrn nicht besteuert werden dür-fen.[193]

Das Militärwesen

Unbestritten war die Integration der domkapitelschen Orte in das Militärwesen des Hochstifts.[194] Das Domkapitel anerkannte seine Verpflichtung, einen gebührenden Beitrag zur Landesverteidigung zu leisten, wie die Vorgänge angesichts des Franzo-seneinfalls im Jahr 1793 zeigen. Fürstbischof Franz Ludwig von Erthal hatte am 23. Mai 1793 „in allen seinen un- und mittelbaren Orten" Rekrutierungen angeordnet. Diese Verordnung wurde zusammen mit einem von der Würzburgischen Regierung erlassenen Dekret an das Domkapitel übersandt. In dem Regierungsdekret wird „sämtlichen Domkapitels-Aemtern [...] die fernere Anweisung gegeben, daß von daselbst fünffzig zwei und ein halber Mann" zu stellen sind.[195] Als Berechnungs-grundlage diente die von der hochfürstlichen Obereinnahme aufgestellte Schatzungs-matrikel, in der die domkapitelschen Orte mit 412 rtl 3^1/$_2$ bz angeschlagen waren.[196]

---

[189] Hinweise zur Ausdifferenzierung der Schatzung in Ordinaire- und Extraordinaire-Schatzung, Kon-tribution, Türkenanlage, Husarengeld, Quartiergeld, Straßenbaugeld u.ä. bei Heiler, Finanzen (wie Anm. 7), S. 164 (mit weiterer Literatur) und Schott, Landesherrschaft (wie Anm. 5), S. 275.

[190] Der Betrag setzt sich zusammen aus 600 fl Bede und 50 fl Ungeld (StAWü WDKP 1756, S. 249) und Akzise (es konnte kein Betrag ermittelt werden, vermutlich in ähnlicher Höhe wie das Ungeld).

[191] Die Umrechnung von Reichstaler in fränkische Gulden erfolgte auf Grundlage der Angaben bei Heiler, Finanzen (wie Anm. 7), S. 162, Anm. 17: 1 rtl = 18 bz, 1 fl = 15 bz, d.h. 1 fl = 0,83 rtl; Schatzungseinnahme 1794 (ebda. S. 174): Ordinaire 12 x 57 rtl und ExtraOrdinaire 13 x 57 rtl = 1425 rtl = 1710 fl; Rauchpfund: 290 lb = 51,37 fl; Gesamt circa 1761 fl).

[192] 1704 wird die Schatzung vom domkapitelschen Pfortenamt an die Hofkammer weitergeleitet (StAWü RA OCH 140c, S. 1); StAWü Stdb. 90, S. 123 (1615);·gleiches gilt für das Rauchpfund (StadtA OCH, Abt. Ochsenfurt Fach 91, Bürgermeisterrechnungen 1756/57 S. 36 und 1796/97 S. 60); vgl. Heiler, Finanzen (wie Anm. 7), S. 163 Anm. 24.

[193] StAWü Geistliche Sachen 2257, § 20.

[194] Vgl. Bernhard Sicken, Die Streitkräfte des Hochstifts Würzburg gegen Ende des Ancien Régime, in: ZBLG 47, 1984, S. 691–744; Walter Kopp, Würzburger Wehr. Eine Chronik des Würzburger Wehr-wesens (Mainfränkische Studien 22), Würzburg 1979; zum Wehrwesen der Stadt Ochsenfurt im 16. Jahr-hundert vgl. Knetsch, Domkapitelsche Herrschaft (wie Anm. 6), S. 80, 82f., der die Rolle des städtischen Rates beschreibt, das Verhältnis von Mediat- und Landesherrschaft jedoch nicht thematisiert. Vgl. dazu StAWü Historischer Saal 367 (1578–1673); StAWü G-Akten 18013 (enthält eine tabellarische Aufstel-lung über den von den Orten des „Quartiers Ochsenfurt" jeweils zu stellenden „dritten Mann" von 1573).

[195] StAWü WDKP 1793/II, S. 612; 1794 wurde ein Mann mit 5 rtl angeschlagen, und somit von den domkapitelschen Orten die Stellung von 84 Rekruten gefordert (StAWü WDKP 1794, S. 1806).

[196] „Tabelle über die von den hohen domkapitulschen zur hochfürstlichen Obereinnahm schätzbaren Ortschafften zu stellende Mannschaft…", in: StAWü WDKP 1793/II, nach S. 642; Flurschütz, Erthal (wie Anm. 5), S. 66.

Nachdem ein Mann für 8 rtl gerechnet wurde, ergab sich unter Berücksichtigung der für die einzelnen Orte vorgenommenen Auf- und Abrundungen die Zahl von $52^1/_2$ Rekruten. Das Domkapitel diskutierte das fürstbischöflichen Mandat am 11. Juni und beauftragte den Pfortenamtmann, ein Verzeichnis anzufertigen, „wie viel Mann von den aus den Domkapitulischen Ortschaften zu stellen seyenden 52 und ein halber Mann ein jeder hiezu konkurrieren habender Ort zu stellen habe".[197] Das fürstbischöfliche Mandat überließ es „den Aemtern und den in denselben befindlichen Gemeinden, die auf jedes Amt berechnete Anzahl von Rekruten zu liefern".[198] Um die von der hochfürstlichen Obereinnahme geforderte Anzahl von Rekruten zu erreichen, beschloß das Domkapitel, „daß denjenigen, welche sich anwerben liesen, zu versichern sey, daß, wenn sie nach der Kapitulations-Zeit mit graden Gliedern wieder zurückkommen würden, den Handwerkern die noch nicht erstandenen Wanderjahre" und allen Heiratswilligen der normalerweise geforderte Vermögensnachweis erlassen werde.[199] Um die Erfüllung der landesherrlichen Forderung zu erreichen, stellte das Domkapitel seinen Untertanen Erleichterungen in Aussicht, doch diese – durchaus zeittypischen – Vergünstigungen steigerten die Attraktivität des Militärdienstes in keiner Weise. In dem Ort Randersacker, der 1734 nur zwei Mann gestellt hatte, von dem jetzt aber sieben gefordert wurden und der damit höher als die Stadt Ochsenfurt veranschlagt wurde, war die Erregung unter der Einwohnerschaft groß. In Frickenhausen/Main konnten zwar fünf Mann zwangsverpflichtet werden, diese entwichen jedoch auf dem Weg nach Würzburg wieder. Beinahe hilflos berichtete der Pfortenamtmann am 23. Juni, es „sey der Unterthan nicht mehr so biegsam", deshalb wäre es ratsam „die Stellung der Rekruten nicht mit Zwangsmittel zu pflegen, ohne daß ein allgemeiner Aufstand, welcher an einigen diesherrschaftlichen Orten schier schon ausgebrochen wäre, sich ereignen mögte".[200] Nachdem zahlreiche Beschwerden aus domkapitelschen Ortschaften gegen die vom Fürstbischof angeordneten Rekrutierungen eingegangen waren, erging in der Kapitelssitzung vom 25. Juni die Weisung „es wäre den sammtlichen diesherrschaftlichen nicht unzuverhalten, dass in betref dieses gegenstandes als einer die hochfürstlichen Landen betreffende und vom Seinen fürstlichen Gnaden als Landesherrn verfügten Sache" das Domkapitel keine Möglichkeit habe, die Verordnung abzuändern. Wenn innerhalb von 14 Tagen „aus etwaiger Unentschlossenheit der Gemeinden oder sonstigen Widersetzung die geforderte Mannschaft in der gesetzten Zeitfrist nicht zusammengebracht worden sey, und etwan eine von der Landesherrschaft beorderte Exekution einrücken werde", so könne das Domkapitel seinen Untertanen keinen Schutz gewähren, sondern müsse „solche Gemeinden ihrem Schicksale überlassen".[201]

Die Bereitstellung der Rekruten war somit der Verantwortung der Gemeinden übertragen. Das Domkapitel überwachte diesen Vorgang. Falls die Gemeinden ihren Verpflichtungen nicht nachkamen, ließ das Kapitel dem Landesherrn freie Hand.

[197] StAWü WDKP 1793/II, S. 613f.
[198] SWL 3 (wie Anm. 155), S. 592, Verordnung vom 23.3.1793.
[199] StAWü WDKP 1793/II, S. 650f.
[200] StAWü WDKP 1793/II, S. 670–673.
[201] StAWü WDKP 1793/II, S. 686–689.

Die Huldigung

Nach außen sichtbares Kennzeichen für den Untertanenstatus gegenüber dem Vogteiherrn war die Erbhuldigung,[202] die von den Einwohnern Ochsenfurts gegenüber
dem Domkapitel geleistet wurde. Nur die unmittelbaren Untertanen, die den Treueid
gegenüber dem Fürstbischof abgelegt hatten, werden in den Erbhuldigungsbüchern
als „würzburgisch" bezeichnet, im Unterschied zu den domkapitelschen, die wie ritterschaftliche und andere fremdherrliche angesprochen werden.[203] Nichts könnte
deutlicher die auch im öffentlichen Bewußtsein verankerte Trennung zwischen landesherrlichen und mediaten Untertanen dokumentieren, als diese Unterschiede in der
Bezeichnung.

Bis in die erste Hälfte des 18. Jahrhunderts wurde der Huldigungseid bei Amtsantritt eines neuen Domdechanten, der mit großem Gefolge in die Stadt kam, in einer
feierlichen Zeremonie abgelegt.[204] Da für das 18. Jahrhundert die Eidesformel nicht
überliefert ist, muß auf die Überlieferung des 16. Jahrhundert zurückgegriffen werden.[205] 1570 verpflichten sich die Bürger, „dechant, seniorn und gemeinem capitel des
hochlöblichen, hohen dhombstiffts zu Wurtzburg, unseren genedigen erb und ober
herren, auch allen ihren gnaden nachkhommen getrew, gewehr und gehorsamb in
allen gebotten und verbotten" zu sein.[206] Mit diesem Eid schwören die Untertanen, die
Herrschaft des Domkapitels anzuerkennen und nicht zuzulassen, daß irgend jemand
sich dessen Rechte aneignet. Vom Fürstbischof oder dem Hochstift Würzburg ist in
der Eidesformel nicht die Rede. Jener behielt sich zwar vor, die Landeshuldigung
auch von den mediaten Untertanen einzunehmen, hat diese in der Praxis aber nicht
eingefordert.[207]

---

[202] Vgl. André Holenstein, Die Huldigung der Untertanen. Rechtskultur und Herrschaftsordnung
(800–1800) (Quellen und Forschungen zur Agrargeschichte 36), Stuttgart/New York 1991.

[203] StAWü Stdb. 942; vgl. Hanns Hubert Hofmann, Die Würzburger Hochstiftskarte des Oberleutnants
von Fackenhofen (1791) (Mainfränkische Hefte 24), Würzburg 1950, S. 17, Anm. 74; unzutreffend die
Aussage von Schubert, Landstände (wie Anm. 10), S. 143, Anm. 139, auf dieser Karte werde zwischen
domkapitelschen und den übrigen mediaten Orten unterschieden.

[204] Universitätsbibliothek Würzburg (UBWü) M. ch. f. 368 (Erbhuldigungen von 1585, 1673, 1687,
1717, 1725); StAWü Gericht OCH 671/13 (Erbhuldigungen 1549, 1559, 1596); zur Huldigung im
16. Jahrhundert siehe Knetsch, Domkapitelsche Herrschaft (wie Anm. 6), S. 66–68 und Anhang 4,
S. 311f. (Erbhuldigung für den neugewählten Domdechanten Julius Echter im Jahr 1570); der Zusammenhang von Erbhuldigung und Amtsantritt eines neuen Domdechanten findet sich schon in StAWü
WDKP 1, fol. 427r; die Aussage von Erwin Riedenauer, Die Landämter des Hochstifts Würzburg und ihr
Personal im 17. und 18. Jahrhundert, in: WDGBl 37/38, 1975/76, S. 439–465, hier S. 443, Anm. 28: „in
den domkapitelschen Orten nimmt der Dompropst an Stelle des Fürstbischofs die Erbhuldigung ein,"
trifft nur für jene Orte zu, die unter der Vogtei des Dompropstes standen; so auch Riedenauer, HAB
Karlstadt (wie Anm. 99), S. 90; in den Erboblei-Orten nahm der Obleiherr die Huldigung ein (StAWü
WDKP 1756, S. 264).

[205] Das „Domkapitulsche Eid- und Pflichten-Buch" von 1750 (StAWü Stdb. 55) ist auf die Dignitäten
und Funktionsträger beschränkt. Es ist durchaus wahrscheinlich, daß die Eidesformel des 16. Jahrhunderts damals nicht wesentlich verändert worden war (vgl. das Eidbuch von 1560 im StadtA OCH, Abt.
Ochsenfurt Bände I/5).

[206] Zitiert nach Knetsch, Domkapitelsche Herrschaft (wie Anm. 6), Anhang 4, S. 312.

[207] StAWü Stdb. 942, fol. 3r.

Die erste Policeyordnung von 1508 wird in der Quelle von einer zeitgenössischen Hand als „erbhuldigung zu Ochsenfurt" bezeichnet, was einen Hinweis gibt, daß das feierliche Zeremoniell nicht auf den Treueid beschränkt war, vielmehr auch die das Zusammenleben der Einwohner und ihr Verhältnis zur Herrschaft regelnden Satzungen und Ordnungen bei diesem Anlaß verkündet wurden.[208] Der Eintrag über die Erbhuldigung in den Ochsenfurter Ratsprotokollen von 1570 berichtet neben dem Treueid auch von der Besetzung der städtischen Ämter und dem Abhören der Rechnungen.[209] 1549 und 1559 übergeben Schultheiß, Bürgermeister und Rat der Stadt Ochsenfurt dem Domkapitel ein Verzeichnis „etlicher Gebrechen". 1596 als der Dompropst Georg von Giech und der Domdechant Martin von der Kere begleitet von neun weiteren Domherren die Erbhuldigung einnehmen, geben sie die ausdrückliche Zusage „einen itlichen Burger und Inwohner der Stadt unbedrangt und bey irem alten herkommen bleiben zu lassen".[210] Es bleibt somit schon für die Erbhuldigungen des 16. Jahrhunderts festzuhalten, daß diese sich nicht auf den Treueid beschränkten, vielmehr auch die Bestätigung der städtischen Ämter und die Kontrolle der Finanzen vorgenommen sowie allgemeine Probleme der Stadtgemeinde angesprochen wurden.

Neben der Verpflichtung der Untertanen durch den Treueid war die Erbhuldigung vor allem ein Akt öffentlicher Herrschaftsmanifestation. Die damit einhergehende barocke Prachtentfaltung ist noch einmal für das Jahr 1725 dokumentiert, als der neue Domdechant Johann Veit von Würtzburg gemeinsam mit den beiden Kapitularen Franz Georg Faust von Stromberg und Ignaz Theobald Hartmann von Reinach die Huldigung entgegennahm.[211] Damals hat der Ochsenfurter Rat eine detaillierte Aufstellung über Ausgaben und Einnahmen anfertigen lassen.[212] Die Kosten beliefen sich auf die horrende Summe von 1073 fl, was wohl der Grund war, künftig auf diesen öffentlichen Akt zu verzichten, jedenfalls findet sich nach 1725 kein Zeugnis mehr für eine kollektive Eidesleistung der Stadtgemeinde gegenüber der Herrschaft.[213]

Das „Hochgericht"

Zunehmende Bedeutung für die Präsenz der Herrschaft kam dem sogenannten „Hochgericht" zu, das nicht mit dem im wesentlichen ·die Kriminalgerichtsbarkeit umfassenden Terminus „Hochgerichtsbarkeit" verwechselt werden

---

[208] Knetsch, Domkapitelsche Herrschaft (wie Anm. 6), S. 75 und Anm. 262 (S. 219); StAWü WDKP 1, fol. 427r (1508): nachträgliche Überschrift "erbhuldigung zu Ochsenfurt" am linken Rand ergänzt von gleicher Hand "policei ordnung". Die einseitig auf das Moment der Herrschaft focusierte Perspektive von Knetsch zeigt sich a.a.O. S. 75 in der Formulierung: „Man könnte die Policeyordnungen ansehen als eine Art Ausführungsbestimmungen zu den Bürger- und Erbhuldigungseiden."

[209] Knetsch, Domkapitelsche Herrschaft (wie Anm. 6), Anhang 4, S. 311f.

[210] StAWü Gericht OCH 671/13.

[211] Heißbrief vom 2. Juni 1725 in StAWü Miscellanea 264.

[212] UBWü M. ch. f. 368, fol. 43r–61v.

[213] Vgl. StAWü WK-Repertorium 15/XXII, fol. 421r–422r; die WDKP sowie die im StadtA OCH vorhandenen Bürgermeisterrechnungen und Ratsprotokolle wurden jeweils für die Jahre durchgesehen, in denen ein neuer Domdechant gewählt wurde (1756, 1780, 1788, 1796). Die Ochsenfurter Bürgermeisterrechnung für das Jahr 1756 nennt unter der Rubrik Ausgaben u.a. 12 fl „bei Antritt eines neuen Domdechants," mit denen wohl ein Geschenk gekauft wurde (StadtA OCH, Abt. Ochsenfurt Fach 91, Bürgermeisterrechnungen 1756/57, S. 41).

darf.[214] Hochgerichtsprotokolle sind aus Ochsenfurt ab 1712 überliefert, das letzte stammt vom 4. Juni 1783.[215] Dort wird die Herrschaft durch den Domkapitular Johann Joseph Heinrich Ernst von Würtzburg repräsentiert, der vom domkapitelschen Syndikus und dem domkapitelschen Pfortenamtmann begleitet wird.[216] Die personelle Besetzung des Hochgerichts von Seiten der Herrschaft mit einem Domkapitular, einem domkapitelschen Syndikus und dem Pfortenamtmann ist für das 18. Jahrhundert Standard. In der Sitzungsstube des Rathauses wurde das Hochgericht von dem Domkapitular „mit der gewöhnlichen Anrede" an Stadtschultheiß, Bürgermeister und Rat eröffnet. Als erster Punkt wurde das letzte Hochgerichtsprotokoll verlesen, das Punkt für Punkt abgearbeitet wurde, indem je nach Zuständigkeit die domkapitelschen Beamten, der Schultheiß oder der Bürgermeister über den gegenwärtigen Sachstand berichteten. Dies betraf unter anderem den Schiffslandeplatz am Main, den Wasserzoll, den nächtlichen Aufenthalt von Juden und Fahrenden Leuten, die vom Schildwirt einzureichenden Meldeformulare von Übernachtungsgästen, Tanzverbote, den nächtlichen Wirtshausbesuch und die Aktualisierung des Steuerverzeichnisses. Hier verhandelte man Verstösse gegen die Policey-Ordnungen ebenso wie Schuld- und Beleidigungsklagen. Danach wurden die seit dem letzten Hochgericht angenommenen Neubürger, die bisher nur den Bürgereid gegenüber Schultheiß und Rat der Stadt geleistet hatten, vorgeladen, um vor dem Domkapitular als Vertreter der Stadtherrschaft den Erbhuldigungseid abzulegen.[217] Im Ablauf des Hochgerichts von 1783 folgte nach der Erbhuldigung der Neubürger die Bestätigung der städtischen Amtsträger vom Oberbürgermeister bis hinunter zum Weinunterkäufer, die durch Wahl zum Vorschlag gebracht worden waren. Abschließend wurden der versammelten Bürgergemeinde durch einen Viertelmeister die Policey- und die Feuerordnung vorgelesen.[218] Die Wurzel der „Hochgerichte" lag wohl im Vogteigericht des Stadtherrn, dem auch das jährliche Abhören der Rechnungen und die Bestätigung der kommunalen Ämterbesetzung zugeordnet werden kann. Als die Herrschaft ihre Kontrollrechte im Laufe der Frühen Neuzeit intensivierte und der Komplex der „guten Policey" verstärkt hinzutrat, wurde das „Hochgericht" zum wichtigsten Format, in dem die Herrschaft vor Ort präsent war. Wohl aus Kostengründen verzichtete man ab 1750 auf die Einnahme der Huldigung beim Amtsantritt eines neuen Domdechanten. Dann begnügte man sich damit, daß die neu aufgenommenen Bürger im Rahmen der regelmäßig stattfindenden Hochgerichte den Treueid ablegten. Das Hochgericht fand in

---

[214] Auf die Notwendigkeit der Unterscheidung zwischen dem Quellenbegriff „Hochgericht" und dem Fachterminus „Hochgerichtsbarkeit" hat bereits Riedenauer, HAB Karlstadt (wie Anm. 99), S. 70 verwiesen. Kestler, Beschreibung (wie Anm. 153), S. 180: „Sein Name hat die Ableitung nicht von der Höhe des Galgens oder Rabensteins, sondern von der Landeshoheit." Bei diesem Gericht wurde alles verhandelt, „was nur immer auf einen Zweig der Verwaltung einen Bezug hatte". Die Auswertung der zahlreichen Hochgerichts-Protokolle des 17. und 18. Jahrhunderts, die überwiegend in den Gemeindearchiven erhalten sind, ließe für Mainfranken einen Beitrag zur Diskussion um den „Kommunalismus" in der Frühen Neuzeit erwarten.

[215] StadtA OCH, Abt. Ochsenfurt Fach 77, Protokolle IV/119–120. Die beiden Bände enthalten die Hochgerichtsprotokolle aus den Jahren 1712–1759 (Nr. 119) und 1764–1783 (Nr. 120).

[216] StadtA OCH, Abt. Ochsenfurt Fach 77, Protokolle IV/120, S. 139–239.

[217] StadtA OCH, Abt. Ochsenfurt Fach 77, Protokolle IV/120, S. 155–163.

[218] StadtA OCH, Abt. Ochsenfurt Fach 77, Protokolle IV/120, S. 237.

der ersten Hälfte des 18. Jahrhunderts zum Teil jährlich, zumindest aber in Abständen von zwei, drei oder vier Jahren statt.[219] Aus finanziellen Gründen, die Stadt hatte wie bei der Huldigung die Kosten für die standesgemäße Unterkunft und Bewirtung der domkapitelschen Delegation zu tragen, schränkte man die Abhaltung in der zweiten Hälfte des 18. Jahrhundert ein.[220] Dann erhielten in den Jahren, in denen kein Hochgericht abgehalten wurde, die als „Herbstherren" zur Aufsicht über die Weinlese abgeordneten Domherren den Auftrag, die Einhaltung der Policeyordnungen zu überprüfen.[221]

Es ist somit deutlich geworden, daß einzelne Domkapitulare zwar nicht permanent, aber doch regelmäßig im Jahr in Ochsenfurt präsent waren.[222] Sie residierten im sogenannten „palatium", einem repräsentativen Gebäudekomplex, dessen Ursprünge wohl ins 13. Jahrhundert zurückreichen.[223] Ständige Repräsentanten der Herrschaft vor Ort waren der Schultheiß und der Keller, die über alle Angelegenheiten nach Würzburg berichteten und der Kontrolle durch das Kapitel unterstanden.[224] Der oft mehrfach in der Woche zwischen Kapitel und Schultheiß stattfindende Briefwechsel zeigt, daß die Stadt von Würzburg aus regiert wurde. Man mag darin ein Auslassen von „Chancen zur Herrschaftsverdichtung" sehen,[225] die Bedeutung der jeweiligen Persönlichkeit (egal ob bürgerlicher Beamter oder adeliger Domkapitular) für die Durchsetzungsfähigkeit von Herrschaft sollte in diesem Zusammenhang jedoch nicht außer Acht bleiben.[226]

Der fürstbischöfliche Hofgericht als Berufungsinstanz

Als Inhaber der Vogtei unterstand dem Domkapitel die Gerichtsbarkeit unterhalb der Cent, die vor Ort im Rahmen des Hochgerichts, sonst aber vom Stadtgericht unter dem Vorsitz des domkapitelschen Schultheißen ausgeübt wurde.[227] Schöffen dieses Gerichts waren die zwölf Ratsmitglieder. Gegen Entscheidungen des Stadtgerichts wurde immediat an das Domkapitel appelliert.[228] Berufungsinstanz gegen Entschei-

---

[219] StadtA OCH, Abt. Ochsenfurt Fach 77, Protokolle IV 119/120; Hochgerichte wurden abgehalten in den Jahren 1712, 1713, 1714, 1715, 1716, 1718, 1720, 1724, 1726, 1727, 1732, 1733, 1735, 1738, 1740, 1742, 1745, 1747, 1750, 1752, 1754, 1757, 1759, 1764, 1771, 1773, 1776, 1783.

[220] StAWü WDKP 1779, S. 940 und 1436.

[221] StAWü WDKP 1756, S. 848f.

[222] Zuletzt hatte in den Jahren 1509/1510 der Kapitular Konrad von Milz in der Stadt residiert, vgl. Knetsch, Domkapitelsche Herrschaft (wie Anm. 6), S. 51f.

[223] Hans Hohe, Das domkapitelsche Palatium, in: ders., Beiträge zur Geschichte der Stadt Ochsenfurt 8, 1997, S. 158–160.

[224] Vgl. die in den WDKP dokumentierte intensive Korrespondenz zwischen dem Domkapitel in Würzburg und dem Stadtschultheißen in Ochsenfurt.

[225] Christ, Subordinierte Landeshoheit (wie Anm. 6), S. 132 im Anschluß an Knetsch, Domkapitelsche Herrschaft (wie Anm. 6), S. 100.

[226] Das Mainzer und das Kölner Domkapitel ernannten für ihre Städte Bingen und Zons Kapitulare zu Amtleuten, vgl. Christ, Subordinierte Landeshoheit (wie Anm. 6), S. 120f., 126f.

[227] Zu den Verhältnissen im 16. Jahrhundert Knetsch, Domkapitelsche Herrschaft (wie Anm. 6), S. 102f. und S. 119f. Neben dem domkapitelschen Stadtgericht gab es noch ein auf grundherrliche Rechte beschränktes Hubgericht von Stift Haug.

[228] StAWü Stdb. 90, S. 132f.

dungen des Domkapitels wie auch des kaiserlichen Landgerichts war das Hofgericht des Fürstbischofs.[229] Von dort aus ging in letzter Instanz die Appellation an das Reichskammergericht beziehungsweise den Reichshofrat. Dieser Rechtsweg wird in der Auseinandersetzung zwischen dem Domkapitel und sieben Ochsenfurter Ratsmitgliedern um die Besetzung der städtischen Ämter deutlich.[230] Der schon längere Zeit schwelende Streit eskalierte im Jahr 1790 und nachdem die Sieben sich geweigert hatten, weiterhin an den Ratssitzungen teilzunehmen, suspendierte sie das Domkapitel von ihren Ämtern. Dagegen klagten die Räte vor dem Hofgericht des Fürstbischofs. Dort ergeht das Urteil, das vom Landesherrn persönlich unterzeichnet ist, „von Oberrichteramts wegen" und die Suspendierung wird aufgehoben.[231] Gegen diese Entscheidung wiederum appellierte das Domkapitel an das Reichskammergericht. Das Verfahren endete schließlich mit einem Vergleich.[232] Für unsere Frage wesentlich ist hier, ob das Domkapitel die Autorität des fürstbischöflichen Hofgerichts anerkannte, und wie das Urteil vollzogen wurde. Die Position des Domkapitels wird aus den beim Reichskammergericht eingereichten Schriften ersichtlich. Es vertritt die Auffassung, auch wenn das Würzburger Hofgericht die Suspendierung aufhebe, seien die Ratsmitglieder doch erst dann wieder in Amt und Würden, wenn das Hofgerichtsurteil von der domkapitelschen Stadtherrschaft veröffentlich worden ist. Noch bevor dies geschehen war, hatten die Räte auf informellem Weg von dem Urteil erfahren und waren bei öffentlichen Anlässen in Ratskleidung aufgetreten. Das Domkapitel sah in dem Verhalten der Räte einen weiteren Affront, denn selbst wenn das Domkapitel „die Suspendirten sogleich und auf der Stelle wieder einzusezen schuldig gewesen wäre, diese sich doch gewis nicht selbst restituiren konnten. So haben sie sich durch ihre allzuvoreilig und eigenmächtige Wiedereinsetzung gegen die hofgerichtliche Ordination selbst eben so sträflich als gegen die ihrer Herrschaft schuldige

[229] Willoweit, Staatsorganisation und Verwaltung (wie Anm. 5), S. 82; Schneidt, Thesaurus (wie Anm. 184) S. 3520f.; Schöpf, Beschreibung (wie Anm. 19), S. 486f.; Ssymank, Adam Friedrich (wie Anm. 5), S. 83 erwähnt eine das Hofgericht betreffende Verordnung von 1756. In einem Dekret vom 10.10.1680 spricht Fürstbischof Peter Philipp von Dernbach von „Hofgericht alhier als höchster Instanz" (StAWü lib. div. form. 46, S. 624). Die Bedeutung dieses „Hofgerichts neuerer Ordnung" (so die Bezeichnung im WK-Repertorium 15/XIII) für die Gerichtsbarkeit im Hochstift Würzburg wurde m.E. bisher nicht ausreichend erkannt, vermutlich weil es in den Hof- und Staatskalendern nicht aufgeführt ist. Im WK-Repertorium 15/XIII fol. 162v wird über das Schicksal dieses Bestands folgendes berichtet: „Viele im Jahre 1833 noch vorhandene Akten des Würzburger Hofgerichts wurden damals von Würzburg nach Aschaffenburg gebracht, wo sie nebst den Protokollen in den Jahren 1863 und 1866–67 zum großen Theile eingestampft wurden, die noch übrigen Reste befinden sich jetzt am K. Oberlandesgericht Bamberg." Aus Bamberg wurden der dezimierte Bestand 1937 an das Staatsarchiv Würzburg abgegeben, dort findet er sich jetzt unter der Signatur „OLG Bamberg, Abgabe 1937". Er umfaßt heute im wesentlichen den Zeitraum von circa 1760–1814; z. Zt. ist etwa ein Drittel der Akten über eine Faust-Datenbank erschlossen, der Rest nur über ein unzulängliches Repertorium (Rep. 1.0.0) aus der Mitte des 20. Jahrhunderts. Die Recherche in der Faust-Datenbank ergab 21 Berufungsverhandlungen gegen Entscheidungen des Domkapitels. Herrn Archivoberrat Dr. Schott danke ich sehr herzlich für die Möglichkeit, in der Datenbank zu recherchieren und für zahlreiche weitere Hinweise bei der Beschäftigung mit diesem Thema.
[230] StAWü OLG Bamberg Abgabe 1937, Nr. 311, die zugehörigen Akten des Domkapitels sind 1945 verbrannt (siehe WK-Repertorium 15/XXII, fol. 423r–424r, 442v).
[231] BayHStAM RKG Nr. 650 I/II, Nr. 8 § 26.
[232] StAWü WU 83/157.

Subordination vergangen".[233] Das Domkapitel nahm für sich in Anspruch, seinen Untertanen gegenüber als alleinige Autorität aufzutreten. Nachdem das Hofgerichtsurteil vom Domkapitel noch nicht in Ochsenfurt verkündet worden war, habe es noch keine Rechtskraft erlangt. Durch das anmaßende Verhalten der sieben Räte sei man nicht verpflichtet, die Suspendierung aufzuheben. Es bleibt für unsere Frage unerheblich, ob das Domkapitel mit dieser Argumentation vor dem Reichskammergericht Erfolg gehabt hätte. Festzuhalten ist, daß die Suspendierung der Sieben während des mehrjährigen Prozesses vor dem Reichskammergericht aufrecht erhalten wurde.[234] Die Entscheidung des fürstbischöflichen Hofgerichts hatte somit keine unmittelbare Rechtskraft erlangt. Die Kompetenz des Hofgerichts als Appellationsinstanz wurde vom Domkapitel zwar nicht in Zweifel gezogen,[235] jedoch bemühte es sich, direkte Eingriffe des Fürstbischofs in seinen Herrschaftsbereich abzuwehren. Stand ein solcher Eingriff nicht im Widerspruch zu den Privilegien des Domkapitels und konnte deshalb rechtmäßig nicht verhindert werden, so sollte dieser doch im Hinblick auf die Autorität der Stadtherrschaft gegenüber ihren Untertanen nur vom Domkapitel selbst verkündet werden, damit nicht „auf solche Art seine zu Erhaltung öffentlicher Ruhe ohnumgänglich nötiges Obrigkeitliches Ansehen gänzlich herabsinckt".[236] Die „Oberstrichterliche Gewalt" des Fürstbischofs war damit anerkannt, deren Umsetzung beanspruchte jedoch das Kapitel für sich.

Die „gute Policey"

Der im Salbuch von 1615 formulierte Satz, das Domkapitel habe als „Erb- und Oberherr" in der Stadt „alle Gebot und Verbot",[237] konkretisiert sich im Alltag in den für die Frühe Neuzeit typischen Policeyordnungen.[238] In Ochsenfurt findet sich erstmals 1508 eine derartige zusammenfassende Ordnung, die das öffentliche Leben in

---

[233] BayHStAM RKG 650 I/II, Nr. 8 § 23.

[234] Die suspendierten Ratsmitglieder nehmen erstmals am 5.6.1794 wieder an den Ratssitzungen teil (StadtA OCH, Abt. Ochsenfurt Fach 76, Ratsprotokolle 1792–94, S. 260). Der außergerichtliche Vergleich, mit dem das Verfahren beendet wurde, datiert vom 14.9.1793 (!).

[235] Dagegen spricht auch nicht die oben zitierte Formulierung, wenn das Domkapitel „die Suspendirten sogleich und auf der Stelle wieder einzusezen schuldig gewesen wäre". In dem circa 2000 Seiten umfassenden Aktenbündel findet sich keine begründete Ablehnung des Hofgerichts als zuständige Appellationsinstanz. Mehrfach bezeichnet das Domkapitel das Hofgericht als „judicium a quo" (BayHStAM RKG 650 I/II, Nr. 8 §§ 27, 31, 35).

[236] BayHStAM RKG 650 I/II, Nr. 8 § 43 (3).

[237] StAWü Stdb 90, S. 78.

[238] Die Forschungen zu frühneuzeitlichen Policeyordnungen haben, gefördert durch das DFG-Projekt am Max-Planck-Institut für Europäische Rechtsgeschichte in Frankfurt/Main, in jüngster Zeit einen enormen Aufschwung genommen. Im Rahmen dieses Projekts sind die Würzburger Policeyordnungen von Imke König erfaßt worden. Herrn Dr. Karl Härter danke ich herzlich für die Erlaubnis, die Datenbank benutzen zu dürfen. Eine Edition schwäbischer Policeyordnungen veröffentlichte jüngst Wolfgang Wüst, Die „gute policey" im Reichskreis. Zur frühmodernen Normensetzung in einer Kernregion des Alten Reiches, Band 1: Der Schwäbische Reichskreis, unter besonderer Berücksichtigung Bayerisch-Schwabens, Berlin 2001; der Band 2 (Franken) wird am Lehrstuhl für Fränkische Landesforschung der Universität Erlangen z.Zt. vorbereitet. Als beispielhafte Einzelstudie zuletzt: Achim Landwehr, Policey im Alltag. Die Implementation frühneuzeitlicher Policeyordnungen in Leonberg (Studien zu Policey und Policeywissenschaft 1), Frankfurt 2000.

weiten Bereichen zu regeln versucht und in regelmäßigen Abständen bis zur letzten Überarbeitung 1787 fortgeschrieben wurde.[239] Die Bestimmungen betreffen die Teilnahme am Gottesdienst, Strafen bei Beleidigungen und Schmähungen, das Waffenführen in der Öffentlichkeit, das Gaststättenwesen und die Unterkunft für Fremde, die Arbeitsbedingungen von Metzgern, Bäckern und Ledermachern, Handelsbedingungen für Waren aller Art, den gesamten Bereich des Weinbaus von der Entlohnung der Häcker bis zum Einfuhrverbot fremden Weines sowie den vorgeschriebenen Standard bei Hochzeiten und Taufen, der nicht überschritten werden durfte. Das Domkapitel erließ diese Regelungen in eigenem Namen „allen unsern unterthanen und verwanden in unserer stadt Ochsenfurth zur wohlfarth, nuz und gutern und sonderlich zur erhaltung alten herkommens, friede und einigkeit".[240] Neben dieser Verordnungstätigkeit des Domkapitels sind in Ochsenfurt aber auch die legislativen Akte des Fürstbischofs wirksam. Die von dem fürstlich Würzburgischen Hof- und Regierungsrat Philipp Heffner 1776/1801 herausgegebene „Sammlung der Hochfürstlich-Würzburgischen Landes-Verordnungen" enthält ein Subskribenten-Verzeichnis, das von Regierungsräten bis hin zu Amtskellern und -schreibern die verschiedensten Funktionsträger aufführt. In dieser Liste finden sich zahlreiche hochstiftische, aber auch mittelbare Beamte wie in Ochsenfurt der Stadtschultheiß und der Keller des Domkapitels, selbst der Pfarrer bezieht die Heffnersche Sammlung.[241] Auch in einer Stadt, die einer Mediatherrschaft unterstand, wurde somit ein griffbereites Nachschlagewerk der Würzburgischen Mandate und Dekrete für notwendig erachtet. Diese Erlasse richten sich, soweit sie nicht auf Teilbereiche der Verwaltung oder lokal begrenzt sind, an „alle un- und mittelbaren Untertanen", besitzen also Anspruch auf umfassende Geltung sowohl in den fürstbischöflichen Landämtern als auch in den Mediatherrschaften des Domkapitels, der Stifte Haug und Neumünster, des Ritterstifts St. Burkard, der zahlreichen Klöster und Spitäler sowie der Universität. Um in domkapitelschen Orten Rechtskraft zu erlangen, bedurften sie der Publikation durch das Domkapitel. Die fürstbischöflichen Verordnungen wurden dem Kapitel von der Regierung zugestellt, das in der Regel daraufhin den Beschluß faßte: „wäre in den diesseitigen Landämtern und Ortschaften gewöhnlicher maßen verkünden zu lassen".[242] Zuweilen legte man auch ausdrücklich darauf Wert, die Verordnungen „auf den sämtlichen diesseitigen Ämtern Nomine Reverendissimi Capituli bekannt zu machen".[243] Nicht übernommen wurden vom Domkapitel in der Regel verwaltungsinterne Anweisungen an Beamte. So erließ der Fürstbischof am 28. Mai 1795 ein Mandat wegen der Bestrafung von Beamten, die sich der Unterschlagung schuldig gemacht hatten,[244] welches am 9. Juli im Domkapitel „vorgelesen und hierauf die Frage in Berathung gezogen, ob diese auch den Domkapitulschen Beamten zu Vorschrift zu machen sey?

---

[239] StAWü WDKP 1, fol. 427r–432v. Zu den Ochsenfurter Policeyordnungen des 16. Jahrhunderts ausführlich Knetsch, Domkapitelsche Herrschaft (wie Anm. 6), S. 75–81 und Anhang 5, S. 313–318.

[240] Zitiert nach Knetsch, Domkapitelsche Herrschaft (wie Anm. 6), S. 60.

[241] SWL 3 (wie Anm. 155), S. XV.

[242] StAWü WDKP 1797, §247, ähnlich §§ 301, 653, 668, 734, 770, 795, 812, 840.

[243] StAWü WDKP 1794, S. 982, 1037.

[244] SWL 3 (wie Anm. 155), S. 636.

Concludirt: da schon diesfalls eine pünktliche und umständige Verordnung vom 14. Juli 1784 für die diesseitigen Beamten vorhanden sey, so wäre die gegenwärtige gedachte Verordnung diesseitigen Beamten nicht zu verkünden".[245] Hier achtete man auf Eigenständigkeit gegenüber der fürstbischöflichen Administration und regelte die domkapitelsche Verwaltung mittels eigener Dekrete selbst.[246] Grundsätzlich bedurften die fürstbischöflichen Verordnungen einer förmlichen Anweisung des Domkapitels an seine Beamten, die Publikation vorzunehmen. War diese nicht erfolgt, konnte es zu Problemen kommen, wie ein Bericht des würzburgischen Amtsverwesers zu Bütthard an die fürstliche Hofkammer aus dem Jahr 1757 zeigt. Denn die Bauern in dem domkapitelschen Ort Sulzdorf weigerten sich, ihre Pferde von einem hochfürstlichen Kommissar inspizieren zu lassen, da vom Kapitel in dieser Sache kein Befehl ergangen sei. Daraufhin mußte der Kommissar unverrichteter Dinge nach Würzburg zurückreiten und die weltliche Regierung bat das Domkapitel, daß „die diesseitige Verfügung an Sulzdorf und andere Domkapituls-Orte erlassen werden möge". Das Domkapitel antwortete, „wann die hochfürstliche Hofkammer diesserthalben mit Reverendissimo Capitulo communicieren werde, solle alsdann der Befehl an die Ort ergehen".[247] Das Domkapitel stellte in diesem Fall die Gültigkeit der hochfürstlichen Verordnung weder in sachlicher noch rechtlicher Hinsicht in Frage, doch nahm es für sich in Anspruch, die Veröffentlichung in den domkapitelschen Vogteiorten selbst anzuordnen.[248] Diese Rechtsauffassung des Domkapitels konnte von den Untertanen zu Versuchen genutzt werden, unliebsame fürstbischöfliche Mandate zu verhindern. So richtete die Ochsenfurter Baderzunft 1787 an das Domkapitel die „unterthänige Bitte, dass es bei dem Alten belassen und sie vom hochfürstlichen Mandat verschont werden möchten." Das Domkapitel hatte die Veröffentlichung dieses Mandates angeordnet und verweigerte eine Abänderung nun ohne Diskussion mit der kurzen und klaren Begründung, daß „die Landesherrliche Verfügung von einer Ortschaft nicht abzuändern sey" und dem dortigen Stadtschultheißen sei deshalb „die weisung zu geben, bemeldte Verordnung in Vollzug zu bringen".[249] Doch war das Domkapitel durchaus darauf bedacht, fürstbischöfliche Mandate in seinem Herrschaftsbereich nicht umzusetzen, wenn damit wirtschaftliche Nachteile verbunden waren. In der Wahlkapitulation für Franz Ludwig von Erthal mußte der Neo-Elect zusichern, daß landesherrliche Mandate bezüglich einer Fruchtsperre in Orten des Domkapitels nicht gültig sein sollten.[250] Daß eine Fruchtsperre im Hochstift nur sehr geringen Wert haben würde, wenn sie ausgerechnet in der Stadt, die wichtigster Umschlagsplatz für das Getreide des fruchtbaren Ochsenfurter Gaues war, außer Kraft gesetzt wurde, läßt sich leicht erahnen. Doch scheint diese Regelung in der Wahlkapitulation kein Würz-

---

[245] StAWü WDKP 1795, S. 1424.

[246] Z.B. StAWü WDKP 1796, S. 256f. (Reinigung der Getreidespeicher), S. 293f. (Hinterlassenschaft verstorbener Beamter), S. 519f. (Reparatur von Pfarrhäusern), S. 2201f. (Einsendung der monatlichen Abrechnungen), S. 2232–2234 (Schriftverkehr mit den Landämtern).

[247] StAWü WDKP 1757, Seite 149f.

[248] Ähnliches trifft auch für Bingen und das Mainzer Domkapitel zu, vgl. Christ, Subordinierte Landeshoheit (wie Anm. 6), S. 118.

[249] StAWü WDKP 1787, S. 2623–2626.

[250] Schott, Wahlkapitulation (wie Anm. 25), S. 30.

burger Spezifikum zu sein, denn auch Sartori gesteht in seinem „Geistlichen und Weltlichen Staatsrecht" grundsätzlich den Domkapiteln dieses Recht zu.[251] In der Praxis hat das Domkapitel die Fruchtsperren in manchen Fällen jedoch mitgetragen.[252] 1789 verhängte es für seine Orte gar eigenmächtig eine Fruchtsperre, die auf Druck des Fürstbischofs zurückgenommen werden mußte.[253] Zu einem Problem konnte sich die Stellung des Domkapitels als Zwischeninstanz insbesondere dann entwickeln, wenn die Umsetzung der landesherrlichen Mandate dadurch verzögert wurde. Dies war weniger in Kriegszeiten der Fall, wo das Kapitel in der Regel mehrmals in der Woche zusammenkam, als im alltäglichen Ablauf. Ein hochfürstliches Mandat vom 27. September 1793, das den Zuzug von Mägden nach Würzburg beschränken sollte, wurde am 19. November im Kapitel behandelt und erst am 16. Dezember in Ochsenfurt verkündet.[254] Einen ähnlichen Fall stellt das am 9. September 1797 vom Fränkischen Kreis verabschiedete Mandat wegen einer grassierenden Viehseuche dar, das am 23. September als hochfürstliche Landesverordnung publiziert und erst in der Kapitelsitzung am 10. Oktober, mithin gut einen Monat nach dem Reichskreis, zur Verkündung in den domkapitelschen Ortschaften freigegeben wurde.[255] Die Wirksamkeit dieses angesichts der Ansteckungsgefahr notwendiger Weise rasch umzusetzenden Mandats darf wohl nicht allzu hoch eingeschätzt werden. Der Rat der Stadt erließ deshalb zuweilen aus eigener Machvollkommenheit Mandate zum Schutz vor Viehseuchen.[256]

Weitere Herrschaftsrechte

Begab sich ein Domkapitular im Auftrag des Kapitels nach Ochsenfurt, um die Huldigung einzunehmen, das Hochgericht abzuhalten oder im Herbst die Weinlese zu überwachen, hatte die Bürgerschaft für die Beherbergungskosten aufzukommen.[257] Keine Atzungs- und Lagerrechte in den domkapitelschen Orten hatte hingegen der Fürstbischof.[258]

Oberste Instanz in Erb- und Vormundschaftssachen war das kaiserliche Landgericht des Herzogtums Franken. Eingesetzt wurden die Vormünder vom Rat der Stadt und den domkapitelschen Beamten, die auch die Vormundschaftsrechnungen kontrollierten.[259] Die Kompetenzen des Landgerichts in Ochsenfurt waren somit klar begrenzt. In den Wahlkapitulationen hatte sich das Kapitel zusichern lassen, daß keine Prozesse gegen Untertanen des Domkapitels in gemeinen Schuld- und Vogtei-

---

[251] Sartori, Geistliches und weltliches Staatsrecht II, 2. Teil, 1. Abschnitt (wie Anm. 142), S. 305f.

[252] So in den Jahren 1756 und 1797, StAWü WDKP 1756, S. 848f.; WDKP 1797, § 320.

[253] Flurschütz, Erthal (wie Anm. 5), S. 100.

[254] StAWü WDKP 1793/II, S. 1243; StadtA OCH, Abt. Ochsenfurt Fach 76, II/67 Ratsprotokolle 1793–96, S. 157.

[255] StAWü WDKP 1797, § 840; in den Ochsenfurter Ratsprotokollen findet sich für dieses Mandat im Gegensatz zu zahlreichen anderen (vgl. StadtA OCH; Abt. Ochsenfurt Fach 76, II/68 Ratsprotokolle 1796–99, S. 247f.), kein Hinweis, wann es vor Ort verkündet wurde.

[256] StadtA OCH, Abt. Ochsenfurt Fach 76, II/68 Ratsprotokolle 1796–99, S. 11.

[257] StAWü Stdb. 90, S. 125f.

[258] StAWü Geistliche Sachen 2257, § 37.

[259] StAWü Stdb. 90, S. 76.

sachen vom Landgericht zur Verhandlung angenommen werden. Derartige Fälle sollten der domkapitelschen Jurisdiktion vorbehalten bleiben.[260]

Nicht dem Bereich der Vogtei ist im Falle Ochsenfurts die Kirchenhoheit zuzurechnen. Das Patronatsrecht über die Stadtpfarrkirche St. Andreas besaß das Würzburger Stift St. Johannis in Haug.[261] Die geistliche Oberhoheit übte der Bischof von Würzburg aus, dessen Konsistorium in allen geistlichen Streitigkeiten auch in Ochsenfurt zuständig war.[262] Bedeutung hatte das Konsistorium vor allem deshalb, weil vor ihm auch Zins- und Gültstreitigkeiten zwischen den Grundholden und geistlichen Grundherren entschieden wurden.[263]

Außerhalb der Sphäre der Vogtei stehen auch jene Rechte, die auf königliche Privilegierung zurückgehen. Darunter fallen die Zölle, die nicht zu den Steuern im eigentlichen Sinne zu rechnen sind. Als vom König verliehenes Regal standen sie ursprünglich nur dem Landesherrn zu, von diesem erwarb das Domkapitel im Verlauf des Spätmittelalters Zollrechte in zahlreichen Orten.[264] In der Hand des Fürstbischofs war in Ochsenfurt der Guldenzoll, das heißt er erhielt von jedem Fuder Wein das ausgeführt wurde, einen Gulden.[265] Der Wegezoll hingegen stand dem Domkapitel zu.[266] Die Einkünfte aus weiteren Zollrechten wie dem Tor-, Brücken- und Wasserzoll waren in die Zuständigkeit der Stadtgemeinde übergegangen.[267]

Mit dem Geleit für durch Ochsenfurt ziehende Kaufleute und Reisende befand sich ein weiteres Regal in der Hand des Landesherrn.[268]

Die Jagd auf Ochsenfurter Gemarkung stand allein dem Domkapitel zu,[269] der Fürstbischof hatte in der Wahlkapitulation auf das Jagdrecht in den domkapitelschen Orten verzichtet.[270]

Außer Betracht bleibt in unserem Zusammenhang die Grundherrschaft, da der Landesherr in Ochsenfurt keine grundherrlichen Rechte besaß.

---

[260] Vgl. Schott, Wahlkapitulation (wie Anm. 25), S. 31; Willoweit, Staatsorganisation und Verwaltung (wie Anm. 5), S. 84; Flurschütz, Erthal (wie Anm. 5), S. 42–45; StAWü, Geistliche Sachen 2257 § 6.

[261] Bünz, Stift Haug II (wie Anm. 92), S. 963f.

[262] StAWü Stdb. 90, S. 76.

[263] Ebda.

[264] Riedenauer, HAB Karlstadt (wie Anm. 99), S. 109 unter Hinweis auf StAWü Salb. 76, S. 470; WüHStK 1779, S. 11.

[265] StAWü Stdb. 90, S. 101; WüHStK 1779, S. 107; zu den Zöllen in Ochsenfurt vgl. Knetsch, Domkapitelsche Herrschaft (wie Anm. 6), S. 95f.

[266] Im WüHStK 1802, S. 11 wird für Ochsenfurt ein domkapitelscher Wegezöllner genannt, während 1615 der fürstbischöfliche Guldenzöllner auch den Wegezoll einnahm und an das Domkapitel abführte (StAWü Stdb. 90, S. 102); vgl. UBWü M. ch. f. 369 (Zollrolle von 1779).

[267] StAWü Stdb. 90, S. 102.

[268] Vgl. Gebhard Weig, Das Jus Conducendi der Bischöfe von Würzburg. Eine Studie zur Rechtsstruktur, politischen Funktion und Organisation des Geleitsrechtes im Hochstift Würzburg während des 15. und 16. Jahrhunderts, phil. Diss., Würzburg 1970. Die Bedeutung des Geleitsrechts im 18. Jahrhundert konnte in diesem Zusammenhang nicht detailliert untersucht werden. 1503 belehnt der Bischof von Würzburg den Asmus Henck mit dem Geleit zu Ochsenfurt (StAWü lib. div. form. 21, S. 378). Das Würzburger Geleit reichte bis zur Roten Brücke bei Ochsenfurt, von da ab in Richtung Nürnberg geleitete der Markgraf von Brandenburg-Ansbach (StAN Rep. 120/II Nr. 69a/I, Vettersche Ober-Amts-Beschreibung, S. 593f).

[269] StAWü Stdb. 90, S. 119.

[270] StAWü Geistliche Sachen 2257, § 35; Schott, Wahlkapitulation (wie Anm. 25), S. 31.

In der Frühen Neuzeit wohnten keine Juden in der Stadt. Der Judenschutz war damit ebenso ohne Bedeutung wie die in Ochsenfurt unbekannten Frondienste, das Besthaupt und die Leibeigenschaft.[271]

Das Domkapitel gegenüber Benachbarten und dem Reich

Werfen wir abschließend noch einen Blick auf die Beziehungen zu den nicht-hochstiftischen Herrschaften und die Stellung zu Kaiser und Reich. Gegenüber den benachbarten Herrschaften vertrat das Domkapitel seine Interessen in eigener Verantwortung. Kam es zu Streitigkeiten mit den Markgrafen von Ansbach, so versuchten die domkapitelschen Beamten zunächst, mit ihren brandenburgischen Amtskollegen in Marktstefft zu einer Lösung zu kommen.[272] Das Domkapitel ließ sich über alles Bericht erstatten und gab den Beamten die Anweisung, wie fortzufahren sei. Der Schutz und Schirm des Hochstifts wurde dabei nicht von vorneherein in Anspruch genommen. Konnte der Konflikt nicht in gegenseitigem Einvernehmen beigelegt werden, bat man den Fürstbischof um Unterstützung, war auch das ohne Wirkung, so klagte das Domkapitel in eigenem Namen vor dem Reichskammergericht.[273]

Das selbständige Auftreten vor dem Reichskammergericht macht deutlich, daß von einer strikt hierarchischen Einbindung des Domkapitels in das Hochstift nicht in jedem Fall die Rede sein kann. Auch über die Frage, ob das Domkapitel in Verträge, die das Hochstift mit benachbarten Reichsständen geschlossen hatte, einbezogen sei, bestand unter den Kapitularen durchaus keine einheitliche Meinung. So war man sich 1797, als Preußen, das fünf Jahre zuvor die fränkischen Markgraftümer in Besitz genommen hatte, einen mit dem Hochstift Würzburg geschlossenen Vertrag kündigte, zunächst unsicher, ob das Kapitel davon auch betroffen sei. In dem Marktbreiter Vertrag von 1742 hatten sich Ansbach und Würzburg unter anderem auf die wechselseitige Zollfreiheit von Getreide und Früchten verständigt, die in die jeweilige Residenz oder von einem Amt zum anderen transportiert werden sollten.[274] Auch zwischen dem Domkapitel und Ansbach war eine gegenseitige Zollfreiheit üblich, doch war man sich nicht bewußt, auf welcher Rechtsgrundlage diese beruhte. Ein Kapitular vertrat die Auffassung, daß sich der Vertrag von 1742 „nicht auf das diesseitige hohe Dombkapitul erstrecke," während die Mehrheit sich erst mit der Regierung abstimmen wollte.[275] Das Domkapitel bat die hochstiftische Regierung deshalb um Beantwortung der Frage, ob sich der Vertrag „auch auf die hochstiftischen Mediatstände, z.B. auch auf das Stadtschultheißenamt und Dompropsteiamt zu Ochsenfurt, Kellereiamt zu Willanzheim in Ansehung ihrer aus verschiedenen Ansbachischen Ämtern und Ortschaften jährlich zu beziehenden [...] Gefälle erstreckt".[276] Erst nach längeren Diskussionen kam man zu dem Ergebnis, daß „das hochfürstliche Hochstifft

---

[271] StAWü Stdb. 90, S. 124 und 130.

[272] Z.B. StAWü WDKP 1719, S. 196; WDKP 1780, S. 2215f.; WDKP 1795, S. 657, 1331, 1719f., 5067f., 6040–6044; WDKP 1796, S. 668f.; WDKP 1797, §§ 444, 450, 487.

[273] BayHStAM RKG 646, 14334, 14335, 14338, 14339, 14964.

[274] Zum Marktbreiter Rezeß von 1742 vgl. Robert Schuh, Herrschaftsgemenge (wie Anm. 136), S. 153f.

[275] StAWü WDKP 1797, § 270.

[276] StAWü WDKP 1797, § 409.

diesen Recess nicht nur für sich, sondern auch für Reverendissimo Capitulo, dann die Ritter- und Collegiatstifter, Klöster, Pfarreien und Spitäler abgeschlossen habe und die diesfallsigen Beschwerden des hochfürstlichen Hochstifts und Reverendissimi Capituli als ein und die nämliche Sache zu betrachten sei".[277] Die Zugehörigkeit des Domkapitels zum Herrschaftsverband des Hochstifts war den Kapitularen, auch in Anbetracht des Nutzens, den eine gemeinsame Position in der Sache der Zollfreiheit gegenüber Ansbach bringen würden, am Ende doch bewußt geworden.

Hingegen war die Abhängigkeit des Domkapitels vom Fürstbischof im Bezug auf die Vogtei über Eibelstadt offensichtlich. Diese wurde als Reichslehen vom Kaiser vergeben und war seit 1619, als man den Anteil der Marschälle von Pappenheim gekauft hatte, vollständig im Besitz des Domkapitels.[278] Belehnt wurde vom Kaiser jedoch der Fürstbischof, dieser erhielt das Lehen, um es „von gemeldtes Domkapitels wegen in Lehensweiß einzuhaben und daß auch jeztermelt Domkapitel dieselben Lehenstück zu ihrer Nothdurften gebrauchen und geniesen sollen und mögen".[279] Ein besonderer Akt, in dem das Lehen vom Fürstbischof an das Domkapitel weitergegeben wurde, erfolgte dann nicht mehr. Dem Fürstbischof erwuchsen aus diesem Lehensempfang „tutorio nomine" zwar keine Rechte an Eibelstadt, doch wird damit im Bezug auf das Reichslehen die unzweifelhafte Einbindung des Domkapitels in das Hochstift dokumentiert.

III. Zusammenfassung

Die Analyse der domkapitelschen Herrschaftsrechte und das Verhältnis des Kapitels zur hochstiftischen Verwaltung und dem Landesherrn hat ein differenziertes Bild ergeben. Insgesamt bestätigt sich zwar die Aussage des fürstbischöflichen Erbhuldigungsbuches von 1747, daß auch die Vogtei-Untertanen des Domkapitels, der Ritter- und Kollegiatstifte, der Klöster und milden Stiftungen dem Hochstift mit der „hohen lands- und territorialobrigkeit und denen davon abhangenden Schuldigkeiten als schatzung, steüer, rauchpfund, reys, folg, Musterung, appellation unterworfen seynd".[280] Doch ist deutlich geworden, daß die Einwohner Ochsenfurts für den Fürstbischof nur mittelbare Untertanen sind, auf die er kein direktes Zugriffsrecht hat. Das Steuerwesen gliedert sich in die dem Landesherrn zustehende Schatzung und das Rauchpfund auf der einen und die dem Domkapitel zustehende Bede, die Akzise und das Ungeld auf der anderen Seite. Die Schatzung darf jedoch nur mit Zustimmung des Domkapitels erhoben werden, das auch das Kollektationsrecht besitzt und die Einnahmen an die landesherrliche Obereinnahme weiterleitet. Ähnlich verhält es sich mit dem Militärwesen, wo die Stadtgemeinde für die Bereitstellung der Rekruten verantwortlich ist, das Domkapitel sich auf Aufsichtsfunktionen beschränkt und dem Landesherrn das Einberufungsrecht zusteht. Die Hochgerichtsbarkeit wird zwar im Namen des Landesherrn ausgeübt, von dem auch der Centgraf seine Amtsgewalt

---

[277] StAWü WDKP 1797, § 935.

[278] StAWü WU 124/61.

[279] So die Formulierung 1780 (StAWü WU 39/40); vgl. HHStA Wien, Reichshofrat „Reichslehensakten der deutschen Expedition", K 258.

[280] StAWü Stdb. 942, fol. 3r.

empfängt, doch gelingt es dem Domkapitel, seine Gerichtsrechte gegen Einflußnahmen der hochstiftischen Regierung und deren Malefizamt abzuschirmen. Die Abgrenzung gegenüber der Regierung gilt ebenso für die Gerichtsbarkeit unterhalb der Cent.[281] Berufungen gegen Urteile des Domkapitels gehen an das Hofgericht des Fürstbischofs und sind nicht dem normalen Instanzenzug der hochstiftischen Ämter unterworfen.[282] Vom Hofgericht ist Berufung an die höchsten Reichsgerichte möglich. Für die richterlichen Entscheidungen des Landesherrn trifft zu, was für die Gesetzgebung insgesamt gilt, sie erlangen im domkapitelschen Herrschaftsbereich erst dann Rechtskraft, wenn sie vom Kapitel verkündet wurden. Ein wesentliches Merkmal der domkapitelschen Herrschaftspraxis ist das eifersüchtige Bemühen, gegenüber seinen Untertanen als alleinige Autorität aufzutreten. Hochstiftische Beamte haben, wenn ihr Handeln nicht mit ausdrücklicher Zustimmung des Kapitels geschieht, keine Amtsgewalt gegenüber den domkapitelschen Untertanen. Einziger hochstiftischer Beamter in Ochsenfurt ist denn auch der Guldenzöllner. Der Fürstbischof hat in den Orten des Domkapitels keinerlei Jagd- und Atzungsrechte. Das von ihm als Landesherrn beanspruchte Recht, auch von den domkapitelschen Untertanen die Huldigung einzunehmen, hat er in der Praxis nicht eingefordert, so daß diese allein dem Mediatherrn durch Eid verpflichtet waren. Dem entsprechend wird zwischen würzburgischen und domkapitelschen Untertanen unterschieden.

In der Gesamtschau betrachtet bildete der durch Privilegien und Wahlkapitulationen gesicherte Herrschaftsbereich des Domkapitels einen eigenständigen Machtkomplex innerhalb des Hochstifts. Entsprechend seinem Selbstverständnis als „Erbmutter" des Hochstifts, die über den Tod des jeweilige Fürstbischofs hinaus Kontinuität in einem Wahlstaat garantiert, wahrte das Domkapitel seine institutionelle Unabhängigkeit insbesondere gegenüber der hochstiftischen Regierung. Das Verhältnis zum Fürstbischof ist gekennzeichnet durch die grundsätzliche Anerkennung von dessen landesherrlicher Entscheidungsgewalt, die im domkapitelschen Herrschaftsbereich gleichwohl vom Konsens- und Publikationsrecht des Kapitels abhängig war. Diese wechselseitige Bedingtheit kann geradezu als Wesensmerkmal domkapitelscher Herrschaftsausübung angesehen werden. Das Domkapitel strebte niemals danach, die Abhängigkeit vom Landesherrn gänzlich aufzuheben, was gleichbedeutend mit dem Erwerb der Reichsunmittelbarkeit gewesen wäre. Das vielfach beschworene Bild von „Haupt und Gliedern", die nicht getrennt voneinander existieren können, ohne daß beide Schaden nehmen, verdeutlicht das Aufeinanderbezogensein von Domkapitel und Fürstbischof. Das Bewußtsein von der Zugehörigkeit zu einem Staatskörper geht dabei eine Symbiose ein mit dem von adeligem Selbstverständnis geprägten Charakter der Domkapitel. Dieses ist gekennzeichnet von der durch standesgemäße Geburt legitimierten Ausübung von Macht und ließ das Domkapitel innerhalb des Hochstifts nach weitgehenden Mitwirkungs- und Kontrollrechten streben. Der eigenständige

---

[281] Natürlich hat das Domkapitel Anweisungen der Regierung in Fällen umgesetzt, die unzweifelhaft der Kompetenz des Landesherrn unterstanden (z.B. im Militärwesen StAWü WDKP 1794, S. 1806).

[282] Anders Daul, Verwaltungs- und Gerichtsorganisation (wie Anm. 131), S. 105, der allgemein davon spricht, der Appellationszug bei den mediaten Ämtern sei der gleiche wie bei den immediaten Landämtern.

Besitzkomplex wurde in dieser Hinsicht zur notwendigen Machtbasis, die den unentbehrlichen Rückhalt zur Verteidigung und Ausdehnung der domkapitelschen Befugnisse bildete. Im Herrschaftsgefüge des Hochstifts Würzburg nahm das Domkapitel in vieler Hinsicht eine Sonderstellung ein, die nicht mit der anderer Mediatherrschaften vergleichbar ist. Gegenüber allen anderen war das Domkapitel durch Mitbestimmungs- und Kontrollrechte ausgezeichnet. Im Unterschied zum reichen Kloster Ebrach, das ähnlich wie Neustadt am Main nach Reichsunmittelbarkeit strebte, war es von dem Bewußtsein getragen, Teil des Hochstifts zu sein.[283] Die grundsätzlich höhere Qualität der domkapitelschen Herrschaft zeigt sich auch im Vergleich zu den Untertanen der Universität und des Juliusspitals, die ihre Erbhuldigung gegenüber dem Landesherrn ablegten.[284] Das Wissen um die geringe Homogenität der unter dem Begriff „Mediate" zusammengefaßten Herrschaften, hat zu Bemühungen geführt, die besondere Ausprägung domkapitelscher Herrschaften unter einem eigenen Fachterminus zu subsumieren. Hanns Hubert Hofmann sprach von der „Unterlandesherrschaft",[285] Günter Christ von „Subordinierter Landeshoheit" der Domkapitel.[286] Beide Begriffe haben sich in den modernen landesgeschichtlichen Handbüchern nicht durchsetzen können.[287] Neu eingeführte Begriffe wie diese vermitteln den Eindruck einer weitgehend identischen Herrschaftsstruktur, die auf Basis der bisherigen Forschungen so nicht erkennbar ist. Denn ähnlich wie die im Einzelfall mit durchaus

[283] Wolfgang Wüst, „... im flor der reichs-ohnmittelbarkeit": Die Zisterzienserabtei Ebrach zwischen Fürstendienst und Reichsfreiheit unter Abt Eugen Montag (1791–1802), in: JfL 57, 1997, S. 181–198.

[284] Riedenauer, HAB Karlstadt (wie Anm. 99), S. 90; zum Juliusspital vgl. Friedrich Merzbacher, Das Juliusspital in Würzburg. Band II: Rechts- und Vermögensgeschichte, Würzburg 1979.

[285] Hofmann, Adelige Herrschaft (wie Anm. 136), S. 107.

[286] Christ, Subordinierte Landeshoheit (wie Anm. 6).

[287] Willoweit, Staatsorganisation und Verwaltung (wie Anm. 5), S. 85; Rudolf Endres, Die geistlichen Fürstentümer, in: Handbuch der bayerischen Geschichte 3/1: Geschichte Frankens bis zum Ausgang des 18. Jahrhunderts, Dritte neu bearbeitete Auflage, München 1997, S. 707–715. Endres spricht S. 711 von „zahlreichen Mediatbesitzungen der Domkapitel, und in Bamberg auch des Dompropstes, der vielen Stifter und Stiftungen und der zahlreichen Klöster, die alle als eigene „Staatskörper", als Unterlandesherrschaften mit Steuerhoheit und Vogtei, als selbständige „Staatlichkeiten" in den Hochstiften lagen." Zur Kritik am Begriff „Subordinierte Landeshoheit" vgl. insbesondere die Rezension von Thomas Simon in: Zeitschrift für Neuere Rechtsgeschichte 18, 1996, S. 302–305. Der Begriff scheint insbesondere deshalb problematisch, weil er in dem Aufsatz von Christ keine saubere Abgrenzung gegenüber der „limitierten" bzw. „partiellen" Landeshoheit erfährt und in der staatsrechtlichen Literatur des 18. Jahrhunderts in anderem Zusammenhang gebraucht wird; vgl. Sartori, Geistliches und weltliches Staatsrecht (wie Anm. 142), S. 217, § 2010. Hofmann, Adelige Herrschaft (wie Anm. 136), S. 107 wendet „Subordinierte Landeshoheit" auf die rechtliche Stellung der Grafen von Giech gegenüber den Markgrafen von Brandenburg an. Entgegen der Angabe bei Erwin Riedenauer, Zur Einführung, in: ders., Landeshoheit (wie Anm. 6), S. 8 (ohne Quellennachweis) ist der Begriff im Historischen Atlas von Bayern, Teil Franken, so weit ich die bisher erschienenen einschlägigen Bände sehe, nicht gebräuchlich. Dort ist ohne Unterscheidung von Domkapiteln, Stiften, Klöstern und milden Stiftungen als „mediaten" bzw. „mittelbaren" Herrschaftsträgern die Rede (Hildegard Weiß, HAB Bamberg, München 1974, S. 81; dies, HAB Lichtenfels-Staffelstein, München 1959, S. 28f.; Riedenauer, HAB Karlstadt, wie Anm. 99, S. 34, 87, 116; Weber, HAB Kitzingen, wie Anm. 99, S. 136f. „indirekte Landesherrn"; Friedrich Eigler, HAB Schwabach, München 1990, S. 355). Im Zusammenhang mit der Herrschaft des Würzburger Domkapitels habe ich den Terminus erstmals bei Riedenauer, Landämter (wie Anm. 204), S. 443 gefunden.

unterschiedlichen Kompetenzen ausgestatteten „Mediatherrschaften", basieren auch die domkapitelschen Herrschaften in den einzelnen Hochstiften auf unterschiedlichen Hoheitsrechten. Schon der Vergleich der Domkapitel in Mainz, Köln und Würzburg hat gezeigt, wie differenziert die Herrschaft der Domkapitel im Einzelfall betrachtet werden muß.[288] Ein Vergleich der Würzburger Verhältnisse mit den beiden anderen fränkischen Kapiteln in Bamberg und Eichstätt würde im Detail weitere Unterschiede aufzeigen.[289] So wird das Bamberger Domkapitel mit dem Blutbann des Halsgerichts Staffelstein unmittelbar vom Kaiser belehnt.[290] Daraus leitete es die Steuerhoheit ab und weigerte sich, für dieses Amt überhaupt einen Beitrag an den Fürstbischof zu zahlen. Seine Haltung begründete es damit, daß ihm in Staffelstein landesherrliche Rechte zustünden.[291] Wenn es diese Rechtsposition auch nicht durchsetzen konnte,[292] so geht der vom Bamberger Kapitel erhobene Anspruch auf landesherrliche Rechte doch noch über die Haltung des Würzburger Kapitels hinaus, das die Autorität des Fürstbischofs als Landesherr nicht in Zweifel gezogen hat. Grundsätzlich bestätigt sich dort die auch für das Würzburger Domkapitel festgestellte Tendenz, den eigenen Herrschaftsbereich gegen Eingriffe der fürstlichen Gewalt abzugrenzen, auf der anderen Seite aber selbst Einfluß auf das Hochstift zu nehmen.[293] Wie am Bamberger und Würzburger Beispiel angedeutet, erreichen die Herrschaftsbereiche der Domkapitel unterschiedliche Rechtsqualität. Man wird deshalb Schwierigkeiten haben, sie unter einer einheitlichen Definition zusammenzufassen und von den übrigen Mediaten zu trennen. Wesentliches Kennzeichen domkapitelscher Herrschaft ist ebenso wie bei den übrigen Klöstern, Stiften und milden Stiftungen eine die unmittelbare Herrschaftsgewalt des Landesherrn einschränkende, durch altes Herkommen und Privilegien gesicherte Machtstellung. Das noch weitgehend von mittelalterlichem Rechtsdenken geprägte Selbstverständnis des Domkapitels, das sich in den Wahlkapitulationen zur Sicherung seiner Einflußmöglichkeiten die weitreichende Eigenständigkeit seiner Besitzungen und Rechte vom Landesherrn bestätigen ließ, blockierte die Entwicklung rational geplanter Verwaltungsstrukturen, die gemeinhin als ein Kennzei-

---

[288] Christ, Subordinierte Landeshoheit (wie Anm. 6), S. 133f.: „Dementsprechend haben sich die geistlichen Regenten […] in unterschiedlicher Weise mit der Konstituierung eigenständiger Herrschaftssprengel ihrer Domkapitel abgefunden. Beträchtlich erscheint auch die Variationsbreite der den geistlichen Territorialherren verbliebenen und von diesen auch zeitweilig nachhaltig genutzten Reservatrechte".

[289] Johannes Kist, Das Bamberger Domkapitel von 1399 bis 1556. Ein Beitrag zur Geschichte seiner Verfassung, seines Wirkens und seiner Mitglieder (Historisch-diplomatische Forschungen 7), Weimar 1943; Dieter J. Weiß, Das exemte Bistum Bamberg 3: Die Bischofsreihe von 1522–1693 (Germania Sacra N.F. 38: Die Bistümer der Kirchenprovinz Mainz), Berlin/New York 2000; Hugo A. Braun, Das Domkapitel zu Eichstätt von der Reformationszeit bis zur Säkularisation (1535–1806). Verfassung und Personalgeschichte (Beiträge zur Geschichte der Reichskirche in der Neuzeit 13), Stuttgart 1991.

[290] Weiß, HAB Lichtenfels-Staffelstein (wie Anm. 287), S. 24.

[291] Wild, Staat und Wirtschaft (wie Anm. 5), S. 26; „Rechtsgegründete mit vollständigem Beweiß durchaus bewährte Prüffung derer sämbtlichen bißhero ab Seiten des Bambergischen Dhom-Capituls wider das Hochstifft und seine dermahlen regierende hochfürstliche Gnaden daselbsten zum Vorschein gebrachten Schrifften", Bamberg 1745.

[292] Weiß, Lichtenfels-Staffelstein (wie Anm. 287), S. 27.

[293] So auch Wild, Staat und Wirtschaft (wie Anm. 5), S. 18.

chen des frühmodernen Staates gelten.[294] Die wechselseitig miteinander verschränkten Herrschaftsrechte blieben bis zum Ende des Alten Reiches ein wesentliches Charakteristikum im Herrschaftsgefüge des Hochstifts Würzburg. Im Zeitalter der Aufklärung aber wurde daraus ein kaum mehr zu rechtfertigender, als überlebt empfundener Zustand. Die von vielen Kritikern behauptete Reformunfähigkeit geistlicher Staaten schien sich in diesem Punkt zu bestätigen. Beinahe resignierend bemerkte Johann Michael von Seuffert,[295] als geheimer Referendar der beiden letzten Fürstbischöfe ein intimer Kenner der Verhältnisse: „Unsere Staatsverfassungen sind meistens tief in den mittleren Zeiten entstanden, und so gothisch auch ihr Aeußeres seyn mag; so sind doch die Bestandtheile derselben so künstlich ineinander verflochten, und miteinander verbunden, daß der Stoß, welcher ein einziges Glied trifft, tief in der ganzen Maschine gefühlt wird. Es ist also nicht leicht, an der Grundverfassung eines Staates zu künsteln".[296]

---

[294] Ähnlich bereits Wilhelm Störmer, Territoriale Landesherrschaft und absolutistisches Staatsprogramm. Zur Mikrostruktur des Alten Reiches im 18. Jahrhundert, in: Blätter für deutsche Landesgeschichte 108, 1972, S. 90–104.

[295] Dieter Schäfer, Johann Michael von Seuffert (1765–1829), in: Fränkische Lebensbilder 13, 1990, S. 114–134.

[296] Johann Michael Seuffert, Von dem Verhältnisse des Staats und der Diener des Staats gegeneinander im rechtlichen und politischen Verstande, Würzburg 1793, S. 70.

Hans-Jürgen D o r n

„Was vor ein Jubel-Schall erfüllt die Luft?"

Ein Huldigungsgedicht für den Landkomtur der Deutschordensballei Franken

In der ersten Hälfte des 18. Jahrhunderts bekleidete Carl Heinrich Freiherr von Hornstein (1668–1745) das Landkomturamt in der Deutschordensballei Franken, zugleich war er Komtur der Deutschordenshäuser Würzburg und Ellingen. Diese Deutschordensprovinz besaß eine Anzahl ansehnlicher und einträglicher Häuser und weitreichenden Landbesitz, sodaß sie als die reichste Ballei des Deutschen Ordens im Reich angesehen wurde. Während der Amtszeit Hornsteins wurde das Schloss Ellingen als Landkomtursitz prächtig ausgebaut, wovon sich noch heute jeder Besucher selbst überzeugen kann.[1]

Hornstein war Zeit seines Lebens ein Herr mit einem ausgeprägten Sinn für adelige Selbstdarstellung und Freude an festlicher Repräsentation. Nun war das keine Eigenschaft, die ihn von seinen Standesgenossen in besonderem Maße unterschieden hätte, ganz im Gegenteil, er bewegte sich mit seiner Repäsentationslust völlig im Rahmen adeliger Standesvorstellungen seiner Zeit, nur ein wichtiger Unterschied zu seinen Adelsgenossen wäre allerdings zu vermerken, er war Mitglied des Deutschen Ordens und als solcher nach den inzwischen zwar überarbeiteten, letztlich jedoch aus dem Mittelalter stammenden Ordensregeln eigentlich zu einem Leben ritterlich-mönchischen Zuschnitts verpflichtet. Zweifellos gehörte von Hornstein zu der Gruppe von einsatzfreudigen und besonders fähigen Ordensmitgliedern des 18. Jahrhunderts, die in der Ordenshierarchie schneller aufstiegen als andere, weil sie sich in den verschiedenen Ämtern, die man ihnen anvertraute, als geschickte Verwalter und Organisatoren bewährten.[2] Die Hochmeister Franz Ludwig und Clemens August

---

[1] Vorbemerkung: Der nachfolgende Aufsatz ist entstanden bei einem Unterrichtsprojekt eines Leistungskurses Deutsch der Klassenstufe 12 des Freiherr-vom-Stein-Gymnasiums Leverkusen im Jahre 1996. Nach einer Einführung in die Lyrik des Barockzeitalters wurde das Thema erweitert um den Bereich der barocken Devotionsliteratur. Ich danke allen Schülerinnen und Schülern für ihre rege Teilnahme an diesem Projekt, für Anregungen und Kritik. Zu Ellingen siehe Erich Bachmann, Ellingen – Amtlicher Führer, München 1986, 4. Aufl. In der Zwischenzeit machte mich Herbert Hellmich auf eine kleine Schrift von Harald Bodenschatz und Johannes Geisenhof, Die Deutschordensresidenz Ellingen – Visionen, Pläne und Bauten einer barocken Schloßlandschaft, o. O. u. J., aufmerksam, wofür ich ihm herzlich danke.

[2] Katalog der Ausstellung des Germanischen Nationalmuseums Nürnberg 800 Jahre Deutscher Orden in Zusammenarbeit mit der Internationalen Historischen Kommission zur Erforschung der Geschichte des Deutschen Ordens, hg. vom Germanischen Nationalmuseum und Gerhart Bott und Udo Arnold, Gütersloh / München 1990, S. 247, im Weiteren zitiert mit: 800 Jahre, dort ein tabellarischer Lebensabriß, S. 248 sein Portrait und Wappen, S. 249 Abbildung eines Deckelpokals mit seinem Wappen, seine Ernennung zum Wirklichen Kaiserlichen Geheimen Rat usw., auf S. 237 wird er als Erbauer von Schloß Ellingen aufgeführt, weitere Informationen über Hornstein finden sich in Kapitel VIII: Die Ballei Franken, S. 507–570; einige verstreute Nachrichten über den Landkomtur von Hornstein in: Kreuz und Schwert – Der Deutsche Orden in Südwestdeutschland, in der Schweiz und im Elsaß, Ausstellungskatalog Schloß Mainau, hg. von der Blumeninsel Mainau und der Internationalen Kommission zur Erforschung der Geschichte des Deutschen Ordens, Redaktion Udo Arnold, Mainau 1991, S. 143 Portraits, dort die Erwähnung der Renovierung von Schloß Kapfenburg um 1720 durch Hornstein, S. 170 eine Abbildung

belohnten solche Dienste der Ordensritter nicht nur mit weiteren Ämtern in der Ordensverwaltung, was regelmäßig auch deren Einkünfte vermehrte, sondern auch mit der Vergabe von Ehrentiteln. Anfangs verliehen sie Titel aus dem Bereich ihrer eigenen Hofhaltung, so etwa wird der am Bonner Hof als Günstling des Kurfürsten Clemens August lebende Ignatius von Roll Obristfalkenmeister und Oberster der Parforcejagd. Dann aber verhalfen sie diesen verdienten Ordensmitgliedern auch zu Titeln aus kaiserlichem Recht, indem sie für ihre Ordensritter das Reichsoberhaupt um die Ehre eines kaiserlichen Geheimen wirklichen Rats angingen. So wird Hornstein noch zwei Jahre vor seinem Tode dieser Titel verliehen,[3] zuvor hatte er schon die Würden „Geheimer Cabinets=Ministre, und Obrist=Cämmerer, wie auch Hoch= fürstl. Hoch=und Teutschmeisterl. würcklicher Geheimer Rath" erhalten.[4] Wenn so der bei dem Adel weitverbreitete Wunsch nach Rangbezeichnungen auch von den damaligen Hochmeistern gefördert wurde, so muß man annehmen, daß alle Beteiligten dieses Verhalten als durchaus im Einklang mit ihrem Stand als Ordensmitglieder ansahen. Die Ordensritter und Komture legten, so läßt sich dieser Befund deuten, viel Wert auf eine angemessene Darstellung ihrer Person, ihres Standes und ihrer Verdienste. Nur so läßt sich erklären, daß von Hornstein im Jahre 1738 seinen 50. Geburtstag mit einem großen Fest beging. Dies geschah, weil der Deutschmeister Clemens August, dessen Empfänglichkeit für fürstliche Repräsentation hinreichend bekannt ist, es „gnädigst befohlen" hatte. Die „Relation – Mit was für Ceremonien das Jubil-Jahres-Fest allhier zu Bonn bey dem Churfürstl. Cölln. Hoff celebrirt worden"[5] führt in ausführlichen Beschreibungen die Festlichkeiten, insbesondere die feierlichen Aufzüge an diesem 1. Juni 1739 in allen Einzelheiten auf. Aus früheren Jahrhunderten ist aus dem Orden bis heute nichts Vergleichbares bekannt, die Ordenskavaliere des 18. Jahrhunderts haben diese Gelegenheit dazu benutzt, um sich selbst in einer prunkvollen Feier vor der Gesellschaft eines fürstlichen Hofes darzustellen. Für diese Feste wurden auch Gedichte zum Lob und Ruhm des Gefeierten angefertigt, gedruckt und sicherlich auch öffentlich vorgetragen. Einige dieser Festtagspoesien

eines Pokals mit dem Wappen von Hornsteins. Fritz Wündisch, Clemens August und die Sebastianus-Schützen, in: Brühler Heimatblätter 32, 1975, Nr. 3, S. 21–25, dort wird Hornstein neben anderen „Churfürstl. Ministri und Herren" als Teilnehmer einer Jagd aufgeführt.

[3] 800 Jahre, S. 249, Katalognummer III.II.5: Ernennung zum Wirklichen Kaiserlichen Geheimen Rat, 1742 Oktober 22, Frankfurt am Main.

[4] So in dem gedruckten Gedicht des Albrecht Heinrich Mayr, des Pfarrers von Kemmathen, zum 50. Geburtstag von Hornsteins, in Deutschordenszentralarchiv Wien, Ritterakten, (abgekürzt: DOZA Ri) 195/813.

[5] Ebenda: „Ein VVohLerVVorbenes DenCkMahL Vnterthänigst = treVgesInnter EhrerbIetVng/…" wobei der Verfasser in diesen Devotionszeilen ein Chronogramm eingebaut hat. Seinen Namen und seinen Titel setzt der ‚unterthänig-gehorsamste Knecht', als den er sich bezeichnet, nur in den Anfangsbuchstaben „F. I. S. I. U. L." ganz unten auf das Deckblatt, direkt über den Querstrich, mit dem der Drucker seine Arbeit kennzeichnet: „Regenspurg, gedruckt bey Hieronymo Lentz". Eine gleichzeitige Hand hat in Bleistiftschrift die Kürzel aufgelöst in „Franz Ignaz Steiner I. utr. Licent.". Über Steiner, – er hat sicherlich eine Position in der Verwaltung der Ordensballei innegehabt -, konnte ich bisher nichts weiter herausfinden. Alle Texte danke ich dem freundlichen Hinweis des Leiters des DOZA, Herrn Pater Dr. Bernhard Demel, der mir bereitwillig Kopien herstellte und diesen Aufsatz durch seine Ermunterung und Kritik freundschaftlich förderte.

haben sich in den Akten des Deutschordensarchivs in Wien erhalten.[6] Es handelt sich um die im Barockzeitalter weitverbreitete Gattung der Lob- und Huldigungsge-dichte.[7] Der Repräsentationsfunktion dieser Huldigungsschriften entspricht es, wenn besonderer Wert gelegt wurde auf eine aufwendige und sorgfältige Drucktechnik. In unserem Fall allerdings verzichtete der Verfasser, man darf davon ausgehen, daß er selbst den Druck besorgte und auch finanzierte, auf ein eigenes Schmuckdeckblatt

[6] In dieser Akte (wie in Anm. 4) finden sich noch weitere Gedichte zum selben Anlaß und eine „Spe-cification all der jungen Cavaliers welche bey dem Jubilaeum des Hrrn. Obrist Cammerers Excell. bey-gewohnet haben", die Relation über das Fest am kurfürstlichen Hof am 1. Juni 1739 berichtet in allen Ein-zelheiten von den Festabläufen und führt im Einzelnen auf: Hofgala, Kapitelversammlung, Kirchgang in Form einer Prozession (dabei werden 21 Nummern von Personengruppen aufgeführt), begleitet von Trompeten- und Paukenklang und Glockengeläut, Tafel, zusätzlich wurden Kanonenschüsse abgefeuert. Die Geschenke, die von Hornstein vom Kurfürsten erhielt, werden genannt, der Tag nach stundenlangen Zeremonien durch einen Ball beschlossen. Sicherlich spielten an diesem Tage auch die in dieser Akte gesammelten Gedichte eine Rolle. Allerdings geht aus ihr nicht hervor, ob und wann sie vorgetragen wurden.

[7] Joseph Leighton, Das barocke Sonett als Gelegenheitsgedicht, in: Deutsche Barockliteratur und europäische Kultur – Internationaler Arbeitskreis für deutsche Barockliteratur – Zweites Jahrestreffen des Internationalen Arbeitskreises für deutsche Barockliteratur in der Herzog-August-Bibliothek Wolfenbüt-tel, 28. bis 31. August 1976, Wolfenbüttel 1976 (Dokumente des Internationalen Arbeitskreises für deut-sche Barockforschung 3), Hamburg 1976, S. 141–167, hier S. 150; Wulf Segebrecht, Das Gelegenheits-gedicht – Ein Beitrag zur Geschichte und Poetik der deutschen Lyrik, Stuttgart 1977, dort auch eine umfangreiche Literaturliste. Segebrecht prägt den Begriff ‚Casuallyrik' und betont, daß der Zugang zu diesen poetischen Produkten nur dann möglich sei, wenn man sie unabhängig von ihrem poetischen Wert betrachte, S. 68. Erich Trunz, Weltbild und Dichtung im deutschen Barock, 6 Studien, München 1992, dort der gleichnamige Eingangsaufsatz S. 7–39 (leicht überarbeiteter ND des Aufsatzes aus dem Sam-melband „Aus der Welt des Barock", hg. von Richard Alewyn, Stuttgart 1957); Theodor Verweyen, Barockes Herrscherlob, Rhetorische Tradition, sozialgeschichtliche Aspekte, Gattungsprobleme, in: Der Deutschunterricht 28, 1976, S. 25–45, prägt für Gedichte dieser Art den Begriff ‚Personalpanegyrik' (S. 25); Leighton, Sonett (wie Anm.7), spricht von ‚petite muse domestique' (S. 153) und begründet die Nichtbeachtung dieser Werke mit ihrer ‚bescheidenen häuslichen Art', betont jedoch zugleich, daß es sich hier um eine kulturelle Tätigkeit handelt. Manfred Windfuhr, Die barocke Bildlichkeit und ihre Kritiker – Stilhaltungen in der deutschen Literatur des 17. und 18. Jahrhunderts, Stuttgart 1966, S.72: „Wie bei der zeitgenössischen Musik, die ebenfalls vom Geist der Rhetorik beherrscht ist, geht es um die möglichst vielseitige Durchführung des gegebenen Themas." ; W. Gordon Marigold, ‚Magna Gloria Domus Schön-borniae' Huldigungsschriften an Mitglieder des Hauses Schönborn, in: JfL 33, 1973, S. 79–118; ders., De Leone Schönbornico – Huldigungsgedichte an Johann Philipp und Lothar Franz von Schönborn, in: Archiv für mittelrheinische Kirchengeschichte 26, 1974, S. 203–242; ders., Freudenreicher Ehren-Gesang, Huldigungen für Lothar Franz von Schönborn, in: Historischer Verein Bamberg Bericht 111, 1975, S. 347–388; ders., Erfurter Huldigungen für Lothar Franz von Schönborn. Die evangelische Kirche grüßt den neuen Fürsten, in: JfL 36, 1976, S. 239–253. Da Marigold eigentlich nur die Gedichte nennt und ihre Texte abdruckt, aber auf jede tiefergreifende Analyse verzichtet, führen seine Aufsätze leider nicht sehr viel weiter. Hans-Henrik Krummacher, Das barocke Epicedium – Rhetorische Tradition und deut-sche Gelegenheitsdichtung im 17. Jahrhundert, Jahrbuch der Schiller-Gesellschaft 18, 1974, S. 89–147; „Gelegenheitsdichtung", Veröffentlichungen der Abteilung Gesellschaftswissenschaften und der Spezial-abteilung 11, Referate der Arbeitsgruppe 6 auf dem Kongreß des Internat. Arbeitskreises für Deutsche Barockliteratur, Wolfenbüttel, 28.8.–31.8. 1976, eingeleitet von Wulf Segebrecht, hg. v. Dorette Forst u. Gerhard Knoll, Bremen 1977, darin: Wulf Segebrecht, Kasualdrucke: Ihre Verbreitungsformen und ihre Leser, Vorbemerkung zum Gegenstand und zur Fragestellung der Untersuchung, S. 37–68; Paul Coner-mann, Die Kantate als Gelegenheitsgedicht – Über die Entstehung der höfischen Kantatentexte und ihre Entwicklung zur galanten ‚Singdichtung', in: ebda., S. 69–109; Gerd Hillen, Das Ehren-Gedächtnis für Marianne von Poppschitz – Zur Struktur seiner Bildlichkeit, in: ebda., S. 113–119.

163

und auch die Titel- und die Schlußvignette bestehen aus vorgefertigten neutralen Schablonen, sie umrahmen den Text ohne sichtbaren Bezug zum Inhalt. Ein Huldigungsgedicht erhält oftmals ein Chronogramm, hier wird es ‚Chronosticon' genannt.[8] Der Psalm 92, Vers 13 wird benutzt, um in den lateinischen Buchstaben, die zugleich als Zahlzeichen fungieren, das Jahr zu verschlüsseln. Zählt man die Majuskelbuchstaben zusammen, so gelangt man zu dem Jahr 1739. In ähnlicher Weise wird am Ende eine Anspielung formuliert: „Der Gerechte gedeiht wie ein altehrwürdiger, wiederbelebter Palmbaum." Der Textkörper selbst weist zudem mehrere Schmuckmerkmale auf: Die Initiale „W" reicht mit ihren Schnörkeln über insgesamt acht Zeilen, jede Nennung eines zu verehrenden Namens oder eines besonderen Ausdrucks wird ebenfalls durch größere und prachtvoll verzierte Lettern aus dem übrigen Text hervorgehoben, so der Name des Geehrten ‚Carl Heinrich' und ebenso der Hochmeistername ‚Clemens August', aber auch ‚Teutscher Orden' und ‚Ellingen', schließlich auch Anredeformeln wie „Hoch=Wohlgeborhener Herr", „Chur=Fürst" und schließlich die bloße Ehrenfloskel: „Hochwürdig=theures Haupt".

Barocke Huldigungsgedichte sind zumeist lang. Unser Gelegenheitsdichter hat es in seinem Lobgedicht auf insgesamt 136 Verse gebracht, die er ohne weitere strophische Gliederung metrisch als sechsfüßige Jamben formt:

„Was vor ein Jubel=Schall erfüllt die weite Luft?
Was vor ein VIVAT! wird durchgehends ausgerufft?"

Es ist dies ein schon in der Antike benutzter Langvers, der in der Barockzeit eine neue Blüte erlebt. Unser Dichter verfügt entweder nur über geringe poetische Fähigkeiten, oder er arbeitet recht sorglos. Um das metrische Schema möglichst zu erfüllen, greift er immer wieder zu Aushilfen. So läßt er öfter das unbetonte ‚e' aus, wenn anders die geforderte Form nicht zu erreichen ist, zum Beispiel ‚hochgepriesne' (V 8), ebenso kann er aber auch ein unbetontes ‚e' hineinsetzen, wenn es nötig erscheint: „ruffet" (V 41), „gehest" (V 45), „bestrebet" (V 48), „zurücke", das nur so auf „Blicke" reimt (V 136). Auf diese Weise verhilft er sich zu weiteren zweisilbigen Reimen, zum Beispiel: „beygeselletr", „gestellet" (V 11f.). Auch kennt er den Kunstgriff des metrischen Füllworts: „Als wie" (V 47).

Das Reimschema des Gedichts ist ausgesprochen simpel, der Poet reiht Paarreime aneinander mit der einzigen Besonderheit, daß er regelmäßig zwischen einsilbigen und zweisilbigen Reimen abwechselt. Also: „Heil" auf „Theil", „verliehen – angediehen"(V 29–32). Einige Reime sind unsauber: „grünen" und „dienen" (V 131f.), oder „Seltenheit" auf „Ewigkeit" (V 25f.), was ja durchaus noch im Bereich des Erträglichen bleibt, aber das Verb „gewehnen" statt gewöhnen dürfte auch damals schon die Grenze des Tolerierbaren überschritten haben, es sollte ein Reim auf „sehnen" gebildet werden und dem Poeten war nichts Besseres eingefallen. (V 87f., ähnlich: „geschätzt" und „ergötzt" V 33f.). Wiederholt kommt es zu metrischen Gewalt-

---

[8] In dem 1739 entstandenen Lobgedicht mußte der Drucker sogar auf seine eigene Datumsangabe auf dem Deckblatt verzichten, damit dem Leser der Spaß an der Chrongrammauflösung erhalten blieb. Das hier behandelte Gedicht wird abgeschlossen mit einem Chronogramm: „FaC DeVs, Vt tantI præsentIs festa DIeI LVX renoVet raDIos sæpe reLata sVos", was wiederum auf die Zahl 1739 führt.

tätigkeiten; der Vers 28 müßte gelesen werden: „Vór die Réligión Dein Lében sélbst zu wágen", dann aber wäre ein trochäischer Vers inmitten jambischer entstanden. Das wäre kaum ohne Stolpern zu lesen und jedem Zuhörer wäre das sofort als metrische Unsauberkeit aufgefallen. Deshalb muß man davon ausgehen, daß der Verfasser betont hat: „Vor díe Relígión Dein Lében sélbst zu wágen." Dies ist jedoch nur mit einem gegen die natürliche Wortbetonung akzentuierenden Lesen des Wortes Religion zu bewältigen und widerspricht zudem in der unmotivierten Betonung des Artikels „die" der Satzaussage. Ähnlich verhält es sich mit dem Wort „durchgehends", das sowohl in Vers 2 als auch in Vers 29 entgegen dem natürlichen Wortton nicht – wie zu erwarten gewesen wäre – auf der ersten, sondern entgegen dem natürlichen Wortakzent auf der zweiten Silbe betont wird. Hat unser Dichter also schon mit den formalen Anforderungen seine Müh' und Not, so bewegt er sich auch im Inhalt auf eingefahrenen Bahnen.

Der Dichter setzt ein mit drei rhetorischen Fragen, die das Ereignis als etwas Herausragendes, Auffallendes kennzeichnen sollen: „Was vor ein Jubel=Schall erfüllt die weite Luft? Was vor ein VIVAT ! wird durchgehends ausgerufft? Warum läufft groß und klein in Andacht=vollen Flammen, Vor Freuden gantz entzückt, zum Opffer=Dienst zusammen?"

Er konstruiert also die Situation eines spontanen, freudevollen Volksauflaufs, der ihn als Beobachter zu diesem Ausdruck des Überraschtseins veranlassen soll. Wenn er allerdings in den nächsten Zeilen sofort die Antwort gibt, entlarvt er seine Fragen nicht nur als bloße Fiktion, er gibt ihnen auch, da das Gedicht auf dem Fest von Hornsteins 50. Geburtstag vorgetragen wird, zugleich den Charakter eines öffentlichen Kompliments: „Carl Heinrich hat die Lust in aller Brust erregt". Nachdem damit also das Rätsel gelöst ist, redet er den Geehrten persönlich an: „Hochwürdig=graues Haupt" und er bittet ihn unterwürfig:

„erlaube, daß Dein Knecht, Ist seine Muse gleich vor Deinem Ruhm zu schlecht, Sich der getreuen Schaar in Ehrfurcht beygesellet, Worzu ihn Deine Gnad und Wohlthat selbst gestellet."

Schon hier äußert sich ein besonderes Verhältnis zwischen dem Angesprochenen und dem Sprecher. Der Dichter spricht es selbst ganz unbefangen aus: es ist das Abhängigkeitsverhältnis, das der Gunst eines adeligen Herrn entsprungen ist und das von dem auf diese Weise Begünstigten besondere Einstellungen verlangt, nämlich Treue und Ehrfurcht. Konnte man noch den Hinweis auf die eigene ‚schlechte Muse' als captatio benevolentiae werten, so wird im folgenden deutlich, daß das Wissen um diese Relationen und die damit verbundenen, standesbedingten Kräfteverhältnisse Inhalt und Tonfall der weiteren Verse wesentlich bestimmen. Der Dichter verfügt nur über so schwache Kräfte, daß das Unterfangen, die Fülle der lobenswerten Eigenschaften seines Herrn darstellen zu wollen, eigentlich schon im Ansatz zum Scheitern verurteilt ist: Und so stellt er sich gleich die Frage: „Wo fang ich aber an? Ich finde gar zu viel, Was Deine Trefflichkeit gerühmet wissen wil." Und er setzt fort: „Soll ich den Helden=Muth und tapffrer Thaten=Proben, Soll ich den hohen Stamm und die Verdienste loben, Die Dich auf Erden groß, dem Himmel werth gemacht?", um dann doch einzugestehen: „Gewiß mein Kiel erstaunt vor Deines Nahmens Pracht, …" Aber das alles ist poetische Spielerei, der Dichter greift in all diesen Redewendungen nur einen traditionellen Bescheidenheitstopos auf und verbindet diesen – in ebenso traditioneller Manier – mit einem Pauschalkompliment der zu ehrenden Person. Das wurde jedem damaligen Zuhörer sofort klar, wenn er mit einer lyrischen Bildmontage fortsetzt: „Der mit erhabnem Glantz im Teutschen Orden funckelt, Und fast der Sternen Licht am Firmament verdunckelt."

Nach dieser Einleitung geht der Dichter dazu über, den ‚Chor der Tugenden' von Hornsteins darzustellen. Und er kann sich gar nicht genugtun, die Vorzüge seines Herrn auf jede nur mögliche Weise zu loben. Dabei ist er offensichtlich bemüht, den gesamten Kanon lobenswerter menschlicher Eigenschaften abzuhandeln: „Das Chor der Tugenden sey Dir so unterthan, Daß, wie sie sonst zertheilt bey Deinen Ahnen waren, Sie insgesamt vereint in Dir sich offenbaren." Die Absicht ist deutlich: Hornstein wird der Festgemeinschaft als nachzustrebendes Vorbild hingestellt. Daß dabei jedoch die eigentlich religiösen Tugenden, wie bei einem Mitglied eines christlichen Ordens zu erwarten gewesen wäre, keine besondere Rolle spielen neben denen, die der adeligen Lebenswelt – genannt werden Huld, Gütigkeit, Großmut – entspringen, bleibt allerdings auffällig. Allein die christliche Caritas wird daneben noch erwähnt. Aber in vielen Wiederholungen und immer neuen Varianten preist er den Adel seines Herrn und die daraus entspringenden besonderen Eigenschaften. Diese Tugenden werden von seiner adeligen Geburt hergeleitet, sie sind also nach dem Verständnis des Dichters ererbte Anlage zum Adel, und sie werden dann in einen ursächlichen Zusammenhang gestellt zu der Karriere von Hornsteins. Seine Tätigkeit im Orden und der darauf begründete Aufstieg zum Landkomtur sind damit zu verstehen als Ausfluß einer von vornherein bestehenden adeligen Bestimmung eben dieses Menschen zu einer gesellschaftlichen Führungsposition. Diese Auserwähltheit herauszustreichen, das versteht der Dichter als seine eigentliche Aufgabe: „Deswegen ward Dir der Ordens=Schmuck zu Theil. Was andern zum Geschenk offt hohe Gunst verliehen, Das ist zum Tugend=Lohn Dir preislich angediehen." Er schließt mit Glück- und Segenswünschen und empfiehlt sich als Poet dieses Huldigungsgedichts der Gnade seines Herrn:

„Du aber schaue doch von Deinem Ehren=Plan, Hoch=Wohlgebohrner Herr/ mein Opffer gnädig an, Und send ein Gnaden=Wort und holde Gnaden=Blicke Auf Deinen gringsten Knecht zu seinem Trost zurücke."

In seiner Sprache bleibt der Dichter vollständig in den vorgegebenen Bahnen, was sich schon in den vielen Wiederholungen niederschlägt. Schon in der Gruppe der Adjektive fällt diese Sprache auf: ‚teuer' erscheint dreimal, ‚hoch' viermal, ‚groß' und ‚klein' ebenfalls viermal, in der Superlativform weitere dreimal. Viel deutlicher treten die Wiederholungen aber bei den Substantiven auf: ‚Gnade' sechsmal, ‚Liebe' viermal, in verschiedenen Formen taucht eine weitere Wortfamilie immer wieder auf: ‚Ehre', ‚ehren', ‚verehrt', ‚Ehrfurcht'. Ähnlich verhält es sich mit ‚preisen', ‚hochgepriesen': Hier kommt der Poet zu insgesamt zehn Nennungen. Das barocke Huldigungsgedicht verlangt geradezu nach derartigen Kennzeichnungen, sie werden immer aufs Neue mit anderen Begriffen kombiniert: Huld, Gütigkeit, Großmut, Glück, Pracht, Glanz, Lob, Verdienst. Die poetischen Bilder, zu denen er greift, sind ausnahmslos konventionell, vermittelt durch poetische Tradition, was ihm die Feder über das Papier führt, das bewegt sich in den Regeln der Poesie der Barockzeit als ars rhetorica. Seine Fügungen folgen dem Gesetz der ‚Wohlredenheit', nicht denen der unmittelbaren Gefühlsaussprache. Und so entdeckt der Leser über das ganze Gedicht verstreut rhetorische Figuren, so etwa die Antithese: „zertheilt… vereint" (V 23/4),[9] besonders beliebt sind Zwillingsformeln: „bewundert und verehrt" (V 26), „Gnad und Wohlthat" (V 12), „Huld und Gütigkeit" (V 65) oder „Stärck und Krafft" (V 130), dies kann er sogar noch ausbauen zu Dreiergruppen: „preist, lobt und ehret" (V 39), „Wohlseyn, Glück und Trost" (V 67) oder „Leben, Sieg und Heil"(V 133).[10] Er setzt lyrische Bilder ein genau so, wie er es gelernt hat, so wie man es eben damals machte und wie man es damals zu allen möglichen Gelegenheiten tausendfach hören und lesen konnte. Und so greift er zu bildhaften Wendungen „der Sternen Licht am Firmament", „Das Chor der Tugenden" oder „Die Gaben der Natur". Das hat er gelernt, diese Formen mußte damals jeder Poet beherrschen, aber das ist nicht erst heute flaches Wortgeklingel, das waren auch damals schon nichtssagende Metaphern. Er verfügt jedoch noch über weitere Ausdrucksmöglichkeiten der barocken Dichtkunst. So hat er beispielsweise gelernt, durch die Variation von Begriffen immer neue artifizielle Wortkombinationen hervorzubringen, eine in der damaligen Zeit durch Unterricht in den Höheren Schulen und durch die populären Poetologien ebenfalls leicht zu erlernende Fähigkeit. So tauchen also der „Tugend=Lohn", der „Seegens=Quell" ebenso wie das „Seegens=Haus" , der „Himmels=Lauff", der „Opffer=Dienst", der „Gnaden=Schutz" usw. auf.(Gnade wird besonders gerne verwendet, so kennt der Dichter auch noch „Gnaden=Wort" und „Gnaden=Blicke".[11] Er sucht den steigernden, den superlativischen Ausdruck. So wird aus einem Schmerz der „gröste Schmerz" (V 86) und dienen kann man seinem Herrn selbstverständlich nur „unaufhörlich" (V 132). Er variiert: „Kein Werck war je zu groß, kein Werck war je zu schwer" (V 57). Das alles sind Formulierungen, die aus einem Drang nach dem ungewöhnlichen Ausdruck heraus zu verstehen sind, der häufig in superbolischen Formulierungen daherkommt: So ist die Wahl zum Landkomtur eine „hochgepriesne" (V 8) und man spricht vom „höchsten Sinn" (V 92) und „Deines Nahmens Pracht" „funckelt" nicht nur „mit erhabenem Glantz", sondern der Name Hornstein „verdunckelt" zugleich „der Sternen Licht am Firmament" (V 18–20). Im Stil dieser barocken Hyperbolik werden Worte aufgetürmt: „Denn Deine Wissenschaft, Erfahrung, kluger Witz und Weisheit" (V 52), „In welcher Lieb und Furcht mit solcher Krafft sich paart" (V 90), sodaß ganze Haufen abstrakter Begriffe entstehen. Man

---

[9] Windfuhr, Bildlichkeit (wie Anm. 7), S. 71: „Es zeigt sich, daß die barocke Neigung zur Antithese nicht nur auf das allgemeine „Lebensgefühl" oder weltanschauliche Voraussetzungen zurückgeht, sondern auf die rhetorische Praxis, die im Gegensatzspiel eine besondere Virtuosität entwickelte. Der zukünftige barocke Schriftsteller wird in Gymnasien und Universitätskursen systematisch im locus contrarium geschult. Er lernt ihn auch dadurch beherrschen, daß er sich zu einem Bezugswort alle gebräuchlichen und denkbaren Antithesen zusammenstellt." Siehe auch Trunz, Weltbild (wie Anm.7), S. 26.

[10] Trunz, Weltbild (wie Anm. 7), S. 34f.; Windfuhr, Bildlichkeit (wie Anm.7), S. 61: „Wortfülle und Wortüberfluß gelten im Barock nicht als Luxus, sondern als Ausdruck der dichterischen und nationalen Reife. In den Kapiteln über die Stilvarianten werden Listen von neuen Bildkomposita zusammengestellt und die allgemeinen Beobachtungen ergänzt."

[11] Windfuhr, Bildlichkeit (wie Anm. 7), S. 61 : „ Man war in der Lage, fast beliebig Abstraktes und Konkretes, Organisches und Anorganisches, Belebtes und Unbelebtes in eine Wortverbindung zu bringen. J. G. Neukirch kombinierte serienmäßig Zusammensetzungen mit Glück: „Glückes=Sonnen", „Glückes=Mond", „Glückes=Stern", „Glückes=Wind" usw… Nach diesem Schema ließ sich alles, was dem Barock an Gegenständen und Begriffen bekannt war, zusammenbringen."

bezeichnet dieses Phänomen recht anschaulich mit dem Begriff der Wortkumulation.[12] Er kann auch Bildungsinhalte in sein Gedicht einstreuen: den Atlas setzt er ein, um den Ruhm Hornsteins zu beschreiben (V 101), ähnlich benutzt er den Phoenix aus der Asche (V 52), auf den alttestamentarischen Methusalem (V 106) spielt er an, wenn er den Wunsch äußert, Hornstein möge doch so alt werden wie dieser.

Hier handelt es sich um Allusionen, Anspielungen aus dem Bereich der klassischen oder der religiösen Bildung. Häufig benutzt der Dichter hier das Mittel der Allegorie, die nur der Leser mit einem gewissen Bildungshintergrund entschlüsseln konnte. Bei Bildern von der „frischen Palme" (V 131) oder dem „Ceder-Baum" (V 47), dem „Segensquell" (V 56) hat der Poet auf barocke Emblemata zurückgegriffen, mit diesen festgefügten Bild-Spruch-Kombinationen spielt die gesamte poetische Welt, der Leser versteht die Palme als Sinnbild dafür, daß man aufrecht und gerade der Sonne beziehungsweise Gott entgegenwachsen solle. Zugleich gilt der Baum als besonders nützlich mit seinen Früchten, Blättern und seinem Holz, ebenso – das steckt als gar nicht mehr ausgesprochene, weil von allen sowieso verstandene Anspielung dahinter – möge der Mensch anderen Menschen nützlich sein.[13] All das dient einem einzigen Zweck, nämlich den adeligen Adressaten mit ausgesuchter Poeterei zu schmeicheln, ihm dabei alle nur erdenkbaren positiven Eigenschaften zuzuschreiben, die ihn von den anderen unterscheiden und aus dem Kreis des Gewöhnlichen, des Alltäglichen herausragen lassen.[14] Aber all das ist, wenn man es heute liest, keineswegs dazu geeignet, die so gelobte Person als Individualität hervortreten zu lassen. Die Kennzeichnung des Adressaten als eines Menschen mit einer unverwechselbaren Kombination verschiedener menschlicher Eigenschaften wird mit all diesen Versen nicht erreicht. Im Gegenteil, die Vorstellung, die der Leser von der gelobten Person hat, bleibt schemenhaft, körper- und wesenlos. Das hat einen einfachen Grund. Diese Eigenschaften gehören ausnahmslos zu einem Kanon adeliger Tugendvorstellungen, der zu einem festen Bestandteil der Wertschätzung einer durch den Adel geprägten und bestimmten Gesellschaft gehörte. Da er für alle Mitglieder dieser Adelsgesellschaft moralische Verbindlichkeit hatte, so mußte es dem Dichter, der selbst gar kein Adliger war, der jedoch in dieser Umwelt noch ‚etwas werden wollte' oder der seinen bescheidenen Platz gegen andere Konkurrenten verteidigen mußte, angelegen sein, in

---

[12] Leighton, Sonett (wie Anm. 7), S. 149; Verweyen, Herrscherlob (wie Anm. 7), S. 27; Windfuhr, Bildlichkeit (wie Anm.7), S. 57 zur Überbietung, ebenso S. 69 und 58: „ Selbstgebildete Komposita aus Begriffs- und Bildworten befriedigten das Bedürfnis nach Neuheit und Überraschung. Dem Leser wurden zwei oder mehr Wortglieder in einem künstlichen Zusammenhang gezeigt, die er bisher nur getrennt gekannt hatte. Man konnte mit ihnen auch dem Wunsch nach Entlegenheit entgegenkommen."

[13] Trunz, Weltbild (wie Anm7), S. 34; Verweyen, Herrscherlob (wie Anm.7), S. 27 zitiert aus der Poetik des Sigmund von Birken 1679: „Es wird auch erwehnet/ wie das Glück seiner Tugenden Nachtretterin gewesen…", ähnlich S. 31 und 37.

[14] Was Windfuhr, Bildlichkeit (wie Anm. 7), S. 159, über die Gedichte über regierende Fürsten des Barockzeitalters ausführt, läßt sich ohne weiteres auch auf den Landkomtur von Hornstein anwenden: „Die allegorischen Parallelisierungen stellen den gefeierten Gegenstand in einen erhabenen Zusammenhang. Es geht nicht nur um den Wechselbezug als solchen, sondern auch um die hyperbolische Steigerung. Karl VI. und Ludwig XIV. sollen durch die Anspielungen auf Herkules, Salomon und Helios in den Rang von großen Helden, Halbgöttern und Göttern erhoben werden." Segebrecht, Kasualdrucke (wie Anm.7), S. 185 weist auf die Rolle der Öffentlichkeit und auf das besonders ausgeprägte barocke Repräsentationsbedürfnis hin.

seinem Werk alle diese einzelnen Tugenden aufzuzählen und sie möglichst geschickt miteinander zu verbinden. Sie mußten in dem Werk schlichtweg ‚abgearbeitet' werden. Das erklärt auch die Länge des Gedichts. Alle anderen machten es ebenso. Und gegen diese Pfarrer und die Hofbeamten in den Diensten des Adels, der adeligen Stifter, der Fürsten mußte sich der Dichter dieser Zeilen behaupten. Damit zeigte er seine Devotion und seine Ergebenheit gegenüber dem adelig geborenen Arbeitgeber. Das erwartete man von ihm.

Wir wissen bis heute recht wenig über die Festlichkeiten des kleineren Adels im Gegensatz zu denen der Kaiser und Könige. Man darf allerdings annnehmen, daß der gesamte Adel in ähnlichen Formen feierte wie die Reichsfürstenschaft oder der in dieser Hinsicht stilbildende französische Hofadel. Andererseits darf man sich keine falschen Vorstellungen von den finanziellen Gegebenheiten eines überwiegenden Teils des Adels machen. Es wirft ein bezeichnendes Licht auf seine wirtschaftlichen Verhältnisse, wenn man die ansteigende Zahl der Aufnahmegesuche in den Deutschen Orden gerade im 17. und 18. Jahrhundert beobachtet. Ein größerer Teil des Adels, insbesondere des niederen Adels, war oftmals unvermögend, ja geradezu arm, er unterschied sich in der Lebensführung häufig kaum von seinen eigenen Bauern.[15] Wer nicht in die recht wenigen gutdotierten Positionen hatte aufsteigen können oder wer nicht in der Gunst einer fürstlichen Sonne stand, dem dürfte es damals schwergefallen sein, Hoffeste zu feiern. Carl Heinrich von Hornstein hatte beides, der Orden versorgte ihn mit einer ertragreichen Stellung und sein Fürst, der Hochmeister Clemens August, war ihm gewogen, damit hatte er alle Voraussetzungen für eine repräsentative Lebensführung. Der Deutsche Orden bereitete ihm hier keine Schwierigkeiten, obwohl von seiner Gründung her den christlich-mönchischen Idealen einer enthaltsamen Lebensführung verpflichtet, hatte sich diese Korporation unter dem Druck der Entwicklung längst weitgehend zu einem Versorgungsinstitut des niederen Adels entwickelt. Das Prunkbedürfnis von Hornsteins stieß deshalb innerhalb des Ordens keineswegs auf Kritik, sowohl seine Amtskollegen wie auch der Hochmeister taten es ihm ja gleich. Im 18. Jahrhundert lebte der „im Orden führende Ritter … im Eigenverständnis im standesgemäßen barocken Umfeld, wie auch seine Verwandten in den Kapiteln der Reichskirche, was ebenfalls ihre persönliche Lebensführung im Positiven wie im Negativen betraf".[16] Das vorliegende Gedicht steht in einer Linie mit

[15] Allgemein zu den Vermögensverhältnissen des Adels Jonathan Powis, Der Adel, Paderborn u.a. 1986, S. 39f. Hinweise auf die Funktion des Deutschen Ordens als Versorgungsinstitut des niederen deutschen Adels schon bei Johannes Voigt, Geschichte des Deutschen Ritter-Ordens in seinen zwölf Balleien in Deutschland, 2 Bde., Berlin 1857/59, seitdem wird das auf den Reichstagen des 16. und 17. Jahrhunderts formulierte Wort von dem Deutschen Orden als dem ‚Spital des niederen deutschen Adels' von der wissenschaftlichen Literatur benutzt. Bei Hans-Jürgen Dorn, Die Deutschordensballei Westfalen von der Reformation bis zu ihrer Auflösung im Jahre 1809 (Quellen und Studien zur Geschichte des Deutschen Ordens 26), Marburg 1978, werden Hinweise auf die bedrängte wirtschaftliche Lage der Adeligen ausgewertet, die sich in den Aufnahmegesuchen finden ließen, S. 126–142.

[16] Udo Arnold und Bernhard Demel, Der Deutsche Orden 1525 bis 1809, in: 800 Jahre (wie Anm. 2), S. 142. Im Ausstellungskatalog: „Karl Alexander von Lothringen – Mensch, Feldherr, Hochmeister", vom Cultureel Centrum van de Vlaamse Gemeenschap – Alden Biesen, unter der Leitung von Luc Duerloo, Alden Biesen 1987, S. 199 wird auf das Ausstellungsobjekt: „Huldigungsgedicht für den Hoch- und Deutschmeister Karl Alexander zu seiner Wahl zum Hochmeister 1761" hingewiesen.

anderen Formen der Selbstrepräsentation der Ordensritter wie den Schloßbauten, den Portraits, Aufschwörtafeln, Wappenkalendern und so weiter, auf denen man sein Familienwappen zusammen mit dem des Ordens in barockem Prunk zeigen konnte. Udo Arnold betont: „Diese adelige Lebenswelt zu zeigen, ist gar nicht so einfach"[17] und er stellt – bei der Ausstellung ‚800 Jahre Deutscher Orden' neben den oben genannten Objekten adeliger Lebensart auch Gebrauchsgegenstände wie Bestecke, Geschirr und Möbelstücke vor, die die Wappen der Ordensmitglieder tragen. P. Bernhard Demel spricht bei seinen Bemerkungen zu einer Zeichnung einer geplanten Galauniform eines Ritters von einer Entwicklung vom gerüsteten Ritter des ausgehenden 17. Jahrhunderts zum geistlichen Ordenskavalier des Rokoko.[18]

Anhang

Chronostichon ex Psalmo XCII. v. 13. adornatum :
IVstVs VeLVt paLMa reDIVIVa seneCta
Viret.

Was vor ein Jubel=Schall erfüllt die weite Luft?
Was vor ein VIVAT ! wird durchgehends ausgerufft?
Warum läufft groß und klein in Andacht=vollen Flammen,
Vor Freuden gantz entzückt, zum Opffer=Dienst zusammen?
Carl Heinrich hat die Lust in aller Brust erregt,
Der funfzig Jahre schon mit Ruhm zurück gelegt,
Nachdem er nach Verdienst im hohen Teutschen Orden
Durch hochgepriesne Wahl ein theures Mit=Glied worden.
Hochwürdig=graues Haupt / erlaube, daß Dein Knecht,
Ist seine Muse gleich vor Deinem Ruhm zu schlecht,
Sich der getreuen Schaar in Ehrfurcht beygesellet,
Worzu ihn Deine Gnad und Wohlthat selbst gestellet.
Wo fang ich aber an? Ich finde gar zu viel,
Was Deine Trefflichkeit gerühmet wissen wil.
Soll ich den Helden=Muth und tapffrer Thaten=Proben,
Soll ich den hohen Stamm und die Verdienste loben,
Die Dich auf Erden groß, dem Himmel werth gemacht?
Gewiß mein Kiel erstaunt vor Deines Nahmens Pracht,
Der mit erhabnem Glantz im Teutschen Orden funckelt,

---

[17] Udo Arnold, Der Orden als Adelsinstitut des Reiches, in: 800 Jahre (wie Anm.2), S. 170. Auf die Bautätigkeit der Ordenskomture des 17. und 18. Jahrhunderts und das sich darin offenbarende Repräsentationsbedürfnis wird in allen Ausstellungen zur Ordensgeschichte in den letzten Jahren hingewiesen. Exemplarisch hierfür sei genannt Udo Arnold ebenda, S. 142, wo er ausführt, die Deutschordensritter „lebten im Eigenverständnis im standesgemäßen barocken Umfeld"; auch die Sachkultur wird in diesem Katalog breit dokumentiert in Schloßansichten, Glaspokalen, Wappenschilden, Suppenterrinen usw.

[18] Bernhard Demel, in: 800 Jahre (wie Anm.2), Nr. III.6.19., S. 189.

Und fast der Sternen Licht am Firmament verdunckelt.
Genug, daß ich mit Grund der Wahrheit rühmen kan,
Das Chor der Tugenden sey Dir so unterthan,
Daß, wie sie sonst zertheilt bey Deinen Ahnen waren,
Sie insgesammt vereint in Dir sich offenbaren.
Die Gaben der Natur, der Sitten Seltenheit,
Bewundert und verehrt so Zeit, als Ewigkeit.
Dein Eifer hat darauf es allzeit angetragen,
Vor die Religion Dein Leben selbst zu wagen.
Hiervon versprach sie sich durchgehends grosses Heil,
Deswegen ward Dir der Ordens=Schmuck zu Theil.
Was andern zum Geschenk offt hohe Gunst verliehen,
Das ist zum Tugend=Lohn Dir preislich angediehen.
Von grösten Fürsten wirst Du Liebens=werth geschätzt,
Des Ordens Ober=Haupt, Clemens August, ergötzt
Vornehmlich sich an Dir. Die Nachwelt wird noch lesen,
Daß, wie Johannes einst dem Heyland lieb gewesen,
Dein Ober=Haupt auch Dich vor andern höchst geliebt,
Wie Dir das Zeugniß selbst des Ordens Crone giebt,
Die mit ergebner Treu Dich preiset, liebt und ehret,
Und mit vereintem Thon Dein hohes Lob vermehret.
O Vater, ruffet Sie mit tausend Wünschen aus,
Es überschütte Dich des Himmels Seegens=Haus
Mit frischer Lebens=Krafft, und so viel Wohlergehen,
Als Blumen in dem Feld, an Bäumen Blüthen stehen!
Den Grossen gehest Du durch Dein Exempel vor,
Dein Ansehn treibst Du so bey Niedrigen empor,
Als wie ein Ceder=Baum vor Sträuchern sich erhebet,
Daß sich so groß und klein um Deine Gunst bestrebet.
Des Teutschen Ordens Flor, der unverwelcklich prangt,
Hat so viel Schmuck durch Dein Bemühn erlangt,
Daß jeder sehnlich wünscht, es müsse doch auf Erden
Aus Deiner Asche Rest ein gleicher Phoenix werden.
Und Du verdienst es auch. Denn Deine Wissenschafft,
Erfahrung, kluger Witz und Weisheit legte Krafft
Des Ordens Schlüssen bey, und was sein Rath beschlossen,
Darauf hat sich durch Dich ein Seegens=Quell ergossen.
Kein Werck war je so groß, kein Werck war je so schwer,
Es stellte sich durch Dich vollkommen richtig her.
So dunckel, so verwirrt es meistentheils geschienen,
So muste bald Dein Rath es aufzulösen dienen.
Was kaum bey vielen keimt, trug reiffe Frucht bey Dir,
Hoch=Wohlgebohrner Herr. Die Ewigkeit zeigt mir
An Dir ein Meister=Stück, und läst an Dir mich lernen,
Ein Weiser sey ein Herr vom Himmels=Lauff und Sternen.
Was Deinen Preis bewacht, ist Huld und Gütigkeit,

Dir stehet allem Volck, und mir voraus bereit,
Zum Wohlseyn, Glück und Trost, und heißt mich sicher hoffen,
Daß ich durch Deine Gunst der Wünsche Ziel getroffen.
Was Fama nun bisher von unserm Chur=Fürst sprach,
Dem kommet Deine Hand in allem rühmlich nach.
Du wilst, wie Er gewohnt, ein Clemens würcklich heissen,
Und seinem Muster nach zu ahmen Dich befleissen.
Es schütze ferner, Herr, dies Ober=Haupt dein Schild,
Daß die Vollkommenheit Sein Fürstlichs Ebenbild
Dem Hohen Orden lang in dem von Hornstein zeige,
Und alles sich davor in tieffster Ehrfurcht neige.
Wie sehr vermehrt hiernächst die Demuth Deinen Ruhm,
Hochwürdig=theures Haupt! Die hat zum Eigenthum
Dein hoher Ritter=Stand vor andern sich erwehlet,
Wobey es gleichwohl Dir an Großmuth nie gefehlet.
Die zeiget sich voraus durch Deine milde Hand.
Wie reichen Einfluß hat hier von das gantze Land!
Wie viele werden nicht von Deinem Tisch gespeiset!
Wie wird nicht weit und breit die Vater=Treu gepreiset!
Da Du nun in der That der Armen Vater bist,
So wird Dein Anblick bald mit gröstem Schmerz vermißt;
Wie an den Hirten sich die Schaafe so gewehnen,
Daß sie sich Augenblicks nach dessen Ankunfft sehnen.
Wie weislich ist bey Dir doch die Regierungs Art,
In welcher Lieb und Furcht mit solcher Krafft sich paart,
Daß Du die Hertzen gleich an Dich gezogen,
Und auch den härtsten Sinn zu treuer Pflicht bewogen.
Wiewohl so viel mein Kiel auch Dir zu Ehren schreibt,
So ist doch ungleich mehr, was noch zurücke bleibt,
Bis sich ein Maro findt, der Deinen Ruhm besinget,
Daß er durch seinen Glantz der Zeiten Macht bezwinget.
So preise nun dein Glück, erhabener Ritter=Saal,
Erbaue diesem Haupt ein ewigs Ehren=Mahl,
Und bitte, daß der Herr dir diese Säul erhalte,
Daß dessen Gnaden=Schutz darüber ferner walte,
Auf welche sich dein Ruhm, als einen Atlas, stützt,
Und die durch Wunder=Krafft dein Heiligthum beschützt.
Verehret dieses Haupt, ihr hohen Ordens=Glieder,
Und legt vor Gottes Thron so Danck als Wünsche nieder,
Daß Seine Munterkeit mit jedem Morgen neu,
Und von Methusalems gepriesenem Alter sey.
Du edles Ellingen / laß gleiche Wünsche schallen,
Dem ein so glücklichs Looß vom Himmel zugefallen,
Daß du das theure Haupt in deinem Schoosse trägst,
Von dessen Würdigkeit du selbst die Meinung hegst,
Man soll Es Göttern gleich in Tempeln auf Altären

Durch reinen Opffer=Dienst aus treuer Pflicht verehren.
O solte gleichfalls mir so wohl, wie Dir geschehn,
Des Ritter=Ordens Cron auch nur einmal zu sehn!
Wie freudig wolt ich nicht so dann die Welt verlassen,
Und dieses Tugend=Bild in meine Seele fassen!
Weil aber doch mein Wunsch sein Ziel noch nicht erlangt,
Und dieser Ordens=Tag mit Freuden=Opfern prangt,
Darf meine Muse nicht mit dem zurücke bleiben,
Worzu sie Danckbarkeit und treue Pflichten treiben.
Ich opffre Dir mein Hertz, das an dem Creutze liegt,
Das sich Dein Wappen=Schild nach Würden beygefügt,
Mit dieser Uberschrifft: In diesem überwinde, *
Womit ich diesen Wunsch in Demuth fest verbinde:
O Herr, beschütze doch durch deiner Allmacht Arm
Das Dir geweyhte Haupt, daß sich der Feinde Schwarm,
Der Christi Creutz verhöhnt, stets unter Dessen Füsse,
zu deines Nahmens Preis, besieget legen müsse.
Sey, wie dem Abraham, sein Schild und grosser Lohn,
Und send Ihm Stärck und Krafft von deinem Gnaden=Thron.
Laß Seines Alters Schmuck, wie frische Palmen, grünen,
Und Leben, Sieg und Heil unaufhörlich dienen.
Du aber schaue doch von Deinem Ehren=Plan,
Hoch=Wohlgebohrner Herr/ mein Opffer gnädig an,
Und send ein Gnaden=Wort und holde Gnaden=Blicke
Auf Deinen gringsten Knecht zu seinem Trost zurücke.

* Alluditur ad signum Crucis, quod Constantino M. in celo adparuit cum verbis: in hoc vince.

Claudia L u x b a c h e r

Ein Nationaldenkmal in Erlangen
Ludwig Schwanthalers Markgrafendenkmal

Von weit über Erlangen hinausreichender Bedeutung war die Enthüllung des Markgrafendenkmals am 24. August 1843. Das Standbild des Erlanger Universitätsgründers Markgraf Friedrich von Brandenburg-Bayreuth war ein Geschenk des bayerischen Königs Ludwig I. an die mittelfränkische Hochschule zu deren hundertjährigem Gründungsjubiläum. Innerhalb des Festes spielte das Markgrafendenkmal eine bedeutende Rolle. Es wurde zum Symbol der deutschen Kulturnation. König Ludwig I. selbst hatte durch gezielte Eingriffe und Anordnungen die Voraussetzung für diese Bedeutungsebene geschaffen.

Bekannt und gut erforscht sind die groß angelegten Nationaldenkmäler des bayerischen Königs: Walhalla, Befreiungshalle bei Kehlheim und auch sein Beitrag zur Fertigstellung des Kölner Doms, nämlich die Stiftung der „Bayernfenster", wären hier zu nennen.[1] Der nationale Aspekt von einzeln aufgestellten Personendenkmälern der ersten Hälfte des 19. Jahrhunderts wurde hingegen – nicht nur im Hinblick auf die Stiftungen König Ludwigs I. – in der Forschung bisher kaum thematisiert. Als grundlegend kann noch immer die Arbeit von Thomas Nipperdey aus dem Jahr 1968 gelten.[2]

Der vorliegende Aufsatz bildet einen Beitrag zu dieser Thematik. Er widmet sich nicht den bekannten Monumenten großer deutscher Persönlichkeiten, die für Nationaldenkmäler prädestiniert waren, sondern will das Phänomen verdeutlichen, wie das Standbild eines nur regional bedeutenden Markgrafen mit nationalem Gedankengut aufgeladen werden konnte.

Die Konzeption des Denkmals

Am 13. Juli 1843 wurde dem Senat der Erlanger Hochschule „angekündigt, daß S. Maj. der Universität zu ihrem Jubelfeste das Standbild ihres Stifters allergnädigst zu schenken beabsichtige."[3] Als Aufstellungsort hatte Ludwig I. den Erlanger Schloßplatz festgelegt, der als bedeutendster und größter Platz der Stadt besonders geeignet war. Das Erlanger Schloß wurde bewußt als Folie miteingeplant. 1818, nach dem Tod der Markgrafen-Witwe Sophie Caroline, war es in den Besitz der Universität übergegangen und bildete seit 1825 deren Hauptgebäude mit Aula und Bibliothek. Der Zusammenhang von Denkmal und Hochschulbau war so offensichtlich, daß die Erlanger Stadtverwaltung die Straßenpflasterung entsprechend gestalten[4] und an der Schloßfassade zwei Laternen „zur Beleuchtung des Monuments"[5] anbringen ließ.

---

[1] Vgl. u.a. Helmut Scharf, Nationaldenkmal und nationale Frage am Beispiel der Denkmäler Ludwigs I. von Bayern und deren Rezeption, Diss. Frankfurt a. M. 1985.

[2] Thomas Nipperdey, Nationalidee und Nationaldenkmal in Deutschland im 19. Jahrhundert, in: Historische Zeitschrift 206, 1968, S. 529–585.

[3] Universitätsarchiv Erlangen (künftig UAE), A 1 – 3, 162, 1841/42.

[4] Zum Universitätsjubiläum wurde aus den Einnahmen der Bieraufschlagskasse der Schloßplatz neu gepflastert (StadtA Erlangen, Abt. 7. B. Nr. 22).

[5] UAE, A 1 – 3a, 402c.

Das Denkmal hatte der bayerische König bereits seit 1841 geplant. Konkrete Hinweise finden sich ab dem 15. Juli 1841 im Briefwechsel zwischen dem Monarchen und dem Regierungspräsidenten von Oberfranken, Melchior von Stenglein.[6] Stenglein wurde beauftragt, in Bayreuth nach authentischen Bildnissen des Markgrafen Friedrich zu suchen.[7] Am 24. Oktober 1841 sollte er sie dann nach München senden, da der König nun mit dem „Denkmal für genannten Fürsten beginnen lassen will."[8]

Die Vorlagen, ein Porträtgemälde gefertigt von Francesco Pavona, ein Kupferstich nach diesem Gemälde von Bartolomeo Folin und eine Porträtbüste aus Stuck, die Giovanni Battista Pedrozzi zugeschrieben wird, wurden dem bekannten Münchner Hofbildhauer Ludwig Schwanthaler zugestellt. Er fertigte ein Standbild, das den Markgrafen Friedrich in barocker Gewandung, mit Küraß und Hermelinmantel bekleidet, zeigt. Eine Darstellung als Reiterstandbild stand nicht zur Debatte. Im 19. Jahrhundert war die Ansicht gängig, daß für einen „den Wissenschaften ... ergebenen Fürsten nicht ein Reiterbild, sondern ein Standbild gewählt"[9] werden müsse. Für einen „Fürst[en] des Friedens und Förderer der Künste ... paßt keine Reiterstatue, die nur dem Krieger gebührt."[10] Die Rüstung der Statue hingegen wurde akzeptiert, da sie auf eine authentische Wiedergabe des Markgrafen anläßlich der Universitätsgründung verweisen konnte: Das Schabkunstblatt von Gottfried Eichler d.J., das als Vorsatzblatt in der Gründungsfestschrift abgebildet ist, zeigt den Markgraf im Küraß.[11]

Weitere Reminiszenzen an die Funktionen des Landesherrn wurden bewußt klein geschrieben. Das Erlanger Denkmal verzichtet auf eine Herrschergebärde und selbst der Degen, den der Markgraf an der linken Seite trägt, ist unter dem Mantel versteckt. Der ausdrücklichste Hinweis auf diese „Pazifizierung" geht aber aus einem Schriftstück hervor, das sich in der Bayerischen Staatsbibliothek in München befindet. Schwanthaler schrieb an den Kabinettssekretär Ludwigs I.: „Ich bitte Sie, S.ᵉ Majestät den König gefälligst auf irgend eine Weise zu befragen, ob Allerhöchstdieselben die durch die Entfernung des Marschallstabes an der Statue des Stifters der Universität Erlangen entstandene Aenderung noch zu besichtigen geruhen wollen, u. zwar in meinem Attelier, oder ob ich sie so gleich der Erzgießerey ohne weiters zu überliefern habe? Die Sache preßiert sehr, u. ich bitte demnach baldigst anzufragen -"[12] In einer letzten Entwurfsphase hatte der Künstler also den zunächst geplanten Kommandostab am Standbild entfernen müssen. Das bedeutete, daß die Gestaltung der Statue

---

[6] Der Briefwechsel zwischen dem König und dem Regierungspräsidenten von Stenglein wird im Geheimen Hausarchiv München (künftig GHA), Kabinettskasse König Ludwig I., 50/3/9 und im StA Bamberg, Regierung von Oberfranken, Rep. K 3, Präsid. Reg., Nr. 1185 verwahrt.

[7] Der 15.7.1841 als Auftragstermin wird in einem Brief des Regierungspräsidenten an Ludwig I. erwähnt. Vgl. GHA, Kabinettskasse König Ludwig I., 50/3/9 (23.7.1841).

[8] GHA, Kabinettskasse König Ludwig I., 50/3/9.

[9] Hermann Maertens, Die deutschen Bildsäulen-Denkmale der XIX. Jahrhunderts, Stuttgart 1892, Text zu Taf. 22 (Denkmal König Maximilians II. in München).

[10] Aussage des Bildhauers Friedrich Brugger, der das Denkmal für Ludwig I. als Reiterstandbild gestalten sollte. Zitiert nach Fritz v. Miller, Ferdinand von Miller sen., der Erzgießer, Bad Wiessee ²1979, S. 118.

[11] Johann Wilhelm Gadendam, Historia Academiae Fridericianae Erlangensis, Erlangen 1744.

[12] Bayerische Staatsbibliothek München, Autogr. Schwanthaler, Ludwig (4.1.1843).

nochmals komplett zu überarbeiten war. Der Kommandostab hätte zu sehr auf die militärische Karriere des Markgrafen verwiesen und war zudem bezüglich der Universitätsgründung ohne Aussage. Genau letztere wollte der König aber hervorgehoben wissen.

Im Gegenzug zur Entfernung des Marschallstabes sollte „auf die in den Händen der Statue ... befindliche Rolle ... nach ausdrücklichen Willen S. Maj. der eigentliche Titel der Stiftungsurkunde geschrieben werden, d.h. in der Art, daß ... nur zwei oder drei Worte ... vom Beschauer [gut] zu lesen sind."[13] Letztendlich legte Ludwig I. das Wort „Stiftungsurkunde" fest, auf das die Statue mit ihrem Zeigefinger nochmals verweist.

Ebenso geht die Sockelinschrift auf die Angaben des Königs zurück. Auf der Vorderseite des Piedestals wird „Friedrich Markgraf von Brandenburg-Bayreuth" ausdrücklich als „Gründer der Universitaet zu Erlangen MDCCXXXXIII" benannt. Diese Schriftzeile ist umso bemerkenswerter, als sie Ludwig I. nur auf dem Erlanger Sockel anbringen ließ. Die fränkischen Denkmäler des Königs für Jean Paul in Bayreuth 1841, und Julius Echter in Würzburg 1847, verwenden zwar exakt denselben Sockel- und Inschriftentypus, allerdings ohne vergleichbaren Hinweis auf eine spezielle ehrenswerte Tat. Allen Denkmalstiftungen des Königs gleich ist hingegen der bewußte Verzicht auf einen lateinischen Text. Dies hat mehrere Gründe. Zum einen legte der König Wert darauf, daß seine Botschaft von möglichst vielen Betrachtern verstanden wurde. Zum anderen war die deutsche Inschrift wichtig, „damit nicht die Einheit der deutschen Idee zwischen Skulptur und Inschrift fehle.[14]

Ebenfalls unter dem deutschen Gesichtspunkt ist auch die Materialwahl für den Sockel wahrgenommen worden. In einer Textquelle heißt es, daß nur „guter ... Stein"[15] verwendet werden dürfe, also kein Sandstein, wie er noch für die Erlanger Denkmäler des 18. Jahrhundert üblich war. Als „guter Stein" kam nur Granit in Frage. Er vermochte durch seine Härte Dauerhaftigkeit auszudrücken. Zudem wurde Granit ab etwa 1790 „als besonders >deutsch<" und bodenständig empfunden.[16] Beide Aspekte werden in der Festrede des Prorektors Engelhardt deutlich, die er anläßlich der Enthüllung hielt: „Sey der vaterländische Granit, auf dem das Bild unseres ersten Rectors ruht, ein Symbol der Dauer dieser Hochschule".[17]

Die Feierlichkeiten

Erstmals in der deutschen Geschichte wurde eine Denkmalsenthüllung als Höhepunkt eines Universitätsjubiläums begangen. War 1837 die Enthüllung des Denkmals für König Wilhelm IV. von Hannover bei der Göttinger Säkularfeier noch ein Randereignis gewesen, das nur begrenzt Aufmerksamkeit auf sich zog,[18] so war nun in

---

[13] UAE, A 1 – 3a, 402b.

[14] Aussage Schwanthalers bezüglich des Austriabrunnens auf der Wiener Freyung. Indirektes Zitat bei Elisabeth Winkler, Der Austriabrunnen auf der Wiener Freyung, in: Wiener Geschichtsblätter 49, 1994, S. 6.

[15] GHA, Kabinettskasse König Ludwig I., 50/3/9 (1.2.1843).

[16] Thomas Raff, Die Sprache der Materialien, Anleitung zu einer Ikonologie der Werkstoffe (Kunstwissenschaftliche Studien 61), Augsburg 1994, S. 75.

[17] Die hundertjährige Jubelfeier der Universität Erlangen 1843, Erlangen [1843], S. 23.

[18] Vgl. Saecular=Feier der Georg=August=Universität. 17. 18. 19. September 1837. Programm, [Göttingen 1837].

Erlangen das Festprogramm um die Denkmalsenthüllung komponiert, die als das herausragende Ereignis am „Tag der eigentlichen Stiftungsfeier" deren Mittelpunkt bedeutete.[19] Bereits am 22. August 1843 wurde das Jubiläum feierlich eingeläutet. Ein eigens gedichtetes Festspiel, in das eine Nachbildung des Markgrafendenkmals einbezogen war, verwies auf die kommende Enthüllung.[20] Der erste und dritte Tag waren Auftakt und Ausklang des Jubiläums. Sie waren durch den jeweiligen Festumzug und den abendlichen Ball im Redoutensaal bzw. dem Fest im Schloßgarten ähnlich strukturiert.

Am 24. August 1843 hingegen war kein offizielles Abendprogramm vorgesehen, da nichts die Denkmalsenthüllung überbieten sollte. Den letzten offiziellen Programmpunkt bildete ein Festmahl direkt im Anschluß an die Enthüllung. Bei dieser Gelegenheit brachte der Prorektor Engelhardt folgenden Trinkspruch auf Ludwig I. aus: „Ich ersuche die in der Liebe zu Erlangen vereinigten Freunde auf das Wohl unsres Königes anzustoßen. Es lebe der König, der durch das gnädige Geschenk, von dessen Enthüllung wir eben kommen, die Veranlassung einer schönen Feier gegeben hat. Daß Deutschlands Universitäten in gleichem Streben & gleicher Liebe zusammenstehen, davon waren wir überzeugt. Der schöne & währende Moment der Enthüllung aber hat uns diese Einigung der Zierden Deutschlands, der Pflegevereine der Wissenschaft & einer höheren Gesinnung in einem lebendigen Bilde gezeigt. Wir haben die Einigung Deutschlands im Geist gesehen. Es lebe der König der diese Einheit in seinem hohen Geiste hegt, der Schutzherr der Hochschulen, der Pfleger geistiger Bestrebungen, der Freund aller … strebenden, geistigen Kräfte, Ludwig I. lebe hoch!"[21]

Deutlich wird der nationale Aspekt, der mit der Denkmalsetzung verbunden war, und den Ludwig I. bewußt förderte. Er selbst hatte die Einladung sämtlicher Universitäten des Deutschen Bundes angeordnet, durch deren Vertreter das Fest „bedeutend erhöht und in einem nationalen Charakter geadelt" wurde.[22] Außerdem unterstrich Freiherr von Andrian, der Regierungspräsident von Mittelfranken, in einem Zeitungsartikel, den er im Auftrag des Königs über das „Nationalfest"[23] verfaßte, diese Deutungsebene. Er schrieb: Nach der Enthüllung war „der Moment da, wo jeder der Anwesenden, gleichviel welchem Lande er angehörte, mit verdoppelter Kraft das stolze Bewußtseyn in sich fühlte daß er ein deutsches Herz im Busen trage, denn die tiefere Bedeutung dieses Festtages lag ja in der Anerkennung die ein deutschgesinnter, hochbegabter Monarch der deutschen Wissenschaft in deren Repräsentanten den Universitäten widerfahren ließ."[24]

Das Monument galt demnach zu seiner Entstehungszeit nicht nur als ein Geschenk des Königs an die Erlanger Hochschule, sondern war zugleich auch eine Auszeich-

---

[19] Programm über die Festlichkeiten bei der Feier des hundertjährigen Jubiläums der Universität Erlangen am 23., 24. und 25. August 1843, [Erlangen 1843].

[20] Christian Martin Winterling, Festspiel zur ersten Jubelfeier der Universität Erlangen, Erlangen 1843.

[21] StA Nürnberg (künftig StAN), Regierung, K.d.I., Abg. 1968, Tit. XIII, Nr. 2422.

[22] Allgemeine Zeitung 29.8.1843, S. 1927.

[23] Allgemeine Zeitung 12.9.1843, S. 2037.

[24] Allgemeine Zeitung 12.9.1843, S. 2038.

nung für die deutschen Hochschulen insgesamt. Durch die gemeinsame Ehrung sahen sich die Universitäten des Deutschen Bundes noch stärker verbunden, so daß ihre Eintracht bei der Denkmalsenthüllung die „Einigung Deutschlands"[25] versinnbildlichen konnte. Anlaß und Symbol dieser empfundenen Zusammengehörigkeit über die Landesgrenzen hinweg war das Markgrafendenkmal.

Denkmäler für Universitätsgründer

Ein Blick auf weitere Denkmäler, die Universitätsgründern gesetzt wurden, vermag die Spezifika des Erlanger Monuments nochmals zu unterstreichen. Das Markgrafendenkmal ist nicht nur das erste öffentlich errichtete Standbild, das einen Universitätsgründer ehrt, sondern es verweist auch am nachdrücklichsten auf diese Bedeutung des Dargestellten. König Ludwig I. selbst hat noch zwei weiteren Universitätsgründern ein Denkmal errichtet: Dem Fürstbischof Julius Echter in Würzburg 1847, und Ludwig dem Reichen in Landshut 1848. Beide haben keine Inschrift, die sie als Universitätsgründer ausweist, stehen nicht vor dem Hauptgebäude der Hochschule und wurden auch nicht an einem Universitätsjubiläum enthüllt. Der Kontext zur Hochschule geht vor allem aus zeitgenössischen Textquellen, wie den Reden bei den Denkmalsenthüllungen und den Schenkungsurkunden, hervor. Ludwig der Reiche hält zudem eine Schriftrolle in der Hand, die auf die Universitätsgründung verweisen könnte.

Andere Denkmalsetzungen im Deutschen Bund bevorzugten bis etwa 1870 das Universitätsjubiläum als Zusammenhang stiftendes Element. Danach gewinnen aussagekräftige Attribute wieder eine zunehmende Bedeutung, bis in der zweiten Hälfte des 20. Jahrhunderts nur noch über den Aufstellungsort eine Deutung ermöglicht wird.[26]

Ausschließlich beim Erlanger Monument unterstrichen zwei Inschriften, der Aufstellungsort und die Einbindung ins Universitätsjubiläum die Funktion des Markgrafen als Universitätsgründer. Der Verzicht auf ein Reiterdenkmal, eine Herrschergebärde und den Marschallstab sowie der weitgehend verdeckte Degen sind ebenfalls in dieser Hinsicht zu verstehen. Ludwig I. wollte in Erlangen also ausschließlich dem Universitätsgründer ein Denkmal setzen. Nur diese kulturelle Leistung des Markgrafen war ihm wichtig. Durch die Konzentration auf diese eine Tat konnte die Aussage des Standbildes intensiviert werden. Die individuelle Persönlichkeit des Markgrafen trat hinter seiner Universitätsstiftung zurück, deren überregionale Bedeutung zugleich herausgestellt wurde. Mit der starken Betonung des universitären Zusammenhangs, zu der national belegte Elemente wie Granitstein und die deutschsprachige Sockelinschrift traten, konnte dann die Deutung als Nationaldenkmal einhergehen.

---

[25] StAN, Regierung, K.d.I., Abg. 1968, Tit. XIII, Nr. 2422.

[26] Ausführlich dazu: Claudia Luxbacher, Das Erlanger Markgrafendenkmal von Ludwig Schwanthaler – König Ludwig I. und die Universität Erlangen, masch. Magisterarbeit, Erlangen 2000, S. 99–103. (Die Magisterarbeit erscheint demnächst gedruckt).

Kategorisierung

Die Verknüpfung eines „Verdienstdenkmals" mit dem Nationalgedanken war in der ersten Hälfte des 19. Jahrhunderts kein Einzelfall. Bereits Christian Hirschfeld sprach 1780 in seiner „Theorie der Gartenkunst" von „Statuen, die der Patriotismus dem nationalen Verdienst errichtet", „Bildnisse der Männer, die mit uns zu einer Nation gehören, deren Zierde sie waren".[27] Thomas Nipperdey bezeichnete in seiner Kategorisierung der Nationaldenkmäler die Monumente, bei denen der durch Geist oder Tat große Deutsche die „Nation repräsentieren und symbolisieren" sollte, als „historisch kulturelle Nationaldenkmäler".[28] Bei ihnen galt der Geehrte „als Repräsentant der einheitlichen deutschen ... Nation, die sich in einer Feier ihrer Identität gewiß werden konnte".[29] Zum ersten Mal wurde der Begriff „Nazionaldenkmal"[30] wohl 1804 auf ein Personendenkmal, nämlich auf das für Wittenberg geplante Luther-Denkmal, angewandt. 1819 wurde dieses vom Berliner Bildhauer Johann Gottfried Schadow entworfene Monument feierlich eingeweiht. Es stellt das erste Standbild in historischer Gewandung in Deutschland dar, das außerhalb eines höfischen Kontextes eine verdiente Einzelperson ehrt.

Ab den 1830er bis in die 1850er Jahre traten dann die Denkmäler der „Bildungs- und Kulturnation"[31] vermehrt auf. Zu nennen sind vor allem das Gutenberg-Denkmal in Mainz 1837, und das Schiller-Denkmal in Stuttgart 1839, die beide von Bertel Thorvaldsen entworfen worden waren. Auch Schwanthalers Mozart-Denkmal für Salzburg und das Goethe-Denkmal für Frankfurt sind, so Thomas Nipperdey, als „Nationaldenkmäler" geplant worden.[32] Das Erlanger Markgrafendenkmal nimmt unter diesen Monumenten eine Sonderstellung ein. Es wurde nicht durch Spendengelder der Bürgerschaft finanziert, sondern direkt von einem Monarchen mit „teutscher" Gesinnung gestiftet.

Der nationale Gedanke in der Kulturpolitik Ludwig I.

Wie aber sah die Vorstellung des bayerischen Königs, dessen ursprünglich gemäßigt liberale Politik ab 1830 eine reaktionäre Wende erfahren hatte, bezüglich der deutschen Nation aus?

Ludwig I. war bekannt für sein ausgeprägtes Nationalgefühl. Sein Ziel war allerdings kein einheitlicher deutscher Nationalstaat, sondern der Ausbau des Deutschen Bundes, der Bayern die politische Souveränität garantierte. Er wolle „ein einiges, kein einheitliches Deutschland", sagte er selbst und betonte weiter: „einig gegen außen, mannigfaltig im innern bedarf es zu Deutschlands Bestem. Kein neues

---

[27] C[hristian] C[ay] L[aurenz] Hirschfeld, Theorie der Gartenkunst, Bd. 3, Leipzig 1780, S. 131.
[28] Nipperdey, Nationalidee (wie Anm. 2), S. 551.
[29] Nipperdey, Nationalidee (wie Anm. 2), S. 557.
[30] Zitiert nach Nipperdey, Nationalidee (wie Anm. 1), S. 557.
[31] Nipperdey, Nationalidee (wie Anm. 2), S. 551.
[32] Nipperdey, Nationalidee (wie Anm. 2), S. 558f.

Teutschland soll geschaffen, sondern der Bundesstaat vervollständigt, ausgebaut werden"[33]. In diesem Sinne förderte Ludwig I. die „Kulturnation", die er durch gemeinsame Geschichte und Sprache verbunden sah.

Mit dem Erlanger Markgrafendenkmal, das eine geschichtliche Handlung auf (neu)bayerischem Gebiet zu einem nationalen Ereignis aufwertete, verband der Monarch Intentionen in zweifacher Richtung. Zum einen sollte Bayern, das aufgrund seiner Größe nur im kulturellen Bereich mit Preußen und Österreich konkurrieren konnte, ein Zeichen setzen: Seine Bedeutung innerhalb des Deutschen Bundes sollte hervorgehoben und über die Abgesandten der deutschen Hochschulen verbreitet werden. Zum anderen hoffte der König, durch eigene Initiative die nationalen Gefühle des Volkes in seinem Sinne beeinflussen zu können und somit einen Unsicherheitsfaktor auszuschließen.[34] Die Verbindung des Erlanger Denkmals mit dem nationalen Gedanken war insofern ungefährlich, da der Markgraf selbst als absolutistischer Landesherr regiert hatte und sich auf ihn keine liberalen Kriterien anwenden ließen.

In Erlangen entstand also kein „national-demokratisches" Denkmal, sondern ein Monument, das durch und durch vom herrschenden Monarchen geprägt ist und zugleich diesem – nicht nur durch die große Inschrift auf der Sockelrückseite[35] – ein Denkmal setzt. Man muß demnach beim Erlanger Markgrafendenkmal vom Paradoxon eines „national-autokratischen" Denkmals sprechen.

[33] Zitiert nach Max Spindler, Handbuch der Bayerischen Geschichte 4: Das Neue Bayern 1800–1970, München [2]1979, S. 175.

[34] Zum Nationalgedanken bei Ludwig I. vgl.: Hans-Michael Körner, Staat und Geschichte in Bayern im 19. Jahrhundert, München 1992, S. 251–272.

[35] ERRICHTET, VON LUDWIG I, KOENIG VON BAYERN, HERZOG VON FRANKEN, MDCCCXXXXIII.

Ludwig Schwanthaler: Markgrafendenkmal. Erlangen 1843.

Werner B ä t z i n g

Die Bevölkerungsentwicklung in den Regierungsbezirken
Ober-, Mittel- und Unterfranken im Zeitraum 1840–1999

1. Teil: Analyse auf der Ebene der kreisfreien Städte und der Landkreise

Im Rahmen der Vorbereitung unserer Ringvorlesung „Der ländliche Raum in Franken – benachteiligt für alle Zeiten oder Aufbruch in eine neue Zukunft?" im Wintersemester 2000/01 am Institut für Geographie der Friedrich-Alexander-Universität Erlangen-Nürnberg suchte ich nach Darstellungen der Bevölkerungsentwicklung in Franken, um die allgemeinen qualitativen Aussagen zum Strukturwandel des ländlichen Raumes für diese Region auch quantitativ auf verschiedenen Maßstabsebenen konkretisieren zu können. Erstaunlicherweise fand ich jedoch keine einschlägigen Publikationen, so daß ich diese Analyse für die Ringvorlesung selbst durchführte und sie für den vorliegenden Beitrag noch weiter ausarbeitete.

Das Fehlen solcher Analysen ist deshalb eigentlich erstaunlich, weil das Bayerische Landesamt für Statistik und Datenverarbeitung die Einwohnerzahlen Bayerns seit 1840 in vorbildlicher Weise aufgearbeitet hat, so daß sie relativ einfach auszuwerten sind. Die Ursache für die Lücke dürfte darin liegen, daß in den deutschen und bayerischen Geschichtswissenschaften quantitative Ansätze selten sind. In der Geographie dagegen hat mit der Gebietsreform das Interesse an differenzierten quantitativen Analysen auf Gemeinde- und Landkreisebene schlagartig abgenommen.[1] Und in Raumordnung/Regionalplanung wird seit einiger Zeit auf dem Hintergrund des zusammenwachsenden Europas die Maßstabsebene NUTS 2 und 3 propagiert.[2]

---

[1] Zum Hintergrund siehe Gerhard Henkel, Der ländliche Raum. Gegenwart und Wandlungsprozesse seit dem 19. Jahrhundert in Deutschland, Stuttgart/Leipzig 1999, S. 239–240. Dies dürfte auch der Grund dafür sein, daß in den ersten drei Bänden des neu erscheinenden „Nationalatlas Bundesrepublik Deutschland" (Heidelberg/Wien 2000 ff.) als kleinste Einheit die Kreise gewählt wurden (allein die Einwohnerdichte wird auf Gemeindeebene dargestellt), obwohl das Format durchaus die Darstellung der Gemeinden ermöglichen würde. Auch der im Juli 2001 erschienene vierte Band „Bevölkerung" macht dabei keine Ausnahme, auch wenn es hier einige wenige Gemeindekarten gibt (Karte „Stadt-Umland-Wanderung 1993–1998" auf S. 117, Karte „Bevölkerung der Gemeinden 1998" auf S. 33). Grundsätzlich fällt bei diesem Band auf, daß das Thema langfristige Bevölkerungsentwicklungen in Deutschland nur sehr knapp behandelt wird: Für Gesamtdeutschland gibt es lediglich die Karte „Typen der Bevölkerungsentwicklung 1939–1998 nach Kreisen" (S. 38), und nur für Rheinland und Westfalen sind die „Typen der Bevölkerungsentwicklung 1815–1998" auf Gemeindeebene dargestellt (S. 39).

[2] Das Statistische Amt der Europäischen Union EUROSTAT hat seit 1988 eine europaweite Systematik von Gebietseinheiten, genannt NUTS ("Nomenclature des Unités Territoriales Statistiques", deutsch: „Systematik der Gebietseinheiten für die Statistik") auf drei Maßstabsebenen entwickelt (NUTS 1–3), um vergleichbare statistische Analysen in Europa durchführen zu können. Der Ebene NUTS 2 entsprechen in Bayern die Regierungsbezirke, der Ebene NUTS 3 die Landkreise und kreisfreien Städte. Siehe dazu: EUROSTAT (Hg.), Regionen-Systematik der Gebietseinheiten für die Statistik – NUTS, Luxembourg/Bruxelles 1999.

Dagegen haben langjährige eigene Arbeiten und Erfahrungen mit ökonomischen und demographischen Analysen im Alpenraum auf Gemeinde-Ebene meine Position bekräftigt, daß solche Analysen ausgesprochen aussagekräftig sind.[3] Allerdings sind dabei zwei Punkte zu berücksichtigen: Auf Grund verschiedener Zufälligkeiten bei den meist zahlreichen kleinen Gemeinden sollte man größere Zeitschnitte als Analyseeinheit wählen, und die Bewertung der Ergebnisse wird erheblich erleichtert, wenn man mit Vergleichswerten, also mit relativen statt mit absoluten Zahlen arbeitet. Eine Analyse der Bevölkerungsentwicklung kann auf diese Weise besonders aufschlußreich werden, weil sie sehr gut die Gesamtentwicklung kleinerer räumlicher Einheiten widerspiegelt – Bevölkerungsentwicklung als „Schlüsselindikator" für den Wandel von Wirtschaft, Gesellschaft, Umwelt –, weil sie einen anschaulichen, leicht nachvollziehbaren Indikator darstellt und weil sie Aussagen über Zeiträume ermöglicht, über die andere Indikatoren nur bruchstückhaft vorliegen.

Wie wichtig bei solchen Analysen die Wahl der richtigen Maßstabsebene ist, zeigt sich daran, daß meine eigenen Arbeiten im Alpenraum auf Gemeinde-Ebene eine Fläche von insgesamt 18 % der Alpenfläche als „Entsiedlungsgebiete" (Bevölkerungsrückgang von 1870 bis heute mit Tendenz zu großräumigen Siedlungswüstungen) ausweisen, während eine auf der Maßstabsebene NUTS 2 und 3 von der Europäischen Union durchgeführte Analyse der Alpen keinerlei Entsiedlung oder gar Bevölkerungsrückgang erkennt, daher die Problemregionen völlig übersieht und fälschlicherweise zum Schluß kommt, der gesamte Alpenraum sei eine wirtschaftlich prosperierende Makroregion in Europa.[4]

Mit diesen Erfahrungen im Hinterkopf betreue ich seit 1996 das „Geländepraktikum für Anfänger" am Institut für Geographie, das in den Landkreisen Erlangen-Höchstadt und Forchheim durchgeführt wird und bei dem neben verschiedenen Feldarbeiten auch die Analyse von demographischen und ökonomischen Indikatoren eine erhebliche Rolle spielt.[5] Auf diese Weise wurde ich sehr konkret mit dem Stadt-Land-Gefälle im Raum Erlangen-Fränkische Schweiz sowie mit typischen und atypischen Gemeindeentwicklungen konfrontiert, die mich dazu motivierten, solche „Typen" für einen größeren Raum zu untersuchen.

Theoretische Leitidee beziehungsweise Hypothese für die vorliegende Analyse ist die empirisch-induktiv gewonnene Erkenntnis, daß sich die räumlichen Strukturen der Industriegesellschaft (Städtewachstum, Entwertung des Landes, Zunahme räumlicher Disparitäten) signifikant von denen der Dienstleistungsgesellschaft (Stagnation der Städte, Wachstum der suburbanen Gürtel um die Städte herum, Entwertung der

---

[3]   Werner Bätzing, Der sozio-ökonomische Strukturwandel des Alpenraumes im 20. Jahrhundert (Geographica Bernensia P 26), Bern 1999. Darin die demographische Analyse aller gut 6.000 Alpengemeinden 1870–1990.

[4]   Werner Bätzing, Die Alpen im Spannungsfeld der europäischen Raumordnungspolitik. Anmerkungen zum EUREK-Entwurf auf dem Hintergrund des aktuellen Strukturwandels im Alpenraum, in: Raumforschung und Raumordnung 57, 1999, S. 3–13. Commission Européenne (Hg.), Étude prospective des régions de l'arc alpin et périalpin (Études de développement régional 17), Luxembourg/Bruxelles 1995.

[5]   Ich habe Methode und wichtigste Ergebnisse dieser Geländepraktika beschrieben in: Werner Bätzing, „Im Mittelpunkt die Menschen …". Erfahrungen mit einem ganzheitlichen Lernkonzept beim Geländepraktikum, in: Zeitschrift für Hochschuldidaktik (Wien) 22, 1998, Heft 2, S. 8–16.

184

peripheren ländlichen Räume trotz inselhafter Wachstumspole) unterscheiden und daß sich die großräumigen Disparitäten der Industriegesellschaft im Kontext der Dienstleistungsgesellschaft in kleinräumige Disparitäten umwandeln, dabei jedoch keineswegs verschwinden. Die vorliegende Analyse soll zeigen, ob diese Hypothese im Raum Franken zutrifft oder ob sie modifiziert werden muß.

Um diese Hypothese zu überprüfen, ist jedoch auf Grund der Alpenerfahrungen die Gemeinde-Ebene unverzichtbar. Ich führte jedoch zuerst die Analyse der Landkreise und der kreisfreien Städte durch, und bereits diese Auswertung brachte so interessante Ergebnisse, daß ich diese nicht unterschlagen möchte, zumal sie die folgenden Gemeinde-Analysen leichter verstehbar und überschaubarer macht. Aus Umfangsgründen ist es jedoch nicht möglich, die gesamten Ergebnisse in diesem Band abzudrucken. Deshalb habe ich mich entschlossen, hier zuerst nur die Ergebnisse der Ebene der Landkreise und der kreisfreien Städte zu präsentieren und im nächsten Band dann die Ergebnisse der Gemeindeebene zu publizieren.

Allerdings ist es bei den Ausführungen dieses ersten Teils wichtig zu wissen, daß ich die Ergebnisse der Gemeindeebene bei der Interpretation der Landkreise bereits kenne und bewußt mit einfließen lasse, um falsche Schlußfolgerungen zu vermeiden, auch wenn dies methodisch vielleicht nicht ganz sauber ist.

1. Rahmenbedingungen und Voraussetzungen dieser Analyse

1.1. Datengrundlage und räumliche Abgrenzung

Datengrundlage ist die vorbildlich aufgearbeitete Publikation des Bayerischen Landesamtes für Statistik und Datenverarbeitung.[6] Diese publiziert die Einwohnerzahlen aller Volkszählungen in Bayern zwischen 1840 und 1987 „gebietsstandsbereinigt" auf allen Maßstabsebenen – Gemeinden, Landkreise, kreisfreie Städte, Regierungsbezirke, Bayern –, so daß es nicht mehr nötig ist, die Primärdatenquellen zu konsultieren oder unterschiedliche Daten erst durch Umrechnen vergleichbar zu machen.[7] Den Anschluß an die neueste Entwicklung ermöglichen die regelmäßig erscheinenden „Gemeinde Daten" (von 1972 bis 2001 alle zwei Jahre, ab 2001 jähr-

---

[6] Bayerisches Landesamt für Statistik und Datenverarbeitung (Hg.), Die Gemeinden Bayerns nach dem Gebietsstand 25. Mai 1987. Die Einwohnerzahlen der Gemeinden Bayerns und die Änderungen im Besitzstand und Gebiet von 1840 bis 1987 (Beiträge zur Statistik Bayerns 451), München 1991.

[7] Der wichtige Begriff „gebietsstandsbereinigt" bedeutet, daß sich die Einwohnerzahlen einer Gemeinde auf ihre heutige Gemeindefläche beziehen (fast alle Gemeinden wurden durch die Gebietsreform erheblich vergrößert) und daß alle Einwohnerzahlen zu früheren Zeitpunkten, in denen die Gemeindefläche anders (meist kleiner) war, auf die heutige Fläche umgerechnet wurden. Da in der Gebietsreform jedoch nicht nur Gemeinden einfach zusammengelegt wurden, sondern häufig Gemeinden auf zwei oder drei verschiedene neue Gemeinden aufgeteilt wurden, sind solche Gebietsstandsbereinigungen ausgesprochen aufwendig und können in der Regel nur berechnet werden, wenn die Einwohnerdaten auf Ortsebene (Ebene unterhalb der Gemeinde) bekannt sind. Auch die Landkreise wurden sehr stark durch Zusammenlegung und Neuzuordnung verändert und vergrößert, so daß hier das gleiche wie für die Gemeinden gilt. Selbst die Regierungsbezirke wurden im Laufe der Zeit mehrmals verändert, indem einzelne Gemeinden, gelegentlich auch ganze Landkreise neu zugeordnet wurden. In Franken betrifft dies in erster Linie die Eingliederung Coburgs in den Regierungsbezirk Oberfranken und die Ausgliederung des Landkreises Gersfeld (Rhön) aus dem Regierungsbezirk Unterfranken sowie den Landkreis Eichstätt (von

lich), die der gleichen Systematik folgen.[8] Und da es für diese Analyse weder aus inhaltlichen noch aus methodischen Gründen notwendig ist, zusätzliche Daten einzubeziehen, ist diese Datengrundlage völlig ausreichend.

Weil die Ringvorlesung, in der erste Ergebnisse dieser Analyse präsentiert wurden, dem „ländlichen Raum in Franken" gewidmet war, bezieht sich diese Untersuchung auf den Raum „Franken". In diesem Zusammenhang ist aber eine kleinräumige, kulturhistorisch-detaillierte Abgrenzung nicht nötig und auch nicht sinnvoll. Deshalb wurde „Franken" pragmatisch mit den drei Regierungsbezirken Ober-, Mittel- und Unterfranken gleichgesetzt. Allerdings handelt es sich dabei um einen politisch abgegrenzten Raum, der keinesfalls eine funktionsräumliche Einheit bildet. In mindestens zwei Teilräumen – Verdichtungsraum Nürnberg, der weit in den Landkreis Neumarkt in der Oberpfalz hineinreicht, und Raum Aschaffenburg, der eng mit Hanau verflochten ist und zum Verdichtungsraum Rhein-Main gerechnet werden kann[9] – gibt es wichtige Verflechtungen, die die Grenzen der Regierungsbezirke überschreiten. Da hier jedoch keine Funktionsräume untersucht werden sollen, ist es nicht nötig, die Grenzen des Untersuchungsgebietes anzupassen. Allerdings wird es bei der Interpretation der Ergebnisse wichtig werden, diesen Sachverhalt zu berücksichtigen.

1.2. Maßstabsebene

Da die genannten statistischen Publikationen die kreisfreien Städte und die Landkreise jeweils getrennt erfassen und diese Unterscheidung auch auf der Ebene der Regierungsbezirke und Bayerns ausgewiesen wird, berücksichtigt diese Analyse im ersten Teil bereits diese Differenzierung und wertet die Einwohnerentwicklung der 25 Landkreise und der 12 kreisfreien Städte in den drei Regierungsbezirken aus. Angesichts des markanten Städtewachstums im Zeitalter der Industrialisierung ist dieses Vorgehen methodisch notwendig, denn eine eventuelle Addition der Einwohnerzahlen von kreisfreier Stadt und benachbartem Landkreis ergäbe ein unzutreffendes Bild. Zur leichteren Übersicht werden die Daten jeweils auch noch auf Regierungsbezirksebene zusammengestellt.

Mittelfranken zu Oberbayern) und den Altlandkreis Höchstadt a.d. Aisch (von Ober- zu Mittelfranken). Daher sind selbst die Einwohnerzahlen der Regierungsbezirke nur dann zeitlich miteinander vergleichbar, wenn diese Daten gebietsstandsbereinigt vorliegen. „Gebietsstandsbereinigt" bedeutet heute, daß der aktuelle Gebietsstand als Maßstab und Ausgangspunkt genommen wird. Für diese Analyse ist das der Gebietsstand am 25. 5. 1987; seitdem gibt es nur eine einzige Änderung (Ausgliederung der Gemeinde Ermershausen aus der Gemeinde Maroldsweisach im Landkreis Haßberge), die hier nicht berücksichtigt wurde. Rein theoretisch wäre es jedoch auch denkbar, daß der Gebietsstand von 1840 zum Ausgangspunkt genommen würde und die Entwicklung dieser Gebiete bis heute berechnet würde. Aus historischer und geographischer Sicht wäre eine solche (sehr aufwendige) Datenaufbereitung ausgesprochen wünschenswert und der Vergleich zwischen beiden Perspektiven besonders lohnenswert.

[8] In dieser Analyse wurde folgender Band verwendet: Bayerisches Landesamt für Statistik und Datenverarbeitung (Hg.), Gemeinde Daten. Ausgabe 2001, München 2001.

[9] Siehe dazu: Bundesamt für Bauwesen und Raumordnung (Hg.), Raumordnungsbericht 2000, Bonn 2000, S. 49.

1.3. Gebietsstand

Aus Gründen der Vergleichbarkeit ist es unverzichtbar, mit den gebietsstandsbereinigten Einwohnerzahlen zu arbeiten. Dies ist jedoch mit dem Nachteil verbunden, daß seit der Gebietsreform die Gemeinden und Landkreise zu relativ großen Einheiten geworden sind: Aus den 3081 Gemeinden und 56 Landkreisen Frankens des Jahres 1952 sind heute 731 Gemeinden und 25 Landkreise geworden. Damit sind die Möglichkeiten einer räumlich differenzierten Analyse deutlich eingeschränkt. Zugleich ist damit ein zweiter Nachteil verbunden, nämlich der Bezug zum Naturraum: Die Altlandkreise waren teilweise so klein, daß sie in erheblichem Ausmaß mit einer naturräumlichen Einheit – zum Beispiel mit einem Mittelgebirge oder einer Gäu-Landschaft – identifiziert werden konnten. Die neuen Landkreise wurden nach der Theorie der „Zentralen Orte" gebildet und umfassen jetzt in allen Fällen Anteile an mehreren naturräumlichen Einheiten, wobei die Kreisstadt oder die zugehörige kreisfreie Stadt in der Regel in siedlungsgünstiger Tal- und Beckenlage zu finden ist. Daher entfällt jetzt die Möglichkeit, mit ausgewählten Landkreis-Daten schnell und einfach die Bevölkerungsentwicklung in verschiedenen Naturräumen – zum Beispiel Altlandkreis Ebermannstadt für die Fränkische Schweiz, Altlandkreis Brückenau für die Rhön, Altlandkreis Scheinfeld für den Steigerwald – zu erfassen, um zu überprüfen, ob der Naturraum dabei eine Rolle spielt oder nicht. Stattdessen müßte der mühsame Weg gewählt werden, naturräumliche Einheiten zuerst auf Gemeinde-Ebene zu definieren und abzugrenzen und dann die Gemeinde-Daten zu aggregieren.[10] Dieser Weg wird aus Zeit- und Umfangsgründen hier nicht beschritten, genauso wenig wie die Umrechnung der Einwohnerzahlen seit 1970 auf die alten Gebietsstände.

Trotzdem stellt sich die Frage, ob man nicht wenigstens den Zeitschnitt 1840–1950 anhand der damaligen Gebietsstrukturen analysieren sollte, zumal die entsprechenden Daten publiziert wurden.[11] Der Nachteil bestünde jedoch darin, daß dann eine Vergleichbarkeit mit dem folgenden Zeitschnitt nicht mehr möglich wäre. Weil diese aus inhaltlichen Gründen jedoch wichtig ist, wurde auf dieses Vorgehen verzichtet.

1.4. Zeitraum und Zeitschnitte

Die modernen bayerischen Volkszählungen beginnen im Jahr 1840, also für europäische Verhältnisse relativ früh. Da die erste Eisenbahn Deutschlands zwischen Nürnberg und Fürth erst kurz vorher gebaut wurde und der Beginn der Industrialisierung in Deutschland als „Take Off" (im Rostowschen Sinne) erst ab

[10] Diese Methode habe ich am Beispiel der Fränkischen Schweiz praktiziert, siehe dazu: Werner Bätzing, Die Fränkische Schweiz – eigenständiger Lebensraum oder Pendler- und Ausflugsregion? Überlegungen zur Frage einer „nachhaltigen" Regionalentwicklung, in: Bamberger Geographische Schriften, Sonderfolge 6, 2000, S. 127–150. Die Ergebnisse unterscheiden sich signifikant von denen der betroffenen Landkreise, so daß diese Form der Auswertung als Ergänzung und Vertiefung relevant ist.

[11] Bayerisches Statistisches Landesamt (Hg.), Historisches Gemeindeverzeichnis. Die Einwohnerzahlen der Gemeinden Bayerns in der Zeit von 1840 bis 1952 (Beiträge zur Statistik Bayerns 192), München 1953. Diese Daten sind nicht gebietsstandsbereinigt; aber da sich die Gebietsstandsänderungen in diesem Zeitraum in Grenzen halten und jeweils explizit ausgewiesen sind, wäre der Rechenaufwand für eine Gebietsstandsbereinigung noch überschaubar.

1852 einsetzte,[12] erfassen wir mit dem Jahr 1840 den Zeitpunkt kurz vor Beginn der Industriellen Revolution. Dies ist deshalb wichtig, weil nur auf diese Weise die dadurch ausgelöste Bevölkerungsdynamik angemessen erfaßt werden kann.

Den Endpunkt der Analyse stellen die neuesten Einwohnerzahlen dar, die zum Zeitpunkt der Analyse verfügbar sind, nämlich der Einwohnerstand zum 31. Dezember 1999.

Im Zeitraum 1840–1999 gibt es jedoch relevante Veränderungen der Einwohnerentwicklungen. Diese werden in drei Zeiträume untergliedert, die jeweils durch Volkszählungsdaten definiert werden:

1. 1840–1939 oder die Phase der Industriegesellschaft. Dieser Zeitraum wird durch den Zweiten Weltkrieg beendet.
2. 1939–1961 oder die Phase der Sonderbedingungen der Kriegs- und Nachkriegszeit.
3. 1961–1999 oder die Phase der Dienstleistungsgesellschaft. Auch wenn der Übergang von der Industrie- zur Dienstleistungsgesellschaft in Deutschland erst in der ersten Hälfte der 1970er Jahre stattfindet, so erschien es sinnvoll, den gesamten Zeitraum ab 1961 zusammenzufassen. Allerdings gibt es dann in den Jahren 1989/90 einen weiteren signifikanten Trendbruch. Um diese Analyse nicht durch Einführung eines vierten Zeitraumes noch umfangreicher zu machen, wurde der Zeitraum 1961–1999 wenigstens auf der Ebene der kreisfreien Städte und der Landkreise gemäß den Volkszählungen 1970 und 1987 in drei Teile aufgegliedert und ausgewertet, um jüngere Trendwechsel erkennen zu können.

2. Der Zeitraum 1840–1939

2.1. Die Ausgangssituation im Jahr 1840

Um die mit der Industrialisierung einsetzende demographische Dynamik angemessen interpretieren zu können, ist es notwendig, die Ausgangssituation im Jahr 1840 zu kennen. Denn es macht einen Unterschied, ob es in einem Gebiet vor 1840 bereits eine starke vorindustrielle gewerbliche Entwicklung gegeben hatte, die in der Regel mit einem deutlichen Bevölkerungswachstum verbunden ist, oder nicht. Da an dieser Stelle keine wirtschaftsgeschichtliche Analyse erfolgen kann, wird hilfsweise mit den beiden Indikatoren „Einwohnerdichte" und „Einwohnerzahl pro Gemeinde" gearbeitet.

Beim Indikator „Einwohnerdichte" gibt es zwar im Agrarzeitalter erhebliche Unterschiede zwischen traditionell dicht besiedelten Gunsträumen (in Franken die Gäulandschaften) und dünner besiedelten Ungunsträumen (in Franken die Mittelgebirge), die weitere Entwicklung ist jedoch sehr eindeutig dadurch geprägt, daß in allen größeren Gebietseinheiten die Einwohnerdichte kontinuierlich steigt.[13]

---

[12] Siehe dazu: Toni Pierenkemper, Umstrittene Revolutionen. Die Industrialisierung im 19. Jahrhundert, Frankfurt 1996, S. 92.

[13] Die Einwohnerdichte beträgt im Deutschen Reich im Jahr 1816 46 Einwohner pro Quadratkilometer und steigt dann regelhaft bis zum Jahr 1939 auf 147 an (siehe: Statistisches Jahrbuch für die Bundesrepublik Deutschland, Wiesbaden 1967, S. 27), und Analoges gilt für alle bayerischen Regierungsbezirke.

Tabelle 1: Die Bevölkerungsdichte im Jahr 1840 im Deutschen Reich, in Bayern und in Franken

Deutsches Reich	=	61	Einwohner/km^2
Bayern	=	54	Einwohner/km^2
Franken	=	68	Einwohner/km^2
Oberfranken	=	71	Einwohner/km^2
Mittelfranken	=	69	Einwohner/km^2
Unterfranken	=	65	Einwohner/km^2

Einwohnerdichte der Landgemeinden (ohne kreisfreie Städte):

Bayern	=	48	Einwohner/km^2
Franken	=	60	Einwohner/km^2
Oberfranken	=	64	Einwohner/km^2
Mittelfranken	=	56	Einwohner/km^2
Unterfranken	=	60	Einwohner/km^2

Landkreisdaten: siehe Karte 1.

Quellen:

Daten für Deutsches Reich: Statistisches Jahrbuch für die Bundesrepublik Deutschland 1967, Wiesbaden 1968, S. 27.

Daten für Bayern: Bayerisches Landesamt für Statistik und Datenverarbeitung (Hg.), Die Gemeinden Bayerns nach dem Gebietsstand 25. Mai 1987. Die Einwohnerzahlen der Gemeinden Bayerns und die Änderungen im Besitzstand und Gebiet von 1840 bis 1987 (Beiträge zur Statistik Bayerns 451), München 1991.

Tabelle 1 zeigt die Einwohnerdichte 1840 für das Deutsche Reich, Bayern und Franken: Der bayerische Wert liegt um zehn Prozent unter dem des Deutschen Reiches, was als Hinweis auf eine relativ schwache vor- und frühindustrielle gewerbliche Entwicklung in Bayern interpretiert werden kann. Auffällig ist dagegen der hohe Wert für Franken, für den nicht mehr nur naturräumliche Unterschiede ausschlaggebend sein können.

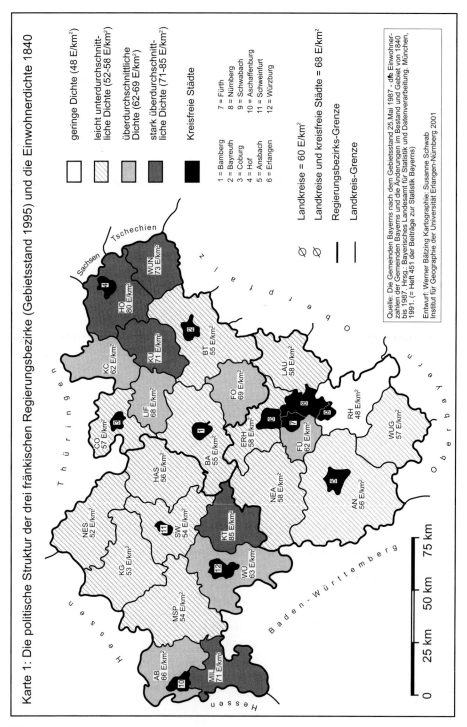

Karte 1: Die politische Struktur der drei fränkischen Regierungsbezirke (Gebietsstand 1995) und die Einwohnerdichte 1840

Legende:

geringe Dichte (48 E/km²)

leicht unterdurchschnittliche Dichte (52-58 E/km²)

überdurchschnittliche Dichte (62-69 E/km²)

stark überdurchschnittliche Dichte (71-85 E/km²)

Kreisfreie Städte

1 = Bamberg
2 = Bayreuth
3 = Coburg
4 = Hof
5 = Ansbach
6 = Erlangen
7 = Fürth
8 = Nürnberg
9 = Schwabach
10 = Aschaffenburg
11 = Schweinfurt
12 = Würzburg

Landkreise = 60 E/km²

Landkreise und kreisfreie Städte = 68 E/km²

Regierungsbezirks-Grenze

Landkreis-Grenze

Quelle: Die Gemeinden Bayerns nach dem Gebietsstand 25. Mai 1987 - die Einwohnerzahlen der Gemeinden Bayerns und die Änderungen im Bestand und Gebiet von 1840 bis 1987. Hrsg.: Bayerisches Landesamt für Statistik und Datenverarbeitung. München, 1991. (= Heft 451 der Beiträge zur Statistik Bayerns)

Entwurf: Werner Bätzing Kartographie: Susanne Schwab
Institut für Geographie der Universität Erlangen-Nürnberg 2001

0   25 km   50 km   75 km

Diese Interpretation wird durch die Analyse der Werte der Regierungsbezirke und die Einwohnerdichte der Landkreise bekräftigt: Bei den Regierungsbezirken liegt Unterfranken mit seinen ausgeprägten Gunsträumen am Schluß und Oberfranken mit seinem hohen Gebirgsanteil an der Spitze. Betrachtet man dagegen nur die Einwohnerdichte der ländlichen Kreise, dann bildet Mittelfranken das Schlußlicht, fällt dabei aber durch einen besonders hohen Wert für die städtischen Gemeinden auf.

Karte 1 zeigt die Einwohnerdichte für die Landkreise. Auffällig ist, daß 13 der 25 Landkreise sehr ähnliche Dichtewerte (52–58 Einwohner pro Quadratkilometer) aufweisen. Die heutigen Landkreisstrukturen, die jeweils unterschiedliche natur-räumliche Einheiten umfassen, gleichen also die traditionellen Unterschiede zwischen Gunst- und Ungunsträumen so deutlich aus, daß diese Werte ziemlich nahe an der charakteristischen Einwohnerdichte des noch agrarisch geprägten ländlichen Raumes in Franken liegen dürften. Lediglich der Landkreis Roth liegt mit 48 Einwohnern pro Quadratkilometer deutlich darunter.[14]

Sechs Landkreise weisen eine überdurchschnittliche Dichte auf, und fünf fallen durch besonders hohe Werte zwischen 71 und 85 Einwohnern pro Quadratkilometer ins Auge. Dabei handelt es sich um drei Landkreise (Kulmbach, Wunsiedel, Hof) mit einer deutlichen gewerblichen Entwicklung in der Zeit vor 1840 und um zwei Landkreise (Miltenberg und ganz besonders Kitzingen) mit großen Anteilen an natur-räumlichen Gunstlagen.

Die Analyse der Gemeindegrößenklassen unterstreicht dieses Ergebnis: Von den 731 Gemeinden besitzen nur 76 Gemeinden (10,4 %) 1840 mehr als 4.000 Einwohner. Dabei schneidet Unterfranken besonders schlecht (25 Gemeinden oder 8 % aller Gemeinden) und Oberfranken besonders gut (30 Gemeinden oder 14 % aller Gemeinden) ab. Dies läßt den Schluß zu, daß die Bevölkerungsdichte Unterfrankens von den relativ großen Landgemeinden geprägt wird, während in Oberfranken die Gemeinden mit mehr als 4.000 Einwohnern dabei die relevante Rolle spielen und hier gewerbliche Impulse zu vermuten sind.

Bei den 44 Gemeinden mit mehr als 5.000 Einwohnern fällt Unterfranken noch deutlicher ab (nur 3,9 % aller Gemeinden überschreiten hier diesen Wert), während Ober- und Mittelfranken jetzt identisch sind (7,5 %).

Betrachtet man die elf Gemeinden mit mehr als 9.000 Einwohnern, so fällt auf, daß ihre Einwohnerzahlen bis auf Würzburg und Nürnberg relativ dicht beieinander liegen: Kulmbach und Hof zählen 9.159 beziehungsweise 9.781 Einwohner, Coburg und Aschaffenburg 12.754 beziehungsweise 14.228 Einwohner, Erlangen und Ansbach 15.495 beziehungsweise 15.789 und Fürth (19.445), Bayreuth (19.636) und Bamberg (21.920) liegen ebenfalls dicht zusammen. Auch wenn in diesen Städten unterschiedliche Strukturen zu finden sind (traditionelle zentrale Orte der Agrar-gesellschaft und junge frühindustrielle Dynamik), so liegen ihre Größenordnungen

---

[14] Der heutige Landkreis Roth wurde aus den Altlandkreisen Schwabach und Hilpoltstein gebildet. Nach dem Altlandkreis Eichstätt, der damals noch zu Mittelfranken gehörte, besaß der Altlandkreis Hilpoltstein im 19. Jahrhundert zum damaligen Gebietsstand die geringste Einwohnerdichte in Franken. Ursache war der ungünstige Naturraum (Frankenalbhochfläche und Sandböden) sowie die damalige besonders schlechte Erreichbarkeit.

doch noch in einem ähnlichen Bereich. Nur Würzburg mit 32.762 Einwohnern und ganz besonders Nürnberg mit 61.973 fallen aber dabei deutlich heraus.

Auch wenn sich diese Angaben auf den heutigen Gebietsstand beziehen, so kann man dennoch eine vergleichsweise homogene Verteilung der Bevölkerung im Raum feststellen, wobei die traditionellen zentralen Orte in der Regel fünf- bis zehnmal so groß sind wie die durchschnittliche Landgemeinde in Franken (1.853 Einwohner pro Gemeinde ohne kreisfreie Städte). Allerdings fallen bereits gewerblich geprägte Entwicklungen deutlich auf, die auf die bevorstehende industrielle Revolution verweisen, nämlich einmal die relativ hohe Einwohnerdichte in einigen Landkreisen Oberfrankens und zum anderen die große räumliche Nähe der drei Städte Nürnberg, Fürth, Erlangen mit der ausgeprägten Spitzenposition von Nürnberg.

2.2. Die deutsche, bayerische und fränkische Entwicklung 1840–1939

Die industrielle Entwicklung ist mit einem sehr starken Bevölkerungswachstum in den Industriestaaten verbunden, das durch den sogenannten „demographischen Übergang" verursacht wird und das mit starken Land-Stadt-Wanderungen einhergeht.[15] Diese Entwicklung finden wir auch im Deutschen Reich, in Bayern und in Franken, wobei an dieser Stelle die Unterschiede und nicht die Gemeinsamkeiten interessieren.

Tabelle 2 zeigt die wichtigsten Daten im Vergleich: Bei der Bevölkerungsentwicklung 1840–1939 steht das Deutsche Reich an erster Stelle – im Kontext der europäischen Industriestaaten bedeutet seine Bevölkerungsverdopplung aber nur einen guten Mittelwert – und Bayern folgt erst mit einigem Abstand.[16] Dies ist ein Indiz auf den Prozeß der Industrialisierung, von dem Süddeutschland erst vergleichsweise spät und schwach erfaßt wird. Daß dieser Wert jedoch nicht noch wesentlich tiefer liegt, liegt daran, daß Süddeutschland und besonders Bayern in den 1920er und 1930er Jahren sehr schnell aufholt und seine früheren strukturellen Nachteile überwindet.[17]

Daß jedoch der Wert für Franken deutlich unter dem bayerischen Wert liegt, erstaunt und macht einen Blick auf die Ebene der Regierungsbezirke erforderlich. Diese zeigen, daß der bayerische Durchschnittswert überproportional stark von Oberbayern geprägt wird, sowohl was die absolute Einwohnerzahl 1840 als auch was das relative Wachstum 1840–1939 betrifft. Mittelfranken steht dagegen bayernweit mit großem Abstand auf Platz 2, während Schwaben (Industriestandort Augsburg) den dritten Platz einnimmt. Alle anderen vier Regierungsbezirke weisen ein fast identisches Wachstum auf, und diese Wachstumsrate von 150 % scheint offenbar für den-

---

[15] Zum „demographischen Übergang" siehe: Friedrich Pohlmann, Die europäische Industriegesellschaft, Opladen 1997, S. 121–135. Zu den Land-Stadt-Wanderungen siehe: Gerhard Henkel, Der ländliche Raum. Gegenwart und Wandlungsprozesse seit dem 19. Jahrhundert in Deutschland, Stuttgart/Leipzig 1999, S. 45–56.

[16] Zur europäischen Bevölkerungsentwicklung siehe: Walter Sperling, Bevölkerung und Völker, in: Fischer Länderkunde Europa, Frankfurt 1978, S. 61–65.

[17] Bei dieser Sichtweise, die vielleicht überraschend wirkt, beziehe ich mich auf Dietmar Petzina, Wirtschaftliche Ungleichgewichte in Deutschland. Ein historischer Rückblick auf die regionale Wirtschaftsentwicklung im 19. und 20. Jahrhundert, in: Wolfgang Brückner u.a., Nord-Süd in Deutschland? Vorurteile und Tatsachen, Stuttgart u.a. 1987, S. 72f. Er hat diese Aussage mit verschiedenen Vergleichstabellen belegt.

Tabelle 2: Die Bevölkerungsentwicklung 1840–1939 im Deutschen Reich, in Bayern und in Franken

(1840 = 100 %)

Deutsches Reich*	=	211 %
Bayern	=	186 %
Franken	=	171 %

Regierungsbezirke in Bayern:	1840	1939	in %
Oberbayern	711.861	1.999.048	281
Niederbayern	502.934	755.980	150
Oberpfalz	459.571	694.742	151
Schwaben	555.167	934.311	168
Oberfranken	514.627	790.151	154
Mittelfranken	502.577	1.065.122	212
Unterfranken	555.778	844.732	152
Franken	1.572.982	2.700.005	171
Bayern	3.802.515	7.084.086	186

* Einwohnerzahlen nicht gebietsstandsbereinigt, sonst wäre das Wachstum noch größer (Weimarer Republik besitzt 13 % weniger Fläche und ca. 10 % weniger Einwohner als Deutsches Reich).

Quellen: wie Tabelle 1.

jenigen ländlichen Raum in Bayern charakteristisch zu sein, der durch wenig industrielle Impulse geprägt wird.

Allerdings irritiert der vergleichsweise niedrige Wert für Oberfranken an dieser Stelle, weil 1840 bereits gewerbliche Impulse faßbar waren und die industrielle Entwicklung Oberfrankens ja bekannt ist. Im Vorgriff auf die Ergebnisse der Gemeinde-Analyse läßt sich dieser Widerspruch lösen: In Oberfranken gibt es besonders viele Gemeinden mit einem sehr starken Einwohnerwachstum, zugleich aber viele Gemeinden mit Einwohnerverlusten, so daß der Durchschnittswert hier nicht repräsentativ ist.

Tabelle 3: Die Bevölkerungsentwicklung 1840–1939 in Bayern und Franken in den kreisfreien Städten und in den Landkreisen

(1840 = 100 %)

Bayern:	kreisfreie Städte	=	452 %
Bayern:	Landkreise	=	141 %
Franken:	kreisfreie Städte	=	422 %
Franken:	Landkreise	=	126 %
Oberfranken:	kreisfreie Städte	=	304 %
Mittelfranken:	kreisfreie Städte	=	502 %
Unterfranken:	kreisfreie Städte	=	384 %
Oberfranken:	Landkreise	=	132 %
Mittelfranken:	Landkreise	=	120 %
Unterfranken:	Landkreise	=	127 %

Anteil der kreisfreien Städte am Bevölkerungswachstum 1840–1939

	Absolutes Wachstum (Personen)	davon Städte	in %
Bayern	+ 3.281.571	+ 1.917.951	58 %
Franken	+ 1.127.023	+ 773.350	69 %
Oberfranken	+ 275.524	+ 130.671	47 %
Mittelfranken	+ 562.545	+ 487.094	87 %
Unterfranken	+ 288.954	+ 155.585	54 %

Quelle: wie Tabelle 1.

Bevölkerungswachstum in der Industriegesellschaft bedeutet Städtewachstum, und Tabelle 3 zeigt dies sehr deutlich auf: Die Wachstumsraten der Städte liegen ein Vielfaches über denen der ländlichen Räume.[18] Beim Vergleich Bayern – Franken schneidet Franken wiederum deutlich schlechter ab, was auch hier wieder an Oberbayern und besonders an der Landeshauptstadt München liegt. In den fränkischen Regierungsbezirken wachsen die Städte in Mittelfranken deutlich schneller als in Unter- und Oberfranken, während sich die ländlichen Räume nicht sehr stark voneinander unterscheiden.

In wie starkem Maße das Städtewachstum das gesamte fränkische Bevölkerungswachstum prägt, zeigt der untere Teil von Tabelle 3: In Bayern liegt dieser Anteil bei 58 % (Dominanz der Stadt München), in Franken sogar bei 69 %. Die Ebene der Regierungsbezirke macht dann jedoch schnell deutlich, daß das fränkische Städtewachstum sehr stark von den Städten Mittelfrankens mit 87 % getragen wird.

2.3. Die kreisfreien Städte in Franken 1840–1939

Bevölkerungswachstum bedeutet im Kontext der Industriegesellschaft Städtewachstum. Wenn wir uns jetzt die Städte im einzelnen ansehen, so lauten die Fragen, ob es Städte gibt, die sich der allgemeinen Entwicklung entziehen und welche Unterschiede in den Wachstumsraten festzustellen sind. Datengrundlage sind wieder die in den Statistiken gesondert ausgewiesenen zwölf „kreisfreien Städte" (Bestand von heute). Wegen ihrer kleinen Zahl wurden jedoch auch diejenigen neun kreisfreien Städte miteinbezogen, die 1972 im Zuge der Gebietsreform ihren Status als kreisfreie Stadt verloren.[19] Tabelle 4 stellt die Ergebnisse zusammen.

Als erstes Ergebnis ist festzuhalten, daß alle diese Städte ein deutliches Wachstum durchlaufen und daß es keine Stadt mit einem Rückgang oder auch nur einer Stagnation gibt. Dies unterstreicht noch einmal eindrücklich die Aussage, daß das Bevölkerungswachstum in der Industriegesellschaft ein Städtewachstum ist.

Darüber hinaus ist es nicht selbstverständlich, daß alle historischen zentralen Orte erster Ordnung – als solche kann man die kreisfreien Städte in leichter Verkürzung durchaus bezeichnen – am durch die Industrialisierung ausgelösten Einwohnerwachstum teilhaben; hierin drückt sich eine erhebliche Kontinuität beim Übergang von der Agrar- zur Industriegesellschaft aus. Die Gemeindeanalyse wird im zweiten Teil zeigen, daß dies für die ehemaligen Kreisstädte der Altlandkreise – also für die historischen zentralen Orte niedrigerer Ordnung – nur noch in eingeschränkter Form gilt, bei denen räumliche Brüche in der Entwicklung sichtbar werden.

Untergliedert man zweitens die Wachstumsraten der 21 Städte, dann gibt es in vier Städten – Nürnberg, Schweinfurth, Hof, Fürth – Werte über 400 % (Vervierfachung der Einwohnerzahlen), die für eine volle oder typische industrielle Entwicklung ste-

---

[18]   Als „Städte" werden hier die 12 „kreisfreien Städte" bezeichnet, die zugleich 1840 (mit zwei Ausnahmen) und 1939 die größten Gemeinden sind. Siehe dazu Tabelle 4.

[19]   Diese ehemaligen kreisfreien Städte erhielten den Status einer „Großen Kreisstadt". Da dieser Status als Namenszusatz in der bayerischen Gemeinde-Statistik regelmäßig aufgeführt wird, sind diese Gemeinden eindeutig zu identifizieren. In ganz Bayern wurden aus 48 kreisfreien Städten im Juli 1972 übrigens 25 kreisfreie Städte.

Tabelle 4: Die Bevölkerungsentwicklung 1840–1939 der kreisfreien Städte in Franken

1.   Kreisfreie Städte (heutiger Stand)

Nr.	Name	1840	1939	in %	Kategorie
1	Nürnberg	61.973	433.381	699	A
2	Schweinfurt	7.766	49.302	635	A
3	Hof	9.781	47.096	482	A
4	Fürth	19.445	85.759	441	A
5	Würzburg	32.762	112.997	345	B
6	Aschaffenburg	14.228	48.042	338	B
7	Bamberg	21.920	63.255	289	C
8	Coburg	12.754	36.681	288	C
9	Erlangen	15.495	39.217	253	C
10	Bayreuth	19.636	47.731	243	C
11	Schwabach	8.507	17.612	207	C
12	Ansbach	15.789	32.334	205	C
12	Städte	240.056	1.013.406	422	

2.   „Große Kreisstadt/GKSt" (kreisfreie Städte bis 1972)

Nr.	Name	1840	1939	in %	Kat.	Status
1	Bad Kissingen	4.639	15.724	339	B	1908–1972
2	Neustadt/CO	4.327	13.131	303	B	1840–1972
3	Forchheim	4.794	13.883	290	C	1889–1972
4	Selb	6.141	17.637	287	C	1919–1972
5	Marktredwitz	5.681	15.748	277	C	1919–1972
6	Kulmbach	9.159	20.128	220	C	1890–1972
7	Kitzingen	6.957	11.904	171	D	1908–1972
8	Rothenburg/T.	5.948	9.828	165	D	1840–1972
9	Weißenburg	7.952	11.634	146	D	1863–1972
9	Städte	55.598	129.617	233		

Status: Dauer des Status „kreisfreie Stadt". Dinkelsbühl (1840–1940 kreisfreie Stadt) wurde hierbei nicht berücksichtigt.

Bewertungskategorien:

A:	441–699 %	C:	205–290 %
B:	303–345 %	D:	146–171 %

Quelle: wie Tabelle 1.

hen. Diese vier Städte können eindeutig als Industriestädte definiert werden. Vier weitere Städte – Würzburg, Aschaffenburg, Bad Kissingen, Neustadt bei Coburg – verzeichnen eine gute Verdreifachung der Einwohnerzahlen; hier ist die industrielle Dynamik bereits etwas gebremst, was darauf verweist, daß hier neben der Ansiedlung von Industriebetrieben auch andere Faktoren wie historische Zentralität eine erhebliche Rolle spielen. Neun Städte liegen im Bereich zwischen 205 und 290 %; diese Werte liegen zwar immer noch deutlich über dem fränkischen Durchschnitt von 171% und über den Spitzenwerten der Landkreise – sie unterscheiden sich damit immer noch signifikant von der ländlichen Entwicklung –, aber diese Wachstumsraten sind doch im Vergleich zur vollen industriellen Entwicklung relativ bescheiden; diese Städte verzeichnen deshalb eine periphere industrielle Entwicklung. Nur die drei Städte der letzten Kategorie – Kitzingen, Rothenburg ob der Tauber, Weißenburg in Bayern – weisen eine unterdurchschnittliche Entwicklung auf; sie verlieren deshalb trotz absolutem Wachstum relativ an Bedeutung und unterscheiden sich nicht mehr signifikant vom ländlichen Raum. Die Städte sind also beim Einwohnerwachstum auch in Franken der dominante Faktor.

2.4. Die Landkreise in Franken 1840–1939

Der ländliche Raum verliert im Rahmen der Industrialisierung stark an Bedeutung, was in erster Linie auf die Migrationen in die Industriestädte zurückzuführen ist. Trotz ausgeprägt negativer Wanderungsbilanz kann der ländliche Raum aber durchaus ein absolutes Wachstum aufweisen, wenn der Geburtenüberschuß dauerhaft hoch ist oder wenn eine dezentrale Industrialisierung stattfindet.[20]

Im Kontext der europäischen Industrialisierung finden wir sowohl starke absolute Rückgänge im ländlichen Raum (in Großbritannien, Frankreich, Italien flächenhaft relevant) als auch kleinere absolute Zuwächse (in Deutschland, Österreich und der Schweiz). Wie die fränkischen Landkreise in diesem Kontext positioniert sind, zeigen Tabelle 5 und Karte 2. Als erstes Ergebnis fällt auf, daß lediglich ein Landkreis, nämlich NEA (als Abkürzung der Landkreise dienen die Autokennzeichen; sie sind in Tabelle 5 aufgelistet), Einwohner verliert. Der Rückgang beträgt jedoch nur 3.248 Personen oder 4 %, was noch zur Bandbreite der Stagnation gerechnet werden kann. Zusammen mit BT (+ 832 Personen) gibt es also zwei Landkreise im Stagnationsbereich, und beide liegen in peripherer Lage zu den dynamischen Industriestädten.[21]

---

[20] Siehe dazu Gerhard Henkel, Der ländliche Raum. Gegenwart und Wandlungsprozesse seit dem 19. Jahrhundert in Deutschland, Stuttgart/Leipzig 1999, S. 41–63.

[21] Während auf der Ebene der heutigen Landkreise in Westmittelfranken kein Bevölkerungsrückgang sichtbar ist, zeigt er sich auf der Ebene der Altlandkreise und der Gemeinden sehr deutlich. Diese Entwicklung ist für Mittelfranken für den Zeitraum 1855–1933 sehr detailliert analysiert worden: Karl Seiler/Walter Hildebrandt, Die Landflucht in Franken (Berichte zur Raumforschung und Raumordnung III), Leipzig 1940, 144 S. mit zahlreichen Karten und Tabellen. Nimmt man die Bevölkerungsentwicklung 1910–1925 in ganz Deutschland auf der Ebene der Altlandkreise zum Maßstab, dann stellt der westmittelfränkische Raum (der sich im größten Teil des fränkischen Württemberg und in einigen Altlandkreisen des fränkischen Baden fortsetzt) nach Seiler/Hildebrandt sogar den „bei weitem größten und ausgedehntesten" Rückgangsraum des gesamten Deutschen Reiches dar (S. 24). Für den Hinweis auf diese wichtige Publikation, die die demographischen und wirtschaftlichen Veränderungen im ländlichen Raum

Tabelle 5: Die Bevölkerungsentwicklung 1840–1939 der Landkreise in Franken

(1840 = 100 %)

Nr.	Abk.	1840	1939	in %	Zahl Gemeinden	Name
1	FÜ	19.025	36.705	193	14	Fürth
2	WUN	44.111	78.864	179	17	Wunsiedel im Fichtelgebirge
3	AB	46.113	79.835	173	32	Aschaffenburg
4	LAU	46.324	77.590	167	27	Nürnberger Land
5	CO	33.487	53.336	159	17	Coburg
6	KC	40.458	62.511	155	18	Kronach
7	SW	45.740	66.978	146	29	Schweinfurt
8	LIF	35.577	50.246	141	11	Lichtenfels
9	WÜ	60.974	83.846	137	52	Würzburg
10	HO	71.618	94.272	132	27	Hof
11	KU	46.596	58.973	127	22	Kulmbach
12	FO	44.369	55.474	125	29	Forchheim
13	MIL	50.703	63.074	124	32	Miltenberg
14	KG	60.031	73.802	123	26	Bad Kissingen
15	ERH	32.639	39.867	122	25	Erlangen-Höchstadt
16	MSP	71.960	85.056	118	40	Main-Spessart-Kreis
17	RH	42.978	50.595	118	16	Roth
18	WUG	55.513	64.497	116	27	Weißenburg-Gunzenhausen
19	NES	53.305	59.216	111	37	Rhön-Grabfeld-Kreis
20	HAS	53.786	58.909	110	25	Hassberge
21	BA	63.772	70.333	110	36	Bamberg
22	KT	58.410	63.675	109	31	Kitzingen
23	AN	111.153	117.077	105	58	Ansbach
24	BT	70.548	71.380	101	33	Bayreuth
25	NEA	73.736	70.488	96	38	Neustadt a.d. Aisch-Bad Windsheim
25		1.332.926	1.686.599	126	719	Landkreise

Kartographische Darstellung: Karte 2.

Quelle: wie Tabelle 1.

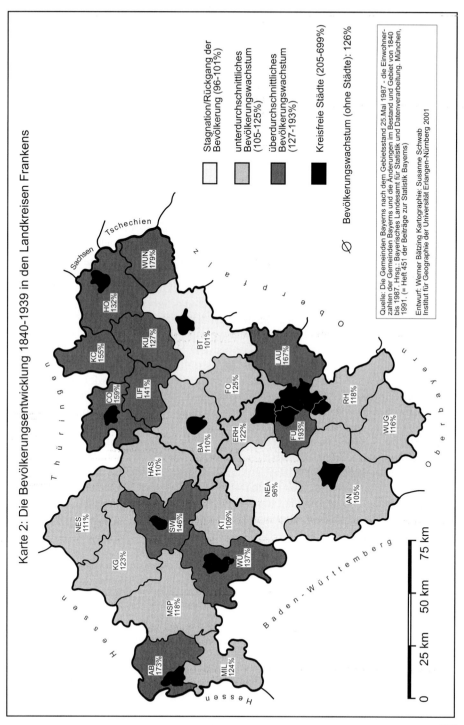

Karte 2: Die Bevölkerungsentwicklung 1840–1939 in den Landkreisen Frankens

Stagnation/Rückgang der Bevölkerung (96–101%)

unterdurchschnittliches Bevölkerungswachstum (105–125%)

überdurchschnittliches Bevölkerungswachstum (127–193%)

Kreisfreie Städte (205–699%)

⌀ Bevölkerungswachstum (ohne Städte): 126%

Quelle: Die Gemeinden Bayerns nach dem Gebietsstand 25. Mai 1987 - die Einwohnerzahlen der Gemeinden Bayerns und die Änderungen im Bestand und Gebiet von 1840 bis 1987. Hrsg.: Bayerisches Landesamt für Statistik und Datenverarbeitung. München, 1991. (= Heft 451 der Beiträge zur Statistik Bayerns)

Entwurf: Werner Bätzing Kartographie: Susanne Schwab
Institut für Geographie der Universität Erlangen-Nürnberg 2001

199

Zwölf Landkreise weisen ein leichtes Wachstum (105–125 %) auf, das unter dem Durchschnittswert des ländlichen Raumes (126 %) liegt. Sie werden im Kontext der Industrialisierung relativ deutlich geschwächt. Es handelt sich dabei einmal um peripher gelegene Landkreise (NES, KT, KG, MSP, HAS, WUG), die offensichtlich durch ihre Lage benachteiligt sind, andererseits um zentral gelegene Landkreise (RH, ERH, FO, BA, AN, MIL), bei denen dieses schwache Bevölkerungswachstum sehr deutlich darauf verweist, daß die gebremste oder periphere Entwicklung der betreffenden kreisfreien Städte (diese gehören alle zu den Kategorien B und C von Tabelle 4) nicht in ihr Umland abstrahlt.

Acht Landkreise weisen ein Wachstum auf, das über dem Durchschnitt der Landkreise, aber unter dem Frankens liegt (127–167 %). Diese Landkreise werden im Rahmen der gesamten industriellen Entwicklung zwar leicht geschwächt, aber im Kontext des ländlichen Raumes können sie ihre Position deutlich verbessern, sie zählen also durchaus mindestens partiell zu den Gewinnern. Diese acht Landkreise lassen sich recht einfach zwei verschiedenen Entwicklungen zuordnen: Einerseits sind es Landkreise in räumlicher Nähe zu großen Städten (WÜ, SW, LAU), die von einer frühen Suburbanisation profitieren (was von der Analyse der Gemeindeebene bestätigt werden wird). Andererseits sind es oberfränkische Landkreise (KU, HO, LIF, KC, CO) mit einer signifikant ausgeprägten dezentralen industriellen Entwicklung im ländlichen Raum. Bei Hof und Coburg wäre rein theoretisch auch an eine mögliche Suburbanisation zu denken, aber die Gemeindeergebnisse falsifizieren diese Hypothese.

Nur drei Landkreise (AB, WUN, FÜ) weisen ein Wachstum auf, das über dem fränkischen Durchschnitt (und FÜ sogar über dem bayerischen Durchschnitt) liegt, so daß sie ihre Position im Kontext der Industrialisierung stärken können.[22] Diese umfassen 7 % der Fläche Frankens. Ursache ist auch hier wieder eine periphere Industrialisierung (WUN liegt sogar ganz besonders peripher) beziehungsweise eine starke Suburbanisierung (AB und FÜ). Der Landkreis AB ist dadurch geprägt, daß er im Westen der bayerischen Landesgrenze direkt an das Stadtgebiet von Hanau grenzt, so daß von zwei Seiten aus Suburbanisierungsprozesse ablaufen.

Zusammenfassend kann man also festhalten, daß das Wachstum der Städte zwar die Einwohnerentwicklung 1840–1939 auf eine dominante Weise prägt, daß daneben jedoch – deutlich schwächer ausgeprägt – kleinere Teile des ländlichen Raumes durch Suburbanisierung und dezentrale Industrialisierung eine Aufwertung erfahren, während der größte Teil des ländlichen Raumes stärker oder schwächer entwertet wird.

Mittelfrankens mit quantitativen und qualitativen Analysen sehr genau darstellt, danke ich meinem Kollegen Manfred Schneider. Allerdings ist dabei sofort darauf hinzuweisen, daß die Land-Stadt-Wanderungen in dieser Analyse von vornherein normativ als „Landflucht" negativ gewertet werden: „Die gefährlichste Wirkung der Landflucht in Mittelfranken ist darin zu erblicken, daß hier mit dem Schwinden der Volkssubstanz auf dem flachen Lande die Hoffnung auf eine immer wieder neue Ergänzung und Gesundung des gesamten deutschen Volkes aus seiner Landbevölkerung abnehmen muß." (S. 137.) Und der Schlußsatz dieser Arbeit (S. 143) lautet: „... Überwindung des unheilvollen, undeutschen Urbanitätsideals der liberal-kapitalistischen Epoche!"

[22]   Allerdings ist beim Landkreis Fürth zu berücksichtigen, daß er 1840 derjenige Landkreis in Franken mit den wenigsten Einwohnern ist (nur 19.025, gefolgt von ERH mit 32.639). Deshalb entspricht dem sehr hohen relativen Wachstum nur ein absolutes Wachstum von 17.680 Personen, was lediglich Platz 9 bedeutet.

2.5. Zunahme räumlicher Disparitäten?

Bewertet man diese Entwicklung insgesamt, dann kann man feststellen, daß auf der einen Seite – Wachstum der Industriestädte – ausgeprägte Extremwerte vorhanden sind, während auf der anderen Seite – Rückgang im ländlichen Raum – vergleichbare Extremwerte auf der Ebene der Landkreise fehlen. Auch wenn dieses Ergebnis später durch die Gemeinde-Ebene noch relativiert werden wird, so bleibt doch als positives Element der räumlichen Entwicklung festzuhalten, daß großflächige Gebiete mit Bevölkerungsrückgängen in Franken nicht existieren.

Als Vorgriff auf die Ergebnisse der Gemeindeanalyse ist zu erwähnen, daß es in jedem (!) Landkreis mindestens eine Gemeinde gibt, die Einwohner verliert, und eine, die überdurchschnittlich stark wächst – die demographischen Extreme sind also ziemlich kleinräumig in Franken verteilt.[23] Natürlich ist dieses Ergebnis maßstabsabhängig: Benutzte man die Altlandkreise vor der Gebietsreform, würden sich die räumlichen Disparitäten noch verstärken, aber der Mosaikcharakter der demographischen Entwicklung würde erhalten bleiben.

Auch wenn in Franken räumliche Gegensätze wie in Frankreich oder Italien fehlen, so nehmen die Disparitäten auf der Ebene der Landkreise und kreisfreien Städte in der Zeit von 1840 bis 1939 sehr deutlich zu: Der Bevölkerungszuwachs zwischen 1840 und 1939 geht zu 68,6 % auf das Wachstum der kreisfreien Städte und zu 7,6 % auf die drei Landkreise FÜ, WUN, AB zurück, so daß elf Prozent der Fläche Frankens für drei Viertel des Bevölkerungszuwachses verantwortlich sind.

Zum Schluß soll noch der Grad der Verstädterung in Franken bestimmt werden, was jedoch nur auf Gemeindeebene sinnvoll ist. Die Schwierigkeit besteht darin, daß Verstädterung 1840 eigentlich anders definiert werden müßte als 1999, was aber direkte Vergleiche unmöglich macht. Der Schwellenwert von 10.000 Einwohnern erscheint sinnvoll, wenn man einen Wert sucht, der für den gesamten Zeitraum zutreffend sein soll.[24]

---

[23] Nur im Main-Spessart-Kreis fehlt eine Gemeinde mit überdurchschnittlichem Wachstum; dafür sind die Gemeinden mit einem unterdurchschnittlichen Wachstum ganz besonders zahlreich.

[24] Zu den Abgrenzungsfragen von „Stadt" und „Agglomeration" in Europa siehe grundsätzlich: Werner Nellner (Hg.), Studien zur Abgrenzung von Agglomerationen in Europa (ARL-Beiträge 58), Hannover 1982. In Deutschland ist dieser Schwellenwert jedoch eher unüblich, weil hier lange Zeit die traditionelle preußische statistische Klassifikation von 1871 verwendet wurde: Landstädte (2.000–5.000 Einwohner), Kleinstädte (5.000–20.000), Mittelstädte (20.000–100.000) und Großstädte (über 100.000); diese hat zahlreiche statistische Auswertungen geprägt, ist aber heute nicht mehr zutreffend. Stattdessen werden heute Kleinstädte als Gebilde mit 20.000–50.000 Einwohnern verstanden. Siehe dazu Rudolf Klöpper, Artikel „Stadttypologien", in: Akademie für Raumforschung und Landesplanung (Hg.), Handwörterbuch der Raumordnung, Hannover 1995, S. 913 und 914. Ich selbst habe im Alpenraum mit dem Schwellenwert von 10.000 Einwohnern gearbeitet, weil dieser bis vor kurzem der zentrale Indikator für „Stadt" in Österreich und der Schweiz war. Ich habe durch diese Arbeiten den Eindruck gewonnen, daß der Schwellenwert von 10.000 Einwohnern für „Stadt" in solchen Regionen sehr angemessen ist, die über großflächige ländliche Räume verfügen (wozu auch Franken zählt), während der Wert von 5.000 mir deutlich zu niedrig und der von 20.000 deutlich zu hoch liegt. Um trotzdem eine Vergleichbarkeit zu den bestehenden Auswertungen zu erreichen, wurde für 1840 der Schwellenwert von 5.000 Einwohnern und für alle Zeitschnitte der Schwellenwert von 20.000 Einwohnern berechnet.

Bei diesem Schwellenwert gibt es 1840 neun Städte (alle kreisfreien Städte außer Schweinfurt, Hof und Schwabach, siehe Tabelle 4), in denen 13,6 % der Einwohner Frankens leben. Im Jahr 1939 sind es dagegen 26 Gemeinden (alle zwölf kreisfreien Städte, alle großen Kreisstädte außer Rothenburg ob der Tauber sowie Helmbrechts, Münchberg, Kronach, Lichtenfels, Lauf und Lohr am Main), in denen 44,7 % der Einwohner Frankens leben. Dieser starke Anstieg wird in erster Linie von den besonders stark wachsenden kreisfreien Städten dominiert, aber die dezentrale Industrialisierung Oberfrankens spielt auch eine gewisse Rolle, weil zehn oberfränkische Gemeinden neu in diese Größenklasse hineinwachsen.

Setzt man dagegen den Schwellenwert für „Stadt" mit 5.000 Einwohnern an – ein Wert, der für das Jahr 1840 wesentlich angemessen ist – dann leben 1840 28,3 % der Bevölkerung und 1939 56,7 % der Bevölkerung in Städten. Während der erste Wert im deutschen Kontext hoch ist, liegt der letzte Wert offenbar ziemlich nahe beim deutschen Durchschnitt.[25] Setzt man zu Vergleichszwecken (siehe Anmerkung 24) den Schwellenwert für Stadt mit 20.000 Einwohnern an, dann gibt es 1840 in Franken nur drei Städte (Nürnberg, Würzburg, Bamberg), die diesen Wert erreichen, und zwei Städte (Fürth, Bayreuth), die nur ganz knapp darunter liegen. In diesen drei Städten leben 7,4 % (in den fünf Städten 9,9 %) der Bevölkerung. Im Jahr 1939 hat sich die Zahl dieser Städte auf 12 erhöht (siehe Tabelle 4), und der Bevölkerungsanteil beträgt jetzt 37,6 %, was leicht unter dem deutschen Durchschnitt liegt.[26]

Diese Ergebnisse lassen sich folgendermaßen bewerten: Trotz des teilweise explosionsförmigen Städtewachstums und trotz der geringen Zuwachsraten in den ländlichen Landkreisen ist der Raum Franken im Jahr 1939 keineswegs von den Städten dominiert – der ländliche Raum ist immer noch sehr bedeutend und besitzt beim Bevölkerungsanteil noch keineswegs eine Minderheitsposition. Und der Vergleich der Verstädterungswerte mit denen des Deutschen Reiches scheint anzudeuten, daß die industrielle Entwicklung in Franken etwas weniger dynamisch verläuft als im Deutschen Reich insgesamt; diese Interpretation wird durch den Vergleich der gesamten Bevölkerungsentwicklung (siehe Tabelle 2) bekräftigt.

3. Der Zeitraum 1939–1961

3.1. Die deutsche, bayerische und fränkische Entwicklung 1939–1961

Die Entwicklung dieser 22 Jahre ist durch zahlreiche Sonderfaktoren geprägt: Der Zweite Weltkrieg führt zu Millionen von Kriegstoten und zur starken Zerstörung vieler Großstädte (mit ausgeprägten, aber vorübergehenden Stadt-Land-Wanderungen), und die Nachkriegszeit bringt die Ansiedlung zahlreicher Flüchtlinge und Vertriebener, die zuerst dezentral in ländlichen Gemeinden untergebracht werden und dort

---

[25] Siehe dazu die Übersicht über die Gemeindegrößenklassen in Deutschland in Gerhard Henkel, Der ländliche Raum. Gegenwart und Wandlungsprozesse seit dem 19. Jahrhundert in Deutschland, Stuttgart/Leipzig 1999, S. 56–57. Danach lebten im Deutschen Reich im Jahr 1925 53,6 % der Bevölkerung in Gemeinden mit über 5.000 Einwohnern, und für 1815 schätzt er diesen Wert auf 12 %.

[26] Siehe Gerhard Henkel, Der ländliche Raum. Gegenwart und Wandlungsprozesse seit dem 19. Jahrhundert in Deutschland, Stuttgart/Leipzig 1999, S. 57. Der Wert für das Deutsche Reich 1925 liegt bei 40,5 %.

Tabelle 6: Die Bevölkerungsentwicklung 1939–1961 in Deutschland, Bayern und Franken

(1939 = 100 %)

Deutschland[*]	=	131 %
Bayern	=	134 %
Franken	=	130 %
Oberfranken	=	134 %
Mittelfranken	=	129 %
Unterfranken	=	129 %
Franken:		
Kreisfreie Städte	=	121 %
Landkreise	=	136 %

Anteil der Städte am Wachstum: 26 %

Anteil der Landkreise am Wachstum: 74 %

Quellen: wie Tabelle 1.

[*] Bundesgebiet mit Gebietsstand 1961 (alte Bundesländer).

für eine Reihe von Wirtschaftsimpulsen sorgen, die später aber teilweise wieder in die Städte abwandern.[27]

Tabelle 6 zeigt die Entwicklung in Deutschland (alte Bundesländer), in Bayern und in Franken. Als erstes fällt das besonders starke Wachstum dieses Zeitraumes ins Auge: 30 % Wachstum in 22 Jahren bedeuten rein rechnerisch ein Wachstum von 1,36 % pro Jahr, also fast doppelt so viel wie im Zeitraum 1840–1939 (0,72 % pro Jahr)!

Dieses Wachstum verteilt sich offenbar relativ regelmäßig in Deutschland, denn die Werte für Deutschland, Bayern, Franken und die drei fränkischen Regierungs-bezirke liegen alle recht dicht beieinander.

[27] Im Jahr 1950 waren 16,5 % der in Deutschland lebenden Bevölkerung Vertriebene oder Flüchtlinge aus Gebieten, die nicht (mehr) zu Deutschland (alte Bundesländer) gehörten. 60 % von ihnen waren damals in Gemeinden mit weniger als 2.000 Einwohnern untergebracht. Nach Hermann Heidrich (Hg.), Fremde auf dem Land, Bad Windsheim 2000.

Tabelle 7: Die Bevölkerungsentwicklung 1939 – 1950 – 1961 in Franken

kreisfreie Städte	1939	1950	1961	1939–50 in %	1950–61 in %	1939–61 in %	
Oberfranken	194.762	258.291	256.081	133 %	99 %	131 %	+ –
Mittelfranken	608.303	607.389	726.205	99,8 %	119 %	119 %	– +
Unterfranken	210.341	181.639	241.449	86 %	133 %	115 %	– +
Zusammen	1.013.406	1.047.319	1.223.735	103 %	117 %	121 %	+ +
Landkreise	1939	1950	1961	1939–50 in %	1950–61 in %	1939–61 in %	
Oberfranken	595.389	830.430	800.006	139 %	96 %	134 %	+ –
Mittelfranken	456.819	665.641	644.939	146 %	97 %	141 %	+ –
Unterfranken	634.391	857.291	848.534	135 %	99 %	134 %	+ –
Zusammen	1.686.599	2.353.362	2.293.479	139 %	97 %	136 %	+ –
Franken	2.700.005	3.400.681	3.517.214	126 %	103 %	130 %	+ +

Kartographische Darstellung der Landkreise: Karte 3.

Quelle: wie Tabelle 1.

Ein radikaler Trendbruch wird sichtbar, wenn man die Entwicklung nach kreisfreien Städten und Landkreisen ausdifferenziert: Das Wachstum der Städte ist auf Grund der Kriegszerstörungen deutlich geringer als das des Landes, das die zahlreichen Flüchtlinge aufnimmt. Und dementsprechend finden drei Viertel des Bevölkerungszuwachses auch in den ländlichen Gemeinden statt.

3.2. Die Entwicklung 1939 – 1950 – 1961 in Franken

Auf Grund der schnell wechselnden Rahmenbedingungen wird in Tabelle 7 die Entwicklung für die drei Volkszählungen 1939, 1950 und 1961 getrennt erarbeitet. Das Ergebnis ist sehr signifikant: Das größte Wachstum findet mit + 26 % zwischen 1939 und 1950 (genauer: zwischen 1945 und 1950) statt, während zwischen 1950 und 1961 nur noch + 3 % erzielt werden.

Differenziert man diese Entwicklung nach kreisfreien Städten und nach Landkreisen, so zeigt sich ein weiteres außergewöhnliches Resultat: Die Städte wachsen zwischen 1939 und 1950 kaum (+ 3 %), verzeichnen dann aber mit + 17 % ein sehr starkes Wachstum. Dies ist darauf zurückzuführen, daß 1950 die Städte noch stark durch die Kriegszerstörungen geprägt waren, während 1961 der Wiederaufbau bereits sehr weit vorangeschritten ist und fast wieder normale Verhältnisse herrschen.

Genau umgekehrt läuft die Entwicklung im ländlichen Raum: Er verzeichnet zwischen 1939 und 1950 mit + 39 % ein fast unglaubliches Wachstum, verliert dann aber zwischen 1950 und 1961 wieder 60.000 Einwohner oder 3 % seiner Bevölkerung von 1950.

3.3. Die Entwicklung 1939 – 1950 – 1961 in den kreisfreien Städten

Die Differenzierung der kreisfreien Städte in Tabelle 7 nach den drei Regierungsbezirken ist wenig aussagekräftig, da in diesem Zeitraum Sonderfaktoren (Kriegszerstörungen) dominieren, die nur auf der Ebene der einzelnen Städte dargestellt werden können. Grundsätzlich gibt es dabei vier Entwicklungsrichtungen:

Drei Städte verlieren zwischen 1939 und 1950 Einwohner, aber dieser Verlust wird im Zeitraum 1950–1961 mehr als kompensiert. Es handelt sich dabei um Nürnberg (– 54.000 Personen, + 96.000 Personen), Würzburg (– 27.000 Personen, + 40.000 Personen) und Schweinfurt (– 3.000 Personen, + 10.000 Personen). Im Prinzip kann man zu diesem Typ auch noch Aschaffenburg hinzuzählen, das zwischen 1939 und 1950 bloß um 1.000 Einwohner, zwischen 1950 und 1961 aber um gut 10.000 Einwohner zunimmt.

Drei Städte verzeichnen zwischen 1939 und 1950 ein starkes Wachstum, das sich zwischen 1950 und 1961 aber wieder deutlich abschwächt. Es sind dies Fürth (+ 19.000 und + 1.000), Bayreuth (+ 15.000 und + 4.000) und Schwabach (+ 7.000 und + 3.000).

Vier Städte verhalten sich so wie der ländliche Raum, indem sie nämlich zuerst ein starkes Wachstum und dann einen Rückgang der Bevölkerungszahlen (Abwanderung in Industriestädte mit breitem Arbeitsplatzangebot) zeigen. Es sind dies Bamberg (+ 18.000 und – 1.000), Coburg (+ 14.000 und – 500), Hof (+ 17.000 und – 4.000) und Ansbach (+ 10.000 und – 1000).

Bleibt schließlich noch als Sonderfall die Stadt Erlangen, die als einzige in beiden Zeiträumen sehr deutliche Zuwächse verzeichnet (+ 17.000 und + 20.000 Einwohner). Dies geht auf die Ansiedlung der Firma Siemens im Jahr 1945 zurück, die der Stadt in den folgenden Jahrzehnten ein permanentes und starkes Wirtschafts- und Bevölkerungswachstum bringt.[28]

3.4. Die Entwicklung 1939 – 1950 – 1961 der Landkreise

Die Entwicklung der Landkreise, die in Karte 3 dargestellt ist, läßt sich in zwei Haupttypen mit je zwei Untertypen gliedern.

Keineswegs alle Landkreise folgen dem Muster, das sich auf der Ebene Frankens beziehungsweise der drei Regierungsbezirke gezeigt hatte (Tabelle 7).

Neun Landkreise verzeichnen sowohl 1939–1950 als auch 1950–1961 ein Wachstum, und dies sind zugleich diejenigen Landkreise, die im Zeitraum 1939–1961 ein

---

[28] Zum Sonderfall Erlangen siehe Klaus-Hartwig Rube, Beiträge zur Bevölkerungsgeographie der Stadt Erlangen, in: Mitteilungen der Fränkischen Geographischen Gesellschaft 29–30, 1982–83, S. 116.

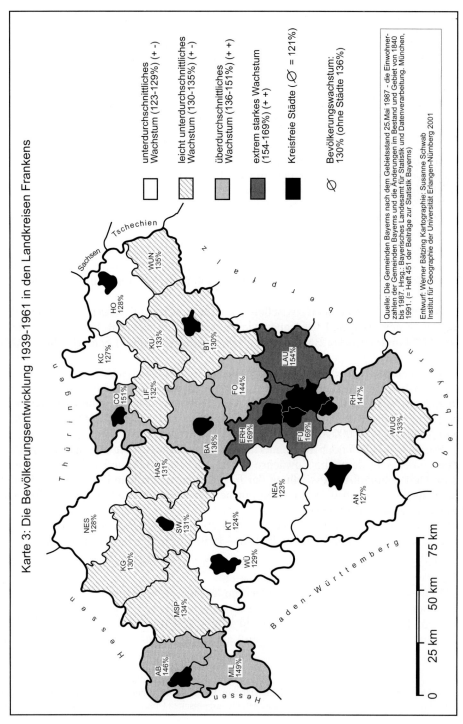

Karte 3: Die Bevölkerungsentwicklung 1939-1961 in den Landkreisen Frankens

überdurchschnittliches Wachstum besitzen.[29] Sechs Landkreise (BA, CO, FO, RH, AB, MIL) liegen zwischen 136 und 151 %, und bei ihnen fällt das Wachstum im zweiten Zeitraum sehr deutlich ab. In allen diesen Fällen ist die positive Entwicklung auf Suburbanisationsprozesse der benachbarten Städte zurückzuführen. Drei Landkreise weisen mit 154–169 % ein besonders starkes Wachstum auf (LAU, ERH, FÜ), und sie grenzen alle drei an die mittelfränkischen Großstädte, die offensichtlich besonders intensive Suburbanisationsprozesse auslösen.

Von den 16 Landkreisen mit unterdurchschnittlicher Entwicklung, die nach einem starken Wachstum wieder Einwohner verlieren, liegen neun nur leicht unter dem Durchschnittswert (130–136 %). Sie gehören entweder zum peripheren ländlichen Raum (KG, BT, HAS, WUG, MSP) oder zum altindustrialisierten ländlichen Raum (LIF, KU, SW, WUN), der im vorigen Abschnitt durch ein überdurchschnittliches Wachstum aufgefallen war, jetzt aber etwas zurückfällt. Sieben Landkreise liegen dagegen mit 123–129 % deutlich unter dem Durchschnitt. Es handelt sich auch hier wieder entweder um periphere ländliche Gebiete (NEA, AN, KT, NES) oder um altindustrialisierte Gebiete (KC, HO), und nur der Landkreis Würzburg fällt dabei aus dem sonst so regelhaften Rahmen, indem hier eine Suburbanisierung kaum sichtbar wird.

3.5. Zunahme räumlicher Disparitäten?

Die Entwicklung 1939–1961 stellt also einen deutlichen Trendbruch zur Entwicklung der Jahre 1840–1939 dar. Sie bedeutet eine gewisse flächenhafte Wiederaufwertung des Landes und damit zugleich eine gewisse Abschwächung der räumlichen Disparitäten, die die Industrialisierung hervorgebracht hatte.

Allerdings zeigt bereits die Ebene der Landkreise, daß nicht so sehr der gesamte ländliche Raum aufgewertet wird, sondern daß von der neuen Entwicklung in erster Linie die Landkreise im Umfeld der größeren Städte profitieren. Im Vorgriff auf den folgenden Zeitraum kann man deshalb feststellen, daß der Zeitraum 1939–1961 den Übergang vom zentrendominierten Wachstum der Zeit der Industriegesellschaft (Städtewachstum) zum suburbanen Wachstum der Dienstleistungsgesellschaft markiert.

Betrachtet man die Entwicklung der Verstädterung in diesem Zeitraum, so steigt sie weiter an, obwohl die Landkreise einen so großen Anteil am Bevölkerungszuwachs besitzen (Tabelle 6). Allerdings muß dabei einschränkend festgestellt werden, daß die kreisfreien Städte in dieser Zeit immer weniger mit „den Städten" identisch sind und daß das Wachstum der Verstädterung auch dadurch mitbestimmt wird, daß eine Reihe von „Landgemeinden" jetzt den städtischen Schwellenwert übertreffen.

Setzt man den Schwellenwert von 10.000 Einwohnern an, so steigt die Zahl der „Städte" von 26 im Jahr 1939 auf 48 im Jahr 1961. Auffällig ist dabei, daß von den 22 „neuen" Städten allein elf in Mittelfranken liegen, was die Bedeutung der Suburbanisationsprozesse unterstreicht. Der Anteil der Einwohner, die in diesen Städten

---

[29] Es gibt dabei nur eine einzige Ausnahme, nämlich den Landkreis Schweinfurt, der zwar in beiden Zeiträumen wächst, trotzdem aber mit 131 % unter dem Durchschnitt des ländlichen Raumes (136 %) bleibt.

leben, beträgt 1939 44,7 % und er steigt bis 1961 auf 50,1 %. Angesichts der starken Wachstumsraten der gesamten Bevölkerung Frankens (+ 30 %) fällt die Zunahme der Verstädterung (+ 12 %) nur unterdurchschnittlich aus.

Setzt man den Schwellenwert mit 20.000 Einwohnern an, so ergibt sich eine ganz ähnliche Aussage: Aus den zwölf Städten des Jahres 1939 werden 1961 19 Städte, wobei bei dieser Berechnung Oberfranken (vier „neue" Städte: Forchheim, Lichtenfels, Marktredwitz, Selb) besonders positiv dasteht (Fortdauer der dezentralen Industrialisierung), während Mittelfranken nicht mehr auffällt (die neuen Städte haben als suburbane Gemeinden zwar den Schwellenwert von 10.000, aber noch nicht jenen von 20.000 Einwohnern überschritten). Der Anteil der Bevölkerung, der in diesen Städten lebt, wächst von 1939 = 37,6 % auf 1961 = 39,3 %, und dies stellt wiederum einen schwachen Wert dar – der ländliche Raum wird zwar zwischen 1939 und 1961 absolut gestärkt, fällt aber trotzdem in seiner relativen Bedeutung in Franken leicht zurück.

4. Der Zeitraum 1961–1999

4.1. Die deutsche, bayerische und fränkische Entwicklung 1961–1999

Drei fundamentale Änderungen sorgen in dieser Phase für völlig neue Rahmenbedingungen der Bevölkerungsentwicklung: Als erster Punkt kommt der „demographische Übergang" (das Auseinanderfallen von Geburten- und Sterberate), der stark für das explosionsförmige Wachstum der Bevölkerung in der Phase der Industriegesellschaft verantwortlich ist, an sein Ende, und im Jahr 1972 liegen in Deutschland erstmals die Sterbe- über den Geburtenraten und bleiben bis heute negativ.[30] Ein Bevölkerungswachstum hängt in dieser Situation nur von Zuwanderungen aus dem Ausland ab, die zu Beginn dieser Phase zwar politisch stark gefördert werden, anschließend jedoch immer mehr erschwert werden. Deshalb kann man feststellen, daß das permanente und starke Bevölkerungswachstum, das für die Zeit von 1840 bis 1961 so charakteristisch ist, jetzt allmählich zu Ende geht. Zwar steigt die Einwohnerzahl Deutschlands bis 1974 noch an (in den alten Bundesländern wird in diesem Jahr der für lange Zeit maximale Wert von 62 Millionen erreicht, und in Gesamtdeutschland sind es 79 Millionen), aber dann sinken die Einwohnerzahlen wieder leicht und erreichen 1985 mit 61 Millionen (alte Bundesländer) beziehungsweise 1986 mit 77,6 Millionen (Gesamtdeutschland) ihren niedrigsten Wert. Ab 1988 (alte Bundesländer) beziehungsweise ab 1989 (Gesamtdeutschland) setzt dann ein relativ sprunghaftes Wachstum ein, das durch Zuwanderer verursacht wird, und das bis heute anhält, auch wenn es sich ab 1994 (alte Bundesländer) beziehungsweise ab 1993 (Gesamtdeutschland) wieder sehr abschwächt.[31]

Der zweite Punkt besteht in den völlig neuen Standortanforderungen der Wirtschaft im Kontext der Tertiarisierung. Dadurch werden viele traditionelle Industriestandorte abgewertet und völlig neue Standorte aufgewertet. Da diese häufig im

---

[30] Friedrich Pohlmann, Die europäische Industriegesellschaft, Opladen 1997, S. 130.
[31] Siehe dazu die langen Zahlenreihen im vom Statistischen Bundesamt herausgegebenen Statistischen Jahrbuch 2000 für die Bundesrepublik Deutschland, Wiesbaden 2000, S. 44.

Tabelle 8: Die Bevölkerungsentwicklung 1961–1999 in Deutschland und den alten Bundesländern

(1961 = 100 %)

Deutschland: 114 % (alte und neue Bundesländer)

Deutschland (alte Bundesländer):

Baden-Württemberg:	135 %	A
Bayern:	128 %	A
Hessen:	126 %	A
Schleswig-Holstein:	120 %	B
Niedersachsen:	119 %	B
Rheinland-Pfalz:	118 %	B
Nordrhein-Westfalen:	113 %	C
Saarland:	100 %	C
Berlin (West):	96 %	D
Bremen:	94 %	D
Hamburg:	93 %	D
Alte Bundesländer:	119 %	

1999 = 31.12.1999

Quellen: Für 1961 wie Tabelle 1.
                  Für 1999: Statistisches Bundesamt (Hg.), Statistisches Jahrbuch 2000 für die Bundesrepublik Deutschland, Wiesbaden 2000, S. 32.

Süden Deutschlands liegen, spricht man vereinfacht von einer Nord-Süd-Verlagerung der Wirtschaft, die zu entsprechenden Migrationen führt.[32]

Der dritte Punkt betrifft die extrem starke Zunahme der persönlichen Mobilität dank radikaler Verbilligung des Verkehrs (Nutzung des Öls als sehr billiger Rohstoff), technischen Innovationen (Kraftfahrzeugtechnik als innovative Branche) und Kaufkraftsteigerungen in breiten Bevölkerungsschichten (Massenmotorisierung). Mit Hilfe eines sehr umfangreichen staatlichen Straßenbaus wird seit den 1950er Jahren

[32] Siehe dazu grundsätzlich: Wolfgang Brückner u.a., Nord-Süd in Deutschland? Vorurteile und Tatsachen, Stuttgart u.a. 1987.

Tabelle 9: Die Bevölkerungsentwicklung 1961–1999 in den bayerischen Regierungsbezirken

(1961 = 100 %)

Regierungsbezirk	1961	1999	in %
Oberbayern	2.831.744	4.033.643	142 %
Niederbayern	977.166	1.170.170	120 %
Oberpfalz	963.833	1.074.338	111 %
Schwaben	1.467.454	1.745.576	119 %
Oberfranken	1.056.087	1.114.155	105 %
Mittelfranken	1.371.144	1.683.282	123 %
Unterfranken	1.089.983	1.333.803	122 %
Franken	3.517.214	4.131.240	117 %
Bayern	9.515.479	12.154.967	128 %

1999 = 31.12.1999

Quellen: Für 1961 wie Tabelle 1.
             Für 1999: Bayerisches Landesamt für Statistik und Datenverarbeitung (Hg.), Gemeinde Daten. Ausgabe
             2001, München 2001.

die Eisenbahn, das klassische Transportmittel der Industriegesellschaft, immer stärker durch den privaten PKW und den LKW, die Transportmittel der Dienstleistungsgesellschaft, verdrängt. Damit wird die flächenhafte Erreichbarkeit sprunghaft vergrößert, was zu neuen Formen des Städtewachstums (Suburbanisierung) führt.

Tabelle 8 zeigt die Bevölkerungsentwicklung 1961–1999 für Deutschland, die alten Bundesländer und für Bayern. Als erstes fällt das geringe absolute Wachstum auf, was nur noch + 19 % in 38 Jahren beträgt und was damit das niedrigste Wachstum in allen drei Zeiträumen ist. Bezieht man dabei auch die ehemalige DDR beziehungsweise die neuen Bundesländer mit ein, liegt dieser Wert sogar nur bei + 14 %.

Das zweite Ergebnis besteht darin, daß auf der Ebene der Bundesländer die Nord-Süd-Verschiebung der Bevölkerung Deutschlands sichtbar wird: Auf den ersten drei Plätzen liegen die Länder Baden-Württemberg, Bayern und Hessen mit einem deutlich überdurchschnittlichen Wachstum. Im Mittelfeld (Durchschnittswerte) liegen Schleswig-Holstein, Niedersachsen und Rheinland-Pfalz, gefolgt von zwei stark industrialisierten Ländern mit unterdurchschnittlichen Werten (Nordrhein-Westfalen und Saarland), während die Stadtstaaten Berlin (West), Bremen und Hamburg wie alle Großstädte durch den Prozeß der Suburbanisierung Einwohner verlieren.

Tabelle 9 zeigt die Werte für Bayern und Franken auf der Ebene der Regierungs-bezirke. Das im Kontext Deutschlands sehr positive bayerische Wachstum (128 %) wird auch in diesem Zeitraum überproportional stark vom Regierungsbezirk Ober-bayern (142 %), also dem Verdichtungsraum München, geprägt, während Niederbay-ern, Schwaben, Mittel- und Unterfranken sehr ähnliche Werte (119–123 %) aufwei-sen. Diese liegen zwar immer noch leicht über dem bundesdeutschen Durchschnitt der alten Länder, aber andererseits verzeichnen diese Räume auch nicht diejenigen hohen Wachstumsraten, die eigentlich für „den Süden" typisch sein sollen, die sich aber hier nur in einigen Teilräumen (München, Stuttgart, Freiburg) finden. Die peri-phere Oberpfalz ist mit 111 % dagegen bereits deutlich abgeschlagen, und das altin-dustrialisierte Oberfranken weist einen Wert von 105 % auf, der auf eine gravierende Strukturkrise verweist. Dem fränkischen Durchschnittswert von 117 % kommt des-halb wenig spezifische Bedeutung zu, weil er zwei unterschiedliche Entwicklungen nivelliert.

4.2. Die kreisfreien Städte in Franken 1961–1999

Tabelle 10 zeigt die Veränderungen der kreisfreien Städte 1961–1999 und läßt dabei die säkulare Trendwende sichtbar werden: Die Städte wachsen nicht mehr! Das bedeutet, daß sich die Wachstumsgebiete in diesem Zeitraum von den Städten weg ins Umland verlagern.

Natürlich ist der Durchschnittswert von 103 % dadurch geprägt, daß es Städte mit deutlichem Wachstum und solche mit deutlichen Rückgängen gibt. Aber wenn man sich die typischen Industriestädte (Kategorie A in Tabelle 4) ansieht, so liegen sie (mit Ausnahme von Hof) im Bereich der Stagnation. Die Ursache dafür, daß es hier keine stärkeren Rückgänge gibt, dürfte der Gebietsstand nach 1978 sein: Die städtischen Gemeindeflächen sind durch Eingemeindungen so groß geworden, daß neue subur-bane Stadtteile (Trabantensiedlungen wie Nürnberg-Langwasser oder Erlangen-Büchenbach) dort genügend Platz finden.

Differenziert man diese Entwicklung mit Hilfe der Daten der Volkszählungen von 1961, 1970, 1987 weiter aus, wird das Bild noch deutlicher: Der Prozeß der Suburba-nisierung (absoluter Bevölkerungsrückgang der Städte) setzt in Oberfranken im Jahr 1961, in Mittel- und Unterfranken im Jahr 1970 ein. Nur vier Städte bilden dabei eine Ausnahme, nämlich diejenigen, die zu allen genannten Zählungen ein Wachstum auf-weisen und die deshalb in Tabelle 10 auch die Plätze 1–4 belegen: Schwabach, Erlan-gen und Bayreuth sind dabei als „Nachzügler" des Städtewachstums anzusehen, die im Zeitraum 1840–1939 nur relativ gering gewachsen sind (Kategorie C in Tabelle 4) und die dies jetzt durch ein besonders starkes Wachstum kompensieren, das allerdings in den letzten Jahren (verspätet) ebenfalls zur Stagnation abflacht. Die vierte Stadt ist Aschaffenburg, die zwischen 1840–1939 ein starkes Wachstum aufwies und die auch seit 1961 weiter wächst. Dies dürfte an der Standortgunst liegen, denn diese Stadt gehört seit einiger Zeit funktional zum Verdichtungsraum Rhein-Main und empfängt von daher besondere Wachstumsimpulse, die im übrigen Franken fehlen.

Erstaunlich ist jedoch, daß alle Städte in Franken, auch diejenigen mit vorausge-hendem Bevölkerungsrückgang, zwischen 1987 und 1999 wieder ein – meist leichtes – Wachstum verzeichnen (nur Bamberg verliert in dieser Zeit 96 Einwohner). Dies dürfte auf das Jahr 1989/90 und den Fall des „Eisernen Vorhangs" zurückzuführen

Tabelle 10: Die Bevölkerungsentwicklung 1961–1999 in den kreisfreien Städten und
den Regierungsbezirken Frankens

Nr.	Name	1961 (VZ)	31.12.1999	in %
1	Schwabach	27.129	37.947	140
2	Erlangen	76.751	100.750	131
3	Aschaffenburg	58.433	67.028	115
4	Bayreuth	66.219	73.967	112
5	Fürth	106.264	109.771	103
6	Nürnberg	474.709	486.628	102
7	Würzburg	126.093	127.350	101
8	Ansbach	41.352	40.163	97
9	Schweinfurt	56.923	54.511	96
10	Hof	59.528	51.133	86
11	Coburg	50.019	43.272	86
12	Bamberg	80.315	69.004	86
12	Städte	1.223.735	1.261.524	103

Reg.bez.	1961	1970	1987	1999	1961–1999 in %	
Oberfranken	256.081	252.472	232.930	237.376	93 %	– – +
Mittelfranken	726.205	775.573	738.740	775.259	107 %	+ – +
Unterfranken	241.449	246.831	236.304	248.889	103 %	+ – +
	1.223.735	1.274.876	1.207.974	1.261.524	103 %	+ – +

+ –Wachstum bzw. Rückgang in den drei Zeiträumen

1961, 1970, 1987 = Daten der Volkszählung

1999 = Kommunale Daten zum 31.12.1999

Quellen: wie Tabelle 9.

sein: Die neuen Zuwanderer aus der ehemaligen DDR und aus dem Ausland siedeln sich auf der Suche nach Arbeitsplätzen bevorzugt zuerst in den größeren Städten an. Dadurch entsteht in geringem Maße eine leichte Gegenbewegung zum Prozeß der Suburbanisierung.

4.3. Die Landkreise in Franken 1961–1999

Das Einwohnerwachstum in den Landkreisen 1961–1999 liegt mit 125 % relativ hoch und stellt nach dem Zeitraum 1939–1961 das zweitstärkste Wachstum im Zeitraum 1840–1999 dar.

Tabelle 11 und Karte 4 bringen die Angaben zu den einzelnen Landkreisen. Da die folgende Analyse, nämlich die Aufgliederung der Entwicklung der Landkreise nach den Zeitschnitten 1961, 1970, 1987 und 1999 (Tabelle 12), mit den Angaben von Tabelle 11 sehr eng korreliert werden kann, werden die Ergebnisse zusammen vorgestellt, indem vier Typen von Landkreisen gebildet werden. Da die Landkreise des Typs B eine außergewöhnliche Entwicklung nehmen (absolute Rückgänge 1970–1987) wird bei ihnen ausnahmsweise die Gemeinde-Ebene zu Hilfe genommen, um die Ursachen dafür besser erkennen zu können.

Typ A repräsentiert das überdurchschnittliche Wachstum, und alle diese zehn Landkreise weisen in allen drei Zeiträumen ein Wachstum auf. Dabei gibt es nur zwei kleine Ausnahmen: Der Landkreis Ansbach liegt mit 122 % zwar leicht unter dem Durchschnitt von 125 %, aber er wächst zu allen Zeitschnitten in der gleichen Weise wie die unmittelbar vor ihm stehenden Landkreise. Gleiches gilt für den Main-Spessart-Kreis, aber sein Wachstum liegt doch deutlicher unter dem Durchschnitt (116 %). Beide Landkreise wurden nicht mehr diesem Typ zugeordnet; sie stellen jedoch eine Art Übergang zwischen den Typen A und B dar.

Alle Landkreise des Typs A liegen im Umfeld einer kreisfreien Stadt, und das Landkreis-Wachstum ist dort besonders groß, wo die kreisfreien Städte zum Typ „Nachzügler beim Städtewachstum" gehören (siehe Tabelle 10) – dies gilt für ERH, RH, AB, FO und MIL (jedoch erstaunlicherweise nicht für BT) – oder wo die kreisfreien Städte besonders groß sind – dies gilt für FÜ (Platz 2), WÜ (Platz 6) und LAU (Platz 7). Eine Ausnahme in dieser ausgeprägten Regelhaftigkeit bildet lediglich der Landkreis Bamberg, dessen hohes Wachstum offenbar mit dem starken Rückgang in der Stadt Bamberg direkt zusammenhängt.

Damit ergibt sich eine deutliche Gesamtaussage: Die Gewinner beim Bevölkerungswachstum 1961–1999 sind diejenigen Landkreise, die am Prozeß der Suburbanisierung partizipieren, also die gut erreichbaren und zentrennahen Landkreise. Und es ist zu erwarten, daß innerhalb dieser Landkreise die stadtnahen Gemeinden besonders stark wachsen, während die peripheren Gemeinden deutlich geringere Werte aufweisen.

Die Typen B und C weisen die gleichen Charakteristika auf, nämlich ein unterdurchschnittliches Bevölkerungswachstum und einen Bevölkerungsrückgang zwischen 1970 und 1987, der aber im Jahr 1999 mehr als kompensiert ist. Sie unterscheiden sich jedoch voneinander, wenn man die Entwicklung 1840–1939 und die Rangfolge in Tabelle 11 hinzunimmt.

Typ B besteht aus Landkreisen in größerer Entfernung zu den kreisfreien Städten. Bemerkenswert ist, daß keiner dieser Landkreise, die alle zwischen 1840 und 1939

Tabelle 11: Die Bevölkerungsentwicklung 1961–1999 in den Landkreisen Frankens

(1961 = 100 %)

Nr.	Abk.	VZ 1961	31.12.99	in %	1961–70	1970–87	1987–99	Kat.
1	ERH	67.453	128.177	190	+	+	+	A
2	FÜ	62.105	113.369	182	+	+	+	A
3	RH	74.232	123.496	166	+	+	+	A
4	AB	116.777	173.730	149	+	+	+	A
5	BA	95.267	141.687	149	+	+	+	A
6	WÜ	108.126	158.655	147	+	+	+	A
7	LAU	119.398	167.483	140	+	+	+	A
8	FO	80.188	111.848	139	+	+	+	A
9	MIL	94.255	130.635	139	+	+	+	A
10	SW	87.582	116.290	133	+	+	+	A
11	AN	149.022	182.307	122	+	+	+	B
12	BT	92.733	108.895	117	+	–	+	B
13	MSP	114.025	132.014	116	+	+	+	B
14	NES	75.585	87.076	115	+	–	+	B
15	KG	96.082	109.413	114	+	–	+	B
16	HAS	77.290	88.371	114	+	–	+	B
17	CO	80.676	92.304	114	+	–	+	C
18	KT	78.812	88.730	113	+	–	+	B
19	NEA	86.771	98.201	113	+	–	+	B
20	WUG	85.958	94.990	110	+	–	+	B
21	LIF	66.269	70.910	107	+	–	+	C
22	KU	78.450	78.815	100	+	–	+	C
23	KC	79.501	75.905	95	+	–	O	D
24	HO	120.656	109.661	91	–	–	+	D
25	WUN	106.266	86.754	82	–	–	–	D
25	Kreise	2.293.479	2.869.716	125				

+ Wachstum im angegebenen Zeitraum

– Rückgang im angegebenen Zeitraum

O Stagnation im angegebenen Zeitraum

Kartographische Darstellung: Karte 4.

Quellen: wie Tabelle 9.

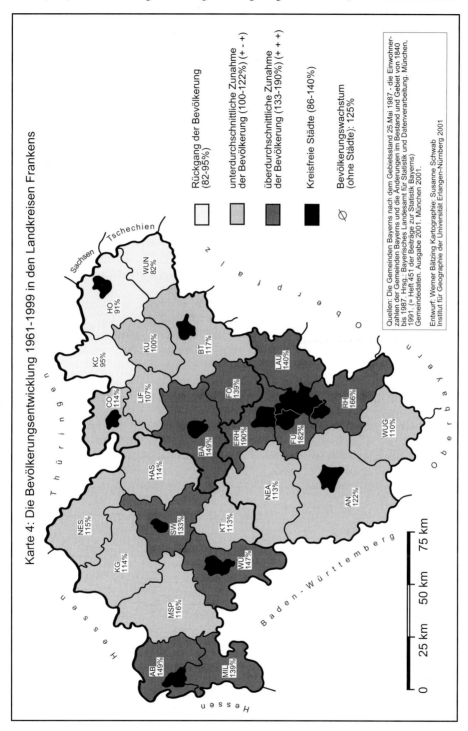

Karte 4: Die Bevölkerungsentwicklung 1961-1999 in den Landkreisen Frankens

Rückgang der Bevölkerung
(82-95%)

unterdurchschnittliche Zunahme
der Bevölkerung (100-122%) (+ - +)

überdurchschnittliche Zunahme
der Bevölkerung (133-190%) (+ + +)

Kreisfreie Städte (86-140%)

Bevölkerungswachstum
(ohne Städte): 125%

Quellen: Die Gemeinden Bayerns nach dem Gebietsstand 25.Mai 1987 - die Einwohnerzahlen der Gemeinden Bayerns und die Änderungen im Bestand und Gebiet von 1840
bis 1987. Hrsg.: Bayerisches Landesamt für Statistik und Datenverarbeitung. München,
1991. (= Heft 451 der Beiträge zur Statistik Bayerns)
Gemeindedaten. Ausgabe 2001. München 2001.

Entwurf: Werner Bätzing Kartographie: Susanne Schwab
Institut für Geographie der Universität Erlangen-Nürnberg 2001

Tabelle 12: Bevölkerungsentwicklung 1961 – 1970 – 1987 – 1999 in Franken

	1961	1970	1987	1999	1961–99
Oberfranken Städte	256.081	252.472	232.930	237.376	93 %
Mittelfranken Städte	726.205	775.573	738.740	775.259	107 %
Unterfranken Städte	241.449	246.831	236.304	248.889	103 %
Städte	1.223.735	1.274.876	1.207.974	1.261.524	103 %
Oberfranken Landkreise	800.006	826.659	803.646	876.779	109 %
Mittelfranken Landkreise	644.939	710.816	782.744	908.023	141 %
Unterfranken Landkreise	848.534	934.478	966.407	1.084.914	128 %
Landkreise	2.293.479	2.471.953	2.552.797	2.869.716	125 %
Oberfranken Gesamt	1.056.087	1.079.131	1.036.576	1.114.155	105 %
Mittelfranken Gesamt	1.371.144	1.486.389	1.521.484	1.683.282	128 %
Unterfranken Gesamt	1.089.983	1.181.309	1.202.711	1.333.803	122 %
Franken	3.517.214	3.746.829	3.760.771	4.131.240	117 %

Quellen: wie Tabelle 9.

ein unterdurchschnittliches Wachstum oder eine Stagnation aufweisen, im Zeitraum 1961–1999 einen absoluten Rückgang oder eine Stagnation aufweist, und nicht einmal sehr peripher gelegene Landkreise wie WUG oder NES fallen durch besonders ungünstige Werte auf. Das zweite Merkmal dieses Typs liegt im Rückgang zwischen 1970 und 1987, was formal der Entwicklung der kreisfreien Städte sehr ähnlich sieht. Um die Hintergründe dieses außergewöhnlichen Verlaufs besser zu verstehen, wurden alle Landkreise des Typs B auf Gemeinde-Ebene analysiert.

Der Zeitraum 1961–1970 ist dadurch geprägt, daß alle Landkreise des Typs B ein unterdurchschnittliches Wachstum von + 2,6 % bis + 7,0 % verzeichnen (nur NEA fällt mit + 0,1 % oder + 97 Personen deutlich aus diesem Kontext). Dieses Wachstum ist einerseits relativ breit abgestützt, indem zwei Drittel aller Gemeinden leicht wachsen (nur in WUG sind Wachstums- und Rückgangsgemeinden gleichstark, und in NEA dominieren die Rückgangsgemeinden), aber andererseits gibt es in jedem Landkreis zwei bis fünf Gemeinden (nur teilweise sind dies die Kreisstädte oder andere große Gemeinden), die allein für etwa 60 % des Zuwachses verantwortlich sind (in

216

NEA und WUG vermindern allein diese Gemeinden sogar die negative Landkreisentwicklung).

Dieses Ergebnis kann dahingehend interpretiert werden, daß sich die dezentralflächenhafte Aufwertung des ländlichen Raumes im Zeitraum 1939–1961 in sehr abgeschwächter Form zwischen 1961–1970 noch fortsetzt, daß dies aber gleichzeitig von Sonderentwicklungen einiger weniger Gemeinden überlagert wird, die einen besonders dynamischen Wirtschaftsaufschwung verzeichnen.

Im Zeitraum 1970–1987 fällt als erstes auf, daß die absoluten Rückgänge der Einwohnerzahlen überall sehr schwach ausfallen (wenige hundert bis wenige tausend Personen) und daß die Gesamtentwicklung nicht mehr wie im Zeitraum 1961–1970 durch einige wenige Gemeinden dominiert wird. Stattdessen finden wir eine sehr große Vielzahl von Gemeinden mit jeweils kleinen absoluten Zuwächsen oder Rückgängen (meist im Zehner- und Hunderter-Bereich, seltener größer). 62 % der Gemeinden verlieren Einwohner und 38 % gewinnen Einwohner (1961–1970 war das Verhältnis genau umgekehrt). Dies bedeutet, daß die leicht positive dezentralflächenhafte Entwicklung des ländlichen Raum in den peripheren Landkreisen jetzt beendet ist und daß auch die wenigen besonders dynamischen Gemeinden des Zeitraums 1961–1970 nicht mehr besonders auffallen.

Fragt man nach der Entwicklung der Gemeinden in den Zeiträumen 1961–1970, 1970–1987 und 1987–1999, so fällt auf, daß die 38 % Wachstumsgemeinden des Zeitraums 1970–1987 auch gleichzeitig in den beiden anderen Zeiträumen wachsen, so daß es sich bei ihnen um Gemeinden mit einer durchgehenden positiven Entwicklung handelt. Bei den 62 % Rückgangsgemeinden des Zeitraumes 1970–1987 gehören 40 % zu solchen Gemeinden, die seit 1961 Einwohner verlieren, die dann aber zwischen 1987 und 1999 erstmals wieder wachsen. Dies verweist auf einen gewissen säkularen Trendbruch im peripheren ländlichen Raum: Der permanente Rückgang seit 1840, der nur durch die Ausnahmeentwicklung der Jahre 1939–1961 unterbrochen wurde, geht erst 1987 zu Ende. Aber ohne weitere Analysen auf Gemeinde-Ebene, die an dieser Stelle noch nicht sinnvoll sind, läßt sich diese Vermutung nicht verifizieren oder falsifizieren. Festzuhalten bleibt jedenfalls die ungewöhnliche Entwicklung der Landkreise des Typs B zwischen 1970 und 1987, wobei dieser Typ insgesamt für eine gewisse, wenn auch nur leicht ausgeprägte Schwächung des ländlichen Raumes steht.

Die Landkreise des Typs C (CO, LIF, KU) zeichnen sich dadurch aus, daß es altindustrialisierte Landkreise sind (überdurchschnittliches Wachstum 1840–1939), die zwischen 1961 und 1999 nur noch unterdurchschnittlich wachsen (CO und LIF) oder eine Stagnation aufweisen (KU). Rechnet man beim Landkreis Coburg (+ 12.000 Einwohner) die Stadt Coburg hinzu (– 7.000), dann läge der Gesamtwert nur bei 104 %, und die Landkreise des Typs C würden in der Rangfolge eindeutig hinter denen des Typs B stehen, was als Ausdruck ihrer wirtschaftlichen Strukturprobleme interpretiert werden kann.

Auf Gemeinde-Ebene lautet die Hypothese, daß in erster Linie die traditionellen Industriegemeinden, die auf Grund des langen Wachstums im Jahr 1961 oft mehr als 5.000 Einwohner zählen, für die schwache Gesamtentwicklung verantwortlich sind. Was jedoch die Ursachen für das erneute Wachstum seit 1987 sind, kann erst auf Gemeinde-Ebene geklärt werden.

Die drei Landkreise des Typs D – KC, HO, WUN – verzeichnen als einzige einen Bevölkerungsrückgang, der im Falle Wunsiedels sogar sehr deutlich ausfällt. Es handelt sich bei ihnen um altindustrialisierte Landkreise mit einem besonders starken Wachstum 1840–1939, die seit 1961 deutliche Krisensymptome zeigen.

Da der Regierungsbezirk Oberfranken sehr stark durch die Typen C und D bestimmt wird (sechs von neun Landkreisen gehören dazu), ist seine im bayerischen Kontext außergewöhnlich schwache Entwicklung zwischen 1961 und 1999 auf die Strukturprobleme seiner altindustrialisierten Gebiete (dezentrale Industrialisierung des ländlichen Raumes) zurückzuführen. Im Kontext Frankens stellt diese Entwicklung jedoch eine Ausnahme dar, die auf Landkreis-Ebene anderswo nicht mehr sichtbar ist (auch nicht im altindustrialisierten Landkreis Schweinfurt und im Raum Nürnberg) und die die ansonsten sehr klare und deutliche Entwicklung (starke Suburbanisierung der zentrennahen Landkreise und leichtes Wachstum der zentrenfernen Landkreise) überlagert.

Allerdings ist an dieser Stelle noch einmal darauf hinzuweisen, daß erst die Gemeinde-Ebene die ablaufenden Entwicklungen wirklich klar erkennen läßt: Auch im Zeitraum 1961–1999 verlieren 150 Gemeinden, also 20 % der fränkischen Gemeinden, Einwohner, was bereits auf Landkreis-Ebene kaum noch sichtbar wird (nur 41 dieser Gemeinden liegen in den drei Landkreisen des Typs D, und der große Rest verteilt sich relativ gleichmäßig fast im gesamten Raum Frankens). Und schließlich ist der Prozeß der Suburbanisierung ein kleinräumiger Vorgang, der erst auf Gemeinde-Ebene adäquat dargestellt werden kann.

4.4. Abnahme räumlicher Disparitäten?

Der säkulare Trendbruch beim Städtewachstum, der starke Prozeß der Suburbanisierung und die leichte Stärkung des peripheren ländlichen Raumes lassen die räumlichen Disparitäten wieder etwas geringer werden. Allerdings wirkt die lange Phase des industriellen Wachstums mit seiner extremen Zunahme der räumlichen Disparitäten bis heute nach.

Setzt man den Schwellenwert für „Stadt" bei 10.000 Einwohnern an, so wächst die Zahl der so definierten Städte von 48 auf 66 Gemeinden (= 9 % aller Gemeinden) an. In ihnen leben 1961 50,1 % und 1999 50,8 % aller Einwohner Frankens. Diese sehr schwache Zunahme zeigt, daß jetzt die kleineren Gemeinden die positive Einwohnerentwicklung sehr stark prägen, wobei die Suburbanisierungsgemeinden an der Spitze stehen dürften.

Setzt man dagegen den Schwellenwert bei 20.000 Einwohnern an, dann wird der Rückgang der Verstädterung auf direkte Weise sichtbar: Die Zahl der so definierten Städte wächst zwar leicht von 19 auf 21, aber in diesem Zeitraum fallen die Industriestädte Selb und Marktredwitz (beide WUN) unter diese Schwelle und vier Gemeinden steigen neu in diese Größenklasse auf: Zirndorf/FÜ als typische Suburbanisierungsgemeinde und Lauf an der Pegnitz/LAU, Herzogenaurach/ERH und Roth/RH als ehemalige Kleinstädte, die vom Prozeß der Suburbanisierung sehr stark profitieren. Lebten im Jahr 1961 knapp 1,4 Millionen Menschen in diesen Städten, so sind es 1999 knapp 1,5 Millionen Menschen. Dieses relativ niedrige Wachstum von + 7 % liegt weit unter dem fränkischen Durchschnitt von + 17 %, so daß sich dadurch der Anteil der „städtischen" Einwohner, der 1961 noch 39,3 % betragen hatte, auf 35,9 % verringert.

Damit wird bei diesem Schwellenwert die veränderte Entwicklung der Städte als Rückgang der Verstädterung direkt faßbar. Und dies kann als eine leichte Abnahme der räumlichen Disparitäten verstanden werden.

5. Typisierung der Gesamtentwicklung und Prognose der künftigen Entwicklung

5.1. Typisierung der Entwicklung 1840–1999

Da es sich gezeigt hatte, daß die Entwicklungen in den drei analysierten Zeiträumen jeweils bestimmten Logiken folgen und keineswegs chaotisch verlaufen, bietet es sich an, sie für den gesamten Entwicklungsverlauf zu typisieren. Dabei wird nach den drei Hauptentwicklungsrichtungen unterschieden, nämlich nach suburbaner Entwicklung, Entwicklung des peripheren ländlichen Raumes und Entwicklung des altindustrialisierten ländlichen Raumes (siehe dazu Tabelle 13).

Suburbane Entwicklung (S1–3): Zentrale Charakteristika dieses Typs sind das besonders starke Wachstum seit 1961 und die meist sehr hohen Wachstumsraten im Zeitraum 1840–1999. Eigentlich müßte man zu diesen Landkreisen auch die jeweiligen kreisfreien Städte hinzurechnen; dadurch würde die Dynamik des dann entstehenden Typs „Verdichtungsraum" beziehungsweise „Stadtregion" (nach Einwohnergesamtzahlen weiter auszudifferenzieren) noch sehr viel höher werden. Aber da weder eine Abgrenzung von Verdichtungsräumen noch eine solche von Stadtregionen auf der Maßstabsebene von Landkreisen sinnvoll ist, wird sie hier nicht durchgeführt.

Der Typ S läßt sich gut nach seiner zeitlichen Entwicklung untergliedern: Der Typ S1 verzeichnet in allen drei Zeiträumen überdurchschnittliche Wachstumsraten (FÜ, AB, LAU), wobei der Landkreis Fürth sehr deutlich mit Abstand an der Spitze liegt.

Der Typ S2 umfaßt nur zwei Kreise (WÜ und SW) und scheint einen Sonderfall darzustellen: Auf eine frühe Suburbanisierung folgt im Zeitraum 1939–1961 nur eine unterdurchschnittliche Entwicklung, die nach 1961 wieder durch ein überdurchschnittliches Wachstum abgelöst wird.

Der Typ S3 faßt alle jene Landkreise zusammen, in denen die Suburbanisierung erst vergleichsweise spät einsetzt, also ab 1939 (1945). Dabei liegt ERH mit sehr großem Abstand an der Spitze, aber auch alle anderen Landkreise verzeichnen ein deutlich überdurchschnittliches Wachstum.

Entwicklung des peripheren ländlichen Raumes (P1–3): Zentrales Charakteristikum ist das deutlich unterdurchschnittliche Wachstum in allen drei Zeiträumen sowie (außer in MSP und AN) der auffällige leichte absolute Rückgang zwischen 1970 und 1987. Die Typen P1 und P2 können in Hinsicht auf den Zeitraum 1939–1961 unterschieden werden, und nur NEA fällt aus diesem Rahmen, weil dieser Landkreis zwischen 1840 und 1939 leicht negative Werte aufweist und das absolute Wachstum 1961–1970 lediglich durch eine einzige Wachstumsgemeinde verhindert wird. Auch die kreisfreie Stadt Ansbach wäre hier hinzuzurechnen.

Entwicklung des altindustrialisierten ländlichen Raumes (I1–2): Zentrales Charakteristikum ist die überdurchschnittliche Entwicklung 1840–1939 und die deutlich unterdurchschnittliche ab 1939. Auch hier müßte man eigentlich die beiden kreisfreien Städte Coburg und Hof hinzurechnen. Dadurch würde das Wachstum zwischen

Tabelle 13: Typisierung der Bevölkerungsentwicklung der fränkischen Landkreise im Zeitraum 1840–1999

Landkreis	Typ	1840–1999	1840–1939	1939–1961	1961–1999
FÜ	S1	596 %	ø + +	ø + +	A + + +
AB	S1	377 %	ø + +	ø +	A + + +
LAU	S1	361 %	ø +	ø + +	A + + +
WÜ	S2	260 %	ø +	ø –	A + + +
SW	S2	254 %	ø +	ø –	A + + +
ERH	S3	393 %	ø –	ø + +	A + + +
RH	S3	287 %	ø –	ø +	A + + +
MIL	S3	258 %	ø –	ø +	A + + +
FO	S3	252 %	ø –	ø +	A + + +
BA	S3	222 %	ø –	ø +	A + + +
MSP	P1	183 %	ø –	ø (–)	B + + +
AN	P1	164 %	ø –	ø –	B + + +
KG	P1	182 %	ø –	ø (–)	B + – +
WUG	P1	171 %	ø –	ø (–)	B + – +
HAS	P1	164 %	ø –	ø (–)	B + – +
BT	P1	154 %	O	ø (–)	B + – +
NES	P2	163 %	ø –	ø –	B + – +
KT	P2	152 %	ø –	ø –	B + – +
NEA	P3	133 %	–	ø –	B (+) – +
CO	I1	276 %	ø +	ø +	C + – +
LIF	I1	199 %	ø +	ø –	C + – +
KU	I1	169 %	ø +	ø –	C + – +
WUN	I2	197 %	ø + +	ø (–)	D – – –
KC	I2	188 %	ø +	ø –	D + – O
HO	I2	153 %	ø +	ø –	D – – +

ø 215 %

ø	Durchschnitt
ø + +	stark überdurchschnittliche Entwicklung
ø +	überdurchschnittliche Entwicklung
ø (–)	leicht unterdurchschnittliche Entwicklung
ø –	unterdurchschnittliche Entwicklung
+	absolutes Wachstum
O	Stagnation
–	absoluter Rückgang
A–D:	Kategorien aus Tabelle 11
S:	Suburbane Entwicklung
P:	Entwicklung des peripheren ländlichen Raumes
I:	Entwicklung des altindustrialisierten ländlichen Raumes

1840 und 1939 noch deutlich stärker, die Zeit zwischen 1939 und 1961 ausgeglichener und der Rückgang seit 1961 etwas stärker werden – die zentralen Charakteristika würden auf diese Weise noch deutlicher werden.

Der Hauptunterschied besteht in diesem Typ zwischen einer leicht positiven Entwicklung (CO, LIF, KU) und einer negativen Entwicklung (WUN, KC, HO) seit 1961.

5.2. Gesamtbewertung

Franken wächst zwar im Zeitraum 1840–1999 von gut 1,5 Millionen auf gut 4,1 Millionen Einwohner (262 %), aber dieses eigentlich gewaltige Wachstum liegt fast immer (Ausnahme nur 1939–1961) etwas unter den deutschen Durchschnittswerten. Damit gehört dieses Gebiet keinesfalls zu den benachteiligten Räumen in Deutschland, sondern zu denjenigen, die die moderne Entwicklung voll mitmachen, auch wenn Franken dabei insgesamt leicht zurückfällt und einen deutlichen Abstand zu den Spitzenreitern (Raum München, Rhein-Main, Stuttgart) aufweist.

Dabei ist die Wachstumsdynamik ausgesprochen unterschiedlich: In der Phase der Industriegesellschaft (1840–1939) wachsen in erster Linie die Städte, daneben aber auch – in abgeschwächter Form – der dezentral industrialisierte Teil Oberfrankens. Der ländliche Raum fällt dagegen durch stark unterdurchschnittliche Werte deutlich ab, allerdings tritt auf Landkreisebene nirgendwo ein Bevölkerungsrückgang und lediglich zweimal eine Stagnation auf. Die turbulenten Sonderbedingungen der Nachkriegszeit führen zu einer ungewöhnlichen flächenhaften Wiederaufwertung des ländlichen Raumes (1939–1961), allerdings profitieren davon die zentrennahen Landkreise am stärksten. In der Phase des Übergangs zur und in der Dienstleistungsgesellschaft (1961–1999) verlieren die Städte ihre frühere Wachstumsdynamik und geben diese an die zentrennahen Landkreise ab, während der altindustrialisierte ländliche Raum Krisensymptome und der periphere ländliche Raum ein leichtes, unterdurchschnittliches Wachstum aufweist.

Auf dem Hintergrund der drei spezifischen Strukturwandelprozesse können wir drei sehr unterschiedliche Teilräume charakterisieren:

1. Die urbanen und suburbanen Räume umfassen neun kreisfreie Städte und zehn Landkreise mit zusammen 8.279 km² Fläche, was 36 % der Fläche Frankens entspricht. In den Städten leben 1999 gut 1,1 Millionen Einwohner, in den Landkreisen knapp 1,4 Millionen, zusammen knapp 2,5 Millionen Einwohner oder 60 % der Bevölkerung Frankens. Die Mehrheit, also etwa 55 %, konzentriert sich auf den mittelfränkischen Verdichtungsraum, und daneben gibt es mit Bamberg, Schweinfurt, Würzburg und Aschaffenburg vier kleinere Stadtregionen, von denen Aschaffenburg aber mit dem Verdichtungsraum Rhein-Main eng verflochten ist, und eine „isolierte" Stadt (Bayreuth) ohne zugehörige Stadtregion (auf Landkreisebene nicht sichtbar, wohl aber auf Gemeindeebene).

Auch wenn diese Räume nur ein Drittel der Fläche Frankens ausmachen, so lebt und arbeitet hier doch weit mehr als die Hälfte der Bevölkerung, so daß Franken – auf der Maßstabsebene der Landkreise und kreisfreien Städte – als urbanisierter oder städtisch geprägter Raum anzusehen ist.

Diese urbanen und suburbanen Räume sind Träger des Einwohnerwachstums von ganz Franken (vor 1939 die urbanen, nach 1961 die suburbanen Räume), und es fällt auf, daß fast alle Städte, die bereits 1840 an der Spitze in Franken standen, heute immer noch zum urbanen Raum zählen – wir finden also eine sehr ausgeprägte historische Kontinuität vor. Diese dürfte auch damit zusammenhängen, daß Franken ziemlich zentral in Deutschland liegt und daß die alten Handelsstraßen der vorindustriellen Zeit, denen diese Städte wichtige Wachstumsimpulse verdanken, heute wichtige „Entwicklungsachsen" darstellen. Weil dadurch das relativ kleinräumige Netz der historischen zentralen Orte in Franken kaum weitmaschiger geworden ist, fehlen hier wirklich großräumige Problemgebiete wie in anderen Teilen Europas, in denen die starken Bevölkerungsrückgänge im ländlichen Raum mit der Entwertung von historischen zentralen Orten eng verbunden sind. In sehr abgeschwächter Form ist diese Entwicklung jedoch ansatzweise in Ansbach zu erkennen.

2. Die altindustrialisierten Räume umfassen zwei kreisfreie Städte und sechs Landkreise mit zusammen 4.025 km² Fläche, was 17,5 % der Fläche Frankens entspricht. In den beiden Städten (Coburg und Hof) leben 1999 knapp 100.000 Einwohner, in den Landkreisen gut eine halbe Million, zusammen gut 600.000 Einwohner oder 15 % der Bevölkerung Frankens. Die „Erbschaft" des industriellen Wachstums zeigt sich heute noch in der Einwohnerdichte, die um 50 % über dem Wert der dritten Gruppe liegt. Diese Gebiete hängen räumlich zusammen und liegen im Nordosten Frankens.

Sie durchlaufen zwischen 1840 und 1939 eine dynamische Entwicklung (deutlich geringer als die Industriestädte, aber sehr viel höher als der übrige ländliche Raum), geraten aber seit 1961 allmählich in erhebliche Strukturprobleme, was entweder mit einem nur sehr schwachen Wachstum oder (in peripherster Lage) mit einem deutlichen Bevölkerungsrückgang verbunden ist.

3. Die peripheren ländlichen Räume, die durch größere Entfernungen zu den Großstädten gekennzeichnet sind, bestehen aus der kreisfreien Stadt Ansbach, die vergleichsweise klein ist, nur unterdurchschnittlich wächst und auf Landkreisebene keine signifikanten Suburbanisationsprozesse aufweist, wie sie ansonsten für die Verdichtungsräume und die Stadtregionen charakteristisch sind[33], und aus neun Landkreisen. Da es sich bei diesen um flächengroße Einheiten handelt, die vergleichsweise dünn besiedelt sind (die Größe der Fläche ist kein Zufall, sondern Ziel der Landkreisreform gewesen), umfaßt der periphere ländliche Raum 10.705 km², was 46,5 % der Fläche Frankens entspricht, so daß trotz allem suburbanen Wachstums Franken von der Fläche her weiterhin ländlich geprägt ist.

Dieser Raum verzeichnet in fast allen Zeiträumen ein unterdurchschnittliches Wachstum, er fällt also in seiner relativen Bedeutung im Kontext Frankens deutlich

---

[33] Grundsätzlich stellt sich hier die Frage, ab welcher Größenordnung eine Stadt nicht mehr zum ländlichen Raum gehört, sondern zu einem „Verdichtungsraum", einer „Agglomeration" oder einer „Stadtregion". In Deutschland wird bei Raumtypisierungen dazu oft der Schwellenwert von 100.000 Einwohnern verwendet, siehe dazu: Mitteilungen und Informationen der Bundesforschungsanstalt für Landeskunde und Raumordnung (heutiger Name: Bundesamt für Bauwesen und Raumordnung) 1, 1997, S. 4 und 5 und 3, 1997, S. 4 und 5 (= siedlungsstrukturelle Gemeinde-, Kreis- und Regionstypen). Für Franken erscheint dieser Schwellenwert als nicht sehr geeignet; Tabelle 10 legt stattdessen einen Schwellenwert von 65.000 Einwohnern nahe; allerdings wäre hierbei die Einwohnerzahl der gesamten Stadtregion zu berücksichtigen, was jedoch erst auf Gemeinde-Ebene möglich ist.

zurück. Im Jahr 1999 leben hier gut eine Million Menschen, das sind 25 % der frän-kischen Bevölkerung. Auch wenn dieser Wert im Verhältnis zur großen Fläche relativ niedrig liegt, so wird andererseits sehr deutlich sichtbar, daß der ländliche Raum in Franken auch heute immer noch einen relevanten Lebens- und Wirtschaftsraum dar-stellt.

Betrachtet man die Gesamtentwicklung 1840–1999, so verzeichnen acht der neun Landkreise immerhin eine befriedigende Entwicklung (152 % bis 183 %), und nur der Landkreis NEA steht mit Abstand am Schluß in einer eher schlechten Position: Hier sind offenbar die Probleme des strukturschwachen ländlichen Raumes am stärk-sten in Franken ausgeprägt.

Trotzdem ist es erstaunlich, daß im peripheren ländlichen Raum Frankens kaum ein Bevölkerungsrückgang oder eine Stagnation im Zeitraum 1840–1999 und 1961–1999 zu finden ist.[34] Zwar sind solche Entwicklungen auch in den alten Bun-desländern selten, aber es gibt sie durchaus. Und wenn man die Verhältnisse in Frank-reich, Italien, Spanien oder Griechenland kennt, dann ist dieser Tatbestand noch weniger selbstverständlich.

Ursache für diese relativ positive Entwicklung in Franken ist einerseits die relativ dezentral-flächenhafte Entwicklung von Industrialisierung und Tertiarisierung in Deutschland, die das kleinmaschige System der historischen zentralen Orte weit-gehend erhalten hat, und andererseits die Lage Frankens mitten in Deutschland, so daß kein einziger Landkreis wirklich zentrenfern liegt und über eine Autobahn einen guten Anschluß zur nächsten Großstadt besitzt oder mindestens an einer wichtigen Verbindungsachse zwischen zwei auf europäischer Ebene bedeutsamen Verdich-tungsräumen liegt. Hinzu kommt, daß sich die deutsche Einheit und die Öffnung der Grenzen zum ehemaligen Ostblock gerade für die Lage Frankens in Europa positiv ausgewirkt hat. Allerdings ist dabei zu berücksichtigen, daß die periphersten Land-kreise in Franken (WUN, aber auch KC, CO und KU) zum altindustrialisierten Raum zählen und daher hierbei nicht berücksichtigt sind.

Was die eingangs genannte Hypothese betrifft, so kann sie durch die Analyse auf der Ebene der Landkreise und der kreisfreien Städte in relevanten Teilen als verifiziert gelten. Lediglich die Frage der Entwertung der peripheren ländlichen Räume muß teilweise offen bleiben, weil es wirklich periphere Landkreise in Franken nicht gibt, und die Frage der kleinräumigen Disparitäten kann erst auf Gemeinde-Ebene beant-wortet werden.

5.3. Prognose

Die Ebene der Landkreise und der kreisfreien Städte 1961–1999 darf für eine Prognose der zukünftigen Entwicklung nicht überinterpretiert werden, da sie für diesen Zweck nicht detailliert genug ist. Trotzdem gibt sie für diese Analyse wichtige

---

[34] Leider sind die bundesdeutschen Vergleichsdaten nicht so aufgearbeitet, daß ein schneller Vergleich möglich ist. Nimmt man den Zeitraum 1980–1998 als Vergleich, dann gibt es in den alten Bundesländern acht Landkreise mit Bevölkerungsrückgang, von denen drei in Oberfranken liegen (HO, KC, WUN). Es sind dies: Goslar (– 7,9 %), Holzminden (– 8,3 %), Neunkirchen (– 1,3 %), Osterode am Harz (– 4,9 %), Werra-Meißner-Kreis (– 2,2 %). Quelle: Bundesamt für Bauwesen und Raumordnung (Hg.), Aktuelle Daten zur Entwicklung der Städte, Kreise und Gemeinden. Ausgabe 2000, Bonn 2001, S. 39–44.

Tabelle 14: Der Anteil der Altersgruppe „65 Jahre und älter" an der Gesamtzahl der Einwohner in Deutschland, Bayern und Franken

Zum 31.12.1998:

Deutschland:	15,9 %
Bayern:	15,8 %

Zum 31.12.1999:

Bayern:	15,9 %
Franken:	16,6 %

Oberbayern:	15,3 %
Niederbayern:	15,9 %
Oberpfalz:	15,9 %
Oberfranken:	17,4 %
Mittelfranken:	16,4 %
Unterfranken:	16,1 %
Schwaben:	16,1 %

Franken:

Kreisfreie Städte:	18,2 %
Landkreise:	15,8 %

Quellen: Statistisches Bundesamt (Hg.), Statistisches Jahrbuch 2000 für die Bundesrepublik Deutschland, Wiesbaden

2000, S. 58 und 59; Bayerisches Landesamt für Statistik und Datenverarbeitung (Hg.), Gemeinde

Daten. Ausgabe 2001, München 2001.

Hinweise, indem der relative Trendbruch des Jahres 1989 (1987) deutlich wird, der es erforderlich macht, für eine valide Prognose die Bevölkerungsentwicklung ab 1990 auf Gemeinde-Ebene auszuwerten. Zusätzlich müßte auch die Altersstruktur der Einwohner erhoben werden, da es als plausibel erscheint, daß die peripheren ländlichen Räume seit 1961 in erster Linie durch einen positiven Geburtensaldo gewachsen sind,

Tabelle 15: Der Anteil der Altersgruppe „65 Jahre und älter" an der Gesamtzahl der Einwohner zum 31.12.1999 für die fränkischen Landkreise

		Durchschnitt	A	Bandbreite
S1	FÜ	14,9 %		
S1	AB	14,6 %		
S1	LAU	16,2 %	A	
S2	WÜ	14,4 %		
S2	SW	15,2 %		
S3	ERH	12,7 %		
S3	RH	14,3 %		
S3	MIL	14,8 %		
S3	FO	14,2 %		
S3	BA	13,1 %		
S1–3		14,5 %		12,7–15,2 %
P1	MSP	16,3 %		
P1	AN	15,6 %	A	
P1	KG	18,3 %	A	
P1	WUG	17,0 %		
P1	HAS	15,5 %	A	
P1	BT	16,3 %		
P2	NES	16,1 %		
P2	KT	16,0 %		
P3	NEA	16,3 %		
P1–3		16,3 %		16,0–17,0 %
I1	CO	16,8 %	A	
I1	LIF	16,6 %	A	
I1	KU	18,1 %		
I2	WUN	20,9 %		
I2	KC	18,1 %		
I2	HO	19,9 %		
I1–2		18,5 %		18,1–20,9 %

S1–3/P1–3/I1–2: Landkreis-Typen nach Tabelle 13.

A: Ausnahme (der Wert liegt jenseits der Bandbreite der jeweiligen Gruppe).

Quelle: wie Tabelle 14.

daß sie aber relevante Teile dieses Zuwachses durch Migration jüngerer Menschen in die urbanen und suburbanen Räume wieder verloren haben, so daß sie heute eine gewisse Überalterung aufweisen dürften. Die Tabellen 14 und 15 zeigen, daß diese Hypothese zutrifft. Der Anteil der Altersgruppe „65 Jahre und älter" liegt im Jahr 1999 in den peripheren Landkreisen deutlich höher als in den suburban geprägten Landkreisen.[35] Diese demographische Struktur bedeutet für die Zukunft eine erhebliche Hypothek: Um den aktuellen Einwohnerstand zu halten, müßte die negative natürliche Bevölkerungsentwicklung des peripheren ländlichen Raumes durch erhebliche und permanente Zuwanderungen kompensiert werden, was aber aus wirtschaftlichen Gründen wenig wahrscheinlich sein dürfte.

Jede Prognose der zukünftigen Einwohnerentwicklung wird aber dadurch erschwert, daß zentrale Rahmenbedingungen von politischen Entscheidungen abhängen, die im nächsten Jahrzehnt durchaus sehr unterschiedlich ausfallen können. Grundsätzlich gibt es dabei zwei verschiedene Themenfelder.

Die Grundsatzfrage, ob eine Zuwanderung nach Deutschland gewünscht wird oder nicht, entscheidet darüber, ob die Einwohnerzahl Deutschlands weiter zurückgeht, ob sie stagniert oder ob sie eventuell sogar wieder leicht wächst.

Die zweite Frage betrifft dann die der räumlichen Verteilung der Bevölkerung. Die aktuellen politischen Diskussionen über die Höhe des Benzinpreises, über die Höhe der steuerlichen Absetzbarkeit der Fahrtkosten zum Arbeitsplatz, über die politische Steuerung der Zersiedlung und die Aufwertung der Kernstädte entscheiden darüber, ob die Suburbanisierung weitere Räume erfaßt oder ob die zentrennahen Räume und die Kernstädte wieder als Siedlungsgebiet aufgewertet werden.

Diese wichtigen Rahmenbedingen sind derzeit kaum kalkulierbar. Schreibt man jedoch die Entwicklung seit 1987 für die nächsten zehn Jahre fort, dann erscheint es als wahrscheinlich, daß die bisherigen suburban geprägten Landkreise weiterhin die deutlichen Gewinner sein werden (die Suburbanisierung hat hier meist erst Teilflächen erfaßt), während die peripheren ländlichen Kreise deutlich zurückfallen dürften, weil sich jetzt die Überalterung bemerkbar macht, und die altindustrialisierten Landkreise weiterhin sehr viele Einwohner verlieren dürften.[36] Deshalb ist es wahrscheinlich, daß in den nächsten zehn Jahren die räumlichen Disparitäten auf Landkreisebene wieder zunehmen werden, und diese Entwicklung dürfte umso stärker ausfallen, je mehr die Bevölkerung in Deutschland absolut zurückgeht und je weniger Zuwanderer politisch erwünscht sind.

---

[35] Die regelmäßige Publikation „Daten zur Raumbeobachtung", die das Bayerische Staatsministerium für Landesentwicklung und Umweltfragen herausgibt, stellt wichtige Daten zu Bevölkerung und Wirtschaft zusammen, allerdings leider meist nur auf der Ebene der Planungsregionen und nur selten auf Landkreisebene. In Heft 3–4, 2000, S. 37 wird auf Regionsebene die natürliche Bevölkerungsentwicklung für das Jahr 1999 ausgewertet, und das Ergebnis scheint die Aussagen von Tabelle 14 und 15 zu bestätigen.

[36] Eine Prognose der Bayerischen Staatsregierung für die Bevölkerungsentwicklung in Bayern bis zum Jahr 2040, die im Rahmen des neuen „Landesentwicklungsprogramms" erarbeitet und im Juli 2001 der Öffentlichkeit vorgestellt wurde (Süddeutsche Zeitung vom 31. 7. 2001), geht davon aus, daß im Jahr 2040 80 % der Bevölkerung älter als 65 Jahre sein werden und daß die Einwohnerzahl Bayerns dann nur noch 10 Millionen Personen betragen werde. Dabei komme es zur „Entvölkerung ganzer Landstriche", besonders in Ostbayern und in der Region um Hof. Deutliche Bevölkerungsrückgänge gebe es auch im peripheren ländlichen Raum, wobei in Franken der Landkreis Neustadt an der Aisch gesondert erwähnt wird.

Richard W i n k l e r

Quellen zur fränkischen Wirtschafts- und Unternehmensgeschichte des 19. und 20. Jahrhunderts in Archiven der Wirtschaft

„Erschließen Sie Ihre Archive der Öffentlichkeit und ergänzen Sie dieselben noch durch eigenhändige Niederschriften, damit all das, was heute nur auf dem Wege der Überlieferung einzelnen ins Gedächtnis geprägt ist, Gemeingut aller werde".[1] Mit diesem Aufruf wandte sich der Münchner Brauindustrielle Fritz Sedlmayr 1934 an seine Unternehmerkollegen. Sedlmayr, der selbst eine zweibändige Geschichte der von seinem Urgroßvater Gabriel Sedlmayr (dem Älteren) 1807 erworbenen Münchner Spatenbrauerei verfaßte und dazu die im eigenen Betrieb aufbewahrten historischen Akten und Geschäftsbücher als Quellengrundlage heranziehen konnte, wußte um die Bedeutung von Unternehmensarchiven für die wirtschafts- und unternehmensgeschichtliche Forschung. Sedlmayrs Appell zur Bewahrung und Bereitstellung von Unternehmensschriftgut für die historische Forschung verhallte jedoch ungehört. Im 1949 verfaßten Vorwort des zweiten Bandes seiner Geschichte der Spatenbrauerei stellte er resigniert fest: „Mein Aufruf an meine Münchner Kollegen, auch ihre Archive zu öffnen, ist leider ohne Widerhall verklungen".[2]

Archivgut der Wirtschaft ist von der Vernichtung bedroht

Zwar hat das Archivwesen der Wirtschaft in Deutschland nach dem Zweiten Weltkrieg einen deutlichen Aufschwung erfahren. Mitte der 1990er Jahre wurden bundesweit etwa 450 Unternehmensarchive gezählt.[3] Diese auf den ersten Blick imponierende Zahl darf jedoch nicht darüber hinwegtäuschen, daß vielfach nur Großunternehmen sich ein Archiv leisten und daß zahlreiche Wirtschaftsbranchen und -regionen nach wie vor archivisches Niemandsland darstellen.

Für die weiterhin bestehenden Defizite in der Archivgutpflege der Privatwirtschaft läßt sich eine Reihe von Ursachen anführen. Das seit 1900 in Deutschland einge-

---

[1] Fritz Sedlmayr, Die Geschichte der Spatenbrauerei unter Gabriel Sedlmayr dem Älteren und dem Jüngeren 1807–1874 sowie Beiträge zur bayerischen Brauereigeschichte dieser Zeit, 2 Bde., München 1934–1951, hier Bd. 1, S. V.

[2] Ebd., Bd. 2, S. 4.

[3] Einen Überblick über die in Deutschland bestehenden Archive von Unternehmen und Wirtschaftsorganisationen bietet das Nachschlagewerk Deutsche Wirtschaftsarchive – Nachweis historischer Quellen in Unternehmen, Körperschaften öffentlichen Rechts (Kammern) und Verbänden der Bundesrepublik Deutschland, hg. im Auftrag der Gesellschaft für Unternehmensgeschichte e.V. von Klara van Eyll u.a., Bd. 1, 3. völlig neu bearb. Aufl. von Renate Schwärzel, Stuttgart 1994. Speziell Archive der Kreditwirtschaft sind erfaßt in Bd. 2: Kreditwirtschaft, 2. Aufl., bearb. von Monika Pohle und Dagmar Golly-Junk, Stuttgart 1988. Zu den Bankarchiven neuerdings auch: Archive der deutschen Kreditwirtschaft. Ein Verzeichnis, hg. im Auftrag des Instituts für bankhistorische Forschung e.V., bearb. von Gabriele Jachmich, Stuttgart 1998. Zu Archiven im Bereich Presse vgl. Hans Bormann/Marianne Englert (Hg.), Handbuch der Pressearchive, München 1984. Archive der Wirtschaft berücksichtigt auch die 16. Ausgabe des Hand- und Adreßbuchs Archive in der Bundesrepublik Deutschland, Österreich und der Schweiz, hg. vom VdA-Verein deutscher Archivarinnen und Archivare, Münster 2000, S. 125–145.

führte Handelsgesetzbuch (HGB) schreibt – ebenso wie schon sein Vorläufer, das 1861 für die Staaten des Deutschen Bundes erlassene Allgemeine Deutsche Handelsgesetzbuch – nur für bestimmte Unterlagen handelsrechtlich verbindliche Aufbewahrungsfristen vor. So sind derzeit gemäß HGB Handelsbücher, Inventare, Eröffnungsbilanzen, Jahresabschlüsse, Lageberichte, Arbeitsanweisungen und Organisationsunterlagen zehn Jahre aufzubewahren. Empfangene Handelsbriefe sowie die Wiedergaben der abgesandten Handelsbriefe sind sechs Jahre geordnet vorzuhalten. Jede Aufbewahrung von Schriftgut, die darüber hinausgeht, bleibt – von einzelnen Ausnahmen (Sozialversicherungsnachweise, Liegenschaftsunterlagen, Personalakten) abgesehen – dem freien Ermessen eines jeden Unternehmens überlassen. Nach Ablauf der handels- und steuergesetzlichen Fristen[4] findet deshalb bei den meisten Unternehmen eine geregelte und kontinuierliche Aufbewahrung von archivwürdigem Material nicht mehr statt. Mangel an geeigneten Räumlichkeiten, innerbetriebliche Sparzwänge, fehlendes archivarisches Know-how, aber auch ein oft wenig ausgeprägtes Geschichts- und Traditionsbewußtsein sind dafür verantwortlich. Das Schriftgut der Privatwirtschaft wandert deshalb häufig unbesehen in Altpapiercontainer und Aktenvernichter. Im günstigsten Fall dienen für den Geschäftsbetrieb nicht genutzte Keller- und Speicherräume als temporäre Zwischenlager für entbehrlich gewordene Unterlagen. Aber spätestens bei Umbaumaßnahmen, Standortverlagerungen, Unternehmensfusionen oder Betriebsschließungen ist der Weg in den Reißwolf vorgezeichnet.

Eine gesetzliche Anbietungspflicht an öffentliche Archive, wie sie etwa das Bayerische Archivgesetz von 1989 für das Schriftgut von staatlichen, kommunalen oder sonstigen öffentlichen Stellen vorschreibt,[5] existiert für privatwirtschaftliches Schriftgut nicht. Aus diesem Grund gelangt solches Material auch nur in wenigen Fällen in Kommunal- oder Staatsarchive.[6] Bestrebungen von Kommunalarchiven zur Übernahme von archivwürdigem Schriftgut ortsansässiger Unternehmen sind durch den vielerorts herrschenden Mangel an archivischer Lagerkapazität enge Grenzen gesetzt.

Ebenso wie die Schriftgutüberlieferung der Privatwirtschaft unterliegt auch die der Wirtschaftsverbände und -vereine vielfach ungenügender Pflege. Auch hier geht aufgrund einer oft wenig fachgerechten und nicht auf Dauer angelegten Registraturführung häufig für die historische Forschung wertvolles Material verloren.

Zur Situation in Franken

In Franken existieren nur wenige unternehmenseigene Archive. Das kürzlich vom Bayerischen Archivtag herausgegebene „Handbuch der bayerischen Archive" verzeichnet für den Bereich der Regierungsbezirke Ober-, Mittel- und Unterfranken insgesamt 17 Unternehmen, die über nennenswertes Archivgut verfügen, das der For-

---

[4] Die Fristen sind gegenwärtig in § 44 des HGB und § 147 der Abgabenordnung festgelegt.

[5] Walter Jaroschka, Bayerisches Archivgesetz. Einführung und Textabdruck, in: Der Archivar 44/4, 1991, S. 536–550, hier Artikel 6, Abs. 12–14.

[6] Einen Überblick dazu bietet: Deutsche Wirtschaftsarchive (wie Anm. 3), Bd. 3: Bestände von Unternehmen, Unternehmern, Kammern und Verbänden der Wirtschaft in öffentlichen Archiven der Bundesrepublik Deutschland, bearb. von Ulrike Duda, Stuttgart 1991.

schung zugänglich gemacht werden kann.[7] Zu beachten ist freilich, daß – im Gegensatz zu öffentlichen Archiven – hier kein Anspruch auf eine Benützung durch Außenstehende besteht. Auch wird nur ein fränkisches Unternehmensarchiv hauptberuflich geleitet. Die übrigen werden neben- oder ehrenamtlich von Unternehmensmitarbeitern betreut. Ferner ist zu berücksichtigen, daß die Unternehmensarchive in erster Linie interne Aufgaben ihrer Träger erfüllen und somit primär deren Informations- und Dokumentationsbedarf zu decken haben. Das archivarische Bemühen reduziert sich daher vielfach auf die Erhaltung der für den innerbetrieblichen Informationsbedarf relevanten Unterlagen. Diese Arbeit ist keinesfalls gering zu schätzen. Eine kontinuierliche, umfassende, an fachlichen Bewertungs- und Erschließungsgrundsätzen sowie am Forschungsinteresse von Historikern orientierte Archivierung von Schriftgut, das für den Geschäftsablauf nicht mehr benötigt wird, darf hier jedoch nicht erwartet werden. Entsprechend verfügt die Mehrzahl der fränkischen Unternehmensarchive über Archivgut im Umfang von weniger als 20 Fachbodenmetern.

Hervorzuheben sind die Aktivitäten des Bayerischen Sparkassen- und Giroverbandes im Bereich des Archivwesens und der sparkassenhistorischen Forschung.[8] Auch verdienen die in jüngster Zeit unternommenen archivischen Initiativen einiger fränkischer Museen Beachtung. Das 1998 eingerichtete Zentralarchiv des Bayerischen Brauereimuseums in Kulmbach betreut – nach eigenen Angaben – Archivgut verschiedener ortsansässiger Brauereien im Umfang von 650 Fachbodenmetern, das bis in die 1880er Jahre zurückreicht. Das Zentrale Archiv für die Deutsche Porzellanindustrie beim Deutschen Porzellanmuseum in Hohenberg an der Eger hat seit 1991 die Aufgabe übernommen, historisches Schriftgut von Unternehmen der Porzellanindustrie sowie Nachlässe von Porzellankünstlern zu sichern. Das Archiv des Deutschen Korbmuseums in Michelau beherbergt kleinere Sammlungen und Nachlässe zur oberfränkischen Korbindustrie. Die Historischen Sammlungen des DB Museums im Verkehrsmuseum Nürnberg verwahren Archivgut zur Geschichte des fränkischen Eisenbahnwesens. Das Rundfunkmuseum der Stadt Fürth schließlich verfügt über Drucksachen und Fotomaterial aus fränkischen Unternehmen der Rundfunktechnik.[9]

---

[7] Handbuch der bayerischen Archive, hg. vom Bayerischen Archivtag, München 2001, S. 432–468. Folgende fränkische Unternehmen, die über Archivgut verfügen, das sie der historischen Forschung zugänglich machen können, sind hier berücksichtigt: Joh. Barth & Sohn GmbH & Co., Nürnberg; Bayerische Kabelwerke AG, Roth; C. Conradty Nürnberg GmbH, Röthenbach; Erhard Sport International GmbH & Co., Rothenburg o.T.; A.W. Faber-Castell Unternehmensverwaltung GmbH & Co., Stein; Fränkisches Überlandwerk AG, Nürnberg; Gossen-Metrawatt GmbH, Nürnberg; Koenig & Bauer AG, Würzburg; Brauerei Gebr. Maisel, Bayreuth; Sachs Fahrzeug- und Motorentechnik GmbH, Nürnberg; Saint-Gobain IndustrieKeramik Rödental GmbH, Rödental; Schwanhäußer Industrie Holding GmbH & Co., Heroldsberg; Sparkasse Kronach-Ludwigstadt, Kronach; Sparkasse Miltenberg-Obernburg, Miltenberg; Sparkasse Roth-Schwabach, Greding; Steingraeber & Söhne KG, Bayreuth; Volksbank-Raiffeisenbank Bayreuth eG, Bayreuth.

[8] Ingo Krüger, Die Aktivitäten des Bayerischen Sparkassen- und Giroverbandes auf den Gebieten des Archivwesens und der sparkassenhistorischen Forschung, in: Sparkasse 104, 1987, S. 255–258; ders., Das Archiv- und Dokumentationssystem der bayerischen Sparkassen, in: Archiv und Wirtschaft 21/4, 1988, S. 154–159.

[9] Handbuch der bayerischen Archive (wie Anm. 7), S. 435f., 441–443.

Auf gesetzlicher Grundlage ruht die Archivpflege der bayerischen Industrie- und Handelskammern sowie der Handwerkskammern. Als Körperschaften des öffentlichen Rechts sind die Kammern verpflichtet, entweder eigene Archive einzurichten oder ihr Schriftgut öffentlichen Archiven beziehungsweise dem Bayerischen Wirtschaftsarchiv zur Übernahme anzubieten.[10]

Im folgenden sollen einige Archive der Wirtschaft näher vorgestellt werden, die über Quellen zur Wirtschafts- und Unternehmensgeschichte Frankens im 19. und 20. Jahrhundert verfügen.

Unternehmensarchive

Das 1907 in Berlin gegründete und seit 1954 in München ansässige Archiv der Siemens AG zählt zu den ältesten und bedeutendsten Unternehmensarchiven in Deutschland.[11] Es verwahrt das Archivgut der Stammgesellschaften, Tochter- und Beteiligungsfirmen im Siemens-Konzern, darunter auch die Schriftgutüberlieferung der Siemens-Schuckert-Werke, deren Ursprung die 1873 von Sigmund Schuckert in der Nürnberger Schwabenmühle eingerichtete feinmechanische Werkstätte bildet.[12]

1874 begann Schuckert mit der Produktion von Dynamomaschinen zur Stromerzeugung. Nach dem Umzug in größere Werkhallen im Vorort Steinbühl wurden ab 1879 auch Bogenlampen, elektrische Meßinstrumente und Scheinwerfer gefertigt. 1885 trat der Leipziger Kaufmann Alexander von Wacker als Teilhaber in die Firma Schuckert & Co. ein. Im Jahr darauf wurde die Fertigung elektrischer Straßenbahnen aufgenommen, ab 1887 erfolgte der Bau und Betrieb von Elektrizitätswerken und Verteilernetzen zur Stromversorgung von Kommunen und Industriebetrieben. Nach dem Ausscheiden Schuckerts aus der Unternehmensleitung erfolgte 1893 unter maßgeblicher Beteiligung eines Bankenkonsortiums unter Führung des Schaaffhausen'schen Bankvereins in Köln die Umwandlung in die Elektrizitäts-Aktiengesellschaft vorm. Schuckert & Co. (EAG). Die EAG entwickelte sich in der Folgezeit zu einem führenden Großunternehmen im Bereich Starkstromtechnik. Bis 1900 errichtete sie europaweit 120 Elektrizitätszentralen – mehr als die beiden Konkurrenten Siemens & Halske AG und die AEG zusammen. In 50 Städten installierte das Nürnberger Unternehmen über 700 km elektrische Straßenbahnen und rüstete diese mit 1100 Motor-

---

[10] Jaroschka, Bayerisches Archivgesetz (wie Anm. 5), Artikel 13 (1) und 14.

[11] Sigfrid von Weiher, 75 Jahre Siemens-Archiv, in: Archiv und Wirtschaft 15/2,3, 1982, S. 66–76; Deutsche Wirtschaftsarchive, Bd. 1 (wie Anm. 3), S. 243–247; Handbuch der bayerischen Archive (wie Anm. 7), S. 460f.

[12] Zur Unternehmensgeschichte: Festschrift zum 25jährigen Bestehen der Elektrizitäts AG vorm. Schuckert & Co. 1873–1898, Nürnberg 1898; Rudolf Cohen, Schuckert 1873–1923. Festschrift zum 50jährigen Bestehen, Nürnberg 1923; Carl Knott, Die Nürnberger Werke, in: Die Entwicklung der Starkstromtechnik bei den Siemens-Schuckertwerken. Zum 50jährigen Jubiläum, hg. von der Siemens-Schuckert-Werke AG, Berlin-Siemensstadt/Erlangen 1953, S. 44–53; Evelyn Lacina, Johann Sigmund Schuckert. Leben und Werk eines Nürnberger Handwerkers, Erfinders und Unternehmers (1846–1895), Diplomarbeit (masch.) Universität Erlangen-Nürnberg 1973; Heinz Keuth, Sigmund Schuckert. Ein Pionier der Elektrotechnik, Berlin/München 1988; Wilfried Feldenkirchen, Siemens 1918–1945, München/Zürich 1995, bes. S. 68–81, 286–333; Frank Wittendorfer, Das Haus Siemens in Erlangen 1945–1955, in: Jürgen Sandweg/Gertraud Lehmann, Hinter unzerstörten Fassaden. Erlangen 1945–1955, Erlangen 1996, S. 433–457.

wagen aus. Mit 8500 Mitarbeitern unterhielt die EAG um die Jahrhundertwende 36 Zweigniederlassungen in Deutschland sowie zahlreiche Vertretungen in Europa, Südamerika und Ostasien. Der kapitalintensive Bau und Betrieb von Elektrizitätswerken verursachte jedoch eine finanzielle Überlastung des Unternehmens. Die daraufhin eingeleiteten Fusionsverhandlungen führten 1903 zur Vereinigung der Starkstromaktivitäten der 1847 gegründeten Berliner Siemens & Halske AG mit denen der EAG, woraus die Siemens-Schuckert-Werke GmbH (SSW) mit Hauptsitz in Berlin und Zweigniederlassungen im In- und Ausland sowie Fertigungsstätten in Nürnberg hervorging. Letztere produzierten nun vor allem Gleich- und Wechselstrommaschinen, Bogenlampen, Scheinwerfer, Zähler und Transformatoren. 1927 erfolgte die Umwandlung der SSW in eine Aktiengesellschaft, die ihren Verwaltungshauptsitz nach dem Zweiten Weltkrieg von Berlin nach Erlangen verlegte. 1966 ging die SSW in der neugegründeten Siemens AG mit Sitz in München auf.

Zu den ersten Jahren der Unternehmertätigkeit Schuckerts sind im Archiv der Siemens AG nur wenige Unterlagen vorhanden.[13] Die Masse der Archivalien setzt ab der Mitte der 1880er Jahre ein. Erhalten ist umfangreicher Schriftwechsel mit Vertriebspartnern, Repräsentanten, Finanzierungs- und Betreibergesellschaften im In- und Ausland über die Akquisition und Ausführung von Aufträgen sowie Materialbestellungen im Bereich Starkstrom und Energietechnik. Breiten Raum nehmen Projektunterlagen (Schriftwechsel, Konstruktionszeichnungen und Baupläne) für Elektrizitätswerke, Bahn- und Beleuchtungsanlagen ein, die Schuckert & Co. beziehungsweise die EAG in verschiedenen europäischen Ländern, aber auch in Südamerika, China, Rußland und im Osmanischen Reich errichteten – weiterhin Akten zur Gründung kommunaler Elektrizitätsgesellschaften, die mit Beteiligung der EAG entstanden. Vorhanden sind wesentliche Teile der Kopierbuchüberlieferung (auslaufende Geschäftsbriefe) aus den Jahren 1878 bis 1898, daneben 75 Bände Kostenanschlagbücher mit Kostenvoranschlägen für Beleuchtungsanlagen und kleinere Kraftstationen (1884–1898) sowie für Kraftzentralen und Elektrizitätswerke (1891–1898). Mehrere Serien von Nummern- und Prüfbüchern ab 1882 enthalten technische Daten der ausgelieferten Maschinen und Elektromotoren. Ferner erhalten sind Urkunden und Akten zum Grundstücks- und Immobilienbesitz – darunter auch Lagepläne der Werksanlagen – sowie Unterlagen zu betrieblichen Sozialeinrichtungen und zur Berufsausbildung in den Nürnberger Werken. Hervorzuheben ist der Schriftwechsel (16 Bände, 1884–1902) von Sigmund Schuckert beziehungsweise der Unternehmensdirektion mit dem Vorstandsvorsitzenden der EAG, Alexander von Wacker, über Personalfragen, Aufträge sowie organisatorische und finanzielle Angelegenheiten. Aspekte der Unternehmensfinanzierung beleuchtet der Schriftwechsel mit dem Schaaffhausen'schen Bankverein in Köln (32 Bände, 1889–1903). Auskunft über Formen der Auftragsakquisition und der Revision geben Reiseberichte von Angestellten der EAG (11 Bände, 1893–1903). Umfangreiche, ab 1880 in dichter Folge überlieferte Werbedrucksachen (Kataloge, Prospekte, Preislisten), Referenzlisten über erstellte Anlagen ab den 1890er Jahren sowie zu Werbezwecken gefertigte

---

[13] Für ausführliche Informationen danke ich dem Leiter des Archivs der Siemens AG, Herrn Dr. Frank Wittendorfer.

Fotoaufnahmen aller Arten von Produkten, einschließlich der errichteten Elektrizitätszentralen und Bahnanlagen, bilden einen weiteren wertvollen Bestandteil der im
Archiv der Siemens AG vorhandenen Quellenzeugnisse der Nürnberger Schuckert-
Werke bis 1903. Das über weite Strecken von der historischen Forschung noch kaum
ausgewertete Material bietet eine hervorragende Grundlage zur Bearbeitung verschiedener unternehmensgeschichtlicher Aspekte. Gleiches gilt für das über 1200
Fachbodenmeter umfassende Archivgut zur SSW aus dem Zeitraum von 1903 bis
1966.

Einen weiteren Bestandteil des Archivs der Siemens AG bildet die Überlieferung
der Siemens-Reiniger-Werke AG, deren Anfänge auf die seit 1877 vom Universitäts-
mechaniker Erwin Moritz Reiniger in Erlangen betriebene Werkstätte zurückreichen.
Reiniger belieferte zunächst Ärzte und Krankenhäuser mit Batterien und Induktions-
apparaten für Reizstrombehandlungen. Zusammen mit den Feinmechanikern Karl
Schall und Max Gebbert gründete er 1886 die „Vereinigten physikalisch-medizini-
schen Werkstätten Reiniger, Gebbert & Schall" (RGS) mit dem Hauptsitz in Erlangen
und Niederlassungen in Stuttgart und New York.[14] Der Betrieb gewann dank der Qualität seiner Erzeugnisse rasch an Bedeutung. Nachdem Schall nach nur 1½jähriger
Zusammenarbeit aus dem Unternehmen ausgeschieden war, zog sich auch Reiniger
1895 zurück. Richtungsweisend für das Fabrikationsprogramm von RGS unter der
alleinigen Führung Gebberts wurde die Entdeckung der Röntgenstrahlen durch den
Würzburger Physiker Conrad Wilhelm Röntgen 1895. Bereits ein Jahr später entstanden im Erlanger Werk die ersten Röntgenapparate und -röhren. Zahnärztliche Instrumente sowie Apparate zur Elektrodiagnostik und -therapie bildeten seither neben der
Röntgentechnik die Schwerpunkte der Produktion. 1906 erfolgte die Umwandlung in
eine Aktiengesellschaft. Während des Ersten Weltkrieges verfolgte RGS einen starken Wachstumskurs. Eine Reihe elektromedizinischer Unternehmen, aber auch Firmen außerhalb des eigenen Geschäftsfeldes, wurden übernommen und 1921 in eine
Holding, die INAG mit Sitz in Erlangen, eingebracht. Durch die Herstellung hoch-
wertiger Apparate und eine intensive Entwicklungsarbeit beherrschte RGS schließlich etwa drei Viertel des Inlands- und einen beträchtlichen Teil des elektromedizinischen Weltmarktes. Das rasante Wachstum zog jedoch eine finanzielle Überlastung
nach sich, weshalb das Unternehmen zu Beginn der 1920er Jahre Kontakt zur konkurrierenden Siemens & Halske AG suchte. Ende 1924 erwarb letztere die Aktien-
mehrheit an RGS und INAG und gründete mit der Siemens-Reiniger-Veifa GmbH
(SRV) eine gemeinsame Vertriebsgesellschaft, bevor schließlich im Zuge der Weltwirtschaftskrise 1932 RGS mit SRV und der Phoenix-Röntgenröhren-Fabriken AG in
Rudolstadt zur Siemens-Reiniger-Werke AG (SRW) mit Sitz in Berlin fusionierten.
Das Erlanger Werk mit über 2000 Beschäftigten übernahm nun fast die gesamte bisherige elektromedizinische Fabrikation der Siemens & Halske AG. Die SRW ent-

---

[14] Zur Unternehmensgeschichte: Hildegard Bräuer, Die Entwicklung der deutschen elektromedizinischen Industrie unter besonderer Berücksichtigung der Siemens-Reiniger-Werke AG. Erlangen, Diss.
phil. Erlangen 1949; 75 Jahre Elektromedizin in Erlangen, hg. von der Siemens-Reiniger-Werke AG, o.O.
1952; Oskar Dünisch, Von Reiniger bis heute. 100 Jahre Medizinische Technik in Erlangen, in: das neue
Erlangen 42, 1977, S. 3067–3093; Feldenkirchen, Siemens (wie Anm. 12), S. 369–375.

wickelte sich vor dem Zweiten Weltkrieg zur weltweit größten elektromedizinischen Spezialfirma. Im Zuge einer umfassenden Neuorganisation des Siemens-Konzerns 1966 wurde das Unternehmen mit den übrigen Stammgesellschaften zur neugegründeten Siemens AG zusammengeführt.

Zur Geschäftstätigkeit des Unternehmens in der Zeit vor dem Ersten Weltkrieg liegt nur fragmentarisches Schriftgut vor. Die Masse der überlieferten Archivbestände, die sich gegenwärtig am Standort Erlangen befinden[15], setzt mit der Gründung der SRW im Jahre 1932 ein. Den inhaltlichen Schwerpunkt bilden dabei neben Geschäftsberichten und Bilanzen insbesondere Akten zur Unternehmensfinanzierung, zu in- und ausländischen Geschäftsstellen, zu Tochtergesellschaften, zum Personal- und Sozialwesen, zu Lohn- und Gehaltsfragen, zur Bautätigkeit am Standort Erlangen, zum Werkswohnungswesen und zu medizintechnischen Tagungen und Kongressen. Bestandteil des Archivs ist eine bis 1890 zurückreichende Fotosammlung, die weit über 100 000 Aufnahmen umfaßt. Sie dokumentieren hauptsächlich Produkte, daneben aber auch Personen (Angestellte, Arbeiter, Unternehmensleitung), bauliche und maschinelle Anlagen, Arbeitsplätze und betriebliche Sozialeinrichtungen. Darüber hinaus existiert eine umfangreiche Sammlung von Werbedrucksachen (Prospekte, Produktkataloge, Referenzlisten), ferner von Preislisten, Bedienungsanleitungen und technischen Beschreibungen ab der Mitte des 19. Jahrhunderts. Darin sind auch zahlreiche Dokumente zur elektromedizinischen Fabrikation von Siemens & Halske in Berlin enthalten. An das Archiv angeschlossen ist eine medizinhistorische Fachbibliothek, die insbesondere über Literatur zur Röntgentechnik und Elektromedizin verfügt, aber auch Publikationen zu Entwicklung und Anwendung der von SRW produzierten Geräte umfaßt.

Zu den herausragenden Unternehmensarchiven in Franken zählt das Archiv von A.W. Faber-Castell in Stein.[16] Das aus einer 1761 gegründeten Bleistiftmacher-Werkstatt des Schreiners Kaspar Faber hervorgegangene Unternehmen entwickelte sich in der zweiten Hälfte des 19. Jahrhunderts unter der tatkräftigen Leitung seines Urenkels Lothar von Faber zu einem Schreibgeräteproduzenten von Weltruf.[17] Das überlieferte Archivgut im Umfang von circa 600 Fachbodenmetern setzt ab den 1870er Jahren breiter ein und umfaßt insbesondere Geschäfts- und Kopierbücher, Besitzurkunden, Geschäftsberichte und Bilanzen, Lohnlisten, Korrespondenzen mit in- und ausländischen Filialen sowie Akten zu Vertrieb, Marketing, Rohstoffbezug, Produktionsmethoden, Betriebsorganisation, Patentangelegenheiten, Marken- und Musterschutz. Dazu kommt eine umfangreiche Sammlung von Katalogen, Prospekten, Preislisten, Anzeigen, Reklamemarken und sonstigen Werbedrucksachen. Neben den

---

[15] Für Hinweise bin ich Frau Doris-Maria Vittinghoff, Med-Archiv Erlangen, zu Dank verpflichtet.

[16] Handbuch der bayerischen Archive (wie Anm. 7), S. 445. Für weitere Informationen danke ich Frau Dr. Renate Hilsenbeck vom Archiv A.W. Faber-Castell.

[17] Juliane Nitzke-Dürr, Lothar von Faber, Berlin 1999; Richard Kölbel, Lothar von Faber (1817–1896), in: Fränkische Lebensbilder 17, 1998, S. 209–230. Eine Monographie zur Unternehmensgeschichte fehlt. Dazu bisher: Die Bleistiftfabrik von A.W. Faber zu Stein bei Nürnberg in Bayern. Eine historische Skizze, Nürnberg 1861; Hans-Christian Täubrich, Bis in die fernsten Zeiten. Zur Geschichte des Unternehmens Faber-Castell, in: Jürgen Franzke (Hg.), Das Bleistiftschloß. Familie und Unternehmen Faber-Castell in Stein, München 1986, S. 76–115; Gerhard Hirschmann, Stein. Vom Industrieort zur Stadt, 2. erw. und fortgef. Aufl., Nürnberg 1991.

Firmenunterlagen verfügt das Archiv über reiches Schriftgut und Fotomaterial zur Personengeschichte und zur bürgerlichen Lebenskultur der Unternehmerfamilien Faber und Faber-Castell. Überliefert sind weiterhin Bauakten und Architekturpläne zu den privaten Wohnbauten der Familie.[18]

Als gegenwärtig ältestes Kreditinstitut in Bayern kann die Fürstlich Castell'sche Bank, Credit-Casse mit Hauptsitz im unterfränkischen Castell auf eine 227jährige Geschichte zurückblicken.[19] Ihre Anfänge reichen auf die 1774 unter maßgeblicher Initiative des Gräflich Castell'schen Regierungsdirektors Friedrich Adolph von Zwanziger als landesherrliches Institut gegründete „Gräflich Castell-Remlingen'sche Land-Credit-Casse" zurück, welche die Landbevölkerung der Grafschaft Castell mit günstigen Hypothekarkrediten versorgen sollte. Der Geschäftsgewinn war satzungs-gemäß für wohltätige und gemeinnützige Zwecke zu verwenden. Bereits 1794 belief sich die Summe der ausgeliehenen Kapitalien auf 700 000 Gulden. 1857 erfolgte die Gründung der Gräflich Castell'schen Neuen Credit-Casse, die fortan als Privatbank der Grafen zu Castell geführt wurde, während die Alte Credit-Casse als sparkas-senähnliches Institut weiterbestand. Letztere wurde 1937/40 mit der Neuen Credit-Casse zur Fürstlich Castell'schen Bank, Credit-Casse vereinigt.

Der circa 80 Fachbodenmeter umfassende Archivbestand des Kreditinstituts befin-det sich in der Abteilung „Bankarchiv" des Fürstlich Castell'schen Archivs und reicht zeitlich vom Gründungsjahr 1774 bis in die 1960er Jahre.[20] Überliefert sind unter anderem Statuten, Satzungen und Geschäftsbedingungen, Kundenkorrespondenzen (insbesondere Hypothekarkredit- und Darlehensakten), umfangreicher Schriftwech-sel mit anderen Kreditinstituten, statistisches Material, Werbedrucksachen, Unterla-gen zur Gewinnverwendung, Konkurs- und Prozeßakten, Bilanzen und Geschäftsbe-richte ab der Mitte des 19. Jahrhunderts, Sitzungsprotokolle der Geschäftsleitung (1870–1932) sowie Akten zur Übernahme der Gewerbebank in Neustadt an der Aisch (1936–1948) und des Bankhauses J.M. Meyer in Kitzingen (1937–1952). Besonders hervorzuheben sind die nahezu vollständig erhaltenen Rechnungsbücher von 1774 bis 1940, die weithin Aufschluß über die Geschäftstätigkeit geben, ebenso die Akten-serie zur Revision der Credit-Cassen aus dem Zeitraum von 1777 bis 1932. Neben Forschungen zu unternehmensgeschichtlichen Aspekten und zur Bankengeschichte ermöglicht die Schriftgutüberlieferung der Fürstlich Castell'schen Bank, Credit-Casse Einblicke in einzelne Phasen und Ereignisse der politischen Geschichte mit ihren jeweiligen Auswirkungen für die Wirtschaft im unter- und mittelfränkischen

[18] Dazu: Annegret Winter, Wohnhausbauten der Familie Faber in und bei Nürnberg. Studien zum Villenbau des 19. Jahrhunderts in Deutschland, Magisterarbeit (masch.) Universität Erlangen-Nürnberg 1990; Karen A. Kuehl, Das Faber-Castellsche Schloß in Stein bei Nürnberg (erb. 1903–06), Diss. phil (masch.) Frankfurt/M. 1985.

[19] Zur Unternehmensgeschichte: Jochen Klein, Zwei Jahrhunderte Fürstlich Castell'sche Bank, Credit-Casse. Geschichte einer fränkischen Bank, Diss. wirtsch.- und sozialwiss. Würzburg 1973; Roland Hor-ster, Castell – Vom Landesherrn zum Unternehmer, in: Zeitschrift für bayerische Landesgeschichte 52, 1989, S. 565–591; Jesko Graf zu Dohna, „Zur Wohlfahrt und zum Besten des Landes." Zur Gründungs-geschichte der Castell-Bank vor 225 Jahren (Casteller Hefte 29), Castell 1999.

[20] Für Informationen zum Bankarchiv danke ich herzlich dem Leiter des Fürstlich Castell'schen Ar-chivs, Jesko Graf zu Dohna.

Geschäftsgebiet der Bank – so etwa für die Periode der Revolutions- und Befreiungs-kriege 1796–1815, die Revolution von 1848/49, die Inflation 1922/23 und ihre Folgen, die Weltwirtschaftskrise oder die Zeit der Kriegswirtschaft. Speziell die erhaltenen Hypothekarkreditakten des ausgehenden 18. und 19. Jahrhunderts vermitteln ein detailreiches Bild der sozialen und wirtschaftlichen Verhältnisse der Bauern und Gewerbetreibenden. Änliches gilt für die Serie der sogenannten Verwilligungs-akten ab dem ausgehenden 18. Jahrhundert. Sie betreffen die Unterstützungszahlun-gen aus den Erträgen der Credit-Casse an Stiftungen sowie bedürftige Privatpersonen und geben vielfach Aufschluß über die soziale Lage der Landbevölkerung und der bäuerlichen Unterschichten.

Die Benützung des Archivs ist nach vorheriger schriftlicher Anmeldung möglich, sofern ein seriöses Forschungsvorhaben vorliegt. Archivalien des 18. und 19. Jahr-hunderts unterliegen keiner Beschränkung. Jüngere Unterlagen werden aufgrund des Bankgeheimnisses je nach Forschungsvorhaben von den Inhabern und der Geschäfts-leitung zur Bearbeitung freigegeben.

Das Bayerische Wirtschaftsarchiv – Regionales Wirtschaftsarchiv für den Wirtschaftsstandort Bayern

Angesichts der unzureichend entwickelten Archivpflege der Privatwirtschaft stellt auch in Franken die Sicherung und Erschließung von Archivgut der Wirtschaft eine Aufgabe dar, deren Bewältigung noch großer Anstrengungen bedarf. Einen entschei-denden Beitrag dazu leistet das Bayerische Wirtschaftsarchiv (BWA) in München.[21] Es wurde – anknüpfend an das seit 1986 bestehende IHK-Wirtschaftsarchiv für Mün-chen und Oberbayern[22] – 1994 als Gemeinschaftseinrichtung aller zehn bayerischen Industrie- und Handelskammern gegründet, ist organisatorisch in die Industrie- und Handelskammer für München und Oberbayern eingebunden und dort der Hauptge-schäftsführung zugeordnet. Es übernimmt und erschließt Archivgut von Unterneh-men und Wirtschaftsorganisationen, das an seinen Entstehungsstellen nicht entspre-chend gepflegt werden kann oder von der Vernichtung bedroht ist. Auch Nachlässe

---

[21] Angela Toussaint, Archivgutpflege der deutschen Wirtschaft unter besonderer Berücksichtigung des Bayerischen Wirtschaftsarchivs. Geschichte und aktueller Stand, in: Archivalische Zeitschrift 79, 1996, S. 105–126, hier bes. S. 118–126; dies., Eine Zukunft für die Vergangenheit. Das Bayerische Wirt-schaftsarchiv und seine Bestände, in: Archivalische Zeitschrift 80, 1997, S. 404–416; Richard Winkler, Quellen des 19. und 20. Jahrhunderts in Archiven der Wirtschaft – unter besonderer Berücksichtigung des Bayerischen Wirtschaftsarchivs, in: Forum Heimatforschung. Ziele – Wege – Ergebnisse, Heft 5, hg. vom Bayerischen Landesverein für Heimatpflege, München 2000, S. 65–84; ders., Die Sicherung wirtschafts-geschichtlicher Quellen in Oberfranken, in: Archiv für Geschichte von Oberfranken 80, 2000, S. 455–478; ders., Die Sicherung und Erschließung wirt-schaftsgeschichtlicher Quellen in Schwaben – eine Aufgabe für das Bayerische Wirtschaftsarchiv, in: Zeitschrift des Historischen Vereins für Schwaben 93, 2000, S. 167–187; Kurzführer durch die einzelnen Bestände: Das Bayerische Wirtschaftsarchiv und seine Bestände, hg. vom Bayerischen Industrie- und Handelskammertag, München 2000.

[22] Angela Toussaint, Das Wirtschaftsarchiv der Industrie- und Handelskammer für München und Ober-bayern, in: Mitteilungen für die Archivpflege in Bayern 31, 1989, S. 69–73.

und Privatarchive aus dem Bereich der Wirtschaft finden Aufnahme. Es macht die gewonnenen Bestände der Wissenschaft zugänglich, stellt seinen Service aber auch der Wirtschaft zur Verfügung und berät beim Aufbau unternehmenseigener Archive. Mit diesem Programm folgt das BWA als Regionales Wirtschaftsarchiv für den Wirtschaftsstandort Bayern dem bewährten Vorbild anderer Regionaler Wirtschaftsarchive in Deutschland.[23]

Als Einrichtung, die von den bayerischen Industrie- und Handelskammern getragen und weitgehend finanziert wird,[24] betreut das BWA bislang vorrangig Archivgut im Bereich der kammerzugehörigen Unternehmen. Als solche gelten im wesentlichen Industriebetriebe sowie Unternehmen aus den Bereichen Handel, Banken, Versicherungen, Verkehr und anderen Branchen des Dienstleistungssektors. Nicht erfaßt wird Archivgut des Handwerks, der freien Berufe sowie der Land- und Forstwirtschaft. Eine Ausweitung der archivischen Zuständigkeit auch auf das Handwerk erscheint zwar wünschenswert, kann im Hinblick auf die gegenwärtige Personal- und Raumsituation aber nur ein Fernziel darstellen. Die Akquisition von Archivgut bildet – neben der Erschließung und Benutzerbetreuung – die Hauptaufgabe der archivarischen Arbeit. Es ist ein hohes Maß an Eigeninitiative erforderlich, um im persönlichen Kontakt zur Unternehmens- oder Verbandsführung Verständnis für die Belange der Archivgutpflege zu wecken, die erforderliche Vertrauensbasis aufzubauen und so die Bereitschaft zur Abgabe von Archivgut – entweder in das Eigentum des BWA oder als Depositum unter Eigentumsvorbehalt – zu erwirken.

Naturgemäß gelingt es nur selten, relativ geschlossen erhaltene Überlieferungen aufzuspüren, welche die Geschichte eines Unternehmens oder einer Wirtschaftsorganisation von der Gründung bis an die Schwelle der Gegenwart umfassend dokumentieren. Vielmehr handelt es sich bei den sichergestellten Unterlagen meist um mehr oder weniger umfangreiche Restbestände, die dank glücklicher Umstände die Zeit überdauert haben. Sie spiegeln in unterschiedlicher Dichte verschiedene Phasen und Aspekte der Geschäftstätigkeit wider und bilden damit für die wirtschaftshistorische Forschung eine unersetzbare Quellengrundlage. Selbst kleinere Überlieferungssplitter erweisen sich aufgrund ihres einzigartigen Informationsgehalts als wertvoll. Diesen Aspekt gilt es im Hinblick auf den Stellenwert der Archivgutpflege der Wirtschaft besonders zu betonen. Zwar bietet das in den Staats- und Kommunalarchiven befindliche Behördenschriftgut für den Wirtschaftshistoriker eine Fülle spezifischen Quel-

---

[23] 1906 nahm als erstes Regionales Wirtschaftsarchiv in Deutschland das Rheinisch-Westfälische Wirtschaftsarchiv zu Köln – eine Gründung der Handelskammern der preußischen Westprovinzen Rheinland und Westfalen – seinen Betrieb auf. 1941 erfolgte die Gründung des Westfälischen Wirtschaftsarchivs in Dortmund für den damaligen Bezirk der Wirtschaftskammer Westfalen-Lippe. 1980 entstand mit dem Wirtschaftsarchiv Baden-Württemberg in Stuttgart-Hohenheim ein Regionales Wirtschaftsarchiv für das Land Baden-Württemberg. 1992 folgte das Hessische Wirtschaftsarchiv in Darmstadt, 1993 das Sächsische Wirtschaftsarchiv in Leipzig. Zu Typus und Entstehung Regionaler Wirtschaftsarchive in Deutschland vgl. Toussaint, Archivgutpflege (wie Anm. 21), S. 106–109.

[24] Ein derzeit 170 Mitglieder umfassender „Förderkreis Bayerisches Wirtschaftsarchiv e.V.", dem Unternehmen, Wirtschaftsorganisationen, Unternehmer und weitere fördernde Persönlichkeiten angehören, leistet ebenfalls finanzielle Hilfestellung.

lenmaterials.[25] Denn mit der beginnenden Industrialisierung ab der Mitte des 19. Jahrhunderts führte der Handlungs- und Regulierungsbedarf des Staates zu einem ständig wachsenden Schriftverkehr zwischen Unternehmen und Behörden – etwa im Bereich der Gewerbeaufsicht, der Gewerbeordnung, der Gewerbekonzessionierung, des gewerblichen Rechtsschutzes, der Besteuerung oder der Bauaufsicht. Auch die Korrespondenz zwischen den Kommunen und den Unternehmen nahm spürbar an Umfang zu, „sei es, daß Städte und Gemeinden als untere staatliche Behörde tätig wurden, sei es, daß aus der kommunalen Leistungsverwaltung Schriftverkehr erwuchs".[26] Es bleibt jedoch festzuhalten, daß diese behördliche Überlieferung naturgemäß nur bestimmte Aspekte des Wirtschaftslebens aus überwiegend amtlicher Perspektive widerspiegelt. Unverzichtbar ist deshalb für die wirtschafts-, sozial-, unternehmens- und technikgeschichtliche Forschung der Rückgriff auf originäres Archivgut aus der Wirtschaft selbst – aus Unternehmen, Verbänden und Kammern.[27]

Das BWA verfügt gegenwärtig über Bestände im Umfang von 3500 Fachbodenmetern. Die Benützung dieser Unterlagen ist – unter Beachtung der allgemeinen Schutz- und Sperrfristen sowie spezieller Vereinbarungen mit den Eigentümern – für jedermann möglich, soweit sie zu amtlichen, wissenschaftlichen, heimatkundlichen, familiengeschichtlichen, rechtlichen oder publizistischen Zwecken sowie zur Wahrnehmung von berechtigten persönlichen Interessen erfolgt.[28]

Archivgut aus dem Wirtschaftsraum Franken im Bayerischen Wirtschaftsarchiv

Zu den bedeutendsten Maschinenbauunternehmen in Franken zählt die Maschinenfabrik Augsburg-Nürnberg AG (MAN). Ihre Anfänge in Nürnberg reichen auf die 1838 von Johann Friedrich Klett eingerichtete mechanische Werkstätte zurück, aus der 1873 die Maschinenbau-Actien-Gesellschaft Nürnberg hervorging, die 1898 mit

[25] Dazu beispielhaft: Hans Mauersberg, Die Ergiebigkeit von Kommunalarchiven für den Wirtschaftshistoriker, in: Archiv und Wirtschaft 18/3, 1985, S. 82–91; Helmut Richtering, Quellen zur Unternehmensgeschichte in staatlichen und städtischen Archiven und Registraturen, in: Ottfried Dascher (Hg.), Ordnung und Information (Archiv und Wirtschaft, Beiheft 1), Dortmund 1974, S. 173–213. Zu wirtschaftsgeschichtlichen Quellen des 19. und 20. Jahrhunderts in staatlichen Archiven Bayerns: Michael Stephan, Quellen des Staatsarchivs München zur Wirtschaftsgeschichte im 19. und 20. Jahrhundert, in: Forum Heimatforschung. Ziele – Wege – Ergebnisse, Heft 5, hg. vom Bayerischen Landesverein für Heimatpflege, München 2000, S. 15–52; Gerhard Hetzer, Quellen des Bayerischen Hauptstaatsarchivs zur Wirtschaftsgeschichte im 19. und 20. Jahrhundert. Eine Einführung, in: ebd., S. 5–14.

[26] Wilfried Reininghaus, Das Archivgut der Wirtschaft, in: Evelyn Kroker/Renate Köhne-Lindenlaub/Wilfried Reininghaus (Hg.), Handbuch für Wirtschaftsarchive. Theorie und Praxis, München 1998, S. 61–98, hier S. 79.

[27] Einen Überblick über die Überlieferungsformen des Archivguts der Wirtschaft (mit weiterführender Literatur) bietet Reinighaus, Archivgut (wie Anm. 26).

[28] Näheres regelt die Benützungsordnung der IHK für München und Oberbayern für das Bayerische Wirtschaftsarchiv; Abdruck in: Das Bayerische Wirtschaftsarchiv und seine Bestände (wie Anm. 21), S. 64–68. Generell gilt für das Archivgut eine gleitende Sperrfrist von 30 Jahren. Davon ausgenommen sind Unterlagen, die bereits bei ihrer Entstehung zur Veröffentlichung bestimmt waren. Personenbezogenes Archivgut darf erst 10 Jahre nach dem Tode des Betroffenen benützt werden bzw. 90 Jahre nach der Geburt der Person, falls der Todestag dem Archiv nicht bekannt ist. Unabhängig von diesen allgemeinen Schutz- und Sperrfristen können, soweit es sich um Archivgut der Privatwirtschaft handelt, besondere Benützungsvereinbarungen mit den abgebenden Unternehmen oder Institutionen bestehen.

der Maschinenfabrik Augsburg AG zur Vereinigten Maschinenfabrik Augsburg und Maschinenbaugesellschaft Nürnberg AG (seit 1909: Maschinenfabrik Augsburg-Nürnberg AG) fusionierte.[29] Im Zuge einer durchgreifenden Restrukturierung des Unternehmens in den 1980/1990er Jahren, die auch den Nürnberger Standort stark berührte, wurde das dortige Werksarchiv 1988 aufgelöst. Ein großer Teil des Archivguts wurde vom Historischen Archiv der MAN AG in Augsburg übernommen.[30] Die Unterlagen aus dem Bereich Schienenfahrzeuge gingen an die Historischen Sammlungen des DB Museums im Verkehrsmuseum Nürnberg,[31] während das den Dampfbereich betreffende Material im Besitz der 1988 neugegründeten MAN Energie GmbH Nürnberg verblieb. Nachdem letztere in der Folgezeit der französischen Alstom-Gruppe eingegliedert wurde, gelangte das Archivgut 1999 an das BWA. Der Bestand[32] enthält überwiegend technikhistorisch relevantes Schriftgut zu den Produktionsbereichen Dampfmaschinen, Dampfkessel beziehungsweise Dampferzeuger und Dampfturbinen.

Der Bau von Dampfmaschinen bei Klett in Nürnberg ist ab 1842, die Herstellung von Dampfkesseln ab 1845 belegt.[33] 1854 lieferte das Unternehmen die bis dahin größte Dampfmaschine des Kontinents mit einer Leistung von 300 PS an die Baumwollspinnerei Bayreuth. Die Kolbendampfmaschinen stehender und liegender Bauart erreichten um die Jahrhundertwende mit 6000 PS ihre Leistungsgrenze. Um insbesondere den steigenden Anforderungen der Elektrizitätswirtschaft nach größeren und produktiveren Kraftmaschinen gerecht zu werden, stellte die MAN 1902 erste Versuche zum Bau von Dampfturbinen an. Durch den Beitritt zum Zoelly-Syndikat 1904 – einem bis 1923 bestehenden Unternehmensverbund, der die Produktion und Weiterentwicklung der vom Schweizer Ingenieur Heinrich Zoelly konstruierten Gleichdruckdampfurbine betrieb[34] – zählte die MAN schon bald zu den renommierten Dampfturbinenherstellern in Deutschland. Zu Beginn der 1920er Jahre wurden Aggregate mit Leistungen bis zu 25 000 PS gebaut. 1924 nahm die Nürnberger

---

[29] Zur Unternehmensgeschichte: Hans Bösch, Geschichte der Maschinenbau-Aktiengesellschaft Nürnberg mit Filiale Gustavsburg und der Nürnberger Drahtstiftenfabrik Klett & Co., Nürnberg 1895; Otto Bitterauf, Die Maschinenfabrik Augsburg-Nürnberg A.G. (M.A.N.), ihre Begründung und Entwicklung bis zum Anschluß an den Konzern der Gutehoffnungshütte. Ein Abriß ihrer Geschichte mit besonderer Berücksichtigung des Krieges und seiner Folgen, Nürnberg 1924; Fritz Büchner, Hundert Jahre Geschichte der Maschinenfabrik Augsburg-Nürnberg, Frankfurt/M. 1940; Eugen Diesel, Gepräge und Schicksal der M.A.N., in: M.A.N.-Werkzeitung 1965, 11, S. 6–47; Georg Eibert, Unternehmenspolitik Nürnberger Maschinenbauer (1835–1914) (Beiträge zur Wirtschaftsgeschichte 3), Stuttgart 1979, S. 57–181.

[30] Josef Wittmann, Das Historische Archiv der MAN, in: MAN Forum. Zeitschrift des MAN Konzerns 1993, 1, S. 20–25, hier S. 21. Zu den Beständen des Augsburger MAN-Archivs vgl. Handbuch der bayerischen Archive (wie Anm. 7), S. 454f.

[31] Handbuch der bayerischen Archive (wie Anm. 7), S. 441.

[32] BWA F 76 (Laufzeit: ca. 1850–1991; Umfang: 93 Fachbodenmeter).

[33] Heinz Haas, 137 Jahre Nürnberger M.A.N.-Dampfkesselbau 1845–1982, Manuskript (unveröff.), o.O. 1982 (Exemplar im BWA).

[34] Dem Syndikat gehörten neben der MAN AG die Firmen Escher Wyss & Co. in Zürich, Friedrich Krupp AG in Essen, Norddeutsche Maschinen- und Armaturenfabrik in Bremen und die Siemens-Schuckert-Werke in Berlin an.

Dampfabteilung zudem die Fertigung der von der Ersten Brünner Maschinenfabrik-Gesellschaft entwickelten Reaktionsdampfturbine auf, die noch bessere Wirkungsgrade mit einer Spitzenleistung von bis zu 51 000 PS erzielte. Parallel dazu erfolgte seit 1922 die Produktion von Gegenlauf-Radialdampfturbinen nach dem System „Ljungström". Dieser Entwicklung entsprach im Bereich Dampfkesselbau ab den 1930er Jahren der Übergang zur Herstellung von Großdampferzeugern und Höchstdruckkesseln. Darüber hinaus fertigte das Nürnberger Werk nach dem Zweiten Weltkrieg in Gemeinschaft mit anderen MAN-Standorten vollständige schlüsselfertige Dampfkraftwerke.

Den Schwerpunkt des Nürnberger MAN-Bestandes im BWA bilden Werbedrucksachen sowie Lieferverzeichnisse, Fotos und Konstruktionszeichnungen. Aktenmaterial ist nur spärlich und meist fragmentarisch überliefert. Für den Bereich Dampfmaschinen sind umfassende Lieferverzeichnisse (mit Angaben zu Besteller und diversen technischen Daten) von 1851 bis zur Einstellung des Dampfmaschinenbaues im Werk Nürnberg im Jahre 1956 erhalten. Dazu kommen technische Berichte über Versuche mit Dampfmaschinen aus den Jahren 1879 bis 1912, zahlreiche Prospekte und Kataloge ab der Jahrhundertwende, circa 400 zum Teil großformatige Fotos von in Nürnberg gebauten Dampfmaschinen für Elektrizitätswerke und Industriebetriebe ab 1890 sowie Konstruktionszeichnungen unterschiedlicher Dampfmaschinentypen von 1845 bis in die 1930er Jahre.

Für den Dampfkesselbau liegen Bestell- und Fabriknummernbücher sowie Liefer- und Auftragslisten von 1851 bis zur Schließung der Nürnberger Kesselbauabteilung im Jahre 1982 vor.[35] Fragmentarisch erhaltenes Aktenmaterial gibt Auskunft über technische Detailfragen des Kesselbaues, ferner zu Lizenznahme und Bau des Hochdruckkessels Bauart „Löffler" (1924–1934) und des Zwangsumlaufkessels Bauart „La Mont" (1933–1943). Vorhanden ist zudem Prospektmaterial ab den 1960er Jahren, eine umfangreiche Sammlung von Fachaufsätzen zur Dampferzeugertechnik, technische Zeichnungen zu verschiedenen Kesseltypen und ausgeführten Kesselanlagen vorwiegend aus der zweiten Hälfte des 19. Jahrhunderts sowie Fotos von ausgelieferten Dampfkesselanlagen ab der Jahrhundertwende.

Wichtige Entwicklungslinien im Bereich Dampfturbinenbau dokumentieren die vorliegenden Akten zum Zoelly-Syndikat – einschließlich der Protokolle der Konstrukteurkonferenzen und der Mitgliederversammlungen des Syndikats –, Versuchsberichte zu einzelnen Turbinentypen sowie insbesondere Schriftwechsel und Verträge zur Lizenznahme von Dampfturbinen der Bauart Brünn (1923–1930) und Ljungström (1915–1930). Erhalten sind weiterhin Verzeichnisse der ausgelieferten Dampfturbinen im Zeitraum von 1903 bis 1976, circa 1000 Foto- beziehungsweise Diaaufnahmen von Turbinenanlagen (ab 1906) sowie eine umfangreiche Prospektsammlung, die von den Anfängen des Turbinenbaus im Nürnberger Werk bis in die 1980er Jahre reicht.

Den Dampfkraftwerksbau nach dem Zweiten Weltkrieg dokumentieren Lieferverzeichnisse sowie Prospekte und Fotos über ausgeführte Anlagen bis in die 1970er

---

[35] Die Bestellbücher enthalten auch die bei den Werken Gustavsburg und Augsburg eingegangenen Bestellungen ab 1898.

Jahre. Für die allgemeine Entwicklung der Dampftechnik von Interesse sind die im Druck vorliegenden Vorträge und Diskussionsprotokolle der bei der MAN in Nürnberg von 1949 bis 1974 jährlich veranstalteten Forschungstagungen „Dampf".

Aspekte des betrieblichen Sozialwesens beleuchten die überlieferten Akten zum Wohnungs- und Wohlfahrtsverein der MAN Nürnberg ab 1907 sowie die Geschäftsberichte und Satzungen der 1911 gegründeten Baugesellschaft Werderau, die im Stadtteil Gibitzenhof nach dem Prinzip der Gartenstädte eine Wohnanlage für Arbeiter und Angestellte der MAN errichtete. Erhalten ist auch eine vollständige Sammlung der MAN-Werkszeitung von 1908 bis 1988. Eine besondere Kostbarkeit schließlich stellt ein 1890 als Geschenk für den Generaldirektor der Maschinenbau-Actien-Gesellschaft Nürnberg vorm. Klett & Co., Anton von Rieppel, angelegtes und aufwendig gestaltetes Fotoalbum dar, das Aufnahmen der Betriebsgebäude sowie Gruppenbilder der Beschäftigten in den einzelnen Werksabteilungen enthält.

Zu den überregional bedeutenden Werften Frankens zählte die Bayerische Schiffbaugesellschaft (BSG) im unterfränkischen Erlenbach am Main. Seit 1652 sind Angehörige der Familie Schellenberger in Wörth am Main als Schiffbauer belegt.[36] Den Wechsel vom handwerklichen zum industriellen Schiffbau vollzog Anton Schellenberger, der 1896 mit dem Bau eiserner Schiffe begann. Begünstigt wurde der Aufschwung durch die fortschreitende Kanalisierung des Mains, die größere Schiffstiefen erlaubte und damit die Möglichkeit eröffnete, Schiffe größeren Ausmaßes für den Betrieb auf dem Rhein und anderen Binnengewässern zu bauen. Bis 1914 verließen 150 Neubauten mit einer Tragfähigkeit von bis zu 500 t die Werft. Nach dem Ende des Ersten Weltkriegs verlegte Anton Schellenberger den Betrieb auf die gegenüberliegende Mainseite nach Erlenbach. Hier gründete er 1918 die „Bayerische Schiffbaugesellschaft mbH, vorm. Anton Schellenberger" (BSG). Bis 1939 liefen in Erlenbach fast 550 Schiffsneubauten vom Stapel. Während des Zweiten Weltkrieges konzentrierte sich die Produktion auf Fähren und Landungsboote für die Kriegsmarine.

Eine wichtige Zäsur in der Unternehmensgeschichte der Nachkriegszeit markierte die Aufnahme des Seeschiffbaus.[37] 1953 verließen mit zwei 1200 t-Motortankern die ersten in Bayern gebauten Seeschiffe für atlantische Fahrt die Werft und traten den 600 km langen Weg main- und rheinabwärts zur Küste an. Das größte in Erlenbach gebaute Seeschiff mit einer Tragfähigkeit von 2750 t und 88 m Länge lief 1959 vom Stapel. Mitte der 1950er Jahre stand die BSG mit ihrer Produktion tonnagemäßig an der Spitze aller deutschen Binnenwerften. Etwa ein Viertel der Nachkriegs-Binnentankerflotte in Deutschland stammte aus Erlenbach. Neben dem Bau von Binnen- und Seeschiffen erfolgte ab 1960 die Fertigung von schnellen Patrouillenbooten für den Marineeinsatz im In- und Ausland. Obwohl die BSG mit ihrer Belegschaft von über 300 Mitarbeitern (1970) weiterhin zu den führenden Binnenschiffswerften in Deutschland zählte, war das Unternehmen in den 1990er Jahren aufgrund des seefernen Standortes und der sich verschärfenden Krise im Werftensektor der weltweiten Konkurrenz nicht mehr gewachsen. 1997 wurde der Betrieb geschlossen.

---

[36] Werner Trost, Die Schellenberger begannen in Lohr, in: Spessart 1988, 2, S. 3–25.
[37] Ernst Wensien, Der Bau von See- und Küstenschiffen bei der BSG (= Mainschiffahrtsnachrichten 1985, 5).

Teile der älteren Überlieferung des Unternehmens, insbesondere Fotos, Glas-
negative und technische Zeichnungen, befinden sich im 1980 gegründeten Schif-
fahrts- und Schiffbaumuseum in Wörth am Main. Das vom BWA übernommene
Schriftgut dokumentiert dagegen die Zeit von der Gründung der BSG 1918 bis in die
1980er Jahre. Der Bestand[38] enthält Gesellschafterversammlungsprotokolle ab 1918,
Jahresabschluß- und Betriebsprüfungsberichte ab 1948, Bau- und Lagepläne der
Betriebsanlagen, zahlreiche Fotoaufnahmen der Werfteinrichtungen, der Arbeitsplätze sowie insbesondere der gebauten Schiffe. Die in Kopie vorliegenden Bauver-
zeichnisse, die bis 1896 zurückreichen, vermitteln einen Überblick über alle durchgeführten Schiffsneubauten beziehungsweise Umbauten (mit Baunummer, Auftrag-
geber und technischen Angaben). Konstruktionszeichnungen zu über hundert Schiffsbauten aus dem Zeitraum von 1920 bis 1952 sowie Baubeschreibungen und Bauver-
träge zu einzelnen Schiffsbauten ab den 1950er Jahren ergänzen den Bestand. Auch
konnten die beim Betriebsrat des Unternehmens vorhandenen Unterlagen ab 1947
sichergestellt werden.

Zu den frühesten Bankengründungen in Franken zählt – neben der Fürstlich
Castell'schen Bank, Credit-Casse – die Bayerische Staatsbank. Das Institut wurde
1780 durch Markgraf Karl Alexander von Ansbach-Bayreuth als markgräfliche Hof-
bank mit Sitz in Ansbach eingerichtet.[39] Durch den Übergang des Markgraftums an
Preußen 1792 erfolgte 1795 die Verlegung der nunmehr „Königlich preußischen Banco in Franken" nach Fürth, bevor dann im Zuge der staatlichen Eingliederung des
Ansbacher Landes in das Königreich Bayern 1806 die jetzt „Königlich baierische
Banco" ab 1807 ihren Sitz in Nürnberg hatte. Erst durch das bayerische Bankgesetz
von 1850 erfolgte die Aufwertung des bis dahin geschäftlich nur auf Franken konzentrierten und in Form einer Sozietät auf Aktien betriebenen Kreditinstituts zur
Bank des bayerischen Staates. Als „Königliche Bank" hatte das Institut fortan unter
der Aufsicht des bayerischen Finanzministeriums die in Bayern anfallenden öffentlichen Gelder aus Behörden, Gerichten und Staatskassen der Wirtschaft zur Verfügung
zu stellen, Geld- und Kreditgeschäfte für den bayerischen Staat und die ihm nahe
stehenden Anstalten und Unternehmungen sowie für öffentliche Körperschaften und
Stiftungen auszuführen, Staatsanleihen zu begeben und den Markt für bayerische
Staatsanleihen zu pflegen. Darüber hinaus führte das Institut alle bankmäßigen
Geschäfte einer Depositen- und Kreditbank. Ihr geographischer Wirkungskreis
erweiterte sich ab 1850 laut Statuten auf Gesamtbayern. Er blieb jedoch auf Grund
der bayerischen Bankengeometrie, die der Bayerischen Hypotheken- und Wechsel-
Bank Südbayern als Geschäftsgebiet zuwies, in der Praxis auf den nordbayerischen
Raum und die Pfalz beschränkt. Erst 1875 besetzte die „Königliche Bank" auch die
Plätze Augsburg und München. Ab 1900 wurde das Filialnetz stark erweitert und
1920 der Hauptsitz von Nürnberg nach München verlegt. Seit dem Ende der Monar-

---

[38] BWA F 45 (Laufzeit: 1915–1989; Umfang: 30 Fachbodenmeter = 278 Archivalieneinheiten).

[39] Franz Steffan/Walter Diehm, Die Bayerische Staatsbank von 1870 bis 1955. Geschichte und
Geschäfte einer öffentlichen Bank. Zur 175. Wiederkehr des Gründungsjahres, München 1955; Franz
Steffan, Die Bayerische Staatsbank 1780–1930. Geschichte und Geschäfte einer öffentlichen Bank. Zur
150. Wiederkehr des Gründungsjahres, München/Berlin 1930.

chie führte das Institut den Namen „Bayerische Staatsbank". 1971 erfolgte die Auflösung und Übernahme durch die Bayerische Vereinsbank AG, München, die ihrerseits 1999 mit der Bayerischen Hypotheken- und Wechsel-Bank AG, München, zur Hypo-Vereinsbank AG fusionierte.

Das erhaltene Archivgut der Staatsbank[40] entstammt im wesentlichen der Registratur des Direktoriums. Zu seinen wertvollsten Bestandteilen zählt die Serie der Kassenbücher aus der markgräflichen, preußischen und frühen bayerischen Zeit. Sie reichen vom Gründungsjahr 1780 bis 1816 und geben detailliert Aufschluß über die täglich bei der Bank getätigten Ein- und Auszahlungen sowie den Kundenkreis (darunter unter anderem auch zahlreiche jüdische Geschäftsleute). Die jüngere Geschäftsbuch-Überlieferung ist bis auf wenige Einzelstücke verloren. Die Serie der vollständig überlieferten Hauptbilanzen der Staatsbank und ihrer Filialen umfaßt den Zeitraum von 1848 bis 1965. Gedruckte Geschäftsberichte liegen von 1910 bis 1970 vor.

Große Verluste sind für die Aktenüberlieferung des 19. Jahrhunderts zu konstatieren. Das erhaltene Material reicht nur sporadisch bis in die zweite Hälfte des 19. Jahrhunderts zurück. Die Masse stammt aus dem Zeitraum von 1900 bis 1950. Eine Ausnahme bildet lediglich die 1853 einsetzende und vollständig erhaltene Aktenreihe der Rundschreiben mit Entschließungen und Bekanntmachungen des Staatsbankdirektoriums – insbesondere zu Fragen der Organisation, der Geschäftsführung und Geschäftsverteilung. Weitere Aktengruppen aus dem Bereich der inneren Verwaltung der Bank betreffen das Kassen- und Rechnungswesen, die Dienst- und Geschäftsordnung, die Errichtung beziehungsweise Schließung von Niederlassungen und Zweigstellen, das Bauwesen, das Personal- und Sozialwesen oder Fragen der Banksicherheit. Hervorzuheben ist das aus der Mitgliedschaft der Bank in verschiedenen bankgewerblichen Vereinigungen erwachsene Schriftgut.[41] Die aus dem eigentlichen Bankgeschäft erwachsenen Aktengruppen beleuchten den Geschäftsverkehr mit Sparkassen und anderen Bankinstituten, mit Bausparkassen, Gemeinden, öffentlich-rechtlichen Körperschaften, Stiftungen, Genossenschaften und Darlehenskassenvereinen, Versicherungsanstalten, Berufsgenossenschaften, Krankenkassen, Staatskassen und Staatsbehörden. Breit dokumentiert sind einzelne Geschäftsfelder wie das Einlagen-, Depot-, Devisen-, Emissions-, Kommissions- und Wechselgeschäft sowie das von der Bank betriebene Kreditgeschäft, insbesondere die Vergabe von Wohnungsbau-, Flüchtlings-, Landwirtschafts-, Meliorations- und sonstigen staatsverbürgten Krediten. Überliefert sind auch Akten zu den Unternehmensbeteiligungen der Staatsbank. Damit steht der bankhistorischen Forschung noch weithin unausgeschöpftes Quellenmaterial zur Verfügung. Die Benützung des Archivbestandes bedarf der Genehmigung der HypoVereinsbank AG.

Einen qualitativ hohen Stellenwert unter den fränkischen Archivbeständen nimmt auch die Überlieferung des Bamberger Schulbuchverlages C.C. Buchners ein, dessen

---

[40] BWA F 47 (Laufzeit: 1780–1971; Umfang: 108 Fachbodenmeter = 2652 Archivalieneinheiten).

[41] Insbesondere Rundschreiben, so etwa der Bayerischen Bankenvereinigung, des Centralverbands des deutschen Bank- und Bankiergewerbes, der Wirtschaftsgruppe privates Bankgewerbe, des Bundesverbands des privaten Bankgewerbes oder des Verbands der privaten Kreditinstitute in Bayern.

Anfänge in Bayreuth liegen.[42] Dort übernahm 1808 der aus dem mittelfränkischen Baiersdorf stammende königlich-preußische Ober-Chirurg Johann Lorenz Buchner nach seiner Entlassung aus dem Militärdienst die Leihbibliothek seines Schwiegervaters. 1832 erhielt er die Konzession zum Betrieb einer eigenen Verlagsbuchhandlung. Als erstes Verlagswerk brachte Buchner 1833 die „Alte Geschichte der Stadt Baireuth" von Johann Wilhelm Holle heraus. Sein Sohn Carl Christian Buchner erweiterte das Unternehmen ab 1840 zu einem Schulbuchverlag und verlegte den Sitz im Oktober 1850 nach Bamberg. In relativ kurzer Zeit entwickelte er den Betrieb durch die Herausgabe lateinischer, griechischer und deutscher Lehrbücher zum führenden Fachverlag für die bayerischen Gymnasien. Daneben verlegte er auch juristische Literatur – etwa die ab 1862 in 46 Bänden erschienene Reihe „Bayerns Gesetze und Gesetzesbücher" – sowie Lehrwerke für Gewerbe- und Volksschulen. Nach Carl Buchners Tod 1886 ging der Verlag an seine Söhne Fritz und Max sowie 1908 an seinen Enkel Dr. Wilhelm Ament über. Mit dem 1928 erfolgten Erwerb des Carl Koch-Verlags in Nürnberg – dem damals bedeutendsten Verlag für die bayerischen Real- und Mädchenschulen – stieg Buchners zum größten Schulbuchverlag für die höheren Schulen in Bayern auf. Nach geschäftlichen Rückschlägen im Zusammenhang mit der von den Nationalsozialisten 1938 angeordneten „Reichsschulreform" sowie der 1944 durchgeführten Reichsvereinheitlichung der Schulbücher konnte der Verlag ab 1949 rasch seine führende Rolle in Bayern zurückgewinnen. Stark ausgebaut wurden neben der Altphilologie die Fächer Deutsch und Geschichte.

Zwar haben sich aus der Bayreuther Zeit – mit Ausnahme einiger Kataloge der Buchnerschen Leihbibliothek aus den Jahren 1821 bis 1848 sowie den Taschenkalendern des Unternehmensgründers – keine Geschäftsunterlagen erhalten. Ebenso sind die Anfänge der Verlagstätigkeit in Bamberg seit 1850 in dem Archivbestand[43] nur sehr lückenhaft dokumentiert. Umso dichter jedoch präsentiert sich die Überlieferung ab den 1880er Jahren: Zahlreich erhaltene Geschäftsbücher, namentlich Kassenbücher, Memoriale, Journale und Hauptbücher, sowie die ab 1918 lückenlos erhaltenen Bilanzen ermöglichen einen umfassenden Einblick in die betriebswirtschaftliche Entwicklung des Unternehmens. Das „Herzstück" des Bestandes bildet die vom ausgehenden 19. Jahrhundert bis in die 1970er Jahre nahezu vollständig erhaltene Autorenkorrespondenz. Sie dokumentiert im Detail das verlegerische Schaffen jener Zeit, enthält eine Fülle von biographischen Daten zu den beteiligten Autoren und gibt unter anderem Aufschluß über die Bedingungen der Zulassung von Schulbüchern in Bayern unter wechselnden politischen Systemen – vom Kaiserreich über die Weimarer Republik und den Nationalsozialismus bis in die unmittelbaren Nachkriegsjahre und die bundesrepublikanische Zeit. Quellenmaterial zur Buchnerschen Familiengeschichte, aber auch zu Aspekten der Bürgertumsforschung, bietet schließlich zahlreich erhaltenes biographisches Material sowie die in größcrem Umfang überlieferte Privatkorrespondenz zwischen Mitgliedern der Verlegerfamilie aus dem Zeitraum vom beginnenden 19. Jahrhundert bis in die 1940er Jahre.

---

[42] Walter Flemmer, Verlage in Bayern, Pullach 1974, S. 94f., 173f., 188, 439–441. Eine Monographie zur Geschichte des C.C. Buchners Verlages wird derzeit von Barbara Reis erarbeitet.

[43] BWA F 28 (Laufzeit: 1798–1980; Umfang: 28 Fachbodenmeter = 610 Archivalieneinheiten).

Die Entwicklung von einem Handwerks- zu einem Industriebetrieb des Spezial-maschinenbaus beleuchtet exemplarisch der Archivbestand der Bamberger „Eisen-gießerei und Maschinenfabrik Josef Müller".[44] 1855 gründete der technisch gebildete Kaminkehrermeister und Lehrer an der Bamberger Gewerbeschule, Josef Müller, eine mechanische Werkstätte. Die Produktion umfaßte zunächst Maschinen des lo-kalen gewerblichen Bedarfs wie kleinere Dampfmaschinen und Lokomobilen, Kühl-schiffe, Braupfannen, Warenaufzüge, Turbinen, Sägewerksausrüstungen, Pumpen oder Pferdegöpel. Seit 1878 betrieb Josef Müller zudem eine eigene Eisengießerei. Seine Söhne Adam und Kaspar erweiterten und konzentrierten das Geschäft seit 1886 auf die Herstellung von Hopfenverarbeitungsmaschinen, insbesondere Hopfenpres-sen. In dieser Sparte erreichte das Unternehmen mit etwa 30 Mitarbeitern rasch eine überregionale Bedeutung und behauptete bis um die Mitte des 20. Jahrhunderts seine Position unter den marktführenden Herstellern in Deutschland. Der Export reichte von Holland über Belgien und Frankreich bis nach Böhmen, Polen und Rußland. Im Zuge veränderter Methoden der Hopfenbearbeitung, namentlich durch das in den 1960er Jahren entwickelte Verfahren der Hopfenextraktion, kam dieser Produktions-zweig schließlich zum Erliegen.

Das im Werksgebäude der Firma Müller sichergestellte Archivgut[45] beeindruckt vor allem durch seine bei Unternehmensüberlieferungen nur selten anzutreffende Geschlossenheit. Insbesondere die Geschäftsbücher (Journale, Haupt-, Kontokorrent -, Kassen-, Wareneingangs-, Warenausgangsbücher) aus dem Zeitraum von 1879 bis 1929 (und teilweise darüber hinaus) sind vollständig erhalten. Zusammen mit den ebenfalls lückenlos überlieferten Briefkopierbüchern vermitteln sie ein detailliertes Bild der geschäftlichen Entwicklung. Technische Zeichnungen sowie eine Vielzahl von Firmendrucksachen, insbesondere Prospekte, Preis- und Referenzlisten, ergän-zen den Bestand.

Zu den Pionieren der chemischen Industrie in Franken zählte die Chemische Fabrik Samuel Friedrich Holtzapfel in Grub am Forst bei Coburg.[46] Am Anfang des Unternehmens stand die Begeisterung der Brüder Carl Valentin und August Eusebius von Sandt für chemische Erfindungen. Insbesondere interessierte die beiden Cobur-ger Schnittwarenhändler die wirtschaftliche Nutzung eines seit etwa 1740 bekannten Verfahrens, wie sich aus tierischen Abfällen unter Zugabe von Pottasche, Eisensulfat und Alaun Blaufarbe herstellen läßt.[47] Ab 1763 betrieben sie – seit 1772 mit einem „Privilegium exclusivum" des Coburger Herzogs ausgestattet – in Grub am Forst auf dem Areal eines verlassenen Gesundbrunnens eine Blaufarben-Fabrik, deren Betrieb jedoch wenig rentabel verlief. Zur Blüte gelangte das Unternehmen unter Samuel

---

[44] Kurzportrait: Helm Wienkötter, Die Bamberger Industrie. Ein Adreßbuch und Führer durch die Industrie des Stadt- und Landkreises Bamberg und ihre Erzeugnisse, Bamberg 1950, S. 239.

[45] BWA F 41 (Laufzeit: 1861–1940; Umfang: 35 Fachbodenmeter = 1122 Archivalieneinheiten).

[46] Firmenporträt: Samuel Friedrich Holtzapfel, in: Unsere Wirtschaft. Zeitschrift der Industrie- und Handelskammer zu Coburg 1992, 7, S. 24f. Zur frühen Geschichte des Unternehmens: Stefan Jacob, Che-mische Vor- und Frühindustrie in Franken. Die vorindustrielle Produktion wichtiger Chemikalien und die Anfänge der chemischen Industrie in fränkischen Territorien des 17., 18. und frühen 19. Jahrhunderts (Technikgeschichte in Einzeldarstellungen 9), Düsseldorf 1968, S. 215–218.

[47] Jacob, Chemische Vor- und Frühindustrie in Franken (wie Anm. 46), S. 189–192.

Friedrich Holtzapfel, der die Gruber Fabrik 1809 übernahm. Um 1850 beschäftigte die Firma bereits über 150 Mitarbeiter. Auf der Weltausstellung in Wien 1873 erhielt sie eine Medaille für die besondere Qualität ihrer Produkte. Holtzapfel-Blau genoß als Maler-, Textil- und Druckfarbe in allen europäischen Ländern, aber auch in Asien und Südamerika einen hervorragenden Ruf. Erst der Wegfall wichtiger Märkte nach dem Ersten Weltkrieg, insbesondere aber die isolierte Randlage infolge der Teilung Deutschlands seit 1945 sowie die nachhaltigen Konzentrationsprozesse in der chemischen Industrie erschwerten die Wettbewerbsfähigkeit und setzten der unternehmerischen Initiative Anfang der 1990er Jahre schließlich ein Ende.

Aus der wechselvollen, fast 240jährigen Geschichte des Unternehmens haben sich naturgemäß nur Bruchstücke des Geschäftsschriftgutes erhalten,[48] deren Wert für die historische Forschung jedoch signifikant ist.[49] So belegen Handelsbriefe und Briefkopierbücher aus der ersten Hälfte des 19. Jahrhunderts die vielfältig angebahnten Geschäftsbeziehungen der aufstrebenden Blaufarbenfabrik. Überliefert sind weiterhin Gesellschaftsverträge, Urkunden über Preisverleihungen auf Ausstellungen, Patenturkunden, Werbedrucksachen, Rezeptur- und Produktionsbücher. Bilanzen sowie Sach- und Korrespondenzakten dokumentieren Aspekte chemischer Produktion unter den gewandelten ökonomischen Bedingungen der Nachkriegszeit.

Die in Schweinfurt ansässige Baugruppe Riedel entwickelte sich aus einem 1899 von Leonhard Riedel gegründeten Baugeschäft zu einem mittelständischen Industrieunternehmen.[50] Den Schwerpunkt der Bautätigkeit bis in die 1960er Jahre bildete die Errichtung von Werksanlagen für die heimische Industrie, insbesondere für die Schweinfurter Kugellagerfabriken, daneben der Wohnungs- und Verwaltungsbau. Der als Depositum im BWA verwahrte Archivbestand des Unternehmens[51] enthält die gesamte Geschäftsbuchüberlieferung (Journale, Haupt-, Kontokorrent-, Bilanz-, Lohn- und Kopierbücher) von der Gründung bis in die 1920er Jahre. Dazu kommen circa 250 Mappen mit Bauplänen sowie eine Fotosammlung über Baustellen und ausgeführte Bauten.

Einen für die Wirtschaftsgeschichte Oberfrankens in vielfacher Hinsicht relevanten Quellenfundus bildet die archivalische Überlieferung der Industrie- und Handelskammer für Oberfranken Bayreuth.[52] 1843 gegründet, entwickelte sich die Kammer durch die zunehmende Beanspruchung durch den Staat und ihre verstärkte Rolle als Organ der Interessenvertretung der gewerblichen Wirtschaft ihres Bezirks zu einer wichtigen Schaltstelle im Dienst von Staat und Wirtschaft. Entsprechend bietet der – aufgrund von Kriegszerstörungen jedoch erst ab 1945 überlieferte – Aktenbestand[53]

---

[48] BWA F 39 (Laufzeit: 1734–1992; Umfang: 8 Fachbodenmeter = 113 Archivalieneinheiten).

[49] Die Forschungen von Jacob, Chemische Vor- und Frühindustrie in Franken (wie Anm. 46) zur Frühgeschichte des Gruber Unternehmens beruhen wesentlich auf diesem Quellenmaterial.

[50] Vom handwerklichen zum industriellen Bauen. Herausgegeben anläßlich des sechzigjährigen Bestehens der Firma Gebr. Riedel, o.O. [1959]; 75 Jahre Gebr. Riedel KG Bauunternehmen, o.O. [1974].

[51] BWA F 56 (Laufzeit: 1891–1989; Umfang: 34 Fachbodenmeter = 552 Archivalieneinheiten).

[52] Hans Kolb/Helmuth Jungbauer, 150 Jahre Industrie- und Handelskammer für Oberfranken Bayreuth (Oberfränkische Wirtschaft, Sonderheft), Bayreuth 1993.

[53] BWA K 8 (Laufzeit: 1945–ca. 1975; Umfang: 80 Fachbodenmeter; unverzeichnet).

eine aussagekräftige Quellenbasis zur wirtschaftlichen Entwicklung von der Nachkriegszeit bis in die 1970er Jahre. Die Aktengruppen betreffen unter anderem Kriegsschäden und Flüchtlingswesen, Devisen- und Rohstoffbewirtschaftung, Interzonen- und innerdeutschen Handel, Grenz- und Zonenrandförderung, die Entwicklung einzelner Industrie- und Gewerbebranchen, das Ausstellungs- und Messewesen oder den Ausbau des Verkehrsnetzes. Mit Gewinn sind für den Wirtschaftshistoriker die gedruckten Jahresberichte der Kammer heranzuziehen, die – mit einzelnen Lücken – von 1865 bis 1951 vorliegen, ebenso die seit 1949 erscheinende Kammerzeitschrift.

Auch die Industrie- und Handelskammer Aschaffenburg, die 1996 ihr 50jähriges Bestehen feiern konnte,[54] sowie die Industrie- und Handelskammer zu Coburg,[55] die 1896 von Herzog Alfred von Sachsen-Coburg und Gotha für das damalige Herzogtum Coburg eingerichtet wurde, haben ihre Aktenüberlieferung dem BWA anvertraut. Leider ist das Aktenmaterial der Coburger Kammer vor 1945 weitgehend verloren gegangen.[56] Die Industrie- und Handelskammer Würzburg-Schweinfurt[57] unterhält bislang ein eigenes Archiv, dessen Bestände bis 1945 zurückreichen; älteres Aktenmaterial ist durch Kriegseinwirkung fast vollständig vernichtet worden. Gleiches gilt für die Industrie- und Handelskammer Nürnberg;[58] hier ist an Vorkriegsunterlagen lediglich ein Restbestand aus dem Zeitraum von 1854 bis 1913 erhalten, der sich im Staatsarchiv Nürnberg befindet.

Was den Bereich der Vereine und Verbände der Wirtschaft betrifft, so kann das Bayerische Wirtschaftsarchiv der Forschung gegenwärtig über ein Dutzend Bestände im Gesamtumfang von circa 250 Fachbodenmetern zur Verfügung stellen.[59]

---

[54] Zur Kammergeschichte: Die Wirtschaft am bayerischen Untermain, hg. von der Industrie- und Handelskammer Aschaffenburg anläßlich ihres zehnjährigen Bestehens, Aschaffenburg 1956; Melanie Pollinger, Initiative und Engagement. 50 Jahre Industrie- und Handelskammer Aschaffenburg, Aschaffenburg 1996. Archivbestand: BWA K 5 (Laufzeit: 1943–1985; Umfang: 22 Fachbodenmeter = 291 Archivalieneinheiten).

[55] Zur Kammergeschichte: 25 Jahre Handelskammer Coburg 1896–1921. Ein Rückblick mit besonderer Berücksichtigung der Kriegszeit und des Jahres 1920, Coburg 1921; Fritz Mahnke, 75 Jahre Industrie- und Handelskammer zu Coburg, Coburg 1971; Harald Bachmann, 1896–1996. 100 Jahre IHK zu Coburg. Für Wirtschaft und Staat, Coburg 1996. Zum Wirtschaftsraum: Jörg Falkenberg/Richard Dlouhy (Hg.), Die Wirtschaft im Coburger Grenzland, Kulmbach 1982. Archivbestand: BWA K 6 (Laufzeit: 1946–1983; Umfang: 14,5 Fachbodenmeter; unverzeichnet).

[56] Winkler, Oberfranken (wie Anm. 21), S. 473–475.

[57] Johann B. Knittel, Die Würzburger Handelsvertretung in alter und neuer Zeit, in: Festschrift zur Eröffnung des Handelskammer-Gebäudes Würzburg. Zur Erinnerung an die Feier am 27. April 1914, hg. von der Handelskammer Würzburg, Würzburg 1914, S. 17–128; 125 Jahre Industrie- und Handelskammer Würzburg-Schweinfurt, Würzburg 1967; Harm-Hinrich Brandt, „Ein tüchtiges Organ des Handels- und Fabrikantenstandes". Die Industrie- und Handelskammer Würzburg-Schweinfurt in 150 Jahren, Würzburg 1992.

[58] 125 Jahre Industrie- und Handelskammer Nürnberg 1843–1968, hg. von der Industrie- und Handelskammer Nürnberg, Nürnberg 1968; Bernd Zinner, Die Handelskammer von Mittelfranken. Organisation und gutachterliche Tätigkeit (1842–1889) (Nürnberger Werkstücke zur Stadt- und Landesgeschichte 19), Nürnberg 1976.

[59] Vertreten sind u.a.: Landesverband der Bayerischen Industrie, Verein der Bayerischen Metallindustrie bzw. Verband der Bayerischen Metall- und Elektroindustrie (mit Vorläuferorganisation Verband Bayerischer Metallindustrieller), Vereinigung der Arbeitgeberverbände in Bayern (mit Vorläuferorganisa-

Aufschlußreiches Material zur Geschichte zahlreicher fränkischer Aktiengesellschaften bietet der Aktenbestand des Münchner Handelsvereins als Träger der Bayerischen Börse.[60] Es handelt sich dabei um über 1000 Einzelfallakten, die im Prüfverfahren für die Zulassung von Wertpapieren zum Börsenhandel entstanden sind.[61] Die 1870 einsetzenden Aktenbände enthalten unter anderem Aktienprospekte, Satzungen, Gesellschaftsverträge, Geschäftsberichte, Handelsregisterauszüge, Generalversammlungsbeschlüsse und Aktienblanketten der betreffenden Unternehmen sowie Zeitungsausschnitte, Hintergrundberichte und Schriftwechsel der Zulassungsstelle mit den für die Börseneinführung des Wertpapiers zuständigen Banken.

Neben den Archivbeständen von Unternehmen und Wirtschaftsorganisationen sowie Nachlässen und Privatarchiven von Persönlichkeiten der bayerischen Wirtschaft verfügt das BWA über verschiedene Sammlungen. Hervorzuheben ist die bislang auf circa 6500 Exemplare angewachsene Sammlung von Geschäftsberichten, die circa 550 bayerische – darunter auch zahlreiche fränkische – Unternehmen betreffen. Aktiengesellschaften, Versicherungsunternehmen, Bausparkassen, Genossenschaften und staatliche Eigenbetriebe waren schon in der zweiten Hälfte des 19. Jahrhunderts gesetzlich verpflichtet, jährlich ihren Geschäftsbericht zu veröffentlichen. Er dient dazu, die Organe des Unternehmens (Aufsichtsrat, Hauptversammlung et cetera), Gesellschafter, Gläubiger und die Öffentlichkeit über den Geschäftsverlauf und die aktuelle Geschäftslage zu unterrichten. Er besteht aus der Bilanz sowie der Gewinn- und Verlustrechnung, ergänzt durch einen Lage- oder Erläuterungsbericht und enthält damit wichtige betriebswirtschaftliche Informationen.[62] In diesem Zusammenhang ist auf das im BWA vorhandene Handbuch der Deutschen Aktiengesellschaften zu verweisen. Das seit 1896 jährlich erscheinende Nachschlagewerk berücksichtigt sämtliche in Deutschland bestehenden Aktiengesellschaften mit einer Zusammenstellung der jeweils wichtigsten Daten aus dem Geschäftsbericht und bildet somit eine wichtige Quelle für unternehmensgeschichtliche Forschungen.[63]

Die gegenwärtig mehr als 3000 Exemplare umfassende, nach Industrie- und Handelskammern, Unternehmen und Verbänden gegliederte Sammlung von Jubiläumsschriften reicht bis zum ausgehenden 19. Jahrhundert zurück. Die Bände fallen zwar in ihrer Mehrzahl in den Bereich der „grauen Literatur" und weisen bezüglich Umfang, Art der Aufmachung und Informationsgehalt große Unterschiede auf. Den-

---

tion Vereinigung bayerischer Arbeitgeberverbände), Arbeitgeberverband für die Donauschiffahrt und die Hafenumschlagbetriebe an der Donau, Arbeitgeberverband für die bayerischen Erzbergbau- und Hüttenbetriebe, Verein der Bayerischen Chemischen Industrie, Bayerischer Bankenverband, Verein Ausstellungspark München/Münchener Messe, Verein Süddeutscher Baumwollindustrieller, Verein der Südbayerischen Textilindustrie, Verband Reisender Kaufleute Deutschlands.

[60] Georg Spenkuch, Zur Geschichte der Münchener Börse, Leipzig 1908; Thilo Ruppel, 150 Jahre Börse in München, [München 1980].

[61] BWA V 5 (Laufzeit: 1870–1970; Umfang: 41 Fachbodenmeter = 1061 Archivalieneinheiten).

[62] Reininghaus, Archivgut (wie Anm. 26), S. 71; Mark Spörer, „Wahre Bilanzen!". Die Steuerbilanz als unternehmenshistorische Quelle, in: Zeitschrift für Unternehmensgeschichte 40, 1995, S. 158–179.

[63] Entsprechende Angaben speziell für Aktiengesellschaften in Bayern, Baden und Württemberg enthält das von 1883 bis 1917 erschienene und ebenfalls im Bayerischen Wirtschaftsarchiv benützbare „Handbuch der süddeutschen Aktiengesellschaften".

noch stellen sie für unternehmens- und institutionengeschichtliche Forschungen ein unverzichtbares Hilfsmittel dar.[64]

Zu den Sammlungsbeständen des BWA, die bildliche Quellen aus dem Bereich der Wirtschaft enthalten, zählen etwa 3000 Werbemarken bayerischer Provenienz aus dem ersten Viertel des vorigen Jahrhunderts. Nicht selten von namhaften Künstlern gestaltet, wurden sie von Industrieunternehmen, Dienstleistungsbetrieben sowie Groß- und Einzelhandelsgeschäften als Werbemedium eingesetzt und sind heute eine wertvolle Quelle zur bildlichen Dokumentation.[65]

Ein weiteres Sammlungsfeld der Gebrauchsgrafik bilden Firmenbriefbögen bayerischer Unternehmen des 19. und frühen 20. Jahrhunderts.[66] Sie enthalten Ansichten von Fabriken, meist ergänzt um Abbildungen von Produkten und Schutz-marken sowie den auf Industrie- und Gewerbeausstellungen errungenen Medaillen und Auszeichnungen. Auf diese Weise sollte dem Empfänger reklamewirksam die Leistungsfähigkeit des Unternehmens vor Augen geführt werden. „Wenngleich um des Werbeeffekts oftmals geschönt, erweisen sich diese ‚Visitenkarten' der Vergan-genheit für Forschungen zur Unternehmens- und Unternehmergeschichte sowie zu Industriearchitektur und Stadtgeschichte als wertvolle Quellengattung".[67] Gleiches gilt für die Plakatsammlung, die unter anderem großformatige Werbeplakate bayeri-scher Unternehmen enthält.[68]

---

[64] Horst Hesse, Der geschichtliche Informations- und Quellenwert deutscher Firmenfestschriften, in: Zeitschrift für Unternehmensgeschichte 25, 1980, S. 108–129. Bibliographien zu dieser Literaturgattung: Hermann Corsten, Hundert Jahre deutscher Wirtschaft in Fest- und Denkschriften. Eine Bibliographie (Kölner bibliographische Arbeiten 2), Köln 1937; Katalog der Fest- und Denkschriften wirtschaftlicher Betriebe (Dr. Hjalmar Schacht-Sammlung), Berlin 1937; Verzeichnis der Fest- und Denkschriften von Unternehmungen und Organisationen der Wirtschaft im Hamburgischen Welt-Wirtschafts-Archiv, Ham-burg 1961; Michael Kuhn/Hans-Joachim Zerbst (Hg.), Unternehmensgeschichte in Firmenfestschriften. Katalog der Sammlung der Universitätsbibliothek Braunschweig, 2. erw. Aufl., Braunschweig 2000.

[65] Vgl. dazu: Lotte Maier, Reklame-Schau. Plakatkunst en miniature. Ausstellungs-, Reklame- und Propaganda-Sammlung Hans König (Die bibliophilen Taschenbücher 430), Dortmund 1984; H. Thomas Steele, Lick'em, stick'em. The lost art of poster stamps, New York 1989.

[66] Auch Akten von Unternehmens-, Verbands- und Kammerbeständen enthalten häufig illustrierte Briefbögen, die bei der archivischen Erschließung gesondert erfaßt werden.

[67] Toussaint, Zukunft (wie Anm. 21), S. 416. Vgl. dazu: Fabrik im Ornament. Ansichten auf Firmen-briefköpfen des 19. Jahrhunderts. Ausstellung des Landschaftsverbandes Westfalen-Lippe, des Westfäli-schen Museumsamts und der Stiftung Westfälisches Wirtschaftsarchiv Dortmund, Münster 1980; Christ-hard Schrenk/Hubert Weckbach, „… für Ihre Rechnung und Gefahr". Rechnungen und Briefköpfe Heil-bronner Firmen, Heilbronn 1994; Leslie Cabarga/Carey Charlesworth, Letterheads. One hundred years of great design. 1850–1950, San Francisco 1996.

[68] Dazu beispielhaft: Peter Urbanek, Werbeplakate der Spatenbrauerei 1867–1938, München 1999.

Clemens Wachter

„... Ich hatte mir die Stimmung im Heere anders gedacht ...“
Feldpostbriefe Erlanger Studenten als literarische Zeugnisse des Ersten Weltkrieges und Instrument akademischen Gefallenengedenkens

Feldpostbriefe, die insbesondere seit dem deutsch-französischen Krieg von 1870/71 als literarisches Medium der Kriegserfahrung gesammelt und vielfach in zeitgenössischen Editionen publiziert wurden, sind in letzter Zeit zunehmend auf das Interesse der wissenschaftlichen Forschung gestoßen und als wichtige Quelle zur Mentalitäts- und Sozialgeschichte anerkannt worden. Insbesondere der Briefwechsel aus den Jahren des Zweiten Weltkrieges wird zunehmend einer Auswertung unterzogen. So hat vor kurzem die Wanderausstellung „Abends wenn wir essen fehlt uns immer einer“ des Museums für Kommunikation in Frankfurt am Main anhand von Briefen, die Kinder an ihre im Feld stehenden Väter verfaßten, die Bedeutung des auf postalische Wege beschränkten familiären Austausches im Zweiten Weltkrieg eindringlich aufgezeigt.[1] Auch ein neues, jüngst initiiertes Gemeinschaftsprojekt der Medienberatung der Technischen Universität Berlin und des Historischen Instituts der Universität Potsdam befaßt sich mit dem Feldpostbrief als historischer Quelle; so werden Feldpostbriefe seit dem deutsch-französischen Krieg gesammelt, katalogisiert und ausgewertet in Zusammenarbeit mit dem Museum für Kommunikation in Berlin, wo die Manuskripte schließlich verwahrt werden.[2]

Auch aus dem Umfeld der Friedrich-Alexander-Universität existieren verschiedentlich solche brieflichen Dokumente aus Zeit des Ersten Weltkrieges. Nachdem die Geschichte der Erlanger Universität in der ersten Hälfte des 20. Jahrhunderts grundlegend erforscht ist,[3] erscheint es angezeigt, die Inhalte dieser Schriften einer näheren Betrachtung zu unterziehen. Überliefert sind vorrangig literarische Zeugnisse, die

---

[1] Benedikt Burkard / Friederike Valet (Hg.), Abends wenn wir essen fehlt uns immer einer. Kinder schreiben an die Väter 1939–1945, Heidelberg 2000 (Ausstellungskatalog); Hertha Lange / Benedikt Burkard (Hg.), Abends wenn wir essen fehlt uns immer einer. Kinder schreiben an die Väter 1939–1945, Reinbek bei Hamburg 2000 (Briefedition).

[2] Vgl. hierzu die Homepage: www.feldpost-archiv.de.

[3] Werner K. Blessing, Die Universität Erlangen im Ersten Weltkrieg, in: Stadtmuseum Erlangen (Hg.), Die Friedrich-Alexander-Universität Erlangen-Nürnberg 1743–1993. Geschichte einer deutschen Hochschule (Ausstellungskatalog), Erlangen 1993, S. 87-98; Gotthard Jasper, Die Universität in der Weimarer Republik und im Dritten Reich, in: Henning Kössler (Hg.), 250 Jahre Friedrich-Alexander-Universität Erlangen-Nürnberg. Festschrift (Erlanger Forschungen, Sonderreihe 4), Erlangen 1993, S. 793–838; Alfred Wendehorst, Geschichte der Friedrich-Alexander-Universität Erlangen-Nürnberg. 1743–1993, München 1993; Hans Liermann, Die Friedrich-Alexander-Universität Erlangen 1910–1920 (Schriften des Zentralinstituts für fränkische Landeskunde und allgemeine Regionalforschung an der Universität Erlangen-Nürnberg, 16), Neustadt/Aisch 1977; Manfred Hanisch, Gefallen für das Vaterland (Erlanger Forschungen, Sonderreihe 7), Erlangen 1994; Jürgen Sandweg, „Erlangen ist eine Universität“, in: Inge Meidinger-Geise (Hg.), Erlangen 1686–1986. Kulturhistorisches Lesebuch, Erlangen 1986, S. 17–101, hier: S. 62–72.

den Weg von der Front in die Heimat nahmen und nach dem Tod des Verfassers von den Hinterbliebenen der Universität für die Herausgabe der akademischen Gedenkschrift „Blätter der Erinnerung" zur Verfügung gestellt wurden. Das hieraus gewonnene Bild wäre jedoch unvollständig, würde man nicht zunächst auch den literarischen Austausch umgekehrten Weges, nämlich die „Grüße der Universität an ihre Studenten", welche die Universität an die im Feld stehenden Studierenden versandte, sowie die Reaktionen deren Empfänger einer ausführlicheren Betrachtung unterziehen. Abschließend wird nach vergleichbaren Aktivitäten anderer Universitäten in jenen Jahren zu fragen sein und in diesem Kontext nach der Ausprägung der akademischen Trauerarbeit an der Erlanger Universität.

Die „Grüße der Universität an ihre Studenten"

Zu Beginn des Ersten Weltkrieges wurden an der Friedrich-Alexander-Universität 21 Professoren und Dozenten eingezogen; bereits am ersten Mobilmachungstag wandelte man das Kollegiengebäude, das Schloß und mehrere Abteilungen der Kliniken zu Lazaretten um. Durch die Einberufungen oder freiwilligen Meldungen, die etwa drei Viertel der Studierenden betrafen, schrumpfte die Anzahl der tatsächlich ihren Studien nachgehenden Kommilitonen enorm; meist waren in den Kriegsjahren nur etwa 300 Studenten in Erlangen anwesend.[4] Nachdem offenkundig geworden war, daß der Krieg von längerer Dauer sein würde und die im Feld stehenden Studenten der Universität mehr und mehr entfremdet werden könnten, veröffentlichte die Universität im Spätherbst 1915 eine erste, mit „Erlangen in der Kriegszeit" betitelte und 36 Seiten umfassende Broschüre.[5] In seinem Vorwort beklagte der damalige Prorektor, der Theologe Richard Grützmacher, daß auch für die in Erlangen Zurückgebliebenen „ein akademisches Leben im Vollsinn jetzt unmöglich" sei aufgrund der leeren Hörsäle und der fehlenden Rezeption der Arbeit der Professoren, und bekundete Verbundenheit mit den im Feld stehenden Studierenden: „Aber wir sind dankbar dafür, daß auch wir ein wenig entbehren dürfen, wo Ihr Kommilitonen im Kriegsdienste um so viel mehr von dem ‚in academia vivere‘ aufgebt. … Gewiß, Ihr erlebt Größeres als in unseren Hörsälen. Weltgeschichte wird um Euch und durch Euch gewirkt; im Tatensturm und nicht im Wortstreit gehen die Tage dahin."[6]

Gemäß der Intention, die Verbundenheit der Universitätsstadt Erlangen mit den teilweise bereits über ein Jahr im Feld stehenden Studenten zu demonstrieren, enthielt die Broschüre Artikel über das Leben und die diesbezüglichen Veränderungen in der

---

[4] Wendehorst, Geschichte (wie Anm. 3), S. 145–148; hier (S. 148) finden sich auch genaue Angaben über die Anzahl der Eingezogenen. – Zu den Modalitäten der Mobilmachung und der Einberufungen aus den studentischen Kreisen vgl. die einschlägigen Akten im Universitätsarchiv Erlangen-Nürnberg (künftig UAE) A1/3a Nr. 669, 1240. – Allgemein zur studentischen Mentalität und den Lebensumständen vgl. Hans-Otto Keunecke, 250 Jahre Erlanger Studentengeschichte. Soziale Bestimmung, politische Haltung und Lebensform im Wandel, in: Kössler, Festschrift (wie Anm. 3), S. 153–203 (hier: S. 192–194).

[5] [Universität Erlangen (Hg.),] Erlangen in der Kriegszeit. Ein Gruß der Universität an ihre Studenten, Erlangen 1915.

[6] Ebd., S. 3. – Die Prorektoren der Kriegs- und Revolutionszeit waren der Otologe Gustav Specht (WS 1913/14 bis SS 1914), der Theologe Richard Grützmacher (WS 1914/15 bis SS 1916), der Jurist Bernhard Kübler (WS 1916/17 bis SS 1918) und der Chemiker Max Busch (WS 1918/19 bis SS 1920).

Stadt und beabsichtigte aufzuzeigen, daß die Ausprägungen des Krieges, mit denen sich die Studenten an der Front konfrontiert sahen, auch in der Heimat gegenwärtig seien. So berichtete der Theologe Philipp Bachmann über das Lazarett im Kollegienhaus; der Jurist Paul Oertmann schrieb über das „Erlanger Juristenleben in der Kriegszeit" und veröffentlichte ein patriotisches Gedicht „Masurenschlacht". „Die Beteiligung der Universität an der Verwundeten- und Krankenpflege in der Heimat" wurde von dem Internisten Franz Penzoldt erläutert, und der Indogermanist Wilhelm Geiger schilderte die Wesenszüge des durch den Krieg geprägten Erlanger Stadtbildes, wo sich nun Soldaten statt Studenten zeigten und die Existenz eines mit Franzosen belegten Kriegsgefangenenlagers sowie zahlreiche Lazarette die gegenwärtige Kriegssituation verdeutlichten. Bebilderte Artikel über die universitären Neubauten der Ohrenklinik und des Laboratoriums für angewandte Chemie, verfaßt von dem Otologen Arno Scheibe und dem Chemiker Max Busch, sollten den Soldaten, von denen man hoffte, sie würden als Studenten an die Erlanger Universität zurückkehren, die Attraktivität der Erlanger Universität vor Augen führen. Unter dem Titel „Die Frauen im Dienste des Vaterlandes" berichtete Lotte Oertmann-Windscheid unter anderem über den Bahnhofsdienst mit der Fürsorge für die ankommenden Verwundeten. Abschließend folgten (wie auch in den späteren Heften) Notizen über die Frequenz der Universität mit einer Auflistung der Zahl der Kriegsteilnehmer sowie Instruktionen für die Wiederaufnahme des Studiums – „allerlei nützliche Fingerzeige für die Zeit nach dem Kriege", wie es in einer zeitgenössischen Zeitungsrezension hoffnungsvoll hieß.[7] Von dieser Broschüre mit einer Auflage von 2500 Exemplaren wurden 1500 Stück an die Studenten verschickt sowie 700 Stück über den Buchhandel und 200 Stück in der Universitätskanzlei verkauft.[8]

Der Dank aus dem Feld blieb nicht aus. Besonders die Passagen über die Erlanger Lazarette – einem Sachverhalt, dem man sich angesichts der Fronterlebnisse offensichtlich besonders verbunden fühlte – wurden in den Dankschreiben positiv gewürdigt: „Die Abschnitte, welche uns vor Augen führen, in welch' aufopfernder und liebevoller Weise sich die Universität um unsere verwundeten Soldaten und deren Angehörige annimmt, hat mich tief bewegt und macht uns das ‚Durchhalten' leicht."[9] Andere Empfänger wiederum zeichneten sich durch ein besonderes Bewußtsein hinsichtlich ihrer Fakultätszugehörigkeit aus: „Mit freudigen Stolze ersah ich aus der Frequenz des Wintersemesters 1914/15 und des Sommersemesters 1915, daß die theologische Fakultät unter allen Fakultäten verhältnismäßig die höchste Kriegsteilnehmerzahl aufweist."[10] Freilich waren die Unterschiede zwischen den Fakultäten betreffend die Zahl der Kriegsteilnehmer tatsächlich jedoch eher marginal.[11] Letztlich

---

[7] UAE A1/3a Nr. 666a: Zeitungsausschnitt Schlesische Zeitung Breslau, 3.12.1915. – Zahlreiche Zeitungsberichte über die „Grüße der Universität" sind enthalten im Akt UAE A1/3a Nr. 666b.

[8] UAE A1/3a Nr. 666a: Aktennotiz Prorektor Grützmacher, 18.2.1916.

[9] UAE A1/3a Nr. 666c: Brief von Oberstleutnant Ludwig Treutlein-Mördes, 9.12.1915.

[10] UAE A1/3a Nr. 666c: Brief von stud. theol. Wilhelm Hartwig, 17.12.1915.

[11] So betrug der Prozentsatz der Eingezogenen im SS 1915 bei der Theologischen Fakultät 80 Prozent (172 Kriegsteilnehmer von 216 Studierenden), bei der Juristischen Fakultät 73 Prozent (135 von 184), bei der Medizinischen Fakultät 72 Prozent (301 von 417) und bei der Philosophischen Fakultät 74 Prozent (292 von 397); vgl. hierzu Erlangen in der Kriegszeit (wie Anm. 5), S. 32.

bewirkte die Schrift aber nicht nur eine verstärkte Bindung der Studierenden an ihre Universitätsstadt im akademischen Kontext, sondern mochte auch dazu dienen, in der Erinnerung an die Heimat diese auf- und das gegenwärtige Umfeld abzuwerten. So schrieb der Jurist und nachmalige Prorektor Bernhard Kübler aus dem belgischen Bornhem in zeittypischer, patriotisch-überheblicher Manier: „Ich habe die Schrift sofort durchgesehen und bin dadurch wehrhaft erbaut und gestärkt worden. Wie lebten alle Bilder der reizenden fränkischen Heimat wieder vor mir auf! Um wieviel schöner ist sie doch als Belgien! Wieviel gemütvoller und liebenswürdiger das fränkische Volk als das belgische! Die Vlamen sind eigentlich ein guter Schlag, aber der französische Einfluß hat sehr schädlich auf sie eingewirkt. Wenn sie doch unter deutscher Herrschaft bleiben könnten! Da könnte noch mal was Ordentliches aus ihnen werden."[12]

Da die Schrift offensichtlich Anklang gefunden hatte, wurde bald nach Einlaufen der ersten positiven Dankschreiben im März 1916 durch Senatsbeschluß die Herausgabe eines zweiten Bandes vorbereitet.[13] Unter dem Titel „Erlanger im Kriege" sollten nun Universitätsangehörige und insbesondere Professoren „kurze, anschauliche, für Erlanger Studierende besonders interessante Bilder ihrer Tätigkeit und ihrer Beobachtungen auf den verschiedenen Gebieten der Kriegstätigkeit darbieten", wobei die Artikel über Militär- und Kriegsangelegenheiten möglichst bedächtig abzufassen waren, da die Schrift der Zensur vorgelegt werden mußte.[14] Die patriotische Mobilmachungszeit hinter sich lassend und von Friedens- oder Kapitulationsaktivitäten noch weit entfernt, vermittelt dieses – mit 60 Seiten wesentlich umfangreichere – zweite Heft das Bild eines „sauberen" Krieges, das die militärische Auseinandersetzung als konstitutives Moment des alltäglichen Lebens erscheinen läßt ohne Anklänge von Zweifeln oder dramatischen Schilderungen, wie sie später in den studentischen Feldpostbriefen offenkundig werden sollten.[15] Dies wird gleichsam symbolhaft verstärkt durch die Bebilderung. Als Frontispiz und Schlußabbildung dienten zwei – vergleichsweise romantisierende – Scherenschnitte von Ernst Penzoldt, deren einer einen Sämann mit im Hintergrund dahinziehenden Soldaten und deren anderer einen im Felde in seine Lektüre versunkenen Soldaten zeigt. Dies interpretierte Rektor Grützmacher in seinem Vorwort dahingehend, daß der Krieg eben als Sämann verstanden werden müsse, da aus ihm der deutsche Geist „gekräftigt hervorgehe".[16] Mochte auch in Ermangelung konkreter deutscher Kriegsziele auf solchermaßen verklausulierte Sinnbilder wie der kriegsbedingten Kräftigung des deutschen Geistes zurückgegriffen werden müssen, bleibt jedoch anzuzweifeln, ob den Soldaten im Feld eine solche Sichtweise tatsächlich genügend Legitimation für das angeordnete Handeln bot.

Die Artikel dieses zweiten Heftes beinhalteten unter anderem die Erlebnisse des Feldgeistlichen Friedrich Ulmer, vermittelten „Kriegsbeobachtungen aus Lothrin-

---

[12] UAE A1/3a Nr. 666c: Brief von Bernhard Kübler, 2.12.1915.

[13] UAE A1/3a Nr. 666a: Senatsbeschluß, 9.3.1916.

[14] UAE A1/3a Nr. 666a: Rundschreiben von Prorektor Grützmacher, 18.3.1916.

[15] [Universität Erlangen (Hg.),] Erlanger im Kriege. Ein zweiter Gruß der Universität an ihre Studenten, Erlangen 1916.

[16] Ebd., S. 1.

gen" von dem Mediziner Friedrich Jamin und präsentierten Situationsberichte aus Löwen von dem Juristen Bernhard Kübler; der Bakteriologe Ludwig Heim berichtete über die „Seuchenbekämpfung im Kriege". Ganz in der Grundtendenz des Heftes, das Bild eines „normalen" und auch im zivilen Leben „verwertbaren" Krieges zu zeichnen, liegt der – aus heutiger Sicht beinahe zynisch anmutende – Beitrag des Neurologen Karl Kleist über „nervenärztliche und psychiatrische Kriegstätigkeit", in dem regelrechte Begeisterung des Verfassers für die kriegsbedingten Verwundungen zu spüren ist: „Fast keine Hirnzelle, die ich nicht einzeln verletzt gesehen hatte. Diese Erfahrungen zu verarbeiten, wird meine nächste Aufgabe nach dem Kriege sein, und ich denke heute schon mit Freude daran, wenn ich wieder vor meinen Hörern stehen werde, um das lehrend weiterzugeben, was ich vom Kriege gelernt habe."[17] Mehrere Beiträge berichteten über Lazarette in der Heimat und im Feld – ein erneuter Beweis, wie bedeutend dieses Thema für die im Feld Stehenden war. So wurde das „Leben eines beratenden Chirurgen" (Ernst Graser), die „Kriegs- und Feldlazarette" (Friedrich Jamin), die „chirurgische Arbeit im Feldlazarett" (Erwin Kreuter), der „Erlanger Lazarettzug" (Friedrich Brunstäd) und das „Feldlazarett im Osten" (Arnold Spuler) dargestellt.

Die positive Rezeption, die der erste „Gruß der Universität" bei dem Juristen Bernhard Kübler in seiner Militärzeit – wie oben erwähnt – erfahren hatte, veranlaßte ihn nach seiner Rückkehr ins zivile Leben zu weiteren Schritten, und kurz nach Antritt seines ersten Rektoratsjahres kündigte er in einem Rundschreiben im November 1916 die Erstellung einer dritten Broschüre an: „Wie herzerfreuend solche Sendungen auf die Soldaten wirken, der draußen unter den größten Entbehrungen, von steter Heimatsehnsucht gequält, für uns die eiserne Wache hält, ermiß ich aus eigener Erfahrung. Wir dürfen keine Gelegenheit verabsäumen, um unseren tapferen Streitern unseren Dank in Wort und Tat zu bezeugen."[18] Dieser dritte „Gruß der Universität an ihre Studenten" unter dem Titel „Erlanger Aufsätze aus ernster Zeit", mit 77 Seiten nochmals im Umfang erweitert, erschien 1917.[19] Das Vorwort von Kübler, welches auch eine mahnende Erinnerung an den von Patriotismus beseelten Abend der Kriegserklärung in Erlangen beinhaltete, macht deutlich, daß es Kübler nicht nur um das Aufrechterhalten einer Verbindung zwischen der Universität und ihren Studenten ging, sondern vielmehr um eine Instrumentalisierung des heimatlichen Umfeldes für die Entwicklung eines entsprechenden Kampfgeistes: „Und wenn Ihr in dem Büchlein lest, so mögen liebe Bilder aus vergangenen Tagen in Euch heraufsteigen und Euch unser trautes Erlangen, die lieblichen Bierdörfer Bubenreuth, Uttenreuth und Sieglitzhof, die anmutigen Berge und Täler der fränkischen Schweiz, das prächtige Nürnberg wieder vor die Seele zaubern, nicht um Euch weich zu machen, sondern im Gegenteil, um Euch in Härte zu festigen. Denn der Gedanke an die Heimat wird Euch immer wieder vor Augen führen, wofür Ihr kämpft. Es ist die deutsche Heimat, das deutsche Vaterland, die deutsche Kultur. Diese Güter gilt es zu erhalten gegen den

---

[17] Ebd., S. 43.
[18] UAE A1/3a Nr. 666a: Rundschreiben von Prorektor Kübler, 24.11.1916.
[19] [Universität Erlangen (Hg.),] Erlanger Aufsätze aus ernster Zeit. Ein dritter Gruß der Universität an ihre Studenten, Erlangen 1917.

Vernichtungswillen der Feinde."[20] Der Band beinhaltet allgemein gehaltene Artikel mit einem bestimmten Kriegsbezug, so etwa von dem Juristen Philipp Allfeld über „Die Unterseeboote und das Völkerrecht", von dem Physiker Eilhard Wiedemann über „Die Naturwissenschaften bei den orientalischen Völkern" oder von dem Nationalökonomen Karl Theodor von Eheberg über „Kriegskosten und Kriegsschulden".

Die Erstellung eines weiteren, vierten Heftes wurde zwar anfangs kurzzeitig in Zweifel gezogen, jedoch von diesen alsbald wieder abgerückt.[21] Noch 1917 erschien schließlich dieses vierte und letzte Heft, betitelt „Allerlei von Krieg und Frieden" und mit 81 Seiten das umfangreichste Exemplar der Serie.[22] Es beinhaltet mit Aufsätzen wie „Krieg und Kirchenrecht" des Juristen Emil Sehling, „Tannenberg und Cannae" des Historikers Adolf Schulten oder „Die deutsche Physik und der Krieg" des Physikers Eilhard Wiedemann allgemeine Artikel zum Thema des Krieges.

Diese vier an die Soldaten ins Feld verschickten „Grüße der Universität" fielen auf fruchtbaren Boden, wovon die Antwortschreiben zeugen, die insbesondere von den letzten beiden Bänden zahlreich überliefert sind. Man sei „im Felde so froh, wenn man etwas geistige Anregung" bekomme, schrieb ein Medizinstudent,[23] und ein Neophilologiestudent merkte an, daß „doch die Langeweile des achtmonatlichen Lazarettlebens hierdurch eine Belebung und Abwechslung erfahre."[24] Aus Galizien lobte ein Germanistikstudent das dritte Heft „Erlanger Aufsätze aus ernster Zeit", es sei „trotz des ernsten Titels ein freundlicher Schimmer der goldenen Akademie im dumpfen Unterstand".[25] Immerhin schien der ureigenste Zweck der Serie, die Verbindung zu den Studenten nicht abreißen zu lassen, erreicht: „Je länger der Krieg währt, um so freudiger liest der Student im Feld die Worte seiner hochverehrten Herrn Professoren, die zu der Überzeugung beitragen, daß wir der Universität nicht entfremdet sind und uns bald nach der Rückkehr zur verlassenen Arbeit wieder wie früher mit ihr verwachsen fühlen werden", versicherte ein Philosophiekandidat.[26]

Bei der Versendung der Broschüren ergab sich freilich das Problem, daß sie zwar an alle im Feld stehenden Studierenden verschickt werden konnten, jedoch nicht an die Kriegsgefangenen, da dies die Bestimmungen der Zensur verhinderten aufgrund der kriegs- und militärbezogenen Inhalte der Broschüren. Als Ausgleichsmaßnahme regte Prorektor Grützmacher an, den in Gefangenschaft geratenen Studenten „irgend ein Buch als Geschenk" zu übermitteln.[27] Dies erledigte die „Bücherversandstelle der Universität Erlangen", die – teils auf brieflichen Wunsch der Betroffenen – je nach Studienrichtung etwa medizinische und juristische Lehrbücher oder literarische Werke wie Franz Grillparzers „Bruderzwist im Hause Habsburg" verschickte.[28]

---

[20] Ebd., S. IV.

[21] UAE A1/3a Nr. 666a: Sitzung des Dekanatskollegiums, 20.10.1917; Senatssitzung, 2.11.1917.

[22] [Universität Erlangen (Hg.),] Allerlei von Krieg und Frieden. Ein vierter Gruß der Universität Erlangen an ihre Studenten, Erlangen 1917.

[23] UAE A1/3a Nr. 666c: Brief von stud. med. Hans Wittig, 20.8.1918.

[24] UAE A1/3a Nr. 666c: Brief von stud. neophil. Rudolf Kummer, 21.4.1917.

[25] UAE A1/3a Nr. 666c: Brief von stud. germ. Max Heid, 2.5.1917.

[26] UAE A1/3a Nr. 666c: Brief von cand. phil. Oskar Mayer, 24.2.1918.

[27] UAE A1/3a Nr. 666a: Aktennotiz Prorektor Grützmacher, 20.6.1916.

[28] UAE A1/3a Nr. 666o: Versandlisten der Bücherversandstelle der Universität Erlangen.

Auch diese Buchsendungen, die allerdings eine Laufzeit von etwa drei Monaten haben konnten, wie ein Theologiestudent aus dem französischen Auch berichtete,[29] und im Falle der Verlegung eines Soldaten den Adressaten nicht erreichten und somit verloren waren, da sie nur in den seltensten Fällen nachgesandt wurden,[30] erfreuten sich bei den Soldaten großer Beliebtheit. So schrieb ein Theologiestudent aus dem französischen St. Angeau an die Universität: „Wenn uns Prisonniers im Einzelnen ja die Zeilen unserer Lieben mit dem Vaterlande verbinden, so erfüllt uns eine derartige Liebesgabensendung, die uns zeigt, daß man daheim auch unser in der Gesamtheit gedenkt, mit ganz besonderer Genugtuung, Freude und Dankbarkeit."[31] Daneben kümmerte sich der überregionale „Ausschuß zur Versendung von Liebesgaben an kriegsgefangene deutsche Akademiker" um die Versorgung mit Literatur, um für die gefangenen Studenten – wie es in einem von den deutschen Prorektoren unterzeichneten Spendenaufruf hieß – „die Zeit des tatenlosen Harrens für ihr Studium nicht ganz verloren gehen zu lassen."[32] Hier galten die Maximen, daß die Bücher gut erhalten ohne jegliche handschriftliche Notizen sein mußten und deren erste Auflage nicht nach 1913 erschienen sein durfte sowie „von der feindlichen Zensurstelle dem Inhalt nach nicht so gedeutet" werden konnten, daß sie die Kriegsgegner „im Auge der Kriegsgefangenen herabsetzen" würden.[33]

Die „Blätter der Erinnerung"

Während man mit den „Grüßen der Universität" die studentischen Soldaten zu deren Zufriedenheit versorgt hatte, tat man sich mit dem Gedenken für die Gefallenen an der Universität zunächst schwer. Wenige Monate nach Kriegsausbruch mußte Prorektor Kübler anmahnen, es sei wiederholt vorgekommen, daß bei den Kriegerbeerdigungen auf dem Neustädter Friedhof nur ein einziger Professor anwesend gewesen sei, was für diesen stets ein „peinliches Gefühl" habe entstehen lassen.[34] Seine Forderung, bei Nichterscheinen solle zukünftig rechtzeitig ein Vertreter benannt werden, fand bei der Professorenschaft jedoch keine Gegenliebe, und in den Antwortschreiben lehnte eine ganze Reihe von Dozenten die Beteiligung an akademischen Kriegerbeerdigungen aus gesundheitlichen Gründen oder wegen Arbeitsüberlastung rundweg ab.[35] Neben der Veröffentlichung der Namen der Gefallenen in den Personalstandsverzeichnissen[36] kündete zunächst nur eine „schlichte, lorbeer- und flohrumwundene Ehrentafel" – wie es Prorektor Grützmacher ausdrückte – im

---

[29] UAE A1/3a Nr. 666h: Brief von stud. theol. Hans Goedecke, 12.11.1917.

[30] UAE A1/3a Nr. 666h: Brief von Bogdan Gisevius, 22.11.1917.

[31] UAE A1/3a Nr. 666h: Brief von stud. theol. et philos. Eduard Rühl, 29.6.1918.

[32] UAE A1/3a Nr. 676o: Rundschreiben der deutschen Prorektoren, 20.8.1915.

[33] UAE A1/3a Nr. 676o: Rundschreiben des „Ausschusses zur Versendung von Liebesgaben an kriegsgefangene deutsche Akademiker und zur Errichtung von Lagerbüchereien für deutsche Kriegsgefangene", 16.6.1916.

[34] UAE A1/3a Nr. 1242: Rundschreiben von Prorektor Kübler, 13.5.1915.

[35] UAE A1/3a Nr. 1242.

[36] Universität Erlangen (Hg.), Personalstand nebst Verzeichnis der Studierenden der K. Bayer. Friedrich-Alexanders-Universität Erlangen, WS 1914/15 bis SS 1919. – Vgl. hierzu auch den einschlägigen Akt UAE A3/11 Nr. 22.

Treppenhaus des kurze Zeit vor Kriegsbeginn eingeweihten neuen Bibliotheksgebäudes von den akademischen Opfern des Krieges.[37]

Erst in Anbetracht der Aussichtslosigkeit eines für Deutschland positiven Kriegsausgangs und angesichts einer wachsenden Zahl von – auch studentischen – Kriegstoten gewann das Gedenken an die Gefallenen für die Zeitgenossen eine tiefere Bedeutung. Nach Kriegsende schließlich äußerte es sich in zahlreichen Aktivitäten, die hier nicht näher zu betrachten sind; erwähnt seien etwa die Bestrebungen um die Errichtung eines akademischen Kriegerdenkmals[38] in Erlangen oder die Arbeiten Ernst Penzoldts, der sich durch seine Kriegserlebnisse zum Pazifisten gewandelt hatte und Gedenktafeln für die Toten in Erlanger Verbindungshäusern sowie Entwürfe für das universitäre Kriegerdenkmal schuf.[39]

Die zentrale akademische Feier zum Gedenken an die gefallenen Studenten fand am 8. März 1919 in der Neustädter Kirche, der Universitätskirche, statt.[40] Der Weltgerichtskantate von Johann Sebastian Bach „Wachet, betet, seid bereit" folgte eine Rede des Kirchenhistorikers Hermann Jordan, der Wechselgesang „Frisch auf in Gottes Namen, du werte deutsche Nation" von Max Bruch und der Choral „Ein feste Burg ist unser Gott", sodann eine Ansprache des Rektors Busch und abschließend das „Te Deum" von Anton Bruckner.[41] In seiner Gedächtnisrede stellte Jordan, der selbst nicht an den aktiven Kriegshandlungen beteiligt gewesen war,[42] die Sinnlosigkeit des vergangenen Krieges und des Todes der vielen Soldaten in den Mittelpunkt: „Und in alle unsere Klage tönt hinein das schwere Wort: Es war vergebens! … Ach, der Kampf ist verloren und wir klagen: es sind zu viele, ach, alle zu viel gefallen."[43]

In dieser Rede Jordans findet sich auch der erste öffentliche Bezug auf die Feldpostbriefe von Erlanger Studenten, welche schließlich von ihm im Rahmen der „Blätter der Erinnerung" herausgegeben werden sollten: „Ich habe in den Kriegsjahren Einblick erhalten in eine große Zahl von Briefen und Tagebüchern unserer Gefallenen, die uns zur Verfügung gestellt wurden zum Zwecke der Herstellung eines Gedenkbuches … Gewiß, da gab es manchen, der innerlich rang mit dem Problem des Krieges, der seine Schrecken sichtbar vor ihm ausbreitete, das hinderte bei ihm nicht die volle stete Bereitschaft, sich einzusetzen für die Brüder und für das große Ganze."[44] Die ursprüngliche Idee zur Herausgabe einer solchen Gedenkschrift lag indes bereits in den Kriegsjahren begründet. Von November 1915 ist ein Rundschreiben des Prorektorates an die Hinterbliebenen dokumentiert mit der Ankündigung, die Universität wolle „nach dem Kriege dem Gedächtnis ihrer für das Vaterland gestor-

---

[37] Erlangen in der Kriegszeit (wie Anm. 5), S. 3.

[38] Hanisch, Vaterland (wie Anm. 3); vgl. auch den einschlägigen Akt UAE A1/3a Nr. 737.

[39] Jasper, Universität (wie Anm. 3), S. 798.

[40] Zur Tradition Erlanger universitärer Feierlichkeiten vgl. Werner K. Blessing, Repräsentation als akademischer Akt. Zu den Feiern der Friedrich-Alexander-Universität, in: JfL 54, 1994, S. 299–329.

[41] UAE A1/3a Nr. 1254: Unterlagen über die Gedächtnisfeier am 8.3.1919.

[42] Vgl. die Verzeichnisse der Eingezogenen einschließlich deren Verwendung im Personalstand (wie Anm. 36).

[43] Hermann Jordan / Max Busch, Reden bei der Gedächtnisfeier der Universität Erlangen für ihre im Kriege Gefallenen am 8. März 1919 in der Neustädter Kirche, Erlangen 1919, S. 5 (Hervorhebung im Original).

[44] Ebd., S. 6.

benen Söhne eine Schrift widmen, die einen kurzen Abriß über den Lebensgang und über die Beteiligung des Einzelnen am Kriege enthalten" solle; geäußert wurde die Bitte um Ausfüllen eines beiliegenden Formblattes mit biographischen Angaben sowie um „Einsendung etwaiger Aufzeichnungen".[45] Im März 1916 erging schließlich der Senatsbeschluß zur Herausgabe der Gedenkschrift mit Biographien der Gefallenen und Feldpostbriefabdrucken.[46] Die redaktionellen Arbeiten liefen bis zum Juni 1919 mit einer letzten Anfrage an die Angehörigen, ob der noch Fehlende „aus dem Felde heimgekehrt [sei], ob er tot oder vermißt oder gefangen [sei], ob er in die Freikorps gegangen [sei] oder einen anderen Beruf ergriffen habe".[47]

Das Buch erschien schließlich zum Jahresende 1919.[48] Neben einem Abdruck der bei der Gedächtnisfeier am 8. März 1919 von Hermann Jordan und Max Busch gehaltenen (und bereits separat veröffentlichten)[49] Reden führt es alle Gefallenen und Vermißten der Universität mit jeweils einer biographischen Skizze auf und enthält den Abdruck von 367 Feldpostbriefpassagen von 130 Studenten. Aufgenommen wurden auch Briefe derjenigen, die nicht direkt von ihren Erlanger Studien weg an die Front gegangen waren, aber den größten Teil ihrer Studienzeit an der Universität Erlangen verbracht hatten. Die Briefauszüge sind grob chronologisch und in 60 Unterkapiteln durch thematische Begriffe (wie beispielsweise „Drohender Krieg", „Abschied", „Weihnachten 1914", „Kampfeseifer", „Junge Liebe" oder „Aus der Gefangenschaft") gegliedert. Bei Redaktionsschluß waren 352 Universitätsangehörige, darunter 347 Studenten, als gefallen bekannt; 32 weitere, davon 31 Studenten, galten als vermißt.[50]

Der Großteil jener der Edition zugrundeliegenden eingereichten Originale oder (als Manuskript beziehungsweise Typoskript verfaßten) Abschriften ist im Archiv der Friedrich-Alexander-Universität überliefert.[51] Durch einen kursorischen Vergleich ist festzustellen, daß die Transkription für den gedruckten Band im allgemeinen korrekt verfertigt wurde, nur die Namen Dritter wurden teilweise unkenntlich gemacht. Eine etwaige Veränderung der Texte wäre wohl auch von den Hinterbliebenen bemerkt und mißhellig beurteilt worden. Inwieweit jedoch die bei der Universität eingereichten Abschriften, welche die Anzahl an Originalen bei weitem übersteigt, authentisch sind, bleibt natürlich fraglich. Gleichwohl ist anzunehmen, daß diejenigen Hinterbliebenen in der Minderheit waren, denen aus patriotischen Gründen an einer Ver-

---

[45] UAE A1/3a Nr. 666f, fol. 645v: Rundschreiben von Prorektor Grützmacher, rückgelaufen 29.11.1915.

[46] UAE A1/3a Nr. 666a: Senatsbeschluß, 9.3.1916.

[47] UAE A1/3a Nr. 666e: Rundschreiben von Prorektor Busch, 4.6.1919

[48] Hermann Jordan (Hg.), Blätter der Erinnerung an die im Kriege 1914–1919 Gefallenen der Universität Erlangen, Leipzig / Erlangen 1920. – Trotz der Jahresangabe „1920" in den Verlagsangaben muß das tatsächliche Erscheinungsdatum noch im Jahr 1919 gelegen haben, da bereits Dankschreiben für den Erhalt vom Dezember 1919 vorliegen (UAE A1/3a Nr. 666g).

[49] Jordan / Busch, Reden (wie Anm. 43).

[50] Auf die Fakultäten verteilt ergab sich folgende Anzahl an gefallenen und vermißten Studierenden: 114 Theologen, 76 Juristen, 72 Mediziner, zwei Zahnmediziner, 69 Angehörige der philosophisch-historischen und 34 der mathematisch-naturwissenschaftlichen Sektion der Philosophischen Fakultät sowie elf Pharmazeuten (Jordan, Blätter der Erinnerung (wie Anm. 48), S. III).

[51] UAE A1/3a Nr. 666f.

klärung ihres gefallenen Sohnes gelegen war und die deshalb Feldpostbriefe modifizierten oder vielleicht schlicht erfanden, gegenüber der Mehrzahl derjenigen Anverwandten, die vor dem Hintergrund persönlicher Trauer der Universität unverfälschte Abschriften überließen.

Aufgenommen in die „Blätter der Erinnerung" wurden auch Gefallene aus den Freikorps, weshalb im Untertitel die Jahresangabe „1914–1919" erscheint. Dies ist nicht ungewöhnlich für eine Zeit und Geisteshaltung, welche die Geschehnisse um die Revolution und insbesondere die Räterepublik als eine Fortsetzung des Kriegszustandes betrachtete; auch Prorektor Busch etwa sprach in seiner Rede bei der akademischen Gedächtnisfeier vom Wintersemester 1918/19 als dem „Kriegssemester 1919".[52] Das Gedenkbuch beschließt ein Scherenschnitt von Ernst Penzoldt, der eine stilisierte Blume vor dem Kreuz eines Soldatengrabes zeigt. Die Illustration spiegelt damit die Wandlung der Zeitläufte wider gegenüber dem oben erwähnten zweiten „Gruß der Universität an ihre Studenten" von 1916, den Penzoldt mit marschierenden Soldaten illustriert hatte.[53]

Der auf den ersten Blick sich in die nach dem verlorenen Krieg weitverbreitete trauernd-patriotische Stimmung einzufügen scheinende Band offenbart bei genauerer Betrachtung ein sehr viel differenzierteres Bild von den Gegebenheiten und Folgen der Krieges. Der Abdruck von Feldpostbriefen, der mehr als die Hälfte des Bandes ausmacht, war durchaus nicht gängig im Rahmen der deutschen akademischen Trauerarbeit, wie später im Vergleich mit anderen Universitäten noch zu erörtern sein wird. Daß der Band nicht zu einer Lobeshymne über die studentischen Soldaten wurde, deren Kriegsbegeisterung und Siegeswillen erst durch die resignative Stimmung der Heimat gebrochen worden sei, wie die zeitgenössische „Dolchstoßlegende" Glauben machen wollte, ist in erster Linie wohl der Redaktion Hermann Jordans zu verdanken. Leider sind kaum Manuskripte oder Typoskripte von eingereichten Briefen erhalten, die nicht für die Veröffentlichung ausgewählt wurden; die wenigen überlieferten diesbezüglichen Passagen lassen jedoch erahnen, daß es Jordan wohl kaum um den Ausschluß kriegskritischer Äußerungen, sondern vielmehr um die Eliminierung ausufernder, für den Leser irrelevanter Erlebnisse ging.[54] So wurden endlose Schlachtenbeschreibungen, die vorrangig auf den äußerlichen Ablauf und weniger auf die psychischen Erfahrungen abzielten, meist nicht in die Edition aufgenommen mit Ausnahme eines 17 Manuskriptseiten umfassenden Berichtes eines Chemiestudenten über seine täglichen Erlebnisse in Serbien im Spätherbst 1915.[55]

Als Begründung für den Abdruck der Feldpostbriefe betonte denn auch Herausgeber Jordan in seinem Vorwort, anstatt umfangreiche Beiträge über die Gefallenen abzudrucken, habe er diese in ihren eigenen Gedanken, „oft geboren aus Not und Sorge, oft geschrieben im Schützengraben im Angesicht des Todes", zu Wort kommen lassen wollen: „Nicht ein Beitrag zur Geschichte des Verlaufes des Krieges

---

[52] Jordan / Busch, Reden (wie Anm. 43), S. 11.

[53] Erlanger im Kriege (wie Anm. 15).

[54] UAE A1/3a Nr. 666d. – Die fraglichen, nicht edierten Passagen sind nur überliefert, weil sie auf Papierbögen notiert sind, auf denen sich auch veröffentlichte Manuskriptstellen befinden.

[55] Jordan, Blätter der Erinnerung (wie Anm. 48), S. 234–256: Brief von stud. chem. Willi Kleemann (geb. 17.12.1894, gef. 25.3.1916, Sohn eines Fabrikbesitzers), 15.11.1915.

sollte geboten werden, sondern es sollte der Versuch gemacht werden, in die Seele unserer jungen Freunde hineinzuschauen, die für ihr Vaterland ihr Leben dahingegeben haben. [S. V] Uns kann trotz allem nicht bange sein für die Zukunft unseres Volkes, wenn der Geist, der aus so manchem Wort und Tun der Gefallenen unserer Universität zu uns redet, lebendig wird und unser ganzes Volk durchdringt."[56] Diese Bemerkung Jordans hebt sich in einem wichtigen Punkt vom heroischen Patriotismus vieler Zeitgenossen ab, welche die schriftlichen Relikte der Gefallenen in zahlreichen anderweitigen Feldpostbriefeditionen ausnahmslos für die revisionistischen Ziele der Nachkriegszeit zu vereinnahmen suchten: Jordan spricht bewußt von „*manchem* Wort und Tun", gesteht also ein, daß durchaus nicht die Gesamtheit der Äußerungen von einer Begeisterung für den Krieg und den deutschen Patriotismus kündeten.

Entsprechend positiv war die Rezeption der „Blätter der Erinnerung", die den Eltern der Gefallenen durch die Universität kostenlos zugestellt wurden. Zahlreich überliefert sind die Antwortschreiben; meist wurde ein kurzer überschwenglicher Dank abgestattet, in einigen Fällen aber auch ein eigener, zumeist von Patriotismus beseelter Gedankengang angefügt: „Man liest diese Erinnerungsgabe im Augenblick mit besonderem Wehmut. So viel edle Begeisterung, so viel Opferwilligkeit hebt sich leuchtend ab von den düsteren Bildern der Gegenwart. Aber bleiben wird doch das helle Licht. Und wenn einmal die Schatten versunken sind, wird man das jauchzend Leuchten todbereiter Heldenseelen sich wieder vor Augen stellen und solches Licht wird niemals untergehen."[57] Wie das Hoffen der Mutter eines Gefallenen, es möge „das viele fürs Vaterland vergossene Soldatenblut trotz des vorläufigen Mißerfolges nicht vergeblich geflossen sein",[58] war der Grundtenor der Dankschreiben die Sinnsuche für den studentischen Soldatentod in einem auf die Zukunft verschobenen, wie auch immer gearteten Sieg. So sah auch ein anderer Dankschreiber in den abgedruckten Briefzeugnissen einen „glänzende[n] Beweis für die heldenhafte Begeisterung, mit der alle diese jungen Leute in den Tod gegangen" seien, und schloß sich jener Sichtweise an: „Ein Volk, in dessen Jugend solch ein Geist lebendig war, … wird auch eine Zeit der Schmach und Erniedrigung, wie sie uns jetzt beschieden ist, zu überwinden wissen."[59] Resignative oder auch nur in Ansätzen reflektierende oder selbstkritische Antwortschreiben sind nicht überliefert.

Feldpostbriefe und deren Rezeption im Ersten Weltkrieg

Im Ersten Weltkrieg wurden im Durchschnitt täglich 16,7 Millionen Sendungen zwischen den Soldaten und ihren Angehörigen ausgetauscht; insgesamt gingen 17,7 Milliarden Sendungen von der Heimat zur Front, elf Milliarden nahmen den umgekehrten Weg.[60] Für die Angehörigen wie für das breite Publikum der Brief-

---

[56] Ebd., S. IV-V (Hervorhebung im Original).

[57] UAE A1/3a Nr. 666g: Brief von Jakob Beyhl (Schriftleiter der Freien Bayerischen Schulzeitung), Würzburg, 27.12.1919.

[58] UAE A1/3a Nr. 666g: Brief von Berta Hassenstein, Eilenburg, 22.12.1919

[59] UAE A1/3a Nr. 666g: Brief von J. Großmann (Stadtpfarrer), Ansbach, 12.12.1919.

[60] Klaus Beyrer, Korrespondenz im Kriege. Die postalische Seite der Feldpost, in: Burkard / Valet, Abends (wie Anm. 1), S. 145–152, hier: S. 149. – Zur Organisation der Feldpostbeförderung vgl. die zeitgenössische detaillierte Arbeit von Karl Schracke, Geschichte der deutschen Feldpost im Kriege 1914/18, Berlin 1921.

editionen dienten die Mitteilungen von der Front fernab der heutigen telekommunikativen Vernetzung und erst in den Anfängen von Wochenschau und Dokumentarfilm als Zeugnisse des – vermeintlich oder auch tatsächlich realen – Geschehens. Aus dem Wesensgehalt der Feldpostbriefe als ideelle Verklammerung von Frontsoldat und Heimatvolk wie auch aus dem Informationsgehalt erwuchs eine wahre Flut von Feldpostbriefveröffentlichungen in Zeitungen und Broschüren; dies führte letztlich sogar dazu, daß Verlage die Presseabteilungen der Stellvertretenden Generalkommandos, welche die Zensurabteilung für Feldpostbriefe darstellten, darum baten, uninteressante Mitteilungen erst gar nicht zur Versendung zu genehmigen.[61] Ebenso wurden bereits in der zeitgenössischen Literatur Feldpostbriefe für die literarische Aufarbeitung des Weltkriegsgeschehens herangezogen. Das bekannteste Beispiel hierfür stellt wohl die von 1918 bis 1919 in der Zeitschrift „Die Fackel" erschienene Weltkriegstragödie Karl Kraus' „Die letzten Tage der Menschheit" dar, in der Kraus nicht nur Verlautbarungen, Tagespressenotizen und Werbetexte, sondern auch Feldpostbriefe montierte.[62]

Die zu Beginn des Krieges in der ehemaligen Königlichen Bibliothek Berlin, der heutigen Staatsbibliothek zu Berlin Preußischer Kulturbesitz, angelegte „Kriegssammlung 1914", die den Zweck hatte, alle den Weltkrieg betreffenden Druckschriften zu sammeln, verzeichnet 97 Editionen und Einzelpublikationen von Feldpostbriefen aus den Jahren 1914 bis 1918, von denen bereits 57 in den ersten beiden Kriegsjahren erschienen.[63] Diese zeitgenössischen Feldpostbriefeditionen betreffen verschiedenste Berufs- und Gesellschaftsschichten,[64] und auch etwa in Jahresberichten von Schulen wurden Feldpostbriefe ehemaliger Schüler veröffentlicht.[65] Das bekannteste Beispiel aus dem akademischen Bereich stellt wohl die von Philipp Witkop, einem Professor für Neuere Literaturgeschichte an der Universität Freiburg im Breisgau, herausgegebene Edition dar.[66] Über Zeitungsannoncen sowie durch Unterstützung seitens staatlicher Stellen und insbesondere der Universitäten, welche ihm Adressen von Hinterbliebenen vermittelten, sammelte Witkop zahlreiche Briefe gefallener Studenten. Das in drei verschiedenen Ausgaben zwischen 1916 und 1928 erschienene und in mehrere Sprachen übersetzte Buch erreichte bis 1942 eine Auf-

---

[61] Bernd Ulrich, "Eine wahre Pest in der öffentlichen Meinung." Zur Rolle von Feldpostbriefen während des Ersten Weltkrieges und der Nachkriegszeit, in: Gottfried Niedhart / Dieter Riesenberger (Hg.), Lernen aus dem Krieg? Deutsche Nachkriegszeiten 1918 und 1945, München 1992, S. 319–330.

[62] Karl Kraus, Die letzten Tage der Menschheit. Tragödie in fünf Akten mit Vorspiel und Epilog, Frankfurt/Main 1986, V. Akt, 33./34. Szene, S. 623–627.

[63] Peter Berz, Die ‚Kriegssammlung 1914' der Staatsbibliothek Berlin und ihre Katalogik, in: Krieg und Literatur / War and Literature 5, 1993, S. 105–130.

[64] Vgl. beispielsweise Karl Quenzel, Vom Kriegsschauplatz. Feldpostbriefe und andere Berichte von Mitkämpfern und Augenzeugen, 2 Bände, Leipzig 1915; H.-Thümmlers-Verlag (Hg.), Deutsche Feldpostbriefe. Schilderungen und Berichte vom Völkerkrieg 1914, 15 Hefte, Chemnitz o. J.; Georg Pfeilschifter (Hg.), Feldbriefe katholischer Soldaten, 3 Bände, Freiburg 1918.

[65] Benedikt Weyerer, „Zwei winzige Löchlein im Schädel". Soldatenbriefe im Ersten Weltkrieg, in: Süddeutsche Zeitung, 17.11.2000.

[66] Philipp Witkop (Hg.), Kriegsbriefe deutscher Studenten, Gotha 1916; Philipp Witkop (Hg.), Kriegsbriefe gefallener Studenten, Leipzig / Berlin 1918; Philipp Witkop (Hg.), Kriegsbriefe gefallener Studenten, München 1928.

lagenhöhe von insgesamt 200000 Exemplaren. Witkops Auswahl vermied Hurra-Patriotismus und Haßtiraden, führte vielmehr persönliche Umstände und Eindrücke der studentischen Soldaten durch die Offenlegung der inneren Auseinandersetzungen vor Augen.[67] Es ist nicht unwahrscheinlich, daß die erste Ausgabe von Witkops Buch Pate für die Erlanger „Blätter der Erinnerung" stand; mangels Belegen muß diese Frage jedoch in den Bereich der Spekulation verwiesen werden.

Der Wert der Feldpostbriefsammlungen liegt darin, daß sie aufschlußreiche Einblicke in die Geschehnisse sowie in persönliche Deutungs- und Verarbeitungsmuster erlauben. Für die in der Heimat Befindlichen verbürgte der Feldpostbrief ein vergleichsweise hohes Maß an Authentizität, vermittelte er doch Schilderungen des Geschehens aus „erster Hand". Freilich ist dieser Gesichtspunkt zu relativieren, denn die Furcht vor – tatsächlich existenter oder auch nur vermuteter – Zensur zwang den Briefschreiber zur Vorsicht. Insbesondere versuchten die Behörden, schriftliche Klagen sowohl seitens der Front als auch seitens der Heimat zu unterbinden, was mitunter auch in der Intention des Verfassers selbst lag, wollte man doch nicht die Angehörigen unnötig beunruhigen. Somit muß die tatsächliche Aussagekraft der Feldpostbriefe hinsichtlich reeller Gegebenheiten für die Zeitgenossen vor dem Hintergrund der unterschiedlichen Erwartungs- und Interpretationskontexte gesehen werden: Dem Verfasser war in den meisten Fällen wohl daran gelegen, nicht unnötige Besorgnis zu erregen und persönliche Zuversicht – sei es um einen siegreichen Kriegsausgang oder aber um eine unbeschadete Rückkehr von der Front – zu vermitteln, der Adressat hingegen suchte in den Briefen zumeist nach Anhaltspunkten für das tatsächliche Befinden des Angehörigen. Der Erwartungsdruck bei den Verfassern war besonders im akademischen Bereich besonders hoch, da man sich angesichts der Ehrenkodizes der Korporierten oder der Aufsätze der Rektoren und Professoren in den ins Feld versandten Broschüren (wie etwa den Erlanger „Grüßen der Universität an ihre Studenten") herausgefordert fühlen mochte, den intendierten Anforderungen zu entsprechen.[68]

Da die Feldpostbriefe zumeist auf unbedrucktem Papier verfertigt wurden und insbesondere Kriegsgefangene autorisierte Vordrucke zu verwenden hatten, fallen die bei Brief- und Kartensendungen ansonsten wichtigen bildlichen Aussagen in diesem Zusammenhang meist in Wegfall.[69] Unter den überlieferten Schreiben an die Erlanger Universität befindet sich nur eine einzige Ansichtskarte eines Theologiestudenten aus dem englischen Dorchester, der seinen Dank für eine erhaltene Büchersendung von

---

[67] Vgl. hierzu ausführlich Manfred Hettling / Michael Jeismann, Der Weltkrieg als Epos. Philipp Witkops „Kriegsbriefe gefallener Studenten", in: Gerhard Hirschfeld / Gerd Krumeich (Hg.), Keiner fühlt sich hier mehr als Mensch ... Erlebnis und Wirkung des Ersten Weltkriegs (Schriften der Bibliothek für Zeitgeschichte NF 1), Essen 1993, S. 175–198. – Der Aufruf Witkops zum Einreichen von Briefen ist überliefert im Akt UAE A3/11 Nr. 30.

[68] Bernd Ulrich, Die Augenzeugen. Deutsche Feldpostbriefe in Kriegs- und Nachkriegszeit 1914–1933 (Schriften der Bibliothek für Zeitgeschichte NF 8), Essen 1997.

[69] Otto May, Deutsch sein heißt treu sein. Ansichtskarten als Spiegel von Mentalität und Untertanenerziehung in der Wilhelminischen Ära (1888–1918) (Untersuchungen zu Kultur und Bildung 1), Hildesheim 1998.

„Velhagen und Klasings Monatsheften" mit einer umseitigen Fotografie des dortigen Soldatenheimes verband.[70]

Die Schilderungen in dem Erlanger akademischen Erinnerungsbuch, die im folgenden näher zu betrachten sein werden, gewinnen vor allem deswegen an Eindringlichkeit, da durch die beigegebenen biographischen Skizzen die brieflichen Mitteilungen auch für den Leser an persönlicher Plastizität gewinnen und die Person des Verfassers greifbarer wird. In den zahlreichen zeitgenössischen Feldpostbriefeditionen anderer Provenienz sind oftmals die Verfasser weder explizit genannt noch biographisch umrissen; als Quellenangabe existiert oft nur die Erwähnung der Zeitung, aus welcher der jeweilige Brief in die Edition übernommen wurde.

Weitere Erlanger Gedächtnisschriften

Vor der Betrachtung einzelner Passagen aus den Feldpostbriefen soll jedoch noch kurz das publizistische Umfeld der Edition umrissen werden, denn neben den „Blättern der Erinnerung" existierten auch in Erlangen noch zahlreiche weitere Gedächtnisschriften unterschiedlichster Provenienz für die Gefallenen des Ersten Weltkrieges. So zeichnete Hermann Jordan ebenso verantwortlich für die Erstellung eines Gedenkbuches für die Kriegstoten der Burschenschaft Uttenruthia, der er selbst angehörte. Allerdings griff er in diesem kurz nach seinem Tod publizierten Werk auf ein anderes Konzept zurück, indem er der biographischen Skizze eines jeden Gefallenen die persönliche Würdigung eines seiner Kommilitonen beigab.[71]

Vergleichbar mit den akademischen „Blättern der Erinnerung" hingegen ist die eigenständige Edition von Briefen und Tagebuchblättern des gefallenen Erlanger Germanistikstudenten Eugen Göhring; herausgegeben wurde die Sammlung 1919 von seinem Vater Ludwig Göhring, der Schriftleiter der „Fränkischen Nachrichten" und Erlanger Stadtarchivar war.[72] Anders als der über persönliche Beziehungen zu den Verfassern der Briefe erhabene Freiburger Feldpostbriefeditor Philipp Witkop traf Göhring die Briefauswahl mehr von der Warte des Vaters und trauernden Hinterbliebenen aus. Insofern ist diese Edition weniger von Interesse, da dem Herausgeber insbesondere an dem Gedenken seines Sohnes gelegen war und sie neben zahlreichen heroischen Passagen viel für die Allgemeinheit Belangloses enthält und kaum Aufschlüsse über innere Vorgänge oder gar Zweifel an der Sinnhaftigkeit des Kriegsgeschehens beinhaltet. Auskunft über die Intention liefert das Vorwort, in welchem

---

[70] UAE A1/3a Nr. 666h: Brief von stud. theol. Bernhard Marx, 31.1.1918.

[71] [Burschenschaft Uttenruthia (Hg.),] Ehrenbuch der Uttenruthia. Zur Erinnerung an ihre im Kriege 1914–18 Gefallenen, Erlangen 1922. – Vgl. auch das ähnlich angelegte Gedenkbuch der Germania: [Burschenschaft Germania (Hg.),] Ehrenbuch der Burschenschaft Germania zu Erlangen. Den im Weltkrieg gefallenen Bundesbrüdern gewidmet, [Erlangen 1927].

[72] Ludwig Göhring (Hg.), Sei getreu bis in den Tod! Tagebuchblätter und Briefe von Eugen Göhring, Erlangen 1919. – Ludwig Göhring (1860–1942) war 1890–1918 Schriftleiter der „Fränkischen Nachrichten" und 1921–1931 hauptamtlicher Stadtarchiv- und Volksbüchereileiter sowie (ab 1924) Stadtmuseumsleiter in Erlangen (frdl. Auskunft von Herrn Dr. Andreas Jakob, Stadtarchiv Erlangen; vgl. hierzu auch Christoph Friederich, Eine Institution in Bewegung. 100 Jahre Stadtarchiv Erlangen, in: das neue Erlangen 69, 1985, S. 2–22).

der Herausgeber ganz im Sinne der „Dolchstoßlegende" die These vertritt, die Vorgänge in der Heimat hätten dem Siegeswillen der Soldaten das Wasser abgegraben. So legten die Briefe Zeugnis davon ab, „daß der Geist der Augusttage 1914 ... in unserer akademischen Jugend auch dann noch [fortgelebt habe], als man die Kehrseite des Krieges deutlich genug kennengelernt [habe] und an der Front und in der Heimat sich längst Zeichen der Ermüdung und Zurückhaltung, der feigen Berechnung und der Zersetzung bemerkbar [gemacht hätten]".[73]

Der Intention dieser Edition Göhrings wesensverwandt ist das Novellenfragment von Walter Flex „Wolf Eschenlohr". Der Autor erzählt hier in literarisch fiktiver Form mit autobiographischen Einschlägen die Geschehnisse in Erlangen um die Zeit der Mobilmachung aus der Sicht des Arminen-Jungburschen Wolf Eschenlohr. Flex, der von 1906 bis 1908 in Erlangen studiert und hier 1910 promoviert hatte, war Mitglied der Erlanger Studentenverbindung Bubenruthia, für die im „Wolf Eschenlohr" das Pseudonym der Arminia steht; er war als Kriegsfreiwilliger eingetreten und fiel am 16. Oktober 1917 auf der baltischen Insel Oesel. In der Anlage mit Göhrings Briefedition vergleichbar wird die Erstausgabe von „Wolf Eschenlohr" eingeleitet von seinem Bruder Konrad Flex mit einer umfangreichen biographische Skizze und Würdigung, die das Novellenfragment als persönliches Vermächtnis patriotischer Kriegsbegeisterung erscheinen läßt.[74]

Ludwig Göhring zeichnete neben der Briefedition seines Sohnes auch verantwortlich für die Herausgabe des „Gedächtnisbuches der Stadt Erlangen". Die nur 16 Erlanger Gefallenen des deutsch-französischen Krieges 1870/71 vor Augen, hatte man nach Kriegsausbruch 1914 zunächst geplant, für jeden Erlanger Gefallenen einen Baum zu weihen, auf daß ein „Heldenhain" entstehe.[75] Nachdem man jedoch bereits im Jahr 1915 etwa 100 Tote zu beklagen hatte, war ersichtlich geworden, daß dies nicht durchführbar sein würde. Insofern verlegte man sich auf die Herausgabe eines Gedächtnisbuches, welches Kurzviten der mehr als 600 Erlanger Kriegsopfer einschließlich einiger Studenten, die nähere Beziehung zur Stadt hatten, beinhaltet.[76] Unverwirklicht hingegen blieb Göhrings Idee, mittels der Überlassung von „Abschriften von bemerkenswerten Stellen aus Briefen und Tagebüchern der Toten" eine Erinnerung an die Gefallenen zu erstellen, „wie es in dem schönen Erinnerungsbuch unserer Universität" geschehen sei.[77] Die „Blätter der Erinnerung" der Universität mit den abgedruckten Briefen gefallener Studenten, die im folgenden näher zu betrachten sein werden, hatten also durchaus Vorbildfunktion für ähnliche Projekte.

---

[73] Göhring, Tagebuchblätter (wie Anm. 72), S. III.

[74] Walter Flex, Wolf Eschenlohr, München 1919. Vgl. hierzu Liermann, Friedrich-Alexander-Universität (wie Anm. 3), S. 32. – Weiterführend zur lokalen Rezeption von Walter Flex vgl. Christian Tagsold, Das Gedenken an Walter Flex in Erlangen 1925–1945. Vom Wandel der Funktion historischer Mythen, in: JfL 59, 1999, S. 375–388.

[75] Ludwig Göhring (Hg.), Gedächtnisbuch der Stadt Erlangen. Dem Andenken ihrer dem Weltkrieg zum Opfer gefallenen Söhne gewidmet, Erlangen 1924 (Zitat S. III).

[76] Mit den Informationen über die Gefallenen übergaben die Hinterbliebenen Göhring in vielen Fällen auch Fotografien, die heute im Stadtarchiv Erlangen verwahrt werden (frdl. Auskunft von Herrn Dr. Andreas Jakob, Stadtarchiv Erlangen).

[77] Göhring, Gedächtnisbuch (wie Anm. 75), S. IV. – Göhring knüpfte damit offensichtlich an ein von seinem Vorgänger Kurt Motzkau bereits 1917 initiiertes Projekt zur Sammlung von ‚Kriegserinnerungen' an, das jedoch nur teilweise verwirklicht wurde, vgl. hierzu Friederich, Institution (wie Anm. 72), S. 6.

Die Feldpostbriefe Erlanger Studenten in den „Blättern der Erinnerung"

Der Abdruck der Feldpostbriefe beginnt mit Beschreibungen vom Zeitpunkt des Kriegsausbruchs und der Mobilmachung in Erlangen. Bezeichnend hierbei ist die allgemeine Begeisterung für die weltpolitischen Geschehnisse in der Universitätsstadt, die durch die kurzfristige Absage des Besuchs König Ludwigs III. aufgrund der „Juli-Krise" noch verschärft worden sein mag. Über die öffentliche Stimmung in Erlangen berichtete etwa der Jurastudent Otto Walter: „Auch Erlangen bietet im kleinen ein Bild der Stimmung in Deutschland. Seit der Überreichung der österreichisch-ungarischen Note, die den Stein ins Rollen brachte, spricht man nur noch von dem großen Krieg, der noch gar nicht da ist. Die Stadt hatte sich eben zum Empfang König Ludwigs festlich geschmückt. Jetzt kommt die Absage. Die Gemüter werden immer aufgeregter. Tiefen Eindruck macht die Erklärung des Kriegszustandes. Reges Leben herrscht auf den Straßen, Gruppen stehen auf den Straßen und diskutieren miteinander. Abends durchfluten bis in die Nacht hinein Menschenmengen die Stadt. Die Redaktionen werden belagert und gestürmt. Der Bahnhof ist der Mittelpunkt dieser Bewegung. Die Menge reißt sich [S. 178] um die verausgabten Telegramme, die Schlag auf Schlag wie die Ereignisse folgen. Dabei werden Tartarennachrichten genug und unglaubliche Gerüchte verbreitet. Ich liege eben auf meinem Sofa als unten ein Geschrei ertönt: ‚Der Krieg ist erklärt'. Aus Kriegszustand war hier flugs Kriegserklärung geworden."[78] Bezeichnend an diesen Schilderungen vom 31. Juli ist, wie die österreich-ungarische Kriegserklärung an Serbien vom 28. Juli von der Bevölkerung als ‚deutsche' Kriegserklärung adaptiert wurde zu einem Zeitpunkt, als das Deutsche Reich noch keine eigene abgegeben hatte, da es dies erst am 1. August gegenüber Rußland vollzog.

Deutlich wird aus den Äußerungen eines anderen Kommilitonen, des Medizinstudenten Gustav Stephan, der kurz darauf als einer der ersten Erlanger Studenten fallen sollte, die Ansicht von der vorgeblichen Unvermeidbarkeit des Krieges, der Deutschland aufgenötigt worden sei: „Als der Mobilmachungsbefehl herauskam, herrschte großer Jubel in Erlangen, die Studenten zogen mit Musik durch die Straßen, an der Kaserne entlud sich die Begeisterung in vollstem Maße. Also hat unser Kaiser den Krieg doch nicht verhüten können, er ist uns schändlicherweise aufgezwungen worden; deshalb treten wir Deutsche ohne Ausnahmen mit Begeisterung unter die Fahnen, bestrebt, unser heilig teures Vaterland bis zum letzten Atemzuge zu verteidigen."[79] Die folgenden Schilderungen der Abreise ins Feld waren wohl die letzten Erfahrungen an Kriegsbegeisterung für die Studenten. So schilderte der Theologiestudent Helmut Beyhl die von patriotischem Geist getragene Unterstützung, die den Soldaten bei der Bahnfahrt an die Front von der die Strecke säumenden Bevölkerung widerfahren sei: „In Nürnberg, in Treuchtlingen eine unzählige Menschenmenge auf den Bahnsteigen. Überall und überall diese mächtige Begeisterung. Aus jedem

---

[78] Jordan, Blätter der Erinnerung (wie Anm. 48), S. 177–178: Brief von stud. jur. Otto Walter (geb. 6.1.1891, gef. 10.1.1915, Sohn eines Schreinermeisters), Erlangen, 31.7.1914.

[79] Ebd., S. 178: Brief von stud. med. Gustav Stephan (geb. 25.1.1892, gef. 20.8.1914, Sohn eines Schutzmanns), Erlangen, 4.8.1914.

Fenster der Stadt oder eines Dorfes wird uns zugewunken. Die Bauern und die Frauen auf dem Feld lassen die Arbeit stehen und eilen herbei, um uns zu begrüßen und uns, oft unter bittern Tränen, ein Lebewohl zu sagen. … In Treuchtlingen stand ein Reservistenzug. Mit unbeschreiblichem Hurra fuhren wir durch den Bahnhof."[80]

Im Abseits hingegen sahen sich die Studenten, denen der Gang an die Front zunächst verwehrt war. Ohne in Abrede stellen zu wollen, daß es wohl auch Studierende gab, die über diesen Umstand froh gewesen sein mögen, zeigen doch mehrere schriftliche Äußerungen, daß man sich durch diese Tatsache von der studentischen Gemeinschaft ausgeschlossen fühlte. So klagte der Medizinstudent Anton Wernich über seine frühere Entscheidung, im ersten Studiensemester seinen Wehrdienst abgeleistet zu haben, und nun in der Heimat militärische Verwendung finden zu müssen: „Tausendmal hab' ich schon verflucht, daß ich Medizin studiere, tausendmal, daß ich im ersten Semester diente. … [S. 179] Sehen mußte ich, wie die Corpsbrüder ins Feld zogen, freudig, todesmutig, gegen welsche Tücke. Ich konnte ihnen nur die Hand drücken und mich dann abwenden, beschämt, grollenden Herzens. Hier sitze ich nun und warte, bis ich endlich geholt werde als lumpiger Sanitätssoldat, um Dienste zu verrichten, die jeder alte Landwehrmann gerade so tun kann."[81] Aus heutiger Sicht mag das zähe Bestreben mancher Felddienstanwärter, an die vorderste Front zu gelangen, unverständlich anmuten; für die Zeitgenossen stellte es sich aber als ein Drang dar, um sich gegenüber den Kommilitonen nicht zurückgesetzt zu fühlen, wie der Neophilologiestudent Karl Baumgärtel in einem an seinen Professor gerichteten Brief freudig berichtete: „Endlich ist der Zeitpunkt gekommen, wo auch ich mit hinausziehen darf ins Feld, um für die Freiheit unseres Vaterlandes und für unsere gesamte Kultur zu kämpfen. Zu Beginn der Mobilmachung war ich wegen Schwächlichkeit und eines leichten Herzfehlers zurückgestellt und auf die Regimentsschreibstube verbannt worden. Obwohl ich nie der Meinung war, daß eine nützliche und nötige Arbeit eine Schande sei, so fühlte ich mich doch fast als Soldat zweiter Klasse. Nun, das ist, Gott sei Dank, vorbei. Ich habe alle Hebel in Bewegung gesetzt, und obwohl ich in der Schreibstube kaum felddienstfähiger geworden sein dürfte, hat mich der Arzt auf meinen Wunsch tauglich geschrieben. Denn ich bin überzeugt, daß ein fester Wille körperliche Schwäche überwindet."[82] Baumgärtel fiel eine Woche nach dem Schreiben dieser Zeilen.

Dabei waren Selbstzweifel über diese Haltung bei manchen durchaus vorhanden, wurden aber zugunsten des Gleichziehens mit den Studienkollegen zurückgestellt. Mit solchen Überlegungen befaßte sich etwa der Theologiestudent Hellmut Müller: „Morgen will ich mich zur Abreise ins Feld melden. Das Wetter ist denkbar schlecht. Draußen leiden meine Brüder ungeheuer und bluten und ich liege hier, ohne etwas zu tun. Es ist jetzt ein großes Ringen, will's Gott, nehme ich daran teil und halte die Schrecken aus. Sich nur nicht zurückziehen. Es scheint mir jetzt manchmal eine teuf-

---

[80] Ebd., S. 186: Brief von stud. theol. Helmut Beyhl (geb. 2.6.1891, gef. 2.2.1915, Sohn eines Lehrers), 7.8.1914.

[81] Ebd., S. 178–179: Brief von stud. med. Anton Wernich (geb. 20.1.1893, gef. 28./29.9.1914, Sohn eines Apothekers), Erlangen, 14.8.1914.

[82] Ebd., S. 185: Brief von stud. neophil. Karl Baumgärtel (geb. 14.12.1894, gef. 30.9.1914, Sohn eines Webers), 23.9.1914.

lische Versuchung, die Gelegenheit zu benutzen und mich noch einen Tag länger zu schonen. Aber lieber zu früh hinaus als zu spät. Draußen ist jetzt [S. 185] meine Pflicht. … Ich bin gespannt auf das erste Gefecht."[83]

Als kurzer Exkurs sei an dieser Stelle auf eine derjenigen Briefpassagen verwiesen, die von Jordan nicht veröffentlicht wurden. Von den wenigen erhaltenen handelt es sich um die einzige unedierte Stelle, an der – wie oben bereits erwähnt – keine lange Schlachtenbeschreibung steht, sondern eine Auseinandersetzung mit der eigenen Haltung zum Krieg. Der namentlich nicht bekannte Verfasser schrieb aus dem Feld von der französischen Somme an seine Eltern: „In manchen ruhigen Stunden habe ich mir schon überlegt, ob ich recht getan, Euch, mein Studium, kurz alles, vielleicht für immer zu verlassen und freiwillig dem Vaterland zu dienen. Ich verstehe von ganzem Herzen, wie bitter weh ich Euch damit getan. Ich sehe aber zugleich auch ein, daß ein anderer Entschluß in mir nicht hätte reifen können. Verzeiht mir, wenn es Euch kränken sollte, aber das Leben in der Heimat wäre mir unmöglich geworden bei dem Gedanken, daß draußen in Frankreich die Kameraden ihr Leben opfern."[84] Hier wird der innere Zwiespalt deutlich zwischen der persönlichen Einstellung zum Krieg, die vielleicht sogar in eine Ablehnung münden mochte, und dem Zwang der äußeren Umstände, der ein Ausgrenzen von der massierten patriotischen Kriegsbegeisterung beinahe unmöglich machte.

Breiten Raum in den Briefen nehmen die Schilderungen des erlebten Geschehens ein, denn die Daheimgebliebenen sollten an den persönlichen Erlebnissen wie auch am Kriegsverlauf teilhaben können. Bis zum Jahresende 1914 war die anfängliche allgemeine Kriegsbegeisterung, die jegliche auf realen Kriegszielen beruhende Motivationsfragen obsolet machte, abgeflaut, und mit dem Übergang zum Stellungskrieg im Westen drangen zunehmend Phänomene der psychischen und physischen Erschöpfung in die Briefe. So berichtete der Theologiestudent Hermann Beyer über seine Soldatenkollegen: „Es sind ganz vernünftige Leute dabei, aber das einzige Thema ist der Krieg, über etwas anderes kann man mit ihnen nicht reden. Die Unzufriedenheit bei den Leuten ist stark. Den ganzen Tag geht es über die Besitzenden als Urheber des Krieges her, über die Großkapitalisten. Ich schreibe es Euch, wie es ist. Von einer ‚vorzüglichen' Stimmung keine Rede. Der Krieg dauert eben zu lange."[85] Die negative Stimmungslage wird hier ausschließlich der Länge des Krieges, der zum Zeitpunkt der Abfassung dieses Briefes allerdings noch nicht zwei Drittel seiner Gesamtlänge angedauert hatte, zugeschrieben.

In anderen Briefen zeigt sich eher Verwunderung und Ratlosigkeit des studentischen Soldaten über die niedergedrückte und wenig kriegsbegeisterte Stimmung, die sich inzwischen breit gemacht hatte. Dies mochte insbesondere bei denjenigen vorherrschen, die erst zu einem späteren Zeitpunkt erst- oder abermals eingezogen wurden und somit die sich stetig verschlechternde Stimmung an der Front nicht miterlebt

[83] Ebd., S. 184–185: Brief von stud. theol. Hellmut Müller (geb. 18.10.1891, gef. 28.9.1914, Sohn eines Kaufmanns), 19.9.1914.

[84] UAE A1/3a Nr. 666f, fol. 442v/443v (Hervorhebung im Original).

[85] Jordan, Blätter der Erinnerung (wie Anm. 48), S. 361: Brief von stud. theol. Hermann Beyer (geb. 27.2.1897, gef. 9.4.1918, Sohn eines Pfarrers), 3.12.1916.

und eine andere Vorstellung von der „Begeisterung" im Feld hatten. So schrieb der Philologiestudent Kurt Hassenstein, der am 1. April 1915 nach einer Krankheit wieder eingestellt wurde, aus einem Schützengraben in Rußland bei Kalwarja in einem ausführlichen Brief an seinen Gymnasialdirektor: „Seit vier Wochen liege ich hier im Schützengraben und verlebe mit meinen Kameraden die Freuden und Leiden des Feldsoldaten. Ich hatte mir die Stimmung im Heere anders gedacht. Von der sittlichen Erhebung des Volkes, von der in der Heimat soviel geredet und geschrieben wird, ist hier draußen sehr wenig zu merken. Der einzelne ist mißmutig, wünscht den Krieg zu allen Teufeln und sagt offen, daß ihm ein Friede, der, wenn auch erzwungen, bald geschlossen wird, lieber sei als noch längere Zeit Krieg. Am auffallendsten war mir die allgemeine Mutlosigkeit auch der alten Soldaten, die den ganzen Krieg mitgemacht hatten."[86]

Fixpunkte für die weitere Stimmungslage waren entscheidende militärische oder politische Ereignisse, die Wegweisendes über den Fortgang des Krieges nach sich zu ziehen versprachen. So führte derselbe Student in seinem Brief das Warten auf die italienische Kriegserklärung, die schließlich am 23. Mai 1915 an Österreich-Ungarn erfolgte, als entscheidenden Markstein an: „Am schlimmsten war es ja während der Tage, in denen Italien noch unentschlossen schien. Unser Unterstand wunderte sich sehr, als ich mich nicht an Gesprächen beteiligte, in denen Deutschland verteilt wurde. Jetzt hat ja die Wut, die in Deutschland über Italien in hellen Flammen ausgebrochen sein soll und sein wird, auch hier etwas abgefärbt. Daß das ewige Festliegen an einem Ort – unser Bataillon liegt nämlich am weitesten östlich, so daß wir keinen Schritt vorwärts können, ohne von den Reserven, überhaupt von der ganzen übrigen Front abgeschnitten zu werden – etwas die Stimmung drückt, muß ich zugeben. Andererseits sind aber auch die Bäcker, Schneider und Schuster so ganz Bäcker, Schneider und Schuster geblieben, daß ihnen ein Sturmangriff, der in allen ihren Gesprächen herumspukt, als der schrecklichste der Schrecken erscheint. Die Kriegserklärung Italiens erfuhren wir zuerst durch die Herren Russen. Wir erwarteten sie alle, und als die Herren von drüben plötzlich eines Abends auf der ganzen Linie in ‚Urra'-Brüllen aufbrachen und vier Salven abfeuerten, wußten wir sofort den Zusammenhang."[87] Im übrigen schien sich der Student von den Geschehnissen an der Front, die sich wohl niemand als den langen Stellungskrieg, wie er tatsächlich eintrat, erwartet haben mochte, etwas anderes versprochen zu haben: „Sehr angriffslustig sind die Russen hier überhaupt nicht, obwohl alles sibirische Kerntruppen und ganz vorzügliche Scharfschützen sind. In den vier Wochen, die ich hier bin, haben sie nur einen Angriff unternommen."[88]

Freilich konnte es nicht im Sinne der Feldbriefschreiber liegen, den Eltern zu Hause bloße Schreckensszenarien ohne Zuversichtsglauben zu vermitteln und damit Sorgen um das Wohlergehen des im Feld stehenden Sohnes hervorzurufen. Vor diesem Hintergrund sind wohl Briefe wie der des Theologiestudenten Friedrich Groß zu ver-

---

[86] Ebd., S. 227: Brief von stud. philol. Kurt Hassenstein (geb. 29.12.1894, gef. 28.6.1915, Sohn eines Kreisarztes), Kalwarja, 25.5.1915.

[87] Ebd., S. 227: Brief von stud. philol. Kurt Hassenstein (Biogr. Anm. 86), Kalwarja, 25.5.1915.

[88] Ebd., S. 228: Brief von stud. philol. Kurt Hassenstein (Biogr. Anm. 86), Kalwarja, 25.5.1915.

stehen, dessen Äußerungen an innerer Unstimmigkeit kaum zu überbieten sind: „Nun stehen wir mittendrin in der großen Abwehrschlacht in Flandern. Während ich dies schreibe, dröhnt die Luft und zittert der Erdboden, der Unterstand wackelt von dem Krach der explodierenden Granaten. Ich glaube ja allerdings, daß der Tommy (das ist der Engländer) seine Schießereien mehr aus Angst vor einem deutschen Angriff unternimmt. … [S. 226] Teilweise sieht man die toten Engländer herumliegen. Wann wird der Engländer klug werden?"[89] Sechs Tage später war Groß gefallen.

Für das Leben an der Front bestimmend war die Hoffnung des studentischen Soldaten auf Heimaturlaub und dementsprechend die Furcht vor der Rückkehr an die Front. So spricht aus den Briefen einerseits die Begeisterung für die Reise in das heimatliche Erlangen und andererseits die Stimmungslage nach dem abermaligen Ausrücken. Der Theologiestudent Helmut Beyhl etwa äußerte sich über seine Vorfreude auf den temporären Heimataufenthalt: „Bei der Untersuchung im Revier erklärt mich der Oberarzt als garnisonsdienstfähig und begutachtet einen Urlaub von wenigen Tagen. Da muß ich nach Erlangen, nach Bubenreuth. In Nürnberg erfahre ich bei Scheidemandel, daß am Sonntag abend gerade der Abschied der Kriegsfreiwilligen der Bubenreuther ist. Was ist das für eine freudige Überraschung! Mein Erlangen! Mit welchen Gefühlen betrete ich heute die Stadt. Keine roten Mützen auf den Straßen. Nur Militär. Hie und da ein Auto mit dem Rotkreuz-Fähnchen. Auf dem Haus welche Überraschung! Es ist zum Lazarett eingerichtet!"[90] In dem Brief des Theologiestudenten Wolfgang Bendleb nach dem ersten Heimaturlaub hingegen ist nichts mehr von der Begeisterung zu spüren, wie sie noch die zu Kriegsbeginn einrückenden Soldaten geprägt hatte: „Also seit heute Abend stecke ich nun wieder im Schützengraben und zähle die Tage bis zum nächsten Urlaub oder Frieden. Die ersten Tage hier draußen waren fürchterlich. Ich habe die Einsamkeit förmlich geflohen und versucht, möglichst jede Minute mit Kameraden zusammen zu sein, um über das erste so einigermaßen wenigstens hinwegzukommen. Die Tage zu Hause sind wie ein süßer Traum, den man nie zu Ende träumen möchte und doch, wenn er aus ist, hinterläßt er schmerzliche Unzufriedenheit."[91]

Mit Fortdauer des Krieges und abflauender Begeisterung für das militärische Geschehen traten verstärkt religiöse Daseinsfragen in den Vordergrund. Das – vorgebliche oder auch tatsächliche – Vertrauen auf einen übermenschlichen Ordnungszusammenhang in den oft schier ausweglos erscheinenden Situationen schuf vielfach eine Basis für die eigene Sinnsuche wie auch für den – unter manchen Umständen schwerlich unter positiven Vorzeichen zu betreibenden – Austausch mit den Angehörigen zu Hause. So versicherte etwa – in der Edition nach der Zwischenüberschrift „Bereit zum Opfer des Lebens" – der Medizinstudent Otto Seifert seinem Vater: „Die schönste Frucht unserer Erziehung war wohl die, daß wir beiden Brüder es beim Kriegsausbruch für etwas Selbstverständliches oder, besser gesagt, für etwas Gottgewolltes hielten, an dem Kampfe für unser Heiligstes teilzunehmen. Wir beide

---

[89] Ebd., S. 225–226: Brief von stud. theol. Friedrich Groß (geb. 15.11.1892, gef. 16.8.1917, Sohn eines Oberstationsmeisters), 10.8.1917.

[90] Ebd., S. 290: Brief von stud. theol. Helmut Beyhl (Biogr. Anm. 80), 19.9.1914.

[91] Ebd., S. 209: Brief von stud. theol. et. phil. Wolfgang Bendleb (geb. 26.8.1894, gef. 31.3.1916, Sohn eines Gerichtskassenkontrollleurs), 9.10.1915.

haben niemals … auch nur einen Augenblick daran gezweifelt, und auch jetzt, wo jede Sekunde die tägliche Beschießung … beginnen und mein Leben fordern kann, ist es meine felsenfeste Zuversicht, daß alles … Gottes guter und gnädiger Wille war."[92] Insbesondere diejenigen Aspekte des Religiösen, die an Gebräuche der Heimat erinnerten, nehmen in den Briefen breiten Raum ein. So werden mehrfach Orgelklänge angeführt, die man jetzt im Feindesland höre und die zu Hause die Choräle begleitet hätten. In zahlreichen Briefen werden Feldgottesdienste thematisiert; vor allem von der Feier des Weihnachtsfestes, Inbegriff häuslichen Familienlebens und ein im Unterstand an der Front besonders vermißtes Erlebnis der Friedenszeit, wurde nach Hause berichtet. Die Edition enthält mehrere Schilderungen dieser Art und widmet dem ersten und letzten Kriegsweihnachten 1914 und 1917 sogar zwei eigenständige Unterkapitel. Oftmals erhielten die Soldaten anläßlich des Weihnachtsfestes Pakete von deutschen Schulkindern mit Nahrungsmitteln und anderen Kleinigkeiten, sogenannte Liebesgaben, zugesandt. Die Interpretation von Weihnachten als „deutschem Fest", welches ideell durch seine Gebräuche sowie materiell durch die Liebesgaben auch in der Fremde Bezüge zur Heimat herstelle, wird etwa in dem Brief des Theologiestudenten Helmut Beyhl deutlich: „Diese Weihnachten wird mir mein Leben lang unvergeßlich bleiben. … Alle Wände und die Decke mit grünem Tannreisig verkleidet. … Nur Deutsche können so Weihnachten feiern. … Ein Berg von Liebes-[S. 203] gaben liegt vor mir. Meine Leute strahlen vor Freude, wie ich ihnen die feinen Sachen aushändige. … Ihr Inhalt ist sinnvoll und mit großer Liebe zusammengestellt. … Ich spiele auf der Mundharmonika ‚Stille Nacht …'."[93]

Einige der Schilderungen erlauben Aufschlüsse über die Situation der Soldaten im Unterstand und das Verhältnis der einzelnen Soldaten zueinander. So beschrieb der Theologiestudent Adolf Hensolt seinen Unterstand bei dem französischen Ort Buxerulles sehr eindringlich: „Diese Keller und Erdhöhlen sehen immer wie Räuberhöhlen aus, wie sie in den Märchenbüchern gemalt sind. An den Wänden an herausstehenden Wurzeln hängen die Gewehre und Wehrgehänge. Überall im Halbdunkel die Soldaten, das Ganze bloß durch einige Kerzen und offene Feuerchen, um die alles lesend und kartelnd herumliegt, erleuchtet. Jetzt macht mir das Leben im Schützengraben eigentlich gar nichts mehr aus. … Ich bin gegenwärtig mit ein paar Seminaristen zusammen. Da ist es im Unterstande und in Buxerulles immer elend gemütlich. Wir versuchen jetzt sogar, Schach zu spielen. Das Spiel haben wir uns aus Feldpostkartons gemacht."[94] In der zermürbenden Situation des Stellungskrieges machten sich jedoch auch enorme Feindseligkeiten der sozialen Schichten bemerkbar. Schwer hatten es insbesondere die Einjährig-Freiwilligen, Abgänger höherer Schulen mit dem Recht auf Immatrikulation an der Universität, die sich mit einer auf ein Jahr reduzierten Dienstzeit selbst verpflegen, bekleiden und ausrüsten mußten.[95] Von solch

---

[92] Ebd., S. 266: Brief von stud. med. Otto Seifert (geb. 8.10.1895, gef. 28.12.1915, Sohn eines Pfarrers), 29.4.1915.

[93] Ebd., S. 202–204 : Brief von stud. theol. Helmut Beyhl (Biogr. Anm. 80), 24.12.1914.

[94] Ebd., S. 193: Brief von stud. theol. Adolf Hensolt (geb. 29.1.1893, gef. 10.5.1918, Sohn eines Pfarrers), Buxerulles, 2.12.1914.

[95] Monika Wahl, Erlangen als Garnison 1868–1914, in: Erlanger Bausteine zur fränkischen Heimatforschung 46 (1998), S. 9–100, hier: S. 12–13.

gearteten Ressentiments gegen die Akademiker berichtete der Theologiestudent Hermann Beyer: „Jetzt habe ich hier in meiner Kompagnie schon etwas Anschluß gefunden, obwohl es für einen Einjährigen, der dazu noch als Gefreiter herauskommt, doppelt schwer ist. Man wird immer mit einem gewissen Neid betrachtet. Die Leute wissen eben nicht, daß mit dem Einjährigen ein wissenschaftlicher Grad verbunden ist, sondern denken, daß es nur mit dem Geld zusammenhängt …"[96]

Die lange Untätigkeit, zu der die Soldaten im Feld durch den Stellungskrieg verdammt waren, nährte insbesondere bei den Studierenden den Wunsch nach geistiger Tätigkeit. So wandte sich der Philologiestudent Richard Schwarz an den Kustos der Universitätsbibliothek, Friedrich Bock, mit der Bitte um Bücher: „Sind Sie so gut und schicken Sie mir mit Feldpost einen ernsthaften Griechen, den man im Felde liest; wenn er allzu schwer ist, mit deutscher Übersetzung. Wir liegen tagelang im Schützengraben. Ich brauche notwendig etwas innerlich Wärmendes und Aufbauendes."[97] Auch die Äußerungen des Theologiestudenten Hermann Beyer ließen in ihrer Deutlichkeit über den Alltag im Feld nichts zu wünschen übrig: „Schickt mir auch immer etwas zu lesen mit, da die Langeweile nach dem Dienst immer zu unnützen schwermütigen Gedanken verleitet. … Der Himmel ist grau, der Dienst eintönig …, die Hoffnung auf Frieden fast ohne Aussicht – da bleibt nur übrig … der Briefverkehr mit Euch und die religiöse und wissenschaftliche Lektüre, wo ich mich dann doch Augenblicke für einen Studenten halten kann."[98]

Hält man sich die begeisterten Äußerungen über die Mobilmachung im August 1914 vor Augen, war diese im Januar 1918, noch vor der fehlgeschlagenen Frühjahrsoffensive, tiefer Resignation und Melancholie gewichen – in der Gefangenschaft wie im Feld. Die Schilderung des Medizinstudenten Karl Schick, die er aus der Gefangenschaft an seine Eltern richtete, geben hierbei – hinter der Fassade der intendierten Wirkungsabsicht – einen guten Einblick: „Ein fahler Herbstabend, der einen fast ein wenig trübselig stimmen möchte. Der Tag ist schon gleich wieder zu Ende; es dunkelt schon und durch dieses dämmerige Schweigen schluchzen bald kraftvoll anwachsend, bald leise verzitternd die Töne eines Cello; unser Musikus (ein Cellist vom Hannoveraner Hoftheater) schüttet uns in diesen Tönen sein Herz aus und wie ein zauberhaftes Märchen aus längst verklungenen besseren Tagen ertönen die Klänge des wehmütigen Liedes ‚Aus der Jugendzeit' vor unseren andächtig lauschenden Ohren. Es ist nicht Trübsinn und trauerndes Gedenken erstorbenen Glücks, was diese Töne in unserer Seele wecken, nein, es ist die tief innerliche Art des Deutschen, auch in nicht trüben oder vielmehr in seinen frohseligsten Augenblicken wehmütige Lieder zu singen. Und so ist auch uns von diesem Abend auch bei der etwas melancholischen Stimmung draußen unser Herz innerlich doch heiter gestimmt und traulich vereint sitzen wir beim dämmernden Abendschein in traute Gedanken versunken zurückgelehnt um den jungen blondlockigen Künstler und lassen die seinem Instrument entlockten

---

[96] Jordan, Blätter der Erinnerung (wie Anm. 48), S. 360: Brief von stud. theol. Hermann Beyer (Biogr. Anm. 85), 16.11.1916.

[97] Ebd., S. 297: Brief von stud. phil. Richard Schwarz (geb. 22.7.1888, gef. 8.10.1914, Sohn eines Hauptlehrers), 1914.

[98] Ebd., S. 298: Brief von stud. theol. Hermann Beyer (Biogr. Anm. 85), 3.1.1917.

Klänge auf uns wirken."[99] Mitunter erwuchsen der verordneten Langeweile an der Front oder in Gefangenschaft auch Gedichte, die dann den Angehörigen in der Heimat zugesandt wurden. Jordans Edition enthält insgesamt knapp 40 solcher literarischer Werke, die zumeist patriotisch die Kriegssituation oder aber den eigenen, aussichtslos erscheinenden Alltag widerspiegeln.[100]

Im Verlauf des Krieges mochte es den im Stellungsgraben harrenden Soldaten immer schwieriger erscheinen, den gegenwärtigen militärischen Auseinandersetzungen ein sinnvollerweise zu verfolgendes Ziel zuzuordnen; die französischen oder englischen Soldaten hingegen konnten konkrete Absichten vor Augen haben wie etwa die Befreiung ihres Landes oder der Schutz vor einer deutschen Hegemonie. Bei Kriegsausbruch hatten die deutschen Soldaten noch glauben können, sich verteidigen zu müssen, später jedoch, im Stellungskrieg an der Front, fehlte jegliche konkrete „Daseinsberechtigung". Insofern enthalten die Briefe als „Kriegsziel" meist unverbindliche, ideelle Denkmuster wie etwa ein zu erreichender Sieg des „deutsches Wesens".[101] Als Beispiel mag die unverbindliche Zielsetzung des Neophilologiestudenten Ernst Specht stehen, die dieser beim Ausrücken an seine Eltern schrieb: „Wir sind begeistert für diesen Kampf auf dem Felde der Ehre, für diesen Kampf, der die idealsten Güter eines Volkes schützen soll, selbst wenn sie der eine oder andere mit dem schmerzvollsten Tode erkaufen muß und nie wieder zu den Seinen zurückkehrt."[102]

Vor diesem Hintergrund gewinnen die vielfach negativen Schilderungen von fremden Landschaften, Einwohnern und Kulturgütern eine besondere Wertigkeit, dienten sie doch als eine Art Ventil für die Trauer über den temporären Verlust der Heimat. Im anderen Extrem wurden die Werte des eigenen Landes instrumentalisiert, indem man sich in Ermangelung konkreter Kriegsziele zu deren Verteidigung berufen fühlte, gleichwohl sie ohne die Kriegserklärungen von deutscher Seite nicht bedroht gewesen wären. Die Bewertung der Landschaft und Kultur der Heimat als die eines zu erstrebenden Idealziels und die Abwertung der feindlichen Umgebung, mit der man sich nun in der Fremde konfrontiert sah, dienten als Legitimation für die zu führenden kriegerischen Auseinandersetzungen. So notierte der Theologiestudent Adolf Hensolt: „Das schönste war die Rheinfahrt von Mainz bis Köln den Rhein entlang, beim schönsten Sonnenschein. Es war, als wollte man uns noch die schönsten Herr-

---

[99] Ebd., S. 364: Brief von stud. med. Karl Schick (geb. 26.9.1898, gef. 13.11.1918, Sohn eines Lazarettoberinspektors), 6.1.1918. – Wohl war dem Cellisten das Instrument im Gefangenenlager zur Verfügung gestellt worden, was nicht selten vorkam; so verdankt etwa das berühmte „Quatuor pour la fin du temps" von Olivier Messiaen seine Entstehung im Zweiten Weltkrieg ähnlichen Umständen im Kriegsgefangenenlager bei Görlitz (vgl. Hannelore Lauerwald, Er musizierte mit Olivier Messiaen als Kriegsgefangener. Der französische Cellist Etienne Pasquier im Gespräch, in: Das Orchester 1/1999, S. 21–23).

[100] So thematisierte etwa der Medizinstudent Wilhelm Wüst mit seinem Gedicht „Mädchen, warum weinest Du?" – wohl unter Bezugnahme auf das tradierte litauische Volkslied – den Soldatentod: Jordan, Blätter der Erinnerung (wie Anm. 48), S. 295: Brief von stud. med. Wilhelm Wüst (geb. 21.9.1895, gef. 9.7.1916, Sohn eines Strafanstaltslehrers), 8.5.1915.

[101] Hettling / Jeismann, Weltkrieg (wie Anm. 67).

[102] Jordan, Blätter der Erinnerung (wie Anm. 48), S. 182: Brief von stud. neophil. Ernst Specht (geb. 26.8.1892, gef. 10.10.1914, Sohn eines Hauptlehrers), Erlangen, August 1914.

lichkeiten Deutschlands zeigen, für die wir kämpfen sollen."[103] Andere, wie der Theologiestudent Helmut Beyhl, schlossen sich in ihren Betrachtungen an: „Wir nähern uns Straßburg. Da steht nun das prächtige Münster. O möchtest du dem Deutschtum erhalten bleiben, du Denkmal deutscher Kunst."[104]

Mit dem Passieren der Grenze verließ oder betrat man ein Land, dem man hinsichtlich bestimmter Normen wie Ästhetik oder Reinlichkeit einen besonderen Stellenwert zuwies, wie der Germanistikstudent Eugen Göhring von seiner Fahrt aus dem besetzten Kurland in das schleswigsche Friedrichstadt notierte: „Heute nacht haben wir die deutsche Grenze überschritten. ... In hohen Bäumen versteckt lagen verstreut saubere Ortschaften."[105] Im Gegenzug wurden die Landstriche im gegnerischen Gebiet meist als unschön und die Bewohner als ungepflegt dargestellt. So äußerte sich etwa der Jurastudent Julius Roesch über die Behausungen der „Panje", also der alteingesessenen Bewohner in dem galizischen Ort Rozanka nizna: „Momentan sitze ich auf einer selbstgezimmerten Bank hinter unserer Panjebude. ... Nach rechts erblickt das staunende Auge ... einen selbstgefertigten Locus ..., hier eine Seltenheit, der erste seit Budapest. Im Innern der Bude ist seit dem Hinauswurf der Panje eine zunehmende Reinlichkeit und Ordnung zu bemerken."[106]

Besonders das weite ländliche Galizien wurde mit Äußerungen eines zivilisatorisch rückständigen Landstriches bedacht. Die Briefe liefern dabei teilweise detaillierte, freilich stark pejorativ gefärbte Berichte von den Landschaften und ihren Bewohnern. So ließ sich beispielsweise der Theologiestudent Christoph Lauterbach in einem Brief aus dem Unterelsaß über seinen vorherigen Einsatz in Galizien in der Rückschau folgendermaßen aus: „Galizien wirkt in seiner Einförmigkeit direkt melancholisch auf die Einzelnen. ... Die Bewohner stehen meist vor den Hütten und glotzen uns stumpfsinnig an, ich möchte wissen, was die für eine Vorstellung über Zusammenhang und Vorgeschichte des Krieges haben. Die Weiber, deren Alter übrigens schwer festzustellen ist, da sie alle gleich braun, dreckig und alt aussehen, tragen fast durch die Bank lange Schaftstiefel zu ihrer bunten Zigeunertracht, was anfangs stets Gelächter bei uns hervorrief. Was die Kleidung der meistens ganz alten Männer ... anlangt, so muß man hier zwischen einer sommerlichen und einer winterlichen unterscheiden. Denkt Euch einen Bauern-Sonntagsschnipel in weiß (weiß natürlich hier nur einstige Farbe), dazu das Hemd über der Hose getragen, bis an die Knie etwa reichend und Schaftstiefel dazu getragen. Als Abschluß nach oben wird ... auf den schmierigen Locken eine hohe Pelzmütze getragen, gleichsam um für eventuelle Witterungsumschläge gerüstet zu sein. Zu den zerschlissenen und von Motten zerfressenen Pelzkaftans [S. 231] wird sicher ein abenteuerlicher Strohhut getragen."[107]

---

[103] Ebd., S. 360: Brief von stud. theol. Adolf Hensolt (Biogr. Anm. 94), Morbecke, 22.4.1917.

[104] Ebd., S. 360: Brief von stud. theol. Helmut Beyhl (Biogr. Anm. 80), 8.8.1914.

[105] Ebd., S. 261: Brief von stud. germ. Eugen Göhring (geb. 15.12.1897, gef. 21.3.1918, Sohn eines Schriftleiters), 14.2.1917.

[106] Ebd., S. 228: Brief von stud. jur. Julius Roesch (geb. 31.5.1894, gef. 17.11.1916, Sohn eines Oberregierungsrates), Rozanka nizna, 2.5.1915.

[107] Ebd., S. 230–231: Brief von stud. theol. et jur. Christoph Lauterbach (geb. 5.7.1891, gef. 12.8.1916, Sohn eines Hauptlehrers), 11.7.1915.

Gleichzeitig vergaß man freilich nicht, eigene Wohltaten entsprechend auszuschmücken, um zu vermitteln, daß man sich trotz der Kriegshandlungen und der vorgeblich unzivilisierten feindlichen Bewohnerschaft mildtätig gebärde. So fuhr derselbe Student in seinem Brief fort: „Zum Schluß noch einige Episoden, so recht bezeichnend für uns ‚Barbaren'. Bei Wola Oleszyca waren wir ausgeschwärmt, hatten das Dorf Uskowce genommen und sammelten im Wald, aus dem die Russen vertrieben wurden. Dicht am Waldrand liegt eine Einöde, … die Folw-Latoszina. Wir waren gerade beim Kaffeekochen, da hörten wir einige Weiber ganz entsetzlich heulen. Wir gingen hin und erfuhren endlich, daß sie kein Brot mehr hätten, da die Russen ihren ganzen Vorrat … mitgenommen und dazu noch alle Fenster eingeschlagen hatten. In einigen Minuten hatten sie Brot für drei Tage, obwohl wir selbst wenig hatten. Die Kinder bekamen außerdem noch Bonbons von einem Unteroffizier, so daß sie ganz vergnügt grinsten. Wir aber bekamen von der Mutter der Kinder einen Handkuß, zu dem wir allerdings nicht gerade geistreiche Gesichter machten. Es war für beide Teile, Geber wie Empfänger, sehr wenig appetitlich."[108]

Das eben angeführte Schlagwort von den „Barbaren" diente auch Jordan in seiner Edition als Zwischenüberschrift – allerdings nicht im pejorativen Sinn, sondern im wertfreien Kontext des Fremden. Es handelt sich um die Berichte über Bestattungen gefallener Feindsoldaten mit teils militärischen Ehren. Kennzeichnend ist, daß diese Berichte durchaus ehrenhaft abgefaßt sind und der innere Zwiespalt zwischen einer gewissen Art von Trauer auch über den feindlichen Toten und der Genugtuung über den militärischen Erfolg zum Ausdruck kommt, wie der Theologiestudent Christoph Lauterbach schrieb: „Als Mensch bedauere ich Dich, … wie Du jetzt so daliegst … Als Soldat freue ich mich, daß die deutschen Kugeln so gut trafen, … wie leicht könnte statt dir ein bärtiger deutscher Familienvater hier liegen."[109] Gleichwohl spricht aus diesen Briefstellen das Unverständnis über manch gegnerisches Handeln. Denn dort, wo militärische Usancen wie das ehrenhafte Begräbnis auch eines Feindsoldaten nicht mehr griffen, brach sich der aufgestaute Haß gegenüber dem Kriegsgegner Bahn, wie die Passagen des Entsetzens über den Zustand eines deutschen Soldatenfriedhofs verdeutlichen, der vorübergehend unter französische Herrschaft gekommen und unter dieser eingeebnet worden war: „Kein Deutscher würde es für möglich halten, der so etwas nicht mit eigenen Augen gesehen hat … Überall haben die rohen Hände mit dem Pickel die Namen ausgekratzt, und das Wahrzeichen des Friedhofes, ein großes Denkmal, liegt als wüster Trümmerhaufen da. Nur die französischen Steine sind stehen geblieben."[110]

Neben dem oben erwähnten galizischen Landstrichen war besonders die französische Frontstellung von mentalen Vorbehalten belastet. Gerade die etymologische Verbindung des Namens von Heimat und Front schürte in diesem Fall eine Gegnerschaft, die sich in Gedichten wie dem des Theologiestudenten Karl Albrecht Seifert manifestierte, welches unter dem Titel „Gruß aus dem Felde" jedwede antifranzösische

---

[108] Ebd., S. 232: Brief von stud. theol. et jur. Christoph Lauterbach (Biogr. Anm. 107), 11.7.1915.

[109] Ebd., S. 308: Brief von stud. theol. et jur. Christoph Lauterbach (Biogr. Anm. 107), 13.3.1916.

[110] Ebd., S. 309: Brief von stud. theol. Wilhelm Schmidt (geb. 19.4.1897, gef. 29.7.1918, Sohn eines Hauptlehrers), 16.6.1918.

Ressentiments in dichterisch nicht gerade geschliffenster Form vereinte. Hier hatte der Verfasser ein „Kriegsziel" gefunden: die Verteidigung des „Fränkischen" durch den sich alleinig als „frank" empfindenden Deutschen gegen das feindliche Frankreich, welches nur den Namen trage, diesem aber nicht würdig sei: „In Frankreich denk ich dein, o Franken, / Wo Nam' und Art zusammenklingt, / Wo Treugelübde niemals wanken, / Ein ernst' Gebet zum Himmel dringt. // Wo nicht mit finsterfalschem Blicke / Heuchlerisch' Volk den Boden baut, / Wo man verachtet Trug und Tücke, / Sich frisch und frei ins Auge schaut. // … // Ein schönes Land, ich muß es hassen, / Dem meinen gleicht's von außen nur; / Von dir mein Herz will nimmer lassen / Du liebe ferne Heimatflur! // Ich bin kein Franzmann, bin ein Franke, / Hab' deutsch Geblüt und deutsch Gemüt; / Dafür ich Gott im Himmel danke, / Solang' mir noch mein Leben blüht! // …"[111]

Die Zwischenüberschrift „Letzter Gruß" vereint schließlich Briefe, welche die Angehörigen nur im Falle des eigenen Todes erreichen sollten. Sie wurden oftmals vor einem bedeutenden Gefecht geschrieben oder im Lazarett diktiert, manche bereits vorsorglich in der Heimat vor dem Ausrücken verfaßt. Man übergab sie einem Kameraden mit der Bitte um Aushändigung an die Hinterbliebenen, falls man sterben sollte, oder verwahrte sie im Tornister in der Hoffnung, dieser würde den Angehörigen nach dem eigenen Tod überliefert werden. Mit jenen vorsorglich abgefaßten, testamentsähnlichen „letzten" Briefen sollte erreicht werden, daß die eigenen Hinterbliebenen denjenigen letzten Eindruck von ihrem Familienangehörigen vermittelt bekamen, den der Verfasser auch selbst zu hinterlassen wünschte. Dies mußte keine versteckte Absicht sein, sondern wurde auch fallweise explizit geäußert, wie etwa durch den Theologiestudenten Ernst Stahl in einem nach seinem Tod im Tornister gefundenen Brief: „Ich möchte nicht, daß irgend ein lustiger oder verstimmter Brief das letzte sei, was ihr, wenn ich fallen sollte, zufällig bekommt. Darum will ich jetzt, wo es noch ruhig ist, das schreiben, was Ihr in die Hände bekommen sollt, wenn ich nicht mehr bin."[112]

Die Edition Jordans beschließen Briefe, die den Kriegsausgang thematisieren. Aus den Äußerungen in den Briefen über die letzten eineinhalb Kriegsjahre wird ersichtlich, auf welchen Nährboden die nach dem Kriegsende von revisionistischen Kreisen lancierte „Dolchstoßlegende" fallen mußte. Wenn sich auch zahlreiche studentische Soldaten – wie oben angeführt – eher kriegsmüde zeigten und ein baldiges Ende der Kampfhandlungen herbeiwünschten, gab es durchaus auch Armeeangehörige, welche für die in der Heimat – trotz aller Kriegspropaganda – existierende und auch an die Front durchsickernde resignative Stimmung kein Verständnis hatten. So schrieb der Germanistikstudent Eugen Göhring an seine Eltern: „Ich kann das Gefühl nicht unterdrücken, daß es daheim nicht mehr so ausschaut wie es sollte. Es ist ja klar, daß der Schwung der Augustwochen [19]14 nicht ewig dauern konnte, aber das ist meiner

---

[111] Ebd., S. 271: Brief von stud. theol. Karl Albrecht Seifert (geb. 23.12.1894, gef. 15.12.1914, Sohn eines Pfarrers), 1914.

[112] Ebd., S. 321: Brief von stud. theol. Ernst Stahl (geb. 1.8.1892, gef. 24.10.1915, Sohn eines Hauptlehrers), undatiert.

Ansicht nach doch nicht nötig, daß jetzt ein solcher Wirrwarr der Anschauungen herrscht und eine solche Kriegsmüdigkeit. Niemand spricht mehr vom Sieg, ein jeder nur noch vom baldigen Frieden."[113] Ebenso fand die Friedensresolution der Mehrheitsparteien des deutschen Reichstags vom 19. Juli 1917 vielfach keine positive Resonanz an der Front, wie eine deutliche Briefpassage des Pharmaziestudenten Fritz Gadow vom September 1917 zeigt, die sich offenbar auf diese Initiative bezog: „Man könnte … weinen, wenn man hört und liest, wie schwache Nerven die Daheimgebliebenen plötzlich haben! Warum das dauernde Friedensgequatsch? Es verdirbt immer wieder das, was wir mit dem Schwert erwerben."[114]

Mit der Frühjahrsoffensive und dem Kriegsende im Osten begann schließlich 1918 die letzte Phase des Krieges; die anfängliche Hoffnung auf ein baldiges und siegreiches Ende wurde jedoch mit dem Scheitern des Durchbruchsversuchs an der Westfront ab August von einem – organisatorischen wie mentalen – Auflösungsprozeß abgelöst. Mithin traten für die noch lebenden studentischen Soldaten die akademischen Zukunftsaussichten wieder in den Vordergrund. So nahm der Medizinstudent Karl Schick mit überschwenglichen Worten, deren Pathos eindrucksvoll die Freude über den greifbar erscheinenden Wechsel in den zivilen Bereich widerspiegelt, Bezug auf eine Postkarte, auf der ihm mitgeteilt worden war, daß er nun als Student an der Universität Erlangen immatrikuliert sei: „Das ist der weihevolle Augenblick, den ich … ersehnt und doch wieder kaum zu glauben, zu fassen vermocht! Zwar hätte ich ihn mir früher ganz anders sonniger, froher vorgestellt, den großen Augenblick, wo man leuchtenden Auges, mit gehobener Brust voll brünstiger Sehnsucht und heißestem Verlangen nach Wahrheit und Erkenntnis der ‚mater alma' in die Arme fliegt."[115] Zwei Wochen später starb Karl Schick in der Kriegsgefangenschaft.

Publikationen anderer Universitäten

Broschüren wie die Erlanger „Grüße der Universität an ihre Studenten" wurden von den meisten Universitäten herausgegeben;[116] anders als in Erlangen jedoch waren sie meist expressis verbis mit dem Weihnachts- oder Neujahrsfest verbunden (Universitäten Frankfurt am Main, Freiburg, Gießen, Göttingen, Heidelberg, Leipzig, Rostock, Tübingen);[117] vereinzelt erschienen sie als „Ostergruß" (Universität Straßburg), „Sonnwendgruß" (Universität Marburg) oder ohne explizite jahreszeitliche

[113] Ebd., S. 371–372: Brief von stud. germ. Eugen Göhring (Biogr. Anm. 105), 30.5.1917.

[114] Ebd., S. 374: Brief von stud. pharm. Fritz Gadow (geb. 29.4.1891, gef. 17.4.1918, Sohn eines Kaufmanns), 6.9.1917.

[115] Ebd., S. 365: Brief von stud. med. Karl Schick (Biogr. Anm. 99), 30.10.1918.

[116] Die Angaben dieses Kapitels stellen nur eine exemplarische, aber repräsentative Auswahl dar; aus Gründen des Umfangs sind die bibliographischen Nachweise verkürzt wiedergegeben.

[117] Geist und Leben im alten und neuen Frankfurt (1918); Vom Kampf gegen die Kriegsnot in Freiburg (1915); Weihnachtsgruß der Universität Gießen an ihre Studenten im Felde (1917); Weihnachten 1915. Die Georgia Augusta ihren Angehörigen im Felde (Göttingen); Die Universität Heidelberg ihren Studenten im Feld. Neujahr 1916; Weihnachtsgruß der Universität Leipzig an ihre Studierenden im Felde (1916); Aus stiller Arbeit. Weihnachtsgabe der Rostocker Universitätslehrer an ihre Schüler im Felde (1916); Weihnachtsgruß der Universität Tübingen an die Studenten im Feld (1915).

Bezugnahme (Universitäten Halle, Kiel).[118] Andernorts wurden akademische Mitteilungsblätter oder Universitätskalender für die speziellen inhaltlichen Anforderungen der Kriegszeit eingerichtet und als „Kriegsausgabe" an die Studenten versandt (Universitäten Freiburg, Greifswald, Tübingen).[119]

Dem Gedenken an die gefallenen Studenten trug man an fast allen Universitäten in der einen oder anderen Publikationsform Rechnung. Kleinere, zumeist etwa 30 bis 40 Seiten umfassende und alsbald nach Kriegsende bis spätestens Mitte der zwanziger Jahre publizierte Schriften konnten freilich nur der Ehrerbietung und dem – unreflektierten – Gedenken dienen, indem sie Ansprachen bei akademischen Gedächtnisfeiern wiedergaben und häufig eine „Ehrentafel" mit der Auflistung der Gefallenen der jeweiligen Universität enthielten (Universitäten Berlin, Bonn, Breslau, Frankfurt am Main, Freiburg, Gießen, Göttingen, Halle, Heidelberg, Jena, Kiel, Leipzig, München, Tübingen).[120] An der Universität Münster widmete man den Gefallenen immerhin eine Schrift mit über 150 Seiten Umfang, die zwar Kurzcharakteristiken der einzelnen Toten, aber keine Selbstzeugnisse in Form von Feldpostbriefen enthält.[121]

In vielen Fällen wurden den Toten Gedenktafeln oder Denkmäler gesetzt; aufgrund der finanziellen Engpässe während der Inflation konnten sie jedoch meist erst Mitte der zwanziger Jahre vollendet werden. Trotz der zeitlichen Distanz stellte deren Enthüllungsfeier einen zentralen Trauerakt für die Gefallenen dar, und die Errichtung wurde mancherorts in vergleichsweise aufwendigen Publikationen dokumentiert (Universitäten Berlin, Jena, Leipzig).[122] Einen Sonderfall hierbei stellte die am 2. Dezember 1918 geschlossene und später als französische Institution wieder eröffnete Universität Straßburg dar. Da die Installation einer Gedenktafel am eigentlichen Ort nicht möglich war und man sie nicht irgendwo etwa an der Schwarzwälder

---

[118] Ostergruß der Kaiser-Wilhelms-Universität Straßburg an ihre Studenten im Felde (1917); Sonnwendgruß ihren im Felde stehenden Kommilitonen (Marburg 1916); Commilitonibus pro patria pugnantibus alma mater Halensis (1916); Gruß der Universität Kiel an ihre Kommilitonen im Felde (1916).

[119] Akademische Mitteilungen. Kriegsnummer (Freiburg 1916); Greifswalder Universitätskalender. Kriegsnummer (1916); Universitäts-Zeitung. Sonderheft der Universität Tübingen (1917).

[120] Trauerfeier der Universität Berlin (1919); Verzeichnis der im Weltkriege 1914 bis 1918 gefallenen Dozenten, Assistenten und Studierenden (Bonn 1926); Akademische Feier der Schlesischen Friedrich-Wilhelms-Universität und der Breslauer Technischen Hochschule (1919); Was wir unseren Gefallenen schuldig sind (Frankfurt/Main 1919); Unseren Gefallenen zum Gedächtnis (Freiburg/Breisgau 1919); Trauerfeier für die Gefallenen der Ludwigsuniversität (Gießen 1919); Dem Andenken ihrer im Weltkriege Gefallenen (Göttingen 1925); Zum Gedächtnis (Halle/Saale 1919); Die Universität Heidelberg ihren Toten des großen Kriegs zum Gedächtnis (1919); Ernst Haeckel. Rede bei der Totenfeier der Universität Jena (Jenaische Zeitschrift 56/2, 1920); Ein Gedenkblatt für die im Weltkriege gefallenen Angehörigen (Kiel 1920); Leipziger akademische Reden zum Kriegsende 1919; Unseren im Weltkrieg Gefallenen (München 1922); Begrüßung der aus dem Kriege heimgekehrten Studierenden (Tübingen 1919).

[121] [Universität Münster (Hg.):] Gedenkblätter für die auf dem Felde der Ehre gefallenen Studenten der Universität Münster in Westf., Münster [1920] (frdl. Auskunft von Herrn Dr. Bertram Haller, Universitäts- und Landesbibliothek Münster).

[122] Feier bei der Enthüllung des Denkmals für die im Weltkriege gefallenen Studierenden, Dozenten und Beamten (Berlin 1926); Die Gedenktafeln der Thüringischen Landesuniversität Jena (1925); August Gauls Kriegerdenkmal (Leipzig 1925).

Grenze sondern nur auf akademischem Boden errichten wollte, wurde der Ehrenhof der Universität Frankfurt am Main als Standort ausgewählt, welche die Pflege des Erbes der Straßburger Hochschule betrieb.[123]

Somit erscheinen die Erlanger „Blätter der Erinnerung" mit ihren authentischen Zeugnissen der Gefallenen als ein Unikat in der akademischen Trauerarbeit nach dem Ersten Weltkrieg. An einigen Universitäten sind Konvolute gesammelter, aber unveröffentlichter Briefe in den Archiven oder Bibliotheken vorhanden (Universitäten Bonn, Halle, Tübingen), die auf diesbezügliche Überlegungen auch andernorts schließen lassen. So plante beispielsweise an der Universität Greifswald der damalige Rektor Gustav Mie offensichtlich eine Edition von Feldpostbriefen, da er die Angehörigen von Gefallenen verschiedentlich bat, der Universität Abschriften zu überlassen; eine Publikation ist jedoch aus unbekannten Gründen nicht erfolgt.[124]

Fazit

Die Feldpostbriefe des Ersten Weltkrieges geben nicht nur aufschlußreiche Einblicke in das Erleben des Kriegsgeschehens und der Frontsituation durch die eingezogenen Studenten, sondern stellen in der Rückschau auch eine besondere Art des akademischen Gefallenengedenkens an der Erlanger Universität dar. Während die vier „Grüße der Universität an ihre Studenten" noch ganz im Zeichen der allgemeinen Kriegseuphorie standen und die Situation eines fast gänzlich darniederliegenden Lehrbetriebes als den eben zwangsläufigen Beitrag zur unausweichlich scheinenden Lage Deutschlands propagierten, ist mit der Herausgabe der „Blätter der Erinnerung" nach dem Kriegsende ein deutlicher Wandel spürbar. Als wohl einzige deutsche Universität ließ es Erlangen nicht bei der Publikation akademischer Trauerreden und der Auflistung der Kriegstoten bewenden, sondern man versuchte zumindest in Ansätzen, produktiv mit den geistigen Hinterlassenschaften der desaströsen Kriegsereignisse umzugehen.

Freilich ist der Grundtenor der Feldpostbriefedition Jordans weit von unserem heutigen Verständnis einer „Aufarbeitung" des Gedanken- und Wertekanons des späten Kaiserreichs entfernt. Gleichwohl führte die Edition den Zeitgenossen das Geschehen des Weltkrieges nicht als Abfolge zwangsläufiger und oktroyierter Ereignisse vor Augen, sondern ließ durch die Briefauszüge wenigstens passagenweise

---

[123] [Wissenschaftliche Institut der Elsaß-Lothringer im Reich an der Universität Frankfurt (Hg.):] Reden und Ansprachen bei der Enthüllungsfeier der Ehrentafeln für die Gefallenen der Kaiser-Wilhelms-Universität Straßburg im Ehrenhof der Universität Frankfurt, Frankfurt/Main 1927. – In einem anderen Zusammenhang spielte die Universität Straßburg für Erlangen in dieser Zeit eine gewisse Rolle, als der bayerische Kronprinz Rupprecht Gedankenspiele anstellte, im Falle einer Angliederung des Elsaß an Bayern die Universität Erlangen zugunsten derer von Straßburg aufzulassen, vgl. hierzu Dieter J. Weiß, Die Universität Erlangen in der bayerischen Kriegszieldiskussion des Ersten Weltkrieges, in: JfL 59, 1999, S. 349–353.

[124] Frdl. Auskunft von Herrn Dr. Thomas Becker, Universitätsarchiv Bonn, Herrn Dr. Dirk Alvermann, Universitätsarchiv Greifswald, Frau Regina Haasenbruch, Universitätsarchiv Halle, und Herrn Dr. Michael Wischnath, Universitätsarchiv Tübingen. – Vgl. zu Greifswald Dirk Alvermann (Hg.), „Grüßt mir mein altes Gryps". Letzte Briefe aus dem Ersten Weltkrieg, in: Journal der Ernst-Moritz-Arndt-Universität Greifswald 1/2001, S. 12.

Überlegungen und Zweifel, ja angesichts der vormaligen Kriegspropaganda beinahe defätistisch anmutende Gedankengänge durchscheinen. Wie die „Blätter der Erinnerung" auf die Rezipienten gewirkt haben mögen, entzieht sich unserer Kenntnis, denn die eingegangenen Dankschreiben drücken mehr die Trauer um den persönlichen Verlust eines Familienangehörigen aus als eine reflektierte Auseinandersetzung mit den Inhalten der Briefpassagen. Angesichts der im Zeichen einer revisionistischen Geisteshaltung stehenden Nachkriegsjahre, die mehr von dem Gedanken einer „Dolchstoßlegende" als von Bemühungen um eine vorurteilsfreie Auseinandersetzung mit dem Kriegsgeschehen geprägt waren, betraten die Erlanger Universität und der herausgebende Kirchenhistoriker Jordan jedenfalls Neuland in der damaligen akademischen Trauerarbeit.

Während bei der Veröffentlichung der „Blätter der Erinnerung" mit den abgedruckten Feldpostbriefen noch tatsächlich die Trauer und das Gedenken an die im Ersten Weltkrieg gefallenen Studenten im Vordergrund standen, sollte sich diese Haltung in den Jahren der Weimarer Republik grundlegend ändern. Ein augenfälliges Beispiel stellt hierfür die Aufstellung des akademischen Kriegerehrenmales im Schloßgarten gegenüber dem Kollegienhaus dar. Als das Denkmal nach langen Jahren der Diskussion und Organisation schließlich 1930 eingeweiht wurde, war die ursprüngliche Intention längst der politischen Instrumentalisierung gewichen. Der Gedanke des Revanchismus und des Aufbäumens gegen den Versailler Friedensvertrag bestimmte maßgeblich sowohl die Gestaltung des Denkmals – in Form eines in Ketten liegenden und trotzig Widerstand versinnbildlichenden Soldaten – als auch die bei der Einweihungsfeier gehaltenen Reden.[125] Die Ansätze zur Reflexion, welche in den „Blättern der Erinnerung" angeklungen waren, waren nur von kurzer Dauer.

---

[125] Der Sachverhalt ist ausführlich dargestellt bei Hanisch, Vaterland (wie Anm. 3); vgl. auch den einschlägigen Akt UAE A1/3a Nr. 737.

Peter B r e n d e l

Aspekte des wirtschaftlichen Neubeginns 1945 bis 1948 im Landkreis Obernburg – Eine Untersuchung der Besatzungszeit in einer ländlichen Region am bayerischen Untermain

Die unmittelbare Nachkriegszeit stellt sich nach dem „unconditional surrender" und durch die daraus folgende Fremdbestimmung der Besatzungsmächte als eine besondere Phase deutscher Geschichte dar, gerade auch weil sich die Intensität dieser Zäsur sowohl räumlich als auch in den unterschiedlichen Bereichen der Lebenswelt äußerst heterogen vollzogen hat. Die Bedeutung der Besatzungszeit für die Entstehung des Kalten Krieges und die deutsche Frage sowie das Interesse der Geschichtsschreibung an der unmittelbaren Vorgeschichte der zweiten deutschen Republik lenkten den Schwerpunkt der historischen Forschung schwerpunktmäßig auf die Zentren der politischen Entscheidungen sowie auf überregionale Entwick-lungen, obwohl die Studie von John Gimbel über Marburg in der Besatzungszeit schon in den 60er Jahren eindrucksvoll die Bedeutung der Regionalgeschichte für das allgemeine Verständnis der unmittelbaren Nachkriegszeit verdeutlicht hat.[1] Der vorliegende Aufsatz will zur Erforschung der Besatzungszeit in Bayern einen Beitrag leisten, indem er die bisher meist an urbanen Zentren orientierten Studien durch die Darstellung des wirtschaftlichen Neubeginns in einer ländlichen Region ergänzen möchte. Dabei soll neben der Darstellung und Analyse der regionalen Ereignisse und Entwicklungen auch ein Teil der benutzten Quellen zugänglich gemacht werden. Deshalb wurde meist versucht, die Quellenbelege, soweit sie nicht an anderem Ort veröffentlicht sind, im Text oder in den entsprechenden Fußnoten zur weiteren Aus-wertung vorzulegen. Gelegentliche Verweise auf überregionale Entwicklungen sollen helfen, die allgemeinen und besonderen Züge der Besatzungszeit am Untermain kenntlich zu machen.

Die wirtschaftliche Struktur bei Kriegsende

Obwohl die Geschichte der letzten 200 Jahre dem Untermaingebiet mit seinen Grenzen zu Hessen und Baden-Württemberg eine Randlage im bayerischen Staat zugewiesen hat, liegt die Region innerhalb der Bundesrepublik geographisch zentral. Besonders die wirtschaftliche, aber auch die gesellschaftliche Anbindung an den Bal-lungsraum Rhein-Main prägt das Gebiet bis in unsere Tage. Für diese Entwicklung und den Strukturwandel der im 19. Jahrhundert agrarisch unterentwickelten Region wurde nach ersten Impulsen durch den Zollverein der ab 1834 einsetzende Eisen-bahnbau grundlegend. Der Anschluß an die sich in Aschaffenburg entwickelnde Textilindustrie und die Möglichkeit der Heimarbeit im Verlagswesen für die ländliche Überschußbevölkerung belebten die wirtschaftlichen und sozialen Verhältnisse der

---

[1] Vgl. John Gimbel, Eine deutsche Stadt unter amerikanischer Besatzung, Marburg 1945–1952, über-setzt v. Suzanne Heintz, Köln/Berlin 1964. (Erste Veröffentlichung unter dem Titel: A German Commu-nity under American Occupation, Marburg 1945–52, Stanford 1961.)

Region.[2] Nach der Wirtschaftskrise infolge des Ersten Weltkriegs erfaßte den Landkreis die Industrialisierung, die durch den Ausbau des Wasserwegs Main gefördert wurde.[3] Den Hauptimpuls gab der Bau einer Chemiefaserfabrik der Vereinigten Glanzstoff-Fabriken (VGF), die 1924 die Produktion aufnahm und bereits ein Jahr später 2000 Beschäftigte zählte.[4] Neben Heimarbeit für die Bekleidungsindustrie und einer Reihe von Keramikfabriken sorgte die 1919 als Bayerische Schiffbaugesellschaft mbH wieder in Betrieb genommene Erlenbacher Werft für neue Arbeitsplätze in der Region, als sie wegen Reparationsaufträgen Anfang der 20er Jahre florierte.[5] Dazu kamen die Tonbergwerke in Klingenberg und Schippach sowie Betriebe der Sandstein- und der Holzindustrie. Schon 1907 lag die Beschäftigungswirkung[6] im Landkreis Obernburg höher als im nördlich benachbarten Landkreis Aschaffenburg und in den angrenzenden Spessartkreisen Lohr und Marktheidenfeld. Bis 1933 erreichte man neben der Stadt Aschaffenburg die führende Stellung im Gewerbe des Untermaingebiets, und auch im Vergleich mit ganz Unterfranken und Bayern lag die Beschäftigungswirkung wesentlich höher.[7] Zu Kriegsbeginn waren insgesamt 47 Prozent der Erwerbspersonen in Industrie und Handwerk beschäftigt.[8] Bei einer agrarsoziologischen Aufgliederung registrierte man 1939 zehn Gemeinden, in denen der Anteil der landwirtschaftlichen Bevölkerung bereits unter 30 Prozent gesunken war.[9] Der größte Teil waren 22 agrarisch-industrielle Mischgemeinden, denen nur drei Ortschaften mit mehr als 70 Prozent landwirtschaftlicher Bevölkerung gegenüberstanden.

Durch die Umstellungen auf die Kriegswirtschaft ergaben sich soziale Verschiebungen, denn während die Verdienstmöglichkeiten der Heimschneiderei in den

---

[2] Vgl. Hans Moser, Strukturwandel der Landwirtschaft und dessen Auswirkung im Einflußbereich der Industrie, dargestellt an Gemeinden des Landkreises Obernburg am Main, Diss. landwirtsch. Gießen 1962, S. 16f.

[3] Vgl. zur Entwicklung der Mainschiffahrt u.a. Dieter Schäfer, Der Weg der Industrie in Unterfranken, Würzburg 1970, S. 56–58.

[4] Vgl. den Bericht über Werksgeschichte im Obernburger Boten vom 22. 10. 1949, Stadtarchiv Obernburg (künftig: StadtAOb), Alte Abt.

[5] Vgl. Gregor Schellenberger, Die Bayerische SchiffbauGesellschaft (BSG) im 20. Jahrhundert. Ein mittelständisches Unternehmen im Wandel der Zeit, in: Mainschiffahrtsnachrichten, Mitteilungsblatt 12, 1992, S. 43 u. 46.

[6] Die Beschäftigungswirkung gibt die Zahl der Beschäftigten je 1000 Einwohner an.

[7] Vgl. die Karten 2 u. 3 bei Ernst Moritz Spilker, Bayerns Gewerbe 1815–1965 (Volkswirtschaftliche Forschungsbeiträge 2), München 1985, S. 35f. Vgl. ebd., Tabelle 21,3, S. 479f. u. 482: Die Beschäftigungswirkung betrug 1933 für die Landkreise Obernburg 268,42, Alzenau 187,85, Miltenberg 175,18, Lohr 149,36, Marktheidenfeld 134,21, Aschaffenburg/Land 123,99 und Aschaffenburg/Stadt 332,43, während sie für Unterfranken bei 178,79 und für Bayern bei 195,10 lag.

[8] Im Bereich Land- und Forstwirtschaft waren es 42 %. Das Bayerische Statistische Landesamt klassifizierte den Landkreis deshalb für 1939 als „Typ C", d.h. gemischtwirtschaftlicher Kreis mit gewerblicher Orientierung. Insgesamt gab es in Bayern zu diesem Zeitpunkt von den 143 Landkreisen (ohne Stadtkreise) nur elf dieser Klassifizierung und nur noch sechs mit mehr als 50 % Erwerbspersonen in Industrie und Handwerk, die außer Lauf a.d. Pegnitz alle in Oberfranken lagen; vgl. Heinz Lehmann, Die bayerischen Stadt- und Landkreise 2 (Beiträge zur Statistik Bayerns 185,2), München 1953, S. 9* u. 15* sowie die Übersicht 2, S. 14*.

[9] Vgl. die Angaben bei Hans Moser, Strukturwandel der Landwirtschaft (wie Anm. 2), Tabelle 8, S. 26.

Spessartgemeinden noch stärker zurückgingen als in der Vorkriegszeit,[10] profitierten im Maintal die Arbeiter der Erlenbacher Schiffswerft und des Glanzstoffwerks von den Rüstungsaufträgen. Nachdem man die Herstellung von Kunstseidekordgewebe aufgenommen hatte, das sich insbesondere für Hochleistungsreifen der Armeefahrzeuge eignete, vervierfachte das Obernburger Werk seine Jahresproduktion.[11] In der Erlenbacher Schiffswerft baute man ab 1940 bei erhöhten Arbeitszeiten und mit der Unterstützung von polnischen Zwangsarbeitern Landungsboote und Fährprähme für den militärischen Einsatz,[12] so daß es zu einem „Sprung der Beschäftigungszahl" um über ein Drittel kam.[13] Die Gemeinden im Maintal bauten auf diese Weise ihren wirtschaftlichen Vorsprung zu den ärmeren Spessartdörfern im Landkreis weiter aus. Wegen der vielen Fremdarbeiter und Kriegsgefangenen erhöhte sich die Zahl der einheimischen Belegschaft in den Rüstungsbetrieben zwar nur geringfügig, aber die Versorgung der Beschäftigten in der Rüstungsindustrie war wesentlich besser als die der restlichen Bevölkerung, wodurch der soziale Neid innerhalb der Dorfgemeinschaften erhöht wurde. Dazu kam die Privilegierung zum Beispiel der Arbeiter in der Erlenbacher Schiffswerft, die als „unabkömmlich" eingestuft wurden und vom Kriegsdienst verschont blieben.

Neben den Rüstungsbetrieben belebte auch die Auslagerung vieler Betriebe aus den Ballungsräumen das wirtschaftliche Leben im Landkreis Obernburg. Nach dem Führererlaß vom 23. Dezember 1943 hatten die Gemeinden ländlicher Regionen sämtliche Saalräume zu melden, die für die Auslagerung von Firmen und deren Beständen aus bedrohten Gebieten belegt werden konnten.[14] Daraufhin siedelten sich bis zum September 1944 in Großwallstadt eine Parfümeriefabrik aus Wuppertal-Barmen, eine Aschaffenburger Meßwerkzeugfabrik und aus Frankfurt eine Abteilung des Pressedienstes an. Aus Frankfurt kamen auch der Heeresbedarf Telephonbau nach Pflaumheim und ein Schleifmaschinen- und Schmirgelwerk nach Mömlingen. Das Offenbacher Schwesterwerk verlegte man nach Trennfurt. Andere Betriebe aus Offenbach waren eine Feintäschnerei in Wenigumstadt, eine Fabrikation für Schonwerkzeuge in Sommerau, ein Betrieb in Eschau, der Schutzvorrichtungen herstellte, und in Elsenfeld wurden 1944 Kofferbeschläge und Bürsten gelagert. Dazu kamen Aschaffenburger Unternehmen, wie die Feinmeßwerkzeugfabrik in Pflaumheim oder

---

[10] Trotz der Fertigung von Uniformen ging die Produktion der Heimschneiderbetriebe während des Krieges merklich zurück; vgl. Eva Marie Schlicht, Die Marktgemeinde Elsenfeld mit den Ortsteilen Rück, Schippach, Eichelsbach. Der Weg von mittelalterlichen Dorfsiedlungen zur modernen Großgemeinde, Elsenfeld 1990, S. 380.

[11] Das Obernburger Werk stellte 1939 3500 Tonnen her und steigerte die Produktion pro Jahr bis 1943 auf 13 150 Tonnen; vgl. den Abriß der Werksgeschichte im Obernburger Boten, Klingenberger Tagblatt, Wörther Anzeiger vom 22. 10. 1949, StadtAOb, Alte Abt.

[12] Vgl. Gregor Schellenberger, Die Bayerische SchiffbauGesellschaft (BSG) im 20. Jahrhundert (wie Anm. 5), S. 50–53.

[13] Noch 1945 bauten die ungefähr 250 Beschäftigten, von polnischen Zwangsarbeitern unterstützt, in den ersten drei Monaten Fährprähme für das deutsche Militär. Vgl. die Grafik über die Entwicklung der Arbeitnehmerzahlen von 1918 bis 1990 bei Gregor Schellenberger, Die Bayerische SchiffbauGesellschaft (BSG) im 20. Jahrhundert (wie Anm. 5), S. 33.

[14] Vgl. zum Führererlaß (RGBL I, S. 659) und zu den folgenden Betriebsverlagerungen: Staatsarchiv Würzburg (künftig: StAWü) A–4301 LRAOb.

die in Kleinwallstadt, die sich als OKW-Spezialbetrieb (Oberkommando der Wehrmacht) bezeichnete. Weiter siedelten mehrere Aschaffenburger Kleiderfabriken in den Landkreis Obernburg über[15] und richteten ihre Lagerräume in den ausgewiesenen Saalräumen ein, wohin auch Großbetriebe aus dem Rhein-Main-Gebiet ihre Bestände ausgelagert hatten.[16] Neben den wirtschaftlichen Betrieben verlegten Behörden der zivilen Verwaltung und der Wehrmacht Teile ihrer Dienststellen in die ländliche Region. In Wörth befand sich zum Beispiel die Verwaltungsabteilung des Mainzer Polizeipräsidiums und in Hausen ab Januar 1945 das Luftgaupostamt Wiesbaden. Fünf Wehrbezirkskommandos und 25 Wehrmeldeämter aus Koblenz belegten elf Schulsäle.[17] Insgesamt bot der Landkreis Obernburg 1945 über 6000 Soldaten militärischer Einheiten und Dienststellen Quartier.[18] Diese Belegungen durch Menschen und Material beeinflußten zwangsläufig sowohl das wirtschaftliche als auch das soziale Leben am bayerischen Untermain.

Die ersten Wochen nach der Besetzung:
Rasche wirtschaftliche Wiederbelebung unter der Miltenberger Militärregierung

Im Frühjahr 1945 fehlte den Amerikanern in Bayern, Hessen und Württemberg-Baden das Personal für die Bildung von Militärregierungen auf der Kreisebene. Aus diesem Grund installierte man zu Beginn der Besatzungszeit in Unterfranken nur

---

[15] Aschaffenburger Kleiderfabriken siedelten z.B. nach Röllfeld (16. 1. 1945), Röllbach (5. 1. 1945), Schmachtenberg (September 1944), Leidersbach und Ebersbach (30. 10. 1944) über.

[16] Textilwaren aus Aschaffenburg wurden in Mömlingen, Hobbach, Wörth, Trennfurt, Röllfeld und Schmachtenberg gelagert. In Mömlingen befanden sich außerdem aus Offenbach Geschoßhülsen und aus Frankfurt Radiogeräte. Nach Sommerau waren aus Offenbach Lederartikel gebracht worden und auch das Obernburger Glanzstoffwerk lagerte Bestände von Seidengarnen z.B. nach Pflaumheim aus.

[17] Betroffen waren die Schulen in Erlenbach, Dornau, Hofstetten, Roßbach, Niedernberg, Schmachtenberg, Streit, Trennfurt, Volkersbrunn, Hausen und Eichelsbach.

[18] Vgl. im StAWü A–4301 LRAOb die Registrierung folgender Einheiten: Grenadier-Ausbildungs-Division G (3500 Personen, in verschiedenen Gemeinden östlich des Mains), Pionierschule E, Einheit 16145/Major Bohnenkamp (1400 Personen in Eschau, Sommerau, Eichelsbach, Rück, Schippach, Streit, Mechenhard, Schmachtenberg, Mönchberg), Pionier-Ersatz-Ausbildungs-Bataillon 31 (1000, vorerst 400 Personen in Wörth, Trennfurt, Röllbach, Erlenbach, Klingenberg, Mechenhard), Stellvertretendes General-Kommando Wiesbaden/Offizier-Anwärter-Kurs (306 Personen in Eisenbach, Mömlingen, Großwallstadt „in einigen Scheunen"), Dolmetscher-Kompanie XII Wiesbaden-Biebrich (262 Personen in Ebersbach, Leidersbach, Roßbach), Festungseinbau-Kommando West/Wallmeister Mühle (200 Personen in Ebersbach, Soden), Festungsnachrichtenstab 16,1 (142 Personen in Rück), Führer der Pionier-Heeresgruppe G I Schlangenbad (100 Personen in Rück), Einheit der Feldpost-Nr. 1155259 (42 Personen in Erlenbach, Wörth), Höheres Kommando G/Einweisungsstab für Volkssturm/Oberstleutnant Stark (20 Personen in Niedernberg), Wehrmachtsfürsorge-Offiziere Wiesbaden (2 Personen in Eisenbach). Genaue Zeitangaben über die Belegungen fehlen leider. Vgl. zur Datierung den Augenzeugenbericht von Pfarrer Josef Fäth zum 25. 3. 1945 (Josef Fäth, Kriegsende 1945 in Leidersbach. Eindrücke des Ortsgeistlichen Josef Fäth vom 25. 3.–1. 4. 1945, maschinenschriftlich, in Kopie übermittelt von der Gemeindeverwaltung Leidersbach im März 1992): „Lediglich eine Dolmetscherkompanie war in der letzten Woche hier einquartiert". Wenn es sich um die Dolmetscher-Kompanie XII Wiesbaden-Biebrich gehandelt hat, dürfte die Aufstellung den Stand der Belegungen für Mitte März 1945 wiedergeben. Allerdings erwähnte Pfarrer Fäth die Soldaten des Festungseinbau-Kommandos West nicht in seinem Bericht, was einen längeren Zeitraum der Bestandsaufnahme andeuten würde.

neun Militärregierungen,[19] so daß in Miltenberg vier Offiziere für die Neuordnung der drei Landkreise Miltenberg, Obernburg und Marktheidenfeld zuständig waren. Nur wenige Tage nach der Besetzung in den letzten Märztagen bezog das Headquarters Detachment I6A3 Military Government am 3. April 1945 die Miltenberger Villa Wesselburg.[20] Außerdem stationierte die Besatzungsmacht im Forsthaus einen CIC-Offizier (Counter Intelligence Corps), der politische Säuberungen in der Region überprüfen sollte.[21] Für Fragen der Wirtschaft im Obernburger Landkreis stellte die Aschaffenburger Militärregierung einen eigenen Spezialisten.[22]

Schon die ersten Anordnungen des von der Militärregierung eingesetzten Oberlandrats[23] führten der Bevölkerung am 10. April 1945 die Aufgaben vor Augen, die die Besatzungsmacht als erstes angehen wollte. Neben einem kurzen Punkt über den „Geschäftsgang" der Landratsämter lauteten die folgenden Anweisungen des

[19] Vgl. die Aufstellung bei Herbert Schott, Die Amerikaner als Besatzungsmacht in Würzburg (1945–1949), Würzburg 1985 (Mainfränkische Studien 33), Anlage 5, S. 284: Ein F-Detachment mit 25 Offizieren in Würzburg (F1A3), das zugleich für die Stadt und den Regierungsbezirk verantwortlich war, zwei H-Detachments mit jeweils sechs Offizieren in Aschaffenburg (H1A3) und Schweinfurt (H2A3) und sechs I-Detachments mit jeweils vier Offizieren in Neustadt (I1A3), Bad Kissingen (I2A3), Hassfurt (I3A3), Lohr (I4A3), Kitzingen (I5A3) und Miltenberg. Zur personellen Besetzung der verschiedenen Detachment-Typen vgl. Conrad F. Latour/Thilo Vogelsang, Okkupation und Wiederaufbau. Die Tätigkeit der Militärregierung in der amerikanischen Besatzungszone Deutschlands 1944–1947 (Studien zur Zeitgeschichte, ohne Bandzahl), Stuttgart 1973, S. 38f.

[20] Heute Obere Walldürner Straße 17. Die Miltenberger Militärregierung bestand aus Major Harle, Captain Jonson, Sergeant Steef und Investigator Sergeant Mereschinsky. Die Angaben über die Miltenberger Militärregierung finden sich bei Christoph Halbig, Besatzungspolitik und demokratischer Neuanfang der ersten beiden Nachkriegsjahre im Miltenberger Raum, Facharbeit am Johannes-Butzbach-Gymnasium Miltenberg 1980, im Eigenverlag veröffentlicht, Miltenberg 1983, S. 17.

[21] Heute Forsthausstraße 2. Zu den Aufgaben der CIC vgl. u.a. Herbert Schott, Die Amerikaner als Besatzungsmacht in Würzburg (wie Anm. 19), S. 67.

[22] Der Jurist aus Madison/Wisconsin John P. Varda wurde in Aschaffenburg Gerichtsoffizier des Militärgerichts, hatte als stellvertretender Leiter der Aschaffenburger Militärregierung dort das Ressort der Finanzen übernommen und sollte zusätzlich das wirtschaftliche Leben am bayerischen Untermain überwachen. Zu den Angaben über John P. Varda vgl. Alois Stadtmüller, Aschaffenburg nach dem Zweiten Weltkrieg. Zerstörung – Wiederaufbau – Erinnerungen, Aschaffenburg 1973, S. 20 u. 92, sowie bei dems., Aschaffenburg im Zweiten Weltkrieg. Bombenangriffe – Belagerung – Übergabe, (Veröffentlichungen des Geschichts- und Kunstvereins Aschaffenburg e.V. 12), Aschaffenburg ³1987, S. 339 u. 341, einen ausführlichen Zeitzeugenbericht mit einer Charakteristik. Vgl. auch Ludwig Vaubel, Zusammenbruch und Wiederaufbau. Ein Tagebuch aus der Wirtschaft 1945–1949, hg. v. Wolfgang Benz (Biographische Quellen zur deutschen Geschichte nach 1945, Bd. 1) München 1984, zum 25. 5. 1945, S. 35: „In Aschaffenburg tritt zum ersten Mal ein für die Wirtschaft zuständiger amerikanischer Offizier, Oblt. Varda, auf".

[23] Die amerikanischen Offiziere bestimmten als die exekutive Gewalt für die drei Landkreise am 7. 4. 1945 den Altbürgermeister von Miltenberg, Wilhelm Schwesinger, der die Stadt von 1930 bis zum 6. 4. 1933 regiert und sie am 31. 3. 1945 den Kampftruppen der 7. Infanterieregiments als Parlamentär übergeben hatte; vgl. Hans Reinthaler, Der Kampf um Aschaffenburg. Die erschütternden Ereignisse vor zehn Jahren, Artikelserie mit 17 Fortsetzungen im Main-Echo, Jg. 1955, beginnend am 24. 3. 1955, 9. Fortsetzung, und Alois Stadtmüller, Maingebiet und Spessart im Zweiten Weltkrieg. Überblick, Der Luftkrieg, Die Eroberung (Veröffentlichungen des Geschichts- und Kunstvereins Aschaffenburg e.V. 19), Aschaffenburg ²1983, S. 459–461. Das Ernennungsschreiben vom 7. 4. 1945 ist bei Christoph Halbig, Besatzungspolitik und demokratischer Neuanfang der ersten beiden Nachkriegsjahre im Miltenberger Raum (wie Anm. 20), S. 19, als Abbildung veröffentlicht.

öffentlichen Anschlags „Verkehr", „Geldverkehr", „Ernährung" und „Elektrischer Strom".[24]

Die Möglichkeit für Arbeitnehmer aus stillgelegten Betrieben im Maintal, sich durch Hilfsarbeiten in der Landwirtschaft zu versorgen, entschärfte das soziale Spannungspotential des wirtschaftlichen Zusammenbruchs. Eine Umfrage der VGF-Verwaltung bei den Bürgermeistern zur sozialen Situation der früheren Arbeitnehmer des Werkes ergab, „daß bei den im Spessart und Odenwald herrschenden kleinbäuerlichen Verhältnissen der größte Teil der bisher nicht eingesetzten Arbeiter während des Sommers zu Hause Beschäftigung und damit Unterhaltsmöglichkeiten finden würde".[25] Für Arbeiter, die nicht wieder beschäftigt werden konnten und keine Nebenverdienstmöglichkeiten besaßen, wurden von der Glanzstoffverwaltung „Beihilfen von 30 bis 50 Prozent des bisherigen Arbeitsverdienstes"[26] gezahlt. Mit dieser Unterstützung des größten Unternehmens und wegen der Arbeitsmöglichkeiten in der Landwirtschaft gelang es der kommunalen Verwaltung, die soziale Not in den ersten Monaten zu begrenzen.

Ein weiterer wichtiger Faktor für den Erhalt stabiler Lebensbedingungen war die frühe Wiederaufnahme der Produktion in einigen Betrieben. Die Schiffswerft in Erlenbach begann zum Beispiel schon Ende April wieder mit den Arbeiten.[27] In den ersten Monaten baute der Betrieb Fährschiffe, die gesprengte Brücken ersetzen sollten, und erreichte dafür die Erlaubnis und Unterstützung der Miltenberger Militärregierung. Die erste Fähre lieferte man Mitte Juni nach Miltenberg. Auch der größte Industriebetrieb der Region, das Glanzstoffwerk Obernburg, erhielt bereits am 13. April von der Miltenberger Militärregierung den Auftrag, die Fabrik instand zu setzen und die Produktion vorzubereiten.[28] Bis Anfang Juli 1945 erteilte die Besatzungsmacht außerdem der Obstverwertung Grünewald in Elsenfeld und der Trennfurter Ziegelei Albertwerke eine Betriebserlaubnis.[29]

Möglich war der schnelle wirtschaftliche Neubeginn nur, weil die Kriegsschäden in den Betrieben nicht besonders groß waren. Die Werft meldete zwar einen Verlust

---

[24] Anschlag des Oberlandrats an die Bevölkerung der drei Landkreise Marktheidenfeld, Miltenberg und Obernburg vom 10. 4. 1945, StAWü A–969 LRAOb.

[25] Ludwig Vaubel, Zusammenbruch und Wiederaufbau (wie Anm. 22), S. 29. Vgl. auch dens. zum 25. 5. 1945, S. 35: „Viele frühere Gefolgschaftsmitglieder haben eine Notarbeit in der Landwirtschaft gefunden".

[26] Ludwig Vaubel, Zusammenbruch und Wiederaufbau (wie Anm. 22), S. 39, zum 1. 6. 1945. Vgl. auch ebd. den Bericht zum 5. 7. 1945, S. 45: „Die Militärregierung hat die Weiterzahlung der Gehälter an die Angestellten in der reduzierten Höhe genehmigt". Vgl. auch die Bekanntmachung an die Gefolgschaft der Glanzstoff-Fabrik Obernburg vom 7. 6. 1945 über Beihilfen für Nichtbeschäftigte, abgedruckt bei dems., S. 272–274, Dok. 21.

[27] Vgl. Gregor Schellenberger, Die Bayerische SchiffbauGesellschaft (BSG) im 20. Jahrhundert (wie Anm. 5), S. 56.

[28] „Gemeinsam mit Herrn Vaubel fuhr ich mit dem Fahrrad ohne Ausweis am Freitag den 13. April nach Miltenberg und erhielt nach Darlegung der örtlichen Verhältnisse vom amerikanischen Kommandeur durch Oberlandrat Schwesinger den Antrag, das Werk Obernburg instandzusetzen und die Produktion vorzubereiten"; Hermann Rathert zum 13. 4. 1945, abgedruckt bei Ludwig Vaubel, Zusammenbruch und Wiederaufbau (wie Anm. 22), S. 26.

[29] Vgl. den Bericht von Ludwig Vaubel über den Antrittsbesuch des VGF-Vorstands bei der Obernburger Militärregierung am 3. 7. 1945, abgedruckt bei dems., Zusammenbruch und Wiederaufbau (wie Anm. 22), S. 281–283, Dok. 26.

von 86 695,31 Reichsmark, aber ein großer Teil des geplünderten Firmeneigentums konnte auf Grund von Zeugenaussagen wiederbeschafft werden.[30] Das Glanzstoffwerk hatte durch die Kriegseinwirkungen einen Schaden von 4,5 Millionen Reichsmark zu verbuchen, der sich wegen Plünderungen auf 7 Millionen erhöhte.[31] Um den Verlust zu begrenzen und wichtige Materialen für die Produktion zurückzuerhalten, setzte die Werkleitung mit Unterstützung der örtlichen Behörden eine Erfassungskommission ein.[32] Ein Aufruf am 15. April 1945 und Begehungen von Wohnungen in den Nachbargemeinden des Werkes in den folgenden Wochen brachten etwa 50 Prozent des geplünderten Gutes zurück.[33] Behinderungen der Produktion durch Demontagemaßnahmen oder zusätzliche Auflagen von seiten der Besatzungsmacht blieben in den ersten Wochen aus.

Die Grundvoraussetzung für die wirtschaftliche Wiederbelebung brachte das sogenannte „Schwesinger-Geld".[34] Nachdem die Miltenberger Kreisleitung die Geldreserven der Banken und Behörden bei ihrer Flucht entwendet hatte,[35] fehlten in der Region die Mittel für Lohnauszahlungen. Der normale Nachschub an Reichsbanknoten war wegen der Kampfhandlungen im April zum Erliegen gekommen, und auch aus den Bankinstituten des zerbombten Würzburg erhielt man keine Hilfe.[36] Deshalb beauftragte die Miltenberger Militärregierung den Oberlandrat am 11. April 1945,[37] für die drei Landkreise Notgeld drucken zu lassen, das insbesondere die Lohnzahlungen im Glanzstoffwerk gewährleisten sollte. Wilhelm Schwesinger ließ daraufhin in der Miltenberger Akzidenzdruckerei „Carl Ruppert Nachfolger" auf Lebensmittelkartenpapier[38] Notgeldscheine im Wert von vier Millionen Reichsmark herstellen, von denen 2 620 000 Mark in Umlauf kamen. Durch einen Anschlag informierte man

[30]   Vgl. Gregor Schellenberger, Die Bayerische SchiffbauGesellschaft (BSG) im 20. Jahrhundert (wie Anm. 5), S. 54, und den Geschäftsbericht der Bayerischen Schiffbaugesellschaft mbH vom 22. 3. 1946, abgedruckt bei dems., S. 55.
[31]   Vgl. Alois Stadtmüller, Maingebiet und Spessart im Zweiten Weltkrieg (wie Anm. 23), S. 338.
[32]   Vgl. dazu den Bericht von Ludwig Vaubel, Zusammenbruch und Wiederaufbau (wie Anm. 22), S. 41, zum 9. 6. 1945.
[33]   Vgl. den Aufruf an die Gefolgschaftsmitglieder der Glanzstoff-Fabrik Obernburg vom 15. 4. 1945, abgedruckt bei Ludwig Vaubel, Zusammenbruch und Wiederaufbau (wie Anm. 22), S. 270, Dok. 18.
[34]   Vgl. zu den folgenden Angaben über das „Schwesinger-Geld", falls nicht anders nachgewiesen, Arnold Keller/Hanns Heike Munckel, Kriegs- und Inflations-Notgeld im Mainviereck in den Jahren 1917–1923 und 1945, in: Aschaffenburger Jahrbuch für Geschichte, Landeskunde und Kunst des Untermaingebietes 6, 1979, S. 469–472. Hier findet sich auch eine genau Aufstellung der verschiedenen Scheine.
[35]   Vgl. Hans Reinthaler, Der Kampf um Aschaffenburg (wie Anm. 23), 9. Fortsetzung.
[36]   Vgl. Hanns Heike Munckel, Notgeldscheine am bayerischen Untermain, in: Spessart. Monatsschrift des Spessartbundes 4, 1989, S. 14.
[37]   Allerdings hatte Oberlandrat Schwesinger der Bevölkerung den Einsatz von Notgeld schon am 10. 4. angekündigt. Vgl. den Anschlag des Oberlandrats an die Bevölkerung der drei Landkreise Marktheidenfeld, Miltenberg und Obernburg vom Oktober 1945, StAWü A–969 LRAOb.
[38]   So wurde die Provenienz des S-förmigen Wasserzeichens auf den 10-Reichsmark-Scheinen von der Lebensmittelkarte für Kleinstkinder bis 3 Jahre erst vor wenigen Jahren entdeckt; vgl. Hanns Heike Munckel, Kriegs- und Inflations-Notgeld im Mainviereck in den Jahren 1917–1923 und 1945. Ein ergänzender Nachtrag, in: Aschaffenburger Jahrbuch für Geschichte, Landeskunde und Kunst des Untermaingebietes 11/12, 1988, S. 413.

die Bevölkerung am 24. April über die Ausgabe und das Aussehen der Scheine.[39] Die Besatzungsmacht selbst trat bei der ersten Ausgabe des Notgelds ab dem 15. April 1945 nicht in Erscheinung. Sie hatte schon Anfang April „Militär-Mark-Noten" herausgegeben,[40] um unabhängig von den deutschen Stellen zahlungsfähig zu sein. Nachdem die Militärregierung auf diese Weise monetär abgesichert war, überließ sie die Ausgabe des Notgelds für die Bevölkerung ausschließlich der deutschen Verwaltung. Deshalb trugen die Scheine die Unterschrift Wilhelm Schwesingers, wodurch die Sicherung des Geldes nicht von der Besatzungsmacht, sondern von der Steuerkraft der drei Landkreise gewährt wurde.[41] Die Bevölkerung brachte den neuen Banknoten nach den Erfahrungen mit Inflationsgeld in den 20er Jahren wenig Vertrauen entgegen.[42] Am 4. Juli 1945 erging der Aufruf für den Rücktausch in mittlerweile wieder verfügbare Reichsbanknoten. Ende Juli verlor das Notgeld seinen Wert. Die Ausgabe des „Schwesinger-Geldes", des einzigen Notgeldes nach dem Zweiten Weltkrieg in Bayern, machte deutlich, wie entschlossen die Miltenberger Militärregierung die wirtschaftliche Situation am bayerischen Untermain stabilisieren wollte.

Neben der Sicherung von Löhnen und der Rückführung von Plünderungsgut spielten die verfügbaren Vorräte und die Energieversorgung für die Wiederaufnahme der Produktion eine wichtige Rolle. Schon Anfang April konnte über die Hälfte aller Gemeinden wieder über Strom verfügen.[43] Nachdem sich die Werksleitung der Glanzstoff-Fabrik zu der Umstellung der Produktion auf Erntebindegarn entschlossen hatte, errechnete man, daß bei einer Tagesproduktion von 5000 Kilogramm die vorrätigen Rohstoffe, besonders Kohle, für einen Monat ausreichen würden.[44] Dazu sollten 320 Arbeitskräfte eingestellt werden.[45] Der zuständige Offizier Varda aus Aschaffenburg besuchte das Werk am 15. Juni und zeigte sich mit den Plänen der Werksleitung einverstanden. Er erteilte am 21. Juni 1945 die Erlaubnis der Besat-

---

[39] Der Anschlag vom 24. 4. 1945 findet sich bei Arnold Keller/Hanns Heike Munckel, Kriegs- und Inflations-Notgeld im Mainviereck in den Jahren 1917–1923 und 1945 (wie Anm. 34), S. 470, abgedruckt.

[40] Vgl. den Anschlag des Oberlandrats an die Bevölkerung der drei Landkreise Marktheidenfeld, Miltenberg und Obernburg vom Oktober 1945, StAWü A–969 LRAOb: „Das Expeditions-Korps der alliierten Mächte hat Militär-Mark-Noten herausgegeben. Der Wert ist in deutscher Sprache aufgedruckt und lautet auf Mark. Dieses Geld hat denselben Wert wie die deutsche Mark und muß wie dieselbe in Zahlung genommen werden".

[41] „Die Sicherheit für das Geld wird übernommen von der Steuerkraft der 3 Kreise"; Anschlag des Oberlandrats an die Bevölkerung der drei Landkreise Marktheidenfeld, Miltenberg und Obernburg vom Oktober 1945, StAWü A–969 LRAOb.

[42] Vgl. dazu Hanns Heike Munkel, Notgeldscheine (wie Anm. 36), S. 15.

[43] Vgl. dazu den Anschlag des Oberlandrats an die Bevölkerung der drei Landkreise Marktheidenfeld, Miltenberg und Obernburg vom Oktober 1945, StAWü A–969 LRAOb. Nach dem Bericht von Pfarrer Franz Kunzmann (Bombardierung und Einnahme der Stadt Klingenberg durch die Amerikaner am 30. 3. 1945. Bericht des Klingenberger Stadtpfarrers vom 21. 6. 1945, abgedruckt in: Hans Reinthaler, Der Kampf um Aschaffenburg (wie Anm. 23), wurde beispielsweise Klingenberg bereits sieben Tage nach der Besetzung schon wieder mit Strom versorgt.

[44] Vgl. Ludwig Vaubel, Zusammenbruch und Wiederaufbau (wie Anm. 22), S. 38, zum 29. 5. 1945.

[45] Vgl. Ludwig Vaubel, Zusammenbruch und Wiederaufbau (wie Anm. 22), S. 42, zum 15. 6. 1945.

zungsmacht zur Wiederaufnahme der Produktion,[46] so daß für den Zwei-Schicht-Betrieb bis zum 26. Juni 90 Frauen und 80 Männer eingestellt wurden.[47] Bis zum 11. Juli 1945 war die Aufnahme der Produktion abgeschlossen,[48] und auch der Viskosebetrieb, die Spinnerei, die Wäscherei und die Trocknerei arbeiteten wieder. Das Obernburger Werk nahm damit als erster Betrieb der VGF in Deutschland nach dem Zweiten Weltkrieg die Produktion auf.[49] Neben den größeren Betrieben belebten aber auch Kleiderfabriken und Handwerksbetriebe das wirtschaftliche Leben der Region.[50]

Die Sicherung der wirtschaftlichen Lage und der Versorgung hatte für die Miltenberger Offiziere Vorrang, während die Neuordnung der Verwaltung und der politische Neubeginn in den ersten Wochen der Besetzung sekundär blieben. Die ambivalente Entwicklung im Landkreis machte ein „unpolitische[s] Effektivitätsbedürfnis"[51] der Besatzungsmacht vor Ort in den ersten Wochen nach der Eroberung deutlich. Damit verstieß die Miltenberger Militärregierung aber gegen die offizielle Politik der Amerikaner. Die Direktive JCS 1067 vom April 1945, die verbindliche Richtlinien der Besatzungspolitik vorgab, forderte die Offiziere eigentlich auf, „keine Schritte [zu] unternehmen, die a) zur wirtschaftlichen Wiederaufrichtung Deutschlands führen könnten oder b) geeignet sind, die deutsche Wirtschaft zu erhalten oder zu stärken".[52] Ihre Maßnahmen im Landkreis Obernburg spiegelten in den ersten Wochen die

---

[46] Vgl. das Dok. 28 bei Ludwig Vaubel, Zusammenbruch und Wiederaufbau (wie Anm. 22), S. 284. „Den Auftrag für die Erzeugung von fünf Tagesrationen Erntebindegarns aus vorhandenen Rohstoffen haben wir jetzt in Aschaffenburg erhalten"; ders., S. 42, zum 21. 6. 1945.

[47] Vgl. zu den Abteilungen und zur Personalstruktur die Aufzeichnungen Ludwig Vaubels vom 25. 6. 1945 zur Tagesbesprechung des Vorstands am 22. 6. 1945, abgedruckt bei dems., Zusammenbruch und Wiesderaufbau (wie Anm. 22), S. 267–270, Dok. 17.

[48] „Vereinigte Glanzstoff Fabriken A.G. at Elsenfeld-Obernburg is now producing five (5) tons of binder twine daily"; War Diary (künftig: WD) vom 11. 7. 1945, OMGUS CO HIST.BR – CO/473/1. Die OMGUS-Akten finden sich im Bayerischen Hauptstaatsarchiv in München, z.T. auch im Staatsarchiv Würzburg.

[49] Vgl. Theodor Langenbruch, Glanzstoff 1899–1949, hg. v. der Enka AG, Wuppertal 1985, S. 98f. In Kelsterbach z.B. lief die Fertigung im Januar 1946 wieder an, und das Werk in Oberbruch bekam von der englischen Militärregierung erst am 4. 2. 1947 die Produktionsgenehmigung.

[50] Vgl. die Angaben einer Umfrage des Landrats bei den Bürgermeistern am 30. 1. 1946, die Großhandelsbetriebe aufzählen sollte, im StAWü A–4478 LRAOb. In Klingenberg wurde beispielsweise bereits am 25. 4. 1945 eine Lebensmittelhandlung eröffnet, und in Röllfeld gründete man am 5. 5. eine Kleiderfabrik. Auch die Wörther Herrenkleiderfabrik „A. Kaufer & Co" erhielt schon am 22. 5. 1945 durch den Oberlandrat aus Miltenberg eine vorläufige Genehmigung zur Wiederinbetriebnahme. Die monatliche Produktion von 350 bis 400 Anzügen lieferte das Unternehmen an die Landestextilstelle in München und an das Besatzungsamt Düsseldorf, „das selbst die Stoffe zur Verarbeitung stellt"; Antwortschreiben der Kleiderfabrik „A. Kaufer & Co" auf eine Erhebung des Landrats am 4. 10. 1945, StAWü A–4316 LRA-Ob.

[51] Lutz Niethammer, Die amerikanische Besatzungsmacht zwischen Verwaltungstradition und politischen Parteien in Bayern 1945, in: Vierteljahreshefte für Zeitgeschichte 15, 1967, S. 161.

[52] Direktive JCS 1067 des Generalstabs der Streitkräfte der Vereinigten Staaten von Amerika vom April 1945 an den Oberbefehlshaber der Besatzungstruppen der USA, General Eisenhower, hinsichtlich der Militärregierung für Deutschland, u.a. in: Herbert Michaelis/Ernst Schraepler (Hg.), Ursachen und Folgen. Vom deutschen Zusammenbruch 1918 und 1945 bis zur staatlichen Neuordnung Deutschlands in der Gegenwart. Eine Urkunden- und Dokumentensammlung zur Zeitgeschichte 23/24, Sonderausgabe für die Staats- und Kommunalbehörden sowie für Schulen und Bibliotheken, Berlin o.J., Bd. 24, S. 25–45, Nr. 3662a, hier: Teil II, Punkt 16.

Diskrepanz zwischen offiziellem Programm und effektiver Besatzungspolitik vor Ort wider.[53]

Am 23. Juni 1945 kommandierte die European Civil Administration Division (ECAD) in Darmstadt aus ihrem dritten Regiment drei Offiziere und sieben Soldaten ab, um das Military Government Detachment I16A3 zu bilden.[54] Auffällig ist nur die besondere Beziehung Captain Joe Dumics zur Glanzstoff-Fabrik, der als Public Safety Officier auch für Handel und Industrie zuständig war,[55] denn er hatte in früheren Jahren bei einer amerikanischen Tochtergesellschaft der VGF in Elizabethtown/Tennessee gearbeitet[56] und zeigte deshalb ein besonderes Interesse für die Entwicklung des Obernburger Werkes.[57] Sein Beispiel deutet an, daß die Auswahl der Offiziere wahrscheinlich nicht willkürlich war und die ECAD Gegebenheiten der Regionen berücksichtigte. Insgesamt scheinen sich die Mitglieder der Militärregierung aber erst nach ihrer Ankunft am bayerischen Untermain mit den Verhältnissen im Landkreis vertraut gemacht zu haben.[58]

Die Wirtschaftsentwicklung unter der Obernburger Militärregierung 1945 bis 1948

Der Blick auf die wirtschaftliche Entwicklung während der Herrschaft der Obernburger Militärregierung vom Sommer 1945 bis 1948 wird durch die Vielseitigkeit des Neubeginns in den einzelnen Branchen und Betrieben sowie die unbefriedigende Quellensituation erschwert. Statistische Angaben, die den Wirtschaftsraum als

[53] Dieser Konflikt der Ziele hatte sich schon bei der Ausbildung der Offiziere für die Militärregierung in Charlottesville angekündigt. Während die offizielle amerikanische Deutschlandpolitik sich 1944 auf restriktive Planungen wie den „Morgenthau-Plan" eingelassen hatte, war das Personal für die Besatzungsverwaltung nach pragmatischen und „menschlichen Gesichtspunkten" ausgebildet worden; vgl. dazu Karl-Ernst Bungenstab, Die Ausbildung der amerikanischen Offiziere für die Militärregierung nach 1945, in: Jahrbuch für Amerikastudien (German Yearbook of American Studies) 18, 1973, S. 203.

[54] Vgl. zur Bildung der Obernburger Militärregierung das WD vom 23. bis 25. 6. 1945, OMGUS CO HIST.BR – CO/473/1. Die Einheit wurde dem Kommando der 12th Army Group unterstellt. Am nächsten Tag erhielten die Offiziere im Headquarter ECAD in Bad Homburg, nördlich von Frankfurt, den Auftrag, die Regierung des Landkreises Obernburg zu übernehmen.

[55] Vgl. die Ressortaufteilung der Militärregierung, wie sie im Obernburg Official Bulletin (künftig: OOB) Nr. 5 vom 18. 8. 1945, in Privatbesitz Dietmar Andre, Erlenbach a. Main (künftig: Andre), veröffentlicht wurde.

[56] Vgl. dazu den Bericht Ludwig Vaubels über das erste Zusammentreffen des VGF-Vorstands mit der Obernburger Militärregierung am 3. 7. 1945, abgedruckt bei dems., Zusammenbruch und Wiederaufbau (wie Anm. 22), S. 281–283, Dok. 26. Joe Dumics genaue Stellung in dem Betrieb der „American Bemberg" in Elizabethtown blieb den Vertretern der VGF aber unbekannt. Man vermutete in ihm einen Angestellten einer Maschinenbaufabrik. Anscheinend war er dann wegen der Beteiligung an einem Streik aus dem Betrieb entlassen worden. Vgl. auch Ludwig Vaubel, Zusammenbruch und Wiederaufbau (wie Anm. 22), S. 45 u. 53, zum 3. 7. u. 6. 9. 1945. Über seinen Bruder hatte Joe Dumic noch 1945 Verbindungen zum Werk in Elizabethtown.

[57] „Cpt. Dumic ist nach wie vor an unserem Werk aufs Stärkste interessiert"; Ludwig Vaubel, Zusammenbruch und Wiederaufbau (wie Anm. 22), S. 53, zum 6. 9. 1945.

[58] Zwischen der Zuteilung der Militärregierung nach Obernburg und der Ankunft vergingen keine 24 Stunden. Anders scheint die Vorbereitung der Detachments für größere Städte verlaufen zu sein. Der Chef der Militärregierung von Aschaffenburg und Alzenau Major Charles M. Emerick und sein Stellvertreter Oberleutnant John P. Varda wurden schon im September 1944 für die Region ausgewählt und drei Monate lang auf die Verhältnisse am bayerischen Untermain vorbereitet; vgl. Alois Stadtmüller, Aschaffenburg im Zweiten Weltkrieg (wie Anm. 22), S. 340.

Ganzes betreffen, tauchen in den Berichten der Militärregierung und des Landrats nur unsystematisch auf, und auch die Erhebungen der Volkszählungen im Mai 1939, Oktober 1946 und September 1950 lassen kaum Erkenntnisse über die mikroökonomischen Veränderungen zu, zumal der Vergleich mit den Zahlen aus der NS-Zeit problematisch scheint. Außerdem wurde der Neubeginn der Wirtschaft stärker als das politische Leben durch überregionale Faktoren geprägt, die in der Region branchen- und betriebsabhängig unterschiedliche Folgen hatten. Deshalb folgen auf einen allgemeinen Überblick über die Wirtschaftsentwicklung im Landkreis drei Längsschnitte über größere Industriebetriebe, an denen sowohl die Variationsbreite als auch die Grenzen der Wirtschaftsentwicklung aufgezeigt werden.

Überblick

Von der frühzeitigen Belebung des wirtschaftlichen Lebens im Landkreis Obernburg profitierte besonders das stark entwickelte Textilgewerbe der Region. Angetrieben wurde der Aufschwung schon wenige Wochen nach der Besetzung durch eine Vielzahl von evakuierten Kleiderfabriken aus Aschaffenburg. Bereits im September 1945 konnte Landrat Reuter nach Würzburg melden, daß die „Kleiderindustrie … einen ziemlich bedeutenden Umfang angenommen hat, zumal neben den von jeher hier ansässigen Geschäften auch eine große Reihe von Aschaffenburg nach dem Kreis Obernburg verlagerten Geschäfte hier ihre Tätigkeit aufgenommen hat".[59] Im Unterschied zu den Ziegeleibetrieben waren die Kleiderfabriken zumindest im Sommer nicht auf Kohlelieferungen angewiesen.[60] Die Stromversorgung hatte man durch die Wasserkraftwerke am Main aufrecht erhalten können,[61] und Textilstoffe für die Fertigung waren entweder noch aus Kriegsbeständen der Landestextilstelle vorrätig oder wurden, wie der Fall der Wörther Firma „A. Kaufer & Co" zeigt, sogar von auswärtigen Versorgungsämtern der Besatzungsmächte gestellt.[62] Außerdem erleichterten im Textilgewerbe trotz der bürokratischen Wirtschaftslenkung relativ niedrige Zulassungsbarrieren die Wiederbelebung der Schneiderbetriebe.[63] Sie wurden aus dem Zwangskartellgesetz der NS-Zeit übernommen, dessen Regelungen für die Lizensierung im bayerischen Gewerbe bis zum Sommer 1946 in Kraft blieben.[64] In Erlenbach entstand neben der Kleiderfabrik „Becker" bereits 1945 sogar ein neuer Betrieb, die Kleiderfabrik „Neuf".[65] Auch die Sägewerke im Landkreis arbeiteten im Sommer 1945 wieder.[66] Bis Mitte November 1945 bestätigte die Obernburger Militärregierung

---

[59] Lagebericht des Landrats an den Regierungspräsidenten vom 22. 9. 1945, StAWü A–633 LRAOb.

[60] „Die Ziegeleien konnten mangels an Kohlen ihren Betrieb noch nicht aufnehmen"; Lagebericht des Landrats an den Regierungspräsidenten vom 20. 12. 1945, StAWü A–633 LRAOb.

[61] Vgl. den Annual Historical Report (künftig: AHR) 1945/46, OMGBY – ID 10/83 – 1/6.

[62] Vgl. Anm. 50.

[63] Vgl. dazu Christoph Boyer, Zwischen Zwangswirtschaft und Gewerbefreiheit. Handwerk in Bayern 1945–1949 (Studien zur Zeitgeschichte 41), München 1992, S. 109.

[64] Vgl. dazu u.a. Klaus Schreyer, Bayern – ein Industriestaat. Die importierte Industrialisierung, München 1969, S. 61f.

[65] Mündliche Mitteilung am 5. 6. 1993 von Kuno Oberle aus Erlenbach.

[66] „Saw-mills authorized to do civilian work"; WD vom 28. 8. 1945, OMGUS CO HIST.BR – CO/473/1.

insgesamt 63 Gewerbebetrieben die nötigen „permits to operate".[67] Da man zu diesem Zeitpunkt für „manufacturing of materials" eine schriftliche Genehmigung nur dann benötigte, wenn mehr als fünf Personen in der Produktion beschäftigt waren, verdeutlicht ein Vergleich mit den 179 im Mai 1939 gezählten Gewerbebetrieben mit mehr als sechs Werktätigen, daß bereits im Herbst 1945 ein Drittel des Vorkriegsstands erreicht war.[68] Dabei gilt es zu berücksichtigen, daß insbesondere Kleinbetriebe in den letzten Kriegsjahren auf Weisung des Reichswirtschaftsministeriums stillgelegt worden waren.[69]

Einen Schub erhielt das Wirtschaftsleben am bayerischen Untermain, als im Dezember 1945 eine größere Zahl von Heimkehrern eintraf. Die Obernburger Offiziere beschrieben ihr Verhalten mit den Attributen „cheerful", „very cooperative" und „new life" und registrierten, daß nach der Rückkehr der Einheimischen „new businesses are springing up overnight and a new air of confidence has been evident during this month".[70] Tatsächlich übertraf die Zahl der beschäftigten Handwerker im Januar 1946 bereits den Vorkriegsstand an Handwerksbetrieben vom Mai 1939.[71] Die rasche Wiederbelebung des Wirtschaftslebens in der Region wurde durch die evakuierten Betriebe unterstützt, unter denen besonders Handelsunternehmen ihre Tätigkeit „im Exil" wieder aufnahmen.[72]

[67] Vgl. die Liste aller größeren Betriebe vom 16. 11. 1945 im StAWü A–968 LRAOb. Eine Vielzahl von Einzelanträgen auf Weiterführung und Wiederzulassung besonders aus dem Oktober 1945 findet sich im StAWü A–4316 LRAOb.

[68] Vgl. die Erklärungen der Obernburger Militärregierung im OOB Nr. 9 vom 15. 9. 1945 (Andre). Erst im Zuge der Ausführungen des Gesetzes Nr. 8 mußten auch Kleingewerbebetriebe bei der Militärregierung vorstellig werden; vgl. die Bekanntmachung im OOB Nr. 19 vom 24. 11. 1945 (Andre). Vgl. die Angaben vom 17. 5. 1939 im Statistischen Handbuch für Bayern, hg. v. Bayerischen Statistischen Landesamt, München 1946, S. 172. Die benutzte Statistik registrierte nur Betriebe, die mehr als sechs Beschäftigte aufwiesen.

[69] In Bayern wurde von 1939 bis 1944 fast ein Drittel aller Handwerksbetriebe stillgelegt; vgl. Christoph Boyer, „Deutsche Handwerksordnung" oder „zügellose Gewerbefreiheit". Das Handwerk zwischen Kriegswirtschaft und Wirtschaftswunder, in: Martin Broszat u.a. (Hg.), Von Stalingrad zur Währungsreform. Zur Sozialgeschichte des Umbruchs in Deutschland (Quellen und Darstellungen zur Zeitgeschichte 26), München 1988, S. 433f.

[70] Monthly Historical Report (künftig: MHR) Dezember 1945, OMGBY – ID 10/83 – 1/6.

[71] Nach den Angaben im Statistischen Handbuch für Bayern (wie Anm. 68), S. 172, existierten im Landkreis Obernburg am 17. 5. 1939 genau 936 Handwerksbetriebe. Im Januar 1946 registrierten die Obernburger Offiziere bereits über 1000 handicrafts; vgl. den MHR Januar 1946, OMGBY – ID 10/83 – 1/6.

[72] In Großwallstadt regte sich z.B. ab September 1945 ein Großhandelsbetrieb für Friseurbedarf, der aus Wuppertal an den Untermain gekommen war, in Wörth wurde eine Frankfurter Lederwarengroßhandlung aktiv und in Erlenbach ein Kölner Großhandelsunternehmen für Holzverarbeitung; vgl. die Umfrage des Landrats bei den Bürgermeistern nach Großhandelsbetrieben am 30. 1. 1946, StAWü A–4478 LRAOb. Leider geben die Angaben hier kein geschlossenes Bild. Aus Köln-Ehrenfeld stammte die 1864 gegründete Lack- und Farbenfabrik Hemmelrath AG, die im Oktober 1944 nach Klingenberg ausgewichen war und im Dezember 1945 die Wiederzulassung bei der Militärregierung beantragte, um dann nach ihrer Umsiedlung nach Röllfeld 1949 das wirtschaftliche Leben dieses Dorfes zu prägen; vgl. den Weekly Intelligence Report for the week ending vom 22. 12. 1945, OMGUS CO HIST.BR – CO/473/1. Schriftliche Auskunft gab auch Gudrun Berninger am 10. 7. 1993. Die evakuierten Betriebe scheinen von der Sperre für Neuzulassungen durch das Landeswirtschaftsamt im Frühjahr 1946 nicht betroffen gewesen zu sein. Die Verlängerung der Sperre für die Neuzulassung von Industriebetrieben bis zum 15. 3. 1946 und für gewerbliche Betriebe bis 1. 6. 1946 wurde im OOB Nr. 33 vom 9. 3. 1946 (Andre) bekannt gemacht.

Nachdem die wirtschaftliche Entwicklung durch den allgemeinen Kohlemangel im Winter 1945/46 „noch stark eingeengt"[73] wurde, stellte sich in der ersten Jahreshälfte 1946 ein leichter Aufschwung ein. Das Obernburger Wirtschaftsamt meldete dem Landrat Ende Februar, daß „[t]rotz der großen Mangellage auf allen Gebieten und der außerordentlichen Schwierigkeiten in der Herbeischaffung von Gegenständen aller Art, … dennoch eine leichte Besserung bzw. eine ruhigere Geschäftsabwicklung im allgemeinen festzustellen"[74] war. Angeregt wurde das wirtschaftliche Leben am bayerischen Untermain im Frühjahr 1946 insbesondere durch Aufträge der amerikanischen Besatzungsmacht.[75] Das Textilgewerbe florierte 1946 wegen der Aufträge von außen, die besonders aus der britischen Besatzungszone eintrafen. Die Kleiderfabriken erhielten von dort Stoffe geliefert, die nach der Fertigung zurückgeschickt wurden, wahrscheinlich um die Ballungszentren des Ruhrgebiets mit Kleidung zu versorgen.[76] Auch das Wörther Sägewerk „Caesar Fuchs" belieferte die UNRRA (United Nations Relief and Rehabilitation Administration) und die Besatzungsmacht.[77] Die Tonbergwerke in Schippach und Klingenberg förderten 1946 wie in den Vorkriegsjahren für den Export in die USA.[78] Insofern knüpfte das wirtschaftliche Leben im Untermaingebiet an die Stellung in der Vorkriegszeit als „Export-Basis"[79] an, wenn auch insgesamt noch nicht in dem Umfang wie früher. Daneben entstanden in der ersten Jahreshälfte 1946 trotz der allgemeinen Sperre des Landeswirt-

---

[73] Lagebericht des Landrats an den Regierungspräsidenten vom 22. 2. 1946, StAWü A–633 LRAOb.

[74] Lagebericht des Wirtschaftsamts an den Landrat vom 20. 2. 1946, StAWü A–633 LRAOb.

[75] So sollte z.B. die Wörther Kleiderfabrik „Kunkel & Co", ein Zweigbetrieb einer Aschaffenburger Firma, der in den Kriegstagen Marinehosen hergestellt hatte, auf Befehl der Militärregierung ab April über 2000 „trousers for US Army" schneidern; mündliche Mitteilung am 4. 6. 1993 von Otto Berninger, damals Angestellter bei der Wörther Stadtverwaltung. Die Trennfurter Kleiderfabrik „Helmuth Weidenmann" mußte im Mai 1946 „fieldjackets and neckties for US Army" herstellen; vgl. die MHRs April u. Mai 1946, OMGBY – ID 10/83 – 1/6.

[76] „The trade between this area and other zones consists mostly of clothing, the largest amount going to the British Zone. Usually the British Zone furnishes the clothing material which is manufactured into suits and returned to the British Zone with a certain percentage remaining for the American Zone"; AHR 1945/46, OMGBY – ID 10/83 – 1/6.

[77] Mündliche Auskunft am 4. 6. 1993 von Otto Berninger, damals Angestellter bei der Wörther Stadtverwaltung.

[78] Vgl. für Schippach die Angaben im MHR April 1946, OMGBY – ID 10/83 – 1/6, und für das Klingenberger Bergwerk den AHR 1945/46, OMGBY – ID 10/83 – 1/6, sowie den Wochenbericht des Landrats an die Militärregierung vom 15. 5. 1946, StAWü A–5137 LRAOb. Es scheint hier aber bereits 1945 gefördert worden zu sein, weil der Lagebericht der Albertwerke an den Landrat vom 18. 5. 1946, · StAWü A–633 LRAOb, festhielt, daß man im Klingenberger Bergwerk „schon seit vielen Monaten wieder arbeite …". Insgesamt sollte Deutschland nach dem Industrieplan der Alliierten vom März 1946 seine Exporte bis zum Jahr 1949 auf 3600 Millionen RM erhöhen; vgl. Conrad F. Latour/Thilo Vogelsang, Okkupation und Wiederaufbau (wie Anm. 19), S. 150.

[79] Vgl. zur „Export-Basis-Theorie" in Bezug auf das Gewerbe in Bayern Ernst Moritz Spilker, Bayerns Gewerbe 1815–1965 (wie Anm. 7), S. 365–369. Nach seiner Analyse zählte das westliche Unterfranken seit Beginn des Jahrhunderts zu den gewerblichen Intensivräumen, die Arbeitskräfte aus schwächeren Regionen Bayerns anzogen und dafür dorthin Waren exportierten. Allerdings weist das Untermaingebiet schon immer stärkere Wirtschaftsverbindungen in das Rhein-Main-Gebiet auf als in die strukturell schwächeren Regionen Bayerns. Eine genaue Analyse des Untermaingebiets fehlt bei Spilker leider.

schaftsamts neue Unternehmen wie die „Mainfränkischen Kunstwerkstätten GmbH", die sich im Mai 1946 in Elsenfeld niederließ und deren 200 Beschäftigte sich wegen des Arbeitskräftemangels hauptsächlich aus Flüchtlingen rekrutierten,[80] oder in Klingenberg die Armaturen- und Manometerfabrik „WIKA".[81] Auch die Zahl der Handwerker nahm in der ersten Jahreshälfte 1946 weiter zu. Waren im Januar noch rund „1000 handicrafts" bei den Behörden im Landkreis eingetragen, stieg ihre Zahl auf 1573 im Mai und 1590 im Juni 1946.[82] Diese starke Zunahme war sicherlich von der Frist für die Registrierung der Gewerbebetriebe bis zum März 1946 beeinflußt[83] und kann deshalb nicht als Boom gewertet werden. Trotzdem spricht sie für eine wirtschaftliche Regenerierung und Stabilisierung in der Region. Im selben Monat registrierte man 55 produzierende Kleiderfabriken und 15 Ziegel- beziehungsweise Baustoffbetriebe.[84] Landrat Reuter meldete der Militärregierung, der „wirtschaftliche Aufbau ... vollzieht sich langsam aber zielbewußt".[85]

Dieser·Aufschwung scheint sich in der zweiten Jahreshälfte 1946 abgeschwächt zu haben.[86] Zwar siedelten sich vereinzelt immer noch neue Unternehmen wie zum Beispiel im November 1946 in Klingenberg die Kachelofen-Fabrik „Neumann & Kiesel" an,[87] aber in den Kleiderfabriken der Region mußte wegen der verbrauchten Kriegsvorräte und des fehlenden Nachschubs ab Juli 1946 Kurzarbeit angesetzt werden.[88] Im September berichtete Landrat Reuter nach Würzburg, die „Knappheit an Waren jeglicher Art ließ die Wirtschaft auch in den vergangenen Wochen nicht richtig zum Anlaufen kommen".[89] Der allgemeine Rohstoffmangel im folgenden Winter 1946/47 bewirkte, wenn nicht sogar einen Rückgang wie in ganz Bayern, so doch mindestens eine Stagnation der wirtschaftlichen Entwicklung im Untermaingebiet.[90]

[80] Später sollte der Betrieb bis zu 1000 Arbeitsplätze stellen; vgl. die Angaben im MHR Mai 1946, OMGBY – ID 10/83 – 1/6.

[81] Die aus dem Rhein-Main-Gebiet kommenden Ingenieure Alexander Wiegand und Philipp Kachel pachteten im Dezember 1945 die Klingenberger Stanzerei „Karl Klippert", erhielten am 2. 1. 1946 die Zulassung von der Obernburger Militärregierung, fertigten am 29. 11. 1946 das erste Manometer und steigerten ihre Produktion bis zum Jahresende auf 1000 Stück; vgl. Ursula Wiegand, Wika. Wie wir angefangen haben, Klingenberg 1991, S. 13 u. 18.

[82] Vgl. die Angaben in den MHRs Januar u. Mai 1946, OMGBY – ID 10/83 – 1/6, sowie im AHR 1945/46, OMGBY – ID 10/83 – 1/6.

[83] Vgl. den Abschnitt zu den Folgen der zentralen Wirtschaftslenkung.

[84] Vgl. den AHR 1945/46, OMGBY – ID 10/83 – 1/6.

[85] Wochenbericht des Landrats an die Militärregierung vom 2. 5. 1946, StAWü A–5137 LRAOb.

[86] Bereits im August war nur noch ein leichter Anstieg der Produktion zu bemerken; vgl. den Lagebericht des Landrats an den Regierungspräsidenten vom 27. 8. 1946, StAWü A–633 LRAOb.

[87] Vgl. den MHR November 1946, OMGBY – ID 10/83 – 1/6.

[88] Vgl. den Lagebericht des Landrats an den Regierungspräsidenten vom 24. 7. 1946, StAWü A–633 LRAOb.

[89] Lagebericht des Landrats an den Regierungspräsidenten vom 25. 9. 1946, StAWü A–633 LRAOb. Vgl. auch den Wochenbericht des Landrats an die Militärregierung vom 2. 10. 1946, StAWü A–5137 LRAOb, wonach sich die „[i]ndustriellen Aussichten ... so gut wie nicht gebessert" haben.

[90] Vgl. u.a. den Lagebericht des Landrats an den Regierungspräsidenten vom 2. 1. 1947, StAWü A–633 LRAOb: „In der gesamten Wirtschaft macht sich ... der Mangel an Kohle und Brikett außerordentlich nachteilig bemerkbar". Zu den Folgen des strengen Winters 1945/46 auch im Ansbacher Raum vgl. Hans Woller, Gesellschaft und Politik in der amerikanischen Besatzungszone. Die Region Ansbach und Fürth, München 1986, S. 258f.

Im Frühjahr 1947 signalisierten zwölf Neu- und sechs Wiedereröffnungen im Februar ein Wachstum.[91] Im Juni 1947 registrierte man im Landkreis insgesamt 41 Industriebetriebe, die 3570 Einwohnern Beschäftigung boten.[92] Unter den 19 nicht-urbanen Kreisen in Unterfranken, also ohne Würzburg, Schweinfurt und Aschaffenburg, stellte Obernburg im Sommer 1947 die meisten Industriebetriebe mit der größten Zahl an Beschäftigten.[93] Sie erwirtschafteten im Juni 1947 vom Bruttoproduktionswert des ganzen Bezirks über 10 Prozent.[94] Der Vergleich zeigt, daß der Landkreis Obernburg seine starke Vorkriegsstellung in der unterfränkischen Industrie auch in der Besatzungszeit behaupten konnte.

Wieder etwas gebremst wurde die Wirtschaftsentwicklung im Sommer 1947 außer durch den allgemeinen Rohstoffmangel[95] auch durch die Vorbereitungen eines Teiles der evakuierten Betriebe für die Rückkehr an ihre früheren Produktionsstätten.[96] Negativ auf die Versorgung mit Strom wirkte sich die Trockenperiode im Sommer 1947 aus,[97] da die Wasserkraftwerke des Mains nur noch begrenzt Energie liefern konnten.[98]

Trotz dieser Schwankungen ließ die zentral gelenkte Wirtschaft der unmittelbaren Nachkriegszeit im Landkreis insgesamt eine rasche Regenerierung zu, so daß insbesondere im Kleingewerbe eine tragfähige wirtschaftliche Struktur entstehen konnte. Ein Blick beispielsweise auf die Betriebe in der Maintalgemeinde Erlenbach zeigte im Frühjahr 1948 eine Vielzahl von Unternehmen, allerdings ohne daß Angaben über ihre tatsächliche Produktivität gemacht werden können.[99] Ein marktbelebendes

---

[91] Vgl. den Lagebericht des Landrats an den Regierungspräsidenten vom 25. 2. 1947, StAWü A–633 LRAOb.

[92] Vgl. die Angaben im Statistischen Jahrbuch für Bayern 1947, Jg. 23, hg. v. Bayerischen Statistischen Landesamt, München 1948, Kreisanhang, S. 400 u. 408.

[93] In ganz Unterfranken lag der Landkreis nach den Stadt- und Landkreisen Aschaffenburg und Würzburg mit 111 und 65 Industriebetrieben an dritter Stelle, gefolgt von dem Stadt- und Landkreis Schweinfurt mit 39 und dem Landkreis Alzenau mit 34 Unternehmen. Bei den Beschäftigten kam er nach Schweinfurt (10 160), Aschaffenburg (7073) und Würzburg (4651), aber deutlich vor dem nächsten Landkreis Bad Neustadt a.d. Saale (1989).

[94] Vom Bruttoproduktionswert 20 599 000 RM für ganz Unterfanken stammten 2 185 000 RM aus dem Landkreis Obernburg.

[95] Im Frühjahr mußten z.B. einige Bäckereien im Landkreis schließen, weil kaum mehr Getreide zu bekommen war; vgl. den Wochenbericht des Landrats an die Militärregierung vom 9. 4. 1947, StAWü A–5137 LRAOb.

[96] Vgl. zum Bestreben großstädtischer Betriebe, insbesondere Frankfurter Firmen, ihre Produktionsstätten an den früheren Ort zu verlegen, den Lagebericht des Landrats an den Regierungspräsidenten vom 24. 6. 1947, StAWü A–633 LRAOb.

[97] Vgl. Ludwig Vaubel, Zusammenbruch und Wiederaufbau (wie Anm. 22), S. 127, zum 17. 8. 1947, und Karl-Heinz Willenborg, Bayerns Wirtschaft in den Nachkriegsjahren. Industrialisierungsschub als Kriegsfolge, in: Wolfgang Benz (Hg.), Neuanfang in Bayern 1945–1949. Politik und Gesellschaft in der Nachkriegszeit, München 1988, S. 137.

[98] Die Elektrizitätserzeugung durch Wasserkraft ging im Vergleich zu 1946 im Jahr 1947 erheblich zurück; vgl. Klaus Schreyer, Bayern – ein Industriestaat (wie Anm. 64), S. 178f.

[99] Am 18. 2. 1948 waren in Erlenbach folgende Kleingewerbebetriebe gemeldet: Sieben Nahrungs- und Genußmittelgeschäfte, fünf Damenschneider, fünf Schuhmacher, vier Spielzeughersteller, vier Tischler, drei Milchgeschäfte, drei Friseure, drei Bäckereien, zwei Maurer- und Baugeschäfte, zwei Fleischer und Metzger, zwei Herrenschneider, ein Eisenwarengeschäft, ein Elektrogeschäft, ein Geschäft für Papier-, Schreib- und Galanterie-Spielwaren, ein Holz- und Kohleunternehmen, eine Kraftfahrzeug-

Anwachsen der Handwerksbetriebe wurde bis Ende 1948 durch das zwangswirtschaftliche Zulassungverfahren gebremst, das man aus der NS-Zeit nur leicht modifiziert übernommen hatte.[100] Die Offiziere der Obernburger Militärregierung stellten im Frühjahr 1947 fest, daß „Approvals for opening new businesses is so difficult to obtain that it is discouraging for businessmen to open new enterprise".[101] Bürgermeister und Gemeinderäte erteilten die Genehmigung für die Neugründung eines Handwerksbetriebs erst nach einer Überprüfung des Bedürfnisses und der Zuverlässigkeit. Dieses Verfahren begünstigte den ansässigen Mittelstand und ließ neue Initiativen insbesondere der Flüchtlinge nur selten zu.[102] Unter den 51 Kleinbetrieben in Erlenbach befand sich 1948 nur einer unter der Leitung eines Neubürgers.[103] Das Zulassungsverfahren, der allgemeine Rohstoffmangel und die Raumnot scheinen die Entwicklung des Kleingewerbes nach der Regenerierung in der Folgezeit auf einen gewissen Sättigungsgrad begrenzt zu haben.

Erst das neue Geld, das am 20. Juni 1948 ausgegeben wurde, brachte dem wirtschaftlichen Leben im Landkreis Obernburg einen kräftigen Schub.[104] Schon wenige Tage nach der Durchführung der Währungsreform konnte der Landrat an den Regierungspräsidenten „eine fühlbare Entspannung"[105] der Wirtschaftslage melden. Ludwig Vaubel notierte in sein Tagebuch: „Nun ist über Nacht eine neue Zeit da. Die Läden sind gefüllt mit Waren der verschiedensten Art, seit Jahren nicht gesehen und bisher nur im Kompensationsverkehr unter Schacher und Handel zu bekommen, eine Märchenstimmung!"[106] Bis zum September 1948 verstärkte sich die innovative Kraft

---

reparatur, ein Schlosser, eine Schmiede, ein Sattler, ein Maler- und Tünchergeschäft, ein Zimmerer und ein Elektroinstallateur; daneben bestand das Bestreben zu weiterer Initiative, denn beim Erlenbacher Gemeinderat ließen sich 1948 sieben Bürger zur Gründung eines Unternehmens vormerken; vgl. Stadtarchiv Erlenbach (künftig: StadtAEb), Bst. Erlenbach, A-A 04 46/4. Zu den Gründen für die allgemeine Zunahme der Anträge auf Zulassung eines Gewerbes in Bayern vgl. Hans Woller, Gesellschaft und Politik in der amerikanischen Besatzungszone (wie Anm. 90), S. 265, und Christoph Boyer, „Deutsche Handwerksordnung" oder „zügellose Gewerbefreiheit" (wie Anm. 69), S. 434f.

[100] Vgl. zum bayerischen „Lizensierungsgesetz" vom 23. 9. 1946 besonders die Studie von Christoph Boyer, Zwischen Zwangswirtschaft und Gewerbefreiheit (wie Anm. 63), S. 53–77.

[101] Quaterly Historical Report (künftig: QHR) 1. 1.–31. 3. 1947, OMGBY – ID 10/83 – 1/6.

[102] Daran änderte auch die Quotenregelung nichts, die man durch die Durchführungsverordnung vom 8. 7. 1947 auf Druck der Amerikaner vorschrieb, denn in Bayern wurde 1948 nicht einmal die Hälfte der Sollzahl für Flüchtlingsbetriebe erreicht. So gehörten Anfang Oktober in München 0,6 % der Unternehmen Neubürgern, in Nürnberg 0,5 % und in Würzburg gar nur 0,2 %; vgl. Christoph Boyer, Zwischen Zwangswirtschaft und Gewerbefreiheit (wie Anm. 63), S. 84–86 u. 113.

[103] Vgl. im StadtAEb, Bst. Erlenbach, A-A 04 46/4. Beispielsweise wurde der Antrag eines Flüchtlings im August 1948 in Mechenhard, einen Glasereibetrieb zu eröffnen, zugunsten eines ortsansässigen Unternehmens vom Gemeinderat abgelehnt; vgl. die Eintragung im Sitzungsbuch des Mechenharder Gemeinderats 1946–1948 zum 22. 8. 1947, StadtAEb, Bst. Mechenhard, A–24/3a.

[104] Die Währungsreform wurde in der ländlichen Region als tiefe Zäsur erlebt, indem sich auch hier innerhalb kürzester Zeit das Warenangebot vervielfachte; mündliche Mitteilungen am 2., 4., 5. 6. und 3. 7. 1993 von Ottmar Sauerwein aus Streit, Friedrich Heiter aus Mönchberg, Otto Berninger aus Wörth, Hermann Schwing aus Röllbach und Franz Niessner, damals aus Obernburg.

[105] Lagebericht des Landrats an den Regierungspräsidenten vom 1. 7. 1948, StAWü A–633 LRAOb.

[106] Ludwig Vaubel, Zusammenbruch und Wiederaufbau (wie Anm. 22), S. 171, zum 21. 6. 1948. Allerdings ist nicht ganz sicher, ob der Eintrag am bayerischen Untermain entstanden ist. Den Tag des ersten Umtauschs (20. 6. 1948) verbrachte Ludwig Vaubel in Erlenbach, aber am 22. 6. 1948 war er geschäftlich in Wuppertal.

der neuen Währung am Untermain bis zur „seit langem nicht dagewesene[n] Konjunktur".[107] Der allgemeine Kaufrausch der Zeitgenossen fand auch in der ländlichen Region statt und spiegelte sich in der Bemerkung des Obernburger Bezirksinspektors: „An Sparen denkt niemand".[108] Selbst das Ansteigen der Preise auf Grund der hohen Nachfrage und der knappen Güter konnte den Boom nicht abschwächen.[109] Die Kommunen allerdings traf der Währungsschnitt negativ.[110] Dem Kleingewerbe dagegen eröffnete die veränderte Wirtschaftssituation neue Möglichkeiten. Trotz der Reglementierungsverfahren wurden zum Beispiel vom 1. bis 29. Oktober 1948 33 von 48 Gewerbegenehmigungsanträgen im Landkreis gebilligt, darunter immerhin vier Flüchtlingsbetriebe.[111] Insbesondere die Baubranche verzeichnete eine große Nachfrage.[112] Der große Aufschwung im Kleingewerbe setzte aber erst nach der zwangsweisen Einführung der Gewerbefreiheit durch die amerikanische Besatzungsmacht am 29. November 1948 ein.[113] Vom Tag des „Oktroi" bis zum März 1949 wurden im Landkreis Obernburg 110 neue Betriebe registriert, darunter 25 in der Textilbranche.[114]

Längsschnitt:
Die Erlenbacher Schiffswerft – Kontinuität und Expansion in einem ehemaligen Rüstungsbetrieb

Nach einem furiosen wirtschaftlichen Aufschwung bis hin zu 500 Beschäftigten Anfang der 20er Jahre war die größte bayerische Schiffswerft durch Krisen um die Jahre 1926 und 1932 stark erschüttert worden.[115] Mit Hilfe von „Sonderzuschuß-

---

[107] Lagebericht des Landrats an den Regierungspräsidenten vom 2. 9. 1948, StAWü A–633 LRAOb. Es traten sogar erste Lieferschwierigkeiten auf.

[108] Lagebericht der Bezirksinspektion an den Landrat vom 27. 8. 1948, StAWü A–633 LRAOb. Vgl. auch bei Ludwig Vaubel, Zusammenbruch und Wiederaufbau (wie Anm. 22), S. 173, zum 28. 6. 1948, die Schilderung des ersten Einkaufs in Frankfurt.

[109] „Auch das Ansteigen der Preise hat die Nachfrage bisher in keiner Weise zu verringern vermocht"; Lagebericht des Landrats an den Regierungspräsidenten vom 2. 10. 1948, StAWü A–633 LRAOb. In Bayern stiegen die Preise 1948 um 20 %; vgl. Karl-Heinz Willenborg, Bayerns Wirtschaft in den Nachkriegsjahren (wie Anm. 97), S. 141.

[110] Die Stadt Wörth z.B. erhielt für ihre Rücklagen von 666 000 RM nur eine Erstausstattung von 25 000 DM, die lediglich für drei Monatslohnauszahlungen ausreichte; mündliche Auskunft am 4. 6. 1993 aus den Unterlagen des Stadtarchivs Wörth von Otto Berninger, damals Wörther Bürgermeister.

[111] Vgl. die Angaben im Lagebericht des Landrats an den Regierungspräsidenten vom 30. 10. 1948, StAWü A–633 LRAOb.

[112] „Maurermeister und sonstige Bauhandwerker sind vollauf beschäftigt"; Lagebericht des Landrats an den Regierungspräsidenten vom 30. 10. 1948, StAWü A–633 LRAOb.

[113] Vgl. zur langsamen Entwicklung bis zur Verwirklichung der Gewerbefreiheit durch die Besatzungsmacht für Bayern besonders Christoph Boyer, Zwischen Zwangswirtschaft und Gewerbefreiheit (wie Anm. 63), S. 117f.

[114] Vgl. die Angaben im Main-Echo vom 29. 12. 1949, Stadt- und Stiftsarchiv Aschaffenburg (künftig: StadtStiftsAAsch).

[115] Die Werft mußte ihre Belegschaft von 500 Beschäftigten im Jahr 1925 bis zum Juni 1926 auf rund 100 Arbeitnehmer reduzieren; vgl. die Halbmonatsberichte des Bezirksamts Obernburg vom 30. 10. 1925 und 30. 6. 1926, 1982 noch im Archiv des Landratsamtes Miltenberg (künftig LRAMil), jetzt wohl im StAWü, teilweise abgedruckt bei Stephanie Günther, Der Landkreis Obernburg und sein Weg in den Nationalsozialismus. Eine Dokumentation aus Akten der Endzeit der Weimarer Republik und des Dritten Reichs, Zulassungsarbeit Würzburg 1982, S. 9f. Zu den Auswirkungen der Weltwirtschaftskrise Anfang der 30er Jahre vgl. Gregor Schellenberger, Die Bayerische SchiffbauGesellschaft (BSG) im 20. Jahrhundert (wie Anm. 5), S. 49f.

aktionen" der NS-Wirtschaft hatte sich der Erlenbacher Betrieb in den 30er Jahren erholt und besonders ab 1940 von staatlichen Rüstungsaufträgen für die Marine profitiert.[116]

Nach der Stillegung wegen der Besetzung und der Belegung durch amerikanische Truppen erhielt die Bayerische Schiffbaugesellschaft mbH die Genehmigung zur Wiederaufnahme der Arbeiten von der Miltenberger Militärregierung bereits im April 1945.[117] Bis Ende Dezember 1945 reparierte und baute man aus dem vorhandenen Material zwölf Mainfähren, womit das Erlenbacher Unternehmen von den Werften der amerikanischen Besatzungszone die höchsten Leistungen erbrachte.[118] Die Belegschaft konnte deshalb mit 220 Beschäftigten fast konstant zur Kriegsproduktion erhalten werden. Neben dieser Kontinuität in der Produktion gab es in der Betriebsleitung 1945 eine Zäsur. Die Schiffswerft wurde unter die Property Control der amerikanischen Rhine Organisation Inland Waterway Branch, Transportation Division, Field Office MG in Wiesbaden-Biebrich gestellt.[119] Nachdem alle neun Direktoren der früheren Betriebsleitung auf Grund des Entnazifizierungsgesetzes Nr. 8 im September 1945 offiziell entlassen worden waren, übernahm der Leiter des Magazins, Karl Schellenberger, im Auftrag der Inland Waterways Division die Treuhänderschaft.[120] Allerdings wurde es dem früheren Geschäftsführer Franz Josef Schellenberger erlaubt, die Werft von zu Hause aus weiter zu leiten. Nach drei Wochen konnte er die Geschicke sogar wieder vor Ort in die Hand nehmen, wenn auch nur mit einem Gehalt von unter 250 Reichsmark monatlich. Der Bedarf an Binnenschiffen für die Reaktivierung des deutschen Transportsystems sowie an Fähren, die gesprengte Brücken an Main und Rhein ersetzen sollten, erhielt die Produktion im ehemaligen Rüstungsbetrieb Schiffswerft fast ohne Unterbrechung mit fast konstanter Belegschaft und, wenn auch unter Property Control eingeschränkt, mit der früheren Betriebsleitung.

Die weitere Nachfrage nach Fähren ließ die Erlenbacher Werft 1946 sogar stark expandieren. Im März meldete man den amerikanischen Behörden bei einer Belegschaft von 220 Beschäftigten einen zusätzlichen Bedarf von 150 Arbeitern.[121] Im Auftrag der Besatzungsmacht erweiterte die Betriebsleitung vom Sommer 1946 bis 1947 die Werft um eine zweite Helling, wodurch sie ihre Kapazität um 30 Prozent steigern sollte.[122] Die Priorität, die man dem Unternehmen auf amerikanischer Seite

---

[116] Vgl. Gregor Schellenberger, Die Bayerische SchiffbauGesellschaft (BSG) im 20. Jahrhundert (wie Anm. 5), S. 50–53, und den Sonderbericht des Bezirksamts Obernburg vom 2. 12. 1940, 1982 noch im Archiv des LRAMil, jetzt wohl im StAWü, teilweise abgedruckt bei Stephanie Günther, Der Landkreis Obernburg und sein Weg in den Nationalsozialismus (wie Anm. 115), S. 92. Hier wird die Werft auch offiziell als „Rüstungsbetrieb" bezeichnet.

[117] Vgl. die Angaben im Abschnitt über die ersten Wochen nach der Besetzung.

[118] Vgl. den Lagebericht des Landrats an den Regierungspräsidenten vom 20. 12. 1945, StAWü A–633 LRAOb.

[119] Vgl. den Weekly MG Report Nr. 18 vom 12. 11. 1945, OMGUS CO HIST.BR – CO/473/1.

[120] Vgl. Gregor Schellenberger, Die Bayerische SchiffbauGesellschaft (BSG) im 20. Jahrhundert (wie Anm. 5), S. 57, der als Quelle die unveröffentlichten Lebenserinnerungen von Franz Josef Schellenberger zitiert.

[121] Vgl. dazu den MHR März 1946, OMGBY – ID 10/83 – 1/6.

[122] „Located at Erlenbach is one of the largest ship building yards in the American Zone. ... The Shipyard does major repairs and building of river barges, at present time it is being enlarged for one more launching site which will increase the capacity by 30 %"; AHR 1945/46, OMGBY – ID 10/83 – 1/6.

einräumte, wurde an der Zuweisung von rund 600 Tonnen Zement und ebensoviel Stahl für die Bauarbeiten deutlich, die trotz der allgemeinen Baustoffknappheit geliefert wurden.[123] Bis Juni 1946 erhöhte man außerdem die Belegschaft auf 250 Arbeitskräfte und konnte so von August bis November 36 Boote instand setzen.[124] Eingeschränkt wurde die Expansion der Werft lediglich durch die mangelhafte Bekleidung der Arbeiter.[125] Daneben wurde die Ausweitung der Arbeiten durch einen Brand auf dem Werftgelände Ende Juni 1947 beeinträchtigt.[126]

Nach der Expansion 1946 und einer gewissen Konstanz 1947 veränderte sich die wirtschaftliche Lage des Unternehmens mit der Währungsreform 1948. Die jetzt für die Reedereien teuer gewordenen Reparaturaufträge, Materialengpässe und die Aufrechterhaltung des Neubauverbots durch die Alliierten bis 1951 brachten dem Unternehmen starke Verluste. Erst im Laufe der 50er Jahre setzte bei der Erlenbacher Werft mit dem Einstieg in den Seeschiffbau wieder ein wirtschaftlicher Aufschwung ein.[127]

Längsschnitt:
Das Obernburger Glanzstoffwerk – Aufschwung nach mehreren Anläufen

Der größte Arbeitergeber am bayerischen Untermain, die Chemiefaser-Fabrik der Vereinigten Glanzstoff-Fabriken, zwischen Erlenbach und Elsenfeld gelegen, war ähnlich wie die Schiffswerft nach der Expansion in der ersten Hälfte der 20er Jahre von den Wirtschaftskrisen der Weimarer Zeit erfaßt worden. Im Frühjahr 1933 hatte das Werk nur ungefähr 1000 Arbeiter und Angestellte beschäftigt.[128] Auch im NS-Staat war noch 1936 Kurzarbeit für die Belegschaft angesetzt worden,[129] und erst nach der Einführung des Vierjahresplans für die deutsche Wirtschaft und der teil-

---

[123] Vgl. Gregor Schellenberger, Die Bayerische SchiffbauGesellschaft (BSG) im 20. Jahrhundert (wie Anm. 5), S. 56.

[124] Vgl. die Angaben im AHR 1945/46, OMGBY – ID 10/83 – 1/6. Im August lagen 21 Boote in der Erlenbacher Werft, von denen zehn in diesem Monat instand gesetzt werden konnten. Im September waren es sechs von 20, im Oktober acht von 23 und im November zwölf von 20 Schiffen, die einsatzfähig gemacht wurden; vgl. die MHRs August, September, Oktober u. November 1946, OMGBY – ID 10/83 – 1/6.

[125] Bereits im Winter 1946/47 konnte ein Teil der Belegschaft nicht erscheinen, weil winterfeste Schuhe fehlten oder die Beschäftigten wegen nasser Füße erkrankt waren. „Eine Anzahl Leute mußte bereits von der Arbeit wegbleiben, weil sie keine Schuhe mehr haben und andere erkranken, weil ihr Schuhwerk verbraucht und nicht mehr dicht ist"; vgl. den Lagebericht der Schiffswerft an den Landrat vom 30. 1. 1946, StAWü A–633 LRAOb. Auch ein Jahr später mangelte es 160 von 250 Arbeitern an winterfester Kleidung für die Tätigkeit im Freien; vgl. den Wochenbericht des Landrats an die Militärregierung vom 16. 12. 1947, StAWü A–5137 LRAOb.

[126] Durch den Brand am 28. 6. 1947 zwischen 22 und 24 Uhr entstanden 60 000 RM Schaden; vgl. den Wochenbericht des Landrats an die Militärregierung vom 3. 9. 1947, StAWü A–5137 LRAOb.

[127] Vgl. Gregor Schellenberger, Die Bayerische SchiffbauGesellschaft (BSG) im 20. Jahrhundert (wie Anm. 5), S. 57.

[128] Vgl. u.a. die Halbmonatsberichte des Bezirksamts Obernburg vom 30. 6. 1926 und 29. 10. 1933, 1982 noch im Archiv des LRAMil, jetzt wohl im StAWü, teilweise abgedruckt bei Stephanie Günther, Der Landkreis Obernburg und sein Weg in den Nationalsozialismus (wie Anm. 115), S. 10 u. 46.

[129] Vgl. den Politischen Lagebericht des Bezirksamts Obernburg vom 28. 1. 1936, StAWü A–80 BAOb, teilweise abgedruckt bei Stephanie Günther, Der Landkreis Obernburg und sein Weg in den Nationalsozialismus (wie Anm. 115), S. 64.

weisen Produktionsumstellung von Kunstseide für die Textilindustrie auf technische Seide für Gewebeeinlagen in Autoreifen hatte sich der Betrieb wieder erholen können.[130] Die Zahl der Beschäftigten war von 1937 mit 1632 auf 2326 im folgenden Jahr gestiegen.[131] Das Obernburger Werk war der „einzige nationalsozialistische Musterbetrieb in Mainfranken"[132] und hatte durch die Herstellung von Rayon zur Weiterverarbeitung in Treibriemen und Hochleistungsreifen als Rüstungsbetrieb in den Kriegsjahren stark expandiert. Bei einer durchschnittlichen Tagesleistung von über 36 Tonnen waren 1943 im Werk regulär 3237 Personen beschäftigt, die außerdem von Kriegsgefangenen und Zwangsarbeitern ergänzt wurden. Die Produktionssteigerung von 1939 bis 1943 um fast das Vierfache macht die Bedeutung des Werkes in der Rüstungsindustrie deutlich.[133]

Nachdem 1944 die Hauptverwaltung des Konzerns von Wuppertal nach Aschaffenburg evakuiert worden war, versammelte sich beim Einmarsch der Alliierten der größte Teil der VGF-Vorstandsmitglieder in Obernburg.[134] Vielleicht suchte man deshalb schon unmittelbar nach der Besetzung durch amerikanische Truppen den direkten Kontakt zur Militärregierung in Miltenberg und erhielt von dort bereits im April 1945 die Anweisung, das Werk trotz Kriegsschäden und Plünderungen möglichst schnell für die Produktion vorzubereiten, die dann mit der Herstellung von Erntebindegarn im Juni 1945 anlaufen konnte.[135] Der erstaunlich schnelle Neubeginn des früheren NS-Muster- und Rüstungsbetriebs mit einer Produktion von fünf Tonnen täglich mußte allerdings schon im September 1945 wegen Kohlemangels unterbrochen werden.[136] Trotz der Hinweise der Obernburger Militärregierung waren die Kriegsvorräte des Werkes von den die Wirtschaft lenkenden OMGUS-Abteilungen nicht aufgestockt worden, wahrscheinlich auch deshalb, weil man in den Planungs-

---

[130] Vgl. Ludwig Vaubel, Zusammenbruch und Wiederaufbau (wie Anm. 22), S. 21.

[131] Vgl. die Angaben im StAWü A–727 LRAOb.

[132] Vgl. den Artikel „Der einzige nationalsozialistische Musterbetrieb in Mainfranken: Die Goldene Fahne über der Glanzstoff" in der Aschaffenburger Zeitung vom 9. 5. 1938, StadtStiftsAAsch. Schlagzeile und Fotografie sind auch bei Stephanie Günther, Der Landkreis Obernburg und sein Weg in den Nationalsozialismus (wie Anm. 115), S. 110, abgebildet.

[133] Vgl. die Angaben im Abriß der Werksgeschichte in der Lokalzeitung Obernburger Bote vom 22. 10. 1949, StadtAOb, Alte Abt. Die Belegschaftszahlen der einzelnen Werke von 1938 bis 1945 finden sich im Geschäftsbericht der VGF vom 18. 4. 1946, im Auszug veröffentlicht bei Ludwig Vaubel, Zusammenbruch und Wiederaufbau (wie Anm. 22), S. 245, Dok. 3. Vgl. auch Anm. 11.

[134] Vgl. die Angaben über die Vorstandsmitglieder bei Ludwig Vaubel, Zusammenbruch und Wiederaufbau (wie Anm. 22), S. 18f. Nur der Aufsichtsratsvorsitzende Dr. Ernst Hellmut Vits, der auch Leiter des Industrieverbands der deutschen Chemiefaserindustrie gewesen war, kehrte nach Wuppertal zurück, um dort von der britischen Besatzungsmacht als Großunternehmer erst abgesetzt und dann im Juni 1945 trotz seiner NSDAP-Mitgliedschaft als Treuhänder des Gesamtunternehmens berufen zu werden.

[135] Vgl. die Angaben im Abschnitt über die ersten Wochen nach der Besetzung. „Es kommt der Gedanke auf, in Obernburg Erntebindegarn herzustellen, um den Betrieb wenigstens mit einer Teilfertigung wieder in Gang zu setzen. Erntebindegarn war in den letzten Kriegsjahren nur in Litzmannstadt hergestellt worden. Wegen der Abtretung der Ostgebiete wird jetzt im Westen Deutschlands ein großer Mangel auftreten. ... In der Tagesbesprechung wird festgelegt, das Werk so schnell wie möglich für die Aufnahme der Produktion vorzubereiten"; Ludwig Vaubel, Zusammenbruch und Wiederaufbau (wie Anm. 22), S. 38, zum 29. 5. 1945.

[136] Vgl. den MHR September 1945, OMGBY – ID 10/83 – 1/6.

stäben den Bedarf an Erntebindegarn geringer einschätzte als noch im Frühsommer.[137] Außerdem belastete den Wiederaufbau die Nachricht, daß die französische Regierung das Werk als Reparation gefordert hatte.[138] Nachdem die Obernburger Offiziere und die Vertreter des Hauptvorstands bei OMGUS und im Münchner Wirtschaftsamt auf den Bedarf von Textilgarnen aller Art hingewiesen hatten, erhielt die Fabrik am 18. Oktober 1945 wieder eine Produktionsgenehmigung.[139] Die dafür zugeteilte Kohle traf Anfang Dezember ein, wodurch eine Wiederaufnahme der Produktion von drei Tonnen Rayon täglich möglich wurde, allerdings jetzt für Textilbekleidung.[140] Rund 1000 Einwohner des Landkreises und seiner Umgebung wurden wieder in den Arbeitsprozeß eingegliedert, wobei aber „die große Zahl der entlassenen Arbeitskräfte … noch nicht aufgenommen werden"[141] konnte. Im Januar 1946 mußte die Produktion verringert und im Februar wieder ganz eingestellt werden, weil der benötigte Nachschub an Kohle den Landkreis nicht erreichte.[142] Außerdem sollte die Kunstfaserproduktion in Deutschland auf Befehl von Berliner OMGUS-Stellen komplett eingestellt werden.[143] Trotzdem unternahm man nach dem Eintreffen einer größeren Kohlelieferung im April 1946 einen dritten Anlauf, indem drei Tagestonnen

---

[137] „Glanzstoff Plant will run out of coal by 15 August 45 and be forced to close". „Glanzstoff Plant notified that unless coal can be shipped in, any coal it has will be turned over to food processing plants"; WD vom 28. 7. u. 29. 8. 1945, OMGUS CO HIST.BR – CO/473/1. Vgl. Ludwig Vaubel, Zusammenbruch und Wiederaufbau (wie Anm. 22), S. 55, zum 21. 9. 1945, wo er die Ergebnisse einer Delegation nach Frankfurt schildert: „Die Produktion von Erntebindegarn schien man in der neuen Lage nicht mehr für erforderlich zu halten".

[138] „Cpt. Dumic teilte uns vor zwei Tagen mit, daß nach einer amerikanischen Zeitung die französische Regierung die Bereitstellung des Glanzstoffwerkes Obernburg für Reparationszwecke gefordert habe". „Aber die nächsten Monate müssen die Entscheidung bringen. Jetzt bangen wir für Obernburg wegen der französischen Reparationswünsche"; Ludwig Vaubel, Zusammenbruch und Wiederaufbau (wie Anm. 22), S. 58f., zum 15. 11. u. 12. 12. 1945.

[139] Bereits Ende September hatte Dr. Funcke mit Lieutenant Friedmann in Frankfurt vorgesprochen. Der dortige Leiter der Textile Branch versprach, einen Offizier nach München zu senden, um für das Obernburger Werk Kohlelieferungen zu erwirken; vgl. Ludwig Vaubel, Zusammenbruch und Wiederaufbau (wie Anm. 22), S. 55f., zum 21. 9. 1945. Im Oktober stellte Ludwig Vaubel persönlich in München noch einmal einen Antrag auf Kohlezuweisungen; vgl. dens. zum 11. 10. 1945, S. 56. Zur Produktionsgenehmigung vgl. dens., S. 57, zum 18. 10. 1945.

[140] Vgl. den Lagebericht des Landrats an den Regierungspräsidenten vom 20. 12. 1945, StAWü A–633 LRAOb. „It is believed that this is the only plant in the American Zone producing rayon for socks and material for clothing"; MHR Dezember 1945, OMGBY – ID 10/83 – 1/6. Vgl. auch Ludwig Vaubel, Zusammenbruch und Wiederaufbau (wie Anm. 22), S. 59, zum 3. 12. 1945: „Nach einem am Vortag eingetroffenen Kohlezug ist der Bestand auf 2.700 to angewachsen".

[141] Lagebericht des Bezirkskommissars an den Landrat vom 15. 1. 1946, StAWü A–633 LRAOb.

[142] Vgl. den MHR Januar 1946, OMGBY – ID 10/83 – 1/6, und den Lagebericht des Landrats an den Regierungspräsidenten vom 22. 2. 1946, StAWü A–633 LRAOb. Die Belegschaft wurde aber für Instandsetzungsarbeiten weiterbeschäftigt. Vgl. auch Ludwig Vaubel, Zusammenbruch und Wiederaufbau (wie Anm. 22), S. 104, zum 6. 2. 1947.

[143] „In München gab es wenig Erfreuliches. Im amerikanischen Besatzungsregime versuchen sich die Baumwollinteressenten aus USA durchzusetzen. Laut Befehl der amerikanischen Militärregierung Berlin soll die Kunstfaserproduktion ganz eingestellt werden. … Obernburg hat vielleicht noch eine Chance …, aber die Sorgen wollen immer wieder Überhand nehmen"; Ludwig Vaubel, Zusammenbruch und Wiederaufbau (wie Anm. 22), S. 65, zum 11. 3. 1946.

Rayon für Autoreifengarne hergestellt wurden.[144] Obwohl die Produktion durch den Nachschub von Kohle aus dem Ruhrgebiet im Mai auf viereinhalb und im Juni auf fünf Tonnen erhöht werden konnte, mußte der Betrieb im Juli wegen fehlendem Karbonbisulfats wieder auf Rayon für Textilgarne umstellen.[145] Insgesamt erreichte das Werk auf Grund der knappen Rohstoffe im Sommer 1946 nicht einmal ein Viertel seiner vollen Kapazität von 23 Tagestonnen.[146] Aber die kontinuierliche Arbeitsmöglichkeit für über 1200 Werktätige bedeutete 1946 „a great boom to the Landkreis".[147]

In der zweiten Jahreshälfte 1946 setzte ein stärkerer Aufschwung ein, der im September von der Ankündigung eingeleitet wurde, daß trotz der Beschlagnahme einiger Doppelzwirnmaschinen durch eine Berliner OMGUS-Spezialabteilung im Juli aus dem Obernburger Werk keine weiteren Reparationen entnommen werden sollten.[148] Im November 1946 konnte man 2,6 Tonnen Rayon für die Bekleidungsindustrie und sechs Tonnen Reifengarn herstellen.[149] Die Belegschaft erhöhte sich im Dezember 1946 auf 1480 Beschäftigte, und die geplante Einstellung von 300 weiteren Arbeitskräften hätte den Personalstand des Jahres 1937 um fast 150 Arbeitnehmer übertroffen.[150] Aber das Ausbleiben von Kohlelieferungen im Winter 1946/47 stürzte das Unternehmen erneut in eine Krise, so daß im Januar 1947 über 600 Beschäftigte entlassen werden mußten.[151] Der angekündigte Nachschub an Rohstoffen konnte den Landkreis wegen des zugefrorenen Wasserwegs Main und der im ganzen Reichsgebiet überlasteten Bahntransporte erst Anfang März 1947 erreichen.[152] Sein Eintreffen löste einen gewaltigen Schub aus, denn bereits Ende März konnte man die Produktion so sehr erweitern, daß die Fabrik im April 1947 erstmals einen „Arbeitskräftemangel" meldete.[153] Der Aufschwung hielt im Sommer 1947 an, so daß im September der

---

[144] Vgl. dazu den MHR April 1946, OMGBY – ID 10/83 – 1/6, und den Lagebericht des Landrats an den Regierungspräsidenten vom 24. 4. 1946, StAWü A–633 LRAOb.

[145] Vgl. die MHRs Mai u. Juli 1946, OMGBY – ID 10/83 – 1/6, und den AHR 1945/46, OMGBY – ID 10/83 – 1/6. Nach dem Wochenbericht des Landrats an die Militärregierung vom 15. 5. 1946, StAWü A–5137 LRAOb, waren die „führenden Werke des Kreises" ausreichend mit Kohle versorgt worden.

[146] Vgl. den Lagebericht des Landrats an den Regierungspräsidenten vom 27. 8. 1946, StAWü A–633 LRAOb.

[147] MHR April 1946, OMGBY – ID 10/83 – 1/6.

[148] Vgl. Ludwig Vaubel, Zusammenbruch und Wiederaufbau (wie Anm. 22), S. 83, zum 29. 6. 1946, und den Bericht der Obernburger Offiziere im MHR September 1946, OMGBY – ID 10/83 – 1/6. Nachdem schon im August 10 % mehr hergestellt werden konnten als im Monat zuvor, vgl. den MHR August 1946, OMGBY – ID 10/83 – 1/6, steigerte man die Produktion im September bei 1291 Beschäftigten auf 6,7 Tonnen Tagesleistung.

[149] Vgl. die Angaben im MHR November 1946, OMGBY – ID 10/83 – 1/6.

[150] Vgl. den QHR 1. 10–31. 12. 1946, OMGBY – ID 10/83 – 1/6.

[151] Vgl. den Lagebericht des Landrats an den Regierungspräsidenten vom 24. 1. 1947, StAWü A–633 LRAOb.

[152] Vgl. den Wochenbericht des Landrats an die Militärregierung vom 4. 3. 1947, StAWü A–5137 LRAOb: Die „erhebliche[n] Kohlenzuweisungen [waren zwar] zugesagt, deren Anlieferung jedoch mangels Transportraumes bei der Bahn nicht möglich". „Wenn die Schiffahrt wieder in Gang kommt, ist mit voller Betriebsaufnahme, ja sogar mit einer Produktionserhöhung zu rechnen". Bis dahin mußte Kurzarbeit angesetzt werden.

[153] Vgl. den Wochenbericht des Landrats an die Militärregierung vom 18. 3. 1947, StAWü A–5137 LRAOb, und den Lagebericht des Landrats an den Regierungspräsidenten vom 24. 4. 1947, StAWü A–633 LRAOb.

Personalstand von 1938 erreicht werden konnte, wobei der Bedarf an Beschäftigten noch immer nicht befriedigt werden konnte.[154] Selbst nach Werbungsversuchen in ganz Nordbayern, die hauptsächlich wegen der Wohnungsnot erfolglos blieben, fehlten dem Chemiebetrieb 400 Arbeiterskräfte.[155] Die neuangesiedelten Flüchtlinge konnten wegen ihres schlechten Gesundheitszustands und des hohen Anteils von Kindern und alten Menschen den Arbeitsmarkt nicht ausreichend entlasten, auch wenn bis 1949 im Glanzstoffwerk 1340 Neubürger angestellt wurden.[156]

Insgesamt verbuchten die Betriebe der VGF im ersten Halbjahr 1948 trotz der allgemeinen Lohnerhöhung von 15 Prozent den ersten Gewinn. Nach der Währungsreform, die das Aktienkapital durch eine Umstellung von eins zu eins konstant erhielt, konnten die Verluste der Kriegsjahre ausgeglichen werden.[157] Das Obernburger Werk expandierte 1948 weiter und erreichte eine durchschnittliche Tagesproduktion von über 20 Tonnen Kunstseide, was in diesem Jahr einer Kapazitätsnutzung von ungefähr 60 Prozent entsprach.[158] Im ersten Halbjahr 1949 konnte die Produktion auf über 30 Tagestonnen erhöht werden. Außerdem nahm man in Obernburg im August 1949 eine erste Großversuchsanlage für Perlonseide in Betrieb, deren Produktion die VGF in den 50er Jahren weiter expandieren ließ.[159]

Insgesamt verdeutlichen die wechselvollen Anfangsjahre des Obernburger Chemiewerks die Unstetigkeit der Wirtschaftsentwicklung während der Besatzungszeit. Anders als die Schiffswerft mußte dieser ehemalige Rüstungsbetrieb wegen fehlender Rohstoffe die Produktion bis zum April 1946 zweimal komplett stillegen, bis sich dann ein wirtschaftlicher Aufschwung in der zweiten Jahreshälfte 1946 einstellte. Nach einem kurzen Rückschlag durch den Zusammenbruch der Transportwege im Winter 1946/47 entwickelte sich das Unternehmen zum treibenden Faktor der Nachkriegswirtschaft im Landkreis Obernburg und zum größten Industrieunternehmen im westlichen Unterfranken.[160]

Längsschnitt:
Die Trennfurter Albertwerke – Später Start mit Schwierigkeiten

Wesentlich schlechter als bei der Schiffswerft oder der Glanzstoff-Fabrik waren die Bedingungen für eine Wiedereröffnung in der Trennfurter Ziegelei Albertwerke. Anders als die beiden Rüstungsbetriebe hatte das Unternehmen die Produktion schon während des Kriegs verringern müssen, so daß 1944 nur noch 200 der 350 Arbeit-

[154] Die Obernburger Offiziere berichteten im QHR 1. 7.–30. 9. 1947, OMGBY – ID 10/83 – 1/6, daß im Werk über 2300 Arbeitnehmer beschäftigt waren und die Fabrik „still has need for more laborers".

[155] Im Spätsommer meldete man der Obernburger Militärregierung einen Bedarf von 400 weiteren Beschäftigten; vgl. den QHR 1. 7.–30. 9. 1947, OMGBY – ID 10/83 – 1/6. Die Aktion bei den Arbeitsämtern in Nordbayern brachte nur einige wenige neue Arbeitnehmer in die Fabrik; vgl. den Wochenbericht des Landrats an die Militärregierung vom 15. 7. 1947, StAWü A–5137 LRAOb.

[156] Vgl. die Angaben im Obernburger Boten vom 22. 10. 1949, StadtAOb, Alte Abt.

[157] Vgl. Theodor Langenbruch, Glanzstoff 1899–1949 (wie Anm. 49), S. 103f.

[158] Vgl. die Angaben bei Ludwig Vaubel, Zusammenbruch und Wiederaufbau (wie Anm. 22), S. 202, und im Obernburger Boten vom 22. 10. 1949, StadtAOb, Alte Abt.

[159] Vgl. Theodeor Langenbruch, Glanzstoff 1899–1949 (wie Anm. 49), S. 112.

[160] Vgl. den Abriß der Werksgeschichte im Obernburger Boten vom 22. 10. 1949, StadtAOb, Alte Abt.

nehmer aus der Vorkriegszeit beschäftigt waren.[161] Obwohl auch die Albertwerke bis Anfang Juli 1945 eine Betriebserlaubnis von der Miltenberger Militärregierung erhielten, konnten sie wegen fehlender Brennstoffe nicht mit der Produktion beginnen.[162] Als einzige Steinzeugplatten-Fabrik in der amerikanische Zone war die Trennfurter Ziegelei zwar von der IHK Würzburg als „Wiederaufbau-Betrieb"[163] eingestuft worden, aber die Besatzungsmacht verteilte die geringen Kohlezuteilungen für Unterfranken auf andere Unternehmen.[164] Die pragmatische Wirtschaftsplanung der Amerikaner stufte die Nachfrage nach Steinzeug geringer ein als den Bedarf an anderen Versorgungsgütern. Erst im Februar 1946 erwirkte die Unternehmensleitung mit einem persönlichen Besuch im Münchener Wirtschaftsamt, daß die Albertwerke auf die „Kohledringlichkeitsliste I" gesetzt wurden.[165] Daraufhin erreichte die Ziegelei Mitte März die erste Kohlelieferung seit eineinhalb Jahren, denn schon zum Ende des Krieges war der Nachschub ausgeblieben. Die Produktion konnte aber auch jetzt noch nicht beginnen, weil während des langen Zeitraums der Stillegung fachkundiges Personal abgewandert und der frühere Besitzer und Unternehmensleiter, der aus politischen Gründen von der Besatzungsmacht enteignet worden war, selbst auf Bitten des Landrats im April 1946 nicht zur Rückkehr in den Betrieb zu bewegen war.[166] Erschwert wurde die Wiederaufnahme der Produktion außerdem durch die Unterbrechung der Tonlieferungen aus dem Westerwald im Gebiet der französischen Zone. Erst als für Mitte Mai ein Transport von dort zugesagt wurde, begannen die Albertwerke am 2. Mai 1946 den Betrieb in Gang zu setzen.[167] Ausschlaggebend für die Wiederaufnahme der Produktion scheint der Bedarf an Steinzeugplatten in England und Frankreich gewesen zu sein, wohin das Unternehmen nach Angaben der Obernburger Militärregierung im Sommer 1946 lieferte.[168] Für Verhandlungen mit den entsprechenden Behörden dieser Siegermächte stellten die amerikanischen Offiziere

[161] Vgl. die Angaben im Lagebericht der Albertwerke an den Landrat vom 19. 11. 1945, StAWü A–633 LRAOb. Kriegswirtschaftlich entbehrliche Betriebe wurden in der Spätphase des Krieges immer stärker in ihrer Produktion eingeschränkt; vgl. u.a. Gerhard Hetzer, Unternehmer und leitende Angestellte zwischen Rüstungseinsatz und politischer Säuberung, in: Martin Broszat u.a. (Hg.), Von Stalingrad zur Währungsreform (wie Anm. 69), S. 552.

[162] Vgl. den Abschnitt über die ersten Wochen nach der Besetzung und den Lagebericht der Albertwerke an den Landrat vom 19. 11. 1945, StAWü A–633 LRAOb.

[163] Vgl. den Lagebericht der Albertwerke an den Landrat vom 19. 11. 1945, StAWü A–633 LRAOb.

[164] „Eine Zuteilung konnte aber nicht erfolgen, da die Kontingente, die durch die Besatzungsmacht zur Verteilung kamen, so gering waren"; Lagebericht der Albertwerke an den Landrat vom 19. 12. 1945, StAWü A–633 LRAOb. In den Lageberichten vom 21. 1. 1945 und 18. 2. 1946 meldete das Unternehmen keine Veränderungen in der Rohstofffrage.

[165] Vgl. den Lagebericht der Albertwerke an den Landrat vom 18. 2. 1946, StAWü A–633 LRAOb.

[166] Der Obernburger Landrat meldete am 24. 4. 1946 in seinem Lagebericht an den Regierungspräsidenten, StAWü A–633 LRAOb, daß die Albertwerke „noch nicht in vollem Umfange arbeiten, weil es an dem nötigen fachkundigen Personal und insbesondere an der technischen Betriebsleitung fehlt. Meine Bemühungen, den früheren Besitzer und Leiter des Betriebes, welcher aus politischen Gründen ausgeschieden ist, wenigstens als Berater zu gewinnen, waren bisher ergebnislos".

[167] Vgl. den Lagebericht der Albertwerke an den Landrat vom 18. 5. 1946, StAWü A–633 LRAOb. Die erste Lieferung Ton aus der französischen Zone erreichte den Betrieb am 17. 5. 1946.

[168] Vgl. die Angaben der Obernburger Offiziere: „The Albertwerke located at Trennfurt is manufacturing tiles for export to France and England"; AHR 1945/46, OMGBY – ID 10/83 – 1/6.

dem Betriebsleiter Karl Heinz Jacobs den zweiten Interzonenpass in der Region aus.[169] Belastet wurde der Neubeginn in der Ziegelei durch einen großen Arbeitskräftemangel. Die Betriebsleitung meldete im Mai 1946, daß man die Zahl der 100 Beschäftigten wenn möglich auf 400 erhöhen wolle.[170] Aber die wenigen Arbeiter, die im Sommer 1946 zu bekommen waren, wiesen einen schlechten Gesundheitszustand auf, so daß sie nach Angaben der Firmenleitung nur 60 Prozent der Arbeitsleistung erbrachten und man deshalb nur 30 Prozent der Friedensproduktion erreichen konnte.[171] Ende Juli wurde dem Landrat sogar die Einstellung der Produktion angekündigt, wenn nicht neue Arbeitskräfte gewonnen werden könnten.[172] Durch Zuweisungen des Arbeitsamts entspannte sich die Situation im August 1946 erstmals, und im Oktober konnte man nach der Ernte Beschäftigte aus der Landwirtschaft einstellen.[173] In die Krise geriet die Ziegelei, als ab November 1946 der Kohlevorrat und die Stromversorgung am bayerischen Untermain so knapp wurden, daß man den Brennofen abschaltete. Da während des Winters 1946/47 auch keine Tonlieferungen aus der französischen Zone mehr eintrafen, mußte im Januar 1947 mit 160 Beschäftigten der größte Teil der Belegschaft entlassen werden.[174]

Ein Vergleich der drei vorgestellten Unternehmen verdeutlicht die gemeinsamen Probleme wie den Rohstoffmangel, die fehlenden Arbeitskräfte oder die Entlassung der Betriebsleitung aus politischen Gründen. Trotzdem stellten sich die Schwierigkeiten in der von der Besatzungsmacht gelenkten Wirtschaft in jedem Betrieb auf andere Weise dar, was sich nicht nur am unterschiedlichen Zeitpunkt der Inbetriebnahme ablesen läßt. Die beiden größten ehemaligen Rüstungsbetriebe der Region fanden wegen der Nachfrage ihrer Produkte in der unmittelbaren Nachkriegszeit die Unterstützung der amerikanischen Dienststellen schneller als die Ziegelei Albertwerke, die erst im Sommer 1946 die Aufmerksamkeit der Alliierten als Exportunternehmen erregte. Der wirtschaftliche Neubeginn war deshalb stark von exogenen

---

[169] Vgl. die Angaben der Obernburger Offiziere im MHR August 1946, OMGBY – ID 10/83 – 1/6. Den ersten Ausweis dieser Art hatte im Juli Dr. Julius C. Funcke aus dem Glanzstoffwerk erhalten; vgl. den MHR Juli 1946, OMGBY – ID 10/83 – 1/6.

[170] Vgl. den Wochenbericht des Landrats an die Militärregierung vom 15. 5. 1946, StAWü A–5137 LRAOb.

[171] Vgl. den MHR Juli 1946, OMGBY – ID 10/83 – 1/6, und den Lagebericht der Albertwerke an den Landrat vom 19. 6. 1946, StAWü A–633 LRAOb: „In den letzten Wochen sind in unserem Betrieb mehrere Fälle vorgekommen, wo Arbeiter an ihrem Arbeitsplatz zusammenbrachen, weil sie körperlich durch die mangelhafte Ernährung derartig geschwächt waren".

[172] „Wenn darin [Arbeitskräftemangel] nicht eine baldige Abhilfe geschaffen werden kann, wird unsere Produktion über kurz oder lang zum Erliegen kommen müssen"; Lagebericht der Albertwerke an den Landrat vom 20. 7. 1946, StAWü A–633 LRAOb.

[173] Vgl. den MHR Oktober 1946, OMGBY – ID 10/83 – 1/6, und den Lagebericht der Albertwerke an den Landrat vom 20. 8. 1946, StAWü A–633 LRAOb: „In den letzten Wochen trat eine wesentliche Besserung in der Arbeiterlage unseres Werkes ein".

[174] Vgl. den Wochenbericht des Landrats an die Militärregierung vom 21. 1. 1947, StAWü A–5137 LRAOb, und den Lagebericht der Albertwerke an den Landrat vom 20. 11. 1946, StAWü A–633 LRAOb: Sonntagsarbeit als Ersatz für die Tage der Stromabschaltung, nämlich Montag und Dienstag, war nach Ansicht der Betriebsleitung nicht möglich, „denn wir glauben nicht, daß die Arbeiter und Arbeiterinnen bei der heutigen Arbeitsmoral zu bewegen wären, auch samstags zu schaffen".

Faktoren bestimmt, wenn auch daneben die lokalen Verhältnisse wie das Arbeitskräfteangebot einen gewissen Einfluß besaßen. Auffallend ist der Versuch der amerikanischen Besatzungsmacht in allen drei Fällen, die frühere Firmenleitung nach der Entlassung durch das Gesetz Nr. 8 als Treuhänder zu gewinnen. Insofern setzte man beim wirtschaftlichen Neubeginn von Anfang an auf mehr Kontinuität als in der lokalen Verwaltung oder im politischen Leben.

Trotz der großen Bedeutung von Währungsreform und Gewerbefreiheit für die wirtschaftliche Entwicklung im Untermaingebiet konnte bereits in den ersten Jahren nach dem Krieg eine, wenn auch jahreszeit- und branchenbedingte Regeneration im Wirtschaftsleben beobachtet werden. Ein effektiver Konjunkturaufschwung blieb allerdings trotz des schnellen Wiederaufbaus des regionalen Transportsystems bis 1948 aus, denn in der Planwirtschaft der Besatzungsmacht fehlte es an Rohstoffen und Arbeitskräften, und auch die mentale Verfassung der Bevölkerung behinderte eine weitere Expansion. Einige dieser Faktoren sollen im folgenden an Beispielen aus der Region illustriert werden.

Faktoren des wirtschaftlichen Lebens

Schneller Wiederaufbau des Transportsystems

Die nach der Besetzung im Frühjahr 1945 einsetzende Isolierung der einzelnen Gemeinden durch die Verordnung der „stabilitas loci"[175] und die Zerstörung der Verkehrsverbindungen, insbesondere der Mainbrücken,[176] mußte zwangsläufig zu wirtschaftlichen Schwierigkeiten führen. Es galt deshalb für die Betriebe im Maintal, den Arbeitskräften aus den umliegenden Gemeinden möglichst schnell Sondergenehmigungen von der Militärregierung ausstellen zu lassen und die Transportmöglichkeiten für Waren zu verbessern.[177] Auch die Heimarbeiter im Textilgewerbe waren auf ein intaktes Verkehrssystem angewiesen. Regierungspräsident Adam Stegerwald betonte in einem Aufruf an die Bevölkerung Unterfrankens: „Der deutsche Wiederaufbau ist in erster Linie eine Verkehrsfrage".[178]

---

[175] Es galt das Verbot, sich mehr als 6 Kilometer von seinem Wohnort zu entfernen. Die Einschränkung der Mobilität wurde in der amerikanischen Zone erst am 12. 10. 1945 aufgehoben; schriftliche Mitteilung aus den Unterlagen des StadtAOb von Theresia Priol im Juni 1993. Auch Leonard Krieger, Das Interregnum in Deutschland: März bis August 1945, übersetzt v. Adrienne Windhoff-Héritier/Amrei Thränhardt, in: Wolf-Dieter Narr/Dietrich Thränhardt (Hg.), Die Bundesrepublik Deutschland. Entstehung, Entwicklung, Struktur (Neue Wissenschaftliche Bibliothek 102), Königstein/T. 1979, S. 26–46 – erste Veröffentlichung unter dem Titel: Interregnum in Germany: March–August 1945, in: Political Science Quarterly 64 (1949), S. 507–532, hier: S. 27, stellt fest, daß die deutsche Gesellschaft bei der Besetzung horizontal „in eine Ansammlung isolierter Einzelorte" zersplittert war. Zur Aufteilung der deutschen Gesellschaft „in isolierte lokale Einheiten" vgl. auch Lutz Niethammer, Entnazifizierung in Bayern. Säuberung und Rehabilitierung unter amerikanischer Besatzung, Frankfurt/M. 1972, S. 139.

[176] Einen Tag nachdem die Nilkheimer Brücke in die Hände der Amerikaner gefallen war, sprengte man auf Befehl der Miltenberger Kreisleitung der NSDAP am 16. 3. 1945 alle Mainbrücken.

[177] Vgl. dazu Ludwig Vaubel, Zusammenbruch und Wiederaufbau (wie Anm. 22), S. 35, zum 25. 5. 1945.

[178] Aufruf des Regierungspräsidenten, veröffentlicht im OOB Nr. 5 vom 18. 8. 1945 (Andre).

Die relativ schnelle Erholung der Wirtschaft im Landkreis Obernburg während der Besatzungszeit hing tatsächlich mit der raschen Restauration der Verkehrsverbindungen innerhalb der Region und nach außen zusammen. Durch die Wiederaufnahme der Arbeiten in der Erlenbacher Schiffswerft konnten die Gemeinden am Untermain schneller als anderswo die zerstörten Brücken durch Fähren ersetzen.[179] Die Bedeutung der Flußüberquerung verdeutlicht eine Notiz der Militärregierung zum Fährbetrieb in Obernburg im August 1945: „Heavy traffic on ferry noted, and special policeman now stationed there to control it".[180] Um das hohe Verkehrsaufkommen zu bewältigen, setzte man ab 18. Dezember 1945 mit Hilfe der Schiffswerft sogar die wahrscheinlich einzige Elektrofähre der amerikanischen Besatzungszone in der Kreisstadt ein.[181]

Auch die Verkehrsverbindungen nach außen, insbesondere die Mainschiffahrt, für die sich überregionale Behörden der Besatzungsmacht besonders einsetzten,[182] konnten im Sommer 1945 relativ schnell wieder nutzbar gemacht werden. Der erste Personenzug zwischen Aschaffenburg und Heimbuchenthal stellte bereits am 9. Juli die Verbindung zwischen den Gewerbegebieten und den Arbeitern in den Spessartdörfern her, obwohl der Personenverkehr für Bayern erst am 30. August freigegeben wurde.[183] Bereits Ende Juli erreichten erste Züge, die von Höchst nach Aschaffenburg fuhren, die Gemeinden Mömlingen und Pflaumheim.[184] Besonders für die wirtschaftliche Existenz der Heimarbeiter war der Beginn des Güterwarentransports ab 21. August 1945 von großer Bedeutung, und bereits zum Monatsende konnte wieder ein geregelter Verkehr bis ins Rheinland aufgenommen werden.[185] Lediglich der südliche Teil

---

[179] Schon Mitte Juni wurden in Miltenberg und Klingenberg die ersten Fährbarken aus der Werft in Betrieb genommen; vgl. Gregor Schellenberger, Die Bayerische SchiffbauGesellschaft (BSG) im 20. Jahrhundert (wie Anm. 5), S. 56, und Stadtarchiv Klingenberg, Bst. Klingenberg, Alte Abt. A-A IV/9. „Ferry across the Main River operating for pedestrians only until obstacles to river travel can be removed and the level of the river raised by dams"; WD vom 19. 7. 1945, OMGUS CO HIST.BR – CO/473/1. Vgl. ebd. zum 26. und 27. 7. 1946: „Main River cleared of obstaclesto travel". „Motor ferry now operating for all traffic, including vehicular".

[180] WD vom 28. 8. 1945, OMGUS CO HIST.BR – CO/473/1.

[181] Vgl. die Angaben im MHR Dezember 1945, OMGBY – ID 10/83 – 1/6. Leo Hefner, 1900 Jahre Obernburg am Main, hg. v. der Stadt Obernburg/M., Obernburg/M. 1984, S. 183, nennt als Tag der Inbetriebnahme den 20. 1. 1946. Kabelfähren gab es außerdem in Klingenberg, Wörth, Kleinwallstadt und Niedernberg; vgl. dazu den AHR 1945/46, OMGBY – ID 10/83 – 1/6.

[182] Mündliche Auskunft am 4. 6. 1993 von Otto Berninger, damals Angestellter der Stadtverwaltung in der Schifferstadt Wörth. Der Main war eher wieder schiffbar als die Donau oder der Ludwigskanal. Bereits 1946 konnten auf der kanalisierten Strecke bis Würzburg 980 000 Tonnen an Gütern transportiert werden (1938: 1,1 Mill. Tonnen); vgl. die Angaben bei Martin Kornrumpf, Bayern-Atlas. Landschaft, Anbau, Wirtschaft, Bevölkerungsbewegung, München 1949, S. 37. Vgl. auch den Artikel im Main-Echo (StadtStiftsAAsch) vom 13. 4. 1946, der von „regem Schiffsverkehr" auf dem Main berichtet.

[183] Vgl. das WD vom 9. 7. 1945, OMGUS CO HIST.BR – CO/473/1, und Erwin Herrmann, Kriegsende und Wiederaufbau 1945/46. Dargestellt am Beispiel der Stadt Bayreuth (Heimatbeilage zum Amtlichen Schulanzeiger des Regierungsbezirks Oberfranken 120), Bayreuth 1986, S. 18. Eine Übersichtskarte zum bayerischen Eisenbahnnetz findet sich bei Martin Kornrumpf, Bayern-Atlas (wie Anm. 182), S. 37.

[184] Vgl. das WD vom 24. 7. 1945, OMGUS CO HIST.BR – CO/473/1.

[185] „Railroad transportation is now open from this area to places in the Rhineland"; WD vom 31. 8. 1945, OMGUS CO HIST.BR – CO/473/1. Schon Anfang Juni 1945 konnte die Strecke über Bingen nach Köln benutzt werden; vgl. Ludwig Vaubel, Zusammenbruch und Wiederaufbau (wie Anm. 22), S. 40, zum 8. 6. 1945.

des Kreises blieb bis zum Abschluß der Reparaturarbeiten an der Eisenbahnbrücke zwischen Erlenbach und Wörth Mitte März 1946 von der direkten Verbindung ins Rhein-Main-Gebiet abgeschnitten.[186] Eine gewisse Entlastung brachte dort im Dezember 1945 die Eröffnung der Omnibuslinie von Klingenberg nach Frankfurt, die insbesondere für umquartierte Geschäftsleute eingerichtet wurde.[187] Auch die Dörfer im Spessart, die nicht von der Eisenbahn erreicht wurden, verband man mit Buslinien nach Aschaffenburg, die täglich verkehrten, so daß Arbeitskräfte in das Rhein-Main-Gebiet pendeln konnten, wie zum Beispiel eine größere Zahl Röllbacher Einwohner in die Aschaffenburger Zellstoffwerke, die seit Ende Juni 1945 bereits wieder produzierten.[188] Den Reise- und Transportmöglichkeiten auf der Straße waren wegen der fehlenden Kraftfahrzeuge und dem schlechten Zustand der Fahrwege Grenzen gesetzt.[189] Trotzdem errichtete man bereits im Juli 1945 in der Kreisstadt einen Fuhrpark, der ein Jahr später durch Beschlagnahme immerhin 876 Motorräder, 63 Last- und 232 Personenkraftwagen aufweisen konnte.[190] Allerdings war ein Großteil der Fahrzeuge wegen fehlender Ersatzteile und Reifen nicht funktionsfähig.[191] Trotzdem verteilte die Militärregierung 1946 Motorräder an die Arbeiter der Dörfer, die nicht von Omnibus oder Eisenbahn erreicht wurden.[192] Insgesamt nutzte man die begrenzten Transportmöglichkeiten der Zeit im Landkreis Obernburg relativ schnell und intensiv. Von den Besatzungsmächten forderte man in der von Rohstoffeinfuhren abhängigen und exportorientierten Region immer wieder die Aufhebung der Zonengrenzen, um die Versorgung und den wirtschaftlichen Neubeginn zu fördern.[193]

[186] Am 13. 3. 1946 konnte der erste Zug die Brücke wieder passieren; vgl. den AHR 1945/46, OMGBY – ID 10/83 – 1/6.

[187] Vgl. den Bericht im Main-Echo (StadtStiftsAAsch) vom 15. 12. 1945 und den MHR Januar 1946, OMGBY – ID 10/83 – 1/6: Der Bus fuhr jeden Montag, Mittwoch und Samstag.

[188] Mündliche Mitteilung am 5. 6. 1993 von Hermann Schwing aus Röllbach. Zur Aschaffenburger Papierindustrie vgl. Alois Stadtmüller, Aschaffenburg nach dem Zweiten Weltkrieg (wie Anm. 22), S. 216. Auch Mönchberg war bereits 1945 über eine Buslinie an das Maintal und den Aschaffenburger Raum angebunden, wodurch insbesondere die örtliche Heimschneiderei profitierte; mündlicher Bericht am 4. 6. 1993 von Friedrich Heiter. Eine Linie führte von Roßbach über Leidersbach und Sulzbach nach Aschaffenburg; vgl. die Angaben im MHR Januar 1946, OMGBY – ID 10/83 – 1/6.

[189] So wurden z.B. die von Würzburg zugesagten Lastkraftwagen im August 1945 nicht überstellt; vgl. das WD vom 22. 8. 1945, OMGUS CO HIST.BR – CO/473/1. Immer wieder bemängelten die Obernburger Offiziere den schlechten Zustand der Straßen im Landkreis wegen des fehlenden Ausbesserungsmaterials; vgl. beispielsweise das WD vom 21. 8. 1945, OMGUS CO HIST.BR – CO/473/1, oder den AHR 1945/46, OMGBY – ID 10/83 – 1/6: „Attempts to repair Landkreis roads meeting with difficulties because of lack of material". „The highways in this Landkreis are in a very poor condition of repair. There is no hope in the near future that necessary repairs can be made because of the critical lack of essential materials".

[190] Vgl. die Angaben im AHR 1945/46, OMGBY – ID 10/83 – 1/6.

[191] „The above figures are inaccurate because approximately 50 % are deadline for lack of spare tires and parts, which situation at moment is growing more acuts"; AHR 1945/46, OMGBY – ID 10/83 – 1/6.

[192] Vgl. den MHR November 1946, OMGBY – ID 10/83 – 1/6.

[193] Vgl. z.B. den MHR Juli 1946, OMGBY – ID 10/83 – 1/6, und den Lagebericht des Bezirkskommissars an den Landrat vom 19. 6. 1946, StAWü A–633 LRAOb: „Allenthalben wird die Forderung nach Aufhebung der Zonengrenze erhoben, wodurch man sich eine bessere Ankurbelung der Wirtschaft sowie eine Belebung der Märkte verspricht". „If the restrictions to the French Zone could be abolished trade could almost grow to a normal status"; MHR August 1946, OMGBY – ID 10/83 – 1/6.

Zur Krise kam es im Winter 1946/47, als der Transportweg Main infolge des strengen Frosts bis in den März zugefroren war.[194] Die Versorgung insbesondere der Kleiderfabriken durch Kraftfahrzeuge mußte schon im Herbst auf Anweisung des bayerischen Wirtschafts- und Verkehrsministeriums um die Hälfte reduziert werden,[195] was „ungünstige Rückwirkungen auf die gesamte Wirtschaftsentwicklung"[196] der Region mit sich brachte. Dazu kam der akute Reifenmangel.[197] Die Eisenbahn konnte gerade für die meisten Spessartdörfer kein adäquater Ersatz sein und wurde außerdem durch fehlende Lokomotiven und den Kohlemangel ebenso stark eingeschränkt.[198] Erst als sich die Verkehrslage im Frühjahr 1947 wieder günstiger gestaltete, konnte die Wirtschaftskrise der Wintermonate abklingen, insbesondere durch wichtige Rohstofflieferungen.

Rohstoffmangel als ständige Bremse

Zu einem Hauptkennzeichen des wirtschaftlichen Lebens in der unmittelbaren Nachkriegszeit wurde der permanente Rohstoffmangel.[199] Der bayerische Untermain war wegen der zahlreichen Gewerbebetriebe und fehlender Vorkommen in der Region auf Lieferungen von außen angewiesen, die aber bis zum Sommer 1945 ausblieben.[200] Die Betriebe und der Landrat monierten bei der Besatzungsmacht immer wieder den starken Kohlemangel.[201] Besonders die kleineren Gewerbetreibende mußten oft wegen des hohen Bedarfs des Glanzstoffwerks und der Schiffswerft auf Nachschub verzichten. Das Holz aus dem Spessart brachte zwar der privaten Versorgung als Heizmaterial eine gewisse Erleichterung, konnte aber in den Betrieben die

---

[194] Vgl. u.a. den Wochenbericht des Landrats an die Militärregierung vom 4. 3. 1947, StAWü A–5137 LRAOb.

[195] Vgl. die MHRs Oktober u. November 1946, OMGBY – ID 10/83 – 1/6.

[196] Wochenbericht des Landrats an die Militärregierung vom 16. 10. 1946, StAWü A–5137 LRAOb. Im Landratsamt ging von Kleiderfabriken „lebhafte Klage über die neuerliche einschneidende Autostillegung" ein.

[197] Im Mai 1946 erhielt der Landkreis z.B. nur zwei neue Reifen zugewiesen und im Oktober und November jeweils nur drei für 380 Fahrzeuge; vgl. die MHRs Mai, Oktober u. November 1946, OMGBY – ID 10/83 – 1/6.

[198] So konnten z.B. im Frühjahr 1947 die zugewiesenen Kohlelieferungen das Obernburger Glanzstoffwerk „mangels Transportraumes bei der Bahn" nicht erreichen; vgl. den Wochenbericht des Landrats an die Militärregierung vom 4. 3. 1947, StAWü A–5137 LRAOb.

[199] Vgl. u.a. Karl-Heinz Willenborg, Bayerns Wirtschaft in den Nachkriegsjahren (wie Anm. 97), S. 128, und Christoph Boyer, „Deutsche Handwerksordnung" oder „zügellose Gewerbefreiheit" (wie Anm. 69), S. 436.

[200] Nach Ludwig Vaubel hatte nach dem Kriegsende bis Juli 1945 keine einzige Kohlelieferung den Landkreis erreicht; vgl. dens., Zusammenbruch und Wiederaufbau (wie Anm. 22), S. 44, zum 26. 6. 1945.

[201] „Coal is badly needed by food processing plants, and loss of food by spoilage is anticipated if none can be obtained", meldeten die amerikanischen Offiziere bereits im WD vom 1. 8. 1945, OMGUS CO HIST.BR – CO/473/1. Vgl. weiter den Lagebericht des Landrats an den Regierungspräsidenten vom 21. 3. 1946, StAWü A–633 LRAOb: Das „Wirtschaftsleben leidet nach wie vor an dem Mangel an Kohle". Im MHR Oktober 1946, OMGBY – ID 10/83 – 1/6, bezeichnete die Obernburger Militärregierung das Kohleproblem als „one of the biggest worries of the Kreis administration". „The acute shortage of coal is hampering many branches of the industry"; MHR November 1946, OMGBY – ID 10/83 – 1/6. Weitere Berichte über Kohlemangel finden sich u.a. in den MHRs August u. September 1946, OMGBY – ID 10/83 – 1/6, in den Wochenberichten des Landrats an die Militärregierung vom 18. 9., 26. 11. 1946 u. 14. 1. 1947, StAWü A–5137 LRAOb, sowie im QHR 1. 10.–31. 12. 1946, OMGBY – ID 10/83 – 1/6.

fehlende Kohle nicht ersetzen.[202] Als im Frühjahr 1946 Kohlelieferungen eintrafen, nahm das Wirtschaftsleben der Region einen Aufschwung, fiel aber auch in eine Rezession, als weiterer Nachschub im Winter 1946/47 ausblieb, so daß es zur Krise mit Stromabschaltungen und Entlassungen kam.[203] Im Sommer 1947 mußte der Landkreis wöchentlich einen Arbeiter abstellen, um die Kohleförderung im Ruhrgebiet zu unterstützen.[204] Daneben fehlten auch andere Rohstoffe wie Diesel, Textilstoffe, Baumaterialen und alle Arten von Ersatzteilen für technische Geräte.[205] Nicht nur in den ersten Wochen nach der Besetzung wurde die Knappheit durch Plünderungen und Diebstähle verstärkt.[206] Dazu kamen Versuche von öffentlichen Behörden aus Nachbargebieten, dort fehlendes Material und Ersatzteile mit Hilfe der Besatzungsmacht aus dem Landkreis Obernburg abzuziehen.[207] Trotz zunehmender Lieferungen gegen Ende der Besatzungszeit hielt die allgemeine Rohstoffkrise am bayerischen Untermain aber bis in die 50er Jahre an.[208]

[202] Vgl. außerdem den Wochenbericht des Landrats an die Militärregierung vom 23. 12. 1946, StAWü A–5137 LRAOb: „Eine ausreichende Bevorratung mit Holz war mangels geeigneter Waldarbeiter nicht möglich". Über den Fortbestand der unmittelbar vor Kriegsende unter der Aufsicht von Ludwig Vaubel – vgl. dens., Zusammenbruch und Wiederaufbau (wie Anm. 22), S. 18 – errichteten Kohlenmeiler im Spessart fehlen Quellenhinweise.

[203] Vgl. den MHR April 1946, OMGBY – ID 10/83 – 1/6, und die Wochenberichte des Landrats an die Militärregierung vom 23. 12. 1946, 7. u. 14. 1. 1947, StAWü A–5137 LRAOb.

[204] Vgl. den Wochenbericht des Landrats an die Militärregierung vom 17. 6. 1947, StAWü A–5137 LRAOb.

[205] Vgl. u.a. die Angaben in den Lageberichten des Landrats an den Regierungspräsidenten vom 20. 5. u. 24. 7. 1946, StAWü A–633 LRAOb, wo von einem „vorläufig unbehebbaren Mangel vor allem an Baumaterial" berichtet wird. Vgl. außerdem den MHR September 1946, OMGBY – ID 10/83 – 1/6, und die Wochenberichte des Landrats an die Militärregierung vom 14. 8. 1946, 4. 3. 1947 u. 31. 3. 1948, StAWü A–5137 LRAOb.

[206] So wurden z.B. von April bis Juli 1945 von Mainschiffen 20 000 Sack Zement gestohlen; vgl. das WD vom 4. 8. 1945, OMGUS CO HIST.BR – CO/473/1. Der Raub von 20 000 Spinndüsen im Glanzstoffwerk im Wert von 250 000 Dollar wurde im November 1945 Thema im Rundfunk und ging durch die meisten Zeitungen der amerikanischen Besatzungszone; vgl. den MHR September 1945, OMGBY – ID 10/83 – 1/6.

[207] Besonders Schiffsladungen auf dem Main waren begehrt So meldeten die amerikanischen Offiziere z.B. im WD vom 23. 8. 1945, OMGUS CO HIST.BR – CO/473/1: „140 tons of sulphuric acid in barge on river belonging I.G. Farben sold to Glanzstoff Plant". Mit Hilfe der Aschaffenburger Militärregierung meldete z.B. das Wiederaufbauamt Aschaffenburg Ansprüche auf Wasserleitungsrohre an, die auf einem Kahn bei Wörth vor Anker lagen; vgl. das Schreiben des Wiederaufbauamts Aschaffenburg an die Militärregierung Aschaffenburg vom 17. 10. 1945, im OMGB-Bestand unter „Correspondence Aschaffenburg". Außerdem beantragte die Aschaffenburger Behörde die Demontage fehlender Ersatzteile aus Betrieben des Kreises: „In der Dampfziegelei Wenzel Wörth am Main liegen elektrische Gebläse für Holzgeneratoranlagen. Aus dem Pionier-Lager Kleinostheim wurden Generatorkessel entnommen, bei denen Gebläse fehlen. Um nun die Generatorenanlagen flott machen zu können, bittet das Wiederaufbauamt Aschaffenburg um Freigabe und Abfuhrgenehmigung der elektrischen Gebläse"; Schreiben des Wiederaufbauamts Aschaffenburg an die Militärregierung Obernburg vom 20. 9. 1945, in: Correspondence Aschaffenburg, OMGBY – FOD 9/147–3/5. Vgl. außerdem das WD vom 21. 8. 1945, OMGUS CO HIST.BR – CO/473/1, im OMGB-Bestand unter „Hobbach – Machines stored at Villa Elsawa will be turned over to Frankfurt to repair railroad equipment there". Auch der Obernburger Landrat Grimm berichtete der Militärregierung von einer „Reparaturkrise" am bayerischen Untermain; vgl. den Wochenbericht des Landrats an die Militärregierung vom 4. 3. 1947, StAWü A–5137 LRAOb.

[208] So meldete z.B. noch der Wochenbericht des Landrats an die Militärregierung vom 31. 3. 1948, StAWü A–5137 LRAOb, daß Baustoffe für die nötige Wirtschaftsankurbelung fehlten.

Folgen der zentralen Wirtschaftslenkung

Mit der Berliner Erklärung vom 5. Juni 1945 hatte die amerikanische Besatzungs-macht als neuer Souverän auch die wirtschaftliche Lenkung übernommen. Es galt deshalb im Sommer 1945 in erster Linie, den wirtschaftlichen Bestand der Besat-zungszone zu registrieren, um dann die nötigen planwirtschaftlichen Schritte zu unternehmen.[209] Aus diesem Grund waren die bürokratischen Anforderungen für die deutschen Betriebe hoch, wollten sie bei der lokalen Militärregierung eine Lizenz für die Produktion erhalten.[210] Kleinere Gewerbebetriebe wurden vom Erfassungsverfah-ren anfangs ausgenommen, um die lokale Versorgung nicht zu belasten. Aber ab November 1945 mußten auch sie zu jedem 25. eines Monats einen Produktions-bericht erstellen, den die Militärregierung Würzburg an OMGB weiterleitete.[211] Auch die wöchentlichen Produktionsberichte von Baufirmen, die schon zuvor abverlangt worden waren, wurden ab diesem Zeitpunkt nach München gesandt. Dazu kamen im November 1945 im Zusammenhang mit dem Entnazifizierungsgesetz Nr. 8 weitere Auflagen für die Unternehmen.[212] Auch handwerkliche Betriebe, nach der Definition der Amerikaner alle Gewerbe mit weniger als elf Beschäftigten, mußten einen

---

[209] Zur allgemeinen Wirtschaftorganisation der amerikanischen Besatzungsmacht vgl. u.a. Conrad F. Latour/Thilo Vogelsang, Okkupation und Wiederaufbau (wie Anm. 19), S. 145f. Vgl. zu den Industrie-plänen 1946 und 1947 in Bayern Klaus Schreyer, Bayern – ein Industriestaat (wie Anm. 64), S. 215–221. „Eine Abschaffung des kriegswirtschaftlichen Lenkungsapparates wäre im Jahre 1945 völlig utopisch gewesen"; Christoph Boyer, Zwischen Zwangswirtschaft und Gewerbefreiheit (wie Anm. 63), S. 65. So auch Karl-Heinz Willenborg, Bayerns Wirtschaft in den Nachkriegsjahren (wie Anm. 97), S. 130f. Ebd., S. 131–134, wird für Bayern der Behördenaufbau der zentral gelenkten Wirtschaft auf deutscher Seite skizziert.

[210] Die folgenden Anforderungen für produzierende Gewerbebetriebe illustrieren den hohen büro-kratischen Aufwand der amerikanischen Planwirtschaft: „Wenn ein deutsches Industrie-Unternehmen eine Niederlassung eröffnen will, muß folgendes zuerst erfüllt werden: a) Fragebogen müssen von der Militärregierung angefordert werden und von allen höheren Angestellten dieses Betriebes ausgefüllt wer-den, ferner die Anzahl der Angestellten und Arbeiter der Military Government angegeben werden. b) Der Ortsbürgermeister muß auf einem getrennten Blatt Papier angeben, ob er diese Niederlassung für not-wendig erachtet. c) Die Firma schreibt einen Antrag in englisch und deutsch auf ihrem Firmenpapier, der wie folgt adressiert wird: Production Control Agency 3rd US Army APO 403. d) Dieser Antrag muß in allen Einzelheiten ausgefüllt werden, und zwar Art der Produktion, vorhandener Vorrat, ob die Arbeit sofort aufgenommen werden kann, Gesamtproduktionsfähigkeit, wann mit voller Produktion gearbeitet werden kann"; Captain Dumic an den Landrat am 27. 7. 1945, StAWü A–968 LRAOb. „1. Alle produ-zierenden Einrichtungen, die 100 Personen und weniger beschäftigen, müssen bei der Militärregierung Obernburg einen schriftlichen Antrag auf Erteilung der Weiterführung ihres Betriebes in dreifacher Fer-tigung über den Landrat Obernburg einreichen. Aus diesem Antrag muß ersichtlich sein: a) Name der Fabrik. b) Ort. c) Produkte und Nebenprodukte, die augenblicklich hergestellt werden. d) Anzahl der Arbeiter und Angestellten. e) monatliche Produktion in entsprechenden Maßzahlen. f) Bevorratung an Rohstoffen und Brennmaterial. g) Angaben wohin die Produktion geht"; Bekanntmachung im OOB Nr. 5 vom 18. 8. 1945 (Andre).

[211] „Dieser Bericht ist in 5-facher Ausfertigung auf dem Formblatt ID Form II einzuschicken"; „Notice to all manufacturing firms and handicraft shops"; OOB Nr. 19 vom 24. 11. 1945 (Andre).

[212] „a) Fünf Ausfertigungen des Formblattes ‚C', davon zwei in deutsch und drei in englisch. b) Vier Ausfertigungen der Bestätigung über die Entnazifizierung. c) Drei Ausfertigungen eines Antrages auf Produktionsermächtigung. d) Fragebogen des Arbeitgebers"; Bekanntmachung im OOB Nr. 19 vom 24. 11. 1945 (Andre).

Denazifizierungsbescheid der lokalen Prüfungskommission vorlegen. Die Handwerksmeister waren deshalb aufgerufen, persönlich bei der Militärregierung mit ihrem Fragebogen, einem Antrag auf Weiterführung des Betriebs und dem Bescheid der Kommission zu erscheinen, um sich registrieren zu lassen.[213] Diese bürokratischen Anforderungen der zentral gelenkten Wirtschaft scheinen besonders kleineren und mittleren Betrieben Schwierigkeiten bereitet zu haben, denn im Februar 1946 stellten die Offiziere in Obernburg fest, „that some Firms are operating without permissions from this Military Government. This is unlawful".[214] Es wurde nochmals eine Frist bis zum 1. März 1946 eingeräumt und danach selbst den Handwerksunternehmen eine gerichtliche Untersuchung des Militärgerichts angedroht. Nach Ablauf des Ultimatums ließen die Obernburger Offiziere im März 1946 alle Unternehmen der Region durch die Constabulary überprüfen. Die Aktion hatte insofern Erfolg, als in diesem Monat eine große Zahl von Handwerkern bei der Militärregierung in Obernburg erschien, um sich registrieren zu lassen.[215]

Neben den mittelbaren Lenkungsmaßnahmen der deutschen Wirtschaft behielt sich die Besatzungsmacht die direkte Einflußnahme auf alle Betriebe mit mehr als acht Beschäftigten vor, indem sie diese unter Property Control stellte.[216] Die direkte Aufsicht gaben die Obernburger Offiziere im Sommer 1946 an eine Aschaffenburger Dienststelle ab. Die Kontrolle der zentralen Lenkungsbehörden wurde besonders in größeren Betrieben wie im Glanzstoffwerk durch die Inspektionen der höheren amerikanischen Dienststellen offensichtlich. Galt es zu Beginn der Besatzungszeit noch überwiegend, den Stand der deutschen Industrieproduktion zu erforschen und Anlagen für Reparationen zu kennzeichnen,[217] informierten sich spätere Visitationen über eine Kapazitätsausweitung der Produktion.[218] So fanden im Landkreis Obernburg nur in den ersten Monaten der Besatzungszeit Demontagen

---

[213] Vgl. auch die Mahnung des Landrats an alle Betriebe, die Weiterführung zu beantragen: „Bekanntlich wird der Vorschrift dadurch genügt, daß der Betreffende mit ausgefülltem Fragebogen persönlich zur Militärregierung geht und sich dort einträgt"; Landrat Reuter an alle Bürgermeister am 30. 1. 1946, Stadt-AEb, Bst. Erlenbach, A-A0 06/5.

[214] „Military Government Notices" im OOB Nr. 31 vom 23. 2. 1946 (Andre).

[215] Vgl. den Bericht der Obernburger Offiziere im MHR März 1946, OMGBY – ID 10/83 – 1/6.

[216] Mündlicher Bericht am 4. 6. 1993 von Hilde Mönch, damals Sekretärin bei dem für die Treuhänderschaft der Betriebe zuständigen Offizier der Obernburger Militärregierung. Im Landkreis Obernburg waren das im Juni 1946 immerhin 37 Vermögenswerte im Wert von 1 928 152 RM, die von 22 Treuhändern verwaltet wurden; vgl. die Angaben im AHR 1945/46, OMGBY – ID 10/83 – 1/6. Die Namen der Firmen, die unter Property Control gestellt wurden, finden sich in den einzelnen Berichten der Militärregierung, u.a. in den vorliegenden MHRs vom März bis November 1946, OMGBY – ID 10/83 – 1/6.

[217] Vgl. z.B. das WD vom 8. 7. 1945, OMGUS CO HIST.BR – CO/473/1. „A CIOS [Abkürzung konnte nicht aufgelöst werden] Team including Lieutenant Colonels Givens, Riley, and Urquhart of the British Army and Mr. L. Leach visited the Glanzstoff plant in search of new rayon processes". Am 20. 12. 1945 inspizierte das „Reparations Team No 61 from Berlin" das Glanzstoffwerk, um die in Frage kommenden Maschinen für Reparationen zu kennzeichnen; vgl. den MHR Dezember 1945, OMGBY – ID 10/83 – 1/6. Vgl. außerdem Ludwig Vaubel, Zusammenbruch und Wiederaufbau (wie Anm. 22), S. 42 u. 46, zum 20. 6. u. 9. 7. 1945. Auch französische Offiziere besuchten das Obernburger Werk, vgl. dens., S. 58, zum 16. 11. 1945.

[218] Im November 1946 besichtigten beispielsweise „technical and economics experts from OMGUS" das Glanzstoffwerk, um die Möglichkeit der Kapazitätssteigerung in der Reifengarnproduktion zu begutachten; vgl. den MHR November 1946, OMGBY – ID 10/83 – 1/6.

statt.[219] Über die endgültige Demontageliste des Kontrollrats im Oktober 1947 war man hier zwar erschrocken, wurde aber von keiner Maßnahme direkt betroffen.[220]

Gravierende Folgen für die wirtschaftliche Entwicklung am bayerischen Untermain hatte dagegen die Aufrechterhaltung der Fixierung von Güterzuteilungen, Löhnen und Preisen durch die zentrale Lenkung der Besatzungsmacht.[221] Landrat Reuter berichtete schon 1945 nach Würzburg: „Der Handel klagt sehr darüber, daß keine Waren hereinzubekommen sind ohne Gegenleistung".[222] Während die Militärregierung mit drakonischen Strafen gegen den Schwarzen Markt der Region vorging, unterstützte sie das Prinzip der Kompensationsgeschäfte auf Zonenebene. Kunstseidelieferungen aus dem Obernburger Werk sollten gegen Stoffe aus der englischen und französischen Zone getauscht werden. „Cpt. Dumic glaubt, daß für dieses Projekt auch Kohle zu beschaffen sein wird",[223] bemerkte Ludwig Vaubel in seinem Tagebuch. Die Inkonsequenz der Besatzungsmacht war unter der Bevölkerung bekannt, herrschte doch weithin der Eindruck, die Amerikaner seien an Schiebereien beteiligt.[224] Auch Kommunen schlossen versteckt Kompensationsgeschäfte ab.[225] Wegen der unzureichenden Versorgung mit Material jeglicher Art entstand neben dem

---

[219] Vgl. z.B. den Schriftwechsel zwischen dem Erlenbacher Bürgermeister und der Militärregierung Miltenberg vom 1. u. 12. 6. 1945, StadtAEb, Bst. Erlenbach, A-A0 06/5: „Es wurde mir gemeldet, daß in dem in unserer Gemarkung gelegenen Kieswerk der Firma Götz in Miltenberg vor einigen Tagen einige Herren vorfuhren, angeblich aus Mannheim, die sich für die Pumpanlage dieses Werkes interessierten und erklärten, daß sie in den nächsten Tagen die Pumpe ausbauen wollten. Es wäre für die Gemeinde eine große Benachteiligung, da wir Sand und Kies aus diesem Werk zur Behebung unserer Beschuß- und Bombenschäden dringend brauchen". „Referring to the pump-installation you are informed that, if this installation is required, it will be taken". Zu den Demontagen in Bayern vgl. u.a. die Angaben bei Wolfgang Zorn, Bayerns Gewerbe, Handel und Verkehr (1806–1970), in: Max Spindler (Hg.), Handbuch der Bayerischen Geschichte 4, Das neue Bayern 1800–1970, Teilbd. 2, München 1975, S. 832. Der Höhepunkt der Reparationsleistungen durch Demontagen wurde in Bayern im Oktober 1946 erreicht; vgl. Klaus Schreyer, Bayern – ein Industriestaat (wie Anm. 64), S. 208.

[220] „Nach der Veröffentlichung der Demontageliste hat in der Bevölkerung wieder eine allgemeine Depression Platz gegriffen, während in letzter Zeit der zu erwartende Anlauf des Marshall-Planes etwas Hoffnung auf eine erträgliche Zukunft in absehbarer Zeit aufkommen ließ"; Wochenbericht des Landrats an die Militärregierung vom 21. 10. 1947, StAWü A–5137 LRAOb. Vgl. auch Ludwig Vaubel, Zusammenbruch und Wiederaufbau (wie Anm. 22), S. 137, zum 22. 10. 1947. Wenige Tage später konnte der Landrat Entwarnung geben: „Von der Demontage werden im hiesigen Landkreis keine Unternehmen betroffen"; Lagebericht des Landrats an den Regierungspräsidenten vom 24. 10. 1947, StAWü A–633 LRAOb. In Bayern waren von der Demontageliste insgesamt nur relativ wenige Betriebe betroffen; vgl. Karl-Heinz Willenborg, Bayerns Wirtschaft in den Nachkriegsjahren (wie Anm. 97), S. 136.

[221] „Alle Preisvorschriften und alle Bewirtschaftungsvorschriften, die vor dem Einmarsch der amerikanischen Truppen in Kraft waren, gelten weiterhin ... insbesondere die Preisstoppverordnung, das Tauschhandelsverbot, das Schleichhandelsverbot, das Hamsterverbot, die Kriegswirtschaftsverordnung. Mit besonderem Nachdruck mache ich darauf aufmerksam, daß eigenmächtige Preiserhöhungen für Güter und Leistungen jeder Art streng verboten sind"; Bekanntmachung des Regierungspräsidenten im OOB Nr. 4 vom 11. 8. 1945 (Andre).

[222] Lagebericht des Landrats an den Regierungspräsidenten vom 19. 11. 1945, StAWü A–633 LRAOb.

[223] Ludwig Vaubel, Zusammenbruch und Wiederaufbau (wie Anm. 22), S. 53, zum 6. 9. 1945.

[224] Mündlicher Bericht am 5. 6. 1993 von Hermann Schwing aus Röllbach.

[225] Um zwei Transformatoren von der Firma „Siemens" zu erhalten, lieferte z.B. die Stadt Wörth dem Unternehmen im Tauschgeschäft Holz aus dem städtischen Wald nach Würzburg; mündlicher Bericht am 4. 6. 1993 von Otto Berninger, damals Angestellter der Wörther Stadtverwaltung.

Schwarzen ein Grauer Markt, auf dem sich Gewerbetreibende mit nötigen Rohstoffen und Werkzeugen versorgten.[226] „Das Kompensationsfieber … gibt allmählich zu bedenken. Für die nichtigsten Verrichtungen oder Lieferungen wird schon ohne Scheu Gegenleistung in Ware gefordert".[227] Im Juni 1947 schätzte die Obernburger Militärregierung den illegalen Handel mit industriellen Fertigprodukten auf über ein Viertel der gesamten Produktion, und im Frühjahr 1948 nahmen sie sogar eine Rate von 35 Prozent an.[228] Neben den Behinderungen durch die zentrale Lenkung der Wirtschaft, wie ungenügende Materialzuweisungen sowie festgesetzte Preise und Löhne, lag die Hauptursache für die illegalen Tauschgeschäfte in der Unsicherheit der Währung. Die Inflationserfahrungen nach dem Ersten Weltkrieg und die steigende Geldentwertung der Reichsmark in der NS-Zeit verunsicherten Unternehmer wie Bevölkerung.[229] Dazu kamen bereits 1946 Spekulationen über eine bevorstehende Währungsreform unter anderem in Zeitungen.[230] Man hielt Waren zurück, um am Tag der Geldentwertung einen stabilen Wert zu besitzen. Bereits im März 1946 machten die Obernburger Offiziere ihre vorgesetzten Dienststellen auf die Lähmung der regionalen Wirtschaft auf Grund der Währungsunsicherheit aufmerksam.[231] Die Bevölkerung des Landkreises „still prefer 100 pounds of potatoes rather than Reichsmarks, therefore this is holding down business and trade, because no one is willing to exchange anything of material value for money which they expect to fall, as it did after world war I, and they used wheelbarrows filled with Marks to buy one loaf of bread".[232] Im Laufe der Besatzungszeit forderte man deshalb am Untermain immer häufiger „die möglichst baldige Einführung einer neuen beständigen Währung".[233] Da es bei festgesetzten Löhnen für viele Landkreisbewohner günstiger war, sich statt

---

[226] Stoffe und Garne aller Art waren wegen hohen Anteils der Textilindustrie am Untermain begehrtes Tauschmittel auf dem Schwarzen Markt . „Formerly the blackmarket activities consisted of rayon silk, stolen from the Glanzstoff Rayon factory"; AHR 1945/46, OMGBY – ID 10/83 – 1/6. Vgl. außerdem Ludwig Vaubel, Zusammenbruch und Wiederaufbau (wie Anm. 22), S. 116, zum 11. 4. 1947. Zum Grauen Markt in Bayern vgl. auch Karl-Heinz Willenborg, Bayerns Wirtschaft in den Nachkriegsjahren (wie Anm. 97), S. 132–134: Ohne seine Existenz wäre in der bayerischen Wirtschaft „gar nichts mehr gelaufen".

[227] Wochenbericht des Landrats an die Militärregierung vom 21. 10. 1947, StAWü A–5137 LRAOb. Vgl. auch Ludwig Vaubel, Zusammenbruch und Wiederaufbau (wie Anm. 22), zum 26. 3. 1947: „Die Korruption hat balkanesische Ausmaße angenommen".

[228] Vgl. den AHR 1946/47, OMGBY – ID 10/83 – 1/6, und den QHR 1. 1.–31. 3. 1948, OMGBY – ID 10/83 – 1/6.

[229] Zur nur „vordergründig zurückgestauten Inflation" vgl. auch Wolfgang Zorn, Bayerns Gewerbe, Handel und Verkehr (wie Anm. 219), S. 833.

[230] „Es ist mir schon wiederholt berichtet worden, daß die immer wieder auftauchenden Hinweise in den Tagesblättern über eine beabsichtigte Reform der Währung Unsicherheit und Unruhe in der Bevölkerung hervorrufe und zur Zurückhaltung von Waren Veranlassung gegeben hätte"; Lagebericht des Bezirkskommissars an den Landrat vom 19. 6. 1946, StAWü A–633 LRAOb. Auch Ludwig Vaubel notierte im März 1946: „Die Diskussion über die Währung reißt nicht ab"; ders., Zusammenbruch und Wiederaufbau (wie Anm. 22), S. 67, zum 18. 3. 1946.

[231] Vgl. den Bericht im MHR März 1946, OMGBY – ID 10/83 – 1/6. Die Offiziere bemerkten: „… feeling of insecurity is an unwholesome situation".

[232] AHR 1945/46, OMGBY – ID 10/83 – 1/6.

[233] Wochenbericht des Landrats an die Militärregierung vom 12. 8. 1947, StAWü A–5137 LRAOb. Vgl. auch dens. vom 9. 3. 1948: „Der Ruf nach einer baldigen Währungsänderung wird immer dringlicher".

monetärem Einkommen Naturalien in der Landwirtschaft oder auf dem Schwarzen Markt zu verdienen, beeinflußte der Wertverlust der Reichsmark auch den Arbeitsmarkt.[234]

Arbeitskräftemangel

Schon zu Beginn der Besatzungszeit wurden die Bürgermeister angewiesen, alle arbeitsfähigen Personen zu registrieren und zu Arbeiten einzuteilen.[235] Auf diese Weise sollten Einwohner, die sich aus dem Arbeitsprozeß zurückgezogen hatten, um sich autark zu versorgen, für die Aufrechterhaltung der allgemeinen Versorgung eingesetzt werden. Diese Verpflichtung zur Arbeitsleistung bestand während der gesamten Besatzungszeit. So wurden sogar Flüchtlinge bereits drei Tage nach ihrer Ankunft vom Arbeitsamt in den Arbeitsprozeß eingegliedert.[236] Insgesamt herrschte in der Bevölkerung eine große Unlust zur Arbeit für die Allgemeinheit, so daß die Anweisungen des Arbeitsamts zu Arbeitseinsätzen im Sommer 1945 nur wenig befolgt wurden.[237] Deshalb verschärfte die Besatzungsmacht die Mittel zur Arbeitskräftebeschaffung. Nach dem Kontrollratsbefehl Nr. 3 vom 17. Januar 1946 wurden die örtlichen Kartenstellen aufgefordert, die Lebensmittelkarten ab der 89. Zuteilungsperiode nur bei einem Sichtvermerk auf der Registrierkarte des Arbeitsamts zu erteilen.[238] Außerdem bestrafte man Arbeitsverweigerungen schwer, indem sie als Mißachtung eines Befehls der Militärregierung ausgelegt wurden.[239]

Trotz dieser Maßnahmen fehlten in der Region seit Beginn der Besatzungszeit Arbeitskräfte. Besonders für Handwerks- und Gewerbebetriebe, die zur Aufrechterhaltung der Versorgung oder zum Wiederaufbau benötigt wurden, versuchten

---

[234] Vgl. den MHR April 1946 und den QHR 1. 10.–31. 12. 1947, beide OMGBY – ID 10/83 – 1/6: „Blackmarket activities are more lucrative than any other type of work". Zur allgemeinen Arbeitseinstellung vgl. auch den Weekly Intelligence Report vom 5. 10. 1946, OMGUS CO HIST.BR – CO/480/9: „An employer complained that labor varies from day to day as employees say. ‚In a true democracy we don't have to work if we don't want to and why should we work several months for the same amount that can be made in a few hours on the black market?'" Die Lohnstoppverordnung der NS-Zeit wurde in Bayern erst am 3. 11. 1948 aufgehoben; vgl. Klaus Schreyer, Bayern – ein Industriestaat (wie Anm. 64), S. 186.

[235] Das waren Männer im Alter zwischen 15 und 65 sowie Frauen zwischen 15 und 45 Jahren; vgl. das Schreiben des Oberlandrats an die Landratsdienststellen vom 30. 5. 1945, StadtAEb, Bst. Mechenhard, A–4.6.0, und eine entsprechende Bekanntmachung des Obernburger Bürgermeisters vom 7. 6. 1945, StadtAOb, ohne Signatur, von Theresia Priol vorgelegt.

[236] Vgl. die Bekanntmachung der Arbeitsamts-Nebenstelle Obernburg im OOB Nr. 33 vom 9. 3. 1946 (Andre).

[237] „Gerade in den letzten Wochen mußte immer wieder festgestellt werden, daß ein großer Teil der arbeitsfähigen Männer und Frauen diesen Aufforderungen [des Arbeitsamtes] einfach nicht folgt"; Landrat Reuter im OOB Nr. 2 vom 28. 7. 1945 (Andre). In Wörth verweigerte man den Arbeitseinsatz zum Wiederaufbau der Eisenbahnbrücke; vgl. das WD vom 14. 8. 1945, OMGUS CO HIST.BR – CO/473/1. Vgl. ebd. zum 21. 8. 1945: „Labor Office reports difficulty in getting people to work and believes the reason to be that most of them have money. ‚No Work, No Food' policy is being pressed".

[238] Vgl. die Bekanntmachung der Arbeitsamts-Nebenstelle Obernburg im OOB Nr. 43 vom 18. 5. 1946 (Andre). Die Vorschrift galt noch in der 92. Versorgungsperiode; vgl. das Schreiben des Landrats an die Bürgermeister vom 25. 7. 1946, StadtAEb, Bst. Mechenhard, A–0.7.0.

[239] Im März 1946 verurteilte das Obernburger Militärgericht einen Einwohner wegen Nichtbeachtung einer Weisung des Arbeitsamts zu fünf Monaten Zuchthaus; vgl. den MHR März 1946, OMGBY – ID 10/83 – 1/6.

amerikanische wie deutsche Behörden ausgebildete Fachkräfte zu aktivieren. So warb zum Beispiel die Aschaffenburger Militärregierung im Juli 1945 um den einzigen Dachdecker im Landkreis Obernburg. Die Obernburger Offiziere stellten ihm daraufhin ein Zertifikat aus, auf dem sie eine Umsiedlung ohne ihre Genehmigung ausdrücklich verboten.[240] Eine neue Situation brachten im Herbst 1945 die Entlassungen infolge des Entnazifizierungsgesetzes Nr. 8. Der Bedarf an Fachkräften erhöhte sich schlagartig, während gleichzeitig eine hohe Arbeitslosigkeit entstand.[241] Die Entlassungen verschlechterten außerdem die Arbeitsmoral der Bevölkerung.[242] Erst die Wiederaufnahme der Produktion im Glanzstoffwerk im Dezember 1945 und der Beginn der Feldarbeit im Frühjahr 1946 entschärften die angespannte Situation. Daneben ermöglichten die Ergebnisse der Prüfungskommission einigen Arbeitnehmern die Reintegration.[243] Die hohe Arbeitslosigkeit verschwand also im Frühjahr 1946 wieder, während Fachkräfte weiter fehlten.[244] Ab Herbst 1946 verschärfte die schlechte Versorgung mit Lebensmitteln und Kleidung die Lage am Arbeitsmarkt. Nach den Angaben des Arbeitsamts gab es im Oktober sowohl einen Mangel an Arbeitskräften als auch eine Zunahme an Arbeitslosen, die wegen fehlender Kleidung für Außenarbeiten oder wegen ihres schlechten Gesundheitszustands nicht eingesetzt

[240] Vgl. das Schreiben des Obernburger Bürgermeisters an die Militärregierung vom 16. 7. 1945 über den Versuch der Abwerbung des Dachdeckers Wilhelm Humm: „Am Freitag, den 13. Juli war ein amerikanischer Soldat mit einem Aschaffenburger Herrn im Auto hier und wollte ihn unter allen Umständen mitnehmen". Der Text des Zertifikats von Captain Logan lautete: „The bearer of this note is the only Roofer in this Landkreis and will not be moved from the area without permission from MG Detachment of Obernburg"; Schreiben der Militärregierung an den Dachdecker vom 16. 7. 1945; beide Schreiben im StadtAOb, Neue Abt., A–070.

[241] Vgl. die MHRs Oktober und November 1945, OMGBY – ID 10/83 – 1/6: Wegen der vielen Kleingewerbe war der Landkreis Obernburg vom Gesetz Nr. 10 für Handwerker und Selbständige stärker betroffen als vom Gesetz Nr. 8. Beide bewirkten „for the first time the sting of unemployment".

[242] Nach einer kurzen Phase der „despondency" folgte „a wave of resentment toward what they consider to be unfair phases of denazification". „Rumors have been reported even more widely and more far-fetched than before"; MHR November 1945, OMGBY – ID 10/83 – 1/6. Vgl. auch den Lagebericht des Landrats an den Regierungspräsidenten vom 20. 12. 1945, StAWü A–633 LRAOb: „Die Stimmung im Kreis ist überall sehr gedrückt, da im Vollzuge des Gesetzes Nr. 8, das in den Kreis der Angestellten schon sehr große Lücken gerissen hat, nunmehr auch die Geschäftsinhaber auf ihre politische Zuverlässigkeit überprüft werden".

[243] Vgl. z.B. den Weekly MG Report Nr. 18 vom 12. 11. 1945, OMGUS CO HIST.BR – CO/473/1: „A total of 153 permits have been issued to employees under Law No. 8 and 35 request have been disapproved".

[244] Obwohl im März 1946 415 Männer und 173 Frauen eine neue Arbeit vermittelt bekamen, blieben im Landkreis 278 freie Stellen für Männer und 170 für Frauen unbesetzt. Im folgenden Monat stellte man 248 männliche und 150 weibliche Arbeitskräfte neu ein, während die Betriebe noch 197 Männer und 155 Frauen benötigten; vgl. die Angaben in den MHRs März u. April 1946, OMGBY – ID 10/83 – 1/6. Ende Juni berichtete der Landrat an die Militärregierung: „Von einer Arbeitslosigkeit im Kreise kann keine Rede sein"; Wochenbericht des Landrats an die Militärregierung vom 25. 6. 1946, StAWü A–5137 LRA-Ob. Der Mangel an Arbeitskräften wurde u.a. damit begründet, daß „etwa 3.500 Kriegsgefangene noch nicht zurückgekehrt sind, über 1.000 Soldaten gefallen und etwa 1.000 Soldaten infolge Kriegsverletzung nicht einsatzfähig sind"; Wochenbericht des Landrats an die Militärregierung vom 15. 5. 1946, StAWü A–5137 LRAOb. Im Juli mangelte es besonders an landwirtschaftlichen Hilfskräften für die Ernte und an Facharbeitern. „Labor Situation in this Landkreis is not too good"; MHR Juli 1946, OMGBY – ID 10/83 – 1/6. „There is a manpower shortage in every line of work, especially in trained technicians, such as brick masons, electricians and steel workers"; AHR 1945/46, OMGBY – ID 10/83 – 1/6.

werden konnten.[245] Das Gesundheitsamt in Obernburg schätzte zur selben Zeit, daß 60 bis 70 Prozent der Beschäftigten im Landkreis nur leichte oder mittelschwere Arbeiten ausführen könnten. Die Zahl der Arbeitslosen stieg im Januar 1947, als wegen des Kohlemangels ungefähr 1000 Entlassungen vorgenommen wurden.[246] Aber die milde Witterung brachte im April 1947 eine „schlagartige Belebung des Arbeitsbedarfs",[247] als von den Betrieben der Region 600 Männer und 200 Frauen angefordert und die Anfragen „nicht befriedigend gedeckt"[248] wurden. Im Mai 1947 gab es im Landkreis Obernburg 500 offene Stellen, so daß der Mangel an Fachkräften den wirtschaftlichen Aufschwung der Region bremste.[249] Deshalb versuchte man aus umliegenden Landkreisen und aus Kriegsgefangenenlagern Arbeitskräfte zur Deckung des Bedarfs zu erhalten, was allerdings insbesondere wegen des fehlenden Wohnraums nicht gelang.[250]

Die große Zahl der Flüchtlinge, die ab 1946 am Untermain eintraf, konnte den Arbeitskräftemangel der Besatzungszeit nicht spürbar entlasten, denn zum größten Teil kamen Frauen, Kinder und ältere Menschen, und außerdem ließ ihr Gesundheitszustand und der Mangel an eigenen Kleidungsstücken noch deutlich weniger Arbeitsleistung zu als bei der einheimischen Bevölkerung.[251] Nicht selten wurden arbeitsfähige Flüchtlinge in den Durchgangsregionen abgeworben oder festgehalten.[252] Auch wenn die Neubürger am Wirtschaftwunder der 50er Jahre in Bayern insgesamt einen großen Anteil haben,[253] konnten sie in den ersten Jahren der Besatzungszeit das wirtschaftliche Leben im Landkreis Obernburg nur unbedeutend entlasten.

---

[245] Vgl. den Bericht im MHR Oktober 1946, OMGBY – ID 10/83 – 1/6. Vgl. auch die Beschwerden der Handwerkskammer für Unterfranken, Abteilung Aschaffenburg, vom 5. 11. 1946, mit Quellennachweis teilweise abgedruckt bei Christoph Boyer, Zwischen Zwangswirtschaft und Gewerbefreiheit (wie Anm. 63), S. 63. Man beklagte die fehlende Berufsbekleidung am bayerischen Untermain: „… haben unsere Handwerker mit den im Handwerk Beschäftigten nicht Lust, sich nur bei der Stimmabgabe und als Steuerzahler ausnutzen zu lassen".

[246] Vgl. den Wochenbericht des Landrats an die Militärregierung vom 21. 1. 1947, StAWü A–5137 LRAOb.

[247] Wochenbericht des Landrats an die Militärregierung vom 15. 4. 1947, StAWü A–5137 LRAOb.

[248] Wochenbericht des Landrats an die Militärregierung vom 29. 4. 1947, StAWü A–5137 LRAOb.

[249] Vgl. den Wochenbericht des Landrats an die Militärregierung vom 13. 5. 1947, StAWü A–5137 LRAOb.

[250] Vgl. die Wochenberichte des Landrats an die Militärregierung vom 13. 5., 15. u. 29. 7. 1947, StAWü A–5137 LRAOb. Vgl. auch dens. vom 16. 9. 1947: „Arbeiterwerbung hat im hiesigen Landkreis praktisch keinen Erfolg". Lediglich zehn Personen aus einem auswärtigen Flüchtlingslager konnten bei den Aktionen im September 1947 geworben werden.

[251] Vgl. den MHR August 1946 und den AHR 1945/46, beide OMGBY – ID 10/83 – 1/6: „Most of the labor allocations are from expellees arriving in the area, for the most part they are not capable of doing manual labor". So waren beispielsweise von den 260 Flüchtlingen, die in einem Transport Ende März 1946 im Landkreis eintrafen, nur sechs Männer in der Lage, eine Arbeit anzunehmen; vgl. den Bericht der amerikanischen Offiziere im MHR März 1946, OMGBY – ID 10/83 – 1/6.

[252] Wie beispielsweise durch das Arbeitsamt Würzburg im Fall von 20 Männern bei einem Transport nach Obernburg im Mai 1946; vgl. dazu den MHR Mai 1946, OMGBY – ID 10/83 – 1/6. Generell durften zu diesem Zeitpunkt Fachkräfte unter den Flüchtlingen von den Landkreisen ausgetauscht werden; vgl. den MHR Juli 1946, OMGBY – ID 10/83 – 1/6.

[253] Vgl. u.a. Karl-Heinz Willenborg, Bayerns Wirtschaft in den Nachkriegsjahren (wie Anm. 97), S. 142.

Der große Mangel an Arbeitskräften hielt auch 1947 an und verstärkte sich, als im Winter wieder die nötige Bekleidung fehlte.[254] Allerdings kam es nicht, wie ein Jahr zuvor, zu Entlassungen. Dafür verschärfte sich die wirtschaftliche Situation auf Grund der sich verschlechternden Versorgung der Bevölkerung im Frühjahr 1948. „Es wird immer klarer, daß ein Arbeitseinsatz unter den augenblicklichen Lebensbedingungen nicht mehr tragbar erscheint",[255] berichtete Landrat Reuter deshalb der Militärregierung in Obernburg. Das Ausbleiben einer besseren Versorgung erhöhte außerdem die Arbeitsunlust und schadete so dem wirtschaftlichen Leben in der Region.[256] Deshalb und wegen des allgemeinen Lohnstopps warb das Glanzstoffwerk seine Arbeiter mit einer Zusatzversorgung durch Naturalien, was Abwanderungen der Arbeitskräfte aus den anderen Gewerbebetrieben zur Folge hatte und die wirtschaftliche und soziale Struktur am bayerischen Untermain insgesamt noch mehr belastete.[257]

Depressive Stimmung trotz wirtschaftlicher Konsolidierung

Obwohl der wirtschaftliche Neubeginn im Landkreis Obernburg relativ schnell zu einer Regeneration in den meisten Betrieben führte und den Einwohnern schon ab 1945 Arbeitsmöglichkeiten schuf, wurde er von einer allgemeinen Depression in der Bevölkerung begleitet. „Niemand kann sich eine Vorstellung machen, auf welche Weise die zur Zeit bestehende Wirtschaftskrise zum Besseren gesteuert werden soll",[258] berichtete der Obernburger Bezirksinspektor im Juli 1946 an den Landrat. Dieser zeigte beim Regierungspräsidenten die Beziehung zwischen wirtschaftlicher Lage und mentaler Verfassung an und gab die Empfehlung, die Produktion noch weiter zu steigern, „damit der allgemeine Pessimismus in den Gemütern einer neuen Hoffnung und Zuversicht Platz mach[e]".[259] Obwohl sich die Wirtschaftslage im Frühjahr 1947 durch einen gewissen Aufschwung am Untermain weiter stabilisierte, setzte sich die „unverkennbare Depression"[260] unter der Bevölkerung fort. Man maß die wirtschaftliche Situation wahrscheinlich weniger an der Produktion und den Arbeitsmöglichkeiten als vielmehr an der persönlichen Versorgungslage. So war es im Landkreis Obernburg in erster Linie die fehlende Relation zwischen wirtschaftlicher Regeneration und Verbesserung der Konsumgüterversorgung, die „die Menschen vor Entkräftung ... alle Lust zur Arbeit und zur Verantwortung verlieren"[261]

[254] Vgl. die Wochenberichte des Landrats an die Militärregierung vom 30. 9. u. 18. 11. 1947, StAWü A–5137 LRAOb.

[255] Wochenbericht des Landrats an die Militärregierung vom 20. 1. 1948, StAWü A–5137 LRAOb.

[256] „Wie das Arbeitsamt Obernburg mitteilt, wirkt sich die Verknappung in der Kartoffelversorgung auf die Arbeitsfreude und Arbeitsbereitschaft ungünstig aus"; Wochenbericht des Landrats an die Militärregierung vom 4. 11. 1947, StAWü A–5137 LRAOb. Vgl. auch dens. vom 17. 2. 1948.

[257] Vgl. den Wochenbericht des Landrats an die Militärregierung vom 20. 4. 1948, StAWü A–5137 LRAOb.

[258] Lagebericht der Bezirksinspektion an den Landrat vom 19. 7. 1946, StAWü A–633 LRAOb.

[259] Lagebericht des Landrats an den Regierungspräsidenten vom 24. 10. 1946, StAWü A–633 LRAOb. Vgl. auch den Wochenbericht des Landrats an die Militärregierung vom 28. 1. 1947, StAWü A–5137 LRAOb: „Aber jedem Versuch, dieser Unzufriedenheit durch eine verstärkte Produktion zu begegnen, setzt der Mangel an Kohl und Strom unübersteigliche Hindernisse entgegen".

[260] Wochenbericht des Landrats an die Militärregierung vom 20. 5. 1947, StAWü A–5137 LRAOb.

[261] Wochenbericht des Landrats an die Militärregierung vom 22. 7. 1947, StAWü A–5137 LRAOb.

ließ. Als Folge verbreitete sich nicht nur Hoffnungslosigkeit, sondern auch ein gewisser Groll auf die zentrale Wirtschaftslenkung der Besatzungsmacht, die 1947 trotz Vollbeschäftigung und Produktionssteigerungen keine erhebliche Veränderung der Versorgungslage im Landkreis brachte.[262] Andere versuchten die fehlende Verbesserung der persönlichen Situation durch gewaltsame Übergriffe zu erreichen, wie zwei versuchte Raubzüge auf das Glanzstoffwerk zeigen.[263]

Die depressive Stimmung veränderte sich erst, als die Ergebnisse der Londoner Konferenz Ende 1947 bekannt wurden. Zwar stieß die Weststaats-Lösung generell auch im Landkreis Obernburg auf Ablehnung, aber man erwartete sich für die Stabilität des neuen Staates eine Ankurbelung der Wirtschaft durch amerikanische Hilfe.[264] Bestätigung fand diese Hoffnung durch die Unterstützungen des Marshall-Plans: „Im gesamten Wirtschaftsbereich wartet man auf den Start, der durch den Anlauf des Marshall-Planes herbeigeführt werden soll".[265] Besonders große Wirkung hatte die Währungsreform auf die mentale Verfassung der Zeitgenossen. „Endlich löst sich die Spannung. … Für die meisten verbindet sich damit eine Hoffnung",[266] notierte Ludwig Vaubel in sein Tagebuch. In diesem Stimmungsumschwung kündigte sich schon die große Bedeutung der wirtschaftlichen Prosperität in den 50er Jahren an, wodurch sich die Akzeptanz der deutschen Bevölkerung für die politische und gesellschaftliche Ordnung des neuen Staates Bundesrepublik erheblich erhöhte.

Der Strukturwandel im Vergleich

Abschließend soll ein Blick auf die Verteilung der Erwerbspersonen im Vergleich mit ganz Unterfranken und Bayern das Allgemeine und Besondere der wirtschaftlichen Entwicklung im Landkreis Obernburg illustrieren. Dabei gilt es zu beachten, daß nur für 1939, 1946 und 1950 einigermaßen vergleichbare Angaben vorliegen und von der Zahl der Erwerbspersonen nicht in jedem Fall auf die tatsächliche Situation geschlossen werden kann. Trotzdem deutet die Verteilung der Arbeitskräfte auf die Sektoren einen Wandel im wirtschaftlichen Leben der Region an.

In der Landwirtschaft stellte die Planwirtschaft des NS-Staates wegen des erhöhten Lebensmittelbedarfs in der Kriegszeit zusätzliche Arbeitskräfte ein.[267] Auch in

---

[262] Teile der Bevölkerung glaubten, daß „der wirtschaftliche Aufbau schon viel weiter fortgeschritten wäre, wenn eine solche Entwicklung von der Besatzungsmacht nicht planmäßig gedrosselt würde"; Wochenbericht des Landrats an die Militärregierung vom 9. 3. 1948, StAWü A–5137 LRAOb.

[263] Vgl. die Wochenberichte des Landrats an die Militärregierung vom 5. 8. 1947 u. 4. 2. 1948, StAWü A–5137 LRAOb. Der Überfall am 30. 1. 1948 war sogar mit einem gewaltsamen Angriff auf das Pförtnerhaus 2 verbunden.

[264] „Der Ausgang der Londoner Konferenz, so negativ er sich rein äußerlich zunächst darstellt, erfüllt trotzdem einen Teil der Wirtschaftskreise mit der Hoffnung, daß die USA sich vielleicht nun stärker als bisher für die Ankurbelung der deutschen Wirtschaft interessiert und einsetzt"; Lagebericht des Landrats an den Regierungspräsidenten vom 23. 12. 1947, StAWü A–633 LRAOb.

[265] Lagebericht des Landrats an den Regierungspräsidenten vom 30. 4. 1948, StAWü A–633 LRAOb.

[266] Ludwig Vaubel, Zusammenbruch und Wiederaufbau (wie Anm. 22), S. 171, zum 18. 6. 1948.

[267] Die Angaben für die Grafik „Erwerbspersonen im Landkreis Obernburg" entstammen den Volks- und Berufszählungen vom 17. 5. 1939, 29. 10. 1946 und 13. 9. 1950; vgl. das Statistische Handbuch für Bayern (wie Anm. 68), S. 170, das Statistische Jahrbuch für Bayern 1947 (wie Anm. 92), S. 404, und das Statistische Jahrbuch für Bayern 1952, Jg. 24, hg. v. Bayerischen Statistischen Landesamt, München 1952, S. 511.

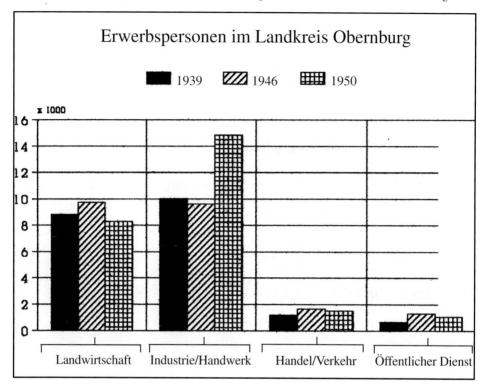

den ersten Monaten der Besatzungszeit besaß die Feldarbeit eine besondere Attraktivität, und zwar auf amerikanischer Seite, um die Versorgung der Besatzungszone ohne Importe zu gewährleisten, und für die deutsche Bevölkerung wegen des zusätzlichen Bezugs von Naturalien. Die Zahl der Erwerbstätigen im landwirtschaftlichen Bereich übertraf deshalb 1946 im Unterschied zu 1939 die Beschäftigten in Industrie und Handwerk. Man könnte von einer kurzzeitigen „Reagrarisierung" des Untermaingebiets sprechen. Der Aufschwung im Gewerbe insbesondere durch Währungsreform und Gewerbefreiheit zog Ende der 40er Jahre wieder Arbeitskräfte von der Landwirtschaft in den Bereich von Industrie und Handwerk. Hier hatten zum Ende des Krieges und während der Besatzungszeit verschiedene Faktoren wie Rohstoff- und Arbeitskräftemangel oder Eingriffe der zentralen Wirtschaftslenkung die Expansion erst noch gebremst. Aber schon 1950 überstieg die Zahl der Beschäftigten die Angaben für 1939 und 1946 deutlich und zeigte den Strukturwandel zur gewerblichen Dominanz in der zweiten Hälfte der Besatzungszeit an. Im Bereich Handel und Verkehr führte die Evakuierung einiger Großhandelsunternehmen gegen Ende des Krieges zu einer Erhöhung der Erwerbspersonen. Erstaunlich sind die Schwankungen beim öffentlichen Dienst, denn hier wurden 1946 mehr Beschäftigte registriert als zu Kriegsbeginn. Vielleicht sorgte das Personal für die neue Militärregierung oder die Spruchkammer für diese Erhöhung. Möglicherweise zählte man die aus politischen Gründen entlassenen Beamten weiterhin zu den Beschäftigten des öffentlichen

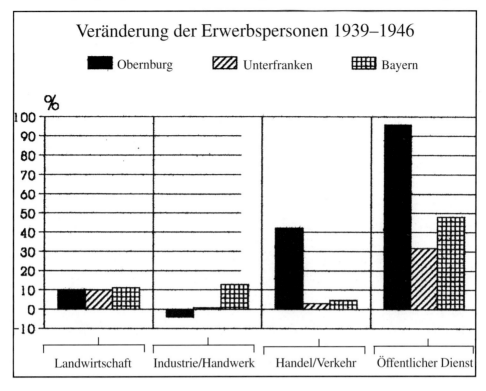

Dienstes, so daß von den statistischen Angaben nicht auf die tatsächliche Effektivität der Ämter in der Besatzungszeit geschlossen werden kann. Bis 1950 kehrte dann ein Großteil des früheren Personals in die Behörden zurück.

Allerdings fällt die starke Zunahme im öffentlichen Dienst bis 1946 um 96 Prozent auch bei einem Vergleich des Landkreises mit Unterfranken und Bayern auf.[268] Sie könnte sich vielleicht aus der Auflösung der Kreisleitung und ihrer Bürokratie in Miltenberg und der Rückführung der Verwaltung in die Kreisstadt Obernburg erklären lassen. Die andere überproportionale Zunahme um 42,2 Prozent in Handel und Verkehr wurde von den evakuierten Betrieben aus den Ballungszentren verursacht, die 1946 in regen Austausch mit ihren angestammten Standortgebieten traten. Außerdem nahm der bayerische Untermain, wie gezeigt, bereits relativ schnell wieder seine alte Stellung als „Export-Basis" ein. Der Rückgang bei den Erwerbstätigen in Industrie und Handwerk um 4,1 Prozent hing neben den schon genannten Gründen auch mit der starken Expansion der Rüstungsindustrie am Untermain während

---

[268] Die Angaben für die Grafik „Veränderung der Erwerbspersonen 1939–1946" entstammen den Volks- und Berufszählungen vom 17. 5. 1939 und 29. 10. 1946; vgl. das Statistische Handbuch für Bayern (wie Anm. 68), S. 170 u. 176, sowie das Statistische Jahrbuch für Bayern 1947 (wie Anm. 92), S. 372 u. 404.

der unmittelbaren Vorkriegszeit zusammen. Dagegen erstaunt die Zunahme von 12,8 Prozent der Arbeitskräfte im Bereich Industrie und Handwerk für ganz Bayern, die sich mit einer starken Intensivierung der allgemeinen Rüstungsproduktion im Agrarland nach 1939 erklären läßt,[269] so daß die Zahl der Erwerbstätigen durch das Kriegsende zwar gesunken war, aber 1946 noch immer oder wieder über dem Stand von 1939 lag.[270] Wie überall in Bayern führten Kriegswirtschaft und Versorgungsschwierigkeiten der Besatzungszeit auch am Untermain zur Intensivierung der Landwirtschaft.[271]

In diesem Bereich nahm die Zahl der Erwerbstätigen bis 1950 wegen der zunehmenden gewerblichen Struktur der Region wieder stärker ab.[272] Auch die Zahl der Erwerbstätigen im Bereich Handel und Verkehr ging im Unterschied zu Unterfranken und Bayern im Landkreis Obernburg 1950 im Vergleich mit 1946 um 8,2 Prozent zurück. Hier wirkte sich sicherlich die Rückkehr eines Großteils der evakuierten

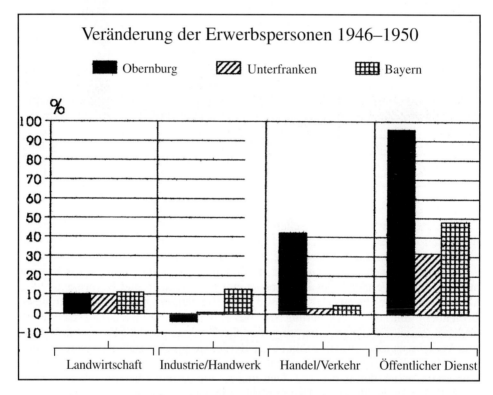

[269] Vgl. u.a. Wolfgang Zorn, Bayerns Gewerbe, Handel und Verkehr (wie Anm. 219), S. 830.

[270] Insgesamt war in der amerikanischen Zone bis zum Winter 1946 eine Aufwärtsentwicklung der Industrieproduktion festzustellen; vgl. u.a. Karl-Heinz Willenborg, Bayerns Wirtschaft in den Nachkriegsjahren (wie Anm. 97), S. 138.

[271] In den ersten Jahren der Besatzungszeit wirkte sich der agrarische Charakter der bayerischen Wirtschaft für die Versorgungslage der Bevölkerung positiv aus; vgl. u.a. Karl-Heinz Willenborg, Bayerns Wirtschaft in den Nachkriegsjahren (wie Anm. 97), S. 135.

[272] Die Angaben für die Grafik „Veränderung der Erwerbspersonen 1946–1950" entstammen den Volks- und Berufszählungen vom 29. 10. 1946 und 13. 9. 1950; vgl. das Statistische Jahrbuch für Bayern 1947 (wie Anm. 92), S. 372 u. 404, sowie das Statistische Jahrbuch für Bayern 1952 (wie Anm. 267), S. 503 u. 511.

Betriebe an ihre alten Standorte aus. Wie in Unterfranken und Bayern insgesamt nahm die Zahl der Beschäftigten im öffentlichen Dienst bis 1950 auch am bayerischen Untermain wegen fehlender Finanzmittel der Kommunen ab. Allerdings ergab sich im Landkreis eine Erhöhung im Vergleich zu 1939 um 55,6 Prozent. Überdurchschnittlich stark fiel die Steigerung der Erwerbstätigen in Industrie und Handwerk aus. Nach der relativ schnellen Regeneration des wirtschaftlichen Lebens in den ersten Jahren nach Kriegsende profitierte die exportorientierte Region von der Aufhebung der Zonengrenzen und dem Aufschwung durch Währungsreform und Gewerbefreiheit. Der wirtschaftliche Intensivraum konnte seinen Vorsprung zu anderen bayerischen Regionen bereits während der Besatzungszeit weiter ausbauen.

In keinem anderen Landkreis in Unterfranken hat die Zahl der Erwerbspersonen im Bereich Industrie und Handwerk von 1939 bis 1950 so stark zugenommen wie in Obernburg.[273] Nur in Schweinfurt und im Landkreis Aschaffenburg lag ihr Anteil an allen Erwerbstätigen noch um ein Prozent höher. Der Landkreis Obernburg vollzog von 1939 bis 1950 den Wandel von einer gemischtwirtschaftlichen Region zu einem überwiegend gewerblichen Kreis.[274] Dieser Strukturwandel war in Unterfranken sonst nur noch für den Landkreis Aschaffenburg und in ganz Bayern insgesamt nur für sieben Landkreise festzustellen, die alle in Franken lagen.[275] Insofern bedeutete die Besatzungszeit für die wirtschaftliche Entwicklung am bayerischen Untermain nur eine kurze Zäsur in der seit dem Jahrhundertanfang begonnenen Entwicklung zu einem Intensivraum der bayerischen Wirtschaft,[276] die ihren Weg zum Industriestaat erst Jahre später in der jungen Bundesrepublik einschlug.[277]

---

[273] Vgl. die Angaben bei Heinz Lehmann, Die bayerischen Stadt- und Landkreise 1 (Beiträge zur Statistik Bayerns 185,1), München 1953, Übersicht 2, S. 10*–14*. Der Anteil der Erwerbstätigen in Industrie und Handwerk stieg im Landkreis Obernburg im Vergleich zu 1939 von 47 auf 56 %.

[274] Nach der Klassifizierung des Bayerischen Statistischen Landesamts war der Kreis vom „Typ C" zum „Typ D" aufgestiegen; vgl. dazu Heinz Lehmann, Die bayerischen Stadt- und Landkreise 1 (wie Anm. 273), S. 9* u. 14*.

[275] Neben Aschaffenburg waren dies in Mittelfranken die Landkreise Fürth und Nürnberg sowie in Oberfranken die Landkreise Coburg, Kronach und Lichtenfels.

[276] Der wirtschaftliche Aufschwung setzte sich in den 50er Jahren weiter fort. Die Zahl der Beschäftigten in der Industrie des Landkreises Obernburg stieg von 5572 im Januar 1950 kontinuierlich bis zum April 1951 auf 6658. Besonders im Frühjahr 1951 wurde expandiert, als sich von Januar bis April 16 Industriebetriebe mehr im Landkreis ansiedelten; vgl. Heinz Lehmann, Die bayerischen Stadt- und Landkreise 2 (wie Anm. 8), S. 205. Gemessen an seiner Realsteuerkraft lag der Landkreis Obernburg 1958 unter den bayerischen Landkreisen an zweiter Stelle. Der Anteil der Arbeitnehmer, die in der Industrie beschäftigt waren, betrug 56,6 %, wodurch die weitere Entwicklung zum Industrielandkreis unterstrichen wird; vgl. die Angaben bei Hans Moser, Strukturwandel der Landwirtschaft (wie Anm. 2), S. 19–21.

[277] Vgl. u.a. Klaus Schreyer, Bayern – ein Industriestaat (wie Anm. 64), S. 321f., und Karl-Heinz Willenborg, Bayerns Wirtschaft in den Nachkriegsjahren (wie Anm. 97), S. 142.

Zusammenfassung

Die Untersuchung des wirtschaftlichen Neubeginns am bayerischen Untermain ließ die Behinderungen durch das zerstörte Transportsystem, den Arbeitskräfte- und Rohstoffmangel, die planwirtschaftliche Verteilung und Kontrolle der Besatzungsverwaltung sowie Kompensationsgeschäfte deutlich werden, so wie es für die gesamte Besatzungszone zutraf. Ähnlich wie in den urbanen Zentren signalisierte auch im Landkreis Obernburg die Währungsreform 1948 mit ihrem plötzlichen Warenangebot den Anbruch einer neuen Zeit.

Bei der Frage nach der Bedeutung der Neubürger für die wirtschaftliche Konsolidierung fällt auf, daß die Flüchtlinge bis 1948 noch nicht positiv auf das Wirtschaftsleben am Untermain wirkten. Es gelang während der Besatzungszeit nicht, den hohen Bedarf an Arbeitskräften durch die Neuankömmlinge auszugleichen, insbesondere wegen ihres schlechten Gesundheitszustands und der demographischen Zusammensetzung der Transporte. Erst als ab 1948 eine Migration zwischen den strukturärmeren Gemeinden und den wirtschaftspotenteren Gebieten auch innerhalb der Region einsetzte, leisteten die Neubürger ihren Beitrag zur wirtschaftlichen Prosperität.

Erstaunlicherweise konnte der Landkreis Obernburg seinen wirtschaftlichen Entwicklungsvorsprung in Bayern aber bereits während der Besatzungszeit nicht nur behaupten, sondern bis 1950 sogar ausbauen und einen Strukturwandel von einer gemischtwirtschaftlichen zu einer überwiegend gewerblichen Region vollziehen. Dabei spielte insbesondere die pragmatische Wirtschaftspolitik der Militärregierung eine Rolle, die unter anderem sogar ehemaligen Rüstungsbetrieben bereits im April beziehungsweise Juni 1945 Produktionsgenehmigungen ausstellte und durch das „Schwesinger-Geld" frühzeitig für monetäre Stabilität sorgte. Günstige Voraussetzungen für den Neubeginn bot die ländliche Region durch die bessere Versorgungslage und die zahlreichen Arbeitsstellen. Außerdem ist auf die Bedeutung der evakuierten Unternehmen in der ländlichen Region aufmerksam zu machen.

Aber erst ein Vergleich mit anderen „Export-Basen" in der amerikanischen Besatzungszone läßt eine Wertung des Obernburger Strukturwandels innerhalb der bayerischen Nachkriegsgeschichte zu. Insofern wirft die Beschäftigung mit der Geschichte einer ländlichen Region am bayerischen Untermain neue Fragestellungen für die Erforschung der Besatzungszeit in Bayern auf.

Dorothea F a s t n a c h t und Robert S c h u h

Namenkundliche Irrwege in Franken

1

In Band 22, 1999/2000, der Zeitschrift „Geschichte am Obermain" hat der Germanist Joachim Andraschke einen Aufsatz unter dem Titel „Ungeklärte Siedlungsnamen keltischer Höhensiedlungen im Regnitz- und Maingebiet"[1] publiziert, in dem zahlreiche Ortsnamen im heutigen Oberfranken teils für semitisch, teils für illyrisch, teils für keltisch, teils für theophor (bezogen auf die keltische beziehungsweise germanische Mythologie) erklärt werden. Wie wir meinen und zeigen wollen, verstößt der Autor dabei sowohl gegen methodologische Grundsätze der wissenschaftlichen Namenforschung[2] als auch gegen gültige sprachwissenschaftliche Grundregeln der Lautgeschichte und Morphologie.

Wir veröffentlichen unsere kritischen Anmerkungen[3] im „Jahrbuch für fränkische Landesforschung", um damit vornehmlich einen Kreis von Landeshistorikern ansprechen zu können, der zwar zu den Lesern der oben genannten Zeitschrift gehört, den wir aber vermutlich in einem rein onomastischen Fachorgan nicht in gleichem Umfang erreichen würden. Wir hoffen, damit auch einen Beitrag zur Abgrenzung einer auf historische Belege gestützten, streng philologisch vorgehenden onomatologischen Forschung von einer assoziativen und spekulativen Vorgehensweise bei der Namenerklärung zu leisten. Groß scheint uns die Gefahr, besonders für die Nicht-Namenkundler, zu sein, daß – wie Arno Ruoff jüngst feststellte – „nicht immer […] beide Sorten leicht voneinander abzugrenzen" sind. „Denn viele der abstrusesten Abhandlungen stammen aus der Feder von promovierten Forschern in wissenschaftlichen Publikationen".[4] Und oft nur mit erheblicher Verzögerung erreicht die innerhalb der Onomastik geführte Diskussion den Nachbarwissenschaftler. Wir benützen deshalb die Gelegenheit, eingangs auch auf einige andere jüngere Publikationen, in denen abwegige Thesen zu fränkischen Ortsnamen geäußert werden, und auf Rezensionen und Entgegnungen aufmerksam zu machen, in denen jene eine Zurückweisung erfahren.

---

[1] Joachim Andraschke, Ungeklärte Siedlungsnamen keltischer Höhensiedlungen im Regnitz- und Maingebiet, in: Geschichte am Obermain 22, 1999/2000, S. 15–22.

[2] Den besten Überblick über den gegenwärtigen Stand der Namenforschung gibt ein zweibändiges Handbuch: Ernst Eichler/Gerold Hilty/Heinrich Löffler/Hugo Steger/Ladislav Zgusta (Hg.), Namenforschung. Ein internationales Handbuch zur Onomastik, 2 Teilbände (Handbücher zur Sprach- und Kommunikationswissenschaft 11.1 und 11.2), Berlin/New York 1995 und 1996.

[3] Die Abschnitte 4–6 stammen von Dorothea Fastnacht, die Abschnitte 1–3 und 7 von Robert Schuh.

[4] Arno Ruoff, Das weite Feld der Orts- und Flurnamen. Tummelplatz, Forschungsplatz, Kampfplatz, Festplatz, in: Ulrich Sieber (Hg.), Ortsnamenforschung in Südwestdeutschland. Eine Bilanz. Festkolloquium anlässlich des 65. Geburtstages von Dr. Lutz Reichardt am 10. Dezember 1999 (Reden und Aufsätze 63), Stuttgart 2000, S. 16–23, hier S. 22f.

Zum einen handelt es sich dabei um Veröffentlichungen des Münchner Sprachwissenschaftlers Theo Vennemann gen. Nierfeld,[5] der in zahlreichen Gewässernamen und auch Siedlungsnamen des deutschen Sprachgebiets ein baskisches beziehungsweise vaskonisches, also vorindogermanisches Substrat erkennen zu können glaubt. Auch etliche fränkische Ortsnamen erklärt er auf diese Weise, so etwa Münnerstadt (Unterfranken), Münchberg (Oberfranken) oder Mönchberg (Unterfranken), die – wie im übrigen auch der Name München – auf eine paläo-baskische Wurzel *mun- zurückzuführen seien,[6] oder den Namen der Stadt Bischofsheim a. d. Rhön, den er mit baskisch Bisk-ar- < *Bisk-al- („Rücken, Anhöhe') vergleicht.[7] Ein vaskonisches *aran- ‚Tal' sei zum Beispiel in den fränkischen Ortsnamen Arberg und Ornbau enthalten.[8] Gründung und Benennung all dieser Orte wären demnach etwa in die Zeit vom 8. bis zum 6. Jahrtausend vor Christus zu datieren.[9] Daß hier schon methodologisch ein falscher Weg eingeschlagen wird und daß die Thesen Vennemanns gen. Nierfeld auch Einzelanalysen nicht standhalten, haben in zum Teil umfangreichen Studien Wolf-Armin Freiherr von Reitzenstein,[10] Lutz Reichardt,[11] Wolfgang P. Schmid[12] und Jürgen Udolph[13] bewiesen.

Ein anderes jüngeres Werk, von dem der Historiker wissen sollte, daß es in weiten Teilen von seiten der onomastischen Wissenschaft einhellige Ablehnung erfahren hat, ist das Buch „Frankens mainwendische Namen" von Joseph Schütz,[14] in dem sowohl

---

[5] In unserem Zusammenhang sind zu nennen: Theo Vennemann gen. Nierfeld, Zur Erklärung bayerischer Gewässer- und Siedlungsnamen, in: Sprachwissenschaft 18, 1993, S. 425–483; derselbe, Der Name der Landeshauptstadt München, in: Literatur in Bayern 37, 1994, S. 2–7; derselbe, Linguistic reconstruction in the context of European prehistory, in: Transactions of the Philological Society 92, 1994, S. 215–284; derselbe, Etymologische Beziehungen im alten Europa, in: Der GingkoBaum. Germanistisches Jahrbuch für Nordeuropa 13, 1995, S. 39–115; derselbe, Basken, Semiten, Indogermanen. Urheimatfragen in linguistischer und anthropologischer Sicht, in: Wolfgang Meid (Hg.), Sprache und Kultur der Indogermanen. Akten der X. Fachtagung der Indogermanischen Gesellschaft Innsbruck, 22.–28. September 1996 (Innsbrucker Beiträge zur Sprachwissenschaft 93), Innsbruck 1998, S. 119–138; derselbe, Pre-Indo-European toponyms in Central and Western Europe: *Bid-/Bed- and Pit-names, in: W. F. H. Nicolaisen (Hg.), Proceedings of the XIXth International Congress of Onomastic Sciences Aberdeen, August 4–11, 1996: ‚Scope, Perspectives and Methods of Onomastics', Vol. 2, Aberdeen 1998, S. 359–363; derselbe, Volksetymologie und Ortsnamenforschung. Begriffsbestimmungen und Anwendung auf ausgewählte, überwiegend bayerische Toponyme, in: Beiträge zur Namenforschung. Neue Folge 34, 1999, S. 269–322.

[6] Vennemann gen. Nierfeld, Zur Erklärung (wie Anm. 5), S. 460–471; derselbe, München (wie Anm. 5).

[7] Vennemann gen. Nierfeld, Zur Erklärung (wie Anm. 5), S. 480.

[8] Vennemann gen. Nierfeld, Volksetymologie (wie Anm. 5), S. 311.

[9] Vennemann gen. Nierfeld, Zur Erklärung (wie Anm.5), S. 480.

[10] „München" ist ein mittelalterlicher Ortsname oder Der Mönch darf im Wappen bleiben, in: Literatur in Bayern 39, 1995, S. 10–13.

[11] Nachfolger Hans Bahlows, in: Beiträge zur Namenforschung. Neue Folge 31, 1996, S. 398–405.

[12] Methodische Bemerkungen zur Klassifikation: Alteuropäisch, in: Ernst Eichler/Hans Walther (Hg.; Redaktion: Inge Bily), Onomastica Slavogermanica XXII (Abhandlungen der Sächsischen Akademie der Wissenschaften zu Leipzig. Philologisch-historische Klasse 75/2), Leipzig 1998, S. 21–28.

[13] Gewässernamen Deutschlands, in: Namenkundliche Informationen 77/78, 2000, S. 41–52, hier S. 47–50.

[14] Joseph Schütz, Frankens mainwendische Namen. Geschichte und Gegenwart (Philologia et litterae slavicae II), München 1994.

zahlreiche slawische Ortsnamen unzutreffend etymologisiert, als auch etliche unzweifelhaft germanisch-deutsche Ortsnamen in Franken zu Unrecht für slawisch erklärt werden. Entgegnungen blieben nicht aus: Zu nennen sind die ausführlichen Rezensionen von Ernst Eichler[15] und Jürgen Udolph[16] sowie Aufsätze von Ernst Eichler[17] und Karlheinz Hengst;[18] Einzelkorrekturen Schützscher Namendeutungen hat Dorothea Fastnacht vorgelegt.[19]

2

Der Name „Ehrenbach", der heute als Bachname Ehrenbach (links zur Wiesent) und in den mit differenzierenden Zusätzen versehenen Siedlungsnamen Kirch-, Mittel- und Oberehrenbach (Landkreis Forchheim) weiterlebt, ist 1007 und 1062 als „Arihinbach",[20] 1131 als „Erhenpahe", 1180 als „Erchenbach" belegt (S. 15[21]). Zu Recht lehnt Andraschke die Deutung ab, die Adam Ziegelhöfer und Gustav Hey für den Ortsnamen vorgeschlagen haben, nämlich „Zum Bach des Arho, Archo",[22] da sich mit diesem Personennamen die beiden -i-haltigen Belege des 12. Jahrhunderts nicht vereinbaren ließen. Des weiteren geht Andraschke auf einen Deutungsvorschlag Hermann Schreibmüllers ein, der in dem Aufsatz „‚Ehrenbürg' – ein Bergnamen-rätsel"[23] eine Anknüpfung „an das Fischereigerät Arch oder Erch" versucht, „dessen

---

[15] In: Blätter für oberdeutsche Namenforschung 32/33, 1995/1996, S. 161–164.

[16] In: Namenkundliche Informationen 69, 1996, S. 138–145.

[17] Zur sprachgeschichtlichen Stellung des Bayernslavischen, in: E(rnst) Hansack/W(alter) Koschmal/N(orbert) Nübler/R(adoslav) Večerka (Hg.), Festschrift für Klaus Trost zum 65. Geburtstag (Die Welt der Slaven. Sammelbände 5), München 1999, S. 57–62.

[18] Irrungen zum Erbe der Mainwenden – eine onomastische Korrektur, in: Albrecht Greule/Alois Schmid (Hg. unter Mitwirkung von Reinhard Bauer und Robert Schuh), Nominum gratia. Namenforschung in Bayern und Nachbarländern. Festgabe für Wolf-Armin Frhr. v. Reitzenstein zum 60. Geburtstag (Materialien zur bayerischen Landesgeschichte 13), München 2001, S. 77–88.

[19] Ebermannstadt. Ehemaliger Landkreis Ebermannstadt (Historisches Ortsnamenbuch von Bayern. Oberfranken 4), München 2000, Ortsartikel Draisendorf (Nr. 28), Drosendorf a.d. Aufseß (Nr. 30), Drügendorf (Nr. 31), Eschlipp (Nr. 37), Götzendorf (Nr. 51), Lesau, Breiten- (Nr. 93a), Pretzfeld (Nr. 132), Stürmig, Tiefen- (Nr. 179), Treppendorf (Nr. 182), Zedersitz (Nr. 217).

[20] Andraschke, Siedlungsnamen (wie Anm. 1), S. 15 zitiert „1062 Archinbach" aus der Urkunde Staatsarchiv Bamberg, Bamberger Urkunden, Nr. 133. Mit Dietrich von Gladdis/Alfred Gawlik (Bearb.), Die Urkunden der deutschen Könige und Kaiser, Bd. VI: Die Urkunden Heinrichs IV. (Monumenta Germaniae Historica. Diplomata Regum et Imperatorum Germaniae VI), Berlin u.a., 1941–1978, Nr. 88 und Erich Frhr. von Guttenberg, Die Regesten der Bischöfe und des Domkapitels von Bamberg (Veröffentlichungen der Gesellschaft für fränkische Geschichte VI[/2]), Würzburg 1963 [Lieferungen 1932–1963], Nr. 334 ist aber wohl doch „Arihinbach" zu lesen.

[21] Die im Text in Klammern genannten Seitenzahlen beziehen sich auf die eingangs in Kapitel 1 genannte Arbeit Joachim Andraschkes.

[22] Adam Ziegelhöfer/Gustav Hey, Die Ortsnamen des ehemaligen Hochstifts Bamberg, Bamberg 1911, S. 77. Andraschke, Siedlungsnamen (wie Anm. 1), S. 21, Anm. 5, nennt nur Adam Ziegelhöfer als Autor.

[23] In: Fränkische Blätter für Geschichtsforschung und Heimatpflege. Beilage zum „Fränkischen Tag", 1. Jg., Nr. 9 vom 30. April 1949; Wiederabdruck in: Hermann Schreibmüller, Franken in Geschichte und Namenwelt. Ausgewählte Aufsätze (mit einem Schriften-Verzeichnis) zum 80. Geburtstage des Verfassers, zusammengestellt und eingeleitet von Günther Schuhmann (Veröffentlichungen der Gesellschaft für fränkische Geschichte IX/10), Würzburg 1954, S. 187–193, danach die folgenden Zitate. Andraschke, Siedlungsnamen (wie Anm. 1), S. 21, Anm. 8 versieht Hermann Schreibmüller fälschlich mit dem Rufnamen „Hanns".

Name sich lautgesetzlich aus dem lateinischen ‚arca' (= Kasten) entwickelt" habe; „das i im althochdeutschen ‚ari(c)ha'" sei – so Schreibmüller – „ein sogenannter Sproßvokal, wie in ‚Berig' und ‚Herberig', und bewirkt den Umlaut in der vorhergehenden Silbe (a zu ä, e)".[24] Man kann also Schreibmüller nicht vorwerfen, wie das Andraschke tut, daß der „Umlaut […] weder angenommen noch erklärt werde" (S. 15). Unmittelbar auf diese zuletzt zitierte Passage folgt bei Andraschke: „Seltsamerweise schließt sich SCHWARZ dieser Meinung an und erklärt den Bergnamen [Ehrenbürg] als Klammernamen ‚Arihinbachbürge'" (S. 15). Schwarz schreibt an der angegebenen Stelle, „Arihinbach" bedeute „‚Bach eines Ariho', so daß der Bergname entweder als Klammername ‚Arihinbachbürge = Berg über Ehrenbach' aufzufassen ist oder denselben Besitzernamen enthält. Auch an mhd. *arche* ‚Vorrichtung zum Fischfang', das bei einem Bachnamen passend ist, kann gedacht werden".[25] Im übrigen hat auch bereits Schreibmüller als alternative Deutungsmöglichkeit erwogen, das Bestimmungswort des Ortsnamens zum Personennamen „Ariho (Aricho)" zu stellen.[26]

Leider erwähnt Andraschke gerade diejenige Studie mit keinem Wort, die sich bisher am ausführlichsten mit dem Namen Ehrenbach befaßt hat: Hugo Steger[27] widerlegt dort eine im Jahr 1958 von Herbert Menhofer zur Diskussion gestellte Deutung, die in ihrer Abwegigkeit hier nicht wiederholt zu werden braucht, und legt – in Auseinandersetzung mit Thesen Helmut Weigels – seine eigene Namendeutung vor, die an die Überlegungen Schreibmüllers anknüpft: Möglich sei 1) ein Anschluß an althochdeutsch archa ‚Kasten', wobei der Umlaut im Ortsnamen durch einen Sproßvokal -i- hervorgerufen worden sei und von der erst im 13. Jahrhundert faßbaren Bedeutung ‚Gerät zum Fischfang' (vgl. auch bairisch Arch, Ärch ‚Vorrichtung zum Fischfang'[28]) angenommen werden müsse, daß sie älter sei,[29] und 2) eine Anknüpfung des Bestimmungswortes an den zu erschließenden Personennamen *Arihho (im schwachen Genitiv auf -in).[30]

---

[24] Schreibmüller, „Ehrenbürg" (wie Anm. 23), S. 191.

[25] Ernst Schwarz, Sprache und Siedlung in Nordostbayern (Erlanger Beiträge zur Sprach- und Kunstwissenschaft IV), Nürnberg 1960, S. 5.

[26] Schreibmüller, „Ehrenbürg" (wie Anm. 23), S. 190.

[27] Hugo Steger, Nocheinmal zum Namen Ehrenbürg und Ehrenbach. Grundsätzliche und kritische Bemerkungen zu einem neuen Deutungsvorschlag, in: Jahrbuch für fränkische Landesforschung 18, 1958, S. 287–294.

[28] Johann Andreas Schmeller, Bayerisches Wörterbuch, 2 Bände in 4 Teilen. Sonderausgabe der von G. Karl Frommann bearbeiteten 2. Ausgabe München 1872–1877, München 1985, hier Bd. I, Sp. 138.

[29] Steger, Ehrenbürg (wie Anm. 27), S. 290.

[30] Ebenda. – Aufgrund der Schreibungen mit A- noch im 11. Jahrhundert nimmt Steger (ebenda, S. 291f.) an, daß es sich bei dem anlautenden e- in Ehrenbach um einen Sekundärumlaut handelt, woraus – da kein Umlauthindernis vorliegt – zu folgern sei, daß die Ortsnamenbildung „frühestens nach der Mitte des 8. Jahrhunderts anzusetzen ist". Da die dialektale Aussprache des Ortsnamens keine Hinweise liefert, geht der Schluß allein von der Regelgraphie <e> für den Primärumlaut aus (vgl. Wilhelm Braune, Althochdeutsche Grammatik, 14. Auflage, bearbeitet von Hans Eggers, Sammlung kurzer Grammatiken germanischer Dialekte A/5, Tübingen 1987, § 26f, § 51); vereinzelt scheint jedoch noch im 11. Jahrhundert <a> für den Primärumlaut vorzukommen, worauf ein Beispiel bei Ernst Schwarz, Beobachtungen zum Umlaut in süddeutschen Ortsnamen, in: Beiträge zur Namenforschung 5, 1954, S. 248–268; Wiederabdruck in: Hugo Steger, Probleme der Namenforschung im deutschsprachigen Raum (Wege der Forschung CCCLXXXIII), Darmstadt 1977, S. 187–211, hier S. 188 hindeuten könnte.

Andraschke lehnt – in Auseinandersetzung mit Schreibmüller – aus morphologischen Gründen die erstgenannte Deutungsvariante ab (S. 15), da regelgerecht beim starken Femininum althochdeutsch archa[31] (mit Sproßvokal: *aricha), mittelhochdeutsch starkes/schwaches Femininum arch(e)[32] (mit Umlaut: *erch[e]/ärch[e]), kein Genitiv auf -in zu erwarten sei, also kein Genitiv der schwachen Maskulina/Neutra, sondern genitivisches -un (*Arihunbach) oder ein gereihtes Kompositum *Arihabach. Auch wenn man die – allerdings wenig wahrscheinliche – Möglichkeit zu bedenken hat, daß am Anfang des 11. Jahrhunderts der Vokal der Genitivendung -un- bereits zu -e- abgeschwächt sein konnte und daß dieser schwache Vokal schriftlich durch -i- wiedergegeben wurde,[33] so wird doch Andraschke vor allem auch deshalb zuzustimmen sein, weil althochdeutsche Ortsnamen mit einem Appellativum als Bestimmungswort nur sehr selten genitivische Fügungen darstellen; in den allermeisten Fällen handelt es sich um Bildungen durch Reihung (mit und ohne Sproßvokal).[34]

Anders verhält es sich beim Personennamen *Arihho: Hier lautet der Genitiv, der bei einem patronymischen Bestimmungswort vorausgesetzt werden darf, regulär *Arihhin, entspricht also dem im Erstbeleg faßbaren Bestimmungswort „Arihin-" (die Graphie <h> kann in dieser Zeit sowohl für althochdeutsch h < germanisch h als auch für althochdeutsch hh (ch) < germanisch k stehen[35]). Andraschke setzt sich mit der Erklärung des Bestimmungswortes als Genitiv zum erschlossenen Personennamen *Arihho nicht dezidiert auseinander; offensichtlich hält er ihn für eine „wahllose Personennamenkonstruktion" (S. 15). Die Einschätzung ist irrig. Die Methode, aus Bestimmungswörtern von Ortsnamen ansonsten nicht belegte Personennamen als sogenannte „Sternchenformen" zu erschließen, ist philologisch wohlbegründet und in ihren Rekonstruktionsschritten differenziert entwickelt worden.[36] Um eben gerade eine „wahllose Personennamenkonstruktion" zu vermeiden, sind freilich bestimmte methodische Grundsätze zu beachten. Dazu gehört, daß bei der Rekonstruktion eines ansonsten nicht belegten zweigliedrigen Personennamens aus einem Ortsnamen die einzelnen Namenglieder in belegten Personennamen vorkommen beziehungsweise

---

[31] Rudolf Schützeichel, Althochdeutsches Wörterbuch, 5., überarbeitete und erweiterte Auflage, Tübingen 1995, S. 91.

[32] Matthias Lexer, Mittelhochdeutsches Handwörterbuch, 3 Bände. Nachdruck der Ausgabe Leipzig 1872–1878 mit einer Einleitung von Kurt Gärtner, Stuttgart 1992, hier Bd. I, Sp. 91.

[33] Vgl. dazu Braune/Eggers, Althochdeutsche Grammatik (wie Anm. 30), § 58.

[34] Vgl. Peter Wiesinger, Zur Morphologie der bairischen Ortsnamen im Althochdeutschen, in: Rudolf Schützeichel (Hg.), Philologie der ältesten Ortsnamenüberlieferung. Kieler Symposion 1. bis 3. Oktober 1991 (Beiträge zur Namenforschung. Neue Folge, Beiheft 40), Heidelberg 1992, S. 355–400, hier S. 375, 381–383.

[35] Braune/Eggers, Althochdeutsche Grammatik (wie Anm. 30), § 178.

[36] Wolfgang Laur, Nicht überlieferte Rufnamen als Erstglieder von Ortsnamen. Eine methodische Überlegung, in: Beiträge zur Namenforschung. Neue Folge 19, 1984, S. 332–334; Wiederabdruck in: Friedhelm Debus/Wilfried Seibicke (Hg.), Reader zur Namenkunde III, 1: Toponymie (Germanistische Linguistik 129–130), Hildesheim u.a. 1996, S. 215–217; eine gute Zusammenfassung der Methoden und Probleme gibt Martina Pitz, Personennamen in frühmittelalterlichen Siedlungsnamen: Methodische Überlegungen am Beispiel der -villare-Namen des Saar-Mosel-Raumes, in: Heinrich Tiefenbach/Heinrich Löffler (Hg.), Personenname und Ortsname. Basler Symposion 6. und 7. Oktober 1997 (Studien zur Namenforschung [o.Nr.]), Heidelberg 2000, S. 143–188, hier S. 143–146 (und passim).

daß bei der Rekonstruktion eines nicht überlieferten Kurz- oder Kosenamens sowohl der Personennamenstamm als auch das Ableitungssuffix in belegten Anthroponymen nachgewiesen sein müssen. Schließlich muß das betreffende Ortsnamen-Grundwort auch sonst mit einem patronymischen Bestimmungswort zusammengesetzt vorkommen. Letzteres ist bei -bach-Ortsnamen, auch im heutigen Oberfranken,[37] zweifelsfrei der Fall, und auch die anderen Forderungen sind erfüllt: Das Erstglied des erschlossenen Personennamens *Arihho ist zu germanisch *ar-ōn, ar-n- ‚Adler, großer Greifvogel' (> althochdeutsch aro, arn)[38] zu stellen. Dieser Personennamenstamm ist in zahlreichen belegten Vollnamen vorhanden; man vergleiche zum Beispiel die überlieferten Personennamen Arafrid/Arfrid, Aragēr, Arhart oder Arawald/Aroald.[39] Belegt sind zu diesem Stamm auch Kurz- beziehungsweise Koseformen, so zum Beispiel Ara, Aro oder feminines Arila.[40] Als vergleichbare Bildung mit einem diminutiven k-Suffix,[41] das durch die Zweite Lautverschiebung mit dem Frikativ althochdeutsch -hh- (-ch-) erscheint, ist der Personenname *Arihho zu erschließen. Dabei ist zu bedenken, daß Kurz- und Koseformen von Personennamen gegenüber zweigliedrigen Vollformen in den früh- und hochmittelalterlich belegten patronymischen Ortsnamen im allgemeinen überwiegen, während das Verhältnis in der eigentlichen Personennamenüberlieferung umgekehrt ist.[42] All dies rechtfertigt den Ansatz eines keineswegs „wahllos konstruierten" Personennamens *Arihho als eine aus dem Ortsnamen „Arihinbach" und aus anderen belegten Personennamen erschlossene Form.

Ob nun „Arihinbach" der primäre Ortsname ist und der Name Ehrenbürg als Klammerform[43] daraus erklärt werden muß oder ob umgekehrt der -bach-Name als Klammerform aus einem älteren Namen der Ehrenbürg (*Arihhinburgi?) entstanden ist, läßt sich nicht endgültig klären. Die Beleglage spricht für erstere Möglichkeit.[44] In jedem Falle aber ist unseres Erachtens von einem patronymischen Bestimmungswort *Arihho auszugehen.

---

[37] Vgl. zum Beispiel Schwarz, Sprache und Siedlung (wie Anm. 25), S. 114: Heroldsbach (Landkreis Forchheim), 1007 „Herigoldesbach", zum Personennamen Heriolt.

[38] Friedrich Kluge, Etymologisches Wörterbuch der deutschen Sprache, unveränderter Nachdruck der 23., erweiterten Auflage, bearbeitet von Elmar Seebold, Berlin/New York 1999, S. 2; vgl. zu diesem Personennamenstamm auch Henning Kaufmann, Ernst Förstemann. Altdeutsche Personennamen. Ergänzungsband, München/Hildesheim 1968, S. 37.

[39] Ernst Förstemann, Althochdeutsches Namenbuch, Bd. I: Personennamen, Nachdruck der 2., völlig umgearbeiteten Auflage Bonn 1900, München/Hildesheim 1966, Sp. 136–138.

[40] Ebenda, Sp. 135f.

[41] Siehe dazu die damit abgeleiteten zahlreichen Personennamen ebenda, Sp. 354f.

[42] Vgl. dazu Pitz, Personennamen (wie Anm. 36), S. 154–158, 177; Peter Wiesinger, Die mit Personennamen gebildeten Ortsnamen in Oberösterreich am Beispiel des neuen ‚Ortsnamenbuches des Landes Oberösterreich', in: Tiefenbach/Löffler, Personenname und Ortsname (wie Anm. 36), S. 329–366, hier S. 344–347, 362f.

[43] Allgemein zu den sogenannten „Klammerformen" siehe Adolf Bach, Deutsche Namenkunde, Bd. II: Die deutschen Ortsnamen, 2 Teilbände, 2., unveränderte Auflage, Heidelberg 1981, hier Bd. II/1, § 261.

[44] So auch Steger, Ehrenbürg (wie Anm. 27), S. 292f., der daneben noch siedlungshistorische Kriterien geltend macht.

Das lehnt Andraschke ab und stellt folgende Thesen auf:

– Sowohl das Grundwort -bach als auch das Grundwort -burc [im Dativ] wurden sekundär an einen älteren Siedlungsnamen angehängt. Letzteres ist „in germanischer Zeit ergänzend angefügt worden" (S. 16); -bach ist vermutlich das Ergebnis der Aufsiedlung „eine[r] vorher existierende[n] Siedlung bzw. eine[r] partielle[n] Wüstung" (S. 15).
– Ausgangspunkt für Ehrenbürg/Ehrenbach ist der Name der keltischen Befestigung auf der Ehrenbürg, der *Ariacon gelautet hat (S. 16).
– Diesem Namen könnte der Personenname *Arjo zugrunde liegen. Der Name Rodenstein (1573 „Rotenstein") [für den südlichen Ehrenbürggipfel], den Andraschke „auf den keltischen Kriegsgott Rodianus" bezieht, der Name der Hofsiedlung „Hungerburg" (1422 und 1430 belegt), der nach Andraschke „eine metathetische Form zu Hugan […], dem Rabenvogel des Gottes Wotan" bewahrt, und der 1414 belegte Flurname „Ereinloh", der althochdeutsch „-loh […] als Bezeichnung für einen geheiligten Hain" aufweist, machen einen theophoren Charakter des Namens *Ariacon wahrscheinlich (S. 16). Andraschke denkt an einen „Gott Er, germ./kelt. *Arjo, dem wohl der Berg seinen Namen verdankt" und der mit dem griechischen Kriegsgott Ares zu vergleichen sei (ebenda). Naheliegend „wäre dann eine Übertragung der Berg-Weihe durch die Kelten an ihren Kriegsgott Rodianus (Rodenstein!)" (ebenda).
– „Den Bergnamen selbst jedoch werden vielleicht Illyrer (Urnenfelderzeit) an die Kelten weitergegeben haben" (S. 17).
– Aus *Ariacon hat sich die Form „Arihin" entwickelt, die als Dativ eines schwachen n-Stammes zu erklären ist. Die [umgelautete] „Ausgangsform wäre demnach ‚zu dem Erihin'" (S. 16).

Die Argumentation Andraschkes ist bereits in ihrer Prämisse in methodologischer Hinsicht höchst problematisch und sozusagen „belegwidrig". Es ist ein fragwürdiges Verfahren, den in seiner morphologischen Struktur (Bestimmungswort im Genitiv + Grundwort -bach) mit unzähligen anderen deutschen -bach-Ortsnamen vergleichbaren Namen „Arihinbach" als eine sekundäre Bildung (nachträgliches Anfügen von -bach) anzusehen, das Bestimmungswort damit zu isolieren, nur um es einer anderen Sprachschicht zuweisen zu können. „Eine solche Verfahrensweise öffnet der Spekulation Tür und Tor und widerspricht dem einfachen Grundsatz, daß ein auf Grund der historischen Belege aus dem Deutschen einwandfrei erklärbarer Name nicht einer anderen oder älteren Sprachschicht zugeordnet werden kann".[45] Ohne Zweifel besteht immer die Möglichkeit, daß ein einer älteren Sprachschicht zugehöriges Toponym im Laufe der Jahrhunderte verdeckt und verändert werden kann, aber dafür müssen dann doch belegbare Indizien sprechen, und der Name muß zudem in einer toponymischen

---

[45] Hengst, Irrungen (wie Anm. 18), S. 80, der damit Joseph Schütz antwortet, der den im 10. Jahrhundert als „Stetebach" belegten Ortsnamen Steppach (Landkreis Bamberg) als eine sekundäre -bach-Bildung erklären und zu einem slawischen *ščeti als Pluralform mit der Bedeutung ‚Winterheu' stellen will. – Zum methodologischen Grundsatz der „rückschreitenden Namenerklärung" oder der „ausschließenden Etymologie" siehe auch Reichardt, Nachfolger Hans Bahlows (wie Anm. 11), S. 399; Ruoff, Das weite Feld (wie Anm. 4), S. 22.

Umgebung vorkommen, die eine Zuweisung zum Beispiel zu einem vorgermanischen Ortsnamentyp möglich und wahrscheinlich macht. Beides ist hier nicht der Fall. Wir kennen im heutigen Franken nördlich des Limes – wie überhaupt außerhalb von Gebieten, in denen Kelten romanisiert wurden – keinen keltischen *-ākon- oder gallorömischen -ācum-Namen. Die auf das keltische k-Suffix *-ākos, *-ākon zurückgehende gallisch-römische Hybridbildung -ācus, -ācum (mit lateinischer Endung), wozu es sekundäre Bildungen mit -iācus, -iācum gibt, gilt als sprachlicher Reflex einer zeitlichen wie räumlichen Koexistenz einer alteingesessenen keltischen Bevölkerung und der römischen Eroberer.[46] Die Bildung ist relativ jung und gehört eindeutig nicht zur ältesten keltischen Namenschicht.[47] „Verwendung und Ausbreitung des ursprünglich keltischen Suffixes und typischen Vertreters gallo-römischer Namengebung, dessen Blütezeit als ON-Bildungsmittel in die Zeit römischer Verwaltung auf gallischem Boden fällt, scheinen geknüpft an das römische Fundus-System".[48] Es kann nicht grundsätzlich ausgeschlossen werden, daß vereinzelte Bildungen des Typs keltischer Personenname + -k-Suffix einen früheren Ursprung haben[49] beziehungsweise daß sie auch im Keltenland vor der römischen Eroberung bestanden. Um aber zum Beispiel im heutigen Oberfranken für gewisse Toponyme aufgrund bestimmter morphologischer Strukturen oder Lautentwicklungsmöglichkeiten eine alternative Herleitung aus einem *-ākon-Namen erwägen zu können, bedürfte es vorher des Nachweises *eindeutiger* Vertreter dieses Typs oder eines -ācum-Namens im fraglichen Gebiet – sonst verfällt man in bloße Spekulationen.

*„Arihin" beziehungsweise *„Erihin" [bei Andraschke ohne Asterisken], das sich nach Andraschke aus *Ariacon entwickelt habe und „nach Form und Lautung mit -iacum- (vgl. Tolpiacum [!] ‚Zülpich') bzw. -ica-Namen" vergleichen lasse, ist eben *nicht* in dieser isolierten Form belegt und *nicht* so, wie die nachweisbaren -ācum-Namen im deutschen Sprachgebiet, die heute meist auf -ach, -ich, -ch oder -sch auslauten oder bei denen die aus -ācum entwickelte Endung abgefallen ist.[50] Im übrigen bleibt Andraschke den Beweis in Form von Parallelbeispielen schuldig, daß die von ihm zum Vergleich herangezogenen Namen im 11. Jahrhundert im Dativ der n-Deklination flektiert erscheinen.

Nicht auf keltisches *Ariacon und nicht auf einen Kriegsgott *Arjo, wohl aber auf gallorömisches *Ariacum und den nachgewiesenen Personennamen Arius führt Monika Buchmüller-Pfaff den Ortsnamen Airy (wüst, Département Meuse/Frankreich), auf *Ar[r]iacum beziehungsweise den Personennamen Ar[r]ius die Ortsnamen Arraye (Département Meurthe-et-Moselle/Frankreich) und Arry (Département Moselle/Frankreich) zurück.[51] Dagegen kann der von Andraschke zur Deutung

---

[46] Siehe zu diesem Suffix Bach, Namenkunde II/1 (wie Anm. 43), § 249 und jetzt insbesondere Monika Buchmüller-Pfaff, Siedlungsnamen zwischen Spätantike und frühem Mittelalter. Die -(i)acum-Namen der römischen Provinz Belgica Prima (Beihefte zur Zeitschrift für Romanische Philologie 225), Tübingen 1990, S. 1–47.

[47] Bach, Namenkunde II/2 (wie Anm. 43), § 428.

[48] Buchmüller-Pfaff, Siedlungsnamen (wie Anm. 46), S. 5 (dazu ebenda, Anm. 13 mit weiterer Literatur).

[49] Ebenda, S. 26.

[50] Bach, Namenkunde II/1 (wie Anm. 43), § 249.3.

[51] Buchmüller-Pfaff, Siedlungsnamen (wie Anm. 46), S. 53, 62.

herangezogene „Gott Er, germ./kelt. *Arjo", weder belegt noch aus einer Quelle sinnvoll erschlossen werden. Andraschke verschweigt, daß Christoph Beck bereits im Jahre 1907 geschrieben hat, es sei beim Namen Ehrenbach „verführerisch[,] an den Namen für den alten germ. Kriegsgott Er bei den Sachsen, Ero bei den Bayern = griech. Ares zu denken, welcher Name noch in Ertag (Erich, Erih, Erch-tag) für Dienstag (Tag des Ziu) erkennbar ist", diesen Gedanken wegen des A- in den ältesten Belegen aber verwarf.[52] Und auch der in diesem Zusammenhang nicht von Andraschke erwähnte Hermann Schreibmüller hat bereits festgestellt, daß es abwegig sei, den „angeblichen bairischen Kriegsgott Er oder Erch" in Zusammenhang mit den Namen Ehrenbach/Ehrenbürg zu bringen.[53] Ein germanischer Kriegsgott „Er", den Andraschke mindestens mit einem Sternchen als Zeichen für eine rekonstruierte Namenform versehen müßte, ist weder nachgewiesen, noch ist er aus dem bairischen Wort Ergetag (Erchtag, Ertag und weitere Varianten[54]) zu erschließen, das als eine Entlehnung aus griechisch Áreōs hēméra ‚Tag des Ares' (daraus *arjotag > *erjotag) anzusehen und ostgermanischen Einflüssen auf das Bairische zuzuschreiben ist.[55] Ebensowenig gibt es Hinweise auf einen keltischen Kriegsgott *Arjo.

Auch der 1573 als „Rotenstain" belegte Rodenstein, dessen Bestimmungswort entweder zum Farbadjektiv althochdeutsch, mittelhochdeutsch rōt[56] oder zu einem Personennamen Rōt(o) zu stellen ist,[57] ist kein theophorer Name, der sich „auf den keltischen Kriegsgott Rodianus" (S. 16) bezieht. Andraschke bleibt einen Nachweis für diesen „Rodianus" schuldig. Gemeint ist vermutlich „Rudianus", der mehrfach inschriftlich nachgewiesene[58] Beiname des (gallischen) Mars,[59] der von Julius Pokorny in Verbindung mit altirisch rúad ‚rot', kymrisch rhudd ‚rot', keltisch *roudo- ‚rot' gebracht wird.[60] Abgesehen davon, daß es völlig abwegig ist, einen aus dem Deutschen gut erklärbaren Bergnamen, den Andraschke erstmals für das 16. Jahrhundert nachweisen kann, von einem keltischen Götternamen „Rodianus" (Rudianus) abzuleiten, wären morphologische und lauthistorische Fragen zu klären, die

[52] Christoph Beck, Die Ortsnamen der Fränkischen Schweiz, Erlangen 1907, S. 77.

[53] Schreibmüller, „Ehrenbürg" (wie Anm. 23), S. 187.

[54] Vgl. Schmeller, Bayerisches Wörterbuch I (wie Anm. 28), Sp. 127f.

[55] Kluge/Seebold, Etymologisches Wörterbuch (wie Anm. 38), S. 229. Aus „Ergetag" erschließt zum Beispiel auch Elard Hugo Meyer, Germanische Mythologie (Lehrbücher der germanischen Philologie I), Berlin 1891, S. 221 einen Gott „Eor, Er".

[56] Schützeichel, Althochdeutsches Wörterbuch (wie Anm. 31), S. 240; Lexer, Mittelhochdeutsches Handwörterbuch II (wie Anm. 32), Sp. 502. – Allerdings könnten dann nicht die auffälligen grauen Dolomit-Felswände des Rodenstein zur Benennung geführt haben, sondern allenfalls rotviolette Eisenerzflöze im Eisensandstein unterhalb des Rodensteingipfels; vgl. dazu Rolf K. F. Meyer/Hermann Schmidt-Kaler, Wanderungen in die Erdgeschichte, Bd. 5: Durch die Fränkische Schweiz, München 1992, S. 68.

[57] Siehe dazu die Ortsartikel Rothenbühl (Nr. 140) und Rothenstein (141) bei Fastnacht, HONB Ebermannstadt (wie Anm. 19).

[58] Alfred Holder, Alt-Celtischer Sprachschatz, 3 Bände, Leipzig 1896–1913, hier Bd. II, Sp. 1239f.

[59] Vgl. dazu auch Helmut Birkhan, Kelten. Versuch einer Gesamtdarstellung ihrer Kultur, Wien 1997, S. 647.

[60] Julius Pokorny, Indogermanisches etymologisches Wörterbuch, 2 Bände [Bd. II = Registerband], Bern/München 1959 und 1969 [Lieferungen 1948–1959 und 1965–1969], hier Bd. I, S. 872. Zu rúad, rhudd stellt den Namen auch Birkhan, Kelten (wie Anm. 59), S. 647.

Andraschke erst gar nicht aufwirft. Er verweist auf „die unzähligen Roden(s)berge Oberfrankens, [...] deren stark flektierte Formen eine Adjektivbildung ausschließen" (S. 16), denkt also offenbar auch beim Namen Rodenstein an ein genitivisches Bestimmungswort. Da Andraschke andererseits „eine Übertragung der Berg-Weihe durch die Kelten an ihren Kriegsgott Rodianus" als „sehr naheliegend" betrachtet, stellt sich aber doch die Frage nach der keltischen Grundform, auf die dann ja der (sekundäre?) -stein-Ortsname (mit genitivischem Bestimmungswort?) zurückgehen müßte. Denkt Andraschke also an einen Genitiv des keltischen Götternamens in einer germanischen Ortsnamenneubildung mit dem Grundwort -stein? Und inwiefern steht dann ein Genitiv zu „Rodianus" mit dem deutschen Bestimmungswort „Roten-" in lauthistorischem Zusammenhang? Man müßte gültige Lautregeln ignorieren, um hier Verbindungen zu konstruieren.

Auch die Anknüpfung des mit Hilfe des Abstraktums „Hunger" leicht erklärbaren und erst 1422 nachgewiesenen Namens „Hungerburg"[61] an „Hugan", den „Rabenvogel des Gottes Wotan" (S. 16), womit wohl der in eddischer und skaldischer Überlieferung genannte Rabe „Huginn"[62] gemeint sein wird, ist reine Spekulation. Dafür sprechen weder die Morphologie noch die Lautgestalt des belegten Namens „Hungerburg", noch gibt es dafür irgendeinen historischen Hinweis. Man kann freilich immer dann, wenn lautlich etwas „nicht paßt" und eine naheliegende Ortsnamendeutung durch ihre „banale" Etymologisierung vorgefaßte Theorien stört, von „volksetymologischen Umdeutungen" ausgehen,[63] aber man verläßt damit den Boden der wissenschaftlichen historischen Namenforschung, deren stabile Grundlage die philologische Analyse historischer Namenbelege bildet.

Rein spekulativ ist schließlich auch die Erklärung des Grundwortes des Namens „Ereinloh" als „geheiligter Hain", die Andraschke als Indiz für das theophore Namenfeld im Bereich der Ehrenbürg dient.

Im übrigen bleiben etliche Ungereimtheiten, was die Namengeber betrifft: *Ariacon sei der Name der keltischen Befestigung (S. 16), und auch dem Ortsnamentypus nach aus dem Keltischen herzuleiten (S. 17). Andererseits sollen aber Illyrer den Bergnamen an die Kelten weitergegeben haben (ebenda). Welcher „Bergname" ist gemeint – ein auf den angeblichen keltischen Kriegsgott *Arjo bezogener Name? Für illyrisch hielt schon Herbert Menhofer den Namen Ehrenbürg;[64] Hugo Steger hat dieser Auffassung bereits mit guten Gründen widersprochen.[65] Auch heute noch gilt, daß in Ostfranken jeglicher sprachliche Anhaltspunkt für das Auftreten von Illyrern fehlt.

[61] Mit Bezug auf schlechten, dürren Boden oder auf einen Ruheplatz für das Vieh; siehe dazu Joseph Schnetz, Flurnamenkunde, 3., unveränderte Auflage, mit einem Geleitwort von Wolf-Armin Frhr. v. Reitzenstein, einem Literaturverzeichnis zur oberdeutschen Namenkunde von Reinhard Bauer und einem umfassenden Register, München 1997, S. 36, 67, 94.

[62] Johannes Hoops, Reallexikon der Germanischen Altertumskunde, 2., völlig neu bearbeitete und stark erweiterte Auflage, hg. von Heinrich Beck/Dieter Geuenich/Heiko Steuer, Bd. 15, Berlin/New York 2000, S. 200–202.

[63] Vgl. zu dieser Methode etwa Vennemann gen. Nierfeld, Zur Erklärung (wie Anm. 5) oder derselbe, Volksetymologie (wie Anm. 5).

[64] Herbert Menhofer, Zur Deutung des Namens „Ehrenbürg", in: Erlanger Bausteine zur fränkischen Heimatforschung 5, Heft 1/2, 1958, S. 28–31.

[65] Steger, Ehrenbürg (wie Anm. 27), S. 288–289.

3

Bei seiner Deutung des Namens Giech geht Andraschke von folgenden Belegen aus (bezogen auf Giechburg beziehungsweise Straßgiech beziehungsweise Wiesengiech [alle Landkreis Bamberg]): 1129 „de Giche", 1143 „Giecheburc", 1237 „Giech", 1299 „Windischen Gyech", 1317 „Giech an der Straze" (S. 17 und S. 22 Anm. 26). Aufgrund einer von Wolfgang Janka vorgelegten Belegreihe können die frühen Nennungen 1125 „de Giche" und 1130 „de Gicheburc" ergänzt werden; der Beleg 1143 wäre danach in „Giecheburch", der Beleg 1299 in „WindischenGyech" und die Datierung „1317" in 1317–1318 zu verbessern.[66] Andraschke hält zunächst die 1868[67] von Wilhelm Obermüller vorgeschlagene Deutung des Namens Giech „aus sprachwissenschaftlichen Aspekten" (S. 17) für berechtigt, in der an ein keltisches Wort „*coiche* Anhöhe" angeknüpft wird.[68] Weder Obermüller noch Andraschke weisen aber ein keltisches Wort in dieser Bedeutung nach;[69] vor allem jedoch bleibt es das Geheimnis der beiden Autoren, wie das Rätsel zu lösen ist, daß sich aus keltisch „coiche" der Name Giech entwickeln konnte. Ein lauthistorischer Anschluß ist nicht möglich.

Auch Ernst Schwarz hat bei Giech an einen keltischen Namen gedacht und ihn auf „ein *Gaeacum* zum PN *Gaeus*" zurückgeführt.[70] Andraschke hat unrecht, wenn er schreibt, daß der Schwarzsche Vorschlag nach Ausweis der Belege ausscheide (S. 17); denn sehr wohl würde der Stammvokal von *Gaeācum* als germanisch $\bar{e}^2$ übernommen, was zu althochdeutsch ea, ia, ie, mittelhochdeutsch ie diphthongiert

---

[66] Ernst Eichler/Albrecht Greule/Wolfgang Janka/Robert Schuh, Beiträge zur slavisch-deutschen Sprachkontaktforschung, Bd. I: Siedlungsnamen im oberfränkischen Stadt- und Landkreis Bamberg (Slavica. Monographien, Hand-, Lehr- und Wörterbücher 2), Heidelberg 2001, S. 183f.

[67] Nicht „1872", wie Andraschke, Siedlungsnamen (wie Anm. 1), S. 17 schreibt.

[68] Wilhelm Obermüller, Deutsch-keltisches, geschichtlich-geographisches Wörterbuch zur Erklärung der Fluss-[,] Berg-[,] Orts-[,] Gau-[,] Völker- und Personen-Namen Europas, West-Asiens und Nord-Afrikas im allgemeinen wie insbesondere Deutschlands nebst den daraus sich ergebenden Folgerungen für die Urgeschichte der Menschheit, 2 Bände, Nachdruck der Ausgabe 1868/1872, Wiesbaden 1967, hier Bd. I, S. 536. Was von den „sprachwissenschaftlichen" Analysen des Keltomanen Obermüller, auf den sich Andraschke des öfteren bezieht (siehe dazu auch unten Abschnitte 4 und 5), zu halten ist, zeigen in aller Deutlichkeit die weiteren Namenerklärungen unter dem Lemma „Giech" (S. 536): Von „*coich-el* Hügel-hoch" habe die „Kügelkapelle" bei der Giechburg ihren Namen; von „ebendaher" seien auch die Namen „Gugenheim", „Guginsheim, jetzt Jugenheim an der Bergstrasse", „Gucking, alt Guckendorf" abzuleiten; zum Diminutivum „*coichin* kleines Dorf" seien die Namen „Gyhum", „Gygem", „Goggendorf, alt Kokendorf" und „Cochem an der Mosel" zu stellen. Vollends wirr wird die Argumentation, wenn es weiter heißt: „Was nun Giech anlangt, so wurde es früher Gych, Gyech und Gyche geschrieben, also wörtlich Küche oder *coiche*, ausserdem Gychenburg. Aehnlich lautete der ausgegangene Ort Kugesburg in Hannover oder der eingegangene Hof Kukenshus ebendaselbst." Schließlich werden damit noch die Namen „Gross- und Klein-Kuchen", „Kuchenheim", „Kochstädt", „Gooch", „Gohhusen" und „Gochsheim" verglichen (ebenda). S. 537 leitet Obermüller den thrakischen Bergnamen „Gigemoros" von „kelt *coiche* Höhe und *mor* gross" ab.

[69] J[oseph] Vendryes, Lexique Étymologique de l'Irlandais Ancien, Lettre C, par les soins de E. Bachellery et P.-Y. Lambert, Dublin/Paris 1987, S. C–145 nennt „coich ou cóch, partie arrière du cou", und verweist dort auf S. C–138 s.v. „coch": „for coich a muineóil ,sur le derrière de son cou'".

[70] Schwarz, Sprache und Siedlung (wie Anm. 25), S. 7.

worden wäre[71] (vgl. dazu zum Beispiel den Raumnamen Ries < Raeti[72]), und an der Zweiten Lautverschiebung und der Möglichkeit, daß altes -ācum zu -ch reduziert wird,[73] ist ja wohl nicht zu zweifeln.

Aus anderen Gründen, die oben in Abschnitt 2 dargestellt wurden, meinen wir, daß nicht von *Gaeācum auszugehen sein wird: Die räumliche Verbreitung der nachgewiesenen -ācum-Orte spricht dagegen.[74]

Andraschke bietet – neben der abwegigen Herleitung von keltisch „coiche" – eine alternative, aber mindestens ebenso abwegige Deutungsmöglichkeit des Ortsnamens Giech an, die auf der völlig unbewiesenen, von Vennemann gen. Nierfeld übernommenen Annahme beruht, daß sich in Mitteleuropa ein vorindogermanisches, „altatlantisches", mit dem Semitischen eng verwandtes Substrat erhalten habe, das auf seefahrende Kolonisatoren zurückgehe, die ab circa 5000 vor Christus vom westlichen Mittelmeer entlang der Atlantikküste nordwärts und, dem Verlauf von Flüssen folgend, ins Binnenland vorgedrungen seien (S. 17f.).[75] Im Semitischen findet denn auch Andraschke einen Ortsnamen „Giach" mit der Bedeutung ‚Quelle, Ort an einer Quelle';[76] daraus – so Andraschke – könnte indogermanisch „gheug-" übertragen worden sein (S. 18). „Lautlich würde die Entwicklung des Namens folgendermaßen aussehen: sem. giach > idg. *gheugia > germ. *geokia > ahd. *gioche > mhd. giech(e)." (S. 18) Unabhängig von aller Diskussion um die semitischen Seefahrer in Mitteleuropa ist auf die lauthistorischen Abstrusitäten hinzuweisen: Andraschke versucht erst gar nicht zu erklären, wie aus semitisch -ia- indogermanisch -eu- werden kann; kryptisch ist die Formulierung: „-ia- verschmilzt mit -eu-" (S. 18). Nicht nur das, auch die weitere von Andraschke vorgeführte Lautentwicklung ist nicht nachzuvollziehen. Indogermanisch -eu- bleibt zunächst auch im Germanischen -euund wird dann vor nachfolgendem -i-, das Andraschke ja ansetzt, bekanntlich nicht zu althochdeutsch -eo-, -io-, mittelhochdeutsch -ie-, sondern zu althochdeutsch -iu-,[77] aus dem sich nicht mittelhochdeutsch -ie-, wie im Ortsnamen Giech, entwickeln konnte.

Gewiß ist es also nicht so, daß eine „Herleitung aus dem Keltischen einerseits, dem ‚Altatlantischen' andererseits […] gerechtfertigt" scheint (S. 18), aber eine andere, endgültige Lösung des Ortsnamenrätsels ist noch nicht gefunden. Am ehesten trifft eine Vermutung zu, die jüngst Albrecht Greule geäußert hat: „Möglich ist evtl. eine Ableitung mit -k-Suffix zur Wurzel idg. *gheu- ‚klaffen', vgl. mhd. giel ‚Rachen, Schlund'[…]."[78]

---

[71] Braune/Eggers, Althochdeutsche Grammatik (wie Anm. 30), § 36.

[72] Stefan Sonderegger, Raetia – Ries – Churwalchen. Namenwechsel durch Verdeutschung und Übersetzung, in: Georges Lüdi u.a. (Hg.), Romania ingeniosa. Festschrift für Gerold Hilty zum 60. Geburtstag, Bern/Frankfurt 1987, S. 69–90, hier S. 70–74.

[73] Vgl. die Beispiele bei Bach, Namenkunde II/1 (wie Anm. 43), § 249.3.

[74] So auch Eichler/Greule/Janka/Schuh, Beiträge I (wie Anm. 66), S. 184.

[75] Zur Vorlage der These Andraschkes siehe insbesondere Vennemann gen. Nierfeld, Basken, Semiten, Indogermanen (wie Anm. 5).

[76] Siehe dazu Jürgen Schwennen, Biblische Eigennamen. Gottes-, Personen- und Ortsnamen im Alten Testament, Neuhausen/Stuttgart 1995, S. 137.

[77] Braune/Eggers, Althochdeutsche Grammatik (wie Anm. 30), § 47f.

[78] Eichler/Greule/Janka/Schuh, Beiträge I (wie Anm. 66), S. 184.

4

Daß der in der Geographia des Claudios Ptolemaios vorkommende Name „Μηνοσγάδα"[79] mit dem keltenzeitlichen Oppidum auf dem Staffelberg zu identifizieren sei, ist für Andraschke eine bekannte Tatsache (S. 15). „Die Beweisführung hierfür erfolgte von archäologischer Seite aus" (S. 18). Den Namen selbst führt er auf die germanisierte Form von „kelt. *moino-sgoda" zurück, die Segmente auf keltisch „sgodach ‚eckig, hörnern'" beziehungsweise keltenzeitliches „moin" (S. 18f.), den Wortstamm ‚Main'. Die Germanen hätten den Namen in der Form „*maino-sgada" übernommen, weshalb das „-e-" in „Menosgada" eine Korrektur aus späterer Zeit sei, nämlich eine dialektale „Monophtongierung [!] von germanisch -ai- zu -e- […], wie sie für das Altsächsische, Altnordische und Spätostgermanische gilt" (S. 18f.).

Tatsächlich lesen wir bei Björn-Uwe Abels: „Die sehr starke Bewehrung des Staffelberggipfels in der ersten Hälfte des 1. Jahrhunderts v. Chr. und die anschließende Ausdehnung des Platzes auf das untere Plateau sowie seine Umgebung zu einer stadtartigen Anlage der späten Kelten gestatten es, den Staffelberg mit dem von dem griechischen Geographen Ptolemäus (85–160 n. Chr.[80]) erwähnten Oppidum Menosgada gleichzusetzen, zumal dieses Oppidum ja am Main gelegen haben muß (Menos = Main)."[81] Und Abels fährt fort: „Vier Nauheimer Fibeln belegen, daß die Anlage bis um die Mitte des 1. Jh. v. Chr. bestanden hat".[82] Die keltische Stadt auf dem Staffelberg war demnach bereits circa 200 Jahre verwaist, als Ptolemaios seine Geographia schrieb.

Nun ist die Feststellung und Bewertung eines archäologischen Befundes die eine Sache, eine ganz andere die von der Sprachwissenschaft beziehungsweise Geographie zu leistende sprachliche Analyse des Namens der Polis „Μηνοσγάδα" beziehungsweise deren Lokalisierung im Hinblick auf die in der Geographia des Ptolemaios angegebenen geographische Koordinaten – auch wenn die verwickelten Probleme der Geographia bezüglich der Quellengrundlage, der topographischen Angaben und der Namenüberlieferung hinlänglich bekannt sind.[83] Karl Müller hat bei seinem im Jahr 1901 vorgelegten Versuch, die zur Geographia gehörenden sehr schematisierten Karten topographisch umzusetzen, „Menosgada" etwa an die Stelle des

---

[79] Hans-Werner Götz/Karl-Wilhelm Welwei (Hg. und Übersetzer), Altes Germanien. Auszüge aus den antiken Quellen über die Germanen und ihre Beziehungen zum römischen Reich. Quellen der alten Geschichte bis zum Jahre 238 n. Chr. Erster Teil (Ausgewählte Quellen zur deutschen Geschichte des Mittelalters 1a), Darmstadt 1995, S. 188.

[80] Vgl. Angaben in Götz/Welwei, Altes Germanien (wie Anm. 79), S. 35f. Von den Lebensdaten des Ptolemaios weiß man nur, daß der vielseitige Gelehrte aus Alexandria bis in die Zeit des Marc Aurel (161–180) tätig war.

[81] Björn-Uwe Abels, Archäologischer Führer Oberfranken (Führer zu archäologischen Denkmälern in Bayern. Franken 2), Stuttgart 1986, S. 174. Walter Sage, Frühgeschichte und Frühmittelalter, in: derselbe (Hg.), Oberfranken in vor- und frühgeschichtlicher Zeit, 2., überarbeitete und erweiterte Auflage, Bamberg 1996, S. 65–144, hier S. 137 relativiert diese Aussage.

[82] Abels, Archäologischer Führer (wie Anm. 81), S. 174.

[83] Götz/Welwei, Altes Germanien (wie Anm. 79), S. 168–172; Heinrich Tiefenbach, Älteste germanische Namen der Völkerwanderungszeit in lateinischen und griechischen Quellen, in: Namenforschung 1 (wie Anm. 2), S. 774–778, hier S. 774.

heutigen Bayreuth plaziert,[84] also ins Quellgebiet des (Roten) Mains. Andreas Neubig hielt dagegen schon im Jahre 1849 Steinenhausen für den richtigen Ort, wo das antike „Menosgada" zu suchen sei – wo Weißer und Roter Main zusammenfließen. Denn slawisch „Sgada oder Zgada oder ganz einfach gada" sei „das Stammwort von dem noch heutigen Tages im Munde und in der Schriftsprache der Slaven lebenden Worte zgadzae d. i. vereinigen", und bedeute „Vereinigung".[85] Freilich mußte er dafür den nach historischen und archäologischen Nachrichten erwiesenen Zuzug von Slawen nach Nordostbayern etwa seit dem 6. Jahrhundert[86] um Jahrhunderte vorverlegen, weswegen eine Erklärung aus dem Slawischen hier nicht in Frage kommt.

Alle Versuche, „Μηνοσγάδα" etymologisch zu erklären, stimmen darin überein, den Namen im Zusammenhang mit dem Namen des Mains zu sehen. Die Form mit -e- erinnert an eine vergleichbare Form vom Rhein, das gallische „Rēnŏs" (latinisiert „Rhēnus",[87] altgriechisch „Ῥῆνοσ"[88]) mit nominativischer -os-Endung,[89] das wiederum auf indogermanisch *Reinos ‚Fluß, Strom'[90] zurückzuführen ist. Im Germanischen entwickelte sich indogermanisch ei zu ī, dem die althochdeutsche Form „Rīn" entspricht.[91] Kelten und Germanen haben den Flußnamen also in seiner ältesten Form (*Reinos) kennengelernt. Für den Main kann jedoch kein vergleichbares Namenpaar keltisch *Mēnos/germanisch *Mīn belegt werden, obwohl die antike Sprachform „Μηνοσ-" von einem Beleg aus der Spätzeit der Antike „Menus"[92] aus den sogenannten „Codices optimi" des Ammianus Marcellinus aus der zweiten Hälfte des 4. Jahrhunderts nach Christus gestützt wird.[93] Ansonsten hat sich die schriftliche Überlieferung des Flußnamens bis ins 14. Jahrhundert fast ausschließlich am galloromanischen „Moenus"/„Moenis" (althochdeutsch „Moin", mittelhochdeutsch „Meun(e)"[94])

---

[84] Karl Müller, Claudii Ptolemaei Geographia, Tabulae XXXVI a Carolo Mullero instructae, Paris 1901; hier: Tabula IV. Germania Magna.

[85] Andreas Neubig, Neuer Versuch über die ptolemäische Stadt Mänosgada in Oberfranken, in: Archiv für Geschichte und Alterthumskunde von Oberfranken 5/1, 1851, S. 1–21, hier S. 8–15.

[86] Franz-Josef Schmale/Wilhelm Störmer, Die politische Entwicklung bis zur Eingliederung ins Merowingische Frankenreich, in: Max Spindler (Hg.), Handbuch der bayerischen Geschichte, Bd. III/1, 3., neu bearbeitete Auflage, hg. von Andreas Kraus, München 1997, S. 70–88, hier S. 80–83; Sage, Frühgeschichte und Frühmittelalter (wie Anm. 81), S. 216f.

[87] Alfred Holder, Alt-Celtischer Sprachschatz II (wie Anm. 58), Sp. 1130; Hans Krahe, Unsere ältesten Flußnamen, Wiesbaden 1964, S. 95f.; Wolfgang P. Schmid, Das Lateinische und die Alteuropa-Theorie, in: derselbe, Linguisticae Scientiae Collectanea. Ausgewählte Schriften, Berlin/New York 1994, S. 316–333, hier S. 323f.

[88] Götz/Welwei, Altes Germanien (wie Anm. 79), S. 175 (2,11,11).

[89] W. Glück, Die Erklärung des Renos, Moinos und Mogontiacon, der gallischen Namen der Flüsse Rein, Main und der Stadt Mainz, in: Sitzungsberichte der königl. bayer Akademie der Wissenschaften zu München, Jg. 1865, Bd. I, S. 1–27, hier S. 1, Anm. 1.

[90] Vgl. Krahe, Unsere ältesten Flußnamen (wie Anm. 87), S. 96.

[91] Ebenda.

[92] Holder, Alt-Celtischer Sprachschatz II (wie Anm. 58), Sp. 607: „trans Menum nomine fluvium". Die biographischen Angaben zu Ammianus Marcellinus bietet Götz/Welwei, Altes Germanien (wie Anm. 79), S. 37.

[93] Freundlicher Hinweis auf diesen Beleg und dessen erstklassige Überlieferung von Frau Ulrike Wagner, wisssenschaftliche Mitarbeiterin am Lehrstuhl für klassische Philologie der Universität Erlangen.

[94] Wolf-Armin Frhr. v. Reitzenstein, Lexikon bayerischer Ortsnamen. Herkunft und Bedeutung, 2., verbesserte und erweiterte Auflage, München 1991, S. 233.

orientiert. Die ältesten Belege mit „-oe-" beziehungsweise „-oi-" fungieren dabei keinesfalls als „Archaismen" (S. 18), sie reflektieren vielmehr den damals gehörten Laut. Der Name, der aus irgendwelchen Gründen dem germanischen o/a-Wandel entzogen war,[95] wird heute auf die Abtönung *moin- der Vollstufe *mein- zurückgeführt (vergleiche lettisch maiņa ‚Sumpf‘ < *moinịā).[96] Gegen ein vom ablautenden indogermanischen Verbstamm *mei- ‚wandern, gehen‘ mit -n-Erweiterung abgeleitetes Flußnamenwort[97] werden dagegen aus semantischer wie morphologischer Sicht Bedenken erhoben.[98]

In der regionalen Lautentwicklung hat sich das dem Althochdeutschen fremde -oi- dem etwa um 1200 ausgebildeten Umlaut von ahd. ou (geschrieben -oi-/-öi-/-öu-/-eu-/-ew- u.ä.)[99] angeschlossen, welchem im Unterfränkischen ein mundartliches ẹ̄, im Bamberger Raum ein mundartliches ā entspricht.[100] Seit ihrer Ausbildung etwa im 14. Jahrhundert stehen beide Mundart-Laute auch für mittelhochdeutsch ei.[101] Zu der Zeit tauchen die ersten Schreibungen wie „Meine" neben „Meun"[102] auf, denn gehörtes „Maa" oder „Mee"[103] entsprach ja beiden hochsprachlichen Lauten. Allerdings gibt es im nordostbayerischen Raum einen schwachen Hinweis auf ein altes *Main-/*Mein-. Indogermanisches/keltisches *-oi- könnte dort in germanischem Mund zu -ai- (> mittelhochdeutsch ei) geworden sein. Im nordbairischen Sprachraum sind nämlich die mittelhochdeutschen Diphthonge öu und ei nicht in ein und demselben mundartlichen Laut zusammengefallen.[104] Das am Oberlauf des Mains überlieferte „Moi"[105] könnte eine Reliktform sein, der die von Johann Andreas Schmeller

---

[95] Zu vergleichbaren Namen der Möhne, Nebenfluß der Ruhr, alt „Meune", siehe Jürgen Udolph, Die Stellung der Gewässernamen Polens innerhalb der alteuropäischen Hydronomie (Beiträge zur Namenforschung. Neue Folge, Beiheft 31), Heidelberg 1990, S. 162. Zum Erhalt von indogermanisch/keltisch o im Gewässernamen siehe Anthony R. Rowley, Die Übername des Flußnamens Main durch die Germanen, in: Blätter für oberdeutsche Namenforschung 30/31, 1993/1994, S. 24–28, hier S. 26f.

[96] Udolph, Gewässernamen Polens (wie Anm. 95), S. 161f. Ebenda, S. 159–164, bietet Udolph eine ausführliche Zusammenstellung und Kartierung des im gesamten indoeuropäischen Raum, gehäuft in Osteuropa vorkommenden Namenmaterials.

[97] Pokorny, Indogermanisches etymologisches Wörterbuch I (wie Anm. 60), S. 710.

[98] Udolph, Gewässernamen Polens (wie Anm. 95), S. 161; Schmid, Das Lateinische (wie Anm. 87), S. 327.

[99] Vgl. Hermann Paul, Mittelhochdeutsche Grammatik, 23. Auflage, neu bearbeitet von Peter Wiehl und Siegfried Grosse (Sammlung kurzer Grammatiken germanischer Dialekte A/2), Tübingen 1989, § 41 und § 80.

[100] Vgl. Hugo Steger, Sprachraumbildung und Landesgeschichte im östlichen Franken. Das Lautsystem der Mundarten im Ostteil Frankens und seine sprach- und landesgeschichtlichen Grundlagen (Schriften des Instituts für fränkische Landesforschung an der Universität Erlangen-Nürnberg 13), Neustadt/Aisch 1968, Karte Nr. 44.

[101] Ebenda, Karte Nr. 42.

[102] v. Reitzenstein, Lexikon (wie Anm. 94), S. 233.

[103] Gottfried Mälzer, Der Main. Geschichte eines Flusses, Würzburg 1986, S. 9.

[104] Vgl. Peter Wiesinger, Phonetisch-phonologische Untersuchungen zur Vokalentwicklung in den deutschen Dialekten, Bd. 1: Die Langvokale im Hochdeutschen; Bd. 2: Die Diphthonge im Hochdeutschen (Studia Linguistica Germanica 2/1 und 2/2 = Deutscher Sprachatlas. Gesamtdarstellungen. Vokalismus 1 und 2), Berlin 1970, hier Bd. 2, S. 151–167 und Karten 15, 17; Eberhard Kranzmayer, Historische Lautgeographie des gesamtbairischen Dialektraumes, Wien 1956, S. 61f. und 68f.

[105] Mälzer, Der Main (wie Anm. 103), S. 9.

genannte oberpfälzische Mundartform „Mài⁻"[106] (zu lesen als nasaliertes moi – mit offenem o[107]) entspricht und die nur mittelhochdeutsches ei – nicht öu – realisiert.[108] Anthony R. Rowley hat daraus den Schluß gezogen, daß das Nordbairische „Hilfestellung für die Etymologie" in dem Sinn leiste, daß es auf eine alte Tradition auch für die Schreibung des Namens mit -ei-/-ai- zurückweisen könne.[109] In diesem Sinne hat ja Hans Kuhn vermutet, daß die „jetzige Form Main […] landschaftlich schon seit alters bestanden hat und nur deshalb verborgen blieb, weil die Schrift sich an das lateinische Moenus hielt".[110] Zur antiken Form „Μηνοσ-" führen diese Überlegungen aber auch nicht.

„Menos-", das auf indogermanisch *mein-, nicht auf *moin-, zurückgeführt werden müßte, bleibt also wegen des Stammvokals problematisch. In dem Zusammenhang hat aber die unterfränkische Mundartform mit ẹ̄ (als offenes gedehntes e zu lesen) natürlich nichts zu suchen. Wie oben angesprochen, haben sich die mundartlichen Entsprechungen von mittelhochdeutsch öu und ei hier etwa im 14. Jahrhundert ausgebildet.[111] Daß „-e-" in „Menos-" den Spracheinfluß von Sachsen, die einzeln oder in Gruppen um 800 nach Christus in Oberfranken angesiedelt wurden, beziehungsweise von den um 400 nach Christus durchziehenden Menschen ostgermanischer Herkunft – möglicherweise Burgundern – widerspiegeln könnte (S. 18f.), erscheint völlig abwegig. Die Quelle entstand im 2. Jahrhundert nach Christus, und es wurde davon im 11. Jahrhundert im romanischen Sprachraum eine Reihe von übereinstimmenden Kopien angefertigt.

Diskussionsbedürftig ist sodann die morphologische Erklärung von „Menosgada", weil von der Segmentierung des Namens die Deutung des Grundwortes abhängt. Da im Keltischen -os als Kasuszeichen der starken Maskulina im Nominativ Singular gilt, welches in Stammzusammensetzungen entfällt, hat Andraschke „germ. *maino-sgada" < „kelt. *moino-sgada" (S. 19) angenommen. Freilich findet die sogenannte „eigentliche oder echte Zusammensetzung" vor allem mit appellativischen Bestimmungswörtern statt. Die Mehrheit der mit einem Namen im Bestimmungswort gebildeten Ortsnamen zeigt die „uneigentliche oder unechte Zusammensetzung", das heißt der Name im Bestimmungswort steht im Genitiv.[112] Unmöglich wäre die Segmentierung „Menos-gada" daher nicht. Es lassen sich gar nicht so

---

[106] Schmeller, Bayerisches Wörterbuch I (wie Anm. 28), Sp. 1613.

[107] Vgl. Rowley, Flußname Main (wie Anm. 95), S. 27.

[108] Vgl. Steger, Sprachraumbildung (wie Anm. 100), Karte Nr. 42; Wiesinger, Phonetisch-phonologische Untersuchungen 2 (wie Anm. 104), S. 151–167 und Karten 15, 17.

[109] Vgl. Rowley, Flußname Main (wie Anm. 95), S. 28. Rowley geht sogar so weit, zu erwägen, ob die Schreibtradition mit -oi- nicht insgesamt als Anlehnung an das lateinische Vorbild zu bewerten ist.

[110] Hans Kuhn, Vor- und frühgermanische Ortsnamen in Norddeutschland und den Niederlanden, in: Westfälische Forschungen. Mitteilungen des Provinzialinstituts für westfälische Landes- und Volkskunde 12, 1959, S. 5–44; Wiederabdruck in: Hugo Steger (Hg.), Probleme der Namenforschung (wie Anm. 30), S. 225–305, hier S. 295.

[111] Wiesinger, Phonetisch-phonologische Untersuchungen 1 (wie Anm. 104), S. 3–68.

[112] Vgl. Bach, Namenkunde II/1 (wie Anm. 43), § 162–177. Als „gemeingermanisches Gut" wird dieser Namentyp (zweigliedrige Fügung, deren erstes Glied schon eine Ortsbezeichnung in deutlicher Genitivform ist) von Eduard Kolb, Alemannisch-nordgermanisches Wortgut (Beiträge zur schweizerdeutschen Mundartforschung VI), Frauenfeld 1957, S. 19 bezeichnet (freundlicher Hinweis auf diese Ausführungen von Prof. Dr. Jürgen Udolph, Leipzig).

wenige altbelegte Ortsnamen nennen, die im Bestimmungswort einen auf genitivisches -s- ausgehenden Gewässernamen tragen,[113] wie zum Beispiel Innsbruck. Ptolemaios könnte die germanische Endung zu „-os-" umgestaltet und damit entsprechenden altgriechischen Bildungen unter den Toponymen angeglichen haben.[114] Ob die von Andraschke herangezogene Namenform „Widesgatha" (heute Wijtschate in Westflandern[115] < „1066 [Uui]desgad, 1069 Widesgada, [1080–1085] Wideschat, 1089 Widisgatis, 1105 Guidesgada, 1110 Widasgata, [1115?] Widesgat, 1224 Widescate"[116]) Beweiskraft hat, ein Appellativ zu belegen, das die germanisierte Form eines keltischen Appellativums „sgodach ‚eckig, hörnern', welches urverwandt mit mittelhochdeutsch schedel ‚Schädel', mnd. schedel ‚Schachtel, Dose'" sein und „die Mainstadt auf dem Berg [...] nach ihrer ‚schachtelförmigen, eckigen Erscheinung' benannt" haben soll (S. 19), ist mehr als fraglich. Mittelhochdeutsch schĕdel ‚Schädel' galt lange als etymologisch unklar. Im Grimmschen Wörterbuch ist zu lesen: „Die ältern Dialekte und verwandte Sprachen kennen das Wort nicht".[117] Julius Pokorny hat es auf indogermanisch *ski-tlo- ‚abgeschnittene Schädeldecke' (Ableitung vom indogermanischen Stamm *skēi- ‚schneiden, trennen, scheiden') zurückgeführt.[118] Andraschke beruft sich auf einen Eintrag im 1872 verfaßten zweiten Band des Deutsch-keltischen Wörterbuchs von Wilhelm Obermüller: „Schädel, sgodal oder sgadach bedeutet eckig, hörnern, ‚hartschädelig'".[119] Woher Obermüller dieses Wissen bezieht, bleibt sein Geheimnis. Weder im wissenschaftlich verbindlich aufbereiteten alt-keltischen Sprachschatz des Festlandkeltischen[120] noch im Sprachschatz des Inselkeltischen[121] findet sich eine irgendwie geartete Bestätigung eines

---

[113] Ebenda, § 170.

[114] Vgl. M[oritz] Schönfeld, Wörterbuch der altgermanischen Personen- und Völkernamen. Nach der Überlieferung des klassischen Altertums bearbeitet (Germanische Bibliothek I/4), Heidelberg 1911, S. XXIV; Thomas Lindner, Griechische (incl. mykenische) Ortsnamen, in: Namenforschung 1 (wie Anm. 2), S. 690–705, hier S. 701f.

[115] Ernst Förstemann, Altdeutsches Namenbuch, Bd. II: Orts- und sonstige geographische Namen. …, 1. Teilbd., 3., völlig neu bearbeitete, um 100 Jahre (1100–1200) erweiterte Auflage, hg. von Hermann Jellinghaus, Bonn 1913, Sp. 1300.

[116] Genauere Belege als Förstemann bietet Maurits Gysseling, Toponymisch Woordenboek van België, Nederland, Luxemburg, Noord-Frankrijk en West Diutsland (vóór 1226) (Bouwstoffen en studiën voor de geschiedenis en de lexicographie van het Nederlands VI/2), Bd. 2, [Brüssel] 1960, S. 1076.

[117] Jacob Grimm/Wilhelm Grimm, Deutsches Wörterbuch 14, Leipzig 1893 (ND München 1984), Sp. 1979.

[118] Pokorny, Indogermanisches etymologisches Wörterbuch I (wie Anm. 60), S. 921; Rosemarie Lühr, Expressivität und Lautgesetz im Germanischen (Monographien zur Sprachwissenschaft 15), Heidelberg 1988, S. 202.

[119] Wilhelm Obermüller, Deutsch-keltisches Wörterbuch II (wie Anm. 68), S. 590.

[120] Holder, Alt-Celtischer Sprachschatz (wie Anm. 58).

[121] Pokorny, Indogermanisches etymologisches Wörterbuch I (wie Anm. 60); Royal Irish Academy (Hg.), Dictionary of the Irish Language, based mainly on Old and Middle Irish Materials, Dublin 1913–1976; Whitley Stokes, Urkeltischer Sprachschatz, übersetzt, überarbeitet und hg. von Adalbert Bezzenberger (Vergleichendes Wörterbuch der Indogermanischen Sprachen II), Göttingen 1844; J[oseph] Vendryes, Lexique Étymologique de L'Irlandais Ancien, Lettre RS, Dublin/Paris 1974; Ernst Gamillscheg, Etymologisches Wörterbuch der französischen Sprache (Sammlung romanischer Elementar- und Handbücher III/5), Heidelberg 1928. Nur bei Alexander Macbain, An Etymological Dictionary of the Gaelic Language (Gairm Publications 57), Neudruck der 2., durchgesehenen Auflage 1911, Glasgow 1982, bietet auf S. 317 das Stichwort „sgòd" in der Bedeutung ‚the corner of a sheet, a sheet-rope'.

solchen Wortes. Aber die Schädel-Etymologie hat nun schon ihre eigene Dynamik gewonnen, die es erlaubt, das hebräische „golgatha ‚Schädelhöhe'" (S. 19) einzubeziehen – ein Wort aus einer semitischen Sprache, das metaphorisch für Hügel stehen kann, weil hebräisch gulgŏlæt ‚Schädel' sich von der Wurzel gll (zu lesen: gall) ‚rollen, wälzen' ableitet,[122] das Tertium comparationis die Rundung, nichts Eckiges darstellt. Aus linguistischer Sicht besitzt „Golgatha" daher keinerlei Relevanz zur Stützung der von Andraschke vertretenen Etymologie.

Bedenkt man,[123] daß im niederländisch/niederdeutschen Raum zahlreiche mit -gat gebildete Toponyme vorkommen[124] (vergleiche mitteldeutsch/niederdeutsch gat ‚Öffnung, Lücke, Loch', altenglisch gat/geat ‚Tor, Tür, Öffnung', altnordisch gat ‚Loch'[125]) und daß die griechischen Autoren der Antike den germanischen stimmlosen Verschlußlaut t auch mit δ transkribiert haben,[126] bleibt die Segmentierung „Menosgada" (mit dativischem Grundwort) die weitaus wahrscheinlichere Lösung. „Μηνοσγάδα" könnte wohl die ‚Siedlung am Maindurchgang/Maindurchbruch' gewesen sein.[127]

---

[122] Freundliche Mitteilung von Herrn Dr. Hans Werner Hoffmann, Theologische Fakultät der Universität Erlangen.

[123] Für Hinweise zum folgenden Deutungsvorschlag danken wir Herrn Prof. Dr. Jürgen Udolph, Leipzig.

[124] Vgl. Karel de Flou, Woordenboek der toponymie van Westelijk Vlaanderen, Vlaamsch Artesie, 15 Bde., Gent/Brügge 1914–1938, hier z. B. Bd. 4, S. 460–468; Karel Ferdinand Gildemacher, Waternamen in Friesland, Ljouwert 1993, S. 300–307; M[oritz] Schönfeld, Nederlandse Waternamen (Bijdragen en Mededelingen der Naamkunde-Commisie van de Koninklijke Nederlandse Akademie van Wetenschappen te Amsterdam VI), Amsterdam 1955, S. 230–232.

[125] Lexer, Mittelhochdeutsches Handwörterbuch I (wie Anm. 32), Sp. 743; Kluge/Seebold, Etymologisches Wörterbuch (wie Anm. 38), S. 301. Nicht völlig auszuschließen ist feminines, nominativisches, germanisches *gata (vergleiche altnordisch gata und althochdeutsch ga ʒʒ ‚Gasse, Quartier, Stadtviertel').

[126] Vgl. Schönfeld, Wörterbuch (wie Anm. 114), S. XXI f.

[127] Jürgen Udolph bezieht den Namen „auf den Maindurchbruch zwischen Steigerwald und Haßbergen" (brieflich am 11.8.2001). – Ernst Förstemann, Altdeutsches Namenbuch, Bd. II: Orts- und sonstige geographische Namen. …, 2. Teilband, 3., völlig neu bearb., um 100 Jahre (1100–1200) erweiterte Auflage, hg. von Hermann Jellinghaus, Bonn 1916, Sp. 269 stellt das Grundwort „Gada zu asächs. gigada ‚seines gleichen, gatte'", ein Appellativum, das aber in Ortsnamen sonst nicht bezeugt ist. Mit Sicherheit kann „gada … ‚Haus, Hauptgebäude, Burg'", von dem Rowley, Flußname Main (wie Anm. 95), S. 25 ausgeht, nicht zur Diskussion stehen, denn das mit den Bedeutungen korrespondierende Appellativum ist im Althochdeutschen in Zusammensetzungen als -gadum/-gadem (Taylor Starck/J(ohn) C. Wells (Bearbeiter und Hg.), Althochdeutsches Glossenwörterbuch (mit Stellennachweis zu sämtlichen gedruckten althochdeutschen und verwandten Glossen) (Germanische Bibliothek, 2. Reihe), Heidelberg 1971–1990, S. 188), im Mittelhochdeutschen als gadem und (mit m-Schwächung) als gaden (Lexer, Mittelhochdeutsches Handwörterbuch I, wie Anm. 32, Sp. 723) bezeugt und bewahrt in Ortsnamenbelegen aus dem 12. Jahrhundert immer -m(-) beziehungsweise -n(-) (vgl. Förstemann, Altdeutsches Namenbuch II/1, wie Anm. 115, Sp. 983). Desgleichen kommt die Lesart „Μηνοστάδα", die in einigen Kopien der Geographia des Ptolemaios (Ω und Z) zu lesen ist, wohl nicht in Frage, auch wenn sich „-stada" dieser Variante mit althochdeutsch stat ‚Ort, Stelle, Stätte' von der im Indogermanischen reich belegten Wurzel stā-/st -mit Dentalsuffix (Pokorny, Indogermanisches etymologisches Wörterbuch I, wie Anm. 60, S. 1004–1007) problemlos in Verbindung bringen ließe. Otto Cuntz, Die Geographie des Ptolemaeus. Galliae Germania Raetia Noricum Pannoniae Illyricum Italia. Handschriften, Text und Untersuchung, Berlin 1923, S. 9f. und 68, Anm. zu 273, 4 hat sie als Korruptel angesehen, da die zuverlässigsten Kopien (X und Σ neben weiteren) die Lesart „Μηνοσγάδα" bringen.

340

5

Bei seinen Einlassungen zum Ortsnamen Marktgraitz kommt Andraschke zu dem Schluß: „Grodeze ist [...] die slawische Übertragung von kelt. *groitia [‚Hochburg'], freilich durch germanische Vermittlung" (S. 20). Die jüngeren Belege aus dem Jahr 1189 „Greuza" beziehungsweise 1380 „Graitz" hält er für den Reflex einer alten keltischen Form beziehungsweise einer durch Germanen vermittelten Form (Wandel von indogermanisch o > germanisch a) (S. 20).

Auf derartige Prämissen aufgebaut, verstößt der Gedankengang zuerst einmal gegen ein Grundgesetz der Namenforschung: Die Deutung hat sich stets an den ältesten Belegen zu orientieren; die zeitlich späteren Formen sind als nachrangig anzusehen, und keinesfalls kann von ihnen auf die primäre Namenform geschlossen werden. Deshalb weisen die Belege zu dem im deutsch-slawischen Berührungsgebiet gelegenen Marktgraitz,[128] [1071] (Kopie Ende 13. Jahrhundert) „Grodez [...] Grodihz",[129] zu 1071 (Fälschung circa 1150–1180) „Grodeze",[130] zu 1114 (Urkunde 1127 oder später) „predio Grodeze",[131] [1127] „Grodez",[132] 1189 „in Greuza",[133] auf eine slawische Ausgangsform „*Grodъcь, dann Grodec bzw. Grod'c"[134]. Das Appellativum *grodъcь ‚Burgsiedlung' ist mit dem Suffix -ъcь von *grod ‚Burg' (mit sorbischem -o-, nicht mit „Abschwächung von -a- zu -o-"[135]) abgeleitet und entspricht deutsch Burgstall, später Bürglein. Dieses in der Namengebung außerordentlich häufige Wort „brachte im deutsch-slawischen Berührungsgebiet ON wie Greiz, Grätz, Graz hervor".[136] Dieter George, der sich intensiv mit der Namenlandschaft um Marktgraitz beschäftigt hat, beschreibt die Gegend am Unterlauf von Rodach und Steinach aufgrund der Konzentration von slawischen Ortsnamen wie Schwürbitz, (Markt-) Zeuln, Zettlitz, Redwitz und Flurnamen wie Göritzen direkt als frühmittelalterliche slawische Siedlungskammer in auffallend günstiger Lage am und im Maintal.[137] Fast alle „Grodeze"-Namen entwickeln sich zu verkürzten Formen mit -d-Schwund. Die Ursache dafür könnte vielleicht noch ein Nachwirken der eigenen Gesetzmäßigkeiten der slawischen Sprache sein, in der t/d vor Palatalvokalen palatal (j-ähnlich) gesprochen wurden[138] – eine Entwicklung, die sich zum Beispiel in den obliquen

---

[128] Die folgenden Belege von Marktgraitz werden gemäß freundlicher Mitteilung von Dr. Wolfgang Janka (Regensburg) zitiert.

[129] Von Guttenberg, Regesten Bamberg (wie Anm. 20), Nr. 418a.

[130] Staatsarchiv Bamberg, Bamberger Urkunden, Nr. 140.

[131] Ebenda, Nr. 156.

[132] Ebenda, Nr. 178.

[133] Ebenda, Nr. 382.

[134] Eichler/Greule/Janka/Schuh, Beiträge I (wie Anm. 66), S. 79 (betrifft dort die Wüstung Grotz bei Roßdach und nimmt ausdrücklich Bezug auf Marktgraitz).

[135] In Anmerkung 73 seines Aufsatzes hat Andraschke diese auf S. 20 aufgestellte Behauptung bereits relativiert.

[136] Eichler/Greule/Janka/Schuh, Beiträge I (wie Anm. 66), S. 79. Siehe auch Hans Jakob, Slawisch-deutsch benannte Wehranlagen in Oberfranken, in: Onomastica Slavogermanica III (Abhandlungen der Sächsischen Akademie der Wissenschaften zu Leipzig. Philologisch-historische Klasse 58/4), Leipzig 1967, S. 165–175.

[137] Dieter George, Historisches Ortsnamenbuch von Bayern, Bd. Lichtenfels, Manuskript 2001, S. 12f.

[138] Vgl. Ernst Schwarz, Sprache und Siedlung (wie Anm. 25), S. 187 und 208.

Kasus vergleichbarer polnischer Ortsnamen gut belegen läßt.[139] Dem so entstandenen Diphthong -oi̯- stand im Deutschen mittelhochdeutsch öu am nächsten, und wie dieses entwickelte er sich im oberfränkischen Raum zu mundartlich ā. Weil dort gleichzeitig die Ausbildung eines mundartlichen ā für mittelhochdeutsch ei erfolgte, ergaben sich seit dem 14. Jahrhundert mehrere Möglichkeiten, gehörtes „grāds" (die Mundartform von Marktgraitz) zu verschriftlichen.[140] Solche namenkundlichen Alltäglichkeiten sind natürlich nicht hilfreich, wenn man beim Leser mit ganz neuen Erkenntnissen aufwarten möchte – nur leider wieder auf der erweiterten Basis der quellenmäßig nicht ausgewiesenen Lemmata „keltisch cro, cron, gran ‚Burg' und aith ‚hoch'" (S. 20) des Wilhelm Obermüller,[141] die sich im einschlägig dokumentierten keltischen Sprachschatz[142] nicht verifizieren lassen. Die These von einer archaischen, den keltischen Lautstand bewahrenden Sprachform „Greuza" aus dem ausgehenden 12. Jahrhundert wird so zur reinen Glaubensfrage.

Die Dinge ordnen sich ganz von selbst, wenn wir uns vergegenwärtigen, daß die Slawen, die etwa seit dem späten 6. Jahrhundert in den nordostbayerischen Raum einsickerten, die verfallenen Reste der spätkeltischen oder germanischen Befestigungsanlagen vorfanden. Die alte Bevölkerung war längst fortgezogen, so daß weder Übernahme noch Weiterleben des vorgermanischen oder vorslawischen Namens möglich war.[143] Die Sorben bezeichneten solche Plätze dann in ihrer Sprache *grodъcь ‚Burgsiedlung' – Bezeichnungen, die von den benachbarten oder zuziehenden deutschen Siedlern teils übernommen, teils weitergebildet, teils mit der deutschen Entsprechung benannt wurden. So erklärt sich zum Beispiel beim Alten Staffelberg das Nebeneinander von „Greyczperg"/„Kreuzberg"/„Altstaffelberg" in den historischen Quellen.

6

In dem letzten Abschnitt, worin sich Joachim Andraschke den Namen des Schießberges (S. 20 „Schiesberg") bei Unterstürmig vorgenommen hat, wird dem Laien erklärt, der Platz sei nach der germanischen Göttin Freia, „die altnordisch den Beinamen Skid trägt", benannt. Der Beiname habe „germanisch *Skit" gelautet. Diese Annahme ermöglicht Andraschke die Konstruktion eines „ahd. *Skiziberc", dem nun im Neuhochdeutschen der 1423 überlieferte Name „Schisperg", der heutige Schießberg, entsprechen soll. Einmal als „Bergname theophorer Natur" erkannt, findet der Autor eine Reihe von Flurnamen in der Gemarkung Unterstürmig, die ihm als Beleg für seine These dienen: Die Flur „Katzenberg" erinnere daran, wie Freia mit ihrem Katzengespann umherfuhr, eine 1570 überlieferte Flur „‚Kirchberg' [...] Kergberg"

---

[139] Freundliche Mitteilung von Dr. Wolfgang Janka (Regensburg).

[140] Wie Anmerkungen 100 und 101. Auch regionale Entrundungsvorgänge sind in Betracht zu ziehen.

[141] Vgl. Obermüller, Deutsch-keltisches Wörterbuch I (wie Anm. 68), S. 557.

[142] Wie Anmerkungen 120 und 121. In allen Wörterbüchern findet man das Stichwort „cró"/„crò" in der Bedeutung ‚Stall, Hütte, Verschlag'. J[oseph] Vendryes verzeichnet (Lexique Étymologique de l'Irlandais Ancien, Lettre A, Dublin/Paris 1959, S. A–53) ein altirländisches Adjektiv „áith" ‚stechend, schneidend'. Alle anderen ähnlich lautenden Stichworte kommen, wenn man sie denn findet, semantisch nicht in Frage.

[143] Vgl. Schwarz, Sprache und Siedlung (wie Anm. 25), S. 4.

trifft sich mit der Vermutung, daß auf dem Schießberg eine Kapelle gestanden haben soll – „Hinweise auf einen Marienkult".

Die Crux dieser Ausführungen ist zuerst der Beiname der Göttin selbst, den es nicht gibt. Unter den Beinamen der Freia findet man kein „Skid".[144] Altnordisch skið ‚das Gespaltene, Scheit'[145] kommt in der germanischen Mythologie ausschließlich in der Zusammensetzung Skíðblaðnir vor – das wunderbare Wolkenschiff des Gottes Freyr,[146] auf dem auch Freia fährt.[147] Das darauf errichtete Gebäude vom Bergnamen „theophorer Natur" fällt schon deswegen in sich zusammen. Grundsätzlich ist der Wechsel zwischen Media und Tenuis im Wurzelauslaut von stammgleichen Wörtern im Germanischen zwar gar nicht selten zu beobachten[148] – auch beim indogermanischen Stamm *skēi-[149] –, man ist aber nicht im Stande zu entscheiden, „ob dieser Laut, unter Umständen aus jenem entstanden ist (oder bisweilen umgekehrt), oder ob Fortbildung einer primären Wurzel durch verschiedene ‚Wurzeldeterminative' vorliegt".[150] Auf jeden Fall wird in der Argumentation für den Ansatz von „germanisch *Skit" (S. 20: weil „im Altnordischen seit dem 13. Jahrhundert postvokalisches -t- in schwachtonigen Silben zu -d-" wird) sowohl das etymologische -ð- als auch die Haupttonigkeit eines solchen im Nominativ einsilbigen Namens vernachlässigt. Aber wozu über eine hypothetische Variante von einem Namen räsonieren, der nirgends überliefert ist? Überdies ist der Freia-Kult nur in Ortsnamen Schwedens zu fassen.[151] In der hiesigen Namenwelt lebt Freia in den wohl heidnischen Gestalten der Frau Holle oder Berchta weiter,[152] und mancher „Hollenberg" oder „Hollenbrunn"[153] mag noch an die Wolkengöttin erinnern.

Der Schießberg, der mit seinem Namen nicht alleine dasteht,[154] ist auf das kaum mehr gebräuchliche Appellativum Schieß (< mittelhochdeutsch schiez[155]) ‚Giebel(seite eines Gebäudes)' zurückzuführen, das in Ortsnamen die steil emporstrebende Fläche, den spitzen Winkel[156] benennt – eine Deutung, die von der Realprobe

---

[144] Vgl. Meyer, Germanische Mythologie (wie Anm. 55), S. 270.

[145] Kluge/Seebold, Etymologisches Wörterbuch (wie Anm. 38), S. 716.

[146] Rudolf Simek, Lexikon der germanischen Mythologie, 2., ergänzte Auflage, Stuttgart 1995, S. 370.

[147] Meyer, Germanische Mythologie (wie Anm. 55), S. 271.

[148] Vgl. Jürgen Udolph, Namenkundliche Studien zum Germanenproblem (Ergänzungsbände zum Reallexikon der Germanischen Altertumskunde 9), Berlin/New York 1994, S. 50–118.

[149] Pokorny, Indogermanisches etymologisches Wörterbuch I (wie Anm. 60), S. 919–921; Kluge/Seebold, Etymologisches Wörterbuch (wie Anm. 38), S. 715.

[150] Adolf Noreen, Abriß der urgermanischen Lautlehre, Straßburg 1894, S. 181, zitiert nach Udolph, Germanenproblem (wie Anm. 148), S. 50.

[151] Johannes Hoops, Reallexikon der Germanischen Altertumskunde 9, 2., völlig neu bearbeitete und stark erweiterte Auflage, hg. von Heinrich Beck/Herbert Jankuhn/Heiko Steuer/Dieter Timpe/Reinhard Wenskus, Berlin/New York 1995, S. 593.

[152] Siehe Meyer, Germanische Mythologie (wie Anm. 55), S. 271–293; Erich Straßner, Berchtengestalten in Oberfranken. Ein Beitrag zur ostfränkischen Volkskunde, in: Jahrbuch für fränkische Landesforschung 24, 1964, S. 345–399.

[153] Meyer, Germanische Mythologie (wie Anm. 55), S. 279 und 284.

[154] Vgl. Hermann Fischer (Bearb.), Schwäbisches Wörterbuch. V, unter Mitwirkung von Wilhelm Pfleiderer, Tübingen 1920, S. 823.

[155] Lexer, Mittelhochdeutsches Handwörterbuch II (wie Anm. 32), Sp. 726.

[156] Fischer, Schwäbisches Wörterbuch. V (wie Anm. 154), Sp. 819f.; Jacob Grimm/Wilhelm Grimm, Deutsches Wörterbuch 15, Leipzig 1899 (ND München 1984), Sp. 29.

vollauf bestätigt wird. Daran ändert auch das Vorkommen einer als karolingisch ein-geschätzten Befestigungsanlage auf dem Berg und die möglicherweise von „Sturma-rii" aus dem Lande Stormarn gegründete Siedlung Unterstürmig am Fuß nichts.[157] Und bei näherem Hinsehen dürfte der ganz gängige Flurname „Katzenberg" an dem Abhang circa 500 m westnordwestlich vom Dorf seine Erklärung in der Form, der schlechten Bodenqualität oder im Vorkommen von Wildkatzen[158] finden, der „Kirch-berg" vielleicht eine Klammerform zu *Kirchwegberg sein (vergleiche Flur „Kirchwegacker"[159]) oder sonst einen Bezug zur Eggolsheimer Kirche darstellen. Rein spekulativ sind auch die Überlegungen des Autors zum 1570 vorkommenden „Kretzenberg". Noch ein letztes Mal versucht Andraschke hier, einen neuzeitlichen, kaum belegten Namen über fragwürdige Konstrukte einer vorgefaßten Sichtweise dienstbar zu machen, ohne näherliegende Bezugsworte zum Beispiel im Deutschen Wörterbuch (Krätze, Kretze[160]), unter den Personennamen (Kretz < ahd. Krezzo[161]) oder unter den slawischen Flurnamen (möglicherweise „Greitzen" oder „Gretzen", welches nach Hans Jakob von slawisch „Krynica" ‚Quelle, Vertiefung' abgeleitet ist[162]) in Betracht zu ziehen.

7

Aus den Einzelanalysen der von Joachim Andraschke vorgeschlagenen neuen Namenerklärungen, die zum Teil ja alte, längst überholt geglaubte Thesen wiederauf-greifen, ergibt sich die folgende grundsätzliche und zusammenfassende Kritik am methodologischen Vorgehen des Autors:

– Der in der Namenforschung übliche Grundsatz der rückschreitenden Namen-erklärung beziehungsweise ausschließenden Etymologie, der besagt, daß für ein Toponym erst dann eine Zuweisung zu einer vorgermanischen Sprachschicht oder einer nicht-germanischen/nicht-deutschen Sprache erwogen werden sollte, wenn die Beleglage keine eindeutige Herleitung aus dem Germanischen beziehungs-weise Deutschen zuläßt, wird geradezu umgekehrt.
– Die Folge ist eine einseitige Überbetonung von Substrat-Elementen.
– Damit vergleichbar ist eine weder durch historische Belege noch durch philo-logische Erkenntnisse gestützte Annahme einer weitgreifenden theophoren Namengebung. Zugunsten dieser Theorie werden naheliegende Deutungsvor-schläge entweder erst gar nicht in Betracht gezogen oder verworfen.

[157] Vgl. Fastnacht, HONB Ebermannstadt (wie Anm. 19), S. 299.

[158] Vgl. Schnetz, Flurnamenkunde (wie Anm. 61), S. 54.

[159] Archiv des Verbandes für Orts- und Flurnamenforschung e. V., Flurnamensammlung Unterstürmig, erhoben 1934/1935, Nr. 28.

[160] Jacob Grimm/Wilhelm Grimm, Deutsches Wörterbuch 11, Leipzig 1873 (ND München 1984), Sp. 2073–2075.

[161] Josef Karlmann Brechenmacher, Etymologisches Wörterbuch der Deutschen Familiennamen, 2 Bde. (2., von Grund auf neubearb. Auflage der „Deutschen Sippennamen" = Bände 5–9 der Sippen-bücherei), Limburg a. d. Lahn 1957–1963, hier Bd. 2, S. 111.

[162] Jakob, Wehranlagen (wie Anm. 136), S. 174.

– Die schriftliche Überlieferung wird nicht immer in angemessener Weise ernst genommen und als Basis der Namendeutung herangezogen. So werden in historischen Namenformen belegte Bildungselemente unter der spekulativen Annahme eines sekundären Antretens von Ortsnamen-Grundwörtern willkürlich abgetrennt oder belegte, etymologisch durchsichtige Namenformen bei der Deutung zugunsten hypothetischer, nirgends belegter Rekonstruktionen vernachlässigt.

– Viele der zur Deutung herangezogenen Namen oder Appellative werden weder belegt, noch wird ihre Rekonstruktion hinreichend begründet, noch ihre Lautentwicklung gemäß einer vorauszusetzenden Regelhaftigkeit dargestellt. Damit im Zusammenhang stehen fragwürdige, unbeweisbare Angaben zur Lautchronologie.

Vor rund einem halben Jahrhundert hat der große Namenforscher Adolf Bach folgende Sätze geschrieben: „Hat das Streben, deutsche ON aus dem Kelt. zu erklären, dort, wo es verantwortungsbewußt und mit Kritik von Kennern dieser Sprache betrieben wird, fraglos seine Berechtigung, so ist es doch zeitweise in eine wahre Keltomanie […] ausgeartet. Auch aus dem Slav. […], ja dem Hebräischen […] hat man dt. ON in ähnlicher Haltung zu deuten unternommen. Daneben sollte der ON-Forschung die Monomanie jener Autoren Schaden zufügen, die in den dt. ON eine unerschöpfliche Quelle für unser Wissen vom Götterglauben und den religiösen Bräuchen unserer Vorfahren erblickten. Andere sahen in ihnen in gleicher Einseitigkeit gehäufte Spiegelungen alter Rechtsverhältnisse; wieder andere glaubten beträchtliche Teile unseres ON-Schatzes auf die alte Agrarverfassung zurückführen zu dürfen – und was an zu Tode gehetzten Einzelgedanken und fixen Ideen aus den Schriften dieser Verfasser uns sonst noch entgegenklingen mag. Ihre Auslassungen verdienen nur insofern hier erwähnt zu werden, als es notwendig erscheint, einen Warnungspfahl wenigstens vor einigen von ihnen aufzurichten."[163]

---

[163] Bach, Namenkunde, II/1 (wie Anm. 43), § 16.

SCHRIFTEN DES ZENTRALINSTITUTS FÜR FRÄNKISCHE
LANDESKUNDE UND ALLGEMEINE REGIONALFORSCHUNG
AN DER UNIVERSITÄT ERLANGEN-NÜRNBERG

1. Ernstberger, Anton: Franken – Böhmen – Europa. Gesammelte Aufsätze. 2 Teilbände
   1959. XXIV und 755 Seiten.   vergriffen.

2. Hofmann, Hanns Hubert: Herzogenaurach. Die Geschichte eines Grenzraumes in Franken.
   1950. 217 Seiten und 11 Karten.   vergriffen.

3. Heinold-Fichtner, Krista: Die Bamberger Oberämter Kronach und Teuschnitz. Territorial-
   geschichtliche Untersuchungen. 1951. 197 Seiten und 1 Karte.   vergriffen.

4. Bog, Ingomar: Die bäuerliche Wirtschaft im Zeitalter des Dreißigjährigen Krieges. 1952.
   XIV und 180 Seiten.   vergriffen.

5. Adamski, Margarethe: Herrieden. Kloster, Stift und Stadt im Mittelalter. 1954. XVI und
   99 Seiten, 1 Karte.   vergriffen.

6. Lorenz, Walter: Campus Solis. Geschichte und Besitz der ehemaligen Zisterzienserinnen-
   abtei Sonnefeld bei Coburg. 1955. VIII und 248 Seiten.   vergriffen.

7. Dietrich, Klaus Peter: Territoriale Entwicklung, Verfassung und Gerichtswesen im Gebiet
   um Bayreuth bis 1603. 1958. XVII und 201 Seiten, 1 Karte.   vergriffen

8. Schuhmann, Günther: Ansbacher Bibliotheken im Mittelalter bis 1806, 1959. 260 Seiten,
   8 Tafeln.   vergriffen.

9. Ulsamer, Willi: Wolfgang Agricola, Stiftsdekan von Spalt (1536–1601). Ein Beitrag zur
   Geschichte des Klerus im Bistum Eichstätt. 1960. 2. Aufl. 1986. 168 Seiten.   vergriffen.

10. Werner, Otmar: Die Mundarten des Frankenwaldes. Eine lautgeographische Unter-
    suchung, 1961. XXII und 329 Seiten, 20 Karten.   vergriffen.

11. Endres, Rudolf: Die Nürnberg-Nördlinger Wirtschaftsbeziehungen im Mittelalter bis zur
    Schlacht von Nördlingen. 1963. 220 Seiten.   € 11,50

12. Heldmann, Horst: Moritz August von Thümmel. Sein Leben – sein Werk – seine Zeit.
    1.Teil [mehr nicht erschienen]: 1738–1783. 1964. XX und 440 Seiten.   € 15,50

13. Steger, Hugo: Sprachraumbildung und Landesgeschichte im östlichen Franken. Das Laut-
    system der Mundarten im Ostteil Frankens und seine sprach- und landesgeschichtlichen
    Grundlagen. 1968. XVI und 635 Seiten, 37 Abbildungen, 66 Karten.   € 28,90

14. Diegritz, Theodor: Lautgeographie des westlichen Mittelfrankens. 1971. 383 Seiten,
    29 Karten.   € 24,90

15. Liermann, Hans: Erlebte Rechtsgeschichte, 1972. VIII und 207 Seiten, 1 Portrait.

                                                                          vergriffen

16. Liermann, Hans: Die Friedrich-Alexander-Universität Erlangen 1910–1920. Mit einem
    Vorwort von Gerhard Pfeiffer und einem Nachwort von Alfred Wendehorst. 1977. VIII und
    101 Seiten, 5 Abbildungen.   € 8,50

17. Wehner, Rita: Die mittelalterliche Gottesdienstordnung des Stiftes Haug in Würzburg.
    1979. VIII und 536 Seiten, 2 Abbildungen.   € 24,60

18. Wendehorst, Alfred, und Schneider, Jürgen [Herausgeber]: Hauptstädte. Entstehung,
    Struktur und Funktion. Referate des 3. interdisziplinären Colloquiums des Zentralinstituts.
    1979. XII und 143 Seiten, 6 Karten.   € 12,90

19. Wunschel, Hans-Jürgen: Die Außenpolitik des Bischofs von Bamberg und Würzburg Peter
    Philipp von Dernbach. 1979. XVI und 193 Seiten.   € 18,50